INTRODUÇÃO À ADMINISTRAÇÃO

Dados Internacionais de Catalogação na Publicação (CIP)

D794i Drucker, Peter Ferdinand, 1909-2005.
Introdução à administração/Peter F. Drucker; tradução de Carlos Malferrari. - São Paulo, SP: Cengage, 2023.
704 p.; 23 cm.

1. reimpr. da 1. ed. de 2018.
Inclui bibliografia e índice.
Tradução de: An introductory view of management (1. ed.).

ISBN 978-85-221-2816-7

1. Administração. 2. Administração de empresas. 3. Relações trabalhistas. 4. Responsabilidade social da empresa. 5. Administradores de empresa. I. Malferrari, Carlos. II. Título.

CDU 658 CDD 658

Índice para catálogo sistemático:
1. Administração de empresas 658

(Bibliotecária responsável: Sabrina Leal Araujo - CRB 8/10213)

Peter F. Drucker

INTRODUÇÃO À ADMINISTRAÇÃO

Tradução de Carlos Malferrari

CENGAGE

Austrália • Brasil • México • Cingapura • Reino Unido • Estados Unidos

CENGAGE

Introdução à administração
Peter Ferdinand Drucker

Título original em inglês: An introductory view of management

Diagramação: Triall Editorial Ltda

Capa: Renata Disegno

ISBN 13: 978-85-221-2816-7
ISBN 10: 85-221-2816-2

Cengage
WeWork
Rua Cerro Corá, 2175 – Alto da Lapa
São Paulo – SP – CEP 05061-450
Tel.: (11) +55 11 3665-9900

Para suas soluções de curso e aprendizado, visite **www.cengage.com.br.**

Impresso no Brasil
Printed in Brazil
1. reimpr. – 2023

SUMÁRIO

Parte IV – AS REPERCUSSÕES SOCIAIS E AS RESPONSABILIDADES SOCIAIS

Parte V – O TRABALHO E AS FUNÇÕES DO ADMINISTRADOR

Parte VI – AS APTIDÕES PARA ADMINISTRAR

Parte VII – A ORGANIZAÇÃO DA ADMINISTRAÇÃO

PREFÁCIO

A ADMINISTRAÇÃO COMO PROFISSÃO E COMPROMISSO

Como tema para estudo, a administração é multidimensional. Em primeiro lugar, é uma disciplina escolar por direito próprio. É uma disciplina jovem; as organizações modernas não chegam a ter um século de existência, e a administração nasceu junto com elas. Mas embora muitas coisas nos sejam desconhecidas, sabemos que a administração não representa o mero bom-senso. Não constitui apenas a experiência codificada. É, pelo menos potencialmente, um conjunto organizado de conhecimentos. Este livro procura apresentar aquilo que sabemos até agora. Mas procura apresentar também o conjunto, muito mais amplo, da nossa "ignorância organizada", isto é, as áreas em que temos consciência de que precisamos adquirir novos conhecimentos, em que podemos dizer quais são as nossas carências – mas cujo saber não dominamos ainda. Contudo, os administrComo tema para estudo, a administração é multidimensional. Em primeiro lugar, é uma disciplina escolar por direito. É uma disciplina jovem; as organizações modernas não chegam a ter um século de existência, e a administração nasceu junto com elas. Embora muitas coisas nos sejam desconhecidas, sabemos que a administração não representa o mero bom senso. Não constitui apenas a experiência codificada. É, potencialmente, um conjunto organizado de conhecimentos. Este livro retrata aquilo que conhecemos até agora. Procura apresentar o conjunto, muito mais amplo, da nossa "ignorância organizada", isto é, as áreas as quais temos consciência de que precisamos adquirir novos conhecimentos, em que podemos dizer quais são as nossas carências – mas cujo saber não dominamos ainda. Contudo, os administradores na ativa não podem esperar. Eles são obrigados a administrar à medida que surgem as necessidades. Então, este livro procura criar caminhos que conduzam às áreas da nossa ignorância; procura refletir nas diretrizes, nos princípios e nos usos; e aperfeiçoar as tarefas próprias da administração. O texto procura munir o administrador com o entendimento, o raciocínio, o saber e as especializações do trabalho de hoje e de amanhã.

Administrar significa assumir tarefas. É disciplina. Mas é também "gente". Cada realização da administração é a realização de um administrador. Cada fracasso, é o fracasso de um administrador. São pessoas que administram, e não *forças*, nem *fatos*. O descortínio, a dedicação e a integridade dos administradores determinam se haverá administração ou desadministração.

Este livro, portanto, concentra-se no administrador como pessoa. Naquilo que as pessoas fazem e realizam. Procura promover a integração das pessoas com suas respectivas tarefas. Pois as tarefas são objetivas e impessoais. São os "administradores" que conseguem o bom desempenho, mas é a "administração" que determina o que se faz necessário e o que precisa ser realizado.

A administração é trabalho. Na realidade, é o trabalho específico da sociedade moderna, o trabalho que distingue a atual sociedade das anteriores. Pois a administração constitui o trabalho específico da organização moderna, que a faz produzir um bom desempenho. Como trabalho, a administração tem suas especializações e técnicas e seus instrumentos. Muitos deles são tratados neste livro – alguns detalhadamente.

Contudo, administrar também é um trabalho diferente de qualquer outro. Diversamente do trabalho do médico, do pedreiro ou do advogado, a administração precisa sempre ser exercitada no interior de alguma organização – isto é, dentro de uma teia de relações humanas. Por conseguinte, o administrador é sempre visto como exemplo. O que ele faz é importante.

Mas igualmente importante é quem ele seja – muito mais importante do que com relação ao médico, ao pedreiro e até ao advogado. Só o professor tem a mesma dupla dimensão que ele, a dimensão da especialização e do desempenho de um lado, e, do outro, a da personalidade, do exemplo e da integridade. No tocante ao administrador, portanto, este livro destaca tanto as tarefas como o caráter.

Este livro e os métodos apresentados aqui foram concebidos e postos à prova durante quarenta anos de ensino da administração a numerosos e diversos tipos de estudantes em faculdades e universidades, bem como em programas e seminários para executivos. Mas o próprio conteúdo da obra resultou em grande parte de quarenta ou mais anos de trabalho estreitamente ligado a administradores de todos os níveis, bem como de assessoria a eles prestada; administradores esses não só de grandes e pequenas empresas, mas também de entidades públicas, hospitais e escolas. A maior parte dessa experiência foi colhida nos Estados Unidos, de empresas e entidades públicas norte-americanas de prestação de serviços – embora eu tenha também trabalhado no exterior, especialmente na Inglaterra, Europa Ocidental, Japão e América Latina, com organizações empresariais e organizações não empresariais. A obra procura abranger aquilo que o administrador precisa saber – mas de forma acessível às pessoas que não tenham ainda trabalhado como administradoras ou mesmo como funcionárias de organizações administradas. O usuário deste livro, professor ou estudante, pode estar certo de duas coisas: toda matéria nele contida nasceu do exercício da administração, pois se mostrou eficaz e básica; igualmente, tendo sido posta à prova por estudantes na sala de aula, ela se mostrou expressiva para eles, bem como de fácil compreensão.

PETER F. DRUCKER

CAPÍTULO 1

INTRODUÇÃO

COMO DEFINIR A ADMINISTRAÇÃO E OS ADMINISTRADORES

A administração pode constituir a mais importante inovação do presente século – e aquela que maior influência exerce diretamente sobre os jovens que estudam nas faculdades e universidades, que os "trabalhadores intelectuais" de amanhã das entidades administradas e seus próprios administradores do depois de amanhã. Mas que é a administração? Qual o motivo de haver administração? Como definir os "administradores"? Quais são suas tarefas e responsabilidades? E de que forma o estudo e a disciplina escolar da administração evoluíram até chegar ao estágio atual?

Quando as primeiras escolas norte-americanas de comércio abriram suas portas, na passagem do século, não ofereciam um único curso de administração. Pela mesma época, nos Estados Unidos, a palavra "management" começava a ser divulgada por Frederick W. Taylor para referir aquilo que ele inicialmente (e com maior precisão) chamara "work study" ou "task study"; hoje, damos a isso o nome de "Engenharia Industrial". Mas quando quis referir-se àquilo que hoje denominamos "management" e "managers", ele disse: "os proprietários e seus representantes".[1]

1 Veja nota do tradutor no final deste capítulo.

As raízes da disciplina escolar referente à administração alcançam 150 anos atrás (ver a nota sobre Raízes e História da Administração, ao fim deste capítulo). Mas a administração como função, a administração como obra distinta, a administração como disciplina escolar e área de estudo – isso tudo é produto do século atual. E muita gente só tomou consciência da administração após a Segunda Guerra Mundial.

Dentro do período de vida dos idosos de hoje, nossa sociedade tornou-se uma "sociedade composta de organizações". No presente século, as principais tarefas sociais passaram a precisar ser desempenhadas em alguma entidade organizada e através dela – empresas privadas grandes e pequenas; sistemas de ensino; faculdades e universidades; hospitais, laboratórios de pesquisa; governos e entidades públicas de todos os tipos e tamanhos; e muitas outras. Por seu turno, cada uma delas é confiada a "administradores" que exercem a "administração".

O QUE É A ADMINISTRAÇÃO?

A administração e os administradores constituem necessidades específicas de todas as entidades, da menor à maior. Constituem o órgão específico de toda entidade. São eles que mantêm sua coesão e a fazem trabalhar. Nenhuma de nossas entidades poderia funcionar sem o concurso dos administradores. E os administradores fazem o serviço que lhes é inerente – não o fazem por delegação do "proprietário". A necessidade da administração não deriva simplesmente do fato de o serviço ter assumido dimensões grandes demais para que uma pessoa só dele se encarregue. Administrar uma empresa privada ou uma entidade pública de prestação de serviços é intrinsecamente diferente de dirigir o que nos pertença, ou de dirigir o exercício da medicina ou o de uma advocacia por si mesmo praticada.

Naturalmente, muitas são as grandes e complexas empresas privadas que nasceram de uma oficina individual. Mas conjuntamente com a evolução inicial, o crescimento provoca algo mais do que uma simples mudança nas dimensões do empreendimento. Em determinada altura (bem antes de a empresa chegar ao "tamanho médio"), a quantidade transforma-se em qualidade. Nesse ponto, mesmo se continuarem como os donos exclusivos, seus proprietários já não dirigem mais "a própria firma". Aí, o que eles têm nas mãos é uma *empresa real* – e se rapidinho não virarem seus *administradores,* em pouco serão substituídos como "proprietários", ou então a empresa irá por água abaixo. Pois nessa altura a empresa já constitui uma organização, e para sobreviver precisa de uma estrutura diferente, princípios diferentes, comportamento diferente e trabalho diferente. Precisa de administradores e de administração.

Juridicamente, a administração da empresa ainda é vista como delegação da propriedade, mesmo no sistema soviético: pela legislação soviética, o Estado exerce o controle porque é o "proprietário" que substituiu os acionistas particulares. Mas a doutrina que já está sendo posta em prática, embora apenas evoluindo em matéria de legislação, é que a administração precede e até supera a propriedade. O proprietário precisa subordinar-se à necessidade que a empresa tem, de ser administrada e possuir administradores. Muitos, naturalmente, são os proprietários que desempenham com êxito os dois papéis, o do proprietário investidor e o do administrador de cúpula. Mas se a empresa não possuir a administração de que precisa, será inútil a propriedade em si mesma. E se a empresa for tão grande ou desempenhar um papel tão importante que sua sobrevivência e desempenho passem a ser considerados assuntos de interesse nacional, a pressão popular ou as medidas governamentais acabarão retirando o controle do proprietário que se ponha no caminho da administração. Assim foi que na década de 1950 Howard Hughes foi obrigado pelo governo norte-americano a renunciar ao controle da Hughes Aircraft Company, que lhe pertencia por inteiro, produzindo componentes eletrônicos de decisiva importância para a segurança do País. Os administradores foram introduzidos porque ele teimou em dirigir sua empresa como "proprietário". Da mesma forma, na década de 1960 o governo alemão colocou uma administração autônoma à frente da cambaleante Companhia Krupp, muito embora a família Krupp possuísse 100 por cento de suas ações.

É avassaladora a mudança que se observa entre a empresa dirigida pelo proprietário empreendedor, com a ajuda de "auxiliares", e a empresa que exige administração. A empresa só conseguirá concretizar essa metamorfose se introduzir uma radical transformação em seus conceitos e princípios básicos, bem como no modo como seu proprietário a encare.

Pode-se comparar esses dois tipos de empresa com duas espécies diferentes de organismos: o inseto, conservado unido por uma pele rígida e resistente; e o animal vertebrado, com seu esqueleto. Os animais terrestres providos de pele dura não podem ser maiores que certo número de centímetros. Para ser maiores do que isso, precisarão possuir esqueleto. Esse esqueleto, contudo, não evoluiu a partir da pele dura do inseto; pois é um órgão diferente, com diferentes antecedentes. Da mesma forma, a administração torna-se necessária quando a empresa chega a determinado tamanho e complexidade. Embora substituindo a estrutura de "pele dura" do empresário proprietário, a administração não é sua sucessora. É, sim, sua substituta.

Quando é que a empresa atinge o estágio em que precisa passar da "pele dura" para o "esqueleto"? Essa linha situa-se em algum ponto entre os 300 e os 1.000 empregados. Mais importante, porém, talvez seja o aumento de sua complexidade. Quando obrigada a executar uma série de tarefas em cooperação, sincronização e comunicação, a organização já precisará possuir administradores e administração. Exemplo seria um pequeno laboratório de pesquisas com 20 ou 25 cientistas de variadas especializações trabalhando juntos. Sem a administração, ele perderia o controle das coisas. Seus planos deixariam de concretizar-se. Ou então, pior do que isso, as diversas partes dos planos caminhariam em ritmos diferentes e momentos diferentes, além de com diferentes objetivos e metas. A consideração pessoal do "chefe" tornar-se-ia mais importante do que o próprio desempenho. Nesse ponto, o produto poderia ser excelente e o pessoal capacitado e dedicado. O chefe poderia ser – e muitas vezes é, nessa circunstância – alguém de grande capacidade e poder pessoal. Mas a empresa começaria a meter os pés pelas mãos, a estagnar, e logo a começar a descer a serra, até que adotasse o "esqueleto" da estrutura dos administradores e da administração.

A palavra inglesa "management"[2] tem séculos de antiguidade. Mas sua aplicação ao órgão de comando de uma entidade e particularmente da empresa privada é especificamente norte-americana – e o significado norte-americano de "management" não tem correspondente em qualquer outra língua. [Enquanto nos Estados Unidos se fala de "management", na Inglaterra costuma-se falar de "The Board" (o Conselho, a Diretoria) ou "the executi-

---

2 Veja nota do tradutor no final deste capítulo.

ve" (o executivo, o poder executivo)]. "Management" indica tanto uma função como a pessoa que a desempenha. Indica posição e autoridade social, mas também uma disciplina escolar e um campo de estudo.

Mesmo no sentido norte-americano, não é fácil empregar a palavra "management", pois as organizações não empresariais não falam, em regra, nem de "management" nem de "managers". As universidades e os organismos públicos possuem "administrators", como os possuem os hospitais. As forças armadas possuem seus "commanders". Outras entidades falam de "executives" etc.

Entretanto, todas essas organizações têm em comum a função da administração, a tarefa da administração e seu trabalho. Todas elas precisam da administração. E em todas a administração é o órgão real e ativo.

Sem a organização, não haveria administração. Mas sem a administração poderia haver apenas um amontoado de gente, não uma organização. A organização em si mesma constitui órgão da sociedade e existe apenas para cooperar com a sociedade, a economia e as pessoas, contribuindo com o resultado necessário. Os órgãos, contudo, nunca se definem por aquilo que fazem, menos ainda pela forma como o fazem. Eles se definem pela contribuição que prestam. E é a administração que permite à respectiva organização prestar sua cooperação.

A administração é desincumbência de tarefas. A administração é uma disciplina de estudo. Mas é também gente. Cada realização da administração é realização de um administrador. Cada deficiência é deficiência de um administrador. São *pessoas* que administram e não "forças" nem "fatos". É o descortínio, a dedicação e a integridade dos administradores que determinam se existe administração ou desadministração.

QUEM SÃO OS ADMINISTRADORES?

Quando perguntada sobre o que entende por "administrador", muita gente responderá "o patrão". Mas quando se lê, à entrada do posto de engraxates de um aeroporto, uma tabuleta: "João da Silva – Gerente", todos (pelo menos nos Estados Unidos) saberão que isso quer dizer que o sr. João da Silva não é o patrão, mas um funcionário contratado que goza de um mínimo de autoridade e recebe um salário um pouco superior ao dos engraxates que ali operam.

Nos primórdios da história da administração, definia-se o administrador como alguém "responsável pelo trabalho de terceiros". Essa definição distinguia a função do administrador da do proprietário. Tornava claro que administrar era um tipo específico de trabalho que podia ser analisado, estudado e sistematicamente aprimorado. Era uma definição que se concentrava nessa organização essencialmente nova, de grande porte e permanente, que aparecia para exercer as tarefas econômicas da sociedade.

No entanto, trata-se de uma definição que de nenhuma forma satisfaz. Na realidade, ela nunca satisfez. Desde o início. Havia pessoas na empresa, geralmente em postos de responsabilidade, que claramente faziam parte da administração mas não "administravam", isto é, não eram responsáveis por qualquer trabalho de terceiros. O tesoureiro da firma, responsável por levantar dinheiro e aplicá-lo, pode ter seus auxiliares, e nesse sentido será um administrador de acordo com a definição clássica. Mas claramente é sozinho que o tesoureiro executa a maior parte dos serviços que lhe competem – nos contatos com as entidades subscritoras das ações da empresa, com a comunidade financeira e assim por diante. O tesoureiro presta uma "contribuição pessoal", em vez de ser administrador. Entretanto, ele integra a alta administração. Além disso, essa definição concentra-se mais nos instrumentos para a execução de determinada tarefa do que na própria tarefa. A pessoa encarregada de pesquisar o mercado para a empresa pode ter sob suas ordens um grande número de funcionários, sendo assim administradora segundo o sentido clássico do termo. Mas em relação a suas funções e à cooperação que presta, realmente pouca diferença faz se ela possui um grande quadro de auxiliares, um quadro pequeno ou nenhum. Em termos da pesquisa do mercado e da análise mercadológica, a mesma contribuição pode bem ser prestada por quem não possua auxiliar algum. Na realidade, o pesquisador do mercado pode até prestar uma contribuição maior quando não se vir forçado a dedicar grande parte de seu tempo aos subordinados e seus serviços. Isso poderá até permitir-lhe tornar mais eficaz a pesquisa do mercado da empresa, mais bem compreendida por seus colegas da administração e mais solidamente construída sobre as decisões empresariais básicas da organização.

Nas empresas atuais, o grupo de crescimento mais rápido compõe-se de pessoas que fazem parte da administração no sentido de ser responsáveis por prestar contribuições à empresa e por fazê-la produzir resultados, mas que não têm responsabilidade pelo trabalho de quem quer que seja. São profissionais especializados de todos os tipos, que trabalham sozinhos (talvez com um assistente e uma secretária), e assim mesmo exercem grande influência sobre a capacidade de gerar riquezas da empresa, seu direcionamento e seu desempenho.

Essas pessoas não se encontram apenas no setor das pesquisas técnicas, embora seja nele que elas pela primeira vez tenham aparecido como grupo distinto. O químico chefe de um laboratório tem grande responsabilidade e toma importantes decisões, muitas delas de repercussões irreversíveis. Mas isso também ocorre com quem constrói a estrutura organizacional da empresa e planeja seus cargos de direção. E em posição semelhante coloca-se o chefe da análise dos custos, que determina a especificação e a distribuição das despesas. Especificando os parâmetros a ser usados pela diretoria, ele na verdade decide em grande parte se determinado produto será mantido ou eliminado. Outras pessoas que se encontram nessa categoria são as encarregadas da criação e manutenção dos padrões de qualidade dos produtos da empresa, a encarregada do sistema de distribuição desses produtos da empresa no mercado, e o diretor de propaganda, que pode responder pela política básica da promoção de vendas da empresa, suas mensagens publicitárias, veículos utilizados e aferição da eficácia dos anúncios.

A definição que tradicionalmente se aplica à administração é responsável pelo fato de o profissional especializado que presta contribuição pessoal constitui um problema para a estrutura da organização e um problema para si mesmo. Seu posto, sua remuneração, sua função e suas oportunidades de fazer carreira são confusos e ambíguos, dando origem a insatisfações e atritos. E a verdade é que a quantidade desses profissionais de carreira está crescendo rapidamente.

A NOVA DEFINIÇÃO DO ADMINISTRADOR

Que é que realmente caracteriza o administrador?

Quem deve ser considerado membro da administração? A primeira tentativa de responder a essas perguntas, no início da década de 1950, limitou-se a complementar a antiga definição do administrador, vendo nele também o "profissional que presta sua colaboração pessoal", com "oportunidades iguais e paralelas" para ambos. Isso permitiu remunerar adequadamente o trabalho "profissional" avançado, em vez de condicionar-se o aumento salarial à promoção a um posto em que a pessoa tenha responsabilidade pelo trabalho de terceiros.

Essa fórmula, contudo, não resolveu plenamente o problema. As empresas que a adotaram informam que os profissionais que prestam sua colaboração pessoal se mostram apenas um pouco menos insatisfeitos do que antes. Eles continuam achando que as reais oportunidades de progresso pessoal se encontram basicamente no interior da estrutura da administração e que é preciso que a pessoa vire "chefe" para poder "progredir". Acima de tudo, a divisão do mundo da administração em dois grupos influi no sentido de realçar a inferioridade de quem executa seu próprio trabalho, frente a quem se responsabilize pelo trabalho de terceiros. Dá ênfase, ainda, ao poder e à autoridade, e não à responsabilidade e à contribuição.

Qualquer análise que não parta da definição clássica, mas que leve em conta o trabalho em si, chegará fatalmente à conclusão de que a definição tradicional do administrador como alguém responsável pelo trabalho de terceiros destaca uma característica secundária, e não uma característica fundamental da questão.

Como veremos um pouco adiante, pode-se desmembrar o trabalho do administrador em planejar, organizar, ajustar, medir e formar pessoas. Os profissionais de carreira – um pesquisador de mercado que trabalhe sozinho, por exemplo, ou o chefe da análise dos custos – também precisam planejar, organizar e aferir resultados em relação aos objetivos e previsões fixadas. O que eles fazem e a forma como o fazem têm considerável influência sobre a formação de sua equipe, especialmente se na organização atuarem também como professores de terceiros. Os profissionais de carreira também precisam ajustar seu trabalho ao de outros elementos da organização. Acima de tudo, para conseguir resultados eles precisam ajustar-se "lateralmente", isto é, com pessoas de outros setores e funções que utilizarão aquilo que eles produzem.

A definição clássica do administrador concentra-se no "ajustamento para baixo", isto é, ao trabalho dos subordinados. Mesmo para os administradores com subordinados, as relações "laterais" com pessoas sobre as quais eles não exerçam qualquer autoridade supervisora costumam ser no serviço pelo menos tão importantes como as do "ajustamento para baixo", e, em termos de decisão e informação, mais importantes ainda. O gerente distrital de vendas precisa trabalhar em contato muito estreito com o programador da produção, o analista das vendas e o analista dos custos – os quais, por sua vez, precisam trabalhar estreitamente ligados ao gerente distrital de vendas. A maior parte das decisões que no dia a dia essas pessoas precisam tomar repercutem mais nos seus "pares" do que nos seus subordinados. Quer isso dizer que a integração é importante não porque as pessoas possuam subordinados, mas porque trabalham em organizações junto a outras pessoas.

A essência do serviço do chefe de seção, na fábrica ou no escritório – do mestre da linha de montagem ou da mestra da seção de perfuração da companhia seguradora – é, na verdade, direção de pessoas. Mas ocorre que o chefe de seção é um "administrador" de forma apenas marginal – esse é o motivo por que as chefias de seção apresentam tantos "problemas". Na fábrica ou no escritório, normalmente não se espera que os chefes de seção planejem e organizem nem assumam muita responsabilidade pela própria contribuição e resultados. Sua função é atuar de acordo com os objetivos para eles fixados por terceiros. Na fábrica típica de produção em massa, é tudo que eles podem ou devem fazer.

Por conseguinte, parece apropriado acentuar que o primeiro critério para verificar quais as pessoas da organização que possuem responsabilidades gerenciais não é o exercício do comando sobre alguém. *É a responsabilidade em relação à contribuição. O critério distintivo e o princípio organizacional devem ser constituídos pela função* e *não pelo poder.*

Mas que nome daremos a essas pessoas? Muitas organizações fizeram experiências com denominações novas ou procuraram dar um sentido novo a palavras antigas. Talvez o melhor não seja criar uma nova palavra, mas acatar o uso popular, que fala do "grupo da administração". Dentro desse grupo, haverá pessoas cujas funções abranjam a função clássica da administração – a responsabilidade pelo trabalho de terceiros. Haverá outras cujas atribuições específicas não incluam essa responsabilidade. E haverá um terceiro grupo, de certa forma ambíguo e intermediário: pessoas cujo serviço corresponda ao papel do chefe da equipe ou do "capitão" da força-tarefa, ou pessoas que acumulem a função de assessoria à alta administração e de responsabilidade pela supervisão e gerência dos funcionários de determinado setor. Alguns administradores se encontrarão em situações em que não sejam superiores, e alguns profissionais de carreira por vezes exercerão funções de "capitão" de força-tarefa.

Essa não é uma solução ideal, muito menos perfeita. Em toda organização há elementos realmente especializados que, embora sendo tudo menos funcionários comuns, também não se consideram integrantes da administração. Dedicam-se mais à sua especialização técnica ou profissional do que propriamente à organização para a qual trabalham. O psicólogo do departamento do pessoal pode preferir considerar-se simples profissional especializado, ou seja, integrante da esfera de determinada especialidade universitária – e não executivo desta ou daquela empresa (ou mesmo membro do corpo docente desta ou daquela universidade). O mesmo se passa com o especialista em computação.

Não obstante, essa definição nos leva a chamar de "administrador" todo aquele que execute tarefas próprias da administração, desfrutando ou não de poder sobre terceiros.

O QUE FAZEM OS ADMINISTRADORES?

Grande número de administradores passa a maior parte do tempo fazendo coisas que não são "administrar". O gerente de vendas prepara análises estatísticas ou acalma um cliente importante. O mestre conserta uma máquina ou preenche um relatório relativo à produção. O diretor da produção estuda uma nova distribuição das máquinas na fábrica ou experimenta novos materiais. O presidente da empresa estuda os detalhes de um empréstimo bancário ou negocia um grande contrato – ou passa horas a fio dirigindo um jantar em homenagem a funcionários de longas folhas de serviço. Todas essas coisas pertencem a determinada função. Todas são necessárias e devem ser bem executadas.

Todavia, elas não fazem parte do trabalho normal de *todos* os administradores, seja qual for sua função ou atividade, cargo ou posto. Podemos aplicar ao serviço do administrador a análise sistemática da "Administração Científica". Podemos isolar as coisas que alguém faça por ser administrador de empresa. Podemos desmembrar esse trabalho nas operações que o compõem. E qualquer pessoa pode melhorar sua atuação como administradora aprimorando seu desempenho nessas atividades.

No trabalho do administrador, encontramos cinco operações básicas. Juntas, elas resultam na integração dos recursos em um organismo viável e em desenvolvimento.

Em primeiro lugar, o administrador fixa objetivos. Diz quais devem ser eles. Resolve quais serão as metas em cada área dos objetivos. Determina o que se fará para alcançar esses objetivos. Coloca em vigor os objetivos comunicando-os às pessoas cuja atuação será necessária para alcançá-los.

Em segundo lugar, o administrador organiza. Analisa as atividades, decisões e relações necessárias. Classifica o trabalho. Desmembra-o em atividades administráveis e depois subdivide essas atividades em serviços administráveis. Agrupa essas unidades e serviços em uma estrutura organizacional. Escolhe as pessoas que administrarão tais unidades ou farão tais serviços.

A seguir, o administrador motiva e comunica. Forma uma equipe que reúna as pessoas responsáveis pelos vários serviços. Faz isso em seu relacionamento com as pessoas com quem trabalha. Faz isso através das suas "decisões sobre o pessoal", relativas à respectiva remuneração, colocação e promoção. E o faz por meio da comunicação contínua, aos e de seus subordinados, ao e de seu superior hierárquico, aos e de seus colegas. Essa é a função de ajustamento, ou integração, do administrador.

O quarto elemento básico no trabalho do administrador é a mensuração ou avaliação. O administrador fixa os alvos e medidas – e poucos fatores são tão importantes como esse ao bom desempenho da organização e de cada funcionário. Ele cuida no sentido de que cada um desses disponha de padrões de mensuração que ao mesmo tempo se encontrem em sintonia com o desempenho de toda a organização e se concentrem no trabalho de cada pessoa. O administrador analisa, avalia e interpreta a atuação de cada uma. Como faz em todas as outras áreas do seu trabalho, ele comunica aos subordinados, superiores e colegas o sentido das mensurações e conclusões.

Finalmente, o administrador forma pessoas, inclusive a si mesmo.

Cada uma dessas categorias pode ser ainda desmembrada em subcategorias, cada uma das quais poderia ser estudada em um livro separado. Acima de tudo, cada categoria exige diferentes qualidades e habilitações.

Fixar objetivos, por exemplo, é um problema de equilíbrios: o equilíbrio entre os resultados da empresa e a realização dos princípios em que se acredite; o equilíbrio entre as necessidades imediatas da empresa e as futuras; o equilíbrio entre os fins desejáveis e os meios disponíveis. Fixar objetivos é algo que claramente exige capacidade analítica e poder de síntese.

Também para organizar se faz necessária a capacidade analítica. Pois ela requer a máxima economia no uso dos recursos escassos. Mas trata com seres humanos, e portanto está sujeita ao princípio da justiça e exige integridade. Tanto a capacidade analítica como a integridade são igualmente necessárias para formar pessoas, mas para formá-las é preciso contar também com a percepção e a compreensão humana.

A habilidade necessária para motivar e comunicar é basicamente social. Em vez da análise, o que se faz preciso é a integração e a síntese. A justiça predomina como o princípio, sendo a economia secundária, no caso. E a integridade é muito mais importante do que a capacidade analítica.

Medir exige, antes de mais nada, capacidade analítica.

Mas exige também que a medição seja usada para possibilitar o autocontrole e não para abusar do controle sobre terceiros, externamente e "de cima" – isto é, para dominá-las. De modo geral, é a costumeira infringência desse princípio que explica o motivo por que no trabalho do administrador de hoje a mensuração se apresenta como o setor mais fraco. Às vezes, por exemplo, as mensurações são usadas como armas de uma política secreta interna que fornece ao "chefão" resultados de auditorias e apreciações críticas à atuação de determinado administrador sem sequer enviar a este uma cópia de carbono. Enquanto se abusar das mensurações, utilizando-as como instrumento para controle, elas continuarão a constituir a área mais delicada da atuação do administrador.

Fixar objetivos, organizar, motivar e comunicar, mensurar e ainda formar pessoas, são categorias formais, classificadoras. Só a experiência do administrador pode conferir-lhes vida e torná-las concretas e expressivas. Por serem formais, porém, elas se aplicam a todo administrador e a tudo que ele faça como administrador. Portanto, podem ser utilizadas por todos os administradores para avaliar a própria aptidão e desempenho e para trabalhar sistematicamente em aprimorar a si próprio e ao seu desempenho.

A capacidade de fixar objetivos não faz o administrador, da mesma forma como a capacidade de dar um pequeno nó num espaço restrito não faz o cirurgião. Mas sem a capacidade de fixar objetivos ninguém poderá tornar-se bom administrador, exatamente como ninguém poderá efetuar uma boa operação sem saber dar nós minúsculos. E como o cirurgião melhora aprimorando sua técnica de dar nós, também o administrador melhora aprimorando suas aptidões e desempenho em todas as categorias do trabalho.

O RECURSO DO ADMINISTRADOR: GENTE

O administrador trabalha com um recurso específico: gente. Trata-se de um recurso "sui generis", que exige determinadas qualidades de quem tente trabalhar com ele.

"Trabalhar" com gente significa sempre formá-la. O rumo que tomar essa formação determinará se essa gente – quer como pessoas, quer como recurso – se tornará mais produtiva ou deixará de vez de ser produtiva. Isso se aplica (ponto que nunca será realçado demais) não só a quem esteja sendo dirigido como também ao próprio administrador. O fato de ele dedicar-se corretamente a aprimorar seus subalternos, ajudando-os a desenvolver-se e a tornar-se melhores e mais completos, determinará se ele próprio se desenvolverá, se crescerá ou será rebaixado, se se tornará mais completo ou mais deficiente, se melhorará ou piorará.

Pode-se adquirir certas habilidades dirigindo seres humanos – como a de presidir reuniões ou conduzir entrevistas. Pode-se fixar métodos que levem ao aperfeiçoamento – da estrutura das relações entre o administrador e seu subordinado, do sistema de promoções e de recompensas e incentivos oferecidos pela organização. Tudo isso dito e feito, entretanto, além de aprimorar pessoas, requer do administrador uma qualidade básica, que não pode ser criada através do fornecimento de aptidões ou de ressaltar-se a importância da tarefa: a integridade de caráter.

Dá-se hoje um tremendo destaque a apreciar as pessoas, ajudá-las, dar-se bem com elas, como qualidades básicas para o administrador. Mas sozinhas essas qualidades nunca serão suficientes. Em toda organização bem-sucedida há chefes que não apreciam as pessoas em geral, que não as ajudam e não se dão bem com elas. Frios, exigentes e desagradáveis, eles geralmente ensinam e aprimoram mais gente do que quaisquer outros. Impõem mais respeito do que o chefe mais simpático. Exigem um desempenho impecável de si mesmos e de seus subordinados. Fixam padrões rigorosos e esperam que eles sejam cumpridos à risca. Só levam em conta o que está certo, nunca quem está certo. E embora eles próprios sejam brilhantes, jamais colocam o fulgor intelectual dos outros acima da integridade. O administrador que não possua essas qualidades de caráter – por mais simpático, prestativo ou amável que seja e até por mais capacitado ou brilhante que seja – constituirá uma ameaça e não se ajustará ao seu papel.

Pode-se analisar sistematicamente aquilo que o administrador faz. Pode-se aprender aquilo que o administrador deve ser capaz de fazer. Uma qualidade, porém, o administrador não poderá adquirir, pois tem que trazê-la consigo. E essa não é a genialidade: é o caráter.

ADMINISTRAÇÃO: EXERCÍCIO E NÃO CIÊNCIA

Nos últimos cinquenta anos, todo país desenvolvido virou uma sociedade composta de entidades. Qualquer obrigação social de importância, seja o desempenho econômico ou a assistência médica, a instrução ou a proteção ambiental, a procura de novos conhecimentos ou a segurança nacional, é hoje em dia confiada a organizações destinadas a perpetuar-se e dirigidas por administração própria. Do desempenho dessas entidades depende cada vez mais o bom funcionamento da sociedade moderna – se não a própria subsistência de cada um de nós. O desempenho e a sobrevivência da entidade dependem do desempenho da sua administração.

Os cidadãos têm interesse direto no bom desempenho dos administradores e da administração como um todo. Entre dez pessoas que continuem estudando após o curso secundário, nove trabalham como funcionárias de organizações. Sua eficácia, desempenho, satisfação, realização e crescimento como seres humanos dependem em grande parte do desempenho da administração da entidade empregadora. E um grande número desses próprios "trabalhadores intelectuais" acabará sendo administrador também, de maneira que sua capacidade de desempenho e de realização dependerá dos conhecimentos que adquirir sobre a administração e da capacidade que demonstrar como seu praticante.

Em vista disso, seria agradável falar da administração como "ciência". Na verdade, porém, achar que a administração possa ser plenamente "ciência" só pode acarretar danos.

Não há dúvida de que o trabalho do administrador pode ser sistematicamente analisado e classificado. Ou seja, a administração contém traços profissionais distintos e certo aspecto científico. A capacidade de administrar não é apenas uma questão de experiência, palpite ou habilidade nata. Qualquer pessoa de inteligência normal pode analisar, organizar sistematicamente e aprender seus elementos e exigências. Em seu conjunto, este livro propõe-se sustentar que os dias do administrador "intuitivo" estão contados. Ele parte da suposição de que em todas as áreas e escalões da administração – desde o estágio inicial até o nível do executivo de alguma gigantesca corporação multinacional – os administradores podem melhorar seu desempenho através do estudo sistemático de certos princípios, da aquisição de conhecimentos organizados e da contínua análise do desempenho em todos os setores do serviço. Nada será capaz de prestar à capacidade, à eficácia e ao desempenho uma contribuição tão grande como o administrador. E subjacente a esse tema encontra-se a convicção de que a influência do administrador sobre a sociedade moderna e seus cidadãos é tão grande que dele exige a autodisciplina e os elevados padrões de trabalho do verdadeiro profissional.

Contudo, a prova acabada da administração é seu desempenho. E a realização e não o saber que se impõe por necessidade, como alvo e como comprovação. Embora contenha certos elementos de ciência e de profissão, a administração constitui mais exercício que qualquer outra coisa. Se procurássemos "profissionalizar" a administração limitando seu acesso a pessoas portadoras de grau universitário especial, só danos à sociedade e à economia causaríamos. A consequência final seria a substituição dos administradores por burocratas, bem como a sufocação das inovações, do espírito de empreendimento e da criatividade.

De qualquer forma, nossos conhecimentos ainda são restritos demais para podermos colocar a administração na camisa de força de uma "ciência" ou transformar o exercício da administração em monopólio profissional licenciado. Pois o estudo da administração não é mais antigo do que ela própria – o que significa que apenas se iniciou.

Não obstante, já sabemos muitas coisas – embora, como este livro deixará claro, as áreas da ignorância e da procura superem as áreas em que possuímos conhecimentos verdadeiramente sólidos e comprovados, além da "resposta correta".

Em primeiro lugar, sabemos que muitas são as coisas que, por mais plausíveis que pareçam, *não* funcionam no exercício da administração. Sabemos que a administração não se restringe a determinado país ou cultura. Na verdade, um século atrás, quando surgiram as primeiras organizações administradas – a estrada de ferro transcontinental, nos Estados Unidos, por exemplo – em muitos países havia gente disposta a encarar a administração como exercício e como matéria escolar. Nos anos seguintes à Segunda Guerra Mundial, por vezes pareceu a numerosos observadores que a administração era uma invenção norte-americana. Foi um erro – logo comprovado pela rápida recuperação da Europa Ocidental e Japão. A função da administração, seu trabalho, suas tarefas e suas dimensões são universais, não variam de país para país. Mas o modo de executar esse trabalho sofre forte influência das características de cada país, de suas tradições e história – sendo por vezes determinado por elas, em áreas da importância das relações entre o governo e a administração das empresas, do que os dirigentes podem fazer ou não, e da estrutura da administração de cúpula.

A administração constitui função social, enraizada na tradição dos valores, hábitos, crenças e sistemas governamentais e políticos. A administração é – e deve ser – condicionada pela cultura; por sua vez, a administração e os administradores moldam a cultura e a sociedade. Dessa forma, embora constituindo um conjunto organizado de conhecimentos e como tal aplicável por toda parte, a administração constitui também "cultura". Não é uma ciência "liberta de valores".

Acima de tudo, sabemos que os administradores exercem a administração. Eles não exercem a economia. Não exercem a quantificação. Não exercem as ciências do comportamento. Essas outras coisas constituem instrumentos para os administradores, mas eles não exercem a economia mais do que os médicos efetuam testes sanguíneos; não operam com as ciências do comportamento mais do que os biólogos com o microscópio, não trabalham com a quantificação mais do que os advogados com os antecedentes. Os administradores exercem a administração.

Dessa forma, há aptidões gerenciais específicas que dizem respeito à administração e a nenhuma outra disciplina escolar. Uma delas é a comunicação no interior das organizações. Outra é tomar decisões em condições de incerteza. E há uma capacidade absolutamente específica ao empreendimento: a de planejar estrategicamente.

Como disciplina escolar, a administração apresenta seus problemas básicos, seus métodos específicos e suas preocupações próprias. O administrador que compreenda a disciplina da administração e que possua apenas capacidade mínima no tocante às aptidões e equipamentos gerenciais ainda assim apresentará desempenho eficaz – podendo ser até um administrador de primeira classe. Já o que possua apenas as habilidades e as técnicas, sem entender os pontos fundamentais da administração, não será administrador, mas mero técnico.

A administração é exercício, não ciência. A esse respeito, ela pode comparar-se com a medicina, a advocacia e a engenharia. Não é conhecimento, mas desempenho. Além disso, não representa a aplicação do bom senso, ou da liderança, menos ainda da manipulação financeira. Seu exercício baseia-se no conhecimento e na responsabilidade.

NOTA: AS RAÍZES E A HISTÓRIA DA ADMINISTRAÇÃO

Obras recentes sobre a administração dão a impressão de que seus autores acham que ela tenha sido inventada nas últimas décadas, da Segunda Guerra Mundial para cá, e nos Estados Unidos. É bem verdade que antes da Segunda Guerra Mundial o interesse pela administração e seu estudo limitava-se a pequenos grupos. O interesse popular pela administração como disciplina escolar e campo de estudo – por vezes chamado o "surto de expansão da administração" – é bastante recente. Contudo, tanto no aspecto do exercício prático como no do campo de estudo, a administração apresenta uma história respeitável em numerosos países. Suas origens datam de quase duzentos anos atrás.

Quando os primeiros economistas – de Adam Smith (1723-1790) a Karl Marx (1818-1883) – escreveram suas obras, a administração não existia ainda. Para eles, a economia era impessoal e governada por forças econômicas objetivas. Como diz um moderno expoente da tradição clássica, o anglo-norte-americano Kenneth Boulding (nascido em 1910): "A economia trata do comportamento das mercadorias e não do comportamento dos homens". Ou, na visão de Marx, as leis impessoais da história é que dominariam. Tudo que a humanidade poderia fazer seria adaptar-se a elas. Na melhor das hipóteses, ela poderia elevar ao grau ótimo aquilo que a economia possibilitasse; na pior das hipóteses, poderia antepor-se às forças econômicas e desperdiçar recursos. O último dos grandes economistas clássicos ingleses, Alfred Marshall (1842-1924) realmente acrescentou a administração aos fatores produtivos – a terra, o trabalho e o capital. Foi porém uma concessão feita sem grande convicção. A administração continuaria a não constituir fator primordial.

Desde o início, contudo, houve uma interpretação diferente, que colocava o administrador no centro da economia e ressaltava suas tarefas gerenciais de tornar produtivos os recursos. J. B. Say (1767-1832), o brilhante economista francês, foi um dos primeiros adeptos de Adam Smith. Mas na sua própria obra os fatores produtivos não constituem elemento central. É o empreendedor – "entrepreneur", palavra inventada por Say – que dos investimentos menos produtivos direciona os recursos para os mais produtivos, dessa maneira criando a riqueza. Say foi seguido pelos "socialistas utópicos" da tradição francesa, especialmente François Fourier (1772-1837) e o Conde de Saint-Simon (1760-1825), gênio excêntrico. Naquela época, não havia grandes organizações, nem administradores, mas Fourier e Saint-Simon previram o que aconteceria e "descobriram" a administração antes mesmo que ela existisse. Em particular, Saint-Simon viu o advento da organização. E divisou a tarefa de tornar produtivos os recursos e de erigir estruturas sociais. Ele prenunciou as tarefas do administrador.

Foi por causa da importância que os franceses atribuíram à administração como força própria e distinta, que pode atuar independentemente dos fatores produtivos, assim como das leis da história, que com tanta veemência Marx os denunciou. Mas foram os franceses – e especialmente Saint-Simon – que na realidade fixaram os caminhos básicos e os conceitos fundamentais em que se estruturou toda a economia socialista. Por mais que os russos invoquem hoje o nome de Marx, seu verdadeiro antepassado espiritual foi Saint-Simon.

Também nos Estados Unidos a administração desde logo foi considerada de fundamental importância. O famoso *Report on Manufactures* (Relatório sobre as Indústrias), de Alexander Hamilton (1757-1804), começa com Adam Smith, mas logo depois Hamilton passa a dar maior importância ao papel construtivo, objetivo e sistemático da administração. Mais do que nas forças econômicas, ele via na administração a mola propulsora do desenvolvimento econômico e social; e, na organização, o veículo do progresso econômico. Seguindo-o, na famosa obra *American System* (Sistema Americano), Henry Clay (1777-1852) apresentou o que se poderia chamar o primeiro projeto para um desenvolvimento econômico sistemático.

Um pouco mais tarde, Robert Owen (1771-1858), industrialista escocês, tornou-se o primeiro administrador. Na tecelagem que possuía, em seu país, na década de 1820 ele pela primeira vez enfrentou os problemas da produtividade e da motivação, das relações do trabalhador com o trabalho, com a empresa e com a administração – até hoje pontos básicos na área. Com Owen, o administrador toma a figura de uma pessoa real. Mas seus sucessores demoraram para aparecer.

O ADVENTO DA GRANDE ORGANIZAÇÃO

Em primeiro lugar ocorreria o advento da grande organização. E ocorreria simultaneamente em dois locais – por volta de 1870. Na América do Norte, a estrada de ferro transcontinental apresenta-se como problema de administração. No continente europeu, o "banco universal" – empresarial em seus alvos, nacional em suas dimensões e provido de múltiplas sedes – torna obsoletas as estruturas e as ideias tradicionais, passando a exigir a administração.

Henry Towne (1844-1924), nos Estados Unidos, apresenta sua resposta, especialmente no trabalho *The Engineer as Economist* (O Engenheiro como Economista). Towne delineou o que se poderia chamar o primeiro programa de administração. Formulou perguntas básicas: a eficácia em relação à eficiência; a organização do trabalho em relação à organização dos trabalhadores; o valor fixado pelo mercado e pelo consumidor, em relação à realização técnica. Com Towne, inicia-se a preocupação sistemática pela relação entre as tarefas da administração e o trabalho por ela executado.

Mais ou menos na mesma época, ao fazer do "Deutsche Bank", na Alemanha, a principal entidade financeira da Europa Ocidental, Georg Siemens

(1839-1901) seria o primeiro a estruturar uma alta direção eficaz, o primeiro a meditar nas funções que caberiam à alta direção e o primeiro a enfrentar os problemas básicos da comunicação e da informação na grande organização.

No Japão, Eiichi Shibusawa (1840-1931), estadista que virou empresário destacado, nas décadas de 1870 e seguinte, foi o primeiro a formular perguntas fundamentais acerca do relacionamento entre a empresa privada e as metas do País, bem como entre as necessidades das empresas e a ética pessoal. Enfrentou sistematicamente a questão da formação da administração. Shibusawa seria o primeiro a vislumbrar a figura do administrador *profissional*. A ascensão do Japão à liderança econômica, neste século, deve-se em grande parte às ideias e ao trabalho de Shibusawa.

Algumas décadas depois, nos anos anteriores e posteriores ao início do século, estruturaram-se todas as grandes aberturas à administração moderna. Uma vez mais, esses acontecimentos ocorreram em numerosos países e independentemente entre si.

Na década de 1880, Frederick W. Taylor (1856-1915), famoso engenheiro autodidata norte-americano, iniciou seus estudos sobre o trabalho. Hoje em dia, é moda menosprezar Taylor e desacreditar sua psicologia antiquada, mas Taylor foi o primeiro homem da história a não aceitar o trabalho como favas contadas, examinando-o e estudando-o a fundo. A maneira como encarou o trabalho continua a ser o alicerce básico desse estudo. E embora no seu modo de ver o trabalhador tenha sido inquestionavelmente um homem do século dezenove, Taylor partiu de objetivos sociais e não da técnica ou do lucro. O que levou Taylor ao seu trabalho e sempre o motivou foi, em primeiro lugar, o desejo de libertar o trabalhador do fardo do trabalho excessivo, que destrói tanto o corpo como a alma. Depois, foi sua esperança de possibilitar a colocação de uma vida digna ao alcance do trabalhador, por meio de sua maior produtividade no serviço.

Mais ou menos na mesma época, Henri Fayol (1841-1925), diretor geral de uma mina de carvão francesa que para o tempo era uma grande empresa, pela primeira vez pensou em uma estrutura para a organização e elaborou o primeiro enfoque racional da organização da empresa: o princípio funcional. Na Alemanha, Walter Rathenau (1867-1922), com experiência anterior em uma grande empresa, perguntava: "Qual é o lugar da grande empresa no contexto da sociedade moderna e da nação moderna? Qual é a influência que ela exerce sobre ambas? E quais são suas principais contribuições e suas responsabilidades básicas?" A maioria das perguntas que atualmente são formuladas sobre as responsabilidades sociais das empresas foi pela primeira vez levantada e considerada por Rathenau nos anos que precederam a Primeira Guerra Mundial. Ainda na Alemanha, nessa mesma época, uma nova disciplina escolar, chamada "Betriebswissenschaft" (literalmente, a ciência da empresa), foi instituída por homens da estirpe de Eugen Schmalenbach (1873-1955). As ciências da administração que daí para cá apareceram – a contabilidade da administração, a pesquisa operacional, a teoria das decisões e assim por diante – são em grande parte prolongamentos, embora de modo geral inconscientes, da "Betriebswissenschaft" daqueles anos que antecederam a primeira conflagração mundial. E nos Estados Unidos o alemão Hugo Muensterberg (1863-1916) seria o primeiro a tentar aplicar as ciências sociais e do comportamento humano, especialmente a psicologia, à moderna organização e administração.

O PRIMEIRO SURTO DA ADMINISTRAÇÃO

Após a Primeira Guerra Mundial, surgiu o que se pode dizer o primeiro surto da administração. Foi deflagrado praticamente por dois dos mais conceituados estadistas da época, o norte-americano Herbert Hoover (1874-1964) e o checo Thomas J. Masaryk (1850-1937). Hoover, o engenheiro quacre, projetara-se em todo o mundo aplicando os princípios da administração à primeira operação de ajuda externa maciça da história. Ele planejou a alimentação de centenas de milhares de pessoas famintas: a primeira vez antes da entrada dos Estados Unidos na Primeira Guerra Mundial, em sua Operação de Ajuda à Bélgica, e a segunda após o término da conflagração, nas operações de auxílio à Europa Central e Oriental. Masarky, porém, o historiador que se tornou o primeiro presidente da nova República Checoslovaca, foi quem concebeu a ideia de que a administração seria capaz de restaurar as economias da Europa depois de arrasadas pela guerra – ideia que só se concretizaria vinte e cinco anos depois com o Plano Marshall, após a Segunda Guerra Mundial. Esses dois homens fundaram o movimento internacional de administração e procuraram mobilizar a administração como força social de grande importância.

Mas o período que transcorreu entre as duas Grandes Guerras não foi propício a essa ideia. Período marcado pela estagnação, nele o máximo que qualquer governo ou economia – excetuados os dos EUA – podia desejar alcançar era a volta ao que havia existido. Rapidamente, o mundo viu-se envolvido por tensões políticas, sociais e econômicas cada vez maiores que tanto toldavam a visão dos homens como paralisavam sua vontade.

A OBRA DAS DÉCADAS DE 1920 E 1930

O primeiro surto da administração fracassou redondamente. Suas grandes esperanças viram-se substituídas pela frustração. No entanto, por trás de sua evidente estagnação a obra prosseguia. Foi nessa quadra que se lançaram as pedras fundamentais do arrebatador surto que experimentaria a administração após a Segunda Guerra Mundial.

No início da década de 1920, na Du Pont Company, Pierre S. Du Pont (1870-1954), seguido por Alfred P. Sloan Jr. (1875-1966) na General Motors, lançava o princípio organizacional em que deveriam basear-se as novas "grandes empresas": o princípio da descentralização. Du Pont e, mais ainda, Sloan foram também os primeiros a apresentar modos sistemáticos de encarar os objetivos empresariais, a estratégia empresarial e o planejamento estratégico. Também nos Estados Unidos, a Sears-Roebuck – dirigida inicialmente por Julius Rosenwald (1862-1932) e depois por Robert E. Wood (1879-1969) – seria a primeira empresa a basear-se no marketing. Logo depois, na Europa, os arquitetos da fusão anglo-holandesa que resultaria nas empresas Unilever traçaram aquilo que até hoje pode bem constituir a mais evoluída estrutura de uma empresa multinacional, enfrentando o problema de planejar esse tipo de empresa e seu marketing.

Também como disciplina escolar o marketing alcançou o maior desenvolvimento nos Estados Unidos. O casal Frank e Lillian Gilbreth (1868-1924 e 1878-1972) e Henry Gantt (1861-1919) continuaram os trabalhos de Taylor. Na Inglaterra, considerando suas experiências como comandante militar na Primeira Guerra Mundial, Ian Hamilton (1853-1947) compreendeu a necessidade de procurar um equilíbrio entre a estrutura formal e as diretrizes que dão "alma" à organização. Dois norte-americanos, Mary Parker Follett (1868-1933) e Chester Barnard (1886-1961) foram os primeiros a estudar o processo de tomar decisões nas organizações, as relações entre as organizações formais e não formais e o papel e função do executivo. Cyril Burt (1883-1972) e o australiano Elton Mayo (1880-1949), o primeiro na Inglaterra e o segundo trabalhando na Universidade de Harvard, criaram, respectivamente, a psicologia industrial e as relações humanas, e as aplicaram à empresa e à administração.

Como disciplina escolar, a administração começou também a ser ensinada no período entre as duas guerras mundiais. Na década de 1930, a Harvard Business School criou cursos de administração – embora voltados primordialmente para a administração da produção. E na mesma época o Massachusetts Institute of Technology abriu cursos de especialização em administração para jovens executivos já na carreira.

O norte-americano James McKinsey (1889-1937) e o inglês Lyndall F. Urwick (nascido em 1891) deram início à assessoria da administração, ou seja, uma consultoria não mais limitada aos problemas técnicos, mas que tratava também das preocupações gerenciais fundamentais, como a política empresarial e a organização da administração. Urwick também classificou e codificou todas as obras escritas até a época sobre a estrutura da administração e as funções do executivo.

CONSIDERAÇÕES FINAIS

Em um século, a nossa sociedade transformou-se em sociedade composta de organizações. As organizações dependem de seus administradores, são construídas por eles, dirigidas e mantidas coesas por eles, e por eles postas a desempenhar-se. Quando crescem além de determinado ponto, as organizações precisam de administradores que as dirijam profissionalmente. Ou seja, uma administração ancorada a certa disciplina e informada pelas necessidades objetivas da organização e seu pessoal, não uma administração baseada na propriedade ou na nomeação política. Toda organização precisa de gente – administradores – que se encarregue do trabalho específico de sua administração: planejar, organizar, ajustar, mensurar e, com relação ao seu pessoal, formá-lo. Toda organização precisa de administradores que se responsabilizem pela contribuição que lhe cabe prestar. O que caracteriza o administrador é a responsabilidade por essa contribuição, e não o escalão ou posto que ocupe nem as pessoas que comande. E sua necessidade básica é a integridade, não a genialidade.

PERGUNTAS

1. Anteriormente, o administrador era definido como alguém responsável pelo trabalho de terceiros. Por que essa definição não mais se aplica?
2. Quais são as cinco operações básicas que compõem o trabalho do administrador?
3. Por que a administração não deve ser considerada ciência?
4. Qual foi a contribuição do Conde de Saint-Simon à elaboração da moderna concepção da administração?
5. Por que as empresas em grande crescimento que queiram ser bem-sucedidas devem passar da estrutura baseada na propriedade para a estrutura baseada na administração?
6. Por que o rápido crescimento dos empregos para os profissionais que prestam colaboração pessoal criou um problema para as organizações que aceitavam a definição tradicional da administração?
7. Qual a qualidade básica que o administrador deve possuir para ser bem-sucedido em formar pessoas? Por que ser "simpático" não constitui substitutivo adequado para essa qualidade?
8. Qual é o teste final para a administração?
9. Você é capaz de pensar em um exemplo do elo entre a cultura de um país e como a administração é nele exercida?
10. A administração é alguma vez livre em relação aos valores?
11. Por que o serviço do administrador se compara com o do advogado ou do médico?
12. Qual foi o engenheiro norte-americano que começou a estudar o trabalho?
13. Quando ocorreu o primeiro surto de expansão da administração? Quais foram os homens que deflagraram esse surto?

***

Nota do tradutor:

Parece curioso que – como se vê ao início desta Introdução – Taylor incluísse os proprietários da empresa entre os "managers" (cuja primeira tradução para o português seria "administradores", como o seria "administração" para "management"). Pode se entender que ele desse ao termo mais a acepção de quem exerce a direção, simplesmente, e não a de quem "administra" no sentido de dirigir por delegação do proprietário.

O próprio Drucker, porém, neste mesmo capítulo, no tópico "O que é a administração?", menciona não só a dificuldade de entender, mas a própria dificuldade de *traduzir* essas duas palavras. Para melhor compreensão, convém citar na língua original:

"The word 'management' is centuries old. But to apply it to the governing organ of an institution and particularly to a business enterprise is specifically American – and the American meaning of 'management' has no counterpart in any other language. (The English usually speak of 'the Board' or 'the executive,' when Americans speak of 'management'). Management denotes both a function and the people who discharge it. It denotes a social position and authority, but also a discipline and field of study."

Trecho esse que traduzimos da seguinte forma:

"A palavra inglesa 'management' tem séculos de antiguidade. Mas sua aplicação ao órgão de comando de uma entidade e particularmente da empresa privada é especificamente norte-americana – e o significado norte-americano de 'management' não tem correspondente em qualquer outra língua. [Enquanto nos Estados Unidos se fala de 'management', na Inglaterra costuma-se falar de "The Board' (o Conselho, a Diretoria) ou 'the executive' (o executivo, o poder executivo)]. 'Management' indica tanto uma função como a pessoa que a desempenha. Indica posição e autoridade social, mas também uma disciplina escolar e um campo de estudo."

E o Autor aprofunda o tema no parágrafo seguinte:

"Even in American usage, 'management' is not an easy term, for institutions other than business do not speak of management or managers, as a rule. Universities or government agencies have administrators, as have hospitals. Armed services have commanders. Other institutions speak of executives, and so on."

Trecho que traduzimos da seguinte forma:

"Mesmo no sentido norte-americano, não é fácil empregar a palavra 'management', pois as organizações não empresariais não falam, em regra, nem de 'management' nem de 'managers'. As universidades e os organismos públicos possuem 'administrators', como os possuem os hospitais. As forças armadas possuem seus 'commanders'. Outras entidades falam de 'executives' etc."

Aprecie-se aí a anteposição entre "manager" e "administrator".

E o Autor acentua ainda, ao falar de "Quem são os administradores?":

"Quando perguntada sobre o que entende por 'administrador', muita gente responderá 'o patrão.'"

Quem supunha que a melhor tradução para "manager" fosse administrador, e administração para "management", poderá meditar nesta declaração do Autor, no Capítulo 2 ("Administração e espírito de empreendimento"):

"Managers always have to administer" (Quem dirige deve sempre administrar).

E ainda, nas "Considerações finais" do Capítulo 2:

"Managers always have to be stewards of what already exists; they have to be administrators." (Os dirigentes precisam sempre ser os mordomos daquilo que já existe; precisam ser administradores.)

Falando da Sears, no Capítulo 3, o autor menciona o "Wood's favorite management tool" (o instrumento de direção favorito de Wood). Claramente, aí, "management" não tem qualquer relação com a "direção por delegação do proprietário", já que Wood não era desprovido de propriedade. E parece-nos que no Brasil a ideia da mera *direção* da empresa prevalece, de forma geral, à da "direção por delegação do proprietário"; no uso frequente, esta última ideia parece-nos mais distante até no nosso meio empresarial.

Apreciações desse tipo, aliás, talvez pudessem ser feitas também a respeito de outras palavras correntes neste texto e semelhantes, como: "business", "businessman", "enterprise", "entrepreneur", "company" "corporation", "work", "labor" "job", "task", "industry" etc. Traduzir não é propriamente fácil.

PARTE I

O DESEMPENHO DA EMPRESA

Não dispomos ainda de uma verdadeira teoria sobre a empresa nem de qualquer disciplina integrada a respeito da sua administração. Mas sabemos o que é a empresa e quais são suas funções básicas. Compreendemos as funções do lucro e as exigências da produtividade. Toda empresa precisa meditar demoradamente na pergunta "Qual é o nosso ramo e qual deve ser?". Partindo da declaração de sua missão e finalidade, a empresa deve traçar objetivos em uma série de áreas básicas e confrontar esses objetivos uns com os outros e em relação às demandas concorrentes de hoje e do amanhã. A empresa precisa transformar os objetivos em estratégias concretas e nelas concentrar seus recursos. Ela precisa, portanto, tomar decisões hoje em termos de planejamento estratégico que impactarão na empresa do amanhã.

CAPÍTULO 2

AS DIMENSÕES DA ADMINISTRAÇÃO

As empresas privadas – assim como as entidades públicas de prestação de serviços – são órgãos da sociedade. Não existem para si mesmas, e sim para atender a uma finalidade social específica e atender a uma necessidade específica da sociedade, da comunidade ou da pessoa. Não constituem fins em si mesmas, apenas meios. A pergunta correta que se deve formular a seu respeito não é: "Que são elas?", mas: "Que se supõe que estejam fazendo e quais são suas tarefas?".

Por sua vez, a administração é o órgão da entidade. Não tem função em si mesma, e, na verdade, não tem existência em si mesma. A administração divorciada da entidade a que serve não é administração.

Três tarefas – igualmente importantes, mas essencialmente diferentes entre si – colocam-se diante da administração de toda organização.

- meditar demoradamente na finalidade e missão específicas da entidade (trate-se de empresa privada, de hospital ou de universidade) e especificá-las;
- fazer com que o trabalho seja produtivo e o trabalhador se realize;
- conduzir as repercussões sociais e as responsabilidades sociais da organização.

Essas podem ser ditas as dimensões da administração.

A FINALIDADE E A MISSÃO

Toda entidade existe para cumprir determinada finalidade e missão, uma função social específica. Na empresa privada, essa função traduz-se no desempenho econômico.

Com respeito a essa primeira tarefa, a do desempenho específico, as entidades empresariais diferem das não empresariais. Já com respeito a todas as demais, assemelham-se a elas. Mas só a empresa tem no desempenho econômico sua atividade específica. Por definição, a empresa existe para o desempenho econômico. Todas as outras entidades – os hospitais, as igrejas, as universidades ou as forças armadas – veem no aspecto econômico uma limitação. O orçamento fixa limites àquilo que essas entidades e seus dirigentes podem fazer. A empresa privada tem no desempenho econômico seu fundamento lógico e sua finalidade.

Embora não constituindo, de modo algum, a única tarefa a ser cumprida na sociedade, a tarefa da empresa é prioritária, porque todas as outras tarefas sociais - a instrução, a assistência à saúde, a segurança e a progressão do saber - dependem do superávit dos recursos econômicos. Só o desempenho econômico bem-sucedido pode gerar lucros e outras poupanças. Quanto mais desejarmos essas outras satisfações e quanto maior valor lhes atribuirmos, maior será a nossa dependência em relação ao desempenho econômico das empresas.

Em toda decisão e atuação, a administração da empresa deve sempre colocar seu desempenho econômico em primeiro plano. Ela só poderá justificar sua existência e autoridade através dos resultados econômicos que gerar. A administração da empresa terá falhado se deixar de produzir esses resultados econômicos. Terá falhado se não fornecer os bens e serviços desejados pelo consumidor ou usuário por um preço que eles estejam dispostos a pagar. Terá falhado se não melhorar (ou pelo menos se não a mantiver) a capacidade de geração de riquezas dos recursos econômicos a ela confiados E isso, seja qual for a estrutura econômica ou política ou ideológica do país, significa ser responsável pela rentabilidade

O primeiro ponto a considerar na administração da empresa é que ela constitui um órgão econômico, o órgão especificamente econômico da sociedade industrial. Cada ato, cada decisão, cada deliberação da administração tem no desempenho econômico sua primeira dimensão.

Mas há um ponto fundamental a cujo respeito a administração da empresa não difere da administração de outras entidades: ela precisa *dirigir*. E dirigir não é um comportamento meramente passivo e adaptador; significa tomar medidas para fazer com que os resultados desejados aconteçam.

Os primeiros economistas conceberam o comportamento do empresário como puramente passivo; o êxito da empresa era conseguido através de sua adaptação rápida e inteligente aos acontecimentos externos que se verificavam em uma economia modelada por forças impessoais e objetivas, não submetidas ao controle do empresário nem influenciadas pelas suas reações a elas. Essa ideia seria a do que poderíamos chamar "negociante". Mesmo não sendo ele considerado parasita, suas contribuições eram vistas como puramente mecânicas: o deslocamento de recursos para um uso mais produtivo. Hoje, os economistas veem o empresário fazendo escolhas racionais entre caminhos alternativos de atuação. Já não é mais aquela ideia mecanicista; evidentemente, suas escolhas exercem influência real sobre a economia. Contudo, esse "empresário" do economista – a figura subjacente à "teoria da firma", predominantemente econômica, e ao teorema da "elevação dos lucros ao máximo" – reage ainda aos acontecimentos econômicos. Ele ainda é passivo, ainda se adapta – embora podendo escolher entre vários caminhos para adaptar-se. Basicamente, essa é a concepção do "investidor" ou do "financista", não do dirigente.

Naturalmente, sempre é importante adaptar-se com rapidez, inteligência e racionalidade às alterações econômicas. Mas dirigir implica responsabilidade em procurar modelar o ambiente econômico; em planejar, iniciar e levar adiante alterações nesse ambiente; e em constantemente alargar os limites que as circunstâncias econômicas impõem à capacidade de contribuição da empresa. O possível (as "condições econômicas" do economista) constitui, portanto, apenas um polo da direção da empresa. O outro polo é representado pelo que se apresenta como desejável no âmbito do interesse da economia e da empresa. E embora a humanidade nunca possa realmente "dominar" o ambiente, embora ela seja sempre mantida dentro da apertada compressão das possibilidades, cabe à direção a tarefa específica de transformar aquilo que é desejável em possível, primeiro, depois em realidade. A administração não é mera criatura da economia; é também criadora. E é apenas na medida em que domine as circunstâncias econômicas e as altere, através de atos conscientemente conduzidos, que ela realmente dirige. Administrar uma empresa significa, portanto, *administrá-la por objetivos.*

O TRABALHO PRODUTIVO E A REALIZAÇÃO DO TRABALHADOR

A segunda tarefa da administração é fazer com que o trabalho seja produtivo e o trabalhador se realize. A empresa privada (ou qualquer outra entidade) possui um único recurso verdadeiro: as pessoas. Ela se desempenha tornando produtivos seus recursos humanos. Ela consegue seu desempenho por meio do trabalho. Tornar o trabalho produtivo é, portanto, sua função básica. Ao mesmo tempo, porém, na sociedade de hoje essas entidades estão constituindo cada vez mais os meios pelos quais os seres humanos buscam seu sustento, encontram seu acesso a uma posição social, à comunidade e à realização e satisfação pessoais. Fazer com que o trabalhador se realize é, pois, cada vez mais importante, além de constituir medida do desempenho da entidade. É, cada vez mais, uma tarefa da administração.

Organizar o trabalho de acordo com a sua lógica constitui apenas o primeiro passo. O segundo, e muito mais difícil, é tornar o trabalho apropriado aos seres humanos – e a lógica dos seres humanos difere radicalmente da do trabalho. Fazer com que o trabalhador se realize implica considerar o ser humano um organismo possuidor de propriedades, habilitações e limitações fisiológicas e psicológicas que lhe são peculiares. Implica considerar os recursos humanos como pessoas e não como coisas, e como pessoas que – ao contrário de qualquer outro recurso – têm personalidade, cidadania e controle sobre se, quanto e quão bem trabalha, exigindo assim responsabilidade, motivação, participação, satisfação, incentivos e recompensas, liderança, posição e função.

A administração, e só ela, é capaz de satisfazer a essas exigências. Pois os trabalhadores (operadores de máquinas ou vice-presidentes executivos) devem colher sua satisfação através da realização no trabalho e no emprego – isto é, no interior da empresa; e a administração é o órgão que impele a empresa.

Por definição, a empresa deve ser capaz de produzir mais ou melhor do que todos os recursos que a compõem. Ela deve constituir um todo genuíno: maior que a soma das partes – ou pelo menos diferente dela – com produção superior ao total de todos os seus insumos.

A empresa não pode, portanto, ser um conjunto mecânico de recursos. Para montar a empresa sobre os recursos, não basta colocá-los juntos em ordem lógica e depois aplicar-lhes a chave do capital, como acreditavam firmemente os economistas do século dezenove (e como ainda acreditam muitos dos seus sucessores, entre os economistas acadêmicos). O que se faz necessário é que os recursos se transformem e passem a assumir uma feição mais produtiva. Para isso, a administração é indispensável.

Mas é também claro que os "recursos" capazes de ampliar-se só podem ser os recursos humanos. Todos os outros recursos estão submetidos às leis da mecânica. Eles podem ser mais bem ou mais mal utilizados, mas nunca poderão gerar uma produção maior do que a soma de seus insumos. Entre todos, só os recursos humanos serão capazes de crescer e desenvolver-se. Só o esforço dirigido, concentrado e unido, de seres humanos livres, poderá produzir um todo verdadeiro.

Quando falamos do crescimento e do desenvolvimento, deixamos implícito que o próprio ser humano determina aquilo com que contribui. Contudo, habitualmente consideramos que os trabalhadores simples – em oposição aos dirigentes – são pessoas que fazem o que lhes é determinado, sem responsabilidade ou participação nas decisões relativas ao seu trabalho. Isso mostra que consideramos os trabalhadores à mesma luz dos outros recursos materiais e, com relação à sua contribuição à empresa, os consideramos submetidos às mesmas leis da mecânica. Aí está um sério equívoco. O equívoco, todavia não reside no modo de compreender o *trabalho* simples, mas em deixar de ver que os *serviços* simples são potencialmente gerenciáveis, ou que seriam mais produtivos se gerenciáveis se tornassem.

É através da administração que os recursos humanos adquirem a capacidade de crescer, desenvolver-se e contribuir. Fala-se da "organização" – a estrutura formal da empresa. Mas o que se entende é a organização dos administradores e das funções que eles dirigem; não é o tijolo, nem o reboque, nem os trabalhadores simples que compõem o tecido da estrutura da organização. Fala-se da "liderança" e do "espírito" da empresa. Mas a liderança é transmitida pelos administradores e se torna eficaz basicamente no interior da administração; e o espírito é formado pelo espírito que se encontra no interior do grupo da administração. Fala-se dos "objetivos" para a empresa e do seu desempenho. Mas os objetivos são metas para o pessoal da administração; e o desempenho é o da própria administração. E se uma empresa deixar de desempenhar-se, com razão não procuraremos outros trabalhadores, mas outro presidente.

AS REPERCUSSÕES E AS RESPONSABILIDADES SOCIAIS

A terceira tarefa da administração é administrar as responsabilidades sociais da empresa e as repercussões sociais dela derivadas. Nenhuma das nossas entidades existe por si nem constitui um fim em si mesma. Todas são órgãos da sociedade e em função dela existem. As empresas não formam uma exceção à parte. O "livre empreendimento" não pode justificar-se como bom para as empresas. Só pode justificar-se como bom para a sociedade.

Cada uma das nossas entidades atuais existe para prestar contribuição externa a si mesma, para atender e satisfazer a não membros. As empresas não existem para proporcionar empregos aos seus funcionários e administradores, nem mesmo para proporcionar dividendos aos seus acionistas, mas sim para fornecer bens e serviços aos clientes, além de excedentes econômicos à sociedade. Os empregos e os dividendos constituem meios necessários, mas não fins em si mesmos. O hospital não existe para favorecer seus médicos e enfermeiros, mas sim o doente, cujo único desejo é curar-se, deixar o hospital e não voltar mais. A escola não existe para proveito de seus professores, e sim de seus alunos. A administração que esquecer disso é uma "desadministração".

Para cumprir sua função, para produzir bens e serviços econômicos, a empresa provoca repercussões que são sentidas pelas pessoas, pela comunidade e pela sociedade. Ela precisa exercer poder e autoridade sobre determinadas parcelas da população, como seus empregados, cujos fins e finalidades não são determinados pela empresa nem em seu interior. Ela é levada a fazer a comunidade sentir sua influência como vizinha e como fonte de empregos e de receita tributária, mas também como fonte de despejos e poluentes. E cada vez mais, na sociedade pluralista e composta de organizações em que vivemos, a empresa precisa acrescentar ao seu cuidado fundamental relativo às quantidades da vida (os bens e serviços econômicos) certa preocupação pela qualidade da vida, pelo ambiente físico, humano e social do homem moderno e da comunidade moderna.

Essa dimensão da administração é inerente ao trabalho dos administradores de *todas* as entidades. A universidade, o hospital e o órgão público também geram repercussões e têm suas responsabilidades – mas em relação a elas e às responsabilidades humanas, sociais e comunitárias que lhes cabem, têm demonstrado muito menor consciência e preocupação que as empresas. Ainda assim, a atenção popular volta-se cada vez mais para a administração das empresas, em busca de liderança em relação à qualidade da vida. Administrar as repercussões sociais está, portanto, tornando-se uma terceira e importante tarefa da administração, e sua terceira dimensão necessária.

QUAL DAS TAREFAS É A MAIS IMPORTANTE?

Cuidar dessas três tarefas é algo que precisa ser sempre feito ao mesmo tempo e na mesma atuação gerencial. Não se pode sequer dizer que alguma dessas tarefas prevaleça sobre as outras ou requeira maior habilidade ou competência. É certo que o desempenho econômico vem sempre em primeiro lugar – ele constitui o alvo da empresa e sua própria razão de ser. Mas se o trabalho e o trabalhador forem mal geridos não haverá desempenho econômico algum, por mais competente que se mostre o executivo chefe em administrar a empresa. O desempenho econômico alcançado através da má direção do trabalho e dos trabalhadores é ilusório e na verdade destruidor do capital, mesmo a prazo relativamente curto. Esse desempenho fará com que as despesas da empresa se elevem a ponto de impedi-la de mostrar-se competitiva. E, criando o ódio e a guerra entre as classes, ele acabará impossibilitando o próprio funcionamento da empresa. De seu lado, a má administração das repercussões sociais acabará com o apoio da sociedade à empresa – e com ele também a própria empresa.

Cada uma dessas três dimensões tem sua primazia especial. Administrar uma empresa tem prioridade por ser ela uma entidade econômica; mas fazer com que o trabalho seja produtivo e os trabalhadores se realizem é importante precisamente porque, não sendo uma entidade econômica, a sociedade procura na administração a realização de suas crenças e valores básicos. De seu lado, administrar as repercussões sociais da empresa é importante porque nenhum órgão pode sobreviver ao corpo a que serve; e a empresa é um órgão da sociedade e da comunidade.

A DIMENSÃO CORPORAL

Há uma complexidade sempre presente em todo problema que se apresenta à administração, em toda decisão e providência que ela tome – não, propriamente falando, uma quarta tarefa da administração, mas ainda assim outra dimensão: a temporal.

A administração deve sempre considerar o presente e o futuro; o curto e o longo prazos. A administração não estará resolvendo qualquer problema se conseguir lucros imediatos com risco para a saúde futura ou mesmo a sobrevivência da empresa. A decisão da administração será irresponsável se, em busca de um futuro grandioso, se expuser a um desastre neste ano. O caso muito comum do grande homem que na administração produz estupendos resultados econômicos enquanto está no comando, mas deixa para trás apenas um caso a naufragar, constitui exemplo da atuação irresponsável na administração e do fracasso em procurar o equilíbrio entre o presente e o futuro. Esses resultados econômicos imediatos serão fictícios e obtidos à custa da inutilização do capital. Sempre que o presente e o futuro não forem satisfeitos ao mesmo tempo, sempre que as exigências de um e do outro não forem harmonizadas, ou pelo menos não se equilibrarem, o capital – isto é, um recurso gerador de riquezas – será colocado em perigo, danificado ou destruído.

Dois são os motivos para que a dimensão temporal se revista de particular importância para o trabalho da administração e se revista também de particular dificuldade. Em primeiro lugar, o período necessário para o desfrute da decisão e comprovação de seu acerto está ampliando-se continuamente, ao longo do progresso econômico e tecnológico. Na década de 1880, Edison precisou de mais ou menos dois anos entre o início do trabalho de laboratório que levou a efeito em cima de sua ideia e a entrada em operação da respectiva usina piloto. Hoje, seus sucessores podem muito bem precisar de quinze anos. Meio século atrás, esperava-se que uma fábrica se pagasse com dois ou três anos de operação; hoje, com um investimento de capital por trabalhador vinte vezes maior do que em 1900, o período de pagamento geralmente se estende por dez ou doze anos. Uma organização humana, como uma equipe de vendedores ou um grupo executivo, pode demorar até mais para firmar-se e pagar-se.

A segunda característica peculiar à dimensão temporal é que a administração precisa viver sempre no presente e no futuro. Ela precisa conservar a empresa funcionando no presente – pois do contrário não haverá empresa capaz de funcionar no futuro. E deve fazer a empresa ficar apta a desempenhar-se, crescer e evoluir amanhã. De outro modo, ela terá inutilizado o capital – isto é, a capacidade que têm os recursos de produzir riquezas nesse amanhã.

Para o administrador, o futuro representa descontinuidade. Por mais diferente que venha a ser, porém, o futuro só poderá ser alcançado a partir do presente. Quanto maior for o salto rumo ao desconhecido, mais sólida deverá ser a base para o impulso. A dimensão temporal confere à decisão da administração características especiais.

A ADMINISTRAÇÃO E O ESPÍRITO DE EMPREENDIMENTO

Quem dirige deve sempre administrar, conduzir e melhorar o que já existe e se conhece. Mas há outra dimensão para o desempenho do administrador. Ele precisa ser também empreendedor. Deve transferir recursos das áreas que apresentem resultados baixos ou decrescentes para áreas que apresentem resultados elevados ou crescentes. Deve descartar-se do passado e tornar obsoleto aquilo que já exista e se conheça. Deve criar o amanhã.

Na empresa em funcionamento, há mercadores, tecnologias, produtos e serviços. As instalações e equipamentos estão em seus lugares. Investiu-se capital que deve ser aproveitado. Empregou-se gente que está efetuando os respectivos serviços e assim por diante. A administração do dirigente é no sentido de aproveitar esses recursos ao máximo.

Segundo nos dizem (especialmente os economistas), isso significa eficiência, ou seja, fazer melhor aquilo que já está sendo feito. Significa concentrar a atenção nas despesas. Entretanto, a procura do ótimo deve concentrar-se na eficácia, nas oportunidades de produzir receita, de criar mercados e alterar as características econômicas dos produtos e mercados atuais. A eficácia não pergunta: "Como faremos melhor isto ou aquilo?". Ela pergunta: "Que produtos realmente geram resultados econômicos extraordinários, ou são capazes de gerá-los? Quais dos mercados e/ou usos finais são capazes de produzi-los?". E depois pergunta mais: "A quais resultados devem, portanto, ser destinados os recursos e os esforços da empresa, para que produzam resultados extraordinários em vez dos ordinários, que são tudo que a eficiência tem a possibilidade de produzir?".

Naturalmente, é importante conseguir a eficiência. Até a mais sadia das empresas, aquela que consegue a maior eficácia, pode muito bem morrer por falta de eficiência. Mas nem mesmo a mais eficiente das empresas poderá sobreviver, e muito menos ser bem-sucedida, se for eficiente em fazer as coisas erradas, isto é, se lhe faltar a eficácia. Nenhum volume de eficiência será capaz de fazer sobreviver, hoje, uma fábrica de chicotes para carruagens.

A eficácia é a base do êxito; a eficiência é uma condição mínima para a sobrevivência, uma vez conseguido o êxito. A eficiência cuida de fazer as coisas corretamente; a eficácia, de fazer as coisas corretas.

A eficiência preocupa-se com o ingresso dos esforços em todas as áreas da atividade. Já a eficácia parte do princípio de que nas empresas, como em qualquer outro organismo social, 10 ou 15 por cento dos fenômenos – como os produtos, os pedidos, os clientes, os mercados e o pessoal – produzem 80 a 90 por cento dos resultados. Os restantes 85 a 90 por cento dos fenômenos, por mais eficientemente tratados que sejam, geram apenas despesas (que são sempre proporcionais às transações, isto é, à ocupação acarretada).

A primeira tarefa de administração que cabe ao dirigente, portanto, é conferir eficácia a um núcleo muito pequeno de atividades compensadoras, capazes de apresentá-la. Ao mesmo tempo, o dirigente deve neutralizar (ou abandonar) a grande quantidade de transações ordinárias – produtos ou atividades de assessoria, serviços de pesquisa ou tentativas de venda – que, por mais bem executadas que sejam, não produzirão resultados extraordinariamente bons.

A segunda tarefa de administração é fazer a empresa chegar sempre um pouco mais perto da realização plena de seu potencial. Até as empresas mais bem-sucedidas operam dentro de um coeficiente que se apresenta baixo em relação ao seu potencial – os resultados econômicos que poderiam ser alcançados se os esforços e recursos fossem combinados para produzir o rendimento máximo de que são intrinsecamente capazes.

Não há inovação nessa tarefa: na realidade, ela encara a empresa como é hoje, e pergunta: "Qual é o ótimo teórico? Que nos impede de atingi-lo? Onde (em outras palavras) se encontram os fatores limitantes e restritivos que tolhem a empresa e a privam do pleno rendimento de seus recursos e esforços?".

Ao mesmo tempo, inerente à tarefa gerencial está o espírito de empreendimento: construir a empresa de amanhã. E inerente a esse espírito, a inovação.

Para construir a empresa de amanhã, parte-se da convicção de que ela será e deverá ser diferente. Mas necessariamente se parte também da empresa atual. Construir a empresa de amanhã não pode representar um lampejo de genialidade. Precisa de análise sistemática e de um trabalho exaustivo e rigoroso, hoje – e isso significa levado a efeito por pessoas que componham a empresa de hoje e nela trabalhem.

Alguém argumentará que o sucesso pode não ser permanente. Afinal de contas, as empresas são criações humanas, desprovidas de permanência real. Mesmo as mais antigas são criações de séculos recentes. Mas para ser capaz de prestar a contribuição que deve à economia e à sociedade, a empresa deve continuar a existir além do período de vida da pessoa ou da geração que a fundou. Perpetuar a empresa é tarefa básica que cabe ao espírito empreendedor – e a capacidade de consegui-lo pode muito bem constituir o teste mais definitivo para sua administração.

CONSIDERAÇÕES FINAIS

Três são as tarefas básicas – podem ser chamadas dimensões – da administração. A primeira é ponderar com cuidado e decidir qual é a finalidade e a missão específica da organização – seja empresa, hospital, escola ou órgão público. A segunda é fazer com que o trabalho seja produtivo e o trabalhador se realize. Finalmente, há a tarefa de administrar as responsabilidades sociais da empresa e as repercussões sociais de suas atividades. Com respeito à segunda e à terceira tarefas, todas as entidades se assemelham. É a primeira dessas tarefas que distingue a empresa do hospital, da escola ou do órgão público. E a finalidade e missão específica da empresa é apresentar desempenho econômico. Para bem exercê-las, os dirigentes das empresas sempre precisarão procurar o equilíbrio entre o presente e um futuro incerto e arriscado, precisarão desempenhar-se no curto prazo e fazer com que suas empresas se mostrem capazes de desempenhar-se no longo prazo. Os dirigentes precisam sempre ser os mordomos daquilo que já existe; precisam ser administradores. Eles precisam também criar aquilo que irá ser: precisam ser empreendedores, assumir riscos e inovar. A empresa moderna só poderá produzir resultados, tanto para a sociedade como para seu próprio pessoal, se for capaz de sobreviver ao período de vida de quem a fundou e de desempenhar-se em um novo futuro, que será diferente.

PERGUNTAS

1. Quais são as três tarefas que se apresentam à administração de qualquer entidade?
2. A respeito de que tarefa diferem entre si as empresas e as entidades não empresariais?
3. Qual é a missão primordial da empresa privada?
4. Que realidade da administração é deixada de lado pela "teoria da firma", que é predominantemente econômica?
5. A primeira medida para fazer com que o trabalho seja produtivo é organizá-lo segundo sua própria lógica. Qual é a segunda?

6. Qual das três tarefas da administração é a mais importante?
7. Qual é a outra dimensão que os dirigentes devem tomar em consideração?
8. Qual é a diferença entre a eficiência e a eficácia?
9. Por que deve o dirigente avançar além da pergunta: "Que é possível?". Que pergunta deve o administrador formular em vez dessa?
10. Por que deve a produção de uma empresa ser superior à soma de seus insumos?
11. Só um tipo de recurso pode ser ampliado; qual é?
12. Qual é a única justificação possível para o "livre empreendimento"?

CAPÍTULO 3

A HISTÓRIA DA SEARS

São centenas, se não milhares, as obras que tratam da direção das várias funções da empresa – a produção, o marketing, as finanças, a técnica, as compras, o pessoal, as relações públicas etc. Mas o que seja dirigir uma empresa, o que a direção deve fazer e como são pontos raramente tratados.

Essa omissão não é acidental. Reflete tanto a falta de uma teoria convincente a respeito da empresa como a ausência de uma disciplina fundada na direção. Portanto, em vez de falar teoricamente, vamos examinar a conduta e o comportamento de uma empresa real. Para saber o que seja uma empresa e o que significa dirigi-la, nada melhor do que considerar o exemplo de uma das mais bem-sucedidas empresas norte-americanas: a Sears-Roebuck & Company.

Com vendas superiores a US$ 15 bilhões, a Sears é a maior organização varejista do mundo. É de longe a mais lucrativa de todas as empresas varejistas de qualquer parte e, ao mesmo tempo, uma das empresas mais rentáveis dos Estados Unidos. Apenas a Marks & Spencer, na Inglaterra, pode comparar-se com a Sears, em termos de êxito (ver o Capítulo 6). Mas a Marks & Spencer não só é muito menor – nem uma décima parte da Sears; confessadamente deve também grande parte do seu êxito, especialmente nos primeiros anos, ao fato de imitar a Sears.

A Sears-Roebuck sempre se destacou como uma das principais empresas que crescem acentuadamente, muito embora seu ramo, o varejo, seja antigo e já bem sedimentado, sem qualquer um dos atrativos da alta tecnologia ou da inovação científica. Nenhuma outra empresa norte-americana, nem mesmo a General Motors, tem mantido um crescimento tão sólido e sustentado.

A Sears tornou-se empresa na passagem do século, com a constatação de que o homem do campo norte-americano representava um mercado à parte e distinto. À parte por causa do seu isolamento, que lhe tornava inacessíveis os canais de distribuição então existentes; e distinto por suas necessidades próprias, diferentes daquelas do consumidor urbano. Embora fosse baixo o poder aquisitivo individual dos agricultores, no conjunto ele representava um potencial de compras enorme e quase inexplorado.

Para chegar ao agricultor, era preciso criar um novo canal de distribuição. As mercadorias precisavam ser produzidas de modo a satisfazer às suas necessidades e anseios. Elas deveriam chegar-lhe a preço baixo, e com a certeza de um fornecimento regular. O agricultor precisava estar garantido a respeito da integridade e honestidade do fornecedor, já que o isolamento físico em que vivia lhe tornava impossível examinar a mercadoria antes da entrega ou conseguir qualquer devolução se se sentisse tapeado.

Para criar a Sears-Roebuck como empresa, foi necessário analisar os consumidores e o mercado, e especialmente aquilo que para o homem do campo constituía o "valor". Além disso, foi preciso introduzir grandes inovações em uma série de áreas.

Em primeiro lugar, fazia-se necessária uma "comercialização" sistemática, isto é, descobrir e desenvolver as fontes de abastecimento para os artigos que o homem do campo precisava, na qualidade e quantidade que precisava, e a preço que ele pudesse pagar. Em segundo, era preciso conceber um catálogo de vendas pelo correio capaz de substituir adequadamente as viagens de compras à cidade grande, que o agricultor não podia fazer. Por esse motivo, o catálogo tinha que tomar a forma de uma publicação regular e não de anúncios de pechinchas espetaculares divulgadas irregularmente. Tinha que romper com toda a tradição da venda pelo correio e aprender a não pressionar demais, com afirmações exageradas, o agricultor à compra, mas sim fornecer-lhe especificações exatas e verdadeiras dos artigos oferecidos. O objetivo tinha que ser, convencendo-o a depositar confiança no catálogo e na empresa que o enviava, fazer dele um consumidor permanente. O catálogo tornou-se, dessa forma, o "livro dos desejos" do homem do campo.

Em terceiro, o antiquíssimo conceito "o risco é de quem compra" deveria ser transformado em "o risco é de *quem vende*" – a tradução do famoso lema da Sears "Seu dinheiro de volta, sem perguntas". Em quarto lugar, era preciso encontrar um método rápido e barato para atender à volumosa quantidade de encomendas. Sem a fábrica planejada para as remessas pelo correio, teria sido fisicamente impossível conduzir o empreendimento.

Por fim, era preciso formar uma organização humana – e quando a Sears-Roebuck começou a tornar-se empresa, não contava com a maioria do pessoal habilitado necessário. Não tinha, por exemplo, compradores para esse novo tipo de operação, nem contadores versados nas novas necessidades do controle do estoque, nem artistas para ilustrar os catálogos, nem auxiliares capazes de trabalhar com grandes volumes de pedidos dos clientes.

Richard Sears (1863-1914) deu à empresa seu nome. Ele compreendeu as necessidades dos clientes e brilhantemente improvisou meios capazes de satisfazê-las. Mas não foi ele quem fez da Sears-Roebuck uma empresa. Na realidade, as operações efetuadas por Richard Sears mal podiam ser chamadas de empresariais. Ele era um especulador hábil em comprar mercadorias encalhadas e vendê-las, um lote por vez, através da propaganda pelo correio. Cada uma de suas vendas constituía uma transação completa em si mesma. Ao concluir-se, estava liquidada e era o fim do negócio. Sears poderia ter enriquecido, mas seu modo de trabalhar jamais teria iniciado uma empresa, menos ainda seria capaz de perpetuá-la. Na verdade, seu êxito quase o levou à falência, pois fez com que o empreendimento avançasse além de sua capacidade de administrá-lo. A coisa estava quase naufragando quando ele a vendeu a um estranho total, um vendedor de roupas de Chicago chamado Julius Rosenwald (1862-1932).

Entre 1895, quando assumiu o controle da organização, e 1905, quando inaugurou a fábrica planejada para as remessas pelo correio, em Chicago, Rosenwald fez da Sears uma verdadeira empresa privada. Ele analisou o mercado, iniciou o fomento sistemático de fornecedoras de mercadorias e instituiu um catálogo sério e regular de mercadorias para encomendas pelo correio, bem como a política da "satisfação garantida ou seu dinheiro de volta". Ele montou uma organização humana produtiva e concedeu aos seus gerentes o máximo de autonomia e responsabilidade total pelos resultados. Mais tarde, deu a cada empregado um certificado de propriedade da empresa, lastreado com dinheiro retirado dos lucros. Rosenwald não foi o pai só da Sears-Roebuck, mas também da revolução na distribuição que haveria de mudar a economia mundial do século vinte e de mostrar-se de importância decisiva para o desenvolvimento econômico daquele século.

Dentre as contribuições básicas para o início da Sears, só uma não teve a autoria de Rosenwald. A fábrica especial para remessas pelo correio, em Chicago, foi planejada por Otto Doering, em 1903. Posta a funcionar cinco anos antes da de Henry Ford, foi a primeira fábrica moderna de produção em massa, completa, com a subdivisão de todo o trabalho em operações elementares e repetitivas, linha de montagem, esteira rolante, peças padronizadas intercambiáveis – e, sobretudo, um cronograma global bem planejado.

A fase seguinte da história da Sears iniciou-se em meados da década de 1920. No primeiro capítulo, predominara a figura de Julius Rosenwald; no segundo, avultaria a do General Robert E. Wood (1879-1969). Quando Wood ingressou na Sears, seu mercado inicial transformava-se rapidamente. O homem do campo já não vivia mais isolado; o automóvel permitia-lhe ir à cidade e lá fazer suas compras. Ele já não compunha um mercado distinto, mas, em grande parte graças à própria Sears, com rapidez modificava seu modo e padrão de vida para enquadrá-los nos da classe média urbana.

Wood fizera essa análise antes mesmo de ingressar na Sears. Dela lhe veio a decisão de modificar a orientação da empresa de modo a destacar suas lojas – equipadas de forma a servir tanto ao homem motorizado do campo como à população urbana.

Para viabilizar essa decisão, toda uma série de novidades seria introduzida. Duas novas e importantes funções precisaram ser acrescentadas à comercialização: a de planejar os artigos para venda e a de instalar fábricas capazes de produzi-los em grande quantidade. Mercadorias inicialmente concebidas para clientes de elevado rendimento – como as geladeiras, na década de 1920 – tiveram que ser replanejadas com vistas a um mercado de massa de limitado poder aquisitivo. Para a produção desses artigos, a Sears precisou criar novas fornecedoras – muitas vezes com seu próprio dinheiro e gerentes por ela preparados. Isso exigiu outra inovação importante: diretrizes básicas para as relações entre a empresa e as fornecedoras, especialmente aquelas que em grande parte dependiam de suas compras para operar. Foi preciso inventar o planejamento e pesquisa das mercadorias; foi preciso fomentar centenas de pequenas fornecedoras capazes de produzir para um mercado de massa. Esses fatores mostraram-se tão importantes para a distribuição em massa da segunda fase da vida da Sears como as vendas pelo correio e os catálogos para a primeira, e representaram uma contribuição bem distinta para o desenvolvimento da economia norte-americana.

Vender a varejo significava também conseguir gerentes para as lojas. As vendas pelo correio não haviam preparado ninguém para dirigir lojas de varejo. A escassez desses gerentes foi o maior atravancamento experimentado pela Sears nos primeiros dez ou quinze anos de sua atuação na área do varejo – até quase a Segunda Guerra Mundial. As inovações mais sistemáticas precisaram ser introduzidas no campo da formação dos gerentes; e a política da Sears na década de 1930 acabou sendo o ponto de partida para todo o trabalho de formação de pessoal de gerência que hoje em dia se pratica.

A ampliação das atividades da empresa para o varejo significou também inovações radicais na estrutura da organização. As vendas pelo correio são bastante centralizadas; mas as lojas de varejo não podem ser dirigidas por uma matriz que diste mais de três mil quilômetros. Elas precisam ter uma direção regional. Algumas fábricas especiais para remessas pelo correio faziam-se necessárias para cobrir o País todo. Hoje, a Sears tem mais de mil lojas, cada uma servindo ao mercado de sua própria região. Métodos que permitissem estruturar e dirigir uma empresa descentralizada, medir o desempenho dos gerentes das lojas e manter tanto a unidade da firma como a autonomia de suas unidades – tudo isso teve que ser concebido para possibilitar as vendas a varejo. E novos esquemas de remuneração precisaram ser encontrados para premiar o desempenho das lojas.

Finalmente, a Sears teve que introduzir inovações na localização, arquitetura e disposição física de suas lojas. Os tradicionais pontos de varejo não conseguiam atender a um mercado como o da Sears. Não era só questão de inaugurar lojas da organização nos arredores das cidades e provê-las de estacionamentos adequados. A loja toda precisava mudar. Na verdade, mesmo dentro da própria Sears poucas pessoas conseguem perceber até onde chegaram essas inovações e com que profundidade elas influenciaram os hábitos de compra do povo norte-americano, e a aparência externa de suas cidades. O "shopping center" periférico que na década de 1950 surgiu como inovação radical na venda do varejo nada mais foi do que a continuação lógica dos conceitos e métodos criados pela Sears na década de 1930.

Em 1954, o General Wood aposentou-se, embora continuasse a exercer influência sobre a empresa por mais dez anos. Nenhum outro dirigente máximo tão poderoso e duradouro apareceu para substituí-lo. Desde a aposentadoria de Wood, a Sears tem sido dirigida por um pequeno grupo de pessoas – o presidente do conselho, o presidente da empresa e o vice-presidente executivo. Sem exceção, esses componentes de sua cúpula têm-se aposentado depois de cinco a sete anos no cargo.

As mudanças introduzidas por essas administrações reestruturaram sucessivamente as atividades da Sears. Na época do General Wood, ela transformou-se de vendedora em compradora. Conduzida por seus sucessores, a Sears passou a fábrica de produtos destinados à família norte-americana. Cada vez mais a empresa se destaca como a produtora informada e responsável que projeta as coisas que as famílias norte-americanas precisam e desejam. Hoje, o maior investimento de capitais da Sears é feito em fábricas de sua propriedade e controle – embora suas lojas continuem em vigorosa expansão.

Continuamente a firma tem reconsiderado seu mercado, acompanhando as mudanças dos padrões de vida da população norte-americana. Rosenwald colocou ao alcance desse mercado de massa aquilo que anteriormente havia constituído bens de um mercado de classe, como os eletrodomésticos. Agora, a Sears trabalha na suposição de que a classe média norte-americana constitui realmente, no tocante ao seu comportamento econômico, uma classe alta. Dessa forma, a empresa ampliou grandemente a faixa dos artigos que oferece. Naturalmente, suas lojas continuam a vender eletrodomésticos – e eles talvez componham ainda a categoria mais vendida de seus produtos. No entanto, a Sears tornou-se também a maior comerciante de diamantes do mundo, além de uma das maiores vendedoras de livros do País e destacada comerciante de objetos artísticos originais, como desenhos, pinturas e gravuras.

Julius Rosenwald e o General Wood assumiram o controle das principais fábricas dos artigos que comercializavam como o único meio de assegurar a qualidade que a organização precisava para seu gigantesco sistema de distribuição, ao preço mais baixo possível para seus fregueses. Esse ainda é o fundamento lógico apresentado pela Sears para a propriedade ou controle de suas fontes de produção. E provavelmente seria mais correto designar as atuais relações entre a empresa e suas fornecedoras como de agenciamento, não de compra. A preocupação da empresa tem sido constantemente deslocada para uma estratégia a longo prazo que prevê o que as famílias norte-americanas do amanhã serão e precisarão e projeta e cria os produtos e serviços apropriados. A Sears de hoje talvez seja a primeira empresa manufatureira norte-americana a voltar-se primordialmente para o marketing. Ela pratica o método mercadológico total que a maior parte das indústrias do País até agora só pregou. A essa estratégia de marketing, voltada para a criação de fontes fornecedoras e não para a venda de coisas ao povo, a empresa deve o enorme crescimento de suas vendas e da sua lucratividade.

Mas a Sears tem hoje à frente novos desafios, que exigirão o mesmo grau de inovações e de raciocínio estratégico que se fez necessário anteriormente.

Desde o início a empresa tem estado alerta às tendências da população do País. O instrumento de direção favorito de Wood era um "livrinho preto" cheio de estatísticas e projeções sobre a população. Julius Rosenwald também montou seu empreendimento sobre as análises e tendências populacionais. A política permanente da Sears tem sido localizar o mercado majoritário e transformá-lo num genuíno mercado de massa.

O mercado norte-americano está para experimentar uma nova transformação, para a qual a Sears pode não estar estrategicamente preparada. Deverão vir a dominá-lo as famílias jovens de nível universitário cujos chefes são profissionais do trabalho intelectual. Mesmo que possa transferir para eles aquele tipo de relacionamento que mantinham com seus pais (os operários das grandes cidades industrializadas), a Sears não produz, nem compra, nem vende, nas áreas em que se concentram as maiores necessidades desses moços e em que seus gastos apresentam a tendência de elevar-se com a maior rapidez. Basicamente, a organização ainda se concentra em objetos; basicamente, fabrica, compra e vende bens manufaturados. As jovens famílias de nível universitário sentem um saudável apetite por esses bens; mas os setores de seus orçamentos que maiores promessas de elevação apresentam podem ser os da informação e educação, assistência médica, turismo e lazer, assessoria e serviços financeiros de confiança, bem como orientação na escolha de seus empregos e carreiras profissionais. Nessas áreas, a Sears não tem firmado posição muito destacada como fabricante e compradora responsável.

Se a Sears quiser conservar sua posição de liderança e capacidade de crescer, terá que enfrentar novos desafios de vulto e determinar novamente qual é o seu ramo, onde se encontram seus mercados e onde se farão necessárias as inovações.

As respostas corretas parecem sempre óbvias quando examinadas em retrospecto. A lição básica que a história da Sears nos transmite é que as respostas corretas podem ser tudo, menos óbvias, antes de terem sido comprovadas. "Todos sabiam", por volta de 1900, que a organização varejista que prometesse "satisfação garantida ou seu dinheiro de volta" só poderia ir para o brejo. "Todos sabiam", por volta de 1925, que o mercado norte-americano se dividia distintamente em grupos de rendimentos diversos, cada um comprando coisas diferentes em pontos diferentes. "Todos sabiam" – até mesmo em 1950 – que o consumidor norte-americano queria fazer suas compras no centro da cidade e assim por diante.

Uma lição ainda mais importante podemos extrair da história da Sears: o conhecimento das respostas corretas não decorre do brilhantismo intelectual nem da "intuição". Richard Sears era brilhante e intuitivo – e quase deu com os burros n'água. As respostas corretas resultam de formularem-se as perguntas corretas. E isso, por sua vez, exige um trabalho árduo e sistemático, que permita compreender o que constitui um ramo de atividades e qual é o "nosso" ramo.

CONSIDERAÇÕES FINAIS

A Sears-Roebuck tem conseguido mais êxito, e êxito por mais tempo, do que qualquer outra empresa norte-americana. Contudo, quando Julius Rosenwald, comerciante de roupas de Chicago que não tinha a menor experiência em vendas pelo correio, comprou a organização em 1895, a empresa estava à beira da falência. Rosenwald considerou seriamente qual seria o ramo da Sears perguntando: "Quem são seus clientes? De que eles precisam? Que é o valor para eles? Onde e como eles compram?". E dez anos depois a Sears-

-Roebuck tornava-se a líder do seu setor e empresa considerada de confiança em milhares de residências. Novamente, em meados da década de 1920 o Gen. Robert E. Wood, sucessor de Rosenwald, tornaria a formular essas perguntas. Ele mudou o rumo da Sears e fez dela uma empresa muito diferente. Desde a aposentadoria de Wood, em 1954, uma série de administrações de cúpula da Sears voltou a redeterminar seu ramo, sempre formulando as mesmas perguntas. Algumas dessas perguntas geraram respostas diferentes. Outras respostas contrariaram frontalmente aquilo que "todo mundo sabia" na época. E assim as respostas não vieram através da "intuição", mas através de trabalho sistemático.

PERGUNTAS

1. Que problemas Richard Sears não conseguiu analisar nem resolver durante o período em que foi proprietário da Sears?
2. Quem foi que pela primeira vez resolveu esses problemas na Sears?
3. Que contribuição prestou à Sears nos estágios iniciais de sua história Otto Doering?
4. Que alterações demográficas teve que considerar no setor rural Robert E. Wood quando assumiu a direção da Sears?
5. Que inovações de mercado lógicas introduziu Wood?
6. Qual foi o maior ponto de estrangulamento do início das operações varejistas da Sears? De que forma esse problema foi resolvido?
7. Como a Sears mudou a concepção toda da loja de varejo, no fim da década de 1940 e início da seguinte?
8. Onde se encontram hoje os maiores investimentos de capital da Sears?
9. De que forma se pode caracterizar as relações atuais da Sears com suas fornecedoras?
10. Quais as alterações que deverão ocorrer no mercado norte-americano e para as quais a Sears precisará estar preparada?
11. Que estratégias deve a Sears usar para adaptar-se a essas alterações?
12. Qual é a mais importante lição que se pode extrair da história da Sears?

CAPÍTULO 4

O QUE É A EMPRESA?

A história da Sears mostra que a empresa privada é criada e dirigida por pessoas e não por forças. As forças econômicas fixam os limites à atuação da direção. Criam oportunidades para em seu interior ela agir. Mas não determinam por si mesmas o que a empresa seja ou faça. Nada há mais tolo do que afirmar, como constantemente se faz, que "a direção só adapta a empresa às forças do mercado". À direção não cabe apenas descobrir essas forças; cabe-lhe, também, gerá-las. Foi preciso um Julius Rosenwald, oitenta anos atrás, para fazer da Sears uma empresa, e um General Wood, trinta anos depois, para transformar sua natureza básica e assim garantir seu desenvolvimento e êxito. Agora, outra geração de administradores precisará tomar novas decisões, que determinarão se a Sears continuará a prosperar ou começará a decair, se ela sobreviverá ou finalmente morrerá. E isso se aplica a todas as empresas.

Outra conclusão é que a empresa não pode ser compreendida nem explicada em termos do seu lucro. Quando perguntado a respeito do que seja a empresa, o empresário típico provavelmente responderá: "Uma organização destinada a gerar lucro". É bem possível que o economista típico dê a mesma resposta. Essa resposta não *é* apenas falsa, é também desimportante.

A teoria econômica predominante sobre a empresa e seu comportamento é a da elevação do lucro ao máximo – o que não passa simplesmente de um modo compilado de repetir o velho refrão de que se deve comprar barato e vender caro. Talvez ela explique bem como operava Richard Sears. Mas não poderá explicar como opera nem como deve operar a Sears-Roebuck ou qualquer outra empresa privada. Na realidade, a ideia da elevação do lucro da firma ao máximo não tem qualquer sentido.

O lucro e a lucratividade são realmente decisivos – para a sociedade mais ainda do que para a empresa isoladamente considerada. Contudo, a lucratividade não constitui a finalidade da empresa, mas sim um fator que a limita. O lucro não é a explicação, nem a causa, nem o fundamento lógico das decisões da empresa, mas sim o teste de sua validade. Se fossem arcanjos e não empresários a se sentarem às mesas da diretoria, ainda assim teriam de preocupar-se com a lucratividade, a despeito de sua total falta de interesse pessoal em conseguir lucros.

A primeira prova pela qual tem de passar qualquer empresa não é a da elevação máxima de seus lucros, mas a de conseguir lucro suficiente para cobrir os riscos de sua atividade econômica, e assim evitar prejuízos.

Na raiz de toda essa confusão está a crença errônea de que a motivação da pessoa – a chamada motivação do empresário ao lucro – explique seu comportamento ou o guie rumo à atuação correta. A própria existência da motivação ao lucro é coisa de que se deve duvidar muito. Foi inventada pelos economistas clássicos para explicar uma realidade econômica que suas teorias referentes ao equilíbrio estático não conseguiam explicar. Nunca se encontrou qualquer indício da existência da motivação ao lucro. E há muito já se encontrou a verdadeira explicação para o fenômeno da evolução e crescimento econômico que de início a motivação ao lucro pretendia explicar.

Para compreender-se o comportamento, o lucro e a lucratividade da empresa, não importa saber se há qualquer motivação ao lucro. Se o João da Silva está trabalhando para obter lucro, é algo que só interessa a ele e seu anjo da guarda. É algo que não diz o que o João da Silva faz ou opera. Nada podemos saber sobre o trabalho de um explorador de urânio no deserto de Nevada se nos informarem apenas que ele está procurando enriquecer. Se nos contarem que um cardiologista está tentando ganhar a vida, ou ser um benfeitor da humanidade, nada aprenderemos daí a respeito do seu trabalho. A motivação ao lucro e sua filhinha, a elevação do lucro ao máximo, são igualmente desimportantes em relação à função da empresa, à sua finalidade e à tarefa de dirigi-la.

Na realidade, pior do que desimportante, a motivação ao lucro é prejudicial. É a principal causa da incompreensão que em nossa sociedade ocorre a respeito da natureza do lucro, bem como da arraigada hostilidade dessa mesma sociedade ao lucro, doenças que se colocam entre as mais perigosas para um país industrializado. Ela é em grande parte responsável pelos piores erros da política governamental, rigidamente fundados na incapacidade de compreender a natureza, função e finalidade da empresa privada. E é também grandemente responsável pela ideia, predominante, da existência de uma contradição intrínseca entre o lucro e a capacidade da empresa em prestar sua contribuição social. Na realidade, a empresa só poderá prestar qualquer contribuição social se for lucrativa em alto grau. Uma empresa falida dificilmente será boa para nela se trabalhar, nem para dela ser vizinho ou colega de comunidade.

A FINALIDADE DA EMPRESA

Para sabermos o que é a empresa, precisamos partir de sua *finalidade*. Essa finalidade precisa ser externa à própria empresa. Na verdade, ela deve encontrar-se na sociedade, já que a empresa é órgão da sociedade. Só uma finalidade será válida para a empresa: *criar seu cliente*.

É o cliente que determina o que será a empresa. Só o cliente, munido da disposição de pagar por determinado bem ou serviço, transforma os recursos econômicos em riqueza, coisas em bens. O que a empresa acha que produz não tem maior importância – especialmente em relação ao seu próprio futuro e êxito. A qualidade tipicamente entendida pelos técnicos é difícil de conseguir, complicada e cara! Mas isso não é qualidade: é incompetência. É aquilo que o cliente acha que está comprando, aquilo que ele considera de valor, que é decisivo – e determina o que é a empresa, o que produz e se prosperará. E o que o cliente compra e considera de valor nunca é um produto. É sempre utilidade – isto é, o que o produto ou serviço faz por ele. E, como veremos no próximo capítulo, o que tem valor para o cliente pode ser tudo, menos óbvio.

O cliente é o alicerce da empresa, quem a mantém viva. Só ele cria empregos. Para atender aos desejos e necessidades do cliente, a sociedade confia à empresa recursos capazes de gerar riqueza.

AS DUAS FUNÇÕES DA EMPRESA

Como sua finalidade é criar o cliente, a empresa privada tem duas – e só essas duas – funções básicas a cumprir: o Marketing e a inovação. O marketing e a inovação produzem resultados; todo o resto são "custos".

O marketing é a função exclusiva que distingue a empresa. A empresa distingue-se de todas as outras organizações humanas pelo fato de oferecer ao *mercado* um produto ou serviço. Nem a igreja, nem o exército, nem a escola, nem o Estado fazem isso. Qualquer organização que se complete através da comercialização de um produto ou serviço é uma empresa. Qualquer organização em que a comercialização esteja ausente, ou seja apenas acidental, não é uma empresa, e jamais deverá ser dirigida como se o fosse.

A primeira pessoa no Ocidente a ver claramente o marketing como a função exclusiva e fundamental da empresa privada, bem como a criação do cliente como tarefa específica da sua direção, foi Cyrus H. McCormick (1809-1884), o fundador da International Harvester Company. Os registros históricos só mencionam o fato de ele haver inventado a primeira colhedeira mecânica eficiente. Mas ele inventou também os instrumentos básicos do moderno marketing: a pesquisa e a análise do mercado, a ideia da posição da empresa no mercado, as orientações referentes à fixação dos preços, o vendedor de serviços, o fornecimento de peças e assistência técnica ao cliente e as vendas pelo crediário. Até 1850, ele tinha feito tudo isso, mas só cinquenta anos depois foi imitado em grandes proporções.

Em grande parte, a revolução econômica ocorrida na economia norte-americana após 1900 aconteceu no marketing. Um marketing engenhoso, agressivo e pioneiro ainda é por demais raro entre as empresas norte-americanas. Poucas delas equiparam-se ainda à Sears de 1925, muito menos à Sears dos nossos tempos. Contudo, cinquenta anos atrás a posição típica do empresário norte-americano em relação ao marketing era "o departamento de vendas se encarregará de vender o que a fábrica produzir". Hoje, essa posição toma cada vez mais o sentido de achar que "É nossa tarefa produzir aquilo que o mercado precisa". Por mais deficiente que tenha sido sua execução, porém, por si mesma essa atitude transformou tanto a nossa economia como qualquer inovação técnica.

O marketing é tão fundamental que não pode ser considerado especialização ou trabalho interno da empresa. O marketing requer trabalho em separado e um grupo operacional distinto. Mas constitui uma dimensão básica da empresa inteira. É ela toda vista pelo prisma de seu resultado final, ou seja, pelo prisma do cliente. A preocupação e a responsabilidade pelo marketing devem, portanto, penetrar todas as áreas da empresa.

Entre as empresas industriais norte-americanas, a maior praticante dos princípios do marketing pode muito bem ser a IBM; e a IBM constitui também o melhor exemplo do que pode o marketing. Ela não deve sua ascensão meteórica às inovações tecnológicas ou à liderança nos produtos. Ingressou no campo da computação como um João-atrasadão, sem qualquer especialização tecnológica ou conhecimento científico. Mas enquanto as empresas que lideravam a tecnologia nos primeiros dias do computador (a Univac, a GE e a RCA) se concentravam no produto e na tecnologia, os vendedores de cartões perfurados que dirigiam a IBM perguntavam: "Quem é o nosso cliente? Que é valor para ele? De que forma ele compra? E de que é que precisa ?". Em consequência, a IBM tomou conta do mercado dos computadores.

DA VENDA AO MARKETING

Apesar de toda a importância que se atribui ao marketing e aos seus métodos, em grande número de empresas o marketing é ainda mais teoria do que realidade. Prova-o o "consumidorismo".[1] Porque a exigência do consumidorismo é que as empresas realmente atendam ao mercado. Ele quer que a empresa declare que sua meta é a satisfação das necessidades do consumidor ou usuário. O fato de o consumidorismo ter virado um poderoso movimento popular prova que pouco marketing se praticou. O consumidorismo é a "vergonha do marketing".

Mas o consumidorismo é também a oportunidade solar que se abre ao marketing. Ele pode obrigar as empresas a concentrarem-se no mercado, tanto na teoria como na prática.

Acima de tudo, o consumidorismo deverá desfazer a confusão que em grande parte explica o fato de se ter praticado tão pouco marketing verda-

---

1 Movimento de proteção ao consumidor. Em inglês, "consumerism". (N. do T.)

deiro. Quando os dirigentes de empresa falam do marketing, geralmente querem referir-se ao desempenho organizado de todas as funções relativas às vendas. Isso ainda é venda. Ainda parte dos "nossos produtos". Ainda procura o "nosso mercado". O *verdadeiro* marketing começa pelo caminho percorrido pela Sears – pelos usuários ou consumidores, pelo estudo de sua demografia, pelas suas realidades, necessidades e valores. Ele não pergunta: "Que é que queremos vender?". Mas sim: "Que deseja o cliente comprar?". Ele não diz: "É isto que o nosso produto ou serviço faz". Mas sim: "São estas as satisfações que o cliente procura".

Do ponto de vista ideal, o marketing deve resultar no cliente pronto para comprar. Tudo que então se fará necessário será colocar o produto ou serviço à sua disposição. Podemos estar longe desse ideal. Mas o consumidorismo constitui um indício claro de que o lema certo para a direção da empresa deve ser cada vez mais: "da venda ao marketing".

A EMPRESA COMO O ÓRGÃO DO CRESCIMENTO E DESENVOLVIMENTO ECONÔMICO

A empresa privada só pode existir nas economias que consideram as mudanças como naturais e aceitáveis. E a empresa é o órgão específico do crescimento, da ampliação e das mudanças.

A segunda função da empresa é, portanto, *inovar* – propiciar diferentes satisfações econômicas. Não basta à empresa colocar à disposição meramente quaisquer bens e serviços econômicos; deve colocá-los à disposição melhores e mais econômicos. Não é indispensável que a empresa cresça; mas é indispensável que se aperfeiçoe continuamente.

A inovação pode resultar em preço mais baixo – o fator com que muitos economistas mais se preocupam, pelo simples motivo de ser o único que pode ser manipulado por instrumentos quantitativos. Mas ela pode resultar também num produto novo e melhor, numa nova comodidade ou na estipulação de um novo desejo.

A inovação mais produtiva é a que gera um produto ou serviço *diferente,* que dê origem a um novo potencial de satisfação. Tipicamente, esse produto ou serviço novo e diferente custa mais – mas globalmente o que ele faz é tornar a economia mais produtiva.

Os antibióticos custam mais do que as compressas frias, que eram tudo que os médicos de antigamente possuíam para combater a pneumonia. O computador custa muito mais do que uma máquina de somar ou um separador de cartões perfurados; a máquina de escrever custa mais do que a pena de ganso; uma copiadora Xerox custa mais do que uma prensa copiadora, ou mesmo do que um mimeógrafo. E se e quando for descoberta a cura do câncer, ela custará mais até do que um enterro de primeira classe.

O preço do produto constitui, portanto, apenas uma das medidas do valor da inovação ou do valor econômico conjunto. Podemos relacionar o preço com a produção unitária, comparar o preço de um remédio com a economia que ele proporciona em dias de internação no hospital e com o maior número de anos de vida útil da pessoa. Mesmo esses confrontos, porém, dificilmente se mostrarão adequados. Precisamos realmente de uma medida para o valor. Que valor econômico a inovação confere ao usuário ou consumidor? O usuário ou consumidor é o único juiz; só ele conhece a realidade econômica.

Inovar pode significar descobrir novos usos para velhos produtos. O vendedor que consegue vender geladeiras aos esquimós para que seus alimentos não se congelem pode ser tão inovador como se é ao criar um processo inédito ou inventar um novo produto. Vender geladeiras aos esquimós para que conservem frios seus alimentos é descobrir um novo mercado; vender geladeiras para impedir que os alimentos fiquem excessivamente congelados é criar um novo produto. Tecnologicamente, é claro, trata-se do mesmo antigo produto; economicamente, porém, há aí uma inovação.

Acima de tudo, inovar não é *inventar.* É um termo mais econômico do que tecnológico. As inovações não tecnológicas – as inovações sociais ou econômicas – são pelo menos tão importantes quanto as tecnológicas. (A esse respeito, ver o Capítulo 37, "A Organização Inovadora".)

Tanto quanto o marketing, na organização da empresa privada a função inovadora não pode ser considerada à parte. Ela não se limita à engenharia ou à pesquisa, mas se estende a todos os setores da empresa, a todas as suas funções e operações. Não pode restringir-se à empresa manufatureira. As inovações que se efetuam na distribuição e nos serviços têm sido tão importantes quanto as que se introduzem na fabricação.

No tocante aos produtos e serviços, a liderança nas inovações tem-se concentrado, tradicionalmente, em uma atividade funcional que não é responsável por mais nada. Isso ocorre especialmente nas empresas que utilizam em alta escala a tecnologia engenheiral ou química. Também nas companhias seguradoras pode haver um departamento responsável pela liderança na criação de novos tipos de coberturas, como pode haver outros departamentos dessa espécie, incumbidos de introduzir inovações na organização de vendas, na administração das apólices, no pagamento das indenizações e no investimento dos fundos da empresa. Todos eles são ramos da seguradora.

Contudo, o melhor meio de organizar uma inovação sistemática e deliberada será através de uma atividade da empresa e não de um trabalho funcional. Ao mesmo tempo, cada unidade gerencial da empresa deve ser responsável pelas inovações e pela fixação de metas definidas para elas. Deve ser responsável por contribuir para as inovações nos produtos ou serviços da empresa. Deve ainda fazer um esforço consciente para fomentar o trabalho do setor ao qual está vinculada: vendas ou contabilidade, controle da qualidade ou direção do pessoal.

A tarefa inovadora pode ser considerada como a de dotar os recursos humanos e materiais de nova e maior capacidade de gerar riquezas. Inovar é algo particularmente importante para os países em desenvolvimento. Esses países possuem recursos. São pobres porque carecem da capacidade de fazer esses recursos gerarem riquezas. Eles podem importar tecnologia, mas têm que gerar as inovações capazes de fazer funcionar a tecnologia importada.

Cabe aos dirigentes transformar as necessidades da sociedade em oportunidades para empresas lucrativas. Esse também é um modo de encarar a inovação. Ele precisa ser realçado hoje, quando temos tanta consciência das necessidades da sociedade, das escolas, dos sistemas de assistência à saúde, das zonas urbanas e do meio ambiente. Essas necessidades não pertencem a espécie muito diversa daquelas que os empresários do século passado transformaram em setores de grande crescimento – o jornal urbano e o bonde; o arranha-céu de estrutura metálica e o livro escolar; o telefone e os remédios. As novas necessidades exigem igualmente a empresa inovadora.

A UTILIZAÇÃO PRODUTIVA DOS RECURSOS GERADORES DE RIQUEZAS

Para cumprir sua finalidade de criar o cliente, a empresa precisa servir-se dos recursos geradores de riquezas. Ela está, pois, encarregada de aproveitar produtivamente esses recursos. Essa é a função gerencial da empresa. Em seu aspecto econômico, ela recebe o nome de produtividade.

A produtividade compreende aquele equilíbrio que se estabelece entre *todos* os fatores produtivos para gerar a maior produção com o menor esforço. Ele é bem diferente da produtividade por trabalhador ou por hora trabalhada. Esses padrões tradicionais só espelham de modo muito vago a verdadeira produtividade. Baseiam-se ainda na convicção, vigente no século dezoito, de que o trabalho braçal é o único recurso produtivo. São padrões que ainda exprimem a ideia errônea de que toda realização humana poderia finalmente ser medida em unidades de esforço muscular. Ora, nas economias modernas o aumento da produtividade nunca é conseguido através do esforço braçal. Ele sempre traduz o resultado da eliminação da força bruta, da substituição do trabalhador por alguma outra coisa. Uma dessas coisas é, naturalmente, o equipamento do capital, isto é, a energia mecânica.

No mínimo tão importante quanto ela, embora despercebido até recentemente, é o aumento conseguido na produtividade através da substituição do trabalho braçal, especializado ou não, pelo trabalho intelectual. Como resultado disso, os trabalhadores passam a dirigentes, técnicos e profissionais especializados.

Um pouco de reflexão mostrará que a taxa da formação do capital, à qual os economistas dedicam tanta atenção, constitui fator secundário. Antes que o equipamento possa ser instalado e utilizado, alguém deverá projetá-lo – uma tarefa idealizadora, teórica e analítica. O fator básico do desenvolvimento da economia é o índice da "formação cerebral" – na medida em que o país produz gente com imaginação e visão, instrução e aptidões teóricas e analíticas.

No entanto, o planejamento, a projeção e a instalação dos equipamentos de capital constituem apenas uma parte do aumento da produtividade, através da substituição dos músculos pelos cérebros. Pelo menos tão importante quanto eles será a contribuição que for prestada através da mudança direta do caráter do trabalho. O modo antigo exigia o trabalho braçal, especializado e não especializado, de muita gente; o modo novo requer a análise teórica e o planejamento conceitual, sem qualquer investimento em equipamento de capital.

As maiores oportunidades para o aumento da produtividade serão certamente encontradas no próprio trabalho, e especialmente na direção. O vocabulário empresarial – particularmente o contábil – ficou tão ultrapassado no tocante à produtividade que chega hoje a ser enganoso. O trabalho que os contadores chamam produtivo é o dos trabalhadores braçais que operam máquinas; esse é, na verdade, o trabalho menos produtivo de todos. O que eles chamam de trabalho não produtivo – todas as pessoas que contribuem para a produção sem operar máquinas – é um balaio de gatos. Abrange trabalhos braçais pré-industriais e de baixa produtividade, como a dos faxineiros; alguns trabalhos que tradicionalmente exigem grande especialização e alta produtividade, como o dos ferramenteiros; novos trabalhos industriais de alta técnica elevada, como o dos eletricistas de manutenção; e pessoal industrial de altos conhecimentos, como os capatazes, os engenheiros industriais e os técnicos em controle de qualidade. Finalmente, o que os contadores agrupam sob o título despesas indiretas contém aquilo que deveria ser o recurso mais produtivo da empresa: os dirigentes, os pesquisadores, os planejadores, os projetistas e os inovadores. Mas pode também conter elementos puramente parasitários, ou mesmo destruidores, na forma de um pessoal regiamente pago e necessário apenas por causa da má organização, da pobreza dos espíritos ou dos objetivos confusos; isto é, devido à administração.

Precisamos de uma produtividade que considere globalmente todas as atividades canalizadas para a produção e que as exprima em relação ao respectivo resultado, e não de uma produtividade que suponha que o trabalho seja a única atividade produtiva. Embora constituindo um grande passo à frente, porém, ainda mesmo essa produtividade continuaria a mostrar-se inadequada se considerasse as atividades como limitadas àquelas que os contadores pudessem medir, como as despesas visíveis e diretas. Fatores há que exercem sobre a produtividade uma influência considerável, se não mesmo decisiva, mas nunca tomam a forma de algarismos visíveis de despesas.

O primeiro fator é o saber – o recurso mais produtivo de todos quando bem aplicado, mas que também pode ser o mais caro e mostrar-se totalmente improdutivo, quando mal aplicado. Por necessidade, o trabalhador intelectual apresenta custo alto. Tendo passado muitos anos na escola, ele representa também um investimento social bastante elevado.

Depois vem o tempo – o recurso empresarial mais perecível. O fato de os homens e as máquinas serem usados durante o tempo todo ou só durante parte dele terá grande repercussão na sua produtividade. Nada há menos produtivo do que o tempo ocioso de um dispendioso equipamento de capital ou o tempo mal aproveitado de pessoas de elevada capacidade e remuneração. Igualmente improdutivo será tentar um esforço de produção maior que o tempo capaz de respaldá-lo sem problemas – como, por exemplo, quando se quer forçar uma fábrica congestionada, ou um maquinário velho ou delicado, a operar em três turnos.

O tempo mais produtivo – ou o menos produtivo – é o do dirigente da empresa. No entanto, habitualmente ele é o menos conhecido, o menos analisado e o menos dirigido de todos os fatores que geram a produtividade.

A produtividade é também função do conjunto dos produtos, do equilíbrio entre os vários tipos de produção derivados dos mesmos recursos. Como todo dirigente deve saber, nos valores do mercado os diferenciais entre os vários conjuntos de artigos quase nunca são proporcionais aos esforços necessários para a produção desses conjuntos. Uma empresa que produza um volume constante de bens com emprego invariável de materiais e aptidões e com volume constante de mão de obra direta e indireta pode fazer verdadeiras fortunas ou ir à falência, dependendo do conjunto dos produtos que fabrique. Evidentemente, essa circunstância provoca uma diferença considerável na produtividade dos mesmos recursos – mas não uma diferença que transpareça nas despesas ou que possa ser apanhada pela análise das despesas.

Outro importante fator eu chamarei de "conjunto dos processos". É mais produtivo para a empresa comprar ou fazer determinada peça? Encarregar-se da montagem do seu produto ou contratá-lo junto a terceiros, comercializar o produto com a marca da empresa ou vendê-lo a atacadistas independentes que coloquem suas próprias marcas? Qual é a especialidade da empresa? Qual é a utilização mais produtiva de seus conhecimentos, capacidade, experiência e reputação?

Finalmente, a produtividade sofre decisiva influência da estrutura da organização e do equilíbrio entre as várias operações executadas em seu interior. Se a falta de uma clara organização faz seus dirigentes perderem o tempo procurando descobrir o que devem fazer, em vez de fazê-lo, o recurso mais escasso da empresa estará sendo desperdiçado. Se à diretoria só interessam os assuntos relacionados com a engenharia (porque talvez seus membros mais importantes provenham dessa área) enquanto a empresa precisa dedicar maior atenção ao marketing, sua produtividade será deficiente. O prejuízo resultante será maior do que o que fosse causado por uma queda na produção por homem-hora.

Precisamos, portanto, compreender a produtividade como abrangendo todos esses fatores que a influenciam, mas precisamos também fixar objetivos que considerem todos esses fatores. Precisamos criar padrões capazes de medir a influência que sobre a produtividade exerce a substituição da mão de obra pelo capital, e de ambos pelo saber. Precisamos dispor de meios que permitam distinguir entre as despesas indiretas engenhosas e as parasitárias, e avaliar a influência que exercem sobre a produtividade a utilização do tempo, o conjunto dos produtos, o conjunto dos processos, a estrutura da organização e o equilíbrio das atividades.

Não é só a direção das empresas individualmente considerada que precisa de concepções e medidas adequadas para a produtividade; a economia também precisa. A falta delas constitui a maior falha que há em nossas estatísticas econômicas, e enfraquece gravemente toda uma política econômica. Ela frustra nossas tentativas de lutar tanto contra a depressão como contra a inflação.

AS FUNÇÕES DO LUCRO

O lucro não é uma causa, mas uma consequência – a consequência do bom desempenho da empresa no marketing, na inovação e na produtividade. É uma consequência necessária, a serviço das funções econômicas essenciais. O lucro constitui, antes de tudo, o teste do bom desempenho – o único teste eficaz, como descobriram os comunistas russos ao tentar aboli-lo, no início da década de 1920. Na realidade, o lucro constitui um belo exemplo daquilo a que os técnicos se referem quando falam da retroalimentação ou da autorregulagem de um processo pelos seus próprios resultados.

Ao lucro cabe uma segunda função, igualmente importante. Ele constitui a recompensa a quem corre o risco da incerteza. Por ser atividade, a atividade econômica volta-se para o futuro; e a única coisa certa sobre o futuro é sua incerteza, seus riscos. Diz-se que a própria palavra "risco" significa em árabe, de onde provém, "ganhar o pão de cada dia". É assumindo riscos que qualquer empresa ganha seu pão. Por ser econômica, permanentemente a atividade da empresa procura introduzir mudanças. Está sempre a serrar o galho sobre o qual se empoleira; confere maior incerteza aos riscos existentes ou cria novos riscos.

Como mostra a história da Sears, o futuro da atividade econômica é longo; aquela empresa levou quinze ou vinte anos para ver suas decisões básicas se revestirem de plena eficácia e para ver seus principais investimentos pagarem-se. Há já um século se sabe que "alongar o desvio econômico" constitui um pré-requisito para o progresso econômico. Embora nada saibamos sobre o futuro, sabemos que quando nos comprometemos com ele os riscos aumentam em proporção geométrica sobre o nosso avanço.

O lucro e só o lucro pode fornecer o capital para criar os empregos de amanhã, tanto para *mais* empregos como para *melhores* empregos.

Finalmente, é o lucro que remunera as satisfações e serviços não econômicos da sociedade, desde a assistência à saúde até a segurança nacional, desde a escola até a ópera. Tudo isso tem que ser pago pelo excedente da produção econômica, isto é, pela diferença entre o valor produzido pela atividade econômica e seu custo.

Os empresários de hoje parecem sempre prontos a pedir desculpas pelo lucro que auferem. Essa é uma medida do péssimo trabalho que eles vêm executando no tocante à explicação do lucro – antes de tudo a si mesmos. Porque enquanto ficarmos repetindo as bobagens do tipo da motivação ao lucro e da elevação máxima do lucro *não* teremos qualquer justificativa ou fundamento lógico para ele.

O lucro não precisa de desculpas, como necessidade da economia e da sociedade. Pelo contrário, o que deve fazer o empresário sentir culpa é a falta de produzir o lucro apropriado às funções sociais e econômicas que o lucro, e só ele, pode desempenhar.

Que é, então, dirigir uma empresa? Partindo-se da análise da atividade da empresa, como destinada a criar o cliente através do marketing e da inovação, conclui-se que dirigir uma empresa é algo que precisará ter sempre caráter empreendedor. Há necessidade do bom desempenho da direção. Este, porém, acompanha os objetivos empresariais. A estrutura acompanha a estratégia.

Segue-se também que dirigir uma empresa deve ser tarefa criadora e não adaptadora. Quanto mais a direção criar condições econômicas ou alterá-las, em lugar de passivamente adaptar-se a elas, tanto mais estará dirigindo a empresa.

Mas a análise da natureza da empresa mostra também que embora em última instância seja testada só pelo desempenho, dirigir uma empresa é atividade racional. Concretamente, isso significa que a empresa deve fixar objetivos que exprimam aquilo que ela deseja alcançar, não o alvo de acomodar-se ao possível (como implica o teorema da elevação máxima dos lucros). Uma vez fixados os objetivos voltando-se os olhos para aquilo que seja desejável, pode-se perguntar quais concessões precisarão ser feitas em relação àquilo que é possível. Isso exige que a administração decida o ramo em que a empresa está engajada, bem como o ramo em que deve engajar-se.

CONSIDERAÇÕES FINAIS

A finalidade da empresa não é produzir lucro. O lucro é uma necessidade e uma responsabilidade social. Independentemente das disposições econômicas ou jurídicas da sociedade, a empresa deve produzir um lucro que seja suficiente para cobrir o risco de comprometer hoje recursos econômicos com as incertezas do futuro; para produzir o capital que irá gerar os empregos de amanhã; e para remunerar todas as necessidades e satisfações não econômicas da sociedade, desde a segurança nacional e a administração da justiça até as escolas e hospitais, e desde os museus até os clubes 4-H.[2] Mas o lucro não constitui a finalidade da empresa. A empresa existe e é paga pela contribuição econômica que presta. Sua finalidade é criar o cliente. Dessa forma, a empresa tem duas, e apenas duas funções básicas: o marketing e a inovação. Para executar essas funções, a empresa precisa tornar produtivos seus recursos geradores de riquezas: o pessoal, o capital, os recursos naturais (inclusive o tempo) e sua administração.

---

2 Patrocinados pelo Depto. da Agricultura dos EUA para orientar os jovens na agricultura e economia doméstica. (N. do T.)

PERGUNTAS

1. Dizem os economistas que a empresa é uma organização que tem por meta produzir o lucro; por que é errôneo esse modo de encará-la?
2. Qual é o modo correto de encarar a finalidade da empresa?
3. Quais são as duas funções básicas da empresa privada?
4. Quem inventou os instrumentos básicos do marketing moderno?
5. Qual foi a expressiva diferença que nos primeiros dias do computador se observou entre as empresas que exerciam liderança tecnológica nessa área (a Univac, a GE e a RCA) e a IBM?
6. Por que o consumidorismo pode ser considerado uma grande oportunidade para o marketing?
7. De que pergunta deve partir o *verdadeiro* marketing?
8. Dê um exemplo de inovação através da redução do preço; através da criação de outro produto ou serviço; e através de um novo uso para um produto ou serviço já existente.
9. Qual é a diferença entre a invenção e a inovação?
10. Qual é o melhor modo de organizar-se para a inovação?
11. Por que a medição da produtividade por hora de trabalho constitui um padrão enganador para julgar a verdadeira produtividade?
12. Um modo de elevar a produtividade é substituir os trabalhadores manuais pelos equipamentos de capital; qual a outra substituição possível?
13. Onde deverão encontrar-se as maiores oportunidades para o aumento da produtividade?
14. Qual é o recurso mais perecível da organização?
15. Por que o conjunto dos produtos é importante para a produtividade?
16. Uma das funções do lucro é operar como teste para o desempenho; qual é sua segunda função, de igual importância?

CAPÍTULO 5

A FINALIDADE E A MISSÃO DA EMPRESA

Cada um dos grandes construtores de empresas que conhecemos – desde os Medici, da Florença da Renascença, e os fundadores do Banco da Inglaterra, do fim do século dezessete, até Thomas Watson, da IBM de hoje – possuía uma clara teoria sobre a empresa a orientar seus atos e decisões. Não se tratava, nem se trata, da intuição, mas sim de uma teoria clara, simples e compreensível a respeito da empresa, que caracteriza o empresário realmente bem-sucedido, aquele que não só acumula uma grande fortuna mas que também constrói uma organização capaz de resistir ao tempo e desenvolver-se.

A pessoa imbuída de espírito empreendedor não precisa dar-se à análise das ideias nem explicar a terceiros a teoria que sustenta sobre a empresa, muito menos compreender uma grande massa de detalhes a seu respeito. Ela pensa, analisa e executa. A empresa, essa sim precisa de que a teoria a seu respeito seja analisada em profundidade e compreendida. Exige que se determine com clareza sua própria finalidade e missão. Exige que se pergunte: "Qual é o nosso ramo e qual deve ser?".

As teorias sobre a empresa ficam sempre obsoletas e habitualmente com muita rapidez. Se, portanto, os pontos que tenham servido de alicerce para a construção da empresa não forem visivelmente expostos, nem claramente entendidos, nem explicitamente apresentados, a empresa ficará à mercê dos acontecimentos. Não compreendendo o que ela mesma seja, nem o que represente nem quais sejam os conceitos, valores, diretrizes e convicções fundamentais sobre os quais repousa, a empresa não será capaz de evoluir racionalmente. A história de Henry Ford e da primitiva Ford Motor Company mostra com que rapidez até a mais brilhante concepção empresarial pode tornar-se ultrapassada – não mais de 15 anos decorreram entre a formulação de uma ideia empreendedora básica, em 1907, que literalmente transformaria a economia e a sociedade, e seu obsoletismo no início da década de 1920, quando a General Motors, apresentando uma teoria nova e diferente sobre o que fosse a empresa, assumiu a liderança do mercado e dele quase expulsou a Ford.

Só com uma clara determinação da missão e finalidade da empresa poder-se-á ter objetivos empresariais límpidos e realísticos. Essa determinação constitui o fundamento das prioridades, estratégias, planos e atribuições de serviços. Ela constitui o ponto de partida para a concepção dos cargos de direção e, acima de tudo, para a concepção das estruturas da direção. A estrutura acompanha a estratégia. A estratégia determina as operações básicas de uma dada empresa. E para formular a estratégia é preciso saber "qual é o nosso ramo e qual deve ser ele".

TOMAM-SE AS DECISÕES EM TODOS OS NÍVEIS DA DIREÇÃO

Num contraste gritante com as organizações antigas, as de hoje reúnem, praticamente em todos os níveis, muita gente possuidora de conhecimentos e especializações. Mas esses conhecimentos e especializações significam também decisões que repercutem sobre a maneira como o trabalho deve ser executado e sobre qual seja o trabalho a executar. Os dirigentes tomam, necessariamente, decisões que envolvem riscos. E o computador não altera essa situação. Na realidade, ele torna as decisões da alta direção ainda mais dependentes da alimentação proveniente das decisões dos escalões inferiores – estas apresentando-se então como os dados a ser operados pelo computador.

Quando apareceu o computador, no início da década de 1950, falou-se muito sobre o iminente desaparecimento do administrador intermediário.

Em vez disso, porém, o que se viu nas décadas seguintes foi uma tremenda expansão da administração intermediária, em todos os países desenvolvidos. E, diversamente dos administradores intermediários tradicionais, em sua grande maioria esse pessoal médio que foi surgindo mostrou-se capaz de tomar decisões, e não apenas de executar as decisões vindas da cúpula.

Em resultado disso, certas decisões que influem sobre a empresa toda e sua capacidade de desempenho são tomadas em todos os níveis da organização, até em alguns bastante baixos. Da realidade das empresas de hoje (especialmente as maiores) fazem parte decisões que, envolvendo riscos – o que fazer e o que não fazer; o trabalho que deve ter prosseguimento e o que deve ser interrompido; que produtos, mercados ou tecnologias buscar com vigor e que mercados, produtos ou tecnologias não tomar em conta –, são tomadas todos os dias por funcionários subalternos, muito comumente funcionários que não ocupam os cargos ou postos tradicionais de direção. Cientistas pesquisadores, engenheiros projetistas, planejadores de produtos e contadores fiscais, todos eles baseiam suas decisões em alguma teoria relativa à empresa, por mais vaga que seja.

Um panorama e compreensão gerais, bem como certa unidade de rumo e de empenho na organização inteira, exigem que se determine "qual é o nosso ramo e qual deve ser".

"QUAL É O NOSSO RAMO" – PONTO NUNCA EVIDENTE

Nada pode parecer mais simples ou evidente do que dizer qual é o ramo da empresa. A siderúrgica fabrica aço, a estrada de ferro movimenta trens para transportar passageiros e carga, a companhia seguradora faz seguros contra incêndios, o banco empresta dinheiro. Na verdade, a pergunta "Qual é o nosso ramo?" geralmente é difícil de responder, enquanto a resposta correta costuma não ser evidente.

Uma das primeiras e mais bem-sucedidas respostas foi elaborada há setenta anos por Theodore N. Vail (1845-1920) para a American Telephone and Telegraph Company (também conhecida por Bell System): "Nosso ramo é prestar serviços". Depois de enunciada, ela parece bastante óbvia.

Antes de dizê-la, porém, Vail precisou perceber que, constituindo um monopólio natural, o sistema telefônico dos Estados Unidos corria o perigo de ser nacionalizado; o serviço telefônico de propriedade particular constituía exceção em um país desenvolvido e industrializado, precisando portanto do apoio da comunidade para sobreviver. Em segundo lugar, ela precisou compreender que não podia conseguir o apoio da comunidade por meio de campanhas publicitárias ou investindo contra seus críticos e chamando-os de "impatriotas" ou "socialistas". Só poderia consegui-lo satisfazendo os clientes. A compreensão desse ponto resultou em inovações radicais nas diretrizes da empresa. Significou o realce constante, junto a todos os seus funcionários, da necessidade da dedicação à prestação de serviços. Significou a atribuição de maior importância à liderança nas pesquisas e tecnologia. E exigiu uma política financeira baseada na necessidade de a empresa prestar seus serviços onde quer que eles fossem procurados, bem como na ideia de que constituía obrigação da direção da empresa conseguir o capital necessário e o respectivo rendimento. Não fosse a cuidadosa análise que entre 1905 e 1915 a American Telephone and Telegraph Company efetuou sobre o ramo a que pertenciam suas atividades, e os Estados Unidos não teriam passado o período do "New Deal" sem sérias tentativas de nacionalizar seu serviço telefônico.

A estipulação de Vail serviu à empresa durante duas terças partes do século, até o final da década de 1960; talvez tenha constituído a resposta que mais tempo sobreviveu à pergunta "Qual é o nosso ramo?". O fato de as estradas de ferro norte-americanas nunca terem procurado especificar qual seria o seu é certamente responsável, em boa parte, pela crise permanente em que se viram mergulhadas desde a Primeira Guerra Mundial, bem como pela ausência quase total do apoio popular – seu principal ponto fraco.

Responder à pergunta "Qual é o nosso ramo?" constitui a primeira responsabilidade da alta direção da empresa. Na verdade, um modo seguro de saber se determinado posto pertence ou não à alta direção é perguntar se se espera de seu titular algum interesse e responsabilidade pela resposta a essa pergunta. Só a alta direção pode fazer que se dê a essa pergunta a atenção que merece e sua resposta tenha sentido permitindo à empresa preparar seu caminho e fixar os respectivos objetivos.

Contudo, são fortes os motivos pelos quais as direções se esquivam a formular tal pergunta. Ela gera controvérsias, discussões e discordâncias. Sua formulação põe sempre à mostra dissenções e diversidades que prosperam no interior do próprio grupo dirigente. Pessoas que há muito trabalham lado a lado e acham que se conhecem muito bem percebem de repente, e com muito espanto, que discordam a respeito de pontos fundamentais.

A NECESSIDADE DA DIVERGÊNCIA

Muitas direções recuam diante dessas discordâncias, por considerá-las desarmonizadoras e dolorosas. Mas resolver "Qual é o nosso ramo?" constitui uma decisão genuína; e para poder ser correta e eficaz, a decisão genuína precisa basear-se em opiniões divergentes. A resposta à pergunta "Qual é o nosso ramo?" constitui sempre uma escolha entre caminhos alternativos, cada um baseado em suposições diferentes no tocante à realização da empresa e seu ambiente. É sempre uma decisão que envolve altos riscos. Sempre conduz a mudanças nos objetivos, estratégias, organização e comportamento. É uma decisão que deve se assentar sobre uma escolha consciente entre várias alternativas, e não sobre a supressão das opiniões e pontos de vista diferentes e divergentes.

O principal motivo da importância de colocar à mostra as divergências existentes na cúpula da empresa quanto à pergunta "Qual é o nosso ramo" é que nunca determinada resposta pode ser considerada correta. A resposta nunca aparece como conclusão lógica a partir de "fatos". Exige critérios de julgamento e muita coragem. Raramente a resposta segue aquilo "que todo *mundo* sabe". Nunca deve ser formulada apenas em cima do razoável; nunca deve ser formulada às pressas; nunca deve ser formulada sem dor.

O MÉTODO E NÃO AS OPINIÕES

Outro motivo de as direções deixarem de perguntar "Qual é o nosso ramo?" é sua relutância em dar ouvidos às opiniões. Cada pessoa tem uma opinião diferente sobre "qual é o nosso ramo". E com bastante razão às direções não agradam os clubes de debates e as reuniões especulativas.

Para determinar "qual é o nosso ramo" é preciso possuir um método. As opiniões são, evidentemente, necessárias – e, de qualquer forma, inevitáveis. Mas para serem produtivas, precisarão concentrar-se em um ponto específico e básico.

Com respeito à determinação da finalidade e missão da empresa, só há um ponto de convergência desse tipo, um ponto de partida: o cliente. É o cliente que determina o ramo.

Compreende-se que a direção da empresa sempre considere importante seu produto ou serviço. Se não o considerasse, não poderia fazer um bom trabalho. Aos olhos do cliente, porém, nenhum produto ou serviço, e certamente nenhuma empresa, é muito importante. Os executivos das empresas gostam de pensar que seus clientes passam horas discutindo seus produtos. Mas quantas donas de casa, por exemplo, conversam sobre a brancura da roupa que lavaram? Se sentirem algo errado com o detergente que usam, mudam para outro. Os clientes só querem saber o que o produto ou serviço farão por eles amanhã. Só estão interessados em seus próprios valores e desejos. Dessa forma, qualquer tentativa séria de determinar "qual é o nosso ramo" deve partir dessas verdades relativas aos clientes.

QUEM É O NOSSO CLIENTE?

"Quem é o nosso cliente?" é a primeira pergunta, de importância decisiva, para determinar-se a finalidade e missão da empresa. Trata-se de uma pergunta que não tem resposta fácil, muito menos óbvia. A forma que toma essa resposta determina, em grande parte, a maneira como a empresa encara a si mesma.

O poder da pergunta "Quem é o nosso cliente?" e a consequência de uma resposta bem pensada a seu respeito são demonstrados pelo que ocorreu às fábricas de tapetes norte-americanas após a Primeira Guerra Mundial.

A fabricação de tapetes é antiga, apresenta pouca fascinação, e tecnologia pouco refinada. Com tudo isso, constitui um evidente sucesso de marketing na economia norte-americana do pós-guerra. Não obstante, até o início da década de 1950 o setor estivera em declínio contínuo, de longo curso e aparentemente irreversível. Aí, então, em poucos anos ele inverteu por completo essa tendência. Mesmo as residências "finas" construídas antes da década de 1950 tinham, em regra, apenas um tapete barato na sala de estar. Hoje, até as casas populares de baixo custo – inclusive a maioria das "casas móveis" – têm todas as suas dependências, inclusive a cozinha e o banheiro, acarpetadas com material de razoável qualidade. E os compradores de casas estão destinando aos carpetes uma parcela cada vez maior do dinheiro destinado a essa operação.

Atapetar o chão é um dos pouquíssimos meios de mudar a aparência e o conforto de uma casa, especialmente a barata e pequena. Essa mensagem havia sido transmitida pelas fábricas de tapetes e carpetes durante décadas, sem o menor resultado no tocante ao comportamento dos usuários. O setor de tapetes e carpetes só conseguiu êxito quando interrompeu suas tentativas de persuasão e venda agressivas, substituindo-as pelas perguntas "Quem é o nosso cliente?" e "Quem deve ser o nosso cliente?".

Tradicionalmente, as fábricas de tapetes e carpetes consideravam que seus clientes eram os donos de residências e especialmente as famílias que compravam sua primeira casa. Nessa fase, porém, o novo casal não tem dinheiro sobrando para luxos. Adia a compra dos tapetes – o que significa que provavelmente nunca os comprará. Ao perguntar "Quem é o nosso cliente e quem deve ser?", o setor de tapetes compreendeu que seus clientes deviam ser as construtoras de grandes conjuntos residenciais. Devia, portanto, tornar-lhes vantajoso forrar as casas no momento de sua construção. Significava isso passar da venda dos tapetes e carpetes em unidades para a venda de um acarpetamento total. Nas residências tradicionais, as construtoras eram obrigadas a colocar pisos caros e bem-acabados. O acarpetamento total poderia ser aplicado sobre pisos baratos e sem acabamento, permitindo à construtora oferecer uma casa melhor e de menor preço.

O setor percebeu ainda que seria conveniente que aos novos proprietários fosse permitido pagar o carpete dentro das prestações mensais de suas casas, em vez de esperar que eles desembolsassem uma "nota preta" num momento em que seu dinheiro já era escasso. Lutou, portanto, para conseguir que os órgãos financiadores, especialmente os públicos de seguros hipotecários (como a "Federal Housing Administration"), aceitassem a forração do chão como parte do investimento na casa e, portanto, como parte do valor da hipoteca. Finalmente, o setor reprojetou seus artigos de modo a permitir que as empreiteiras da construção funcionassem como compradoras bem informadas operando em nome dos clientes. Os futuros proprietários das residências. Hoje, os compradores de casas podem escolher entre uma grande variedade de padrões e cores, mas essencialmente entre apenas três qualidades: "boa", "melhor" e "ótima". Na prestação final do imóvel a diferença entre seus preços é muito pequena, em consequência de que a maioria dos compradores encomenda no mínimo o carpete da qualidade "melhor".

Como se vê por aí, a resposta correta à pergunta "Quem é o nosso cliente?" é que de hábito os clientes são vários.

A maior parte das empresas tem pelo menos dois clientes; a indústria de tapetes e carpetes tem a empreiteira e o proprietário do imóvel. Para haver venda do produto, ambos precisarão comprá-lo. As fábricas de bens de consumo vendidos através de marcas têm sempre no mínimo dois clientes: a dona de casa e a mercearia (ou supermercado). Não adianta muito a dona de casa estar ansiosa por comprar o produto se o supermercado não o tiver em estoque; da mesma forma, não adianta o supermercado ter o produto bem à vista em suas prateleiras se a dona de casa não estiver disposta a comprá-lo.

Uma das grandes virtudes do entendimento de Vail em relação ao ramo da Bell Telephone foi sua aceitação de dois clientes distintos: o assinante e os órgãos públicos controladores. Ambos precisavam ser servidos. Ambos precisavam ficar satisfeitos. Suas concepções de valor, no entanto, eram bem diversas, e cada um queria uma coisa diferente, precisava de uma coisa diferente e procedia de forma bem diversa.

Certos ramos há, também, em que economicamente o cliente é um só, enquanto estrategicamente – em termos de suas decisões relativas às compras – são dois ou mais.

Um dos motivos do grande êxito da IBM no ramo da computação foi que desde cedo ela percebeu que para que se realizasse a venda de um computador era preciso que na organização-cliente muitas pessoas o comprassem. Precisavam comprar os usuários do computador (isto é, em grande parte, o pessoal da contabilidade e das finanças). Mas também a alta administração precisava comprá-lo. Igualmente precisava comprá-lo quem fosse usá-lo como instrumento fornecedor de informações, ou seja, os gerentes operacionais. Desde o início, a IBM procurou vender seu produto a todos esses grupos, e considerou com cuidado o que cada um deles procurava, o que cada um precisava saber, e quais eram seus valores; e, finalmente, de que forma a empresa poderia alcançar cada um desses grupos.

Importante também é perguntar: "Onde está o nosso cliente?". Um dos segredos do grande êxito da Sears na década de 1920 foi a verificação de que seu antigo cliente tinha mudado de lugar: o homem do campo se movimentava e começava a comprar nas cidades. Com isso, a Sears percebeu desde logo – quase duas décadas antes da maioria das outras organizações varejistas norte-americanas – que a localização da loja constitui uma importante decisão da empresa, bem como um elemento básico na resposta à pergunta "Qual é o nosso ramo?".

A pergunta seguinte é: "Que compra o nosso cliente?". O pessoal da Cadillac diz que fabrica automóveis, e que seu ramo é a Divisão Cadillac da General Motors. Mas quem gasta US$ 15.000 para adquirir um Cadillac novo compra um meio de transporte ou principalmente prestígio? Por acaso o Cadillac compete com o Chevrolet, o Ford e o Volkswagen? Nicholas Dreystadt, o mecânico alemão que assumiu a direção da Divisão Cadillac nos anos de depressão que se seguiram à quebra de 1929, tinha sua própria resposta: "O Cadillac compete com os diamantes e os casacos de peles. O usuário do Cadillac não compra transporte, mas posição. Essa resposta salvou a Divisão Cadillac, prestes a afundar. Em dois anos, ela seria uma empresa em acentuado desenvolvimento, a despeito da depressão.

O QUE VEM A SER VALOR PARA O CLIENTE?

A pergunta final que a direção precisa ver respondida se quiser chegar à finalidade e missão da empresa é: "Que vem a ser valor para o cliente?". Essa pergunta pode ser a mais importante de todas. Mas é a menos formulada.

Um dos motivos para isso é que os dirigentes sempre acham que já sabem a resposta. O valor é o que eles, em suas empresas, chamam de qualidade. Mas essa é quase sempre a saída errada.

Para uma adolescente, por exemplo, o valor de um sapato está na moda certa. Ele tem que ser "bárbaro". O preço constitui consideração secundária, e a durabilidade para ela nada significa. Para a mesma mocinha, alguns anos mais tarde a alta moda já não será mais uma necessidade, e sim uma limitação. Ela não comprará uma peça que esteja completamente fora da moda, mas o que mais lhe interessará será a durabilidade, o preço, o conforto e o ajuste. O mesmo sapato que é a melhor compra para uma adolescente tem muito pouco valor para sua irmã mais velha.

O cliente nunca compra determinado produto. Por definição, compra a satisfação de um desejo. Compra valor. E também por definição a fábrica não é capaz de produzir valor; é capaz, apenas, de produzir e vender um produto. O que a fábrica considera qualidade pode, pois, ter importância secundária e constituir desperdício e despesa inútil.

Outro motivo para que raramente se formule a pergunta "Que vem a ser o valor para o cliente?" é os economistas suporem que já conhecem a resposta: o valor é o preço. É uma resposta ilusória, se não totalmente errada.

Para começar, o preço pode ser tudo, menos algo simples. Depois, há outros pontos relativos ao valor que podem determinar o significado real do preço. E em muitos casos o preço é secundário, um fator restritivo e não a essência do valor.

Eis alguns exemplos que ilustram o que o preço pode significar para vários clientes:

Há equipamentos elétricos do tipo das caixas de fusíveis e outros interruptores que são pagos pelo proprietário da casa, mas escolhidos e comprados pelo empreiteiro eletricista. Aquilo que constitui o preço para o empreiteiro não é o que a fábrica cobra pelo seu produto, e sim o preço da fábrica mais o custo da instalação – pois esse, naturalmente, é o preço cobrado ao proprietário da residência. Os empreiteiros são particularmente sensíveis em relação aos preços. Nos Estados Unidos, porém, a marca mais vendida de fusíveis e interruptores é a mais cara que há no mercado. Para o empreiteiro, essa linha de produtos tem preço baixo, porque fabricada para ser instalada rapidamente e com mão de obra relativamente não especializada.

Grande parte do êxito da Xerox pode ser atribuída ao fato de ela considerar que o preço é aquilo que o cliente paga por uma cópia, e não por uma máquina. Nessa linha de raciocínio, a Xerox fixou o preço de suas máquinas em termos das cópias tiradas. Ou seja, o usuário paga a cópia e não a máquina – e o que o cliente quer, naturalmente, são cópias.

Para certos produtos e serviços – diversamente dos artigos não diferenciados, como o cobre de certo grau de pureza – só se pode determinar o preço compreendendo o que é valor para o cliente. Como no exemplo acima, cabe à fábrica ou ao fornecedor conceber uma estrutura de preços que se ajuste ao conceito do cliente para o valor.

Além disso, o preço constitui apenas parte do valor. Há toda uma gama de considerações, relativas à qualidade, que o preço não exprime: a durabilidade, a resistência às quebras, a posição da fábrica no mercado, os serviços etc. O próprio preço alto pode constituir um valor – como nos perfumes chiques, nas peles caras ou nas roupas exclusivas.

Eis um exemplo:

Nos primeiros dias de funcionamento do Mercado Comum, dois jovens engenheiros europeus abriram um pequeno escritório, com algumas centenas de dólares, um telefone e uma prateleira cheia de catálogos de fábricas de componentes eletrônicos. Em dez anos, tinham construído uma grande empresa atacadista altamente lucrativa. Seus clientes são indústrias que utilizam equipamentos eletrônicos como os relês e os controladores de máquinas. Os próprios engenheiros não produzem coisa alguma. Os componentes que fornecem podem ser comprados, geralmente a preços mais baixos, diretamente das fábricas. Seus clientes, porém, ficam livres do enfadonho trabalho de procurar os componentes certos. Tudo que os dois precisam saber é o componente, a fábrica, o número do modelo e a peça que precisa da substituição – um condensador, por exemplo, ou uma microchave. Eles localizam de imediato a peça necessária. Além disso, sabem de outras peças, fabricadas por outras firmas, que também podem servir. Ficam em condições, portanto, de dizer do que o cliente precisa, de prestar-lhe um serviço imediato, muitas vezes no mesmo dia, e ainda assim de trabalhar com estoque muito baixo. O serviço especializado e rápido constitui valor para o cliente, pelo qual ele se dispõe perfeitamente a pagar um ágio substancial. "Nosso ramo", declarou um dos engenheiros, "não é o dos componentes eletrônicos; é o de prestar informações".

Que dizer do valor para o cliente de certas coisas como os serviços que lhe são prestados? Não há dúvida de que a dona de casa norte-americana de hoje, por exemplo, compra os eletrodomésticos baseada, em grande parte, na experiência que ela ou suas amigas ou vizinhas tiveram com outros aparelhos da mesma fábrica. A rapidez da assistência técnica, no caso de algum defeito, bem como a qualidade e o custo desse serviço, constituem fatores muito importantes para sua decisão na hora de comprar.

O prisma mercadológico aqui delineado não determinará por si só a finalidade e a missão da empresa. Para muitas empresas, esse prisma será mais capaz de apresentar perguntas do que de fornecer respostas. Isso ocorre com as empresas cuja unidade básica se situe na tecnologia comum e não no mercado comum. Bons exemplos são as empresas químicas, mas também os bancos comerciais. Da mesma forma, as indústrias que trabalham com processamento contínuo – como as siderúrgicas e as refinarias de alumínio – precisam fazer muito mais do que determinar um mercado para suas atividades. Seus produtos dirigem-se, necessariamente, a uma infinidade de mercados, servem a uma multidão de usuários e precisam satisfazer a uma grande série de ideias e de previsões relativas ao valor.

Contudo, mesmo essas empresas devem primeiro perguntar "Quem são os nossos clientes? Onde se encontram eles? Que é que consideram valor?" para então começar a tentar responder: "Qual é o nosso ramo?". A empresa – e a esse propósito qualquer entidade – é definida pela contribuição que presta; todo o resto é esforço, não resultado. Aquilo que o cliente paga é receita; todo o resto é despesa. O enfoque pela via externa, isto é, a partir do mercado, constitui apenas um passo. Mas é o passo que vem antes de todos os outros. Só ele pode proporcionar compreensão e assim substituir as opiniões como alicerces para as decisões mais fundamentais que a direção enfrenta.

QUANDO PERGUNTAR: "QUAL É O NOSSO RAMO?"

Grande parte das direções só pergunta (se é que chega a perguntar) "Qual é o nosso ramo?" quando a empresa sente problemas. É claro que nesse momento a pergunta tem que ser formulada. Ela pode até apresentar resultados espetaculares, sendo mesmo capaz de deter algum declínio aparentemente irreversível – como mostram o exemplo de Vail na Bell Telephone e a inversão da longa tendência declinante da indústria de tapetes norte-americana.

Mas esperar que a empresa – ou o setor – esteja em dificuldade é brincar de roleta-russa. A direção que assim proceda demonstrará não possuir senso de responsabilidade. Essa pergunta deve ser feita no início do empreendimento – especialmente se a empresa tiver desejo de crescer. O melhor para uma empresa dessas será começar com um planejamento empresarial bastante claro.

Bom exemplo foi dado por uma firma de Wall Street que na década de 1960 assumiu a liderança do mercado mobiliário norte-americano. A Donaldson, Lufkin e Jenrette (DLJ) foi fundada por três jovens que mal haviam terminado seu curso de administração de empresas. O que eles possuíam era pouco mais do que uma ideia. Em cinco ou seis anos, porém, sua empresa cresceu a ponto de tornar-se a sétima entre as que operavam na Wall Street. Aí, foi a primeira a vender suas ações ao público, ao mesmo tempo em que introduzia no mercado acionário uma mudança profunda, de há muito necessária e que levaria a Bolsa de Valores de Nova York a deixar de ser um clube particular e a transformar-se em entidade prestadora de serviços. Foi a primeira firma a fazer alguma coisa para que a Wall Street atendesse à necessidade, há trinta anos reconhecida pelos especialistas no assunto, de ampliar a base do seu capital. "Nosso ramo", proclamaram os fundadores da DLJ, "é fornecer serviços financeiros, consultoria financeira e gerência financeira aos novos 'capitalistas' – os investidores institucionais do tipo dos fundos de aposentadoria e fundos mútuos". Vista em retrospectiva, essa declaração foi bastante óbvia: as respostas corretas sempre o são. Em 1960, já se tornara claro que esses novos investidores institucionais passariam rapidamente a dominar o mercado norte-americano de capitais e a transformar-se no grande canal através do qual o povo dirigiria suas economias para este mercado. Na época em que os três moços a apresentaram, entretanto, essa resposta ia contra tudo que se acreditava na Wall Street.

O momento em que a empresa está caminhando bem é o mais importante para perguntar-se com seriedade: "Qual é o nosso ramo?". Compreender esse ponto tem sido uma das grandes virtudes da Sears-Roebuck. Tem constituído também um dos segredos do êxito da Marks & Spencer na Inglaterra. (Ver o capítulo a seguir.) E não o compreender tem sido para as escolas e universidades norte-americanas um dos principais motivos da crise em que se atolam.

O triunfo sempre torna obsoleto o próprio comportamento que levou a alcançá-lo. Sempre cria novas realidades. Sempre cria, acima de tudo, seus próprios problemas novos. Só as histórias de fadas terminam com "E foram felizes para sempre".

Para a direção da empresa bem-sucedida, não é fácil perguntar-se: "Qual é o nosso ramo?". Todos os integrantes da organização acham que a resposta a essa pergunta é tão evidente que nem discussão merece. Não se discute quando o time está ganhando.

Acima de tudo: quando alcança os objetivos da empresa, a administração deve perguntar seriamente: "Qual é o nosso ramo?". Essa pergunta exige autodisciplina e responsabilidade. A alternativa para ela é a decadência.

"QUAL SERÁ O NOSSO RAMO?"

Mais cedo ou mais tarde, até a resposta mais feliz à pergunta "Qual é o nosso ramo?" se tornará obsoleta.

A resposta formulada por Theodore Vail valeu durante quase duas terças partes de um século. Mas no final da década de 1960 sua inadequação já estava patente. O sistema telefônico não era mais, como na época de Vail, um monopólio natural. Outros meios de telecomunicação rapidamente se tornavam viáveis. Já ficara evidente também, dado o rápido desenvolvimento da transmissão de dados através dos fios telefônicos e, ainda, a inadequação da tradicional compreensão do telefone como instrumento destinado a transmitir mensagens orais. Era necessário reexaminar a simples e elegante declaração de Vail relativa ao ramo da Bell Telephone System.

Pouquíssimas definições relativas à finalidade e missão da empresa poderão ser capazes de perdurar durante trinta anos, muito menos cinquenta. Que se mostrem boas por dez anos será provavelmente o máximo a esperar.

Ao perguntar "Qual é o nosso ramo?" a direção deve acrescentar também, pois, "E qual será ele? Que evoluções do meio ambiente se apresentam capazes de exercer grande influência sobre as características, missão e finalidade da nossa empresa?" e "Como encaixaremos, hoje, essas previsões na teoria que mantemos sobre a nossa empresa, bem como nos seus objetivos, estratégias e atribuições de trabalho?".

Novamente, o ponto de partida é constituído pelo mercado, seu potencial e suas tendências. Que tamanho podemos projetar para o mercado da nossa empresa daqui a cinco ou dez anos – supondo-se fixas as características básicas dos nossos clientes, da estrutura do mercado e da tecnologia? E quais fatores poderão convalidar ou desmentir essas projeções?

A mais importante dessas tendências do mercado pouca atenção recebe de grande número de empresas: as alterações que se verificam na estrutura e na dinâmica populacional. Tradicionalmente, e seguindo os passos dos economistas, os empresários têm suposto constante o elemento demográfico. No plano histórico, essa suposição está correta. As populações mudavam com muita lentidão, exceto em condições de catástrofe, como uma grande guerra ou fome. Essa, contudo, não é mais a verdade. Hoje em dia, a população pode mudar drasticamente, e assim o faz, tanto nos países em desenvolvimento como nos países desenvolvidos.

A importância da demografia não reside só na influência que a estrutura populacional exerce sobre o poder aquisitivo e sobre os hábitos referentes às compras, nem só na influência que exerce sobre o tamanho e a estrutura da força trabalhadora. As alterações populacionais constituem os únicos acontecimentos relativos ao futuro que podem realmente ser previstos. Ninguém passa a integrar a mão de obra enquanto não chegar à adolescência – e nos países desenvolvidos cada vez mais enquanto não chegar aos vinte anos. Nem monta seu lar até aí nem se torna consumidor unitário independente. Dessa forma, através da análise do que já ocorreu na dinâmica e na estrutura populacional, com certeza quase absoluta se poderá prever importantes tendências que se farão sentir nos mercados, no poder de compra, no comportamento relativo às compras, nas necessidades dos usuários ou consumidores e no engajamento empregatício em geral.

Qualquer tentativa de prever o amanhã – e é isso, naturalmente, o que procuramos fazer ao perguntar "Qual será o nosso ramo?" – precisará partir da análise demográfica como o alicerce mais sólido e seguro.

A influência decisiva exercida até pelas mais ligeiras alterações demográficas é ilustrada pela brusca mudança ocorrida com as revistas norte-americanas.

Até não menos de 1950, as revistas de grande circulação constituíam o meio de comunicação mais bem-sucedido e lucrativo dos Estados Unidos.

Contudo, os carros-chefes da época – a *Collier's*, a *The Saturday Evening Post*, a *Look* e a *Life* – sumiram. Geralmente se culpa a televisão por isso. Mas no seu todo as revistas não sofreram com a investida da televisão – exatamente como haviam resistido, anteriormente, ao rádio. Pelo contrário, depois do advento da televisão a circulação total das revistas, bem como sua propaganda, elevou-se com muito maior rapidez do que antes. E ainda hoje as duas estão subindo celeremente. O que aconteceu é que a população mudou – em parte por causa da evolução de sua estrutura etária, mas principalmente por causa das mudanças ocorridas em seu nível educacional. Já não existem mais os leitores em massa não diferenciados. Foram substituídos por um grande número de mercados especializados de massa, ou seja, grupos de dimensões avolumadas mas ainda limitadas, de instrução e poder aquisitivo muito maiores, com interesses muito determinados e especializados. Esses grupos dedicam-se a ler revistas mais do que a geração que os precedeu – pelo simples motivo de lerem mais. E constituem para a publicidade nas revistas um mercado melhor – pelo simples motivo de comprarem mais. Cada um desses segmentos de leitores mais instruídos e mais ricos constitui, em si mesmo, um público de massa – mas especializado.

Essa alteração nos leitores poderia facilmente ter sido prevista em 1950, pois a evolução demográfica já ocorrera. Algumas editoras já a haviam divisado com clareza. Partindo da compreensão desse fenômeno, desenvolveram-se todas as revistas norte-americanas de grande sucesso dos últimos vinte ou trinta anos, da *Business Week* à *Modern Bride*, da *Sports Illustrated* à *Playboy*, da *Scientific American* à *Psychology Today* ou mesmo a *TV Guide*. Todas essas revistas da geração do pós-guerra adotam as mesmas ideias básicas, referentes às matérias que contêm, à circulação e à publicidade, inicialmente concebidas por aquelas revistas de grande circulação. Mas elas as adotam segundo a nova estrutura populacional, a um segmento demográfico caracterizado por algum interesse comum. Todas elas têm circulação bem superior a quinhentos mil exemplares, se não até mais do que isso; mas deliberadamente não fazem apelos aos "leitores em geral".

Cabe à direção prever as mudanças que ocorrerão na estrutura do mercado em resultado das alterações econômicas; das novidades na moda ou no gosto; e das iniciativas das empresas concorrentes. Mas a concorrência sempre se definirá de conformidade com o conceito que o usuário faça do produto ou serviço que adquire, devendo, pois, incluir tanto a concorrência direta como a indireta.

OS DESEJOS NÃO SATISFEITOS DO USUÁRIO OU CONSUMIDOR

Por fim, a direção deve perguntar quais são os desejos do consumidor ou usuário que não estejam sendo adequadamente satisfeitos pelos produtos ou serviços hoje oferecidos. A capacidade de formular essa pergunta e de respondê-la corretamente resulta geralmente na diferença entre uma empresa que cresce continuamente e uma empresa cujo desenvolvimento depende da maré ascendente da economia ou do setor. E quem se contenta em subir com a maré, com a maré descerá.

Ao resolver entrar no mercado norte-americano, em meados de 1950, a Sony formulou-se a pergunta: "Quais são os desejos não satisfeitos dos clientes?". A Sony fora fundada logo após o fim da Segunda Guerra Mundial, como fábrica de gravadores, vendendo-os com moderado êxito no mercado japonês. Introduziu-se então nos Estados Unidos como fornecedora, pequena mas de confiança, aos estúdios de radiodifusão, de caros equipamentos de gravação profissional. Contudo, o produto que desde logo lhe permitiu penetrar no mercado de massa norte-americano ela nunca havia fabricado antes – o rádio transistorizado portátil. Através de seus estudos, a Sony verificou que nos Estados Unidos os jovens estavam levando para seus piqueniques, acampamentos e outras espécies de excursões, os caros, pesados e desajeitados aparelhos de som que as lojas ofereciam – vitrolas pesando vários quilos e rádios de válvulas acionados a pilhas. Claramente, ali estava um desejo não satisfeito por aparelhos leves, baratos e merecedores de confiança. Não foi a Sony que criou o transistor – foram os Laboratórios Bell, nos Estados Unidos. Todavia, os Laboratórios Bell, como todas as fábricas de material eletrônico norte-americanas, achavam que os usuários ainda não estavam maduros para os equipamentos transistorizados. Eles viam apenas os desejos que estavam sendo satisfeitos pelos aparelhos existentes, desejos que os usuários alimentavam em relação a aparelhos conservados em locais fixos. Aí, perguntando-se: "Quais são os desejos não satisfeitos?", a Sony descobriu um novo mercado em expansão – e em um período incrivelmente curto se fixou nele como líder e guia de dimensões mundiais.

"QUAL DEVE SER O NOSSO RAMO?"

A pergunta "Qual será o nosso ramo?" visa à adaptação da empresa às alterações previstas. Visa a modificar, ampliar e desenvolver as empresas existentes e em funcionamento.

Mas também é preciso perguntar "Qual deve ser o nosso ramo?". Que oportunidades estão abrindo-se ou podem ser criadas para cumprir a finalidade e a missão da empresa pela sua transformação em outra?

Há muito que a IBM declarou que seu ramo é o processamento de dados. Antes de 1950, isso significava cartões perfurados e equipamentos para classificá-los. Quando surgiu o computador, e com ele uma nova tecnologia em que a IBM não tinha a menor experiência, ela perguntou: "Qual deve ser o nosso ramo?". Sua direção compreendeu, aí, que o processamento dos dados passaria a significar computadores, e não mais cartões perfurados.

Ao formular sua resposta a "Qual deve ser o nosso ramo?", é preciso tomar em consideração as alterações que se processam na sociedade, na economia e no mercado. E é preciso tomar em conta também as inovações, tanto as próprias como as alheias.

As mudanças que em decorrência das inovações se introduziram na natureza das empresas são por demais conhecidas para precisar de muita documentação. Todas as grandes empresas que operam no campo da engenharia e da química cresceram em grande parte transformando as inovações em novas oportunidades. O "Eurodólar" (ou seja, depósitos ou empréstimos bancários realizados fora dos Estados Unidos, mas calculados em dólares norte-americanos), que está financiando uma parcela cada vez maior do comércio internacional, não foi inventado pelos grandes bancos comerciais norte-americanos. (Ele o foi pelo banco comercial soviético.) De imediato, porém, os bancos norte-americanos perceberam a importância da nova unidade monetária, e à medida que transformaram o Eurodólar em moeda internacional explica grande parte de seu próprio e rápido crescimento nas atividades bancárias multinacionais.

A NECESSIDADE DO DESCARTE PLANEJADO

Muito importante é a decisão sobre as coisas novas e diferentes que precisam ser feitas; mas igualmente importante é o descarte planejado e sistemático de tudo que seja velho e não mais sirva à finalidade e missão da empresa, não mais proporcione satisfação ao usuário ou consumidor, não mais preste uma contribuição de caráter superior.

Essencial em decidir qual é o nosso ramo, qual será e qual deve ser, será portanto analisar sistematicamente todos os produtos, serviços, processos, mercados, usos finais e canais de distribuição atuais. São eles viáveis, ainda? Dão a impressão de que continuarão a ser viáveis? Possuem ainda valor aos olhos dos consumidores? Qual a probabilidade de que continuarão a possuí-lo amanhã? Enquadram-se ainda na realidade da população, dos mercados, da tecnologia e da economia? E, em caso negativo, qual será o melhor meio de descartar-se deles – ou pelo menos de não mais investir neles recursos e energias? Se essas perguntas não estiverem sendo formuladas de modo sério e sistemático, e se as direções não estiverem dispostas a atuar de conformidade com as respectivas respostas, gastar-se-ão energias defendendo o que já passou. Ninguém terá tempo, nem recursos, nem vontade, de trabalhar na exploração do hoje, e muito menos na construção do amanhã.

Determinar a finalidade e a missão da empresa é algo difícil, doloroso e arriscado. Mas só assim a empresa conseguirá fixar objetivos, preparar estratégias, concentrar recursos e pôr-se a trabalhar. Só assim a empresa conseguirá ser dirigida com vistas ao seu desempenho.

CONSIDERAÇÕES FINAIS

Todas as empresas bem-sucedidas tiveram por base uma teoria clara e simples a seu próprio respeito, e claros objetivos dela derivados. Contudo, nunca se evidencia o ponto relativo a qual seja "o nosso ramo". Para chegar à resposta correta, é preciso iniciar com a pergunta: "Quem é o nosso cliente?" – e sempre haverá mais de um cliente. É preciso perguntar também: "Qual deve ser o nosso ramo?". E será preciso perguntar, finalmente: "Qual dos nossos produtos, serviços ou atividades já não servem mais ao nosso cliente e deve ser abandonado?".

PERGUNTAS

1. Para elaborar uma estratégia para a empresa, qual é a primeira pergunta que se deve formular?
2. Qual foi a influência do advento do computador sobre o nível em que se tomam as decisões nas empresas?
3. Qual declarou Theodore Vail seria o ramo da American Telephone and Telegraph?
4. Quem é responsável pela resposta à pergunta: "Qual é o nosso ramo?".
5. A que se deve a importância, na determinação do ramo da organização, de fazer aparecerem as discordâncias existentes no seu interior?
6. De que maneira conseguiu a indústria de tapetes norte-americana responder com inteiro êxito à pergunta: "Quem é o nosso cliente?".
7. Qual é a diferença que existe entre o preço e o valor para o cliente?
8. De que forma os empresários bem-sucedidos se empenham seriamente em responder à pergunta: "Qual deve ser o nosso ramo?".
9. Qual deve ser o ponto de partida para chegar à resposta à pergunta: "Qual deve ser o nosso ramo?".
10. Qual seria um exemplo da influência exercida por uma alteração demográfica sobre alguma organização empresarial?
11. Qual foi o desejo não satisfeito do cliente que a Sony descobriu e passou a satisfazer?
12. Por que deve a empresa planejar o descarte de alguns dos seus produtos atualmente bem-sucedidos?

CAPÍTULO 6

O PODER E A FINALIDADE DOS OBJETIVOS: O CASO DA MARKS & SPENCER E SUAS LIÇÕES

Há uma empresa, no mundo ocidental, que se pode comparar com a Sears-Roebuck: a inglesa Marks & Spencer.

Como a Sears, a Marks & Spencer é uma rede de lojas de varejo. Abriu seu primeiro "bazar de pechinchas" na cidade de Manchester, em 1884, mais ou menos na época em que Richard Sears vendia a um agricultor do Meio Oeste norte-americano seu primeiro relógio de preço baixo, mas garantido. Por volta de 1915, a empresa estava abrindo lojas de variedades. E de lá para cá cresceria com muita rapidez. Seu desenvolvimento mais espetacular, no entanto, registrou-se nos dez anos que decorreram entre 1963 e 1972 – período esse da história econômica inglesa que não se caracterizaria pelo desenvolvimento, mas sim pela *stagflation*, isto é, estagnação inflacionária. Nessa difícil quadra, a Marks & Spencer mais do que dobrou seu volume de vendas (passando de £ 184 milhões para £ 462 milhões). Os lucros subiram com a mesma rapidez, passando de £ 22 milhões para £ 54 milhões. Igualmente notável foi a evolução da sua margem de lucro – quase 12 por cento sobre as vendas antes dos impostos –, o dobro daquilo que qualquer outra organização varejista (com exceção da Sears) acharia plenamente satisfatório.

A REVOLUÇÃO SOCIAL COMO MISSÃO DA EMPRESA

Em meados da década de 1920, os quatro cunhados (Simon Marks, Israel Sieff, Harry Sacher e Norman Laski) que haviam transformado os bazares de pechinchas de 1915 em uma importante rede de lojas de variedades, possuíam uma bela empresa. Eles poderiam dar-se por satisfeitos, descansar sobre os louros conquistados e desfrutar a considerável fortuna que possuíam. Em vez disso, porém, resolveram – após uma viagem de Simon Marks aos Estados Unidos, em 1924, durante a qual estudou demoradamente a Sears – repensar a finalidade e missão da sua empresa. E a conclusão a que chegaram foi que a atividade da Marks & Spencer não era fazer vendas a varejo. Era promover uma revolução social.

A empresa reespecificou sua atividade como sendo a de promover a subversão da estrutura britânica de classes do século dezenove, tornando acessível aos trabalhadores e à classe média inferior produtos de boa qualidade que eram desfrutados pela classe superior, mas a preços ao alcance dos trabalhadores e da classe média inferior.

De modo algum a Marks & Spencer foi a única empresa da Inglaterra da época a procurar uma valiosa oportunidade nas rápidas transformações sociais ocorridas após a Primeira Guerra Mundial. O que tornou a Marks & Spencer única em seu êxito, porém, foi o modo como transformou a determinação do "qual é o nosso ramo e qual deve ser" em uma série de objetivos claros e específicos, além de operacionalmente eficazes.

Para isso ela precisou resolver, inicialmente, em que se concentrar, isto é, decidir-se por um objetivo estratégico básico.

A Marks & Spencer havia sido uma rede de lojas de variedades igual a muitas outras, oferecendo grande sortimento de artigos que de comum entre si só tinham o baixo preço. Agora, ela resolvia concentrar-se nos vestuários (aos quais acrescentou, logo a seguir, artigos têxteis domésticos, como toalhas e cortinas).

Foi uma decisão racional. Na Inglaterra da época, a roupa ainda era uma grande indicadora da classe social, constituindo a mais visível das características das diversas classes sociais. Entretanto, após a Primeira Guerra Mundial, toda a Europa passara a dar importância à moda. Ao mesmo tempo, haviam começado a operar instalações para a produção em massa de tecidos e roupas de boa qualidade e baratos, resultado, em grande parte, da enorme procura de uniformes que ocorrera durante a guerra. Novas fibras têxteis, como o rayon e o acetato, apareciam no mercado. Na Inglaterra, porém, não havia ainda qualquer sistema de distribuição em grande escala dessas roupas bem confeccionadas, modernas, baratas e destinadas às massas populares.

Em poucos anos, a nova Marks & Spencer tornava-se a maior distribuidora de roupas e tecidos do País, posição que mantém até hoje. Suas vendas de roupas chegaram em 1972 a £ 327 milhões (correspondendo então a cerca de US$ 800 milhões), três quartas partes do movimento total da empresa.

Após a Segunda Guerra Mundial, a Marks & Spencer aplicou o mesmo raciocínio a uma nova e importante categoria de produtos: os alimentos. Durante a guerra, o povo inglês, até aí conhecido pela sua obstinada resistência a qualquer inovação no campo alimentar, aprendeu a aceitar pratos diferentes. Em 1972, a linha alimentícia da Marks & Spencer proporcionava a quarta parte restante de suas vendas.

De uma rede de lojas de variedades bem-sucedida no início da década de 1920, e mesmo no início da década seguinte, deliberadamente a Marks & Spencer transformou-se em comerciante de "especialidades" distintas – talvez a maior do mundo.

Sua decisão de concentrar-se permitiu então que a empresa fixasse objetivos específicos de comercialização. Decidido isso, ela pôde resolver quais seriam e quais deveriam ser seus clientes; de que tipo de loja eles necessitavam e onde; que política de preços ela devia adotar; e que penetração almejar no mercado.

O setor seguinte que a Marks atacou foi o dos objetivos das inovações. As roupas e tecidos de que precisava não existiam na época. Como qualquer outra grande empresa varejista, a firma possuía seu controle da qualidade. E com muita rapidez transformou seus laboratórios de controle em centros de pesquisa, concepção e criação. Criou tecidos, pinturas, processos e misturas.

E criou padrões e modas. Finalmente, saiu à procura das fábricas certas, cuja operação muitas vezes ajudou de início – já que, por motivos óbvios, nenhuma das fábricas antigas mostrava muita vontade de amarrar-se àqueles petulantes novatos que vinham lhes dizer como deveriam ser conduzidas. E quando, após a Segunda Guerra Mundial, entrou no ramo dos alimentos preparados e processados, confeitos e laticínios, a Marks & Spencer chegou-se às fábricas do setor através do mesmo método inovador.

Também no tocante à comercialização a empresa fixou metas inovadoras. No início da década de 1930, por exemplo, fez-se pioneira em pesquisar os consumidores, atividade tão nova que exigiu a própria criação das técnicas necessárias.

A empresa fixou os objetivos que lhe convinha alcançar no tocante à consecução e criação de seus recursos básicos. Copiou e adaptou o programa que a Sears traçara para o recrutamento, adestramento e formação de seus novos dirigentes. Fixou objetivos relativos à criação sistemática de recursos financeiros, bem como de mensurações destinadas a controlar a utilização desses recursos. Fixou objetivos, ainda para a criação de suas instalações físicas, as lojas de varejo.

De mãos dadas com os objetivos relativos aos recursos caminhavam os objetivos relacionados com sua produtividade. Inicialmente, a Marks & Spencer calcara seus padrões e controles nos que eram empregados nos Estados Unidos. Na década de 1920 e no início da seguinte, ela começou a fixar objetivos para aumentar continuamente a produtividade dos seus recursos básicos.

Em resultado disso, a Marks & Spencer atingiu uma produtividade singularmente elevada para seu capital – seguramente uma das razões básicas do seu triunfo. A produtividade de suas lojas supera, pelo que eu saiba, a de qualquer outra, em qualquer parte do mundo, inclusive a da própria Sears-Roebuck ou as K-Marts da Kresge.

Até o fim da década de 1920, a Marks & Spencer crescera principalmente abrindo novas lojas. A partir de então, a ampliação passou a ocorrer principalmente pela elevação da produtividade de cada loja e pela elevação das vendas por metro quadrado do espaço destinado à vendagem. Medida pela quantidade de suas lojas, a Marks & Spencer constitui ainda uma pequena cadeia; só tem 250 delas. As próprias lojas não são grandes, até pelos padrões ingleses; a área média destinada à venda é de apenas 20.000 pés quadrados por loja. (Os grandes supermercados norte-americanos chegam a ter 100.000 pés quadrados.)[1] Cada uma dessas pequenas lojas, no entanto, vende por ano alguma coisa ao redor de US$ 4 milhões, algo muitas vezes superior ao que comerciam lojas de varejo muito bem-sucedidas de outras organizações. A única explicação é o contínuo aprimoramento, em cada loja, das mercadorias, dos mostruários e das vendas por cliente. O espaço para as vendas é o recurso limitador da empresa de varejo; o êxito da Marks & Spencer em conseguir maiores vendas dentro do seu limitado espaço foi-lhe fundamental.

A Marks & Spencer fixou objetivos relativos às suas responsabilidades sociais, especialmente nas áreas capazes de gerar as repercussões mais sérias: sua força de trabalho são os fornecedores. Criou "administradoras assistentes" em suas lojas, com a finalidade de acompanhar os funcionários, cuidar de seus problemas pessoais e verificar se eles eram tratados de modo inteligente e condigno. A direção do pessoal continua a cargo da gerência de cada loja. As "administradoras assistentes" destinam-se a funcionar como a "consciência" da empresa em relação ao seu pessoal.

De modo semelhante, ela traçou os objetivos que haveriam de reger suas relações com as empresas fornecedoras. Quanto melhor trabalha, mais pode a fornecedora confiar na Marks & Spencer. Evitar que as fornecedoras sejam por ela exploradas tornou-se preocupação da própria direção da empresa, que criou um sistema destinado a promover o progresso e a segurança delas.

Mas, e quanto aos objetivos relativos ao lucro? A resposta é que esses objetivos nunca existiram. Na Marks & Spencer as metas vinculadas ao lucro têm sido consideradas anátemas. É evidente que a empresa é altamente lucrativa e tem muita consciência de seus lucros. Ela não vê nos lucros, porém, um objetivo, e sim uma necessidade da empresa; não uma meta e sim uma exigência. Pelo modo de ver da firma, o lucro é o resultado de fazer as coisas certas, e não a finalidade de sua própria finalidade. Acima de tudo, ele é determinado por aquilo que a empresa precisa fazer para alcançar seus objetivos. A lucratividade constitui uma medida do grau em que a organização

1 "Aproximadamente 1.900 m^2 e 9.300 m^2, respectivamente. (N. do T.)

bem desempenha suas funções de servir ao mercado e aos clientes. Antes de tudo, a lucratividade é um freio; se o lucro não for suficiente para cobrir os riscos, a empresa não será capaz de alcançar os objetivos que se fixou.

Desde o início, a Marks & Spencer transformou seus objetivos em compromissos de trabalho. Ponderou profundamente os resultados e contribuições que seriam necessários em cada setor de seus objetivos. Atribuiu a alguém a responsabilidade por esses resultados e a cobrou. E mediu os desempenhos e as contribuições em relação aos objetivos fixados.

AS LIÇÕES

A história da Marks & Spencer reafirma a fundamental importância de meditar bem em "qual é o nosso ramo e qual deve ser". Contudo, mostra igualmente que, por si mesmo, isso não basta. A determinação básica do ramo, da finalidade e da missão da empresa precisa ser traduzida em objetivos. No caso contrário, eles constituirão brilhantes inspirações e boas intenções, mas nunca se transformarão em realizações.

A história da Marks & Spencer ressalta as características dos objetivos. Cada uma delas será vista mais detalhadamente no capítulo a seguir. Desde já, porém, as apresentamos:

1. Os objetivos devem ser extraídos de "qual é o nosso ramo, qual será e qual deve ser ele". Não constituem abstrações. Constituem compromissos de atuação através dos quais a empresa cumprirá sua missão, bem como constituem os padrões pelos quais será medido o desempenho. Ou seja, os objetivos compõem a estratégia fundamental da empresa.
2. Os objetivos devem ser operacionais. Precisam ser capazes de se transformar em alvos e atribuições. Precisam ser capazes de se transformar no alicerce do trabalho e da realização, assim como sua motivação.
3. Os objetivos precisam possibilitar a concentração dos recursos e atividades. Devem ser capazes de destacar aquilo que seja fundamental entre as metas da empresa, permitindo-lhe assim concentrar seus recursos básicos – pessoal, capital e instalações físicas. Precisam, portanto, ser seletivos.

4. É preciso haver objetivos múltiplos, e não um único. Grande parte da acalorada discussão atual sobre a administração por objetivos refere-se à procura do "objetivo correto". Essa procura não acaba mostrando-se apenas improdutiva; ela prejudica e desorienta. Dirigir uma empresa é procurar o equilíbrio entre uma série de necessidades e metas. Para isso, são precisos objetivos múltiplos.
5. Os objetivos são indispensáveis em todas as áreas das quais dependa a sobrevivência da empresa. Os alvos específicos, as metas de qualquer área de objetivos, dependem da estratégia de cada empresa. Mas os setores que necessitam de objetivos são os mesmos em todas as empresas, já que todas dependem dos mesmos fatores para sobreviver.

Em primeiro lugar, a empresa precisa ser capaz de criar o cliente. Precisa, portanto, possuir um objetivo para sua comercialização. A empresa deve ser capaz de inovar, pois de outra forma suas concorrentes farão com que se torne obsoleta. Ela precisa, portanto, de um objetivo para suas inovações. Todas as empresas dependem dos três fatores que geram a produção – os recursos humanos, os recursos de capital e os recursos físicos. Elas precisam ter objetivos relacionados com a consecução destes, seu emprego e sua criação. Os recursos precisam ser empregados de modo produtivo, e se a empresa quiser sobreviver, a produtividade destes precisará elevar-se. Ela precisa, portanto, de objetivos relacionados com a produtividade. A empresa vive na sociedade e na comunidade, devendo, pois, assumir a responsabilidade pelas repercussões que provocar no meio ambiente. Precisará, pois, de objetivos relacionados com suas próprias dimensões sociais.

Finalmente, a empresa precisa do lucro – pois de outra forma não poderá alcançar nenhum desses objetivos. Todos eles custam dinheiro. E só poderão ser financiados pelos lucros da empresa. Todos acarretam riscos; exigem, portanto, a existência de lucros capazes de cobrir os riscos dos eventuais prejuízos. O lucro não constitui objetivo, mas uma exigência que deve ser determinada de forma objetiva com respeito a cada empresa, sua estratégia, suas necessidades e seus riscos.

Torna-se necessário, portanto, fixar os objetivos relativos a estas oito áreas básicas:

- o marketing
- a inovação
- a organização humana
- os recursos financeiros
- os recursos físicos
- a produtividade
- a responsabilidade social
- as necessidades do lucro

Os objetivos dessas áreas básicas permitem-nos fazer cinco coisas: organizar e explicar toda a gama dos fenômenos empresariais dentro de uma pequena quantidade de enunciações gerais; submeter essas enunciações à prova da experiência; prever o comportamento; comprovar a correção das decisões enquanto elas ainda estão sendo tomadas; e permitir que os dirigentes de todos os escalões analisem suas experiências e consigam melhor desempenho.

O ALICERCE DO TRABALHO E DAS ATRIBUIÇÕES DE SERVIÇOS

Os objetivos constituem o alicerce do trabalho e das atribuições de serviços.

Eles determinam a estrutura da empresa, as atividades básicas que devem ser exercidas e, acima de tudo, a distribuição das pessoas pelas respectivas tarefas. Os objetivos constituem o fundamento sobre o qual se planeja a estrutura da empresa e o trabalho de cada unidade e dirigente.

Os objetivos fazem-se sempre necessários às oito áreas básicas. A área que não contar com objetivos específicos será relegada. Se não determinarmos o que deve ser medido e qual o padrão para a medida de cada área, a própria área não será percebida.

As mensurações existentes para aplicação às áreas básicas das empresas ainda são acidentais. Não possuímos nem mesmo as concepções adequadas, quanto mais as medidas. Para uma coisa tão fundamental como a lucratividade, só dispomos de um medidor elástico; e não possuímos qualquer instrumento de confiança que nos dê o grau de lucratividade necessário. Com respeito à inovação e, mais ainda, à produtividade, sabe-se que alguma coisa precisa ser feita, mas pouco mais do que isso. Nas demais áreas – inclusive as dos recursos físicos e financeiros – estamos reduzidos à enunciação de intenções. Não dispomos nem de metas nem de mensurações que nos permitam chegar a elas.

Entretanto, conhecemos o suficiente em cada área para pelo menos preparar um relatório de acompanhamento. Conhece-se o suficiente para que cada empresa consiga trabalhar em seus objetivos.

COMO SERVIR-SE DOS OBJETIVOS

Outra coisa ainda sabemos a respeito dos objetivos: como servir-nos deles.

Se não passarem de boas intenções, os objetivos serão inúteis. Precisam ser transformados em trabalho. E o trabalho é sempre específico, tem sempre – ou deve ter – resultados claros, inequívocos e mensuráveis, além de um prazo final e da atribuição específica da respectiva responsabilidade.

Mas os objetivos que se transformam em camisas de força são prejudiciais. Eles se baseiam sempre em previsões. E as previsões constituem, na melhor das hipóteses, palpites calcados sobre informações. Os objetivos exprimem um julgamento de fatores que em sua maior parte se situam fora da empresa e do seu controle. O mundo não para.

A maneira correta de utilizar os objetivos é a que as empresas aéreas usam para os horários e os planos de voo. O horário aponta um voo que às 9h da manhã sai de Los Angeles e chega a Boston às 17 horas. Mas se nesse dia houver uma tempestade de neve em Boston, o avião irá descer em Pittsburgh e aguardar que a tempestade se acalme. O plano de voo estipulava uma altitude de 9.000 metros e o sobrevoo de Denver a Chicago. Mas se encontrar no caminho turbulências ou fortes ventos, o piloto pedirá à torre de controle autorização para subir mais 1.500 metros e seguir pela rota Minneapolis-Montreal. Mesmo assim, nenhum voo é efetuado sem o horário e o respectivo plano. Qualquer alteração é imediatamente comunicada, para que se emita um novo horário e um novo plano de voo. E se a maior parte de seus voos não obedecer aos horários iniciais – ou não se situar dentro de uma faixa de tolerância muito pequena – a empresa aérea bem dirigida substituirá seu gerente de operações por outro que conheça melhor o serviço.

Os objetivos não constituem destino; constituem um rumo que foi traçado. Não são ordens; são compromissos. Não determinam o futuro; são os meios pelos quais se mobilizam os recursos e as energias da empresa para a construção do futuro.

CONSIDERAÇÕES FINAIS

Aquilo que a Sears representa nos Estados Unidos, a Marks & Spencer (embora muito menor) representa na Inglaterra. Tendo iniciado suas atividades em 1916, com "bazares de pechinchas", acabou sendo a maior e mais bem-sucedida organização varejista de especialidades para consumo de massa, concentrando-se em roupas e tecidos e, posteriormente, em alimentos. Durante o longo período da estagnação e do declínio econômico inglês, nas décadas de 1960 e 1970, a empresa conservou a capacidade de ampliar seu volume de vendas e de lucros. Seu grande êxito baseou-se em uma "teoria sobre a empresa" formulada na década de 1930: a missão da Marks & Spencer não era vender a varejo; era subverter a estrutura das classes da Inglaterra do século dezenove, colocando ao alcance dos clientes da classe trabalhadora e da classe média inferior bens de qualidade superior, próprios das classes altas, mas a um preço que aqueles clientes podiam praticar. Partindo da determinação do "seu ramo", a Marks & Spencer traçou uma estratégia de concentrar-se em roupas e tecidos – os alimentos foram acrescentados após a Segunda Guerra Mundial. Daí, ela extraiu objetivos específicos referentes ao seu marketing e inovações, bem como objetivos referentes à produtividade, ao pessoal e às responsabilidades sociais. Ao mesmo tempo, sua história mostra a existência de oito áreas básicas, cujos objetivos devem ser ponderados profundamente e fixados com vistas a garantir a sobrevivência e o triunfo da empresa. Ela mostra ainda que cada um desses objetivos precisa transformar-se em alicerce para o trabalho e para atribuições de serviço muito claras.

PERGUNTAS

1. O que resolveram os dirigentes da Marks & Spencer, na década de 1920, a respeito da natureza da sua empresa?
2. Em que tipo de mercadorias resolveram eles então concentrar-se? Por quê?
3. Qual a nova categoria de produtos que foi acrescentada após a Segunda Guerra Mundial? Por quê?
4. Até o fim da década de 1920, a Marks & Spencer cresceu abrindo novas lojas; posteriormente, ela adotou uma nova estratégia para sua ampliação. Qual foi?
5. De que forma a direção da Marks & Spencer encara o lucro?
6. Quais são as cinco características de seus objetivos?
7. Por que geralmente é prejudicial à organização o "objetivo correto"?
8. Quais são as oito áreas básicas que devem ter seus objetivos especificados?
9. Quais são algumas das importantes funções dos objetivos?
10. De que forma devem ser usados os objetivos?
11. Qual foi a lição ministrada pela história da Marks & Spencer?

CAPÍTULO 7

AS ESTRATÉGIAS, OS OBJETIVOS, AS PRIORIDADES E AS ATRIBUIÇÕES DE SERVIÇOS

A comercialização e a inovação constituem as áreas básicas para a fixação dos objetivos. É nelas que a empresa colhe seus resultados. É pelo seu desempenho nessas áreas e pelas contribuições que a elas presta que seus clientes lhe pagam. Todos os objetivos da empresa devem estar ligados a realizações, visando ao fazer, e não às boas intenções. Em todas as outras áreas dos objetivos, a finalidade do fazer é permitir o alcance dos objetivos fixados para as áreas do marketing e da inovação.

Falar dos objetivos do marketing pode induzir a certa dose de equívocos. O bom desempenho nessa área baseia-se, na realidade, em uma série de objetivos, relacionados com os seguintes pontos:

- os produtos e serviços atuais nos mercados atuais;
- o abandono do "ontem", em matéria de produtos, serviços e mercados;
- os novos produtos e serviços nos mercados atuais;
- os novos mercados;
- a organização encarregada da distribuição;

- os padrões aplicados aos serviços e o bom desempenho nessa área;
- os padrões aplicados ao crédito e o bom desempenho nessa área e assim por diante.

Muitas obras têm sido publicadas sobre cada uma dessas áreas. Mas quase nunca ressaltam o fato de que os objetivos referentes a elas só podem ser fixados depois de tomadas duas decisões básicas: a decisão de concentrar-se e a decisão relativa à posição da empresa no mercado.

A DECISÃO DE CONCENTRAR-SE

Enquanto os objetivos constituem "estratégia", a decisão de concentrar-se constitui "diretriz". É a decisão, por assim dizer, sobre o cenário em que se travará a guerra. Sem essa decisão diretora, poderá haver regras para a guerra, mas não estratégias, isto é, não medidas destinadas a alcançar certos propósitos.

Mais ou menos na mesma época em que a Marks & Spencer resolvia concentrar-se em roupas e produtos têxteis, a Sears viu-se à frente de decidir em que se concentrar. A área que finalmente escolheu foi a dos eletrodomésticos. Sua decisão diferiu bastante da decisão da firma inglesa, mas foi acertada, considerando tanto a teoria basicamente diversa que a Sears mantinha em relação a si mesma como as condições do mercado norte-americano ao final da década de 1920. A Sears nunca deixou de vender produtos têxteis em suas lojas. Mas até a Segunda Guerra Mundial deu-lhes pouca atenção nem investiu agressivamente em seu mercado. A decisão que a Sears tomou com relação a concentrar-se a levou a tomar rumos diferentes dos tomados pela Marks & Spencer. Entre suas consequências, podemos citar as lojas, muito amplas; o grande destaque que deu à organização de seus serviços, e que acabou levando-a para o setor automobilístico como segunda área de concentração; e os investimentos maciços em fábricas de eletrodomésticos.

Sempre que encontramos uma empresa extraordinariamente bem-sucedida, podemos ver que ela considerou com muita atenção as alternativas que se apresentavam à sua concentração e tomou uma decisão a esse respeito.

Nos primeiros quinze anos da existência dos computadores, isto é, até meados da década de 1960, só duas empresas, entre as cerca de cinquenta que haviam ingressado no ramo, conseguiram algum lucro com esses aparelhos, bem como posição no seu mercado; a IBM e a muito menor Control Data Corporation. Ambas deveram grande parte do seu êxito a terem encarado a decisão de concentrar-se. Ainda na tenra infância dos computadores, a IBM resolveu concentrar-se no mercado empresarial e oferecer seus aparelhos essencialmente como máquinas contábeis, para operar, repetitivamente e em grande escala, dados convencionais, como os da contabilidade e da folha de pagamento. Quase à mesma época, a Control Data tomava uma decisão radicalmente oposta: concentrar-se em aplicações científicas de alta escala. As duas empresas saíram-se muito bem. Todas as outras concorrentes do ramo procuraram "cobrir o mercado"; nenhuma conseguiu.

Muita gente pode achar que esse assunto diz respeito às grandes empresas, mas nem a IBM nem a Control Data eram grandes quando tomaram suas decisões de concentrar-se. Na realidade, a pequena empresa precisa muito mais concentrar-se do que a grande. Seus recursos são limitados, e sem concentração não produzirão qualquer resultado.

A decisão de concentrar-se contém muito risco. É uma decisão genuína. Tem que ser repetidamente comprovada pelo mercado, sua dinâmica, suas tendências e mudanças. Sem a concentração, os objetivos fixados para o marketing – bem como os fixados para as inovações – constituem mais promessas de boas intenções do que metas concretas. E sem essas metas os recursos da empresa não serão destinados de forma capaz de gerar o bom desempenho.

A DECISÃO RELATIVA À POSIÇÃO DA EMPRESA NO MERCADO

A outra grande decisão da base dos objetivos do marketing é a que diz respeito à posição da empresa no mercado. Um método muito em uso é dizer: "Queremos ser a empresa líder". O outro é dizer: "Não nos importa a fatia do mercado que caiba, desde que nossas vendas cresçam". Ambas parecem plausíveis, mas estão erradas.

É evidente que nem todas as empresas poderão ser a primeira. É preciso resolver em que faixa do mercado, com qual produto, com qual serviço e com quais valores se quer ser o primeiro. As vendas da empresa não aproveitarão grande coisa se subirem enquanto a empresa perder participação no mercado, isto é, se o mercado crescer muito mais depressa do que as vendas da empresa.

A empresa que detém apenas uma pequena parcela do mercado acabará marginalizada nele e, portanto, em posição vulnerável demais. À menor recessão econômica, é provável que seus clientes passem a concentrar suas compras – e as concentrarão nas fornecedoras que detiverem uma substancial fatia do mercado. As distribuidoras e varejistas procurarão reduzir seus estoques, com o que eliminarão a fornecedora marginal. E as vendas dessa fornecedora poderão se reduzir de tal forma que não permitam a prestação dos serviços indispensáveis – um dos principais motivos por que as fábricas menores de eletrodomésticos têm vida curta, por melhores que sejam seus produtos e por mais conhecida que seja sua marca.

Dessa forma, independentemente da evolução da linha das vendas, a posição da empresa no mercado é essencial. O ponto em que a empresa se torna marginal como fornecedora varia de um ramo de atividade para outro. Ser fabricante marginal, contudo, é perigoso para a sobrevivência a longo prazo. E isso é verdade tanto para as lojas de departamentos e os bancos, as companhias aéreas e as seguradoras como é para as indústrias.

Cada mercado tem também uma posição máxima que, do ponto de vista estratégico, pode não lhe convir ultrapassar (mesmo quando não haja leis antitruste). Por comandar o mercado, a empresa líder tende a cair na sonolência; os monopólios decaem mais devido ao próprio desleixo do que à oposição popular. A dominação sobre o mercado gera uma tremenda resistência interna contra qualquer inovação, dificultando, perigosamente, a adaptação às mudanças. Igualmente, de hábito essa predominância significa que a empresa tem ovos demais em um só cesto, tornando-se vulnerável demais às oscilações econômicas.

Finalmente, a empresa que domina um mercado novo provavelmente teria maior êxito se dividisse esse mercado com uma ou duas grandes concorrentes. Isso pode parecer paradoxal – e a maioria dos empresários acha difícil de aceitar. O fato, porém, é que os novos mercados, especialmente os mais importantes, costumam ampliar-se bem mais depressa quando têm várias fornecedoras, e não uma só. Para o ego da empresa, pode ser muito lisonjeiro saber que domina 80 por cento do mercado. Mas se, em virtude dessa predominância, o mercado não se ampliar como poderia, as receitas e o lucro da empresa líder poderão ser consideravelmente menores do que se duas fornecedoras compartilhassem um mercado em rápida expansão. Oitenta por cento de cem constituem consideravelmente menos do que 50 por cento de 250. Um novo mercado que conte com uma fornecedora exclusiva provavelmente estacionará em 100. Ele será limitado pela imaginação da fornecedora exclusiva, que sempre sabe para que seu produto ou serviço não pode ou não deve ser usado. Por outro lado, se forem várias, as fornecedoras provavelmente descobrirão e promoverão mercados e usos finais com os quais a fornecedora única nunca sonharia. E o mercado pode crescer rapidamente e chegar a 250.

A Du Pont parece ter entendido isso. Em suas inovações mais bem-sucedidas, costuma conservar-se na posição de fornecedora exclusiva apenas até o momento em que o produto novo cubra os investimentos iniciais. Aí, ela deliberadamente licencia a inovação e lança concorrentes. Em resultado, uma série de empresas agressivas passa a dedicar-se a abrir novos mercados e novos usos para o produto. O nylon certamente teria tido um crescimento muito mais lento, sem a concorrência patrocinada pela Du Pont. Seus mercados ainda hoje estão ampliando-se, mas sem essa concorrência provavelmente teriam começado a reduzir-se no início da década de 1950, quando outras empresas lançaram novas fibras sintéticas.

A posição que se deve almejar no mercado não é a mais alta, é a ótima. Isso requer uma cuidadosa análise dos clientes, dos produtos ou serviços, dos segmentos que compõem o mercado e dos canais de distribuição. Requer uma estratégia para o mercado e também uma decisão de alto risco.

O OBJETIVO DAS INOVAÇÕES

O objetivo das inovações é aquele através do qual a empresa operacionaliza sua determinação a respeito de "qual deve ser o nosso ramo".

Essencialmente, há três tipos de inovações nas empresas: inovações em produtos ou serviços; inovações no mercado e no comportamento e valores do consumidor; e inovações nas várias técnicas e operações necessárias para fabricar os produtos e serviços e levá-los ao mercado. Elas podem ser chamadas, respectivamente, de inovações nos produtos, inovações sociais e inovações na direção.

As inovações podem resultar das necessidades do mercado e do cliente; a necessidade costuma ser a mãe da inovação. E podem resultar também do progresso nas técnicas e nos conhecimentos.

O problema que se apresenta na fixação dos objetivos para as inovações é a dificuldade em medir a repercussão e importância relativas das várias inovações. É claramente desejável a liderança tecnológica, especialmente se se entender a tecnologia em sua acepção correta, como aplicada à arte, ao ofício ou à ciência de qualquer atividade humana organizada. Mas de que forma determinaremos o que vale mais; uma centena de pequenos aperfeiçoamentos imediatamente aplicáveis à embalagem de um produto, ou uma descoberta química fundamental que após dez anos de trabalho árduo, poderá alterar a própria natureza da empresa? Uma loja de departamentos dará a essa pergunta respostas que serão diferentes das de um laboratório farmacêutico; mas dois laboratórios farmacêuticos também poderão responder de maneira diversa.

Os objetivos da inovação, portanto, podem não se apresentar tão claros e concretos como os objetivos da comercialização. Para fixá-los, a direção precisará, antes, prever as inovações que irá precisar para poder alcançar as metas da comercialização – conforme as linhas dos produtos, os mercados existentes, os novos mercados e as necessidades dos serviços. Em segundo lugar, ela precisará avaliar os progressos que estejam surgindo ou que provavelmente venham a surgir do avanço tecnológico em todas as áreas de atuação da empresa e em todas as atividades que ela exerça. Quanto a essas previsões, o melhor será separá-las em dois blocos: um relativo ao futuro imediato, projetando-se progressos razoavelmente concretos que na verdade não façam mais do que completar as inovações já introduzidas; o outro, relativo ao futuro mais distante, visando ao vir a ser.

A ênfase deliberada nas inovações pode ser necessária onde as alterações tecnológicas se apresentem menos espetaculares. Na empresa farmacêutica ou de produtos químicos orgânicos sintéticos, a ninguém será necessário ressaltar que a sobrevivência de todos dependerá da capacidade que a empresa mostrar para, de dez em dez anos, substituir três quartas partes de sua linha por produtos inteiramente novos. Em uma companhia seguradora, porém, quantas pessoas serão capazes de perceber que o progresso da empresa – e talvez sua própria sobrevivência – dependerá da criação de novas formas de seguros, da modificação das diretrizes atuais e da busca constante de outros meios, melhores e mais baratos, de vender apólices e pagar as indenizações? Quanto menos visíveis ou salientes forem as mudanças tecnológicas na empresa, maior será o perigo de a organização inteira fossilizar-se. Daí a dupla importância de realçar as inovações.

RECURSOS: SUA OBTENÇÃO, UTILIZAÇÃO E PRODUTIVIDADE

Há um grupo de objetivos que diz respeito aos recursos que a empresa necessita para ser capaz de um bom desempenho: são os objetivos que se referem à obtenção, utilização e produtividade desses recursos.

Há duzentos anos que os economistas afirmam que toda atividade econômica precisa de três tipos de recursos: a terra, isto é, os produtos da natureza; a mão de obra, isto é, os recursos humanos; e o capital, isto é, os meios para o investimento de amanhã. A empresa precisa ser capaz de atrair todos os três e de conferir-lhes um uso produtivo. Nessas três áreas, portanto, todas as empresas precisam ter seus objetivos. Além disso, precisará ter um objetivo para a produtividade desses recursos. Novamente, cada uma dessas áreas vai exigir uma pluralidade de objetivos e não um objetivo único.

No tocante aos recursos humanos, por exemplo, é bastante conveniente possuir objetivos específicos para a captação, fomento e desempenho de pessoal para a direção, assim como objetivos igualmente específicos para os principais grupos da força de trabalho não gerencial e para as relações com os sindicatos trabalhistas. Haverá necessidade de objetivos tanto em relação à postura dos empregados da empresa como em relação às suas aptidões.

Da mesma forma, a empresa precisará contar com instalações físicas; e se for empresa fabril, precisará contar com recursos de matérias-primas. As redes de varejo, como a Sears e a Marks & Spencer, precisam possuir objetivos relacionados com a abertura de lojas e a utilização dos espaços de suas prateleiras, assim como para a criação de fontes de fornecimento das mercadorias que planeje vender.

Igualmente de vital importância é a área dos capitais – e muito poucas empresas sequer começaram a enfrentá-la. Aí também há necessidade de objetivos que se refiram tanto à obtenção como à utilização dos capitais.

O primeiro sinal de decadência de um setor de atividade é dado quando ele perde a capacidade de atrair pessoas bem qualificadas, capazes e ambiciosas. As estradas de ferro norte-americanas, por exemplo, não começaram a decair após a Segunda Guerra Mundial; naquela altura, o que ocorreu foi que seu declínio se tornou evidente e irreversível. A decadência das ferrovias começou, na verdade, no decorrer da Primeira Guerra Mundial. Antes dela, os formandos bem qualificados das escolas de engenharia sonhavam com carreira em estrada de ferro. A partir do fim da Primeira Guerra Mundial – não importa a razão – as estradas de ferro passaram a não atrair mais os engenheirandos, nem qualquer outro grupo de diplomados em faculdades. Em resultado disso, quando as coisas começaram a ficar difíceis para as ferrovias, vinte anos depois, por volta da Segunda Guerra Mundial, elas não contavam com dirigentes hábeis e capacitados para enfrentar seus novos problemas.

As empresas precisam, portanto, possuir verdadeiros objetivos de mercado nessas duas áreas: a consecução do pessoal e do capital que necessite. "Como devem ser nossos serviços para que atraiam e mantenham o tipo de pessoas de que precisamos e desejamos? Que disponibilidade apresenta o mercado de trabalho? E que precisamos fazer para atraí-la?" Da mesma forma, "como precisam ser os investimentos em nossa empresa, na forma de empréstimos bancários, compromissos a longo prazo e fundos de capital próprio, para que sejam capaz de atrair e conservar o capital de que precisamos?".

Uma empresa norte-americana que por muitos anos planejou sistematicamente seu mercado fornecedor de capitais foi a AT&T. O setor telefônico apresenta alta densidade de capital; depende de volumosos e contínuos investimentos. Na verdade, seu usuário é pré-financiado no valor da receita que irá proporcionar durante três anos. Uma das últimas contribuições de Theodore Vail – e das mais importantes – foi sua profunda reflexão sobre o problema. Ele percebeu, ao final da Primeira Guerra Mundial, que o mercado norte-americano de capitais estava mudando e que à Bell System seria impossível conseguir capitais das fontes com que tradicionalmente contava, como as fortunas dos habitantes ricos de Boston. Em vez disso, o que estava começando a aparecer era um mercado de capital de massa. Analisando essa situação, Vail concebeu um novo título de investimento, desconhecido na época e sem paralelo desde então: uma ação ordinária da AT&T com dividendos praticamente garantidos, e que se caracterizava por constituir, de um lado, uma parcela do capital social da empresa, com perspectivas de ganhos de capital no longo prazo, e, do outro, um investimento que em grande parte proporcionaria rendimentos fixos. Dessa forma, era um papel que agradaria à nova classe média, que, não podendo se dar o luxo de correr grandes riscos, possuía economias suas para aplicar, após completar o pagamento do seu seguro de vida ou a liquidação da hipoteca que lhe pesava sobre a casa.

Quarenta anos após, no início da década de 1960, a diretoria da AT&T percebeu que aquele título de investimento já não se adequava mais à época. Alterou então, drasticamente, a natureza das ações ordinárias da empresa, de modo a procurar atrair os novos capitalistas que surgiam – as grandes entidades investidoras como os fundos de aposentadoria e as administradoras financeiras.

A fixação dos objetivos aplica-se também à área das relações com os sindicatos trabalhistas e à da postura dos empregados. Muitos executivos poderão argumentar que as relações com os sindicatos encontram-se fora do seu controle. Com referência a períodos curtos, essa é a pura verdade. Os fatores que se encontram fora do controle de qualquer direção, como as diretrizes governamentais e a inflação, é que moldam a posição e as exigências dos sindicatos, bem como sua própria força. Essa circunstância, porém, constitui um motivo a mais para fixar objetivos a longo prazo para as relações entre a empresa e o sindicato.

Qualquer pessoa pode criticar as diretrizes que a General Motors ou a General Electric fixaram para suas relações com os respectivos sindicatos. Mas essas empresas, e talvez só elas entre as maiores dos Estados Unidos, consideraram demoradamente essas relações, fixaram objetivos para elas, e sobre esses objetivos construíram suas diretrizes. Embora basicamente diferentes em matéria de estratégia e táticas, as diretrizes de ambas são "duronas". Ambas procuram manter a iniciativa nas relações com os sindicatos, bem como o controle sobre as atribuições e a produtividade dos trabalhadores. Ambas estão dispostas a aceitar a greve por questões de princípio, mas recusam-se a comprar concessões sindicais financeiras a curto prazo à custa de pontos fundamentais de longo prazo. As diretrizes de ambas as empresas têm sido muito bem-sucedidas em manter as respectivas produtividades e posições de concorrência. Embora os sindicatos trabalhistas critiquem abertamente a GM e a GE, nunca deixando de atacar as normas que adotaram, os negociantes trabalhistas dessas empresas encontram-se entre os poucos que os sindicatos respeitam. Na verdade, elas perdem menos horas de trabalho por greves e operações tartaruga do que outras organizações que gozam de relações trabalhistas muito "melhores" mas dependem de concessões de natureza imediatista.

Os objetivos relativos aos recursos devem ser fixados em um processo duplo. O primeiro ponto de partida são as necessidades previstas da empresa, projetadas então sobre o mercado com referência à terra, à mão de obra e ao capital. Mas os outros pontos de partida são constituídos por esses próprios "mercados", que por sua vez devem ser projetados sobre a estrutura, o rumo e os planos da empresa. Ao contrário do que muitos dirigentes ainda parecem supor, não basta mais dizer: "Isto é do que precisamos: quanto temos que pagar para consegui-lo?". É preciso dizer também: "Isto é o que há disponível: que deveremos ser e como deveremos proceder para colher as maiores vantagens?".

PRODUTIVIDADE: O PRIMEIRO TESTE PARA A COMPETÊNCIA DA DIREÇÃO

Atrair recursos e fazê-los operar é apenas o início. Cabe à empresa torná-los produtivos. Toda empresa, portanto, precisa ter seus objetivos relativos à produtividade, com respeito a cada um dos três principais recursos (a terra, a mão de obra e o capital) e com respeito à própria produtividade global.

A medição da produtividade constitui o melhor padrão para estabelecer comparações entre a direção de diferentes unidades da empresa ou entre a direção de duas ou mais empresas. Isso porque a produtividade abrange todas as atividades com as quais a empresa presta sua contribuição; e exclui tudo que não se encontre sob seu controle. A produtividade é o primeiro teste para a competência da direção.

A melhoria contínua da produtividade constitui uma das tarefas mais importantes da direção da organização. E também uma das mais difíceis delas; pois a produtividade é um equilíbrio que se alcança entre uma série de fatores, poucos dos quais podemos determinar com facilidade ou medir com clareza.

A meta não é procurar encontrar uma medida única e perfeita para a produtividade, e sim empregar certo número de mensurações – desse modo consegue-se pelo menos uma visão da matéria. A produção por hora de trabalho, por exemplo, quase não tem sentido por si mesma, embora as estatísticas governamentais da maioria dos países se baseie nela. Ela não mede sequer a produtividade da mão de obra. Só adquire sentido se os números mostrarem a produção e o lucro, por hora de trabalho, tanto em unidades como em dinheiro.

A mão de obra é apenas um dos três fatores da produção. Precisamos medir a produtividade também nas demais áreas, para poder visualizá-las e julgá-las. Se a produtividade da mão de obra for conseguida através da perda de produtividade dos outros recursos, o que estará havendo, na realidade, será uma perda de produtividade.

Exemplo notável é o da fabricação do papel. Poucos setores conseguiram um aumento tão grande na procura e nas vendas como esse. Poucos puderam igualá-lo nos progressos técnicos, como, por exemplo, na aceleração que imprimiu à velocidade de suas máquinas. Desde a Segunda Guerra Mundial as vendas e a produção da indústria do papel beneficiaram-se de um notável surto de expansão; entretanto, na maior parte desse período ela não foi capaz de proporcionar mais do que lucros marginais – bem inferiores ao rendimento do dinheiro nos bancos de poupança. O ponto de equilíbrio das fábricas de papel mais modernas situa-se pouco abaixo de 100% da sua capacidade operacional. A explicação desse curioso fenômeno reside no longo declínio da produtividade do capital no setor. Os preços do papel têm subido mais depressa que os dos equipamentos para sua fabricação. Entretanto, enquanto quarenta anos atrás o investimento necessário para fabricar o papel capaz de render um dólar de vendas era de oitenta centavos de dólar, hoje esse investimento é de dois ou três dólares. A produtividade da sua mão de obra subiu com velocidade muito maior que a da maior parte dos outros setores industriais. Isso significa que as fábricas de papel promoveram a substituição maciça de sua mão de obra pelo capital. Mas foi uma troca antieconômica em alto grau. Na realidade, o que se vê na fabricação do papel é o grande triunfo da engenharia sobre a economia e o bom senso.

Um século atrás, Karl Marx baseou sua presunçosa previsão da iminente queda do capitalismo no princípio de que a produtividade do capital estava destinada ao declínio. Esse declínio constituía para Marx a "contradição básica do capitalismo". O fato de sua profecia não se ter cumprido até agora é devido à nossa capacidade de inovar, isto é, de criar novos processos e novos ramos industriais, capazes de conferir maior produtividade ao capital. A premissa básica de Marx, porém, era correta: a chave para a sobrevivência de uma empresa, de um setor ou de toda a economia está, em última análise, na produtividade do capital. A produtividade do capital é a área que menor atenção tem recebido de grande número de empresas – ainda que isso ocorra apenas pelo fato de tanta gente supor equivocadamente que por si mesma a lucratividade seja capaz de medi-la.

Contudo, como mostra o exemplo da Marks & Spencer, também a produtividade dos recursos físicos precisa ser integralmente medida, sendo indispensável fixar objetivos para cada uma das categorias dos recursos. Isso porque a produtividade abrange os três fatores da produção. Uma troca malfeita, isto é, um acréscimo na produtividade de determinado fator da produção à custa de uma queda maior na de outro fator desemboca, como se vê pela indústria do papel, em prejuízo na produtividade global.

O VALOR ACRESCENTADO

Não dispomos de um medidor único. Mas dispomos, pelo menos, de um ponto básico que nos permite determinar a produtividade da empresa toda. Os economistas dão-lhe o nome de "valor acrescentado" (ou "margem de contribuição").

Esse valor acrescentado é a diferença entre a receita bruta da empresa, proporcionada pela venda dos seus produtos ou serviços, e o montante pago aos fornecedores pelas matérias-primas fornecidas e os serviços prestados. Significa dizer que o valor acrescentado corresponde à remuneração de toda a atividade da empresa e ao conjunto das recompensas que ela colhe por essa atividade. Representa todos os recursos colocados no produto final pela própria empresa como sua contribuição, bem como a apreciação, pelo mercado, das atividades por ela desenvolvidas.

Só se pode usar o valor acrescentado para analisar a produtividade se os custos forem distribuídos de maneira economicamente significativa. Embora ainda em seu estágio inicial, portanto, a evolução conseguida nos últimos vinte anos pela contabilidade, que de contabilidade financeira e fiscal se promoveu a contabilidade gerencial, constitui pois um importante passo no caminho de fazer que as empresas sejam administráveis e administradas.

O valor acrescentado não será capaz de medir a produtividade resultante dos fatores qualitativos, mas só a resultante dos fatores quantitativos. Porque o valor acrescentado é estritamente um instrumento quantitativo. No entanto, grande é a influência exercida pelos fatores qualitativos sobre a produtividade. Tanto a curto como a longo prazo, a estrutura da organização, a utilização do saber na empresa e a qualidade da direção futura constituem elementos fundamentais para a produtividade – mas escapam às mensurações atualmente em uso.

Finalmente, só se pode empregar o valor acrescentado nas empresas que fabricam alguma coisa, isto é, nas empresas manufatureiras.

Dentro dessas limitações, o valor acrescentado possibilita a análise racional da produtividade e fixação das metas capazes de melhorá-la. Em particular, permite aplicar instrumentos do tipo da Pesquisa Operacional ao estudo sistemático da produtividade. Isso porque esses instrumentos procuram descobrir caminhos alternativos e suas possíveis consequências. O problema da produtividade é sempre o de visualizar toda a gama de combinações possíveis entre os diversos recursos e de descobrir a combinação que proporcione o coeficiente ótimo de produção por custo, atividade e risco.

A produtividade constitui algo difícil, mas fundamental. A empresa que não possuir objetivos para a sua produtividade será uma nau sem rumo. E se não possuir mensurações para aplicar à sua produtividade, será uma nau desgovernada.

A DIMENSÃO SOCIAL

Há não mais que alguns anos, tanto os dirigentes das empresas como os economistas achavam que a dimensão social era tão intangível que não permitia fixar os objetivos do seu desempenho. Sabemos agora que o intangível pode ficar bastante tangível. Certas lições colhidas do "consumidorismo" ou das acusações às indústrias pelos danos ao meio ambiente constituem modos dispendiosos de aprender que à empresa compete não só meditar nas repercussões de suas atividades e nas responsabilidades que lhe cabem a esse respeito, mas também fixar objetivos para umas e outras.

A dimensão social diz respeito à própria sobrevivência da empresa. A empresa vive na sociedade e na economia. Quem se encontra no interior das organizações tem a tendência de supor que elas vivam por si mesmas, em uma espécie de vácuo. E inevitavelmente seus dirigentes as vêm por dentro. A empresa, porém, é criatura da sociedade e da economia, que podem fazê-la morrer da noite para o dia. A empresa só vive enquanto a sociedade e a economia acharem que ela desempenha uma atividade necessária, útil e produtiva.

Novamente, a esse respeito muitos dirigentes dirão: "Isso é coisa para as grandes empresas". Mas a pequena empresa também é empregadora, também precisa de apoio ou, no mínimo, da aceitação da comunidade e da sociedade. Precisa possuir objetivos sociais tanto quanto as grandes – embora esses objetivos possam ser bastante diversos.

Quais sejam esses objetivos é matéria de que trataremos adiante (na Quarta Parte). Mas devemos salientar aqui que eles precisam ser incluídos na estratégia da empresa, e não ser enunciados como simples boas intenções. Não é o fato de o dirigente da empresa ter responsabilidades perante a sociedade que torna indispensável a existência desses objetivos, mas sim o fato de o dirigente ter responsabilidades perante a própria empresa.

O LUCRO COMO NECESSIDADE E COMO LIMITAÇÃO

Só depois de haver ponderado demoradamente os objetivos das sete áreas básicas e de os haver fixado poderá a empresa enfrentar a pergunta: "De quanta lucratividade precisamos?". Alcançar qualquer um dos objetivos é algo que encerra grandes riscos. Requer esforços, que significam custos. Dessa forma, há necessidade de um lucro que compense a empresa por alcançar seus objetivos. O lucro é condição de sobrevivência. Ele pagará o custo do futuro, isto é, o custo de a empresa manter-se em operação.

A empresa que consiga lucros suficientes para atender aos seus objetivos nas áreas básicas terá meios para sobreviver. A empresa que não consiga atender às exigências de lucratividade feitas pelos seus objetivos básicos será marginalizada e correrá perigo.

A lucratividade necessária para sustentar os objetivos da empresa nas sete áreas básicas até aqui apresentadas é também a expressão quantitativa da lucratividade necessária para o cumprimento das funções sociais e econômicas do lucro:

- como "prêmio de risco" para os custos de se manter em operação;
- como fonte de capitais para financiar os empregos do amanhã;
- como fonte de capitais para as inovações e para o crescimento da economia.

O planejamento do lucro é indispensável. Mas que esse seja o planejamento da lucratividade mínima necessária e nao palavras sem sentido, como a "maximização do lucro". Esse ponto mínimo pode bem situar-se um bocado acima das metas que muitas empresas propõem para seus lucros, quanto mais aos lucros que realmente conseguem.

O EXEMPLO JAPONÊS

Por força de um acidente histórico, o único país que compreende que o lucro deve ser considerado quanto ao seu mínimo, e não quanto ao seu máximo, é o Japão.

Discussões acaloradas têm havido a respeito de saber se no Japão o capital custa mais ou custa menos do que no Ocidente – os ocidentais afirmando que custa menos e os japoneses sustentando o contrário. Ambos estão errados. O capital custa para as empresas japonesas praticamente o mesmo que para as empresas ocidentais. Só o método para o cálculo difere.

O Japão financia suas empresas principalmente através de empréstimos bancários. Legalmente, são créditos concedidos a curto prazo. Economicamente, porém, constituem investimentos permanentes no capital social pelo banco. O motivo disso é que no século dezenove o Japão não possuía mercados de capitais. Em grande parte, os grupos industriais fundaram os bancos para que funcionassem como seus fornecedores de capitais. No Ocidente, foi o inverso que aconteceu, pois a Inglaterra e os Estados Unidos já possuíam mercados de capitais antes de suas indústrias começarem a crescer.

A empresa japonesa característica tem 70 por cento de capitais de terceiros e 30 por cento de capital próprio. Na empresa norte-americana típica, inverte-se a relação. Podemos calcular o custo do capital em uma situação e na outra. Sobre os 70 por cento do capital de terceiros, a empresa japonesa pagará pelo menos juros de 10 por cento; ou seja, 7 por cento de juros sobre o total. Sobre os 30 por cento do capital social, ela espera receber, após a dedução dos impostos, cerca de 8 por cento, ou seja, 2,4 por cento sobre o valor total. A média ponderada dá a taxa de 9,4 por cento como remuneração do capital aplicado. A empresa norte-americana precisa ganhar 7 por cento (a média das taxas dos juros durante os vinte e cinco anos decorridos após a Segunda Guerra Mundial) sobre aqueles 30 por cento de capitais de terceiros, ou seja, 2,1 por cento do total do capital investido. Sobre seu capital próprio de 70 por cento, ela precisa ganhar 10 por cento após os impostos, ou seja, 7 por cento no total. Tudo isso importa no rendimento global de 9,4 por cento.

Como se vê, o custo do capital é o mesmo para as duas empresas. (No Japão, a carga tributária é bem menor, uma vez que também lá, como no Ocidente, os juros pagos sobre os empréstimos são considerados despesas empresariais dedutíveis. A carga tributária do Ocidente é muito maior – mas os economistas não conseguem chegar a um acordo no tocante a dizer se quem a suporta é a empresa, o consumidor ou o investidor).

A lucratividade que a empresa japonesa precisa conseguir é determinada por aquilo que o banco precisa para atrair depósitos capazes de pagar suas despesas operacionais e cobrir os riscos. O que o banco aí financia é a margem entre quanto lhe custa o capital – talvez 6 por cento – e os juros que cobra por aquilo que na realidade constitui investimento no capital social da empresa. Aos olhos dos dirigentes da empresa japonesa, o fato fundamental da vida é que eles têm que ganhar no mínimo o suficiente para pagar os juros sobre suas dívidas aos bancos e para conseguir uma margem que mantenha seu crédito.

Dessa forma, os dirigentes japoneses partem com uma meta bem clara *de reduzir ao mínimo* o capital indispensável para sua operação. O lucro apresenta-se aos seus olhos como uma necessidade, e não como algo que lhes pareça interessante e agradável. Eles sabem que a bancarrota os espera se não gerarem o lucro mínimo necessário para conseguir o capital indispensável. Sua consciência em relação ao lucro não é menor do que a do dirigente ocidental de empresa, mas, por um acidente histórico, a posição em que eles se encontram permite-lhes entender a função do lucro e, portanto, fazê-los procurar planejar com maior racionalidade e propósito a obtenção da lucratividade, da qual dependerá a sobrevivência e o crescimento da sua empresa.

O exemplo japonês mostra claramente que o *coeficiente mínimo* de lucratividade adequado às necessidades da empresa é o custo do capital. Esse coeficiente mínimo corresponde à taxa do mercado de capitais necessária para conseguir os recursos financeiros que a empresa precisa para alcançar seus objetivos.

O custo do capital nunca supera a lucratividade mínima necessária – pelo menos enquanto houver um mercado de capitais, e não a distribuição dos capitais pelo governo. Mas pode bem ser inferior a esse mínimo. Ele constitui, no entanto, o melhor ponto de partida para o planejamento do lucro.

Seja a empresa grande ou pequena, complexa ou simples, sua lucratividade deve ser calculada como a média dos lucros conseguidos nos anos favoráveis e nos anos desfavoráveis. Suponhamos que a empresa necessite de uma lucratividade, sobre o capital investido, de 20 por cento, após deduzidos os impostos. Se essa lucratividade for alcançada num ano favorável, dificilmente se manterá durante toda a vida do investimento. Talvez precisemos de um lucro de 40 por cento nos anos favoráveis para conseguir a média de 20 por cento em 10 ou 12 anos. E para perseguir a média desejada, precisaremos calcular antes a taxa que nos seja necessária.

COMO MEDIR A LUCRATIVIDADE

É muito debatida a questão de saber como medir a lucratividade. Não há um parâmetro único para isso. Claramente inadequado será, por si mesmo, o lucro sobre as vendas (a margem do lucro). Isso porque o lucro é constituído pela multiplicação da margem do lucro pela taxa de rotação do capital.

A margem do lucro é um número significativo, mas apenas para mostrar onde se encontram as oportunidades de melhorar o lucro. Já o lucro sobre o capital investido tem seu sentido; mas na prática constitui o pior de todos os parâmetros – um cordão com elasticidade quase infinita. Que é o "capital investido"? A inversão de determinado valor em 1950 é igual à mesma inversão em 1970? Deve o "capital" ser compreendido de acordo com a concepção dos contadores, isto é, como o valor inicialmente colocado na empresa menos sua depreciação subsequente? Ou deverá ele ser compreendido na linha dos economistas, isto é, como a capacidade de produzir riquezas no futuro, descontadas as taxas dos juros do mercado de capitais em valor monetário corrente? A busca do parâmetro perfeito para medir a lucratividade pode frustrar e mostrar-se fútil. Muito mais razoável será utilizar vários parâmetros simultaneamente, e procurar ver o que eles dizem sobre a empresa.

UMA NOTA SOBRE A INFLAÇÃO

Outro aspecto deve ser mencionado a respeito da produtividade: a influência da inflação sobre os lucros. É tradicional dizer que os ativos produtivos constituem uma barreira contra a inflação. Em certo sentido, isso é correto. Determinada siderúrgica continuará existindo e capaz de produzir aço mesmo que a moeda esteja arruinada. O custo inicial da siderúrgica terá chegado a ser insignificante ou nulo, e com isso uma parte maior de sua receita ficará à disposição dos proprietários do capital social. Essa visão, porém, é simplista; a inflação destrói também os ativos. Gera lucros falsos, lucros que na realidade representam a destruição do capital. Na inflação (e mesmo em inflações muito altas, à taxa de 40 ou 60 por cento ao ano, como tem ocorrido em numerosos países sul-americanos) os valores do ativo não são ajustados nos livros contábeis. Na realidade, a maioria dos países proíbe esse ajuste, com o que as despesas de depreciação passam a basear-se em um valor monetário ultrapassado; e quando a moeda se enfraquece, rapidamente a depreciação fica inadequada. Mais cedo ou mais tarde, o ativo terá que ser substituído, e então, com base na moeda depreciada, as despesas serão muitas vezes maiores que o valor contábil. Não sendo registrada essa perda – e poucas direções de empresas sequer a percebem – os lucros mostrados constituirão, na verdade, uma subdepreciação, pagando-se dividendos que constituirão, na realidade, distribuições do capital. Nos Estados Unidos, a Comissão de Títulos e Bolsas (Securities and Exchange Commission – SEC) percebeu isso há muito tempo, com respeito aos investimentos das empresas norte-americanas no exterior. Ela exige que o valor do ativo desses investimentos – em uma subsidiária brasileira, por exemplo, – seja ajustado, cada ano, de modo a registrar esse prejuízo oculto. (Paradoxalmente, as autoridades tributárias norte-americanas recusam-se a aceitar esse ajuste. Elas obrigam as empresas a pagar impostos sobre um lucro que a SEC as forçou a mostrar como prejuízo nos balanços que publicam.)

Nas situações de inflação – e isto quer dizer na maior parte dos países, hoje em dia – a inflação deve ser considerada despesa legítima. Há bons motivos para adotar, pelo menos para finalidades internas, um método contábil de "moeda constante", como "dólares constantes", "yens constantes" ou "marcos constantes". Isso pelo menos obrigará a direção da empresa a perceber que é a inflação, e não seu próprio desempenho, a responsável por aquela bela demonstração de lucros.

Se no decorrer do final da década de 1960 fizessem sua contabilidade em dólares constantes, muitas empresas norte-americanas perceberiam que não estavam tendo lucro algum, e muito menos os "lucros recordes" proclamados naquele período inflacionário. Poucas delas acusaram, após deduzidos os impostos, lucro superior a 8 por cento sobre os respectivos ativos – e a inflação norte-americana do período foi de 8 por cento ao ano. Se os dirigentes das empresas percebessem esse fato, não ficariam tão surpresos com o colapso que em 1969-1970 ocorreu nos preços das ações das empresas de maior crescimento.

A LUCRATIVIDADE COMO LIMITAÇÃO

A lucratividade não é só necessidade, é também limitação. Os objetivos da empresa não podem superar a lucratividade com a qual a empresa espera poder funcionar. A lucratividade mínima não deve ser tão alta que não se possa esperar alcançar de forma prudente. A necessidade da lucratividade, portanto, precisa e deve ser retroprojetada sobre os respectivos objetivos. Se a lucratividade se mostrar inadequada em relação aos objetivos, estes deverão ser alterados. Os olhos da empresa não devem enxergar mais do que seu estômago.

Ao fixar seus objetivos nas áreas básicas, a empresa sairá daí com esforços e riscos maiores do que aqueles que provavelmente esteja capacitada a aguentar, em termos de lucratividade. Deve, portanto, submeter seus objetivos a comparações.

AS COMPARAÇÕES ENTRE OS OBJETIVOS

Três tipos de comparações se fazem necessárias à fixação dos objetivos. Deve-se comparar os objetivos com a lucratividade que pode ser alcançada. Deve-se compará-los também com as demandas tanto do futuro imediato como do futuro distante. Finalmente, os objetivos devem ser comparados entre si, efetuando-se então trocas entre os desempenhos desejados em umas e outras áreas.

Quando fixa os objetivos, a direção da empresa deve sempre sopesar o futuro imediato contra o futuro a longo prazo. Se ela não preparar o futuro imediato, não haverá futuro a longo prazo. Mas se sacrificar aos resultados imediatos as necessidades a longo prazo do "qual *será* o nosso ramo" e do "qual deve ser o nosso ramo", igualmente em pouco tempo não haverá mais ramo algum.

A fixação dos objetivos exige sempre uma decisão a respeito do ponto em que se assumirão os riscos, ou seja: que parcela dos resultados imediatos poderá ser sacrificada para assegurar o crescimento a longo prazo, ou que parcela do crescimento a longo prazo poderá ser posta em jogo para assegurar o desempenho a curto prazo? Não há qualquer fórmula fixa para essas decisões. Elas são arriscadas, próprias das pessoas empreendedoras, e duvidosas – mas precisam ser tomadas.

As empresas de grande crescimento das décadas de 1950 e 1960 prometiam indefinidamente vendas maiores e maiores lucros. Esse já seria um motivo para desconfiar. Qualquer dirigente experimentado sabe que esses objetivos normalmente não se coadunam. Aumentar o volume das vendas significa quase sempre sacrificar os lucros imediatos. Conseguir lucros maiores significa quase sempre sacrificar as vendas a longo prazo. Em quase todos os casos, a irracional promessa e a resultante recusa de tomar decisões que buscassem o equilíbrio entre os objetivos do crescimento e os do lucro foram a causa direta dos grandes prejuízos e das baixas contábeis igualmente vultosas que aquelas empresas sofreram ao fim da década de 1960 e início da seguinte.

Poucas coisas diferenciam tão bem a direção competente da direção incompetente como a maneira como ambas conseguem submeter seus objetivos a comparações. Não há fórmulas fixas para essa tarefa. Para cada empresa é diferente a fórmula mais adequada, e a própria empresa pode precisar recorrer a comparações diferentes em momentos diferentes. Comparar não é um trabalho mecânico. É uma decisão na área dos riscos. (No próximo capítulo essas estratégicas decisões serão expostas com mais detalhes.)

O PAPEL DO ORÇAMENTO

Para fixar objetivos e compará-los entre si, precisa-se de uma expressão mecânica. O instrumento para conseguir isso é o orçamento, especialmente o orçamento das despesas administradas e das despesas de capital.

Costuma-se conceber o orçamento como um processo financeiro. Apenas sua escrituração, porém, é financeira; as decisões são empresariais. Hoje em dia, as chamadas despesas administradas (como as de pesquisas e de propaganda) e as despesas de capital (como as da construção de uma fábrica) geralmente são consideradas bem distintas. Mas essa distinção é enganosa, não passando de ficção contábil (e tributária). Os dois tipos de despesas comprometem recursos escassos em relação a um futuro incerto; economicamente falando, ambos constituem despesas de capital que representam investimentos no futuro. Para que a empresa seja bem-sucedida, essas despesas têm que exprimir as mesmas decisões básicas sobre objetivos relacionados com a sobrevivência da empresa. Hoje, a maior parte das atenções, na orçamentação, costuma concentrar-se em despesas outras que não as administradas, especialmente as chamadas despesas variáveis, como os salários. Historicamente, era por aí que se esvaía a maior parte do dinheiro da empresa. Contudo, por maiores ou menores que sejam os valores em jogo, as decisões referentes às despesas administradas determinam o futuro da empresa.

Pouco controle se possui sobre aquilo que os contadores denominam despesas variáveis, aquelas diretamente relacionadas com as unidades ou o volume produzido, e fixadas por determinado modo de fazer as coisas. Pode-se mudá-las, mas devagar. Pode-se alterar determinada relação entre as unidades da produção e as despesas com a mão de obra (o que, com certa ironia, ainda consideramos despesas variáveis, a despeito de os proventos indiretos serem acentuadamente fixos). Contudo, dentro de determinado período essas despesas não podem ser alteradas. Isso, naturalmente, aplica-se mais ainda às despesas referentes a decisões anteriores, as despesas fixas. Não podemos desfazê-las de modo algum, refiram-se elas a investimentos de capital anteriores, a impostos locais ou a prêmios de seguro para a proteção de ativos. Elas se situam-se fora do controle da direção.

As despesas que a direção é capaz de controlar são aquelas que se efetuarão no futuro. As despesas de capital e as administradas exprimem decisões da direção que envolvem riscos. Elas se prendem às instalações e equipamentos, à pesquisa e comercialização, à criação de produtos e fomento do pessoal, à direção e organização, aos serviços a clientes e à propaganda. O orçamento das despesas de capital e o das despesas administradas constituem as áreas em que a empresa toma suas reais decisões sobre os objetivos que pretende atingir.

A FIXAÇÃO DAS PRIORIDADES

Os dois orçamentos relacionados com o futuro – o das despesas de capital e o das despesas administradas – expressam também as prioridades fixadas pela direçao.

Nenhuma empresa pode fazer tudo. Mesmo possuindo o dinheiro, nunca possuirá o pessoal capacitado suficiente. Ela é obrigada a fixar prioridades. A pior coisa é tentar fazer um pouquinho de tudo. Com isso, é certo que nada se fará. Melhor é decidir-se pela prioridade errada do que não possuir nenhuma.

Fixar as prioridades é arriscado. Pois tudo a que não se dá prioridade fica, em verdade, abandonado. Não há fórmulas que a rejam, mas essa decisão precisa ser tomada, e o mecanismo é o orçamento das despesas de capital e das despesas administradas.

DOS OBJETIVOS À AÇÃO

Resta a última etapa: transformar os objetivos em ação. A razão de perguntar-se "Qual é o nosso ramo, qual *será* ele e qual *deve* ser?", e de raciocinar-se através de objetivos, é a ação, não o conhecimento teórico. O que com isso se pretende é concentrar as energias e os recursos da organização nos resultados corretos. O produto final da análise da empresa é constituído, portanto, de programas de trabalho e de atribuições de serviços específicos e concretos, com metas definidas, prazos finais e responsabilidades claras. Se não forem transformados em ação, os objetivos não constituirão realmente objetivos; constituirão sonhos.

CONSIDERAÇÕES FINAIS

O marketing e a inovação constituem as duas áreas de resultados das quais deve partir a fixação dos objetivos. Ambas requerem uma série de objetivos, e não um valor único. Ambas exigem também decisões prioritárias de alto risco: a decisão de concentrar-se e a decisão referente à posição da empresa no mercado. Em seguida, vem a necessidade de objetivos relativos a todos os recursos – recursos de pessoal, recursos de capital, recursos de instalações e recursos físicos básicos –, sua obtenção, utilização e produtividade. São necessários objetivos relativos à dimensão social da empresa, às suas responsabilidades sociais e às repercussões sociais de sua atividade. Em todas essas áreas, a pequena empresa precisa tanto de objetivos claros como a grande empresa. O lucro e a lucratividade aparecem ao final do processo; constituem necessidades relativas à sobrevivência da empresa, exigindo portanto objetivos próprios. Mas a lucratividade necessária impõe também limitações sobre todos os outros objetivos. É necessário submeter os objetivos a comparações – compará-los uns com os outros, em termos dos diversos requisitos do curto e do longo prazos, e compará-los com os recursos disponíveis. Finalmente, a empresa precisa fixar objetivos relativos à sua própria atuação.

PERGUNTAS

1. Quais são algumas das áreas em que é preciso fixar objetivos para a execução do marketing?
2. Qual decisão de concentrar-se tomou a Sears? Qual tomou a Marks & Spencer? Quais foram os resultados dessas importantes decisões?
3. Por que a decisão de concentrar-se é tão importante para a pequena empresa como para a grande?
4. Por que é enganosa a decisão, relacionada com os objetivos do marketing, de fixar a meta de conseguir maiores vendas?
5. Por que pode ser perigoso para o êxito a longo prazo da empresa controlar uma fatia ampla demais do seu mercado? De que forma a Du Pont resolveu o problema de conseguir as maiores vendas para seus produtos inovadores?
6. Quais são os três tipos básicos de inovações?
7. Por que é tão difícil fixar objetivos relativos às inovações?
8. Por que é especialmente importante ressaltar a importância da inovação nas áreas não tecnológicas?
9. Quais são os três tipos de recursos básicos necessários para qualquer atividade econômica?
10. De que forma a AT&T aplicou o planejamento do mercado às necessidades de conseguir capitais?
11. Por que a melhoria contínua da produtividade constitui uma das tarefas mais difíceis da administração?
12. Por que é enganosa a tentativa de procurar uma medida que se aplique com perfeição à produtividade?
13. Por que é tão importante para a produtividade o emprego de recursos equilibrados?
14. O que é valor acrescentado? De que forma se pode empregá-lo para determinar a produtividade da empresa inteira?
15. Por que a empresa moderna precisa possuir objetivos sociais?
16. Quais são as funções do lucro?
17. Qual é a diferença entre a forma como se mede o custo do capital nos Estados Unidos e no Japão? Qual é a vantagem do sistema japonês?

18. De que forma se pode determinar o coeficiente *mínimo* da lucratividade?
19. Por que a lucratividade deve ser considerada não apenas necessidade, mas também limitação?
20. Por que a dimensão temporal é importante na comparação a que se submetem os objetivos?

CAPÍTULO 8

PLANEJAMENTO ESTRATÉGICO: A HABILIDADE EMPRESARIAL

Praticamente todas as decisões básicas tomadas pela direção das empresas são decisões de longo alcance – dez anos constituem um período pequeno hoje em dia. Refira-se ela a pesquisas, à construção de uma nova fábrica, à concepção de uma nova organização de comercialização ou à criação de um produto, toda decisão importante da direção da empresa leva anos para concretizar-se. E então terá que produzir resultados durante outros tantos anos para que recompense o investimento feito, em gente e em dinheiro. Os dirigentes devem, portanto, estar habilitados a tomar sistematicamente decisões de longo alcance.

A esse respeito a direção não tem escolha: precisa prever o futuro, tentar moldá-lo e equilibrar as metas a curto e a longo prazos. Aos mortais não foi concedida a capacidade de fazer bem qualquer uma dessas coisas. Mesmo sem orientação divina, porém, a direção precisa cuidar para que essas penosas responsabilidades não sejam esquecidas nem desprezadas.

A ideia do planejamento a longo prazo – e também grande parte de sua concretização – assenta-se em uma série de mal-entendidos. O momento presente e o curto prazo imediato exigem também decisões estratégicas, tanto quanto o longo prazo. O longo prazo compõe-se em grande parte de uma série de decisões a curto prazo. Se não assentar sobre planos e decisões a curto prazo, ou se neles não se basear, o mais bem elaborado plano a longo prazo não passará de um belo exercício de futilidade. Também o contrário é verdadeiro: se não se integrarem em um plano de ação unificado, os planos a curto prazo, isto é, as decisões sobre o aqui e o agora, não passarão de meros expedientes, palpites e desorientações.

Não é um determinado período qualquer que determina o "curto prazo" e o "longo prazo". A decisão não terá curto prazo só porque sua execução tome alguns meses. O que importa é o período durante o qual ela terá eficácia. Igualmente, a decisão não terá longo prazo só porque no início da década de 1970 se resolva tomá-la em 1985; isso não será uma decisão e sim uma digressão ociosa. Ela será tão real quanto o plano do garoto de oito anos de ser bombeiro quando crescer.

A ideia que se encontra por trás do planejamento a longo prazo é que a pergunta "Qual *deve* ser o nosso ramo?" pode e deve ser elaborada e respondida independentemente, sem levar em conta o raciocínio relativo às indagações "Qual *é* nosso ramo?" e "Qual *será* ele?". Isso possui certo sentido. Para planejamento estratégico, precisa-se *começar* separadamente com as três perguntas: "Qual *é* o nosso ramo?", "Qual *será* ele?" e "Qual *deve* ser?". Cada uma delas constitui, e deve constituir, caminhos conceituais distintos. Com respeito a "Qual *deve* ser o nosso ramo?", a primeira suposição é que ela seja diferente.

O planejamento a longo prazo deve impedir que sem maior crítica os dirigentes da empresa prolonguem as tendências atuais até o futuro; deve impedir que eles suponham que os produtos, os serviços, os mercados e as tecnologias de hoje venham a ser os produtos, os serviços, os mercados e as tecnologias de amanhã; e, acima de tudo, deve impedir que dediquem recursos e esforços para defender o dia de ontem.

É preciso haver integração entre o planejamento de qual *é* o nosso ramo, o planejamento do qual *será* ele e o planejamento do qual *deve* ser ele. O que virá a ter curto prazo e longo prazo será então resolvido pelo período da aplicação da decisão e pelo seu grau de futuro. Tudo que é "planejado" torna-se trabalho e compromisso imediato.

A habilidade que nos falta não é a de planejar a longo prazo. É a de tomar decisões estratégicas, ou talvez a de planejar estrategicamente.

A General Electric dá a esse trabalho o nome de "planejamento empresarial estratégico". O objetivo último dessa atividade é verificar quais os novos e diferentes empreendimentos, tecnologias e mercados aos quais a organização deverá dedicar-se a longo prazo. Mas esse trabalho inicia-se com a pergunta: "Qual é a nossa atividade atual?". Na verdade, ele se inicia com estas outras perguntas: "Quais das nossas atividades atuais devemos abandonar? A quais devemos dedicar menos atenção? Quais devemos promover melhor e reforçar com novos recursos?".

O QUE O PLANEJAMENTO ESTRATÉGICO NÃO É

É importante para o dirigente da empresa saber o que o planejamento estratégico *não* é:

1. *Ele não é uma caixa de mágicas nem um amontoado de técnicas.* É raciocínio analítico e vinculação de recursos a determinadas medidas.

   Numerosas técnicas podem ser empregadas nesse processo; mas, novamente, talvez nenhuma seja necessária. O planejamento estratégico pode precisar de um computador, mas as perguntas mais importantes – "Qual é o nosso ramo?" e "Qual deve ser?" – não podem ser quantificadas nem programadas para o computador. A construção de modelos ou de simulações pode ajudar, mas não constitui planejamento estratégico; o modelo e a simulação são instrumentos para determinadas finalidades, podendo ou não se aplicar a este ou aquele caso.

   Quantificar não é planejar. Para a maior certeza, usam-se métodos lógicos rigorosos até onde for possível – mesmo que seja só para a pessoa verificar que não está se iludindo. Contudo, alguns dos pontos mais importantes do planejamento estratégico só podem ser formulados em termos de "maior" ou "menor", "mais cedo" ou "mais tarde". As técnicas quantitativas não operam facilmente com esses termos. E algumas outras áreas igualmente importantes, como as do ambiente político, das responsabilidades sociais e dos recursos humanos (incluindo-se aí os da direção), não podem ser quantificadas de maneira alguma. Elas só podem ser trabalhadas com restrições, ou então como parâmetros, nunca como fatores da própria equação.

O planejamento estratégico *não* constitui a "aplicação de métodos científicos às decisões empresariais" (como afirma certa obra muito conhecida sobre a matéria). Planejar é aplicar o raciocínio, a análise, a imaginação e o julgamento. É responsabilidade, não técnica.

2. O *planejamento estratégico não é previsão.* Não é o domínio mental sobre o futuro. Qualquer tentativa de fazer isso será fútil; o futuro é imprevisível. Se tentarmos prevê-lo, só poderemos desacreditar o que estamos fazendo.

Se alguém ainda se iludir supondo que o ser humano é capaz de fazer previsões para além de um futuro muito próximo, deve percorrer as manchetes dos jornais de ontem e perguntar quais delas alguém teria podido prever dez anos atrás. Poderíamos, por exemplo, prever em 1960 (ao fim do governo Eisenhower) o crescimento quase explosivo da classe média negra nos Estados Unidos, crescimento esse que em 1970 já elevava duas terças partes das famílias de cor do País acima da linha da pobreza, conferindo-se uma renda média bem superior à do rico povo inglês? Mas poderíamos também prever que essa realização sem precedentes só tornaria mais grave e premente o problema da terça parte restante dos negros norte-americanos, que permaneceu na pobreza?

Precisamos partir da premissa de que prever não é uma atividade humana respeitável nem tem qualquer valor para além dos períodos mais breves. O *planejamento estratégico faz-se necessário exatamente porque não temos capacidade de prever.*

Outro motivo, ainda mais decisivo, para a previsão não constituir planejamento estratégico é que as previsões buscam o rumo mais provável dos acontecimentos ou, na melhor das hipóteses, determinada faixa de probabilidades. Mas o problema do empreendedor é aquele acontecimento único que alterará as possibilidades; o universo do empreendedor não é físico, e sim social. Na verdade, a contribuição fundamental do empreendedor, a única recompensada pelo lucro, é trazer à tona esse acontecimento ou inovação exclusiva que muda a situação econômica, social ou política.

Foi isso que a Xerox Corporation fez na década de 1950, ao criar e comercializar suas fotocopiadoras. Foi isso que fizeram os empreendedores no campo das residências móveis, na década de 1960, quando o "trailer" virou a nova casa, permanente e imóvel, e praticamente tomou conta de todo o mercado norte-americano de residências populares. Um acontecimento único, o livro *Silent Spring,* de Rachel Carson, na década de 1950, mudou a posição de toda uma civilização em relação ao meio ambiente. No cenário social e político norte-americano, foi isso que os dirigentes do movimento pelos direitos civis fizeram na década de 1960, e estavam fazendo no início da década seguinte as feministas.

Como o empreendedor exerce influência sobre as probabilidades em que se baseiam as previsões, estas não servem aos propósitos dos planejadores, que buscam orientar suas organizações para o futuro. É mínima a utilidade da previsão para os planejadores, que inovam e alteram as maneiras de viver e de morar da população.

3. O *planejamento estratégico não opera com decisões futuras. Ele opera com* o *que há de futuro nas decisões atuais.* As decisões só existem no presente. A pergunta que o encarregado de tomar decisões estratégicas tem à frente não diz respeito àquilo que sua organização fará amanhã. É, sim: "Que é que temos de fazer hoje para estar preparados para a incerteza de amanhã?". Essa pergunta não diz respeito ao que acontecerá no futuro. Ela indaga: "Com que grau de futuro precisamos imbuir nosso raciocínio e nossas medidas atuais, que períodos devemos considerar e como usaremos essas informações para tomar agora uma decisão racional?".

   Tomar decisões é uma máquina do tempo que sincroniza em um só momento – o presente – uma grande série de intervalos divergentes. Só agora estamos aprendendo isso. Temos ainda o vezo de preparar planos para algo que no futuro decidiremos fazer, o que pode divertir muito, mas é fútil. Só podemos tomar decisões no momento atual; no entanto, não podemos tomar decisões só *para* o momento atual. A decisão mais conveniente e mais oportuna – se não considerarmos a de nada decidir – pode comprometer-nos por muito tempo, se não até de maneira permanente e irrevogável.

4. O *planejamento estratégico não* é *uma tentativa de eliminar risco.* Não é nem uma tentativa de reduzir o risco ao mínimo. Uma tentativa dessas só poderá levar a assumir riscos irracionais e ilimitados, bem como ao desastre certo.

Por definição, a atividade econômica compromete recursos presentes para o futuro, isto é, com relação a expectativas muito incertas. Assumir riscos é a essência da atividade econômica. Um importante teorema relativo à economia (a Lei de Boehm-Bawerk) prova que os meios de produção existentes só apresentarão melhor desempenho econômico à custa de uma incerteza maior, isto é, de riscos maiores.

Se por um lado é fútil procurar eliminar o risco e discutível procurar reduzi-lo ao mínimo, é essencial que os riscos assumidos sejam os riscos certos. O resultado final do planejamento estratégico bem-sucedido tem que ser a capacidade de assumir riscos maiores, pois esse é o único meio de melhorar o desempenho do *empreendedor.* Para aumentar essa capacidade, no entanto, precisamos compreender os riscos que assumimos. Devemos ser capazes de escolher racionalmente entre os diversos caminhos que envolvem riscos, e não mergulhar na incerteza com base nos palpites, nos boatos e na experiência, por mais cuidadosamente quantificados que sejam.

O QUE É PLANEJAMENTO ESTRATÉGICO

Podemos agora tentar dizer o que seja o planejamento estratégico. É o processo contínuo de, sistematicamente e com o maior conhecimento possível do futuro contido, tomar decisões atuais que envolvam riscos; organizar sistematicamente as *atividades* necessárias à execução dessas decisões; e, através de uma *retroalimentação* organizada e *sistemática,* medir o resultado dessas decisões em confronto com as expectativas alimentadas.

DESCARTAR O DIA DE ONTEM

O planejamento começa pelos objetivos da empresa. Em cada área desses objetivos, é preciso formular a pergunta: *"Que temos que fazer agora para alcançar amanhã os nossos objetivos?"*. A primeira coisa a fazer para alcançar o amanhã é descartar-se do ontem. A maior parte dos planos refere-se apenas às novas coisas e às coisas novas que precisam ser feitas – novos produtos, novos processos, novos mercados e assim por diante. Mas a chave para fazer algo diferente amanhã está em desfazer-se daquilo que não é mais produtivo ou está envelhecendo: as coisas obsoletas.

No planejamento, a primeira providência a respeito de qualquer atividade, produto, processo ou mercado é perguntar: "Se hoje não estivéssemos comprometidos com isso, iríamos ainda nos comprometer?". Se a resposta for não, deve-se acrescentar: "E como podemos sair dessa – rapidinho?".

Por si só o descarte sistemático do passado já constitui um plano – adequado a muitas empresas. Ele força o raciocínio e a ação. Coloca pessoas e dinheiro à disposição para novas coisas. Cria disposição para agir.

Inversamente, o plano que cuidar só das novas coisas e das coisas novas, sem tratar de descartar as coisas velhas e ultrapassadas, dificilmente produzirá resultados. Continuará sempre um plano, jamais tornando-se realidade. Entretanto, a decisão de descartar-se do dia de ontem nunca consta da maioria dos planos a longo prazo das empresas (e menos ainda do governo) – e talvez esse constitua o principal motivo da inutilidade desses planos.

QUE COISAS NOVAS TEMOS QUE FAZER? E QUANDO?

A providência seguinte, no processo de planejamento, é perguntar: "Que coisas *novas* e diferentes temos que fazer, e quando?".

Todo plano contém áreas em que tudo que é necessário – ou que parece necessário – é fazer maior quantidade daquilo que já se está fazendo. Por prudência, contudo, convém supor que aquilo que já se faz nunca será apropriado às necessidades do futuro. Mas "De que é que precisamos?" constitui apenas metade da pergunta. Igualmente importante é saber: "Quando precisaremos disso?". Pois aí se fixa o momento de começar a trabalhar nas novas tarefas.

Para cada decisão há realmente um "curto" prazo e um "longo" prazo. Os cinco anos que decorrem entre o comprometimento com determinado rumo (construir uma siderúrgica, por exemplo) e o momento mais próximo possível para colher seus resultados (ter aço pronto) é o curto prazo dessa decisão. E os vinte anos, ou mais, necessários para retirar o dinheiro investido na siderúrgica mais os juros compostos constituirão seu longo prazo. O longo prazo é o período durante o qual a decisão inicial deve permanecer razoavelmente válida – quanto aos mercados, processo, tecnologia, localização da fábrica etc. – para que a decisão inicial tenha sido certa.

Mas não tem sentido falar de planos a curto e a longo prazo. Há planos que requerem *medidas imediatas* – e esses constituem planos reais, decisões estratégicas reais. E há planos que falam de medidas que serão tomadas amanhã – são sonhos ou então pretextos para não se pensar, não se planejar, não se fazer. A essência do planejamento consiste em tomar decisões atuais com conhecimento do seu conteúdo futuro. É esse *conteúdo* futuro que determina o período, e não o contrário.

Os resultados que exigem uma longa gestação só serão conseguidos se iniciados com boa antecedência. Logo, o planejamento a longo prazo requer o conhecimento do futuro nele contido: "Que precisamos fazer hoje para estar em tal lugar no futuro? Que não será feito de forma alguma se não lhe dedicarmos recursos hoje?".

Repetindo um exemplo muito usado: Se soubermos que são necessários noventa e nove anos para determinado tipo de pinheiro crescer e poder ser transformado em polpa, o único modo de termos polpa disponível daqui a noventa e nove anos será plantá-lo hoje. Pode bem ser que alguém venha a criar um hormônio que apresse seu crescimento; mas quem possua fábrica de papel não pode confiar nisso. Pode-se imaginar – talvez com grande probabilidade de que venha a acontecer – que muito antes de essas árvores crescerem até a idade adulta a madeira seja usada para a fabricação de produtos químicos. É possível que daqui a trinta anos a fabricação de papel dependa de fontes de celulose menos preciosas e com estrutura menos complexa do que a árvore, que constitui a mais avançada usina de produtos químicos do reino vegetal. Mas isso significa apenas que dentro de trinta anos a floresta poderá levar seus proprietários a ingressar na indústria química e que portanto a estes convenha aprender logo alguma coisa sobre a química. Contudo, se as fábricas de papel dependerem desses pinheiros, seu planejamento não poderá restringir-se a vinte anos, mas sim abranger todos os noventa e nove.

Para outras decisões, até mesmo cinco anos constituiriam um período absurdamente longo. Se nos dedicarmos à compra de mercadorias encalhadas e à sua venda em lotes, a liquidação da próxima semana constituirá nosso futuro a longo prazo; qualquer coisa que se situe além disso não terá para nós importância alguma. Dessa forma, é a natureza da atividade e a natureza da decisão que determinarão os períodos do planejamento.

Esses períodos não são nem fixos nem "dados". Até o que se resolve em relação ao tempo constitui uma decisão de risco no processo de planejamento. Ela determina em grande parte a distribuição dos recursos e das atividades. E em grande parte determina também os riscos que se assumem. Nunca se poderá lembrar em demasia que deixar para resolver depois constitui em si mesmo uma decisão de risco e muitas vezes irrevogável. O que se resolve em relação ao tempo determina em grande parte o caráter e a natureza da atividade.

Resumindo: De crucial importância no planejamento estratégico é, em primeiro lugar, fazer um trabalho sistemático e propositado com vistas a alcançar os objetivos; em segundo lugar, o planejamento deve começar descartando o dia de ontem e planejando o abandono, como parte da tentativa sistemática de alcançar o amanhã; em terceiro lugar, procurar maneiras novas e diferentes de atingir os objetivos, em vez de achar que bastará fazer em maior quantidade aquilo que já se faz; e, finalmente, raciocinar ao longo das dimensões temporais, perguntando: "Quando deveremos começar a trabalhar para colher os resultados no momento em que deles precisarmos?".

TUDO DESEMBOCA NO TRABALHO

Se não *levar ao trabalho,* o melhor dos planos *não passará* de boas intenções. O que permite ao plano produzir resultados é o encaminhamento de pessoal-chave para o cuidado de tarefas específicas. A direção da organização mostra sua disposição para cumprir o plano quando destina recursos para a atividade que futuramente produzirá resultados. Enquanto esse encaminhamento não se concretizar, haverá promessas e esperanças, mas nenhum plano.

O plano deve ser testado através da seguinte pergunta aos dirigentes: "Quais dos seus elementos mais capazes você encarregou hoje de cuidar desse serviço?". Os dirigentes que (como faz a maioria deles) retrucarem: "Mas eu não posso dispor dos meus melhores homens neste momento. Eles precisam concluir o que estão fazendo antes de se dedicarem ao amanhã" – esses dirigentes simplesmente estarão admitindo não ter plano algum. Mas comprovam também a necessidade de contar com um plano, pois o plano se destinaria exatamente a mostrar em que ponto deveriam estar operando os recursos mais escassos da empresa – e o mais escasso de todos são seus empregados capacitados.

O trabalho não implica apenas a execução do serviço por alguém; implica também a prestação de contas, o prazo fatal e, finalmente, a mensuração dos resultados, isto é, a retroalimentação do trabalho e do próprio processo de planejamento a partir dos resultados conseguidos.

No planejamento estratégico, as mensurações apresentam problemas muito reais, principalmente de caráter conceitual. Entretanto, exatamente porque aquilo que medimos ou a maneira como medimos determina o que será considerado importante, assim determinando não só aquilo que vemos mas também aquilo que fazemos – e aquilo que outros fazem –, as mensurações adquirem altíssima importância no processo do planejamento. Acima de tudo, não conseguiremos planejar se, ao resolvermos fazer o planejamento, não fomentarmos expectativas tais que nos permitam verificar desde logo se serão atendidas ou não – aí incluindo-se uma razoável compreensão de quais sejam os desvios expressivos em relação ao tempo e às dimensões. Nessa área, não haverá qualquer retroalimentação, nem qualquer autocontrole do processo de planejamento a partir dos fatos.

Ao dirigente não cabe resolver se quer ou não tomar decisões que envolvam riscos e grande dose de futuro; tomá-las está no seu papel. Tudo que pode fazer é resolver se deseja tomá-las de forma responsável ou irresponsável, com possibilidade racional de eficácia e êxito ou como um jogo no escuro, contra todas as probabilidades. E porque o processo de tomar decisões é essencialmente racional, além de a eficácia das decisões empresariais depender da compreensão e do empenho voluntário de terceiros, o procedimento do dirigente será mais responsável e possivelmente também mais eficaz se racional, organizado e com base em coisas conhecidas, não em profecias. O resultado final, contudo, não será o saber, mas a estratégia. *A meta a alcançar* é o *agir agora.*

O planejamento estratégico não substitui o julgamento pelos fatos nem o dirigente pela ciência. Ele nem chega a reduzir a importância e o papel da capacidade, da coragem, da experiência, da intuição ou mesmo dos palpites – exatamente como a biologia científica e a medicina sistemática não reduziram a importância dessas qualidades no médico. Pelo contrário, a organização sistemática da tarefa de planejar e a aplicação dos conhecimentos a ela fortalece o julgamento, a liderança e a visão de quem dirige.

CONSIDERAÇÕES FINAIS

O planejamento estratégico prepara a empresa de hoje para o futuro. Ele pergunta: "Qual *deve ser* o nosso ramo?". Pergunta mais: "Que devemos fazer hoje para merecer o futuro?". O planejamento estratégico exige decisões que envolvem risco. Ele precisa de um processo organizado de descarte do dia de ontem. Requer que o trabalho destinado a produzir o futuro desejado seja especificado com clareza e com clareza atribuído. O objetivo do planejamento estratégico é o *agir agora*.

PERGUNTAS

1. Qual é a relação entre o planejamento "a curto prazo" e "a longo prazo"?
2. Que expressão seria melhor do que "planejamento a longo prazo" para referir decisões que se tomem a respeito de qual será e qual deve ser a atividade da organização?
3. Por que planejar não é o mesmo que quantificar?
4. Por que seria errôneo considerar o planejamento a longo prazo como previsão?
5. Pode o planejamento estratégico ser empregado para eliminar os riscos?
6. Para alcançar os objetivos de amanhã, que deve ser feito antes, hoje?
7. Qual é a verdadeira diferença entre o planejamento estratégico a curto prazo e a longo prazo?
8. Que é que permite a determinado plano produzir resultados?
9. Geralmente o dirigente não incumbe seus melhores elementos de cuidar dos novos projetos com grande conteúdo de futuro, em razão de eles já estarem trabalhando nos projetos de hoje. Por que essa decisão é errônea?
10. Qual é a verdadeira meta do planejamento estratégico?
11. Quais são os problemas que se apresentam na mensuração do êxito do planejamento estratégico?

BIBLIOGRAFIA

APPLEY, Lawrence A. *Formula for success.* Nova York: American Management Association, Inc., 1974.

BEER, Stafford. *Management science.* Nova York: Doubleday, 1968.

BURNHAM, James. *The managerial revolution.* Westport, Ct.: Greenwood Press, 1972. Reimp. da edição de 1960.

CHANDLER, Alfred D., Jr. *Strategy and structure.* Cambridge, Mass.: M.I.T. Press, 1962.

DAVIS, Ralph. *Principles of business organization and operation.* Easton, Pa.: Hive Publishing Company, 1973. Reimpr. ed. 1937.

DENNISON, Henry S. *Organization on engineering.* Easton, Pa.: Hive Publishing Company, 1973. Reimpr. ed. de 1931,

DRUCKER, Peter F. *Concept of the corporation.* Nova York: John Day, 1946; ed, rev., 1972. Título da edição inglesa: *Big Business.* Londres: Heinemann, 1946.

______. *The new society.* Nova York: Harper & Row, 1950.

______. *Managing for results.* Nova York: Harper & Row, 1964.

EMERSON, Harrington. *Twelve principles of efficiency.* Easton, Pa.: Hive Publishing Company, 1974. Reimpr. ed. 1919.

FULLER, Don. *Manage or be managed.* Boston: Cahners Books, 1963.

GALBRAITH, John Kenneth. *The new industrial state.* Boston: Houghton Mifflin, 1967. (*O novo estado industrial.* São Paulo: Livraria Pioneira Editora, 1983.)

JAY, Anthony. *Management and machiavelli:* an inquiry into the politics of corporate life. Nova York: Holt, Rinehart, and Winston, 1968.

KONNTZ, H. *Toward a unified theory of management.* Nova York: McGrawHill, 1964.

LORING, Rosalind; WELLS, Theodora. *Breakthrough:* women into management. Nova York: Van Nostrand Reinhold, 1972.

MAYNARD, H. (Comp.) *Handbook of business administration.* Nova York: McGraw-Hill, 1967.

MERRILL, Harwood (Comp.) *Classics in management.* Nova York: American Management Association, 1960.

MOORE, Russell F. (Comp.) *AMA management handbook.* Nova York: American Management Association, 1970.

NILES, Mary Cushing. *Essence of management.* Nova York: Harper & Row, 1958.

RANDALL, Clarence B. *The folklore of management.* Boston: Little, Brows & Co., 1959.

SLOAN, Alfred P. *My years with General Motors.* Nova York: Doubleday, 1964.

TAYLOR, F. W. *Scientific management.* Nova York: Harper & Row, 1911.

URWICK, Lyndall F. (Comp.) *The golden book of management.* Londres: Newman Neame, 1956.

PARTE II

O DESEMPENHO DAS ENTIDADES PRESTADORAS DE SERVIÇOS

As entidades públicas de prestação de serviços – os órgãos governamentais e os hospitais, as escolas e as universidades, as forças armadas e as associações profissionais – cresceram neste século com velocidade muito maior do que as empresas. Elas compõem o setor que mais cresce na sociedade moderna. Igualmente, no interior das empresas o desenvolvimento das equipes que prestam serviços tem sido muito maior do que o das unidades operacionais. No entanto, o desempenho dessas entidades e equipes não tem acompanhado seu crescimento e importância. Como se pode explicar essa defasagem? Como se pode dirigir a entidade de prestação de serviços com vistas ao seu desempenho?

CAPÍTULO 9

A SOCIEDADE COMPOSTA DE INSTITUIÇÕES MÚLTIPLAS

A empresa é apenas uma das instituições que compõem a sociedade de um país moderno, e de forma alguma os homens que a conduzem são os únicos dirigentes. As entidades prestadoras de serviços encontram-se igualmente entre essas instituições e, portanto, sentem a mesma necessidade de direção. Algumas das mais conhecidas dessas entidades são os órgãos governamentais, as forças armadas, as escolas e as universidades, os laboratórios de pesquisas, os hospitais e outras organizações de assistência médica, os sindicatos trabalhistas, as organizações profissionais do tipo dos grandes escritórios jurídicos e as associações profissionais, industriais e comerciais. Em todas elas há pessoas remuneradas para exercerem funções de direção, podendo, conforme o setor, receber nomes diversos: administradores, dirigentes, comandantes, presidentes, dirigentes, executivos etc.

A sociedade norte-americana é mais multi-institucional do que empresarial. E nela as entidades públicas de prestação de serviços – para abrangê-las todas com uma designação genérica – compõem o setor de maior crescimento.

AS ENTIDADES QUE PRESTAM SERVIÇOS NO INTERIOR DAS EMPRESAS

Esse setor de maior crescimento abrange certas "entidades prestadoras de serviços" que operam no interior das empresas. Em toda grande empresa – e também em bom número de empresas razoavelmente menores – tem-se observado o rápido crescimento dos grupos e funções de prestação de serviços. As unidades do tipo dos departamentos de pesquisas, grupos de planejamento, coordenadorias, sistemas de informações à direção etc. são mais entidades prestadoras de serviços do que unidades operacionais. Embora trabalhando no interior de entidades econômicas, nenhuma dessas unidades gera resultados econômicos diretos nem economicamente se realiza por si mesma. Elas não têm relações diretas com o desempenho e os resultados econômicos da empresa.

Todas as entidades prestadoras de serviços são sustentadas pelos excedentes econômicos gerados pelas atividades econômicas. Elas constituem despesas indiretas – despesas sociais indiretas ou despesas empresariais indiretas. O crescimento apresentado pelas entidades prestadoras de serviços neste século é o melhor testemunho do êxito das empresas no desempenho de suas funções econômicas, gerando excedentes econômicos.

Contudo – diversamente das universidades do início do século dezenove –, as entidades prestadoras de serviços não constituem luxo nem enfeite. Elas são essenciais às sociedades modernas. Para que a sociedade e a empresa possam operar, elas *precisam* apresentar bom desempenho. Essas entidades respondem pelo mais volumoso conjunto de despesas dos países modernos. Metade do Produto Interno Bruto dos Estados Unidos (e também da maioria dos demais países desenvolvidos) é gasta com entidades públicas de prestação de serviços. Cada cidadão dos países desenvolvidos, industrializados e urbanizados depende, para sobreviver, do desempenho dessas organizações. Elas também corporificam os valores desses países. A educação, a assistência à saúde, o saber e a mobilidade – e já não só mais alimentos, roupas e moradias – são os frutos da maior capacidade e produtividade econômica do nosso país.

As entidades que prestam serviços no interior da empresa devem também constituir pilares sustentadores da estrutura. Não é só por representarem despesas cada vez maiores que elas devem ser administradas com vistas à sua contribuição e bom desempenho. As empresas dependem muito do desempenho das próprias equipes de serviços, de seus planejadores, pesquisadores, especialistas em informações, analistas e contadores.

Entretanto, as indicações relativas ao desempenho das entidades prestadoras de serviços não são impressionantes, muito menos soberbas. As escolas, os hospitais e as universidades cresceram a um ponto que qualquer geração anterior julgaria impossível. Seus orçamentos elevaram-se mais depressa ainda. No entanto, por toda parte essas organizações estão em crise. Uma geração ou duas atrás, seu bom desempenho era tido como certo. Mas hoje são-lhes lançadas acusações de falta de desempenho de todo lado. Certos setores que no século dezenove eram muito bem dirigidos, e claramente sem muito esforço – como o correio e as estradas de ferro –, são hoje gravemente deficitários, exigindo subsídios gigantescos e prestando serviços inferiores aos de um século atrás. Os órgãos governamentais, tanto os federais como os estaduais e os municipais, sofrem constantes reorganizações em busca da maior eficiência. Em todos os países, contudo, o povo clama em altas vozes contra a burocracia cada vez maior dos respectivos governos. O que ele quer dizer é que os serviços públicos estão sendo administrados com vistas mais à conveniência de seus funcionários do que à prestação de contribuições e desempenho. O nome disso é desadministração.

Os críticos mais constantes da burocracia governamental e das entidades públicas de prestação de serviços costumam ser os dirigentes das empresas. Mas eles não oferecem a menor garantia de que as entidades que prestam serviços no interior de suas empresas sejam mais eficazes do que as burocracias que operam no serviço público.

Nos últimos vinte anos, todas as grandes corporações (além de muitas das menores) viram suas equipes de serviços, como os departamentos de planejamento, as coordenadorias e os sistemas de informações à direção, crescerem feitos bola de neve. A julgar pela capacidade que demonstram em conseguir aprovar os respectivos orçamentos, essas equipes são tremendamente bem-sucedidas. Muitas possuem em seus quadros, além disso, funcionários de grande capacidade e competência, com impressionantes crescimentos funcionais, e ainda produzem uma literatura que cresce com rapidez. Todos eles, porém, contribuem para a empresa? Mais grave ainda, quem será capaz de ajuizar seu desempenho ou de medir seus resultados? E com base em que padrões? A incapacidade em medir a contribuição prestada por essas equipes é um dos fatores que alimentam a desilusão cada dia maior em relação às equipes que prestam serviços no interior das empresas.

Nas empresas norte-americanas, os serviços de pesquisa cresceram com a mesma rapidez dos demais serviços internos. Coisa semelhante aconteceu com as atividades de pesquisa patrocinadas pelo governo nas universidades e institutos isolados. Pois também no tocante à pesquisa a desilusão se fez sentir. Muito grande é o número das organizações que não têm mais do que lindos edifícios para mostrar o que foi feito com as somas destinadas à pesquisa. Ainda é raro haver algum departamento de pesquisa capaz de responder com dignidade à pergunta: "Qual foi a *contribuição* que vocês deram?" – e pouco comum ainda é encontrar departamentos de pesquisas onde se formulem indagações como essa.

AS ENTIDADES PRESTADORAS DE SERVIÇOS SÃO ADMINISTRADAS?

As entidades prestadoras de serviços têm adquirido "consciência" em relação à administração. Cada vez mais elas se chegam às empresas procurando aprender a administrar. O fomento dos dirigentes, a administração por objetivos e numerosos outros métodos e instrumentos de administração das empresas são hoje comuns nessas entidades.

É um bom sinal, mas não significa que tais entidades compreendam os problemas de se administrarem. Significa apenas que elas começam a perceber que não estão sendo administradas.

SERÃO ELAS ADMINISTRÁVEIS?

Nota-se outra reação muito diversa à crise de desempenho das entidades prestadoras de serviços. Um número cada vez maior de críticos tem chegado à conclusão de que essas entidades são intrinsecamente inadministráveis e incapazes de apresentar bom desempenho. Alguns chegam a ponto de afirmar que elas devem ser dissolvidas por isso. Mas não se nota a mais ligeira indicação de que a sociedade atual esteja disposta a dispensar as contribuições próprias dessas entidades. As pessoas que com maior fúria investem contra as falhas dos hospitais querem mais e melhor assistência médica. As que bradam pela "desescolarização" da sociedade querem mais ensino, não menos. Os eleitores que mais lamentam a burocracia governamental votam nos partidos que mais obras públicas prometem. Da mesma forma, a empresa não conseguirá viver sem a ajuda do saber, da especialização e do raciocínio sistemático que as equipes prestadoras de serviços e os departamentos de pesquisas foram feitos para fornecer.

Não temos alternativa: precisamos aprender a administrar as entidades prestadoras de serviços com vistas ao seu desempenho.

E elas podem ser administradas dessa forma.

A IMPORTÂNCIA DAS EXCEÇÕES

O bom desempenho constitui a exceção, não a regra, entre as entidades prestadoras de serviços – sejam elas entidades públicas de prestação de serviços ou equipes que operem no interior das empresas. Mas são exceções que provam que essas entidades têm a possibilidade de funcionar a contento.

No Capítulo 11, "As Exceções e Suas Lições", mostraremos vários exemplos de entidades prestadoras de serviços que apresentaram desempenho satisfatório, mas umas poucas delas podemos mencionar desde já. Entre as organizações estatais norte-americanas fundadas nos últimos quarenta anos, duas destacaram-se pelo seu desempenho: a Diretoria do Vale do Tennessee (Tennessee Valley Authority – TVA), o grande empreendimento regional para fornecimento de energia elétrica e irrigação do sudeste dos Estados Unidos e, na década de 1960, a Administração Nacional Aeronáutica e Espacial (National Aeronautics and Space Administration – Nasa), que comandou o programa espacial norte-americano. Dentre as instituições que procuraram promover o ensino superior em massa, algumas das novas universidades inglesas têm mostrado notável eficácia. Enquanto muitas – talvez a maioria delas – das escolas urbanas dos guetos negros norte-americanos merecem as mais severas críticas, algumas das instituições escolares situadas nos piores desses guetos mostraram alta capacidade em proporcionar às crianças mais desfavorecidas os instrumentos básicos para sua instrução.

Que, então, impede a entidade típica de prestação de serviços de conseguir um bom desempenho? E que fazem – ou deixam de fazer – as poucas que o conseguem, para se tornarem capazes de funcionar a contento? Essas são as perguntas que devem ser formuladas, e são perguntas que dizem respeito à administração.

PARA CAPACITÁ-LAS AO BOM DESEMPENHO

A entidade prestadora de serviços não difere muito da empresa em qualquer área, exceto na sua missão específica. Os desafios que ela enfrenta para tornar o trabalho produtivo e seus trabalhadores realizados são muito parecidos. Ela também não difere muito da empresa no tocante às suas responsabilidades sociais. Acontecimentos recentes demonstraram que os problemas enfrentados pelas entidades prestadoras de serviços no seu relacionamento com o meio ambiente e com a sociedade são os mesmos que se apresentam às empresas. Bem pesadas as coisas, vê-se que hoje os maiores poluidores são os governos – os governos municipais, com suas deficientes estações de tratamento dos esgotos. O que será exposto na Quarta Parte deste livro, sobre as repercussões sociais e as responsabilidades sociais, aplica-se com poucas alterações a todas as entidades, públicas ou privadas.

Fundamentalmente, são em certos aspectos da atividade que exerce, relacionados com sua missão, que a entidade prestadora de serviços se diferencia da empresa. Sua finalidade é outra. Seus valores são outros. Ela precisa de outros objetivos e presta à sociedade contribuição diferente. Há uma diferença bastante acentuada entre o que o desempenho e os resultados constituem para a entidade prestadora de serviços e para a empresa. A direção com as vistas voltadas para o desempenho é a área em que a entidade prestadora de serviços difere expressamente da empresa.

Com relação às organizações e sua administração, não se dispõe de uma teoria coerente que abranja as entidades prestadoras de serviços. Ante os trabalhos efetuados em favor da direção das empresas nos últimos setenta anos, pouco se avançou na área da administração das entidades prestadoras de serviços. Tudo que se procurou fazer até aqui não passa de um esboço inicial. São compreensíveis os motivos por que essas entidades sentem dificuldades em apresentar um desempenho satisfatório. E dá para a gente traçar as linhas gerais daquilo que se faz necessário para derrubar as barreiras nelas embutidas que se opõem ao bom desempenho e aos resultados.

Dirigir as entidades prestadoras de serviços com os olhos voltados para o seu desempenho constituirá cada vez mais o grande desafio à área da administração nos países desenvolvidos, bem como sua maior necessidade.

CONSIDERAÇÕES FINAIS

Nossa sociedade tornou-se multi-institucional. E neste século as entidades públicas de prestação de serviços – os órgãos governamentais e as forças armadas, as instituições escolares e as universidades, os hospitais, as organizações de serviços profissionais e as associações profissionais e comerciais – cresceram mais depressa do que as empresas. No conjunto, cerca de 50 por cento da receita dos Estados Unidos destinam-se hoje às entidades públicas de prestação de serviços, ou então passam por elas. Igualmente, as equipes de serviços que operam no interior das empresas – o laboratório de pesquisas, o departamento do pessoal, o departamento de planejamento, a equipe de informações à empresa etc. – também cresceram mais depressa do que as próprias empresas. Cada uma dessas entidades e equipes precisa ser dirigida. Nossa sociedade – e cada um de seus cidadãos – depende cada vez mais do desempenho das entidades prestadoras de serviços. Embora elas estejam adquirindo uma "consciência" cada vez maior em relação à própria administração, poucas delas estão realmente sendo dirigidas com vistas ao seu desempenho. Muitos dos seus críticos afirmam na verdade que elas são intrinsecamente inadministráveis, se não totalmente incapazes de apresentar bom desempenho. Contudo, numerosos são os indícios de que as entidades prestadoras de serviços podem ser dirigidas de forma a ter presente o seu desempenho.

PERGUNTAS

1. Que parte da empresa está hoje crescendo mais depressa?
2. Por que o crescimento das entidades prestadoras de serviço constitui indicação de que as empresas estão desempenhando satisfatoriamente suas funções econômicas?
3. Há algum indício de que as entidades prestadoras de serviços sejam intrinsecamente inadministráveis?
4. Que organizações estatais norte-americanas podem ser consideradas exceções à regra geral do mau desempenho das entidades prestadoras de serviços? Você é capaz de pensar em quaisquer motivos para que essas organizações sejam excepcionais?
5. As entidades prestadoras de serviços enfrentam os mesmos problemas que as empresas, no tocante às repercussões sociais de suas atividades?
6. Qual seria um exemplo de entidade que preste serviços no interior das empresas?
7. Você é capaz de citar quaisquer razões pelas quais as entidades prestadoras de serviços sejam frequentemente dirigidas tendo em vista mais a conveniência de seus funcionários do que a contribuição e o desempenho delas próprias?

CAPÍTULO 10

POR QUE AS ENTIDADES PRESTADORAS DE SERVIÇOS NÃO APRESENTAM BOM DESEMPENHO

Três são as explicações geralmente apresentadas para o habitual mau desempenho das entidades prestadoras de serviços:

- seus dirigentes nao sao como os empresários;
- elas precisam de pessoal mais capacitado;
- seus objetivos e resultados são intangíveis.

Todas as três constituem mais pretextos do que explicações.

OS DIRIGENTES NÃO SÃO COMO OS EMPRESÁRIOS?

Coisa muito dita e repetida é que bastaria que as entidades prestadoras de serviços fossem dirigidas à moda das empresas para que apresentassem bom desempenho.

A entidade prestadora de serviços sente problemas de desempenho exatamente por não ser empresa. O que caracteriza a empresa é seu controle pelo desempenho, enquanto aquilo que para a entidade prestadora de serviços constitui a "moda das empresas" é o controle de suas despesas, medida que se aplica à eficiência. *Mas o que falta às entidades prestadoras de serviços é eficácia, não eficiência.* Não se pode conseguir eficácia através do comportamento empresarial, na forma como ele é entendido – isto é, através da maior eficiência.

Claro, todas as entidades precisam ser eficientes. Como geralmente não há concorrência no campo dos serviços, falta às entidades que operam nessa área aquele controle externo e forçado de suas despesas a que estão submetidas as empresas nos mercados concorrenciais. Mas o problema básico dessas entidades não é o de suas altas despesas e sim o da falta de eficácia. Algumas delas são até muito eficientes, mas têm a propensão de fazer as coisas erradas.

A NECESSIDADE DE PESSOAL MAIS CAPACITADO

A reclamação por pessoal mais capacitado provavelmente seja mais antiga ainda do que a crença de que as entidades prestadoras de serviço se salvariam se operassem ao estilo das empresas. Ela é mencionada nos mais antigos textos chineses sobre o governo. E tem estado na boca de todos os reformadores norte-americanos, desde Henry Adams, logo após a Guerra da Secessão, até Ralph Nader hoje em dia. Todos eles acharam que o que realmente falta às repartições governamentais é pessoal mais capacitado.

As entidades prestadoras de serviços não podem querer mais do que as empresas que seus postos de direção e gerência sejam ocupados por super-homens ou domadores de leões. Numerosas demais são as entidades que precisam ser atendidas. É absurdo esperar que os dirigentes de todos os hospitais do mundo possam ser gênios, ou mesmo grandes homens. Se não puderem ser dirigidas e administradas por pessoas de capacidade normal, as entidades prestadoras de serviço serão na verdade ingovernáveis. Isto é, se não formos capazes de organizar seus serviços de forma a que possam ser executados por homens e mulheres simplesmente esforçados, ninguém será capaz de organizá-los.

Não há qualquer motivo para achar que as pessoas que ocupam os postos de direção e os cargos profissionais das nossas entidades prestadoras de serviços sejam menos qualificadas, menos competentes, menos honestas, ou até menos dedicadas do que as que se encontram na direção das empresas. Por outro lado, não há também motivo algum para supor que no comando das entidades prestadoras de serviços os dirigentes das empresas fariam melhor do que os "burocratas". Na verdade, sabe-se que quando se transferem eles próprios viram burocratas de imediato.

Na Segunda Guerra Mundial, grande número de executivos norte-americanos de ótimo desempenho em suas empresas passou a ocupar postos na administração pública. A maior parte deles burocratizou-se rapidamente. Os homens em si não mudaram, mas enquanto nas empresas haviam apresentado bom desempenho e conseguido bons resultados, no interior da máquina governamental viram-se produzindo principalmente rotinas e burocracia – e cheios de frustração por causa disso.

A TANGIBILIDADE DAS METAS

A explicação mais elaborada, e até certo ponto mais plausível, para a falta de bom desempenho nas entidades prestadoras de serviços, é a última delas: seus objetivos são "intangíveis", e assim também seus resultados. Na melhor das hipóteses, está aí uma meia-verdade.

Tanto para a empresa como para a entidade prestadora de serviços, enunciar a própria atividade constituirá sempre algo intangível. É intangível dizer, como faz a Sears nos Estados Unidos, que cabe à empresa ser a compradora bem informada da família norte-americana. Dizer, como fez Vail, que o que competia à Bell Telephone era "servir aos seus clientes" parece mais um lema do Departamento de Relações Públicas. À primeira vista, parece impossível traduzir essas afirmações em termos operacionais, quanto mais em termos quantitativos. É igualmente intangível afirmar, como faz a Sony no Japão, que sua atividade é fornecer informações eletronicamente processadas; o mesmo pode-se dizer da IBM, quando declara que sua atividade é processar dados. No entanto, como todas essas grandes empresas mostraram, não é muito difícil extrair de enunciações intangíveis desse tipo metas e alvos passíveis de medição.

Pode-se também extrair alvos específicos de metas muito menos tangíveis ainda e que tenham sido propostas a entidades prestadoras de serviços.

"A salvação das almas" como enunciação dos objetivos da igreja é intangível. A contabilidade respectiva, pelo menos, não é deste mundo. Mas a frequência às igrejas se pode medir. Assim como se pode medir "trazer os jovens de volta à igreja".

"Desenvolver a personalidade global", como objetivo de uma escola, é, com efeito, intangível. Mas "ensinar a criança a ler até certa altura do curso" não é intangível de modo algum. É algo que se pode medir com facilidade e precisão.

Tanto nas empresas como nas entidades prestadoras de serviços a realização só é possível em confronto com alvos específicos, limitados e claramente especificados. Só quando se enunciem os alvos será possível distribuir os recursos com vistas a atingi-los. Só assim será possível fixar prioridades e prazos fatais, bem como responsabilizar alguém pelos respectivos resultados. Contudo, o ponto de partida para o trabalho eficaz é a especificação da finalidade e missão da entidade, algo quase sempre intangível.

A indagação "qual é o ramo da nossa empresa?" é tão ambígua e controvertida para essa empresa como seria para qualquer entidade prestadora de serviços. Divergências e controvérsias surgirão com certeza antes que se chegue a uma enunciação viável. Numerosas são as clientelas das entidades prestadoras de serviços. A escola tem importância vital não só para as crianças e seus pais, mas também para os professores, os contribuintes dos impostos e a comunidade em geral. Da mesma forma, o hospital deve satisfazer ao paciente, mas também aos médicos, aos enfermeiros, aos técnicos hospitalares, à família do paciente – e, novamente, aos contribuintes dos impostos, e, nos Estados Unidos, às empresas e aos sindicatos trabalhistas, que, juntos e através de suas contribuições previdenciárias, fornecem a maior parcela da receita de grande número de hospitais do País.

O MAU DIRECIONAMENTO PELAS VERBAS ORÇAMENTÁRIAS

A grande e básica diferença entre uma entidade prestadora de serviços e uma empresa é o modo como a primeira recebe sua remuneração.

As empresas (quando não constituem monopólios) são remuneradas pela satisfação que proporcionam aos clientes. Só recebem quando produzem aquilo que os clientes querem e aquilo que eles estão dispostos a trocar pelo seu poder de compra. A satisfação dos clientes constitui, portanto, o ponto básico que garante o desempenho e os bons resultados da empresa.

Diversamente, as entidades prestadoras de serviços caracterizam-se por ser remuneradas através de verbas orçamentárias. Isso significa que elas não recebem por aquilo que os contribuintes do erário público e os clientes entendem ser seus resultados e desempenho. As receitas lhes provêm de uma corrente geral de receitas que depende não daquilo que elas fazem, mas de algum tipo de imposto.

Isso é verdade tanto para a entidade que presta serviços no interior da empresa como, por exemplo, para a escola pública. O departamento típico de assessoria não é remunerado pelos resultados que produz. Nem mesmo, em regra, é ele remunerado pela medida em que seus clientes, isto é, os dirigentes da empresa, dele se servem. Quem o remunera é parte do dinheiro destinado às despesas gerais da empresa, ou seja, verbas orçadas. O fato de a entidade que presta serviços no interior da empresa ter a propensão de apresentar as mesmas características e o mesmo comportamento das entidades prestadoras de serviços do setor público indica que a diferença não está em sua atividade. Está no modo de remunerar.

As entidades típicas de prestação de serviços – inclusive a maior parte das equipes que exercem essa atividade no interior das empresas – também desfrutam de poderes monopolísticos. Quem precise do seu serviço não tem escolha. Grande parte das entidades prestadoras de serviços possui poderes mais amplos do que a maioria das empresas monopolísticas.

Quem não estiver satisfeito com os préstimos da empresa de energia elétrica ou da companhia telefônica de sua região não terá outro lugar onde procurar o fornecimento da energia elétrica ou os serviços telefônicos. Mas se preferir passar sem luz ou sem telefone não terá qualquer obrigação de pagar por eles. Essa possibilidade de escolher, no entanto, não se aplica à maior parte das entidades prestadoras de serviços. Nelas, os clientes pagam quando querem utilizar os serviços e também quando não querem.

As famílias norte-americanas pagam as contribuições escolares cobradas através dos impostos, tendo ou não crianças em idade escolar. Os pais podem mandar seus filhos às escolas particulares, mas mesmo assim terão de pagar os impostos destinados à sustentação das escolas públicas, mesmo quando delas não se sirvam ou as considerem impróprias ou pouco satisfatórias para os filhos. Por trás da escola, assim como de qualquer outra entidade pública de prestação de serviços, encontra-se o poder de polícia do Estado, que cobra não pelos serviços prestados, mas pela sustentação dos órgãos públicos.

Muitas das equipes que prestam serviços no interior das empresas também gozam desse poder de monopólio. Seus gerentes operacionais sabem que de certa forma estão sendo julgados pela medida em que cooperam com o fornecimento dos serviços de assessoria; e só raramente são autorizados a buscar fora da empresa orientação ou serviços especializados em sua área.

O fato de a remuneração ser feita através de verbas orçadas, e não através dos resultados produzidos, muda o sentido do bom desempenho. Na entidade baseada em verbas orçadas, os resultados são medidos pelas dimensões dessas verbas. Seu desempenho é retratado pela capacidade de conservar ou ampliar suas verbas. Como normalmente entendidos, isto é, como contribuições ao mercado ou à realização para o alcance de determinada meta e determinados objetivos, os resultados são secundários. O primeiro teste para a entidade que dependa de verbas orçadas, assim como a primeira exigência para sua sobrevivência, é conseguir as verbas. E, por definição, as verbas não estão muito mais vinculadas à contribuição a prestar do que às boas intenções de seus dirigentes.

QUANDO É PECADO SER EFICIENTE

Por mais repisados que sejam, a eficiência e o controle das despesas não constituem realmente virtudes nas entidades operadas com base em verbas orçamentárias. A importância dessas entidades é medida essencialmente pelas dimensões das respectivas verbas e pessoal. Se elas conseguirem resultados com uma verba menor ou com menos pessoal não estarão com isso, portanto, apresentando um bom desempenho. É algo até que pode colocá-las em perigo. Se não utilizarem toda a verba que lhes foi destinada, só poderão convencer os encarregados de elaborar os orçamentos – sejam os membros de um legislativo ou o departamento financeiro de uma empresa – de que eles tranquilamente poderão reduzi-la no ano fiscal seguinte.

Trinta ou quarenta anos atrás, considerava-se característico do planejamento russo que, à medida que se aproximava o final do planejamento, os dirigentes soviéticos procuravam desesperadamente consumir todas as verbas que lhes tinham sido destinadas. O resultado geralmente era o mais completo desperdício. Hoje, essa doença espalhou-se pelo mundo inteiro, na medida em que por toda parte passou a haver entidades que operam com base em verbas orçamentárias. As pressões de fim de ano sobre os executivos das entidades desse tipo são certamente responsáveis por grande parte dos desperdícios que ocorrem no setor bélico norte-americano. A prática do "buying-in", ou seja, conseguir a aprovação de um novo projeto subestimando grosseiramente seu custo total, também já entrou no hábito dessas entidades.

Quando o teste decisivo do bom desempenho é a dimensão da verba conseguida, a própria eficiência se vê prejudicada. Esse padrão de êxito desestimula sutilmente os administradores a procurar desempenhar suas funções de maneira barata e eficiente, podendo até castigá-los por isso.

A CONFUSÃO ENTRE AS METAS

Mas a eficácia corre até mais perigo do que a própria eficiência quando tudo parte das verbas designadas. Torna-se perigoso, aí, indagar qual é e qual deve ser a atividade da entidade. É uma pergunta que sempre gera controvérsia. Como a controvérsia pode prejudicar o apoio, a pergunta é sistematicamente evitada pela entidade que vive de verbas orçamentárias. Na melhor das hipóteses, tal entidade conseguirá ser eficaz enganando o povo e a si mesma.

O Ministério da Agricultura dos Estados Unidos, por exemplo, nunca se dispôs a indagar se sua meta seria a produtividade agrícola ou o apoio à pequena propriedade rural familiar. Há décadas se sabe que esses dois objetivos não coincidem, ao contrário do que no início se supunha. Na verdade, eles estão se tornando cada vez mais incompatíveis entre si. A admissão disso, contudo, levantaria uma tal controvérsia que poderia colocar em perigo as verbas do órgão. Em consequência, a política agrícola norte-americana tem desperdiçado altíssimos valores, além de recursos humanos sem conta, fazendo o que se pode denominar campanha de relações públicas – demonstrações de apoio à pequena propriedade rural familiar. Na prática, porém, o Ministério tem procurado – e com medidas bastante eficazes – eliminar as tais pequenas propriedades, substituindo-as pelas "agroempresas", que produzem muito mais. Essas grandes fazendas, altamente capitalizadas e mecanizadas, não são administradas como "meio de vida", mas sim como empresas reais. O favorecimento das agroempresas pode estar correto, mas não foi para isso que o Ministério da Agricultura foi criado, nem foi isso que, ao aprovar seus orçamentos, esperaria o legislador do País.

Os hospitais comunitários norte-americanos constituem entidades privadas, e não governamentais, embora sem fins lucrativos. No entanto, como nos hospitais de toda parte, sofrem da mesma confusão entre suas missões e objetivos, com o consequente prejuízo no lado da eficácia e desempenho. Devem os hospitais, na realidade, ser "instalações industriais" médicas, como quer a maioria dos facultativos norte-americanos mais antigos? Devem ser centros comunitários de saúde? Devem concentrar-se nas principais necessidades médicas da comunidade, ou fazer um pouco de tudo e manter-se sempre na crista da onda das inovações médicas, por mais custosas e menos utilizadas que possam ser? Devem concentrar-se na medicina preventiva e na educação sanitária da comunidade, ou em reparar os males já ocasionados à saúde humana?

Cada um desses enunciados da missão dos hospitais pode ser defendido. Todos merecem consideração. O hospital eficaz será certamente aquela instituição de finalidades múltiplas que consiga um equilíbrio entre seus vários objetivos. No entanto, o que a maioria dos hospitais faz é fingir que não há o que discutir. O resultado, como é fácil de prever, é a confusão e a redução da sua capacidade para exercer qualquer função definida e levar a cabo qualquer missão que a eles se ajuste.

As organizações que prestam serviços no interior das empresas apresentam a mesma tendência de fugir às controvérsias sobre sua função, missão e objetivos. Qual, por exemplo, a função básica do departamento do pessoal? Será conseguir a utilização mais eficaz dos recursos humanos da empresa? Ou deverá promover o bem-estar dos empregados e bancar a babá de seus filhos? Será sua finalidade fazer os empregados aceitarem as políticas, regras e regulamentos da empresa? Ou será ajudar a criar uma estrutura organizacional e de serviços que se mostre lógica aos olhos dos funcionários e lhes permita desenvolver sua personalidade para que se realizem profissionalmente? Todas essas são enunciações legítimas para o papel do departamento do pessoal. Cada uma delas pode funcionar como a base das operações de um departamento eficaz. Mas praticamente nenhum dos que conheço tem a coragem de se fazer perguntas do gênero. Porque elas geram controvérsia. Como resultado, eles dizem coisas diferentes a seus diversos clientes. Provavelmente, acabarão ineficazes e frustrados.

Depender da distribuição de verbas desestimula qualquer entidade a fixar prioridades e concentrar esforços; no entanto, a entidade nada conseguirá enquanto não concentrar seus escassos recursos num pequeno número de prioridades.

Uma fábrica de calçados que comande 22 por cento do mercado de sapatos profissionais pode ser lucrativa. Se conseguir ampliar sua fatia e passar a dominar 30 por cento desse mercado, especialmente se este estiver crescendo, ela irá realmente muito bem. Não precisará se preocupar muito com os 70 por cento dos usuários de sapatos profissionais que adquiram produtos de outras marcas. Nem a preocuparão de forma alguma as usuárias de sapatos femininos da moda.

Examine-se agora a situação correspondente, no tocante a uma entidade que opere com base em verbas orçamentárias. Para conseguir essas verbas, ela precisará da aprovação, ou pelo menos da aquiescência, de praticamente todos os interessados que remotamente possam ser considerados seus "clientes". Enquanto a fatia de 22 por cento do mercado pode satisfazer plenamente uma empresa, sua rejeição por 78 por cento dos clientes – ou mesmo por uma parcela muito menor – mostrar-se-á absolutamente fatal para a entidade que dependa de verbas orçamentárias. Talvez ela consiga sobreviver sem o apoio efetivo de 22 por cento de seus "clientes", mas certamente se considerará, aí, em sério perigo. E isso significa que a entidade não pode se concentrar em coisa alguma; pelo contrário, deverá procurar agradar a todos e não desgostar a ninguém.

Finalmente, a dependência em relação às verbas orçamentárias torna ainda mais difícil abandonar as coisas erradas, as coisas velhas e obsoletas. Como resultado, ainda mais do que as empresas, as entidades prestadoras de serviços veem-se sobrecarregadas de velharias, que tomam tempo e dinheiro sem dar produção. Nenhuma entidade gosta de abandonar algo que faça. E a esse respeito as empresas não constituem exceções. Contudo, a entidade que seja remunerada de conformidade com seu desempenho e resultados está sendo permanentemente submetida à prova do desempenho. Mais cedo ou mais tarde, aquilo que for improdutivo ou obsoleto será extinto por influência de seus clientes. Já a entidade que opere com base em verbas orçamentárias não pode contar com essa disciplina. Pelo contrário, tudo que fizer será considerado virtuoso e de utilidade pública.

Torna-se muito forte, portanto, a tentação de reagir à falta de resultados multiplicando as próprias atividades. Forte será a tentação de duplicar as verbas, exatamente por causa da falta do bom desempenho. Forte será a tentação, sobretudo, de botar a culpa no mundo inteiro pela própria estupidez e resistência reacionária, bem como a de tomar a falta de resultados como prova do caminho certo e um motivo a mais para prosseguir seus "bons" trabalhos.

A tendência a perpetuar o serviço improdutivo de modo algum restringe-se às entidades prestadoras de serviços do setor público. Ela é comum também nas equipes que prestam serviços no interior das empresas comerciais. Tanto os planejadores das organizações como os especialistas em computação e os pesquisadores operacionais têm a propensão de argumentar que a resistência dos gerentes operacionais às suas atividades constitui a prova da necessidade de seu serviço e um motivo para duplicar seu "trabalho educativo". É claro que às vezes essa afirmação é procedente. Na maior parte dos casos, porém, ela impossibilita a concentração dos esforços em importantes áreas que produziriam resultados.

Todas as entidades prestadoras de serviços são ameaçadas pela tendência do apego ao passado e de colocar seus melhores e mais capacitados elementos a defender aquilo que já não tem mais sentido ou finalidade. O governo está particularmente sujeito a essa doença, ao apegar-se ao axioma de que suas políticas e projetos do momento serão válidos por toda a eternidade. Melhor lhe seria compreender que as condições e as necessidades mudam, e que todos os programas devem sofrer constantes revisões.

AS RECEITAS CONSEGUIDAS E AS RECEITAS MERECIDAS

Os seres humanos comportam-se conforme são recompensados – constitua a recompensa um valor em dinheiro, uma promoção, uma medalha, um retrato autografado do chefe ou um tapinha nas costas. Essa é uma lição que nos ministrou a psicologia do comportamento. A empresa ou qualquer entidade que seja remunerada pelo seu desempenho, de tal forma que o consumidor ou usuário insatisfeito ou menos interessado não precise pagar, vê-se obrigada a "cavar" a sua receita. Já a entidade financiada através de verbas orçamentárias – ou então que desfrute de monopólio ao qual os clientes não possam escapar – é recompensada por aquilo que "merece" e não por aquilo que consegue. É recompensada pelas suas boas intenções e pelos seus "programas". É recompensada por não afastar clientes importantes, mais do que por satisfazer qualquer outro grupo. Essa forma de remuneração imprime-lhe um direcionamento errôneo, fazendo que enuncie o desempenho que deve apresentar como aquilo capaz de gerar verbas e não como aquilo capaz de propiciar sua contribuição.

Essa é uma característica intrínseca das entidades dependentes de verbas. É de pasmar que esse aspecto tenha escapado à atenção dos nossos economistas – talvez porque poucos deles pareçam perceber o fato de que mais da metade do Produto Nacional Bruto não é encaminhado, hoje, às empresas (ou seja, às entidades que são remuneradas pelo seu desempenho e resultados), mas sim às entidades prestadoras de serviços, que são pagas pelas promessas que fazem ou, na melhor das hipóteses, pelos esforços que desenvolvem.

Ser remunerado por verbas orçamentárias não é necessariamente mau ou mesmo menos desejável. Os exércitos autofinanciados, por exemplo, como os do século quinze ou os dos mandarins chineses, precisavam guerrear permanentemente, aterrorizando os próprios concidadãos e dependendo de saques e roubos para sustentar-se. O controle civil e os orçamentos para a defesa fundados nos impostos foram criados exatamente para refrear o livre empreendimento na guerra.

De modo semelhante, a maior parte das equipes que prestam serviços no interior das empresas depende da distribuição das respectivas verbas. Remunerar um laboratório de pesquisas pelos seus resultados, por exemplo, na forma de direitos sobre as vendas dos novos produtos e os processos que ele gera (como já tentaram várias empresas) é quase certamente atrapalhar e desviar esse laboratório ainda mais do que o faz a distribuição das verbas. Provavelmente, os recursos para as pesquisas serão desviados para a produção de quinquilharias. Mas também não há dúvida a respeito de que a existência das verbas induz os diretores de pesquisa a fazer seu pessoal "inchar", a apresentar uma relação de projetos impossível e a apegar-se a projetos que provavelmente não produzirão resultados.

CONSIDERAÇÕES FINAIS

Três são as explicações geralmente apresentadas para o mau desempenho das entidades prestadoras de serviços: seus dirigentes não são como os empresários; seu pessoal não é tão capacitado como deveria ser; seus resultados são intangíveis e fogem a qualquer enunciação ou medição. Todas as três são desprovidas de valor e não passam de pretextos. O problema básico da entidade prestadora de serviços é que ela é remunerada de acordo com suas promessas, e não de acordo com o desempenho que apresenta. É remunerada por verbas orçamentárias e não pelos resultados que produz.

PERGUNTAS

1. Por que o fato de culpar a ineficiência pelos problemas relativos ao desempenho das entidades prestadoras de serviços desfigura a realidade?
2. Muita gente acha que as entidades prestadoras de serviços apresentam mau desempenho porque seus funcionários são menos competentes e menos qualificados que os das empresas comerciais. Essa crítica é procedente?
3. De que forma se pode conseguir alto grau de desempenho de uma entidade cujas metas sejam intangíveis?
4. Qual é a diferença básica entre a forma como são remuneradas as entidades prestadoras de serviços e as empresas?
5. Por que a entidade típica de prestação de serviços se assemelha ao monopólio?
6. Por que a remuneração através de verbas orçamentárias, e não através dos resultados, altera aquilo que se entende por bom desempenho?

7. Por que na entidade mantida através de verbas orçamentárias raramente o controle das despesas constitui virtude?
8. Por que a entidade prestadora de serviços tem dificuldades particularmente sérias para especificar sua missão e finalidade.
9. Por que a entidade mantida através de verbas orçamentárias acha bastante difícil abandonar suas atividades obsoletas?
10. Qual é a diferença entre as receitas "cavadas" e as receitas merecidas?

CAPÍTULO 11

AS EXCEÇÕES E SUAS LIÇÕES

A exceção, isto é, a entidade prestadora de serviços relativamente rara que consegue ser eficaz, tem tanta importância como a grande maioria que não consegue fazer outra coisa senão observar as próprias normas. A exceção proporciona lições. Mostra que é possível à entidade prestadora de serviços ser eficaz – embora não com facilidade. Mostra aquilo que as diversas categorias dessas entidades precisam e devem fazer. Mostra as limitações e as armadilhas. Mas mostra também que, no tocante aos dirigentes da entidade prestadora de serviços, só quando encaram as decisões que envolvem os riscos relativos a quais são, quais devem ser e quais serão as atividades da respectiva entidade, esses dirigentes são capazes de tomar medidas impopulares e controvertidas em alto grau.

A BELL TELEPHONE

O primeiro e talvez mais simples exemplo é o da Bell Telephone System. O sistema telefônico constitui monopólio natural. A única exigência que faz o assinante de qualquer serviço telefônico público é a de poder comunicar-se com todos os demais assinantes. Isso significa que, dentro de determinada área, quem forneça os serviços telefônicos deverá ter direitos exclusivos. À medida que um país inteiro ou um continente inteiro vira na realidade um sistema telefônico único, esse monopólio deve abranger áreas cada vez maiores.

Qualquer pessoa pode viver sem telefone – embora na sociedade atual isso constitua um grave inconveniente. Mas o profissional liberal, o vendedor, o escritório ou a empresa não podem passar sem o telefone. O telefone residencial ainda pode ser dispensado. O telefone comercial, porém, não.

Theodore Vail percebeu isso nos primeiros anos do século 20. Percebeu também que, como todos os sistemas telefônicos dos países industrialmente desenvolvidos, a American Telephone Company poderia facilmente ser encampada pelo governo norte-americano. Para evitar isso, Vail meditou profundamente sobre qual seria o ramo da empresa telefônica e qual deveria ser, e chegou à famosa conclusão: "Nosso ramo é a prestação de serviços".

Com essa afirmação sobre o ramo da American Telephone Company, Vail estava habilitado a fixar metas e objetivos. Com base na especificação do ramo de sua empresa, ele conseguiu fixar os padrões para medir seu desempenho e seus resultados. Os padrões por ele erigidos para medir a satisfação do cliente e do serviço geraram, na verdade, uma concorrência entre todos os dirigentes das empresas telefônicas do País. Aqueles padrões acabaram constituindo as medidas pelas quais tais dirigentes eram avaliados e recompensados. Em resultado disso, os administradores das companhias telefônicas acabaram orientados para a busca do desempenho e dos resultados, a despeito da natureza monopolística delas.

Vail fez algo ainda mais radical para sua época (e, de forma geral, até para a nossa). Proclamou que a clientela da Bell era constituída pelos órgãos reguladores que haviam sido criados nos vários Estados norte-americanos em forma de comissões de serviços públicos. São órgãos que se destinam a fazer que nas áreas em que determinado serviço não possa ser executado em condições de concorrência, as empresas particulares funcionem como monopólio natural, de maneira a atender ao interesse público. De modo geral, três são as funções desses órgãos: manter tanto quanto possível a concorrência em determinada área de serviços; através do controle dos preços e dos padrões dos serviços, proteger o público contra a exploração dos monopólios naturais; e limitar os rendimentos dos monopólios naturais a um "lucro justo" sobre seus investimentos. Na época de Vail, para qualquer empresário que tivesse a cabeça no lugar, aqueles órgãos reguladores constituíam um "socialismo pernicioso" e o "inimigo" Vail, no entanto, achou que o público era, de fato, uma clientela legítima. Portanto, a empresa telefônica estava obrigada a favorecer o funcionamento dos órgãos reguladores. Ponderou então, demoradamente, quais eram e quais deviam ser os objetivos deles. A Bell System certamente já teria sido encampada há muito tempo se o público norte-americano não achasse que seus órgãos reguladores trabalhavam a contento, se bem que com falhas ocasionais. Ao reconhecer os órgãos reguladores como clientela distinta, Vail permitiu que as comissões de utilidade pública operassem e também que entendessem o próprio serviço.

AS UNIVERSIDADES NORTE-AMERICANAS

Também a formação das modernas universidades norte-americanas, que ocorreu no período de 1860 até a Primeira Guerra Mundial, mostra como as entidades prestadoras de serviços podem conseguir bom desempenho. Da maneira como apareceram nesse período, as universidades norte-americanas constituíram, basicamente, obra de um punhado de homens: Andrew W. White (reitor da Cornell de 1868 a 1885); Charles W. Eliot (reitor da Harvard, 1869-1909); Daniel Coit Gilman (reitor da Johns Hopkins, 1876-1901); David Starr Jordan (reitor da Stanford, 1891-1913); William Rainey Harper (reitor da Chicago, 1892-1904) e Nicholas Murray Butler (reitor da Colúmbia, 1902-1945).

Em comum, esses homens tinham uma compreensão básica; a faculdade tradicional – essencialmente um seminário do século dezoito destinado a preparar pregadores – tornara-se completamente obsoleta, estéril e improdutiva. Ela estava morrendo rapidamente, em 1860 os Estados Unidos tinham muito menos estudantes universitários do que quarenta anos antes, quando sua população era bem menor. Os homens que ergueram as novas universidades tiveram um objetivo comum: criar uma nova instituição, uma verdadeira universidade. Todos eles perceberam que embora as universidades europeias tivessem muito a oferecer como exemplos, as novas universidades teriam que ser instituições *americanas*.

Fora dessas ideias, contudo, eles divergiam radicalmente entre si no tocante ao que deveria ser uma universidade, bem como a qual deveriam ser suas finalidades e missão.

Na Harvard, Eliot viu a finalidade da universidade como sendo promover a educação de um grupo de liderança dentro de um estilo distinto. Sua Harvard seria uma instituição nacional norte-americana, em vez do refúgio provinciano do "bostiniano de bem", como fora imaginada quando da sua fundação. Mas também lhe caberia devolver à Nova Inglaterra a liderança de uma elite moral que havia sido brandida pelos dirigentes federalistas do início da República. Na Colúmbia, Butler – e, em menor grau, Harper na Chicago – via a função da universidade como a aplicação sistemática do pensamento e da análise racional aos problemas básicos da sociedade moderna – educação, economia, governo e relações exteriores. Na Johns Hopkins, Gilman via a universidade como um laboratório de conhecimentos avançados. De início, a Johns Hopkins pretendeu limitar suas atividades a pesquisas avançadas, sem oferecer qualquer formação universitária. Na Cornell, White desejava conseguir uma população instruída e assim por diante.

Todos aqueles homens sabiam que deviam fazer concessões. Todos sabiam que deviam satisfazer a certa variedade de clientelas e de públicos, cada um dos quais encarando a universidade por um prisma diferente. Eliot e Butler, por exemplo, precisaram construir suas novas universidades sobre os antigos alicerces que encontraram, sem provocar o afastamento dos ex-alunos e de seu corpo docente. Já os outros puderam começar pela base. Eles precisaram dedicar atenção extrema à necessidade de conseguir e conservar apoio financeiro.

Com toda sua insistência na "liderança moral", foi Eliot quem criou a primeira agência de colocação de pessoal e tratou de conseguir para os diplomados da Harvard empregos bem remunerados, especialmente nas empresas. Já Butler, percebendo que a Colúmbia chegava atrasada e que os milionários filantropos do seu tempo já estavam todos comprometidos com as concorrentes, criou o primeiro escritório de relações públicas para uma universidade. O escritório foi concebido – e com muito êxito – para aproximar da instituição as pessoas ricas, e conseguir seu dinheiro.

Cada um daqueles homens deu prioridade ao seu entendimento relativo à finalidade e missão da universidade. Foram concepções que morreram com seus autores. Mesmo em vida, Eliot e Butler, por exemplo, perderam o controle das respectivas entidades, cujos objetivos começaram a ficar difusos, e as prioridades, confusas. Neste século, todas essas – e muitas outras grandes universidades estaduais norte-americanas, como a da Califórnia – convergiram para um tipo comum.

Hoje, é difícil diferenciar uma "multiversidade" de outra. Contudo, a marca de seus fundadores ainda não está totalmente apagada. Não foi por acaso que o "New Deal" de Roosevelt escolheu principalmente membros do corpo docente da Universidade de Colúmbia e da Universidade de Chicago para seus altos conselheiros e formuladores de sua política básica. Exatamente como naquelas universidades, o "New Deal" comprometera-se a aplicar o pensamento e a análise racional às diretrizes destinadas a resolver os problemas públicos. Trinta anos depois, quando afirmou sua crença básica no "estilo" de uma elite, a Administração Kennedy voltou-se naturalmente para a Universidade de Harvard. Ainda hoje se pode perceber – embora só com certo esforço –, nos professores e nos diplomados dessas instituições, seu claro compromisso inicial com as finalidades e missão que lhes conferiram plena eficácia.

LILIENTHAL E A DIRETORIA DO VALE DO TENNESSEE

Exemplo diverso, mas igualmente instrutivo, é o da Diretoria do Vale do Tennessee (Tennesse Valley Authority – TVA), um complexo de serviços e obras públicas instalado junto ao rio desse nome, no centro-sul dos Estados Unidos. Criada principalmente na época do "New Deal", a TVA já não é mais discutida. Hoje ela constitui apenas outra grande empresa de energia elétrica, só que de propriedade estatal, e não particular. No início, porém, quarenta anos atrás, a TVA foi muito mais do que isso: constituiu um lema, um grito de guerra, um símbolo. Algumas pessoas, tanto amigas como inimigas suas viram nela a abertura para o início da nacionalização da energia elétrica no País. Outras a encararam como promessa de um surto de progresso para a região do Vale do Tennessee, fornecendo a uma zona preponderantemente agrícola energia elétrica barata e adubos de graça. Outras ainda estavam interessadas principalmente no controle das inundações e nas possibilidades que se abriam à navegação. O leque das expectativas conflitantes era tão grande que o primeiro presidente da TVA, Arthur Morgan, ficou completamente desorientado. Incapaz de concluir qual deveria ser a atividade do órgão e como poderia equilibrar seus vários objetivos, Morgan nada conseguiu fazer. Finalmente, Roosevelt decidiu substituí-lo por um jovem advogado quase totalmente desconhecido e com muito pouca experiência anterior de administração, David Lilienthal.

Lilienthal levou a sério a necessidade de especificar a atividade da Diretoria do Vale do Tennessee. Concluiu que seu primeiro objetivo seria a construção de usinas elétricas realmente eficientes e o consequente fornecimento, a tão carente região, dessa energia, abundante e barata. Todo o resto, pensou ele, dependeria desse primeiro passo. Hoje, a TVA já alcançou vários outros objetivos, como o controle das inundações, as vias fluviais navegáveis, a produção de adubos e até um desenvolvimento comunitário equilibrado. Mas foi a insistência de Lilienthal na clara explicitação das atividades do empreendimento e na fixação das prioridades que o guiariam que explica por que ninguém mais discute, hoje, sua validade, nem mesmo seus inimigos implacáveis de quarenta anos atrás.

O MÉTODO DO MERCADO E A "CONCORRÊNCIA SOCIALISTA"

Nossos exemplos mostram, em primeiro lugar, que as entidades prestadoras de serviços podem ser dirigidas com vistas ao seu desempenho, mas também que não se trata de uma tarefa que possa ser executada através de qualquer um dos métodos tradicionais. A entidade prestadora de serviços que funcione com base em verbas orçamentárias não pode ser conduzida nem pelo método do "Deixemos o mercado cuidar do assunto" nem pelo do "Que prevaleça o interesse público e se expulsem os trocadores de dinheiro".

O método do mercado é geralmente considerado coisa "capitalista", mas há nisso um equívoco. Esse método pode ser considerado igualmente coisa "socialista". Já não é mais importante saber se a propriedade está ou não na mão dos capitalistas. O que interessa ver é se a direção dispõe de autonomia e tem a obrigação de prestar contas. O que interessa é saber se os recursos são distribuídos de forma a produzir resultados e com base neles.

A ideia predominante, de que a economia norte-americana é capitalista porque no país a propriedade é privada, não corresponde à verdade.

Nos Estados Unidos, as grandes empresas não foram nacionalizadas: *foram,* sim, socializadas, e muito. A propriedade das grandes empresas norte-americanas está nas mãos do povo – isto é, nas mãos dos fundos mútuos e fundos de pensão, que são agentes da classe média e dos trabalhadores. Nos termos da definição clássica, os Estados Unidos constituem quando muito uma economia mista e podem ainda estar se aproximando firmemente do socialismo econômico, no qual o povo detém a propriedade dos meios de produção. Mas impera no país, e em grande escala, a autonomia empresarial. Os recursos são distribuídos com base nos resultados. Trata-se, ainda, da economia de mercado.

Mais enganoso ainda seria chamar a economia japonesa de capitalista ou socialista, de conformidade com a propriedade das empresas. Se alguém no Japão pode ser chamado proprietário das grandes empresas, serão seus empregados e especialmente seus dirigentes. Uma vez que não podem ser despedidos e possuem emprego vitalício, eles constituem aquilo que a lei chama de proprietários beneficiários, mesmo sem possuir o título legal de propriedade. No entanto, é bastante claro que a economia japonesa não é socialista.

Os debates mais profundos que nos últimos cinquenta anos se travaram sobre a economia de mercado não ocorreram nos países em que impera a livre empresa. Eles têm sido encetados a respeito da *concorrência socialista,* isto é, da concorrência em economias cujos meios de produção não pertencem a capitalistas privados. Esse debate foi iniciado logo após a Primeira Guerra Mundial, por um socialista polaco, Oskar Lange, que por muito tempo lecionou na Universidade de Chicago. Lange propôs a concorrência socialista como alternativa ao malogro dos monopólios governamentais e à tendência à exploração que apresentam os monopólios de propriedade privada. No modelo de Lange, os meios de produção seriam de propriedade pública, eliminando-se assim o capitalista. Mas ele previa também empresas autônomas, com direção própria, concorrendo em uma economia de mercado e sendo remuneradas conforme os resultados que alcançassem. Ou seja, o que Lange dizia é que a doutrina socialista exige que se socialize a propriedade. Mas a distribuição dos recursos tem que ser feita de acordo com o desempenho e os resultados (isto é, com base na prova do mercado), para que a economia distribua racionalmente seus recursos e seja capaz de apresentar um bom desempenho.

A concorrência socialista proposta por Lange encontra-se na base de todas as propostas de liberalização que se fizeram no bloco soviético. E na Iugoslávia, as ideias de Lange tornaram-se realidade ao fim da década de 1960. Lá, embora nominalmente possuídas pelo governo, as principais empresas são dirigidas de maneira autônoma e têm que passar pela prova de um mercado em que a concorrência é forte. Em boa parte, as empresas iugoslavas recebem financiamento direto e distribuído com base no lucro esperado sobre o investimento, isto é, nos termos lucrativos "capitalistas".

Todos os esforços da União Soviética para injetar desempenho em sua economia constituem essencialmente tentativas de introduzir a concorrência socialista de Lange, ou seja, a autonomia da direção e sua responsabilidade com base no desempenho demonstrado ante o mercado e nos resultados conseguidos nele. Já não há quase resistência ao argumento dos reformadores de que a concorrência socialista produziria frutos econômicos muito superiores; a resistência brota do risco de perder-se o controle político.

Em grande parte, o debate sobre a moralidade da propriedade privada voltada para o lucro está perdendo importância. Ele deve girar sobre a capacidade de realização do sistema em que as empresas sejam remuneradas pelos seus resultados e desempenho, confrontada com a capacidade de realização do sistema em que elas sejam financiadas através de verbas orçamentárias. Essencialmente, isso ninguém debate. *Sempre que é realmente possível, a prova do mercado resulta em desempenho e resultados* – não por causa da maior "virtude" da livre empresa ou dos dirigentes autônomos, mas porque a remuneraçao de acordo com o desempenho e resultados desemboca no desempenho e nos resultados.

OS LIMITES DO MERCADO

Mas é igualmente claro que o mercado não tem capacidade para regular todas as entidades.

As entidades prestadoras de serviços constituem um grupo muito variado. Entre elas, encontram-se os monopólios naturais, que são evidentemente entidades econômicas – o serviço telefônico, por exemplo, e o fornecimento de energia elétrica a determinada área. As entidades prestadoras de serviços incluem também a administração da justiça e da proteção, que, com a mesma clareza, não constituem nem devem constituir entidades econômicas. O ponto único comum a todas é que por um motivo ou por outro elas não podem se sujeitar às provas do mercado concorrencial.

OS LIMITES DA ORIENTAÇÃO PÚBLICA

Os capitalistas e os socialistas concordam neste ponto: quando o mercado não puder fornecer uma prova para o desempenho, deve-se buscar na "orientação pública" o caminho e o controle necessários. Como mostra nossa exposição sobre a influência das verbas orçamentárias, essa resposta não basta. É certo que as entidades prestadoras de serviços, inclusive as que operam no interior das empresas, precisam ser controladas por alguma orientação. Mas elas precisam contar com mais do que simples programas, promessas, boas intenções e trabalho duro, tudo cimentado sobre um orçamento. Sempre que possível, elas precisam de um sistema e de uma estrutura que as dirija rumo ao desempenho.

As entidades prestadoras de serviços precisam também contar com a disciplina, contida em sua orientação, da obsolescência planejada e do abandono planejado. Em cada um dos casos apontados, alcançou-se a eficácia por algum tempo – mas não para sempre. A solução de Vail valeu durante meio século, mas já não se pode ter certeza de que continue funcionando. As universidades norte-americanas sobrepujam a estrutura montada por seus fundadores um século atrás. Agora, elas precisam repensar sua função e missão, suas prioridades e os critérios pelos quais medirão suas realizações e resultados. A TVA saiu-se tão bem que perdeu a importância. O que ela fez de pioneirismo, quarenta anos atrás, hoje é lugar-comum; ninguém mais espera a salvação através da eletrificação. No entanto, cada uma dessas respostas não permanentes e imperfeitas executou, e bem, um serviço que se fazia necessário.

CONSIDERAÇÕES FINAIS

A excepcional entidade prestadora de serviços que se desincumbe bem de suas funções não mostra apenas que o bom desempenho seja possível a toda a sua categoria, mas também o modo como pode consegui-lo. Essa foi a lição ensinada pela Bell Telephone ao "monopólio natural"; pelas universidades norte-americanas, durante o período de sua formação, no fim do século dezenove, às entidades do tipo das escolas e dos hospitais; e pela Diretoria do Vale do Tennessee, na década de 1930, aos órgãos governamentais.

PERGUNTAS

1. Quem Theodore Vail apontou como a clientela da sua empresa telefônica?
2. Confronte três modos de ver a finalidade e a missão das universidades norte-americanas na segunda metade do século dezenove. Qual foi a influência a longo prazo que as universidades sentiram de cada um deles?
3. Qual a atividade da Diretoria do Vale do Tennessee, na opinião de David Lilienthal?
4. O que nos ensinam as lições fornecidas por essas exceções à regra do mau desempenho das entidades prestadoras de serviços?
5. Pode realmente o sistema norte-americano ser considerado economia capitalista? Pode ser considerado economia de mercado?
6. O que se entende por modelo de concorrência socialista? Onde está sendo praticado hoje esse modelo?
7. Quais são as limitações que a prova do mercado sobre o seu desempenho impõe às entidades prestadoras de serviços?
8. Quais são as limitações da orientação pública como meio de conseguir bom resultado das entidades prestadoras de serviços?

CAPÍTULO 12

DIRIGIR AS ENTIDADES PRESTADORAS DE SERVIÇOS COM VISTAS AO SEU DESEMPENHO

As diversas classes de entidades prestadoras de serviços exigem estruturas diferentes entre si. Mas elas todas precisam impor-se uma disciplina semelhante àquela que se impuseram os dirigentes das entidades mencionadas nos capítulos anteriores.

1. Elas precisam especificar "Qual é o nosso ramo e qual deve ser". Precisam trazer à tona outras respostas a essa questão, e ponderá-las cuidadosamente. Talvez precisem arquitetar (como fizeram os reitores das novas universidades norte-americanas) certo equilíbrio entre as diversas especificações conflitantes de sua missão.
2. Da especificação de sua função e missão, elas devem extrair objetivos e metas bem claros.
3. Precisam em seguida fixar prioridades que lhes permitam escolher alvos, bem como fixar padrões de realização e desempenho – isto é, estipular os resultados mínimos que possam aceitar; fixar prazos; trabalhar com foco nos resultados e nomear um responsável por eles.

4. Precisam estimular as aferições que serão usadas em relação ao desempenho – os medidores da satisfação dos usuários da companhia telefônica ou a quantidade de casas servidas por energia elétrica (dado muito mais fácil de medir).
5. Precisam usar essas aferições para retroalimentar seu empenho. Isto é, precisam fazer que seu sistema passe a usar os próprios resultados como controle.
6. Finalmente, elas precisam instituir uma revisão organizada de seus objetivos e resultados para erradicar os objetivos que já se apresentem sem propósitos ou inalcançáveis. Precisam verificar qual desempenho é menos satisfatório e que atividades estão obsoletas ou improdutivas, ou ambas. E precisam contar com um mecanismo que acabe com essas atividades, em vez de ficarem desperdiçando dinheiro e energias humanas com coisas cujos resultados não compensem.

Esse último ponto talvez seja o mais importante. Sem a possibilidade de submeter-se a uma prova no mercado, a entidade prestadora de serviços não pode contar com aquela disciplina que força a empresa a finalmente abandonar o passado – ou ir à falência. Avaliar e abandonar as atividades da entidade que apresentem baixo rendimento, fora das empresas e dentro delas também, pode ser a mais dolorosa, mas também a mais salutar das providências.

Como mostram os exemplos, nenhum êxito é "permanente". No entanto, virar as costas aos êxitos anteriores é ainda mais difícil do que reavaliar um malogro. Por ter sido bem-sucedido algum dia, o empreendimento ganha ares de êxito permanente, capaz de sobreviver à sua utilidade real e camuflar suas inconveniências.

De modo particular, nas entidades prestadoras de serviços um êxito anterior tem a característica de passar a ser considerado "diretriz", "virtude", "convicção", ou até mesmo palavra sagrada. Essas entidades precisam impor-se à disciplina de refletir em sua missão, objetivos e prioridades, e de pautar-se por controles retroalimentados por resultados e desempenhos avaliados contra diretrizes, prioridades e atividades. Sem isso, perderá cada vez mais sua eficácia. Em grande parte, os Estados Unidos estão hoje mergulhados nessa "confusão de bem-estar" porque os programas de bem-estar de

1930 tiveram o êxito que se conhece. Não fomos capazes de abandoná-los; pelo contrário, sentimo-nos obrigados a reaplicá-los, erradamente, a um problema radicalmente diferente, o dos imigrantes negros nas cidades norte-americanas nas décadas de cinquenta e sessenta.

Para fazer as entidades prestadoras de serviços funcionarem bem (esse ponto já deve estar bem claro) não são necessários grandes líderes. Elas precisam é de um sistema. Os elementos essenciais desse sistema não diferem muito dos elementos essenciais ao bom desempenho de qualquer empresa comercial, mas sua aplicação será bem diferente. As entidades prestadoras de serviços não são empresas; nelas, o desempenho significa algo bem diverso.

As aplicações dos elementos essenciais variam muito de uma entidade prestadora de serviços para outra. Como nossos exemplos mostraram, há pelo menos três categorias diferentes de entidades prestadoras de serviços – entidades essas que não são pagas para apresentar desempenhos e resultados, mas sim para fazer certos trabalhos e executar certos programas.

AS TRÊS CATEGORIAS DE ENTIDADES PRESTADORAS DE SERVIÇOS

1. Em primeiro lugar com o monopólio natural. Produz bens e serviços econômicos, ou pelo menos se supõe que os produza. Justamente por constituir um monopólio, porém, ele pode ser remunerado de conformidade com seus resultados e desempenho.

   Os economistas dizem que constituem monopólios naturais as empresas que devam ter direitos exclusivos em determinada área – o serviço telefônico ou o do fornecimento de energia elétrica, por exemplo. Mas dentro de sua organização, o laboratório de pesquisas da empresa química também constitui monopólio natural.

2. O grupo seguinte de entidades prestadoras de serviços é o daquelas que precisam ser financiadas por verbas orçadas. Embora todas elas apresentem caráter comum, as finalidades de cada uma e o modo específico pelo qual tentam cumpri-las não precisam ser uniformes. Suas prioridades podem – e de fato devem geralmente – ser bastante diversificadas.

   A universidade norte-americana é um exemplo. Cada um daqueles seis reitores de universidade estava preocupado com a educação superior. Cada um estava disposto a construir uma universidade sobre as ruínas dos decadentes seminários do século dezoito. Todos enxergaram diferentes missões e funções. Cada um procurou estruturar sua universidade de modo a conferir um realce diferente a alternativas oferecidas pelo "qual é nosso ramo e qual deve ser", e cada um fixou prioridades diferentes. Consciente e deliberadamente, criaram entidades concorrentes que possuíam a mesma estrutura: conselhos curadores, administração, professores e alunos, bem como cursos que eram semelhantes entre si e conferiam os mesmos diplomas.

3. Por fim, vêm aquelas entidades prestadoras de serviços cujos meios são tão importantes quanto os fins, as quais devem, portanto, ser estruturadas e operadas com uniformidade. Nesse grupo deve ser colocada a administração da justiça e da proteção.

A NECESSIDADE ESPECÍFICA DAS ENTIDADES

De que precisa cada uma dessas entidades?

O monopólio natural é o que precisa da menor estrutura. Mesmo não se remunerando pelos resultados que apresente, o monopólio natural está próximo a eles. Tudo de que precisa é fazer aquilo que qualquer empresa deve fazer, mas de modo mais sistemático.

Esse, casualmente, é um forte argumento a favor de ter os monopólios naturais submetidos ao controle do governo e não na forma de propriedade estatal. O monopólio natural não controlado irá inevitavelmente explorar, além de ser ineficaz e ineficiente. O monopólio de propriedade estatal pode não explorar, mas seu cliente fica sem ter a quem recorrer para reclamar contra sua ineficiência, contra os maus serviços, as tarifas elevadas e o pouco-caso generalizado em relação às suas necessidades. Já o monopólio de direção independente, mas controlado pelo governo, tende a mostrar-se muito mais sensível às insatisfações e necessidades dos consumidores ou usuários do que os monopólios privados não controlados e os monopólios estatais. O monopólio controlado mas de direção independente é forçado pelos órgãos controladores a cuidar do seu desempenho. Através da fiscalização que exercem sobre suas taxas e lucros, esses organismos exprimem, pelo menos teoricamente, a opinião pública sobre o comportamento do monopólio.

No fim da década de 1960, a eficiência operacional do sistema telefônico norte-americano decaiu em algumas áreas, notadamente Nova York, e os períodos de espera pelos serviços ou consertos telefônicos subiram de alguns dias para semanas ou meses. Os usuários podiam tomar uma providência eficaz, e a tomaram. De imediato, começaram a opor-se aos pedidos de elevação das tarifas apresentados pela empresa – e dificilmente haverá um modo mais eficaz de disciplinar um monopólio. Por outro lado, os usuários do serviço telefônico francês, que têm à sua disposição praticamente o pior serviço telefônico dos países desenvolvidos, só podem resmungar. O serviço telefônico da França é monopólio estatal, e contra ele os usuários são imponentes.

Além disso, os órgãos reguladores públicos podem fornecer os meios capazes de introduzir na estrutura dos monopólios regulamentados a autodisciplina que conduz ao desempenho sistemático. Tanto a Comissão Federal das Comunicações, no exame a que submeteu os serviços interurbanos do sistema Bell, como a Comissão Federal de Energia, no exame a que submeteu o fornecimento da energia elétrica aos Estados norte-americanos do meio Atlântico, passaram a exigir essa autodisciplina das várias empresas envolvidas.

Com respeito ao monopólio constituído pelos laboratórios de pesquisa internos, a alta direção da empresa pode e deve exigir deles a disciplina constituída pelo raciocínio em termos de objetivos, pela fixação das metas e prioridades, pela medição do próprio desempenho e pela poda de tudo que se mostre improdutivo. É esse o único meio de tornar o laboratório de pesquisas produtivo e sensível às necessidades da empresa.

Um dos mais eficazes diretores de pesquisas – ele mesmo cientista de renome internacional – habituou-se a perguntar: "Que contribuição, neste laboratório de pesquisas, você prestou nos últimos cinco anos ao modo de ver da empresa, seus conhecimentos e seus resultados?". E, em seguida: "E que contribuição você espera dar à empresa nos próximos cinco anos, com respeito ao seu modo de ver, seus conhecimentos e seus resultados?". Diz ele que nunca recebe uma resposta na primeira vez que faz essas perguntas. Mas depois de formulá-las por alguns anos, começa a conseguir respostas, e alguns anos após, mais resultados para as pesquisas.

A "CONCORRÊNCIA SOCIALISTA" NO SETOR DOS SERVIÇOS

A segunda categoria de entidades prestadoras de serviços é exemplificada pelas escolas, universidades e hospitais. Nela se inclui também a maior parte das equipes de serviços que operam no interior das organizações empresariais.

As entidades prestadoras de serviços dessa segunda categoria são características dos países desenvolvidos. Nos países atrasados, dominam os monopólios e as entidades estatais – ou seja, as entidades prestadoras de serviços pertencentes às primeira e terceira categorias. Mas as entidades prestadoras de serviços classificadas nessa segunda categoria tornam-se básicas para o processo do desenvolvimento econômico e social. Seu desempenho é de vital importância para a moderna sociedade desenvolvida. E nos países desenvolvidos – ou nas empresas desenvolvidas – é justamente essa entidade prestadora de serviços que tem o contato mais próximo com a vida cotidiana do cidadão – ou do dirigente.

Os "clientes" dessa categoria de entidade prestadora de serviços não são realmente clientes. São mais do tipo contribuinte. Queiram ou não, eles a remuneram através dos impostos e de encargos como os seguros obrigatórios e as despesas indiretas. Os produtos dessas entidades não são feitos para satisfazer desejos, e sim para satisfazer necessidades. As escolas, os hospitais e as equipes características de prestação de serviços nas empresas fornecem aquilo que todos devem e precisam ter, por ser "bom para eles", ou bom para a sociedade.

Costuma-se falar do "direito que toda criança tem à instrução" e do "direito que todo cidadão tem a uma assistência médica condigna". No entanto, já há entre nós a educação *obrigatória* e já está bem avançada a assistência médica obrigatória. Muitas empresas norte-americanas, por exemplo, obrigam seus executivos a submeter-se anualmente a um exame médico completo, sem o qual não podem tirar férias ou receber seus salários. Já existe a vacinação obrigatória. E quando a preocupação predominante for a medicina preventiva para as massas, como provavelmente acontecerá dentro em pouco, será exigido que todos utilizem os serviços de saúde. Ou seja, a assistência à saúde será obrigatória.

O que muitas empresas tornaram obrigatória é a utilização de suas equipes de serviços. Em regra, não se pergunta aos gerentes de comercialização das filiais da empresa descentralizada se querem ou não participar dos seminários sobre o assunto organizados pela equipe central. Eles são simplesmente avisados da sua realização e devem comparecer.

As entidades prestadoras de serviços dessa segunda categoria precisam ter um sistema como o da concorrência socialista de Oskar Lange. O objetivo – a missão global – deve ser geral para essa categoria de entidades. Deve haver padrões mínimos para o desempenho e os resultados. Mas para que haja um bom desempenho, é muito de desejar que elas gozem de direção autônoma e não que sejam dirigidas pelo governo, ainda que supervisionadas e controladas por ele. O consumidor ou usuário deve também desfrutar de certa variedade de escolha entre os diversos meios de ver cumprida a missão básica da entidade, entre diversas prioridades e diversos métodos. Deve haver concorrência suficiente entre essas entidades, para que se vejam obrigadas a cumprir os padrões fixados para o seu desempenho.

Fala-se hoje, nos Estados Unidos, de um sistema de comprovantes para a instrução primária e secundária, pelo qual o governo pagaria a qualquer escola credenciada que a criança frequentasse um valor igual ao custo de educá-la na escola pública. Por maior que seja a liberdade de ação que tenha nesse plano, nenhuma escola será qualificada se não prometer ensinar pelo menos as aptidões básicas, como ler, escrever e calcular. Pode-se deixar o método a cargo da escola – haverá lugar aí tanto para a sala de aula clássica como para a sala de aula aberta, assim como a qualquer combinação das duas – mas dever-se-á insistir tanto nas metas fundamentais como nos padrões mínimos. E a criança não terá a escolha de ir ou não às aulas – deverá ir quer seus pais queiram, quer não –, mas restará aos pais e à criança a aplicação do critério do usuário na indicação da escola.

O mesmo critério já está sendo aplicado às equipes de serviços das grandes empresas. Uma poderosa empresa multinacional, cuja principal atividade é a produção e venda de bens de consumo com marcas, classifica seu ramo como sendo de "marketing". Diante de tal classificação, poder-se-ia esperar encontrar na empresa uma ampla equipe de serviços de marketing. Essa equipe, porém, é marcadamente pequena. Ela conta com uma pequena verba para remunerar atividades como de adestramento do pessoal de serviços de marketing, pesquisas na área, uma biblioteca especializada e assim por diante, mas não os serviços de marketing prestados às atividades da empresa. Cada uma das quarenta e cinco a cinquenta subsidiárias da empresa, descentralizadas, com direção autônoma e distribuídas por mais de trinta países, é responsável pelo próprio desempenho e resultados no tocante à comercialização. Para ajudar as respectivas unidades a chegar a esses resultados, os gerentes gerais locais podem valer-se da equipe de serviços de marketing, mas não são obrigados a isso. Eles estão autorizados a utilizar consultores de sua livre escolha ou a funcionar como os próprios consultores de marketing. Só paga os serviços de marketing o gerente cuja unidade utilize a equipe central. Essa equipe, no entanto, é quem avalia os padrões e o desempenho de cada unidade na área do marketing. Na última vez em que tive notícia, dezoito ou vinte gerentes territoriais da empresa valiam-se dos serviços da equipe de marketing central. Onze ou doze recorriam a consultores externos. E outros tantos não utilizavam qualquer tipo de consultaria do ramo, nem interna nem externa. Os resultados apresentados por aqueles gerentes na área do marketing não mostram qualquer correlação com os métodos empregados. Entre os melhores e os piores desempenhos estão os de subsidiárias que se valeram da equipe de serviços de marketing da empresa, de subsidiárias que usaram consultores externos e de subsidiárias que não se serviram de qualquer assessoria para seu marketing. Nessa empresa, até os desempenhos mais fracos apresentam padrões bastante elevados e bons resultados no marketing. E sua equipe de serviços da área é das melhores que conheço, por sua eficácia, desempenho, espírito de luta e entusiasmo.

AS ENTIDADES PÚBLICAS

A terceira categoria das entidades prestadoras de serviços abrange, de maneira geral, as tradicionais atividades públicas – a administração da justiça e da proteção, bem como todos os outros serviços relacionados com a fixação das diretrizes públicas. Essas entidades não fornecem bens públicos no sentido econômico do termo; elas governam.

Nessa área, não há possibilidade de conceder autonomia de direção. Se fosse possível, a concorrência seria nela bastante indesejável. Essas entidades precisam estar sob o controle direto do governo e ser operadas diretamente por ele, mas suas atividades requerem a disciplina imposta pelos objetivos, prioridades e medições dos resultados.

Essas entidades precisam, portanto, de uma auditoria organizada e independente em relação às suas promessas, às suposições em que se baseiam e ao seu desempenho. Não há qualquer modo de conseguir uma retroalimentação com base nos resultados por elas alcançados. Dessa forma, a única disciplina a que poderão sujeitar-se será a da análise e revisão.

Agora que as entidades prestadoras de serviços se tornaram tão básicas, tão importantes e tão dispendiosas, há necessidade de uma auditoria geral em relação aos seus objetivos e desempenho. Devemos obrigar-nos a encarar as diretrizes, leis e programas propostos pelo governo – mas também as diretrizes, programas e atividades das equipes de serviços – e perguntar: "Seus objetivos são realísticos? Podem ser alcançados, ou constituem puras frases de efeito? De que maneira eles se relacionam com as necessidades que pretendem satisfazer? As metas fixadas são as corretas? Suas prioridades tiveram a devida ponderação? Finalmente, os resultados apresentados correspondem às promessas e expectativas?".

Precisamos avançar mais e aceitar a premissa básica de que todo órgão governamental e toda peça legislativa devem ser considerados não permanentes. Os novos serviços, os novos órgãos, os novos programas, devem ser promulgados com vistas a um período específico, que só será ampliado se e quando seus resultados comprovarem que os objetivos e os meios escolhidos estão bem fundamentados. Fora do governo, também outras entidades prestadoras de serviço, inclusive aquelas que precisam ser autônomas, embora públicas (as escolas e hospitais, por exemplo), devem também adotar esse raciocínio. A sociedade depende cada vez mais do desempenho e dos resultados alcançados pelas entidades prestadoras de serviços, e não podem tolerar permanentemente o sistema tradicional.

Muitos dos nossos mais graves problemas nos afligem hoje porque não fomos capazes de abolir os programas que não funcionam. Essa causa está por trás do malogro dos programas agrícolas norte-americanos e do Mercado Comum Europeu; está por trás da "confusão do bem-estar" que ameaça destruir nossas cidades; está por trás da frustração dos nossos programas de desenvolvimento internacional, que ameaça desembocar em uma guerra mundial racial que os países pobres não brancos venham a declarar aos países ricos brancos.

Sem uma retroalimentação que parte dos resultados, nossos esforços no sentido de proteger o meio ambiente estarão fadados ao fracasso. Precisamos desesperadamente de resultados, mas até agora não pensamos maduramente no que queremos conseguir nem fixamos de maneira adulta as respectivas prioridades. Tampouco instituímos uma retroalimentação, com base em resultados, que oriente o rumo, as prioridades e as atividades da cruzada pelo meio ambiente. É fácil prever que outro resultado não colheremos daí que não seja a decepção.

O que as entidades prestadoras de serviços precisam não é assemelharem-se mais às empresas. Elas precisam submeter-se a provas de desempenho – mesmo que apenas à da "concorrência socialista" – o mais possível. Elas precisam parecer-se mais com os hospitais, com as universidades, com o governo etc. Por outras palavras, precisam raciocinar com base em suas funções, finalidades e missões específicas.

O que essas entidades precisam não é de pessoal mais capacitado. Precisam, sim, de pessoal que execute sistematicamente os serviços de direção e deliberadamente se concentrem, e à respectiva entidade, em seu desempenho e resultados. Precisam ganhar eficiência – isto é, o controle das despesas – mas acima de tudo precisam ganhar eficácia – a ênfase nos resultados corretos.

Poucas entidades prestadoras de serviços sofrem hoje por terem dirigentes de menos. A maioria delas é superdirigida e sofre de excesso de normas de ação, organogramas e técnicas de direção. O que precisamos é aprender a dirigir as entidades prestadoras de serviços com vistas ao seu desempenho. Essa pode muito bem constituir a mais importante tarefa da direção neste século.

CONSIDERAÇÕES FINAIS

Para que funcionem, as entidades prestadoras de serviços e as equipes internas de serviços não necessitam de gênios. Necessitam, em primeiro lugar, de metas e objetivos claros. Em seguida, precisam ter prioridades, sobre as quais concentrem seus recursos. Além disso, precisam dispor de medições claras de suas realizações. Finalmente, elas precisam contar com um dispositivo sistematizado para o abandono de tudo que se mostre obsoleto. E esses quatro pontos são tão importantes para as entidades prestadoras de serviços na sociedade como para as equipes internas prestadoras de serviços nas empresas.

PERGUNTAS

1. Relacione as medidas que os dirigentes devem tomar para conduzir as entidades prestadoras de serviços com vistas ao seu desempenho.
2. Quais foram os resultados a longo prazo do êxito alcançado pelo programa norte-americano de bem-estar durante a década de 1930?
3. Quais são as três categorias de entidades prestadoras de serviços? Dê exemplos de cada uma.
4. Que categoria de entidade prestadora de serviços precisa de menos estrutura? Por quê?
5. Por que o hospital será mais bem dirigido de conformidade com as linhas da concorrência socialista de Lange?
6. Você é capaz de sugerir um modo pelo qual a alta direção possa estruturar uma empresa comercial de modo a fazer que seu departamento do pessoal (uma entidade prestadora de serviços interna da empresa) se atenha aos padrões de desempenho fixados e alcance resultados?
7. Que tipo de disciplina gerencial pode ser aplicado às entidades públicas?
8. Por que há necessidade de considerar não permanente cada entidade governamental?
9. Acrescentar-lhes mais dirigentes melhorará o desempenho da maior parte das entidades prestadoras de serviços?

BIBLIOGRAFIA

CROZIER, Michael. *The bureaucratic phenomenon.* Chicago: University of Chicago Press, 1964.

OYER, Frederick C.; OYER, John M. *Bureaucracy vs. creativity:* the dilemma of modern management. Coral Gables, Fl.: The University of Miami Press, 1969. v. 2.

GROSS, Bertram M. *Organizations and their managing.* Nova York: Free Press, 1968.

SIMON, Herbert A. *Administrative behavior.* Nova York: Macmillan, 1957.

WOODRUFF, Phillip. *The men who ruled India.* Nova York: St. Martin's Press e Londres: MacMillan, 1954. 2 v.

PARTE III

O TRABALHO PRODUTIVO E O TRABALHADOR REALIZADO

Fazer que o trabalho seja produtivo e o trabalhador se realize constitui a segunda grande tarefa da direção. Não sabemos o suficiente a seu respeito. O folclore e as lendas abundam nessa área, mas os conhecimentos sólidos e comprovados são escassos. Sabemos que hoje o trabalho e a força do trabalho estão passando por mudanças maiores do que as de qualquer outra época desde o início da Revolução Industrial, dois séculos atrás. Sabemos que pelo menos nos países mais desenvolvidos há necessidade de encontrar caminhos absolutamente novos – para a análise, a síntese e o controle do trabalho e da produção; para a estruturação dos serviços, as relações do trabalho, a estruturação das recompensas econômicas e a das relações de poder; para os trabalhadores assumirem responsabilidades. Sabemos que é preciso passar da direção "do pessoal" como "centro de despesas" e "problema" para a liderança sobre as pessoas.

CAPÍTULO 13

AS NOVAS REALIDADES

Poucas palavras são tão ambivalentes e carregadas de emoções como "trabalho". Na dupla "trabalho e descanso", o "descanso" é claramente melhor. Mas, se "aposentadoria" é melhor que "trabalho", já é coisa para discutir. O trabalho é definitivamente preferível à "ociosidade". Ficar "sem trabalho" está longe de ser bom – constitui, na verdade, uma catástrofe.

Na dupla "trabalho e diversão", a "diversão" contém conotação favorável. Mas a diversão "brincar de médico operador" não é nada boa. O trabalho pode conter grande dose de realização, como na frase "o trabalho da vida de um artista". Ele pode também ser totalmente enfadonho, desgastante e cansativo.

Há o "trabalho" e o "trabalhar". Cada um depende totalmente do outro. Se ninguém trabalhar, nenhum trabalho será feito. Assim como onde não houver trabalho não haverá também a atividade de trabalhar.

No entanto, o trabalho e o trabalhar diferem bastante entre si. O trabalho é impessoal e objetivo. É um "alguma coisa". Nem todo trabalho pode ser pesado ou medido. Mas até a mais intangível parte do trabalho é externa e independente ao trabalhador.

Tratar daquilo que distingue o trabalho da diversão é ventilar uma questão antiga, nunca resolvida satisfatoriamente. Trabalhar e divertir-se constituem a mesma atividade, até no menor detalhe – a escultura de madeira é trabalho quando feita pelo operário da fábrica de móveis, e diversão quando feita como passatempo. Psicológica e socialmente, há uma grande diferença entre essas duas situações. A distinção pode bem encontrar-se em que, contrariamente à diversão, o trabalho seja impessoal e objetivo. A diversão destina-se a quem está se divertindo, enquanto o trabalho se destina ao usuário de seu produto final. Quando o produto final não é determinado por quem o faz, mas por terceiros, não se fala mais de diversão, e sim de trabalho.

Trabalhar é atividade de seres humanos, os trabalhadores. É atividade exclusivamente humana. Trabalhar envolve, portanto, a fisiologia e a psicologia, a sociedade e a comunidade, a personalidade, a economia e o poder. Como diz um velho preceito de relações humanas, "Não se pode contratar um braço; o homem todo vem sempre junto".

O trabalho e o trabalhar obedecem, pois, a regras diferentes. O trabalho situa-se na esfera dos objetivos. Possui sua lógica impessoal. Já a atividade de trabalhar situa-se na esfera dos seres humanos. Possui dinâmica. Os dirigentes têm sempre que conduzir o trabalho e o trabalhar. Cabe-lhes fazer que o trabalho seja produtivo e o trabalhador se realize. Cabe-lhes promover a integração entre o trabalho e o trabalhar.

O TRABALHO E O TRABALHADOR EM ACELERADAS MUTAÇÕES

O trabalho e o trabalhador estão ambos atravessando um período de mutações aceleradas. São mudanças que permanecerão até o final deste século – e provavelmente se estenderão pela maior parte do próximo constituindo as mais radicais delas desde o início da Revolução Industrial, ocorrida há mais de duzentos anos.

Nos dois últimos séculos, os serviços afastaram-se da casa do trabalhador e das pessoas que trabalhavam sozinhas, passando a concentrar-se em uma sociedade de empregados, que trabalham em organizações. Ao mesmo tempo, o centro de gravidade da força trabalhadora está transferindo-se do trabalhador braçal para o intelectual. Uma parcela cada vez maior da força de trabalho de todos os países desenvolvidos não trabalha mais com as mãos, mas com ideias, abstrações e teorias. Ela não produz objetos físicos, e sim saber e informações. Meio século atrás, esse serviço intelectual era executado por um punhado de profissionais independentes, que trabalhavam sozinhos ou em grupos muito reduzidos. O grosso da força trabalhadora era constituído por trabalhadores braçais.

O trabalho intelectual não precisa necessariamente possuir muita habilidade ou escolaridade. Afinal de contas, cuidar de um arquivo não exige nem grande capacidade mental nem muita escolaridade. Mas o arquivista não trabalha com martelo nem com foice, e sim com o alfabeto, que constitui uma abstração e um símbolo, em vez de uma coisa. Não se aprende o alfabeto através de experiências, mas sim através da educação formal.

A CRISE DO TRABALHADOR BRAÇAL

Essas mudanças geraram uma crise para o trabalhador braçal e sua organização específica, o sindicato trabalhista.

Há duzentos anos, o trabalhador braçal na indústria (o filho da Revolução Industrial) vem lutando para conseguir segurança econômica, posição e poder dentro da sociedade industrial. Nos cinquenta anos decorridos do fim da Primeira Guerra Mundial para cá, seu progresso foi fantástico. Na maioria dos países mais desenvolvidos, o trabalhador braçal (ainda ontem um "proletário" que vivia a duras penas e ao nível da subsistência) conseguiu substancial segurança econômica, rendimentos superiores aos da alta classe média de antigamente e um poder político cada vez maior.

Com a ascensão do trabalhador intelectual, o trabalhador braçal volta a correr perigo. Sua segurança econômica não está ameaçada – pelo contrário, tende a solidificar-se cada vez mais. Mas sua posição social e seu "status" estão caindo rapidamente. Nos países mais desenvolvidos, o trabalhador industrial vê-se seriamente privado. Sente-se derrotado, vencido, antes mesmo de começar. Isso não é consequência de medidas tomadas pela direção das empresas, mas do desenvolvimento social e das pressões por ele geradas.

Em todos os países mais desenvolvidos, os membros capazes, inteligentes e ambiciosos da classe trabalhadora estão cada vez mais permanecendo nos bancos escolares além do ponto que lhes seria suficiente para o trabalho braçal. Todas as pressões sociais, dos familiares e vizinhos, da comunidade e das instituições escolares, conduzem os jovens rumo à maior escolaridade. Aqueles que abandonam a escola na idade em que antigamente se "diplomavam" para ingressar na força trabalhadora braçal – por volta dos quinze anos – são fracassados, abandonados, rejeitados.

Nos países mais desenvolvidos, os trabalhadores braçais sentem hoje pouco apreço por si mesmos. Assim, ficam inevitavelmente ásperos, desconfiados, céticos a respeito de si próprios, das organizações e sua direção, mostrando-se, finalmente, ressentidos. Não são revolucionários, como seus pais e avós, pois veem com clareza que as revoluções não poderão alterar as condições fundamentais. Mas são militantes, e tendem a ser cada vez mais militantes, à medida que o centro da gravidade social se desloca na direção do trabalho intelectual e do trabalhador intelectual.

A pregação dos partidos e movimentos de trabalhadores fala ainda dos capitalistas malvados e ataca o sistema baseado no lucro. Mas a verdadeira guerra de classes está sendo cada vez mais travada entre os trabalhadores braçais e os liberais – os trabalhadores intelectuais da classe média. Na maior parte do século 20, foi a coalizão entre os trabalhadores braçais e os trabalhadores intelectuais que dominou a política de todo o mundo desenvolvido – tanto no "New Deal" dos Estados Unidos como nas democracias sociais e nos partidos trabalhistas da Europa. O mais importante acontecimento político do restante do século 20 pode muito bem ser constituído pela dissociação cada vez maior entre esses dois grupos.

A CRISE DOS SINDICATOS TRABALHISTAS

As mudanças que tem sofrido a posição do trabalhador braçal acompanhando o realce conferido ao trabalho intelectual e ao trabalhador intelectual, não só criam uma nova distinção entre classes mas geram sérias dificuldades para a própria entidade representativa dos trabalhadores braçais, o sindicato.

Talvez a indicação mais visível disso seja a queda vertical que sofreu a qualidade das lideranças sindicais – queda que em grande parte resultou da explosão do ensino. Antigamente, a liderança sindical constituía a oportunidade de carreira que se oferecia aos jovens ambiciosos e capazes que, por falta de meios, fossem obrigados a abandonar a escola. Nos países desenvolvidos de hoje, todo jovem capaz e ambicioso permanece na escola – podendo mesmo diplomar-se em uma faculdade. O resultado disso é que ele começa a subir na hierarquia profissional e gerencial. Ele pode continuar solidário com os trabalhadores, mas a classe perde suas qualidades de líder. Os líderes que estão preenchendo o vácuo gerado por essa situação tendem a guiar-se mais pelo ressentimento do que pela ambição, possuem capacidade bastante inferior e, sobretudo, são pessoas desprovidas de confiança em si mesmas. São líderes frágeis, e a pior situação para qualquer setor empresarial é ter que se entender com uma liderança sindical desse tipo.

Ao mesmo tempo, o fato de os novos trabalhadores se sentirem "perdedores" leva-os a se opor aos próprios líderes sindicais que elegeram, e a entrar em conflito com eles. No instante em que assume um cargo de direção de sindicato, automaticamente o trabalhador passa a fazer parte do "sistema". Os dirigentes sindicais têm que se relacionar com os poderosos, no governo ou nas empresas. Têm que exercer o poder. Precisam possuir os acessórios do poder – o amplo gabinete, o séquito de auxiliares e assistentes, os quatro telefones na mesa etc. Para ser eficaz, o dirigente sindical tem que deixar de ser um "de nós" para se tornar um "deles". Antigamente, os trabalhadores encaravam o poder de seu sindicato como representação sua. Orgulhavam-se ao ver a autoridade de que se revestia o dirigente sindical. Os novos trabalhadores de hoje, sentindo na pele que são perdedores e párias, opõem-se à autoridade dos líderes sindicais mais ainda do que é de outros chefes. Em resultado disso, os líderes sindicais estão cada vez mais perdendo o controle de seus próprios companheiros, sendo por eles repudiados, sofrendo sua oposição e sendo desautorizados por eles. Isso, por sua vez, enfraquece o sindicato ao extremo, pois será impotente o sindicato que não puder falar pelos votos e pelo comportamento dos seus membros, que não puder garantir o cumprimento dos acordos firmados e não puder contar com o apoio de seus integrantes para as posições que seus dirigentes assumirem e para as medidas que eles tomarem.

Poucas dúvidas podemos ter sobre o perigo que correm as negociações coletivas que se celebram entre cada empresa e o respectivo sindicato trabalhista, ou – como ocorre na Europa Ocidental e no Japão – entre todo um setor empresarial e o sindicato respectivo. Pode-se colocar em dúvida até que a guerra empresarial civilizada das negociações coletivas – uma grande conquista do início do século vinte – venha a se manter. E se ela não se mantiver, aquilo que a substituirá é para nós completamente desconhecido. Essa substituição, no entanto, será essencial se pretendermos evitar uma guerra empresarial total ou a ascensão galopante das despesas com a mão de obra e também da inflação.

OS SINDICATOS E OS TRABALHADORES INTELECTUAIS

É indispensável a existência de um órgão que represente os trabalhadores nas negociações com a direção das empresas. Isso é necessário do lado dos trabalhadores, mas também do lado da sociedade em geral. A direção das empresas constitui poder, e assim deve ser. Todo poder precisa ser freado e controlado – pois do contrário vira tirania. O sindicato trabalhista é um órgão muito peculiar, quase sem precedentes, de contenção do poder da direção das empresas. É um partido oposicionista que nunca poderá assumir o poder. Contudo, dentro de suas funções limitadas, desempenha uma função essencial na sociedade industrial. Infelizmente, ele está cada vez mais mostrando-se incapaz de se desincumbir dessas funções.

No futuro, o papel de oposição desempenhado pelo sindicato trabalhista será mais necessário do que em qualquer época anterior. Os trabalhadores braçais estão começando a achar – com razão – que não podem mais confiar nos partidos políticos e na atração que eles sentem pela maioria. Nos Estados Unidos, essa situação resulta da dissolução gradual do casamento chamado "New Deal", entre os trabalhadores e os liberais. Igualmente, cada vez mais o poder que precisa ser refreado não é o dos patrões ou dos capitalistas, mas o dos trabalhadores intelectuais da classe média gerencial diplomada. O que mais interessa agora não são os lucros, mas sim o poder. Os piores conflitos pelo poder não são aqueles que ocorrem nas empresas privadas ou nos setores privados; são os conflitos entre os serventes e as diretorias das escolas, os paramédicos e a direção dos hospitais, os assistentes do ensino e os reitores das universidades, ou, como na indústria siderúrgica sueca, entre os trabalhadores e os decididos patrões socialistas de um setor nacionalizado. Esses conflitos travam-se entre os trabalhadores e o interesse público – pelo menos como este é entendido pelos liberais. Nesses conflitos, os partidos políticos, que buscam o apoio das massas e procuram atrair a maioria dos eleitores, são praticamente obrigados a colocar-se no lado dos patrões, mesmo que seja só porque nenhum argumento pode esconder o fato de que o preço dos acordos não será pago pelos lucros, mas certamente pelos preços cobrados do público ou pelos impostos dele recolhidos.

As entidades prestadoras de serviços públicos possivelmente enfrentarão problemas de relações empresariais muito mais difíceis que os que enfrentam as empresas; ao mesmo tempo, essas entidades estão muito menos preparadas para isso. Cresce cada vez mais a sindicalização dos empregados dos hospitais, das escolas e dos órgãos governamentais. Nessas entidades, o trabalhador braçal – ou mesmo o funcionário menos categorizado dos escritórios – sente-se ainda mais "despojado" e mais confinado a uma cidadania de segunda classe do que o trabalhador braçal das fábricas ou das empresas prestadoras de serviços.

Os próprios sindicatos trabalhistas mostram-se incapazes de raciocinar nos papéis que virão a desempenhar no futuro e de encontrar novos caminhos para sua estrutura e funções. Um dos motivos para isso é que seus atuais dirigentes, que tomaram o lugar dos antigos pioneiros que já morreram ou se aposentaram, são geralmente pessoas de menor capacidade, menor maturidade e menor competência. Igualmente importante, porém, é o fato de que esses novos dirigentes só conseguirão manter o débil controle que exercem sobre seus associados se forem "contra" tudo. Eles nem se atrevem a fazer perguntas, muito menos a apresentar respostas. Não se atrevem a conduzir, e são forçados a tomar atitudes violentas para não perder o lugar.

Há necessidade de uma nova política para as relações empresariais. Não só nos países desenvolvidos, mas também nos que se encontram em desenvolvimento, os dirigentes das empresas e das entidades prestadoras de serviços públicos precisarão raciocinar seriamente no futuro dos sindicatos trabalhistas, seus papéis, suas funções e sua posição, tanto no interior dessas entidades como da própria sociedade. Essa é uma responsabilidade social fundamental das direções. É também uma responsabilidade empresarial dessas direções. O futuro da empresa, da economia e da sociedade sofrerá grande influência da maneira como será resolvida, ou não, a crise cada vez mais profunda que assola os sindicatos trabalhistas.

Pensar em termos do papel e da função do sindicato trabalhista também diz respeito ao próprio interesse da direção. Acreditar que a fraqueza do sindicato signifique força para a direção é simplesmente iludir-se. A sindicalização é um fato consumado em todos os países desenvolvidos não comunistas. E o sindicato trabalhista frágil – isto é, sem papel definido, sem função definida e sem autoridade definida, assim como sem uma direção forte, segura e eficaz – significa conflitos, exigências pouco responsáveis, rancor e tensões crescentes. Não significa direção forte; significa, sim, direção frustrada.

O NOVO DESAFIO: DIRIGIR O TRABALHADOR INTELECTUAL

Dirigir o trabalho e o trabalhador intelectual constitui essencialmente uma tarefa nova. Nossos conhecimentos a respeito dessa tarefa são ainda menores do que os referentes à direção, ou falta de direção, do trabalhador braçal. Dessa forma, a tarefa será a mais difícil. Por outro lado, como tarefa nova ela não nos chega sobrecarregada de uma longa história de rancores, de suspeitas recíprocas, de restrições, regras e regulamentos já superados. Assim sendo, a direção do trabalho e do trabalhador intelectual pode concentrar-se na construção das diretrizes e exercícios corretos. Pode dirigir-se para o futuro e não para o desfazimento do passado, para as oportunidades e não para os "problemas".

Dirigir o trabalho e o trabalhador intelectual vai exigir imaginação excepcional, coragem excepcional e liderança de alta qualidade. Em alguns aspectos, será uma tarefa muito mais exigente do que foi até há pouco a de dirigir o trabalhador braçal. A arma do medo – medo do sofrimento econômico, medo de perder o emprego, medo físico dos guardas da empresa ou da polícia estadual – que por tanto tempo substituiu a direção do trabalhador e do trabalho braçal, simplesmente não funciona com respeito ao trabalho e ao trabalhador intelectual. Excetuados seus escalões mais baixos, os trabalhadores intelectuais não produzem devidamente quando sentem a espada do medo sobre a cabeça, só quando automotivados e autodirigidos poderão mostrar-se produtivos. Para poder produzir, eles precisam sentir-se realizados.

A produtividade de qualquer sociedade desenvolvida repousa cada vez mais na capacidade de fazer que o trabalho intelectual seja produtivo e o trabalhador intelectual, realizado. Esse é o problema social básico da nova sociedade intelectual. A direção do trabalho intelectual não tem precedentes. Tradicionalmente, o labor intelectual tem sido executado por pessoas que trabalham sozinhas ou em grupos reduzidos. Hoje, ele é feito em grandes e complexas entidades que têm à sua testa um corpo diretivo. Os trabalhadores intelectuais não são sequer sucessores dos "profissionais intelectuais" de ontem. São os sucessores dos antigos trabalhadores especializados. Logo, a posição, a função, a contribuição e a colocação de cada trabalhador intelectual dentro da organização estão ainda para ser estipuladas.

Pior ainda, não se tem como estipular, e muito menos medir, a produtividade da maior parte do trabalho intelectual. Pode-se estipulá-la e medi-la com relação ao arquivista ou ao balconista de uma loja de variedades. Mas a produtividade já se mostra bem menos nítida no tocante ao vendedor pracista de uma empresa industrial. A produtividade é o total das vendas? Ou é a contribuição das vendas para o lucro, que pode variar tremendamente conforme o conjunto dos produtos a cargo de cada vendedor? Ou a produtividade refere-se às vendas daquele vendedor (ou à contribuição delas para o lucro) em relação ao potencial de venda da zona? Talvez a capacidade do vendedor em conservar antigos clientes fosse fundamental para a sua produtividade. Ou então sua capacidade de conseguir novos clientes. Esses problemas são muito mais complexos até do que estipular e medir a produtividade do mais especializado dos trabalhadores braçais. Pois, neste caso, sempre se poderá estipular e medir a produtividade em termos da quantidade produzida – os pares de sapatos confeccionados por hora, por exemplo, ou por dia, ou por semana, observado apenas um padrão mínimo de qualidade.

Será ainda mais difícil dizer em que consiste a realização para os trabalhadores intelectuais. Ninguém, a não ser o próprio trabalhador intelectual, poderá chegar a dizer o que é que, no seu trabalho, na execução do seu serviço, na sua posição social e no seu orgulho pessoal, vem a compor sua satisfação pessoal, capaz de fazê-lo sentir que presta uma contribuição própria, que trabalha bem, que corresponde aos seus valores e se realiza.

A SEGMENTAÇÃO DA FORÇA TRABALHADORA

Mas os trabalhadores braçais e os trabalhadores intelectuais não constituem o único segmento da força trabalhadora. Os auxiliares de escritório, por exemplo, trabalhadores da produção que não operam máquinas, constituem um grupo distinto e importante. Igualmente importante é o fato de que em todos os países desenvolvidos a força trabalhadora está segmentando-se de acordo com o sexo.

Até bem recentemente, no intervalo entre a escola e o casamento as mulheres ocupavam empregos temporários, ou faziam serviços de classes nitidamente inferiores. As esposas dos trabalhadores "respeitáveis" não trabalhavam fora de casa. As poucas mulheres das classes mais altas que trabalhavam eram profissionais liberais – médicas, advogadas e professoras universitárias. As restantes eram professoras primárias e enfermeiras, que ou continuavam solteiras ou tinham que deixar o emprego.

Em todos os países desenvolvidos – sendo o Japão a única exceção até agora – essa situação está mudando drasticamente. O fato de uma grande parcela das mulheres trabalharem fora pode ser o sinal que caracterize o país desenvolvido. A mulher casada da classe média está surgindo cada vez mais como a empregada típica. Com o tamanho da família diminuindo e o trabalho doméstico muito reduzido, uma quantidade cada vez maior de mulheres das classes média e alta está passando a fazer parte da força trabalhadora. Essa tendência provavelmente continuará. As forças que as impelem são de natureza econômica, social e psicológica.

A mulher trabalhadora pode precisar de uma estrutura de emprego diferente, que seja adequada às suas realidades e condições. Pode precisar receber um tratamento diferente daquele dispensado ao trabalhador masculino, no tocante ao serviço, às recompensas econômicas e à posição social na comunidade fabril. As mulheres que têm filhos, por exemplo, geralmente precisam de empregos de meio período e horários flexíveis. Além disso, para a mulher casada a aposentadoria talvez não interesse tanto como ganhar mais.

Vários segmentos da força trabalhadora também sentem necessidades diferentes em relação aos seus proventos, ou "benefícios". Quando se trata dos salários pagos em dinheiro, o padrão do valor é mais ou menos igual para todos. Mas quando se trata do pagamento da aposentadoria, de abonos referentes à moradia, escola, saúde etc., as necessidades e expectativas de cada segmento variam muito de conformidade com o sexo, a idade, as responsabilidades familiares, a fase da vida da pessoa ou de seus familiares e assim por diante.

Tradicionalmente, o que se vê é que a empregadora (empresa ou outra qualquer) tem uma política só para seu pessoal. No futuro, serão necessárias tantas políticas de pessoal quantos forem os segmentos da força trabalhadora. Cada vez mais a segmentação dessa força irá exigir modos diferentes de encarar a tarefa de fazer que o trabalho seja produtivo, e especialmente a de fazer que o trabalhador se sinta realizado.

Os três maiores desafios à direção do trabalho e do trabalhar são o *advento de uma sociedade de empregados; a nova posição psicológica* e *social do trabalhador braçal* – com instrução escolar mais elevada e melhor pagamento, ele ainda se sente caindo, de integrante de uma classe trabalhadora que ontem se respeitava para cidadão de segunda classe; e o *aparecimento do trabalho* e *do trabalhador intelectual* como o centro econômico e social daquilo que algumas pessoas chamam agora sociedade pós-industrial.

A NOVA ESPÉCIE

São essas mudanças que explicam o aparecimento de uma nova espécie de trabalhadores. São os moços, e especialmente aqueles de elevada instrução escolar, que estão desafiando tanto as tradicionais relações econômicas como as relações referentes ao poder.

O desafio à velha sabedoria é geralmente atribuído à abundância, em resultado da qual, diz-se, a velha ética protestante que exaltava o valor do trabalho está desmoronando. Essa é uma explicação muito simplória. Em verdade, a abundância é nova. Em toda a história da humanidade, a grande maioria das pessoas sempre viveu à margem da subsistência. Essa grande maioria nunca sabia onde conseguiria a refeição seguinte. Hoje, nos países desenvolvidos, a grande maioria tem segurança econômica, pelo menos dentro dos padrões tradicionais. Não se vê nenhuma indicação, porém, de que a grande maioria (ou mesmo todas as pessoas, com exceção de uma fração mínima) haja perdido o desejo de ver-se contemplada com recompensas econômicas, tenham elas valor alto ou não. Pelo contrário, havendo experimentado alguns dos frutos da produtividade, a grande maioria deseja receber cada vez mais – muito mais do que a economia pode hoje proporcionar, e possivelmente mais do que os limitados recursos do nosso planeta podem produzir.

A mudança ocorrida na estrutura e no caráter do trabalho exigiu que este proporcione mais do que meras vantagens puramente econômicas. Propiciar um meio de vida já não basta mais. O trabalho deve também proporcionar a vida. Isso significa que tornar o trabalho produtivo será mais importante do que nunca. Ao mesmo tempo, tanto os trabalhadores braçais, dentro de sua profunda insegurança psicológica, como os trabalhadores intelectuais, dentro da sua nova e mal definida posição, esperam que o trabalho lhes proporcione satisfações não materiais, de natureza psicológica e social. Eles não esperam que o trabalho seja necessariamente agradável, mas que seja realizador.

CONSIDERAÇÕES FINAIS

Os principais desafios à direção do trabalho e da atividade de trabalhar são constituídos pelo advento da sociedade de empregados; pela nova posição psicológica e social do trabalhador braçal; pela crise por que passam, o papel e a função tradicional do sindicato trabalhista; e pelo aparecimento do trabalho intelectual, como o centro econômico e social da sociedade que algumas pessoas chamam pós-industrial. O trabalho está mudando – mas mudando está também a força trabalhadora, especialmente à medida que uma quantidade cada vez maior de mulheres casadas de todas as classes está trabalhando nos países desenvolvidos.

PERGUNTAS

1. Quais são algumas das diferenças entre o "trabalho" e o "trabalhar"?
2. Que alterações sofreu o trabalho nos últimos dois séculos?
3. Que alterações pode esperar o trabalho nos próximos 50 anos?
4. Por que a posição social e o "status" do trabalhador braçal estão caindo rapidamente?

5. De que maneiras as alterações que se verificam na posição social dos trabalhadores braçais geram graves dificuldades para os sindicatos trabalhistas?
6. Por que os sindicatos trabalhistas vigorosos serão no futuro ainda mais necessários do que até agora?
7. Por que as entidades prestadoras de serviços públicos enfrentam, em suas relações de trabalho, problemas muito mais difíceis de resolver do que as empresas?
8. Por que é difícil medir a produtividade dos trabalhadores intelectuais?
9. A segmentação da força trabalhadora parece constituir uma tendência atual. Você pode citar exemplos dessa tendência?
10. Quais são os três principais desafios que os tempos atuais colocam ante a direção do trabalho e do trabalhar?
11. Por vezes diz-se que já não basta ter um meio de vida. Que mais os trabalhadores desejam de seus serviços?

CAPÍTULO 14

O QUE SABEMOS (E O QUE IGNORAMOS) A RESPEITO DO TRABALHO, DO TRABALHAR E DO TRABALHADOR

Desde os tempos mais remotos o trabalho tem ocupado uma posição fundamental na consciência do ser humano. O *Homo Sapiens* não pode ser totalmente definido como o ferramenteiro; mas a fabricação de ferramentas, o modo sistemático, utilitário e organizado de encarar o trabalho é uma atividade específica e exclusiva do ser humano. O trabalho, portanto, tem constituído uma profunda preocupação nossa há muitos milênios.

O que sempre constituiu uma grande preocupação virou uma questão fundamental após a Revolução Industrial. As teorias econômicas e sociais dos últimos duzentos anos fundamentam-se no trabalho. Isso é verdade não só no marxismo, mas também na maior parte das demais teorias econômicas e sociais formuladas nos dois últimos séculos.

Por mais fundamental para o ser humano que tenha sido o trabalho, seu estudo organizado só se iniciou nas últimas décadas do século dezenove. Frederick W. Taylor apresenta-se como o primeiro homem da história conhecida a sistematicamente estudar e analisar o trabalho. Sua "administração científica" ou "direção científica" constituiu um fator básico para o enorme aumento da riqueza nos últimos setenta e cinco anos. Essa extraordinária evolução elevou o padrão da vida das massas trabalhadoras dos países desenvolvidos a níveis desconhecidos, na história, até das pessoas ricas. Mesmo sendo o pai da ciência do trabalho, Taylor na verdade só lançou seus primeiros alicerces. Pouco, porém, se acrescentou a eles desde sua morte, em 1915.

Ao trabalhador se dispensou menos atenção ainda – e ao trabalhador intelectual quase nenhuma. Os estudos sérios e sistemáticos têm-se limitado a alguns aspectos do trabalhar.

Há a *fisiologia industrial,* que trata das relações entre, de um lado, coisas como a iluminação, a velocidade das máquinas e das ferramentas, a disposição do ambiente do trabalho e assim por diante; e, do outro, o ser humano, que é o trabalhador. Nessa área, os estudos fundamentais foram feitos no início do século 20, como os do psicólogo alemão Hugo Muensterberg, a respeito da fadiga e da visão. Já o inglês Cyril Burt pode ser chamado o pai da *psicologia industrial.* No decorrer da Primeira Guerra Mundial, ele estudou as aptidões, isto é, as relações que existem entre as exigências do trabalho braçal específico e a habilidade física, a coordenação motora e as reações dos trabalhadores individualmente considerados. Finalmente, trabalhando principalmente em Harvard e também no início do século 20, o australiano Elton Mayo criou as *relações humanas,* isto é, o estudo das relações que ocorrem entre as pessoas que trabalham juntas – embora nas relações humanas o trabalho em si, isto é, a tarefa a ser executada, recebesse muito pouca atenção.

Os dirigentes não podem esperar até que os cientistas e os estudiosos do assunto façam sua parte. Nem o trabalhador pode esperá-lo. Os dirigentes precisam comandar o dia de hoje. Eles precisam pôr a funcionar o pouco que se conhece, por mais inadequado que seja. Precisam tentar fazer o trabalho ser produtivo e o trabalhador realizar-se. Parece oportuno, portanto, colocar no papel tudo que sabemos sobre o trabalho e o trabalhar.

A coisa mais importante que sabemos é que o trabalho e o trabalhar diferem fundamentalmente entre si. O que é necessário para fazer o trabalho produtivo difere bastante do que é necessário para fazer o trabalhador realizar-se. O trabalhador deve, pois, ser conduzido de conformidade com a lógica do trabalho e a dinâmica do trabalhar. Satisfação pessoal do trabalhador sem trabalho produtivo é malogro; e malogro é também o trabalho produtivo que destrua a realização do trabalhador. Nenhum dos dois poderá sustentar-se sozinho por muito tempo.

A ANÁLISE, A SÍNTESE E O CONTROLE

Como dissemos no Capítulo 13, o trabalho é impessoal e objetivo. Ele constitui uma tarefa. É um "alguma coisa". Tem sua lógica. E precisa de análise, de síntese e de controle.

Como ocorre com todos os fenômenos do universo objetivo, o primeiro passo para compreender o trabalho é *analisá-lo*. Isso, como percebeu Taylor um século atrás, significa saber quais são as operações básicas, analisar cada uma delas em sequência lógica, equilibrada e racional.

Taylor estudou as operações manuais; mas sua análise aplica-se igualmente bem ao trabalho mental e até ao trabalho totalmente intangível. O "esquema" que o autor novato deve fazer antes de começar a escrever constitui na verdade direção científica. E o exemplo mais avançado e perfeito de direção científica não foi criado por nenhum engenheiro industrial dos dois últimos séculos. É o alfabeto, que permite escrever todas as palavras de uma língua utilizando uma quantidade muito reduzida de símbolos simples.

Contudo, após analisar o trabalho é preciso tornar a *sintetizá-lo* – algo que Taylor não percebeu. O trabalho precisa ser reagrupado em um processo. Isso vale para qualquer serviço. E vale mais ainda para o trabalho de um grupo, isto é, para um processo de trabalho. Precisamos conhecer os *princípios que regem a produção* e que nos digam como reunir as operações em serviços pessoais e os serviços pessoais na "produção".

Por constituir um processo e não uma operação individual, o trabalho precisa possuir, embutido, um controle. Precisa de um *mecanismo de retroalimentação* que lhe permita apanhar qualquer desvio inesperado que requeira alteração no processo, bem como manter o processo no ponto adequado à produção dos resultados almejados.

Esses três elementos (a análise, a síntese em um processo de produção e o controle por retroalimentação) têm particular importância para o trabalho intelectual. Por definição, o trabalho intelectual não gera qualquer produto. Gera uma contribuição intelectual em favor de alguém. A produção do trabalhador intelectual constitui sempre a alimentação de outra pessoa. No trabalho intelectual, portanto, os resultados, ou sua ausência, não se evidenciam por si mesmos, como na confecção de um par de sapatos. Só se percebe isso através de uma retroprojeção a partir dos resultados almejados. Ao mesmo tempo, por ser intangível o trabalho intelectual não é controlado por seu próprio progresso. Não se conhece a sequência do trabalho intelectual na forma como se conhece, desde os estudos de Taylor, a sequência das operações manuais. O trabalho intelectual, dessa forma, precisa de um planejamento muito melhor, exatamente por não poder ser concebido *para* o trabalhador. Ele só pode ser concebido *pelo* trabalhador.

AS CINCO DIMENSÕES DA ATIVIDADE DE TRABALHAR

Trabalhar é a atividade do trabalhador; é uma atividade do ser humano e parte essencial de sua humanidade. Não possui lógica. Possui dinâmica e dimensões.

O trabalhar possui pelo menos *cinco dimensões*. Para ser produtivo, o trabalhador precisa realizar-se em cada uma delas.

O PROJETO MECÂNICO E O PROJETO HUMANO: A DIMENSÃO FISIOLÓGICA

Em primeiro lugar está a dimensão *fisiológica*. O ser humano não é máquina, nem trabalha como máquina.

As máquinas trabalham melhor quando executam um serviço apenas quando o executam repetitivamente e quando esse serviço é o mais simples possível. Os serviços complexos são mais bem executados através de uma série de tarefas simples, passo a passo, na qual o trabalho passa de uma máquina para a seguinte. Pode-se conseguir isso de duas formas:

com a peça movimentando-se fisicamente, como nas linhas de montagem, ou, como ocorre nas modernas máquinas-ferramentas comandadas por computador, fazendo as máquinas e as ferramentas chegarem até a peça dentro de uma sequência prefixada, com as ferramentas alternando-se a cada etapa do processo. As máquinas trabalham melhor se funcionarem em velocidade e ritmo constante e contendo a menor quantidade possível de peças móveis.

O ser humano é constituído de forma diferente. Não se dá bem com a execução de qualquer serviço único nem de qualquer operação única. Sente falta de força. Sente falta de energia. Cansa-se. No conjunto, é uma máquina-ferramenta muito mal projetada. Em matéria de coordenação, porém, o ser humano é insuperável. É insuperável em relacionar a percepção com a ação. Trabalha melhor quando todo o seu ser (os músculos, os sentidos e a mente) se dedica ao trabalho.

Quando limitado a um único movimento ou operação, o ser humano logo se cansa. Esse cansaço não constitui mero tédio, que é psicológico; constitui ao mesmo tempo uma verdadeira fadiga fisiológica. O ácido lático acumula-se em seus músculos, sua acuidade visual reduz-se, enquanto a velocidade de suas reações diminui e se torna incerta.

Quando executa uma série de operações, o ser humano trabalha melhor do que quando executa uma operação só. Além disso – e este ponto pode até ser mais importante –, o ser humano também não é feito para trabalhar em velocidade invariável e em ritmo padrão. Trabalhará melhor se for capaz de variar a velocidade e o ritmo com boa frequência.

Não há uma velocidade "certa" nem um ritmo "certo" para os seres humanos. A faixa da velocidade, do ritmo e da atenção varia bastante de pessoa para pessoa. Para ser produtiva, a pessoa precisa exercer amplo controle sobre as faixas de velocidade, ritmo e atenção com que está trabalhando.

Enquanto é melhor que o *trabalho* seja uniforme, melhor se organiza o *trabalhar* se lhe for conferida alta dose de diversidade. O trabalhar exige liberdade para mudar com frequência a velocidade, o ritmo e a atenção. Exige também mudanças relativamente frequentes nas rotinas operacionais. Aquilo que constitui uma boa engenharia industrial para o trabalho é péssima engenharia humana para o trabalhador.

O TRABALHO COMO MALDIÇÃO E COMO BÊNÇÃO: A DIMENSÃO PSICOLÓGICA

A dimensão seguinte do trabalhar é *psicológica*. Sabe-se que o trabalho é ao mesmo tempo fardo e necessidade, maldição e bênção. Se essa condição é genética ou cultural não se sabe – mas também não importa muito. A criança já está condicionada para o trabalho ao chegar aos quatro ou cinco anos de idade. O trabalho infantil é sem dúvida proibido por lei na maioria dos países, mas a aprendizagem do que é essencial para ser gente, especialmente a aprendizagem do falar, constitui trabalho e cria o hábito do trabalho. Há muito se sabe que o desemprego gera graves perturbações psicológicas, não por causa da privação econômica, mas principalmente porque acaba com o respeito por si mesmo. O trabalho constitui um prolongamento da personalidade. Constitui realização. Constitui uma das maneiras pelas quais a pessoa se define, mede seu valor e sua humanidade.

A característica da ética do trabalho do Ocidente não era a glorificação do trabalho. Essa não foi nem nova nem particularmente ocidental. Aquela ética santificava a "vocação"; ensinava que *todo* trabalho constitui prestação de serviço e de contribuição, merecendo igual respeito.

As revoluções comercial e industrial ocorridas no século dezoito e dezenove deram um impulso extraordinário às horas de trabalho dos lavradores e dos maquinistas, dos comerciantes e dos industriais.

Em grande parte, esse impulso refletia o notável avanço que se verificava nas condições da vida e da alimentação dessas pessoas. Esse avanço ampliou em muito as energias físicas disponíveis para o trabalho. Por piores que fossem as condições da vida nas comunidades carentes das cidades industriais do século dezenove – como o são hoje nas comunidades que circundam as cidades da América Latina – elas eram melhores, especialmente com relação à alimentação, do que aquelas em que viviam os trabalhadores sem-terra ou as costureiras de pequenas fábricas domiciliares. A quem tiver alguma dúvida a esse respeito, bastará verificar as miseráveis rações de biscoitos bichados com que viviam e trabalhavam os marinheiros dos barcos a vela; mostram muito bem isso alguns clássicos literários do tipo do *Two Years Before the Mast*, de Dana, ou do *Typee* e do *Moby Dick*, de Herman Melville. No entanto, segundo todas as informações de que dispomos, os marinheiros eram os trabalhadores mais bem nutridos ou porque seu trabalho era pesado e exigia grande esforço físico ou porque o perigo dos motins estava sempre presente.

O grande impulso na atividade dos trabalhadores que ocorreu nos últimos séculos também constitui uma mudança de valores. As recompensas econômicas adquiriram maior significado – em grande parte, talvez, porque as satisfações econômicas passaram a apresentar um acesso mais geral. Os proletários das favelas inglesas da Liverpool ou da Manchester do século dezoito não podiam comprar muita coisa; faltava-lhes poder aquisitivo. Mas nem o poder aquisitivo teria ajudado muito seus avós, os trabalhadores sem--terra; em seu tempo, não havia muita coisa para comprar.

A rejeição da ética do trabalho – é que isso exista além das manchetes dos jornais – não constitui, pois, um mero hedonismo. Em parte, constitui reação contra longas décadas de trabalho excessivo, e a retomada do equilíbrio entre o trabalho e o lazer. Em maior escala, entretanto, pode retratar a volta a antigas ideias elitistas a respeito do trabalho, que estabeleciam vínculos entre certas espécies de serviço e a nobreza ou vileza das pessoas que as executavam. Essa hipótese recebe muito respaldo do valor vigoroso e positivo que os jovens de boa instrução (aos quais se atribui o repúdio à ética do trabalho) emprestam ao serviço do professor e do artista. A arte e o ensino, entretanto, constituem tarefas muito mais exigentes e tirânicas do que as de comandar máquinas ou vender sabão.

A sociedade sem trabalho da utopia futurista pode, na verdade, estar próxima. Mas se vier, ela provocará profundas crises de personalidade na maioria das pessoas. Talvez seja bom que até agora não se tenha observado o menor indício da morte iminente do trabalho. Até o momento, a tarefa que nos cabe é ainda fazer que o trabalho satisfaça às necessidades psicológicas dos trabalhadores.

O TRABALHO COMO VÍNCULO SOCIAL E COMUNITÁRIO

O trabalho é um *vínculo social* e um *vínculo comunitário*. Na sociedade de empregados, ele constitui o principal acesso à sociedade e à comunidade.

Em grande parte, fixa a posição social das pessoas. Quando alguém diz "Sou médico" ou "Sou encanador", está fazendo a seu respeito uma afirmação expressiva relativamente à sua posição na sociedade e ao seu papel na comunidade.

Talvez mais importante seja que desde os tempos imemoriais o trabalho tenha constituído um meio de atender à necessidade humana de pertencer a um grupo e de manter relações expressivas com outras pessoas: Ao afirmar que o homem é um animal social, Aristóteles queria dizer que o homem precisa do trabalho para atender à sua necessidade comunitária.

Para a maioria das pessoas, o trabalho é o *único* laço fora de sua família – e geralmente mais importante que o da sua família, especialmente para os jovens solteiros e para as pessoas mais maduras cujos filhos já se tenham casado. Essa circunstância é realçada pela sabedoria das empresas que contratam mulheres de certa idade para seus serviços de tempo parcial. Entre todos os empregados, essas mulheres são-lhes as mais leais. O local do trabalho torna-se sua comunidade, seu clube, o meio que lhes permite fugir à solidão.

As empresas que pesquisam a opinião dos seus aposentados encontram sempre a mesma resposta: "Não é o trabalho que nos falta; são nossos colegas e amigos. Não nos interessa saber como vai indo a empresa, mas sim como vão as pessoas com as quais estivemos trabalhando, onde elas estão e como vão passando". "Por favor, parem de me remeter os relatórios anuais da empresa", disse certa vez numa explosão de sinceridade um vice-presidente aposentado, "as vendas já não me interessam mais. Enviem-me notícias das pessoas. Sinto falta até daquelas que eu não suportava".

Esse último comentário aponta com o dedo a grande força do vínculo do trabalho e sua singular predominância sobre os demais vínculos comunitários. É um vínculo que não se baseia nos gostos ou desgostos pessoais. Pode operar sem apresentar exigências emocionais. Uma mulher pode muito bem trabalhar ao lado de alguém que nunca veja fora do serviço e por quem não sinta qualquer amizade, calor ou simpatia. Ela pode, inclusive, ter boas relações de trabalho com alguém que não aprecie – desde que respeite seu trabalho. Mas o colega de trabalho pode também ser um amigo íntimo, com quem passe, fora do serviço, todo o tempo possível, com quem jogue tênis ou golfe, passe as férias, se encontre à noite e de cuja vida participe.

As relações do trabalho possuem um foco objetivo e externo, que é o próprio trabalho, mas possibilita a construção de vigorosos laços sociais e comunitários tão pessoais ou impessoais quanto se desejem.

A DIMENSÃO ECONÔMICA

O trabalho constitui um "meio de vida". Passa a ter um componente econômico no momento em que a sociedade adote até a mais rudimentar divisão do trabalho. No momento em que as pessoas deixem de ser autossuficientes e comecem a trocar entre si os frutos do seu labor, este faz nascer, ao mesmo tempo, um vínculo econômico e um conflito econômico.

Esse conflito não tem solução. É preciso conviver com ele.

Para os trabalhadores, o trabalho é um meio de vida. É o alicerce de sua existência econômica. Mas também produz o capital para a economia. Produz os meios pelos quais a economia se perpetua, previne os riscos da atividade econômica e fornece os recursos que gerem os empregos de amanhã e a subsistência dos trabalhadores de amanhã. Em qualquer economia há necessidade do fundo para os salários e do fundo para o capital.

No entanto, o fundo para o capital concorre diretamente com a necessidade de sustentação do trabalhador aqui e agora. Todo superávit que passe para o capital não pode ser aproveitado para pagar os trabalhadores. Marx tentou negar a necessidade do fundo para o capital. O grande apelo do marxismo aos trabalhadores residiu precisamente no fato de a acumulação do capital ser apresentada como exploração e desnecessária. O grande apelo do marxismo aos trabalhadores residiu em sua profecia de que o fundo para o capital desapareceria quando os trabalhadores assumissem a propriedade dos meios de produção. Logo se verificou que seu engano era grosso. O fundo para o capital constitui uma necessidade objetiva, não se fundando na estrutura nem no poder social. Todos os regimes comunistas, principalmente o da União Soviética, colocam-no agora no centro do seu planejamento econômico. Ou seja, todos eles compreenderam que o lucro não constitui mero resultado do poder, muito menos da exploração, constituindo, sim, uma genuína necessidade econômica.

Por outro lado, não há qualquer utilidade em afirmar, como faziam os economistas clássicos, que não existe conflito entre as exigências do fundo para o capital, isto é, as exigências de superávit e as exigências do fundo para os salários. Os economistas clássicos afirmavam que a longo prazo os dois se harmonizariam. Os trabalhadores precisam do fundo para o capital tanto quanto do fundo para os salários. Eles precisam ser protegidos contra os riscos da incerteza. Precisam dos empregos de amanhã. O rápido aumento nos salários e os melhores padrões de vida que beneficiaram o trabalhador norte-americano resultaram em grande parte do crescimento constante dos investimentos de capitais – isto é, do fundo para o capital.

Mas "o trabalhador" constitui uma abstração. Raramente o beneficiário de determinado fundo para o capital é o mesmo trabalhador que contribuiu para sua formação. Em vez de criar empregos no próprio setor, o capital nele acumulado, como o da indústria têxtil norte-americana na década de 1890, acaba financiando outro setor, como ocorreu então com o da indústria química. Além disso, o fundo para o capital cria empregos e rendimentos no dia de amanhã, enquanto a contribuição para ele deve ser prestada hoje.

Isso tudo quer dizer que na verdade não ocorre um conflito definitivo entre o fundo para os salários e o fundo para o capital, mas aos olhos dos interessados isso não tem qualquer importância. Para eles, o conflito é real e imediato.

O SALÁRIO COMO MEIO DE VIDA E COMO CUSTO

Um conflito ainda mais fundamental ocorre entre o salário como meio de vida e o salário como custo. Como "meio de vida", o salário deve ser previsível, contínuo e adequado às despesas, às aspirações e à posição da família na sociedade e na comunidade. Examinado do ângulo oposto, como "custo", o salário precisa estar adequado à produtividade de determinada atividade ou setor. Precisa mostrar-se flexível e ajustar-se com facilidade às mais ligeiras oscilações da oferta e da procura que ocorram no mercado. Precisa tornar o produto ou serviço competitivo. Ele é determinado, em última análise, pelo consumidor, sem qualquer relação com as necessidades e expectativas do trabalhador. Aqui, ocorre novamente um conflito que não é fácil resolver, que na melhor das hipóteses poderá ser suavizado.

Há muito a propriedade pelos trabalhadores tem sido considerada a alternativa que se oferece entre o capitalismo (propriedade dos fornecedores do capital) e a nacionalização (propriedade do governo). Pode parecer saudável que os trabalhadores possuam interesses financeiros na empresa. Mas onde quer que isso tenha sido tentado – e temos tentado introduzir a propriedade pelos trabalhadores há bem mais de um século – só funcionou nos períodos em que as empresas caminharam bem. Só funcionou em empresas altamente lucrativas. E isso tem ocorrido com todas as outras variantes da participação dos trabalhadores nos lucros, como os planos de bonificações por lucro e produtividade. Assim que os lucros da empresa caem, torna a acender-se o conflito entre o salário como meio de vida e o salário como custo (ou o conflito entre o fundo para os salários e o fundo para o capital).

Em relação ao próprio emprego, aos olhos do trabalhador a posse de interesses financeiros na empresa sempre ficará em segundo plano. Mesmo nas empresas mais prósperas, o lucro, isto é, a contribuição para o fundo construtor do capital, nunca passa de uma pequena fração do valor dos salários. Os setores industriais caracterizam-se por custos salariais que montam a cerca de 40 por cento das vendas brutas. O lucro após a dedução dos impostos raramente fica acima de 5 ou 6 por cento, isto é, da oitava parte dos custos dos salários. Na economia total, as despesas com salários e ordenados situam-se em torno de 65-75 por cento do Produto Nacional Bruto. O lucro situa-se entre zero e cerca de 7 por cento – no máximo, a décima parte das despesas com os salários. A maior parte do restante é constituída de rendimentos de pequenos proprietários, agricultores, lojistas e profissionais liberais, rendimentos esses que, mais do que lucro, constituem remuneração do trabalho.

É também um ponto a discutir se a propriedade nas mãos dos trabalhadores consulta o interesse *financeiro* deles próprios. Nenhuma empresa será permanentemente lucrativa. E os trabalhadores estarão em posição excessivamente vulnerável se, como é o caso dos planos típicos de propriedade pelos trabalhadores, forem depender, nos seus proventos relativos à aposentadoria, por exemplo, dos investimentos que se façam em sua empresa. Como qualquer outro investidor, o trabalhador não deve guardar todos os seus ovos financeiros em um cesto só. A esse respeito, o caminho dos planos de pensões adotado nos últimos vinte e cinco anos nos Estados

Unidos – caminho esse que se traduz na criação de um fundo de pensão que faça investimentos variados, mas que caracteristicamente não invista na empresa em que trabalham seus futuros beneficiários – é financeiramente muito mais firme e muito mais interessante aos próprios trabalhadores do que deter a propriedade da empresa em que trabalham.

Do ponto de vista teórico, o que nos últimos vinte ou trinta anos ocorreu nos Estados Unidos pareceria constituir o melhor caminho para a resolução desses conflitos. Através dos seus fundos de pensão e dos seus fundos mútuos, que hoje constituem os principais investidores da economia do País, os funcionários das empresas norte-americanas estão gradualmente tornando-se os verdadeiros "proprietários". Hoje, esses investidores institucionais, que representam os trabalhadores e suas economias, detêm o controle das grandes empresas norte-americanas de capital aberto. Isso significa que os Estados Unidos socializaram a propriedade sem nacionalizá-la. No entanto, de maneira alguma se resolveu com isso o conflito entre o fundo para os salários e o fundo para o capital, ou entre os salários como meio de vida e os salários como custo; essa situação nem mesmo reduziu tal conflito.

A DIMENSÃO PODER DO TRABALHAR

Dentro de determinado grupo e especialmente na atividade de trabalhar que se desenrola no interior das organizações, ocorre sempre, implícita, certa *relação de poder*.

A imposição à vida do trabalhador de um relógio que o force a chegar ao serviço em determinada hora pode parecer um exercício trivial do poder, que a todos atinja nas mesmas condições. Mas ela constitui um choque tremendo para as populações pré-industriais, fossem ou sejam elas compostas de trabalhadores do campo dos países atrasados, de trabalhadores das fábricas inglesas dos primeiros anos da Revolução Industrial ou de negros dos guetos das modernas cidades norte-americanas. Nas organizações, os serviços precisam ser planejados, estruturados e atribuídos a alguém. O trabalho precisa ser executado dentro de determinados prazos e de conformidade com uma sequência prefixada. Os empregados são promovidos ou não. Em resumo, alguém precisa exercer a autoridade.

Os anarquistas estão certos quando afirmam que "organização é alienação". O que querem dizer é que quanto mais se organiza o trabalho, mais os próprios trabalhadores são afastados de seu controle. Vivemos em uma sociedade de empregados e assim continuaremos. O resultado disso são as relações de poder que atingem a todos nós diretamente e em nossa qualidade de trabalhadores. A autoridade é uma dimensão essencial do trabalho. Tem pouco a ver com a propriedade dos meios de produção, com a democracia no trabalho, com a representação dos trabalhadores na direção da empresa ou com qualquer outra forma de estruturação do "sistema". Ela é inerente ao fato da organização.

A SEXTA DIMENSÃO: A DIMENSÃO PODER DA ECONOMIA

Em todas as organizações modernas há aquilo que se pode denominar a sexta dimensão da atividade de trabalhar: a necessidade da autoridade com relação à *participação econômica.*

O poder e a economia estão estreitamente ligados nas organizações modernas, quer se trate de empresas comerciais, de órgãos governamentais, de universidades ou de hospitais. A distribuição dos resultados econômicos entre os componentes da entidade exige um órgão central investido de autoridade e de poder de decisão. O motivo não é o capitalismo nem qualquer outro "ismo". É o fato fundamental de que as entidades modernas são órgãos da sociedade, existindo para proporcionar satisfações externas a si mesmas. Sua receita, portanto, vem de fora – seja do cliente, seja do contribuinte que recolhe através da autoridade constituída, seja dos usuários que pagam taxas prefixadas, como os pacientes nos hospitais ou os alunos nas escolas. Ao mesmo tempo, a contribuição de cada componente da entidade não pode ser diretamente relacionada com a receita dela. É impossível dizer, mesmo de maneira aproximada, qual a contribuição que presta às vendas da empresa determinado empregado, seja ele o executivo chefe ou o mais baixo faxineiro. O mesmo vale para o hospital e a universidade. Será que o grande professor de chinês arcaico, com seus seis alunos de pós-graduação, contribui mais ou menos que o professor-assistente que ensina redação a uma turma de 150 calouros? E que dizer do diretor? Tudo que se pode afirmar é que a contribuição de cada um é, teoricamente, indispensável, embora não entre necessariamente em cada produto ou execução nem seja igual a cada uma das outras em importância, aptidões ou complexidade.

É necessário, portanto, que exista uma autoridade que divida entre os diferentes membros a receita disponível. A entidade em si, seja uma empresa comercial ou um hospital, constitui necessariamente um *sistema de redistribuição,* um sistema que efetua redistribuição da receita entre seus membros.

Onde as contribuições sejam simples, semelhantes entre si e pouco numerosas, é possível efetuar a redistribuição com base na igualdade completa. Esse é o caso, por exemplo, dos kibutz israelenses, em que todos trabalham no campo, produzindo um número muito pequeno de coisas, a maior parte das quais para seu próprio consumo. No momento, porém, em que muitos kibutz passaram a operar na área da produção industrial, foram forçados a abandonar o princípio do socialismo primitivo sobre o qual se erigiram e no qual todos os membros recebiam exatamente a mesma coisa. Os dirigentes dos kibutz tornaram-se empregadores. A Federação dos Sindicatos Trabalhistas de Israel possui a maior parte das empresas do País e constitui a maior empregadora do País. Grande número de empresas israelenses está, na realidade, "socializada", mas essa circunstância não alterou em nada a posição de poder da "empregadora". Nem eliminou os problemas das relações trabalhistas.

O simples fato de os resultados de uma entidade moderna serem sempre externos a ela e de as recompensas econômicas dos seus membros provirem, pois, do seu exterior, sem ser determinadas internamente, conduz inevitavelmente ao poder e à autoridade. Ele dá origem a duas relações de poder. A primeira é a que ocorre entre a direção e a mão de obra. A segunda é a que ocorre entre os vários grupos de que se compõe a força trabalhadora. Embora mantendo todos a mesma relação de poder com a direção, esses grupos travam entre si uma aguda e intensa concorrência com referência à participação de cada um no "produto" total destinado à distribuição interna.

Se alguma coisa os últimos cem anos nos ensinaram é que o problema da distribuição tem seu nicho no interior de cada entidade. Não é consequência de uma ou outra forma de propriedade. Manipulando-o, não se pode eliminá-lo. Há necessidade de uma decisão sobre como dividir entre seus componentes internos as receitas da entidade, que têm proveniência externa. No momento em que essa entidade, seja ela empresa, hospital ou outra qualquer, produza mais do que alguns poucos artigos destinados predominantemente ao consumo do grupo, a relação entre a alimentação proveniente de cada um e a produção da entidade já não poderá ser determinada de maneira "impessoal" ou "científica". É também nesse momento que se torna impossível a distribuição absolutamente igual das recompensas – como os russos aprenderam na década de 1920 e como todos os outros experimentadores socialistas aprenderam de lá para cá.

É preciso haver uma redistribuição, bem como uma autoridade que tome as respectivas decisões. A redistribuição, contudo, é na verdade uma decisão mais política do que econômica. É influenciada e limitada por um grande número de forças: oferta e procura, convenções sociais, tradições etc. Mas em última análise alguém de alguma forma precisará tomar uma decisão fundamentada na autoridade e na estrutura e relações de poder. E dessa decisão nenhuma entidade moderna – e muito menos a empresa – poderá escapar.

O EQUÍVOCO DA DIMENSÃO PREDOMINANTE

Há uma separação entre essas dimensões da atividade de trabalhar – a dimensão fisiológica, a psicológica, a social, a econômica e a do poder. Cada uma pode – e, na verdade, deve – ser analisada separada e independentemente. Mas são dimensões que sempre existem juntas na situação do trabalhador e nas relações que ele mantém com o trabalho e o seu serviço, os colegas e a direção. Elas precisam ser dirigidas juntas. No entanto, elas não impelem todas para o mesmo lado. As exigências de determinada dimensão diferem bastante das de outra.

O engano que fundamentalmente temos cometido nos nossos modos tradicionais de encarar o trabalhar é o de proclamar que uma dessas dimensões seja *a* dimensão.

Marx – e um grande número de outros economistas – encarava a dimensão econômica como predominante sobre todas as demais. Bastaria mudar as relações econômicas para acabar com a alienação. O marxismo faliu quando ficou claro que a transferência da propriedade dos "exploradores" para os trabalhadores não alterava fundamentalmente a situação destes, já que não alterava de forma alguma qualquer das outras dimensões (na verdade, não alterava nem o problema econômico).

Elton Mayo, para dar um exemplo bem diferente, achou que a dimensão predominante era a das relações interpessoais no interior do grupo de trabalho, ou seja, seus aspectos psicológicos e sociais. Contudo, embora seja verdade que ninguém pode "contratar um braço; o homem inteiro vem sempre junto", o trabalho também tem importância e influi sobre as relações do grupo. Nem a relação econômica nem a do poder foi considerada por Mayo e seus companheiros.

O falecido Abraham H. Maslow, o pai da visão do comportamento, conhecida como psicologia humanista, sustentava que os desejos humanos se colocam em níveis diferentes. À medida em que um desejo de categoria inferior vai sendo satisfeito, sua importância vai decrescendo, enquanto cresce a importância de um desejo da categoria imediatamente superior. Para Maslow, o desejo econômico era o mais baixo, e a necessidade de realização a mais alta. Mais importante porém do que a ordem específica é a percepção de que os desejos não são absolutos; quanto mais determinado desejo vá sendo satisfeito, menos importante se mostrará sua satisfação.

Mas o que Maslow não viu é que os desejos mudam no próprio ato da satisfação. À medida que se satisfaz o desejo econômico, isto é, à medida que as pessoas não precisam mais subordinar todas as outras necessidades humanas e valores humanos à conquista da próxima refeição, a obtenção de novas recompensas econômicas vai satisfazendo cada vez menos. Isso não significa que as recompensas econômicas percam qualquer importância. Pelo contrário, enquanto se reduz a repercussão da recompensa econômica como incentivo positivo, eleva-se rapidamente sua capacidade de gerar insatisfação, se essa recompensa for decepcionante. As recompensas econômicas cessarão então de constituir "incentivos" e virarão "fatores higiênicos". Se não receberem os cuidados devidos – isto é, se gerarem insatisfação –, as recompensas econômicas passarão a constituir repressões.

Sabe-se agora que isso é verdadeiro com relação a cada um dos desejos mencionados por Maslow. À medida que determinado desejo vai sendo saciado, sua capacidade de recompensar e seu poder para incentivar diminuem rapidamente. Mas sua capacidade de coibir, de gerar insatisfação e de atuar como desestímulo, cresce com rapidez.

Dois vice-presidentes da mesma empresa que ganhem praticamente a mesma coisa são economicamente iguais. No ponto em que se encontram seus rendimentos, o imposto sobre a renda é tão alto que a diferença perde qualquer sentido. Contudo, o vice-presidente de menos ganho pode deixar-se roer de frustração e inveja. Seja qual for, seu ganho será sempre um espinho a atormentá-lo. E isso se aplica à hierarquia completa da organização. Todo líder sindical sabe que seu maior problema hoje não é constituído pelo valor absoluto do que seus associados recebem. É, sim, constituído pelas diferenças entre os rendimentos das diversas espécies de trabalhadores dentro do sindicato. Se o trabalhador especializado receber 20 por cento mais do que o semiespecializado, nenhum dos dois estará contente. Ambos se mostrarão igualmente insatisfeitos. Se o diferencial se reduzir, o trabalhador especializado achará que está sendo explorado. E se o diferencial não se reduzir, quem achará que está sendo explorado será o trabalhador semiespecializado.

Por outro lado, e contrariamente ao que Maslow pareceu concluir, as diversas dimensões do ser humano no trabalho mudam de caráter quando se aproximam do ponto da satisfação. Como acabamos de ver, o ganho de cada um torna-se parte da dimensão social e psicológica, mais do que da econômica.

Também o contrário pode ocorrer: o poder e a posição em relação aos demais podem ser tomados como base para as exigências econômicas. Nas indústrias iugoslavas, por exemplo, ocupando postos de considerável prestígio social e poder, os representantes dos trabalhadores nos seus conselhos quase imediatamente passam a querer também ganhar mais. No mínimo eles desejam ver-se contemplados com certas vantagens – a casa em que residem, um gabinete, um secretário, preços especiais no armazém da empresa etc. – que, no seu modo de ver, constituem recompensas econômicas correspondentes às posições que ocupam.

Precisamos saber muito mais do que sabemos sobre as dimensões da atividade de trabalhar e de suas relações. Temos à frente um conjunto de fatores que parece ser capaz de desafiar nossa análise. No entanto, os dirigentes precisam conduzir a situação de hoje. Precisam encontrar soluções – ou pelo menos acordos – que permitam que o trabalho se torne produtivo e o trabalhador realizado. Precisam perceber quais são as exigências que se fazem. Não se pode esperar que eles sejam bem-sucedidos fazendo as mesmas coisas já feitas nos últimos duzentos anos. Eles precisarão encontrar novos caminhos, novos princípios, novos métodos – e bem depressa.

CONSIDERAÇÕES FINAIS

Embora o trabalho acompanhe a humanidade desde o início, o estudo da atividade de trabalhar não tem muito mais do que cem anos. E o "trabalhar", ou seja, o ser humano no trabalho, até aqui recebeu poucas atenções sistemáticas. Contudo, sabe-se que o trabalho e o trabalhar são coisas diferentes entre si. O trabalho é um "alguma coisa", um objeto – e como tal externo a nós mesmos e necessitando de análise e síntese sistemáticas. "Trabalhar" é atividade humana, e como tal vinculada à personalidade, com diferentes necessidades e características fisiológicas, psicológicas e sociais. Além disso, o trabalhar possui tanto dimensões econômicas como dimensões relacionadas com o poder. Não obstante, o trabalho e o trabalhar precisam andar sempre juntos e ser dirigidos juntos.

PERGUNTAS

1. O que abrange o estudo da fisiologia industrial?
2. O que abrange o estudo da psicologia industrial?
3. O que abrange o campo das relações humanas?
4. Qual é o primeiro passo para compreender o trabalho? E o segundo?
5. Por que o processo do trabalho precisa de um mecanismo de retroalimentação?
6. Quais são as cinco dimensões do trabalhar?
7. Por que o trabalhar é mais bem organizado quando contém elevada dose de diversidade?
8. Qual foi a alteração de valores que acompanhou o grande impulso experimentado pelo trabalhar nos séculos dezoito e dezenove?

9. Por que o trabalho gera tanto um laço econômico como um conflito econômico entre as pessoas?
10. Ocorre algum conflito real entre as exigências do fundo para o capital e as do fundo para os salários?
11. Qual é a natureza do conflito entre o salário como meio de vida e o salário como custo?
12. Por que às vezes diz-se que organização é alienação?
13. De que forma a organização atua como sistema redistributivo do poder econômico?
14. Qual das dimensões da atividade de trabalhar predomina sobre as demais?
15. Com base em que A. H. Maslow sustentou que os desejos compõem uma hierarquia? De que forma se aplica isso à direção do trabalho e do trabalhar?

CAPÍTULO 15

PARA UM TRABALHO PRODUTIVO: O TRABALHO E O PROCESSO

Fala-se do trabalho especializado, do trabalho não especializado e do trabalho intelectual. Mas é uma classificação enganosa. Não é o trabalho que é especializado, não especializado ou intelectual, e sim a pessoa que o executa. A especialização e o saber são aspectos da atividade de trabalhar. Exigindo ou não alta especialização, exigindo muito ou pouco saber, o trabalho em si é o mesmo.

A fabricação de um par de sapatos já precisou de "alta especialização". No entanto, há quase um século somos capazes de fazer sapatos praticamente dispensando a mão de obra especializada. Não seria necessário muito engenho para automatizar inteiramente a fabricação dos sapatos (embora isso provavelmente resultasse antieconômico), de modo a dispensar, para ela, o trabalho braçal. O sapato em si, porém, quase não mudou. Nem mudou o processo de sua fabricação. Suas etapas são as mesmas, iniciando-se com a preparação do couro e seu corte, prosseguindo depois com a modelagem e a costura e terminando com a colagem. Essas etapas estão sendo executadas na mesma sequência de antes, atendendo aos mesmos requisitos e padrões, e assim resultando no mesmo produto acabado. O trabalho de fazer um sapato continua o mesmo, embora as ferramentas e habilidades necessárias tenham mudado drasticamente. Só os especialistas são capazes de dizer se determinado sapato foi feito artesanalmente e com grande habilidade ou por processo totalmente automatizado.

Alguém poderá dizer que estamos sofismando. Contudo, a compreensão de que a especialização e o saber se encontram na atividade desenvolvida pelo trabalhador e não no trabalho é a chave para que este seja produtivo. Tanto no tocante ao trabalho braçal como a qualquer outro modo de produção, é certo que a natureza genérica do trabalho faz que ele possa ser executado sistematicamente, se não mesmo cientificamente.

Até aqui, os estudos sobre o trabalho têm-se limitado à sua parte braçal – pelo simples motivo de, até recentemente, ser esse o principal trabalho existente. Ao referir o que se sabe a respeito de fazer o trabalho produtivo, este livro deve, portanto, concentrar-se no trabalho braçal. Mas os princípios e métodos se aplicam a qualquer outro trabalho ligado à produção, como à maior parte do trabalho gerador de serviços. Eles se aplicam também ao processamento das informações, isto é, a quase todo o trabalho executado nos escritórios. Eles se aplicam até à maior parte do trabalho intelectual. O que varia são só as aplicações e os instrumentos. Exatamente porque o trabalho é genérico, não ocorrem diferenças essenciais entre o trabalho cujo produto final seja uma coisa, o trabalho cujo produto final seja uma informação e o trabalho cujo produto final seja o saber.

OS QUATRO REQUISITOS DO TRABALHO PRODUTIVO

Para o trabalho ser produtivo, quatro operações distintas são necessárias, cada uma com características e exigências próprias.

Em primeiro lugar, precisamos da *análise*. Precisamos saber quais são as atividades específicas necessárias para o trabalho, sua sequência e suas exigências.

Mas precisamos também da *síntese*. As atividades todas devem ser agrupadas em um *processo* de produção.

Em terceiro lugar, precisamos introduzir no processo o *controle* sobre o rumo, a qualidade e a quantidade, os padrões e as exceções.

Em quarto lugar, são necessários os *instrumentos* adequados.

Outro ponto básico precisa ser esclarecido. Como o trabalho é objetivo e impessoal, além de constituir "coisa" - mesmo que essa coisa seja intangível, como as informações e o saber - para fazê-lo produtivo precisamos começar pelo seu produto final, por aquilo que o trabalho produz. Não se pode iniciar pela sua alimentação, consista ela na habilidade artesanal ou no saber formal. As aptidões, as informações e o saber são instrumentos; qual deles usar, quando e para que finalidade, é algo que deve ser determinado pelo produto final que se deseja. O produto final diz qual é o trabalho necessário. Determina também a síntese que se faz para chegar ao processo, a concepção dos controles adequados e as características dos instrumentos necessários.

A ANÁLISE DO TRABALHO

A análise do trabalho – também conhecida por estudo do trabalho, administração científica ou engenharia industrial – tem hoje quase um século de existência. Como dissemos, ela vem desde a década de 1880, com os estudos de Frederick W. Taylor sobre as operações braçais, como sua famosa pesquisa sobre o padejamento da areia em uma usina siderúrgica. Em sua forma atual, ela foi completada essencialmente logo após a morte de Taylor, durante a Primeira Guerra Mundial. Naquele período e no imediatamente posterior, os discípulos mais engenhosos de Taylor (Frank Gilbreth e Henry Gantt) acrescentaram à direção científica do mestre aquilo que podemos denominar o vocabulário e a gramática da análise do trabalho.

Gilbreth estudou, localizou e classificou todos os movimentos relacionados com o trabalho braçal, como os de "erguer", "mexer" e "baixar". Seus Therbligs (Gilbreth às avessas) relacionam toda a gama das operações braçais, mencionam como cada uma pode ser mais bem executada, bem como os movimentos e o tempo que requer. Elas não são, como por vezes se diz, um alfabeto. Parecem mais ideogramas chineses e são símbolos que, representando operações fundamentais, contêm em si todas as informações necessárias para arquitetar essas operações.

Na mesma época, Gantt voltava-se para a ordem das operações executadas no trabalho. Ao conceber o chamado Gráfico de Gantt, que parte do produto final desejado e delineia todos os estágios necessários para alcançá-

-lo, com a posição de cada um na sequência inteira e o respectivo período, ele criou, na verdade, uma disposição sistemática para as várias fases do serviço.

Não é só a disciplina da análise do trabalho que nos acompanha há bom tempo; seu emprego também já se generalizou. O engenheiro industrial já é uma figura comum no trabalho relacionado com a produção, tanto nas fábricas como nos transportes, e, cada vez mais, nos escritórios. A engenharia industrial é uma cadeira universitária reconhecida e possui ampla literatura própria. Deve-se mencionar também que as consequências de sua atuação se têm mostrado quase irresistíveis.

Dessa forma, os dirigentes geralmente acham que já sabem tudo de que precisam sobre a engenharia industrial. A análise do trabalho, responderiam eles, consiste essencialmente no seguinte:

1. Identificar todas as operações necessárias para fabricar determinado produto final ou executar determinada parte do serviço.
2. Organizar racionalmente a sequência das operações, de modo a conseguir o fluxo de trabalho mais fácil, mais suave e mais econômico possível.
3. Analisar cada uma das operações e replanejá-la de modo a conferir-lhe a maior eficiência possível – incluindo-se aí o fornecimento das ferramentas, informações e materiais apropriados, onde e quando necessários.
4. Unificar essas operações e transformá-las em serviços individuais.

Isso, em resumo, é o que dizem os livros sobre a engenharia industrial e ensinam os respectivos cursos. Todavia, não é tudo que a análise do trabalho precisa compreender para ser eficaz.

Em primeiro lugar, essa resposta padronizada omite o primeiro passo vital da análise do trabalho, que não se inicia com a identificação das operações, e sim com a definição do produto final desejado. Como Gantt mostrou sessenta anos atrás – e pouquíssimas pessoas aprenderam até hoje –, a análise do trabalho precisa começar com as perguntas: "Que queremos produzir? Qual é o trabalho em si? Como se pode conceber o produto final de modo a fazer que o trabalho seja o mais fácil, o mais produtivo e o mais eficaz possível?".

Quando se começa pela tarefa, e não pelo produto final, pode-se arquitetar belissimamente um serviço que não precise ser feito. Não se pode supor, como fez Taylor, que o produto final seja racional, sistemático e lógico. Em quase todos os processos, ele constitui pouco mais do que suposições não comprovadas, muita história, tradição e costumes, bem como equívocos humanos. Quem começa por analisar o produto final, o trabalho em si, logo se verá perguntando: "Por que fazemos isso, por que fazemos aquilo?". Geralmente, a resposta é uma só: "Sempre foi assim". Não se sabe qual a extensão da ineficiência, ou seja, da produtividade perdida, que pode ser atribuída à aceitação cega do produto final como ele é, mas já ouvi engenheiros industriais experimentados dizerem que ela chega a constituir até 30 por cento de todo o custo e de todo o serviço.

Dessa forma, os dirigentes precisam compreender que seus analistas do trabalho devem participar do planejamento dos produtos e dos respectivos processos. É evidente que o produto final não deve ser arquitetado visando basicamente ao objetivo de tornar o trabalho mais fácil. Suas características básicas são fixadas pelas necessidades e valores do usuário, e não pelas da fábrica. Dentro, porém, das limitações fixadas por essas características básicas, geralmente se encontra um grande espaço para projetar o produto ou serviço de forma a que seja feito eficiente ou ineficiente, com simplicidade ou com complicações dispensáveis, com economia ou desperdício de trabalho.

A deficiência seguinte – e muito mais conhecida – da descrição que tradicionalmente se faz da análise do trabalho consiste na inclusão de algo que não lhe é próprio. A quarta etapa, que quase todos os dirigentes – e também quase todos os engenheiros industriais, pelo menos no Ocidente – mencionam em sua descrição da engenharia industrial, na verdade não faz parte do serviço. Esquematizar os serviços já não faz parte da análise. Ou melhor, a análise que aí se requer não é a do trabalho, mas a do trabalhar. Embora o engenheiro industrial tenha seu papel nesse processo, é um papel totalmente diverso daquele que desempenha na análise do trabalho (como veremos no Capítulo 18).

Em grande parte, a inclusão do planejamento do serviço na análise do trabalho é responsável pela resistência que tradicionalmente os trabalhadores opõem à engenharia industrial. Ela é grandemente responsável pela hostilidade dos intelectuais à tecnologia moderna, à indústria e à organização industrial moderna, já que se culpa erradamente a análise do trabalho pelo planejamento da linha de montagem, assim como pelo tédio mortal e pela "desumanização" de numerosos serviços.

O dirigente de empresa precisa saber que a lógica da análise do trabalho e da análise da estrutura do serviço são diferentes entre si. A primeira é a lógica do trabalho; a outra, a lógica do trabalhar.

O último erro de compreensão que comete o engenheiro industrial, e o mais comum, é achar que a análise do trabalho constitua o serviço inteiro. Ela é apenas o primeiro passo para o trabalho ser produtivo. A análise identifica as operações específicas, sua sequência e as relações que ocorrem entre elas. Trabalha com as partes. Não se preocupa com o processo da produção como um todo, com suas estruturas, economia e execução.

OS PRINCÍPIOS DA PRODUÇÃO

A produção não constitui a aplicação das ferramentas aos materiais. É a aplicação da lógica ao trabalho. Quanto mais clara e racionalmente for aplicada a lógica correta, a produção constituirá cada vez menos uma limitação e cada vez mais uma oportunidade.

Desse fato decorre a existência de princípios que regem a produção. Deve haver um pequeno número de modelos básicos, cada um com suas regras, suas exigências e suas características. Desse fato decorre ainda que quanto mais próxima desses princípios puder encontrar-se a concepção do processo da produção, mais suave, mais eficaz e mais produtivo será o processo.

Cada sistema de produção apresenta suas exigências à direção da empresa – em todas as áreas e em todos os escalões. Cada um deles requer competência, habilidade e desempenho diferentes. Determinado conjunto de exigências não será necessariamente "superior" a outro, mas cada um é diferente dos demais. Se a direção da empresa não compreender as exigências do sistema de produção que aplica, não será capaz de fazer que seu trabalho seja realmente produtivo.

Quatro são os princípios que, pelo que se sabe até agora, regem a produção. Todos eles se destinam à produção industrial, isto é, destinam-se em grande parte ao tradicional trabalho braçal. Cada um deles, porém, aplica-se igualmente à produção e manipulação de informações, ou seja, à maior parte dos trabalhos que se fazem nos escritórios. Esses princípios aplicam-se também ao trabalho intelectual, pelo menos ao trabalho intelectual relacionado com a aprendizagem e ao emprego dos conhecimentos existentes e assimiláveis.

Os quatro sistemas são: (1) a produção por encomenda; (2) a produção em massa rígida; (3) a produção em massa flexível; e (4) a produção por processamento contínuo. Cada um desses sistemas tem suas próprias características; cada uma apresenta exigências específicas à direção da empresa.

Duas são as regras gerais para aperfeiçoar a execução da produção e afrouxar as limitações que a cercam: (1) As limitações à produção são mais afrouxadas, e com maior rapidez, quanto maior for a lógica e a profundidade da aplicação dos princípios do sistema em uso. (2) Os próprios sistemas apresentam diferentes graus de complexidade, com o da produção por encomenda sendo o menos complexo e o da produção por processamento contínuo, o mais complexo. Eles oferecem diferentes estágios de controle sobre as limitações físicas. Isso não significa que as oportunidades de progresso se encontrem espalhadas por toda parte, quando se passa do sistema de produção por encomenda para o sistema de produção por processo contínuo. Cada sistema apresenta suas próprias aplicações, exigências e limitações. Contudo, o processo inteiro progride quando se organizam as partes da produção com base nos princípios de um sistema mais complexo e quando se aprende ao mesmo tempo a harmonizar entre si sistemas diferentes dentro do mesmo processo.

Há duas regras gerais referentes às exigências que cada sistema faz quanto à competência da direção da empresa:

1. Os sistemas diferem não só pela dificuldade das exigências que apresentam, mas também pela série de aptidões que exigem no tocante à ordem e à sequência da execução. Para passar de um sistema para outro, a direção precisa aprender como fazer coisas novas e não aprender a fazer melhor as coisas antigas.
2. Quanto mais conseguir aplicar coerentemente os princípios de cada sistema, com maior facilidade a direção da empresa conseguirá atender

às exigências do sistema. Cada direção terá de atender às exigências do sistema que deveria empregar de acordo com a natureza de seus produtos e processos, e não às exigências do sistema que na realidade emprega. O fato de não conseguir aplicar o sistema mais apropriado resulta apenas na má execução; não resulta em menores exigências à direção, mas aumenta inevitavelmente as dificuldades que a direção da empresa enfrenta.

Um ramo industrial que arca com todos os ônus de um sistema complexo sem se beneficiar de suas vantagens é o da siderurgia de base. Embora precisando atender a todas as exigências da produção por processo contínuo, a siderurgia de base está organizada nas linhas do sistema da produção por encomenda. O resultado disso, por motivos que serão esclarecidos quando tratarmos das características dos quatro sistemas, é que, arcando com o ônus dos elevados investimentos de um sistema de produção por processamento contínuo, a siderurgia de base colhe apenas o baixo rendimento do sistema de produção por encomenda.

A empresa que utilizar o sistema errado terá de atender a todas as exigências que faria à sua direção o sistema adequado mais complexo. Mas ela não contará com os recursos necessários para atendê-las, pois esses recursos só poderiam provir da capacidade de produção que lhe propiciaria o sistema mais complexo.

Em resumo, é importante, na direção de uma empresa, saber qual sistema utilizar; aplicar os princípios desse sistema até onde for possível; descobrir quais estágios da produção podem ser organizados dentro de um sistema mais complexo, e assim organizá-los; e saber quais exigências cada sistema apresenta à direção.

Todos os quatro princípios da produção mencionados fornecem as bases para o trabalho produtivo e a realização do trabalhador. Todos eles são compatíveis com a dinâmica da atividade do trabalhador, ou podem vir a sê-lo. Quando faltar essa compatibilidade, não é que o princípio esteja errado; é que ele terá sido mal aplicado.

Especificamente, a incapacidade da produção em massa em propiciar ao trabalhador sua realização é culpa essencialmente do mau projeto. Traduz a incapacidade em compreender o sentido da mecanização (ver o Capítulo 16) ou a incapacidade de entender a diferença que há entre o trabalho e o trabalhar.

A PRODUÇÃO POR ENCOMENDA (OU DE PRODUTO ÚNICO)

Quais são, então, esses quatro sistemas de produção e seus princípios?

No primeiro, o da produção por encomenda, cada produto é único, diferente. É claro que estritamente falando não existe a fabricação de produtos únicos – eles só são feitos pelos artistas. Mas a construção de um navio de guerra, de uma grande turbina ou de um arranha-céu aproxima-se do que seria a fabricação de um produto único. O mesmo se dá com a maneira tradicional de construir casas, uma por uma, bem como com a maioria dos casos da produção por lotes nas oficinas.

O que é único na produção por encomenda é o produto. Na realidade, a produção por encomenda, ou de produto único, é sempre organizada em torno de ferramentas padronizadas, e caracteristicamente se faz com materiais padronizados também.

Na produção por encomenda, a organização básica assenta em estágios homogêneos. Na construção da tradicional casa para moradia – um dos mais antigos exemplos da produção por encomenda – podem-se distinguir quatro desses estágios. Primeiro, cavar os alicerces e despejar cimento para as paredes de sustentação e o piso. Segundo, levantar a estrutura e colocar o telhado. Terceiro, instalar a canalização e a fiação elétrica nas paredes. Finalmente, o acabamento interior. Cada um desses estágios pode variar de uma casa para outra sem muito problema ou necessidade de ajuste e sem também atrasar o estágio seguinte. Pela lógica interna do produto, ou seja, a casa, cada um desses estágios constitui uma entidade em si.

Com sua organização do trabalho em estágios homogêneos, a produção por encomenda difere radicalmente da organização dos ofícios, em que o carpinteiro faz toda a carpintaria, o encanador todos os encanamentos e assim por diante. Quando adequadamente organizada, a produção por encomenda não depende das habilidades dos ofícios, e sim das habilidades dos estágios.

O grande êxito norte-americano na construção de navios com espantosa rapidez durante a Segunda Guerra Mundial constitui um exemplo do sistema de produção por encomenda. Não foi a produção em massa que levou à construção sem precedentes de navios. Foi a divisão do trabalho em estágios homogêneos; a organização sistemática do grupo de trabalho para as necessidades específicas de cada estágio; e o adestramento sistemático de um grande número de pessoas para que fizessem todo o trabalho necessário em determinado estágio. Isso, por seu turno, possibilitou a programação progressiva do fluxo do trabalho, que economizou muito tempo.

A PRODUÇÃO EM MASSA RÍGIDA E A FLEXÍVEL

Quando ouve falar em "produção em massa", muita gente pensa de imediato na linha de montagem. Mas é um engano. É muito pequena a parte do serviço da produção em massa que se opera através de linhas de montagem. A linha de montagem constitui a exceção rara, mesmo na verdadeira produção em massa do tipo mais rígido.

Um bom exemplo é a montagem dos aparelhos eletrônicos, como os rádios, os televisores e os telefones. Trata-se, aí, de genuínas produções em massa, mas sem produção em linha de montagem. Um trabalhador executa toda a operação, do começo ao fim. As operações estão de fato alinhadas em sequência. Nesse sentido, há uma linha que vai desde a colocação do primeiro arrebite até a soldagem de todas as ligações e por fim a derradeira fiscalização. Mas não há aí uma linha no sentido tradicional. O trabalho em si não se movimenta; permanece no local de serviço da pessoa.

Na realidade, em seu conjunto a linha de montagem é bastante rara. De cada 50 pessoas que trabalhavam nas fábricas norte-americanas em 1970, apenas uma trabalhava em linha de montagem. Mesmo na produção manufatureira, são raras as linhas de montagem – com menos de 6 por cento de todos os trabalhadores norte-americanos do setor executando serviços de linha de montagem. Os serviços de linha de montagem constituem exceção até na indústria automobilística; dos 550.000 funcionários da General Motors, apenas uma terça parte executa esses serviços.

O quadro tradicional das linhas de montagem supõe, além do mais, a existência apenas da produção em massa rígida. O princípio produtivo que está ganhando aplicação cada vez maior é o da produção em massa "flexível".

O que há em comum entre a produção em massa rígida e a produção em massa flexível é que o produto final é montado a partir de *peças padronizadas*. Na produção por encomenda, as ferramentas e os materiais são padronizados. Já na produção em massa também as peças são padronizadas, peças essas que, por sua vez, habitualmente são feitas a partir de menores peças padronizadas. Ou seja, a produção em massa não fabrica, monta.

A moderna produção em massa iniciou-se com a fabricação de rifles para a infantaria norte-americana, na Guerra de 1812. Por volta de 1880, muito antes de Henry Ford, os métodos de produção em massa já tinham ampla aplicação em toda a indústria norte-americana, bem como em unidades do tipo da fábrica Zeiss de artigos óticos, na Alemanha, e da fabricação de telefones Ericsson, na Suécia.

Talvez sua origem na fabricação de armas explique o motivo por que durante muito tempo a produção em massa "rígida" foi considerada a única tecnologia existente para a produção em massa. Quando se fabricam armamentos para os soldados, é importante que o produto final seja absolutamente uniforme. Cada rifle deve ser igual a qualquer outro, utilizar a mesma munição, precisar exatamente da mesma limpeza e ser facilmente consertado com peças retiradas de outro.

Na produção em massa rígida, o produto final também é padronizado e uniforme, tanto quanto o são suas ferramentas, materiais e peças. Já a produção em massa flexível aplica a padronização das peças para conseguir diversidade no produto final.

Historicamente, a produção em massa flexível antecedeu a produção em massa rígida por muitas centenas de anos. Ela foi criada muito antes da industrialização. O que sabemos a respeito dos antigos métodos de construção é muito pouco para termos ideia dos processos de produção empregados, embora seja muito provável que pela sua profusão os templos gregos e romanos da Europa e Oriente Próximo só pudessem ter sido construídos com base na produção em massa flexível. Com respeito às catedrais góticas e às milhares de igrejas góticas construídas no norte e noroeste da Europa entre 1100 e 1300, as indicações são claras. Elas resultaram da produção em massa flexível. Suas peças básicas, como os blocos de construção, os telhados etc., eram totalmente padronizadas. Mas a montagem variava de acordo com o projeto do respectivo arquiteto. Só as janelas, os ornamentos e as portas, ou seja, os detalhes que faziam cada igreja diferente das demais, eram fabricados pelos métodos de produção por encomenda. Todos esses detalhes, porém (e isso tem vital importância), eram acrescentados ao prédio já terminado. O próprio processo básico era padronizado, embora resultando em uma série muito grande de produtos acabados.

Quando o princípio da produção em massa foi redescoberto, no século dezenove, os produtos finais padronizados e uniformizados eram considerados corriqueiros. Henry Ford mostra isso com perfeição. Ao dizer "O freguês pode ter seu carro na cor que quiser, contanto que seja a preta", ele não estava procurando ser engraçado. Exprimia a essência da produção em massa: a fabricação de produtos idênticos em grande quantidade. Ele sabia, é claro, que lhe seria bastante fácil dar aos clientes a possibilidade de escolher a cor; bastaria equipar o pintor, no final da linha de montagem, com três ou quatro revólveres de tinta, em vez de um só. Mas Ford percebeu também, e com razão, que a uniformidade do produto logo desapareceria, uma vez permitida essa primeira "opção". Para ele, a uniformidade do produto constituía a chave da produção em massa.

Compare-se isso com a fábrica de equipamentos agrícolas do sul da Califórnia que nas décadas de 1930 e 1940 projetou e construiu máquinas especializadas de cultivo para a agricultura em grande escala e em terras irrigadas. Cada um dos seus projetos era exclusivo e único. Ela fabricou, por exemplo, uma máquina que, com vários acessórios, realizava todas as operações necessárias em uma grande plantação de pepinos, desde a preparação do campo, na primavera, até a colheita dos pepinos, no estágio correto do amadurecimento, e sua transformação em picles. Raramente ela fabricava mais do que uma dessas máquinas por vez. Mesmo assim, todas as suas mais de setecentas diferentes máquinas eram integralmente montadas a partir de peças padronizadas, uniformes e de produção em série que alguém nos Estados Unidos fabricava aos milhares. Seu grande trabalho não era projetar uma máquina que soubesse dizer o ponto em que os pepinos deveriam ser colhidos, mas sim encontrar a fábrica que produzisse em massa uma peça que, embora inicialmente projetada para uma finalidade inteiramente diferente, quando encaixada na cultivadora de pepinos desempenhasse o papel que lhe cabia. O processo de fabricação daquelas máquinas era o da produção em massa, mas o princípio era o da "produção em massa flexível", semelhante ao processo de produção utilizado na construção das catedrais góticas.

A técnica necessária para a aplicação do princípio da produção em massa flexível é a análise sistemática dos produtos para encontrar o padrão comum que se acha por baixo de sua visível diversidade. Esse padrão pode então ser organizado de forma a que o menor número possível de peças padronizadas permita a montagem do maior número possível de produtos. Dessa forma, o fardo da diversidade é transferido da fabricação para a montagem.

Frequentemente a General Motors ressalta que os compradores de seus veículos podem fazer muitas escolhas – cores, estilos de carroceria, tecidos dos assentos, acessórios etc. – e afirma que o cliente pode escolher entre milhões de combinações diferentes do produto final. Mais importante ainda – embora não muito anunciado pela General Motors – é o fato de que todas as suas marcas (Chevrolet, Pontiac, Oldsmobile, Buick e Cadillac) são montadas a partir das mesmas peças. Elas utilizam as mesmas carrocerias, montadas sobre os mesmos chassis, utilizando praticamente os mesmos motores, os mesmos breques e o mesmo sistema de iluminação. Não obstante, os carros têm aparência diferente, características próprias e apresentam grande variedade de combinações dos elementos básicos padronizados. Todos esses carros, à exceção do Cadillac, terminam na mesma linha de montagem. Todos eles constituem, na verdade, resultados de uma produção em massa rígida, fabricados através de um processo que se mantém quase inalterado desde os primeiros tempos de Henry Ford.

Para conseguir a aparência de diversidade a partir da produção em massa rígida, entretanto, cada uma das peças que serão montadas precisará ter grande volume de produção. Poucos setores, fora da indústria automobilística, podem contar com um volume desses. A não ser que a procura de cada versão do produto final seja muito grande, a produção em massa rígida só poderá, como disse Ford, despejar um produto padronizado.

A American Motors, por exemplo, tem contra si a desvantagem muito grande de precisar lançar certa diversidade de produtos finais – pelo menos na aparência e no estilo – sem contar com o volume da General Motors.

No entanto, ela produz 300.000 a 400.000 veículos por ano – volume muito alto por qualquer parâmetro que não seja o da indústria automobilística norte-americana.

A maior parte dos processos de produção em massa deve dar preferência ao princípio da produção em massa flexível. Até recentemente, porém, era difícil combinar a mecanização com a produção em massa flexível. As ferramentas adequadas à produção em massa eram intrinsecamente inflexíveis.

O computador está rapidamente mudando essa situação. O computador, especialmente o pequeno computador de processo, que na verdade constitui uma parte da máquina ou da máquina-ferramenta, elimina a inflexibilidade do instrumento – o principal obstáculo à produção em massa flexível. Na tradicional produção em massa, qualquer alteração no produto ou no processo exige a interrupção deste. A alteração exige mudança na posição das máquinas, limpeza das ferramentas, mudança na posição do trabalho e dos materiais, alteração nas velocidades e assim por diante. Enquanto tudo isso precisava ser feito manualmente, gastava-se tempo demais. Pior ainda, mudar a ferramenta significava interromper o processo inteiro. O controle por computador suprime as perdas de tempo. O computador é capaz de fazer a alteração instantaneamente, com base em uma ordem preestabelecida. Em vez de horas, as alterações tomam segundos ou minutos.

Isso não constitui automação. (Sobre a mecanização e a automação, veja o Capítulo 16.) Isso constitui um aperfeiçoamento radical na mecanização. Os estaleiros japoneses e suecos são bons exemplos. O fato de esses países terem sido capazes, na década de 1960, de conseguir uma posição predominante na construção naval mundial, quase tirando do mercado estaleiros antigos e experimentados, como os escoceses e os alemães, não resultou de menores pagamentos. Se diferenças houver, os ordenados que se pagam na Suécia serão superiores aos que se pagam na Alemanha e na Escócia. Esse fato foi consequência da aplicação do controle por computador para transformar a construção naval, tradicionalmente processo de produção por encomenda, em produção em massa flexível. Como resultado, os estaleiros suecos e japoneses são capazes de construir navios com peças padronizadas e até de lançar produtos finais de grande diversidade não só na aparência, mas também nas dimensões, na estrutura, na velocidade e assim por diante. Seu trabalho ainda é organizado por estágios, como no tradicional processo de produção por encomenda. Mas em cada estágio o processo é o da produção em massa, em que as peças são padronizadas mas permitem combinações de flexibilidade quase infinita. O processo resulta em custo muito mais baixo, velocidade muito maior e, acima de tudo, na previsibilidade quase perfeita do ciclo de construção, com um controle tão rígido da programação que – praticamente pela primeira vez na história da construção naval – a data para a entrega do produto final pode ser fixada com grande antecedência e segurança.

O controle através do computador exige o replanejamento do processo. Isso é caro e difícil, além de exigir uma trabalhosa e demorada análise do produto e do processo. Mas sempre que foi utilizado para transformar um processo rígido nas despesas – por vezes de cinquenta ou sessenta por cento –, as velocidades da produção subiram consideravelmente. A programação tornou-se tão digna de confiança como a da produção em massa rígida. Ao mesmo tempo, foi possível promover um verdadeiro marketing do produto.

A produção em massa flexível pode lançar uma ampla série de produtos verdadeiramente diferentes e, no entanto, apresentar um processo de produção totalmente padronizado. Por esse motivo, pode-se prever que a produção em massa flexível se tornará cada vez mais o sistema de produção em massa do futuro, com a produção em massa rígida limitando-se cada vez mais a uma quantidade muito pequena de produtos finais cuja uniformidade básica será em si mesma uma necessidade fundamental do cliente e por ele determinada.

A PRODUÇÃO POR PROCESSAMENTO CONTÍNUO

O quarto sistema é o da produção por processamento contínuo. Nele, o processo e o produto viram uma coisa só.

O exemplo clássico do setor em que impera o processamento contínuo é a refinaria de petróleo. Os produtos finais que na refinaria serão destilados do petróleo cru são determinados pelo processo que utiliza. Ela pode produzir apenas os derivados de petróleo para os quais foi construída, e só nas proporções determinadas. Se se quiser acrescentar novos derivados ou alterar a proporção entre os diversos derivados, será preciso reconstruir a refinaria. A produção por processamento contínuo é a regra nas indústrias químicas. E também constitui o sistema básico, com variações mínimas, empregado nas usinas processadoras de leite e nas de vidros laminados.

A produção por processamento contínuo constitui um sistema integrado. Não há estágios nem peças. Só há um processamento. Caracteristicamente, a produção por processamento contínuo parte de um material básico. Mas pela natureza desse material, como o petróleo, por exemplo, termina com uma série de diferentes produtos finais. O processo em si é bastante rígido – mais rígido, até, do que a produção em massa rígida. Seu produto final caracteriza-se por apresentar maior diversidade do que a produção por encomenda. A produção por processamento contínuo exige alto volume constante. No setor químico ou no do vidro laminado a usina característica desse produto só pode operar na capacidade máxima ou próximo a ela. De outra forma, ver-se-á forçada a fechar as portas.

Por constituir um sistema, a produção por processamento contínuo apresenta extraordinárias economias e extraordinária produtividade onde se mostra adequada. Mal aplicada, porém, ou não constituindo de fato produção por esse processo – como no caso da fabricação do aço que mencionamos – sua rigidez e suas despesas de capital têm a propensão de sobrepujar as vantagens.

A produção por processamento contínuo é, ou deve ser, o modelo para numerosos processos de produção historicamente organizados como produção por encomenda ou como produção em massa rígida. A diferença básica de desempenho entre um sistema telefônico bem dirigido e a maior parte dos serviços postais está em que o serviço telefônico é organizado como produção por processamento contínuo e como sistema genuíno. Já os correios são, por toda parte e na melhor das hipóteses, organizados com base nos princípios da produção em massa – e, de maneira geral, ainda com base nos princípios da produção por encomenda, com "estágios" no processo e com processos totalmente diferentes para "produtos" diferentes, isto é, diferentes tipos de correspondência, como a disputa entre as cartas e os malotes. Sem dúvida, é mais fácil movimentar impulsos eletrônicos do que papéis, quanto mais malotes pesados. Mas sempre que qualquer correio conseguiu melhorar sensivelmente sua atuação, foi por transformar seu sistema em produção por processamento contínuo.

Todo transporte, seja de cartas, de cargas ou de pessoas, deve ser considerado produção por processamento contínuo. Os meios para o transporte precisam sempre constituir um sistema, apresentar grande rigidez, ser programados e integrados entre si. Cada carta, entretanto, cada pacote, para não falar de cada passageiro, tem destino diferente. A diversidade de seus "produtos finais" é, portanto, quase infinita. E a coisa toda só poderá estar organizada e ser entregue através de um sistema que seja essencialmente o da produção por processamento contínuo.

QUE EXIGE CADA PRINCÍPIO?

Cada um dos quatro princípios apresenta características diferentes e exigências diferentes. Cada um tem seus custos. Cada um tem suas deficiências. Cada um tem suas virtudes.

A *produção por encomenda* apresenta densidade de mão de obra. Mesmo quando altamente mecanizada – e ela não se presta à automação – apresentará investimentos relativamente baixos em relação ao custo de sua mão de obra. Mas contém grande flexibilidade. Cada produto seu tem custo elevado, mas baixos pontos de equilíbrio. A produção por encomenda pode trabalhar com baixos volumes de saída ou com grande oscilação na saída. Exige muito em matéria de aptidões, mas pouco ou nada em matéria de capacidade de julgamento.

A *produção em massa rígida* também apresenta maior densidade de mão de obra do que de capital, mas exige volume alto – na verdade, volume muito alto. Até a mais ligeira variação na produção reduz a economia do sistema. Exige grande habilidade no planejamento e manutenção do processo, e pouca ou nenhuma habilidade nas operações. Requer alto grau de julgamento no planejamento, mas praticamente nenhum julgamento nas operações.

A *produção em massa flexível* tem a propensão de apresentar uma densidade cada vez maior de capital, necessitando de alto investimento inicial. Ainda assim, no entanto, precisa de um grande volume de mão de obra. Exige alto volume de produção global, mas apresenta grande flexibilidade com respeito à composição dessa produção, do conjunto de seus produtos. Exige grande habilidade no planejamento e manutenção do sistema. Em regra, sua operação exige pouca habilidade, mas boa capacidade de julgamento.

A *produção por processamento contínuo* exige investimento muito alto. O único princípio de produção adequado aos ramos que apresentam investimentos muito elevados é a produção por processamento contínuo. Esses setores não devem, portanto, apresentar alta densidade de mão de obra.

Qualquer ramo que apresente ao mesmo tempo alta densidade de capital e alta densidade de mão de obra está arriscado a utilizar o princípio errado de produção. Ele não terá aprendido a aplicar os princípios da produção por processamento contínuo.

A siderurgia constitui exemplo claro disso. No processo por lote, a siderurgia básica apresenta fundamentalmente um sistema de produção por encomenda. É provável que nenhum outro setor tenha trabalhado mais ou com maior êxito no aperfeiçoamento do sistema de produção por encomenda. Todavia, os problemas que se põem à direção das empresas que operam com a siderurgia básica dizem respeito à produção por processamento contínuo. A siderurgia básica requer alto capital fixo e produção contínua. A combinação desses requisitos produz altos pontos de equilíbrio, a necessidade de um volume elevado e constante de negócios e a necessidade de tomar com muita antecedência as decisões básicas referentes aos investimentos. Em resultado disso, a estrutura das despesas do ramo siderúrgico é a da produção por processamento contínuo, com a característica densidade de capital. Ao mesmo tempo, porém, a siderurgia básica pouco aproveita das vantagens econômicas proporcionadas pela produção por processamento contínuo. Dessa forma, a siderurgia vê-se eternamente espremida entre as características de custo da produção por processamento contínuo e os rendimentos característicos da produção por encomenda. Nos períodos de crescimento muito rápido e de procura elevada, ou seja, no estágio inicial da industrialização, de modo geral as siderúrgicas podem mostrar-se bastante lucrativas por várias décadas. Todavia, dentro de qualquer período mais longo a lucratividade dessas empresas será sempre menor e inadequada às suas necessidades — até o dia em que o processo da siderurgia básica reverter da produção mecânica por encomenda para aquilo que será na realidade um processo de fluxo químico.

As empresas aéreas constituem outro exemplo, assim como os hospitais. São ramos ou serviços intrinsecamente vulneráveis que reúnem o que há de pior nos dois mundos, como pontos de equilíbrio elevados e a inflexibilidade do conjunto dos seus produtos. Geralmente não se sabe como passar esses setores para uma verdadeira produção por processamento contínuo, mas quanto mais perto uma parte de suas operações estiver da genuína produção por processamento contínuo, melhor será o desempenho desses setores ou serviços, tanto em termos de qualidade como de economia.

A produção por processamento contínuo possui um conjunto de produtos de alta variedade, mas de pequena ou nenhuma flexibilidade. Pode produzir apenas os artigos para os quais o sistema foi projetado. Requer extrema habilidade no planejamento. Talvez precise de alto grau de habilidade nas operações – como ocorre nas empresas aéreas, por exemplo, com respeito aos montadores dos horários, aos pilotos e ao pessoal encarregado da manutenção – ou muito pouca habilidade, como é o caso das refinarias de petróleo típicas. Mas praticamente de todos os seus funcionários ela requer um alto grau de julgamento.

Como na produção por processamento contínuo o produto e o processo se tornam, por assim dizer, uma coisa só, alterando-se o processo criam-se novos produtos, mesmo sem procura nos mercados atuais. Isso ocorre com frequência no setor químico. Alterando-se nele as condições de temperatura de alguma reação, pode-se criar um produto final completamente novo. Isso também caracteriza o ramo aéreo. Quando se lança um avião novo e maior, é preciso criar um novo mercado para ele. Uma das características da produção por processamento contínuo é que o volume da produção não pode ser elevado gradativamente. A unidade mínima da produção – seja uma nova fábrica de produtos químicos ou um novo e gigantesco jato – é tão grande que requer um salto quantitativo na produção e, com ele, novos mercados.

Na *produção por encomenda,* a primeira tarefa da direção da empresa é conseguir pedidos. Nos dois tipos de *produção em massa,* porém, sua tarefa é a de construir uma organização de distribuição eficaz e de educar os clientes no sentido de que adaptem seus desejos à variedade de produtos que a empresa oferece. Já na *produção por processamento contínuo,* sua primeira tarefa é criar, manter e ampliar o mercado, assim como criar novos mercados. Distribuir gratuitamente lampiões a querosene aos camponeses chineses para criar um mercado para o seu querosene – como fez a Standard Oil oitenta anos atrás – é um bom exemplo do que significa isso.

No sistema da *produção por encomenda,* o intervalo entre as decisões é muito pequeno. Nos dois tipos de *produção em massa* ele aumenta: pode-se levar, por exemplo, dez anos para montar uma estrutura de distribuição. Mas no sistema do *processamento contínuo* tomam-se as decisões com vistas a um futuro ainda mais distante. Uma vez construídas, as instalações de produção são relativamente inflexíveis, e só podem ser alteradas com altas despesas; o investimento total será provavelmente grande; e a criação de um mercado é coisa para longo prazo. Os sistemas de comercialização das grandes empresas petrolíferas são bons exemplos disso.

O QUE EXIGE CADA SISTEMA DA DIREÇÃO DA EMPRESA?

Cada sistema exige habilidades gerenciais e organização gerencial diferentes. A *produção por encomenda* requer pessoas capacitadas para as funções técnicas. A *produção em massa,* rígida ou flexível, requer uma direção hábil no raciocínio analítico, na programação e no planejamento. A *produção em massa flexível* e a *produção por processamento contínuo* exigem uma direção capaz de enxergar a empresa como um todo, de efetuar sínteses conceituais e de tomar decisões.

Expressivas são também as diferenças com respeito à força de trabalho e à sua direção. Geralmente, a produção por encomenda é capaz de ajustar sua força de trabalho às oscilações econômicas, mantendo nas épocas ruins apenas os capatazes e um núcleo de elementos mais habilitados. Em regra, ela poderá encontrar no mercado de trabalho as outras qualificações de que necessita. Por possuir qualificações limitadas, os trabalhadores da produção em massa devem solicitar cada vez mais da empresa a estabilidade no emprego. No outro extremo, a força de trabalho da produção por processamento contínuo representa tal investimento em capacidade de julgamento que força as empresas a procurar manter a estabilidade no emprego. Não é por acidente nem por filantropia que as empresas de petróleo – típicas do processamento contínuo – fazem o possível para manter a estabilidade dos empregados até nos piores anos de depressão.

Esses quatro princípios que regem a produção são tipos "puros". Em muitas empresas, porém, assim como em muitas entidades não empresariais (os hospitais, por exemplo), as partes do serviço que diferem entre si são mais bem organizadas com base em princípios diferentes. Como, pois, combinar esses princípios?

Os hospitais precisam da produção por encomenda. Só nessa base poderão dispensar os cuidados devidos aos pacientes, muito embora a grande maioria dos pacientes de qualquer hospital se enquadre num reduzido número de categorias altamente previsíveis e repetitivas, como os partos, as pequenas cirurgias ortopédicas, os casos cardiológicos e assim por diante. Ao mesmo tempo, é preciso organizar os serviços médicos, desde os raios X até as atividades do laboratório médico e da fisioterapia, em algo que essencialmente constitua produção em massa flexível. O mesmo aplica-se aos seus serviços de "hotelaria" – a alimentação dos doentes, a lavagem de sua roupa e assim por diante. Outras partes do hospital requerem a genuína produção por processamento contínuo. Tudo isso, no entanto, precisa ser unificado em um só hospital, sob uma só direção e dentro de um só processo, para administração à cabeceira do mesmo paciente.

A regra para a aplicação de diferentes princípios a uma organização é simples – mas de modo algum fácil. Os princípios de produção diferentes podem funcionar bem dentro da mesma organização, mas não se misturar dentro da mesma fase de determinado processo.

Dessa forma, os dirigentes precisam compreender quais os princípios de produção realmente adequados aos diferentes estágios do processo de produção que precisam dirigir. Devem analisar a lógica de cada um desses estágios. E se acharem que eles precisam de princípios diferentes para a organização da produção, deverão procurar separá-los, para que cada um não interfira com qualquer dos outros. Não se consegue essa organização, contudo, imitando o que os outros fazem. É necessário que a direção analise seu próprio trabalho e seus próprios processos de produção. E a direção precisa compreender também os princípios básicos da produção, suas características, suas limitações e suas exigências.

CONSIDERAÇÕES FINAIS

O trabalhador pode ser especializado, não especializado ou intelectual. Todo trabalho, porém, pertence essencialmente ao mesmo tipo, segue os mesmos estágios e degraus, além de precisar receber o mesmo tratamento para ser produtivo. Precisa da análise, da síntese, dos controles e das ferramentas. Todo trabalho tem que ser organizado como um processo de produção. A produção não consiste na aplicação das ferramentas aos materiais, mas da lógica ao trabalho. Há quatro "lógicas" dessas, quatro princípios que regem a produção: a produção por encomenda (ou de produto único); a produção em massa rígida; a produção em massa flexível; e a produção por processamento (ou fluxo) contínuo. Cada princípio tem suas aplicações, seus requisitos, seu custo, suas limitações, além de apresentar à direção suas próprias exigências.

PERGUNTAS

1. Quais são as quatro exigências do trabalho produtivo?
2. As obras referentes à engenharia industrial afirmam que a análise do trabalho se inicia com a identificação das operações. Qual é o primeiro passo *real* e de vital importância?
3. Por que a inclusão do planejamento do serviço como medida da análise do trabalho cria problemas para os dirigentes?
4. Quais são os quatro sistemas diferentes de produção? Resuma as qualidades e os defeitos de cada um.
5. Quais são as duas regras gerais para melhorar o desempenho da produção?
6. Qual sistema de produção se adapta melhor ao trabalho de fabricar um transatlântico? Um iate de corrida? Um iate de fibra de vidro de 12 pés de comprimento?
7. Qual a porcentagem dos trabalhadores norte-americanos que efetuam serviços próprios da linha de montagem?
8. Quais são as partes do processo de produção que são padronizadas nos sistemas de produção em massa? De que maneira essa situação difere da padronização da produção por encomenda?

9. O que afirmou Henry Ford a respeito da produção em massa, ao dizer: "O freguês pode ter seu carro na cor que quiser, contanto que seja a preta"?
10. Por que a American Motors se encontra em desvantagem diante das três grandes fábricas de automóveis dos Estados Unidos, ao aplicar o sistema de produção em massa rígida?
11. Que influência está exercendo o computador na produção em massa flexível?

CAPÍTULO 16

PARA UM TRABALHO PRODUTIVO: OS CONTROLES E OS INSTRUMENTOS

O trabalho é um processo, e todo processo precisa ter seus controles. Para ser produtivo, portanto, o trabalho precisa dos controles apropriados no seu processo.

Especificamente, o processo da produção precisa possuir controles com relação aos seguintes pontos:

- seu rumo;
- sua qualidade;
- a quantidade da sua produção em determinado período e com determinado conteúdo de atividades;
- seus padrões, como o da manutenção mecânica e o da segurança;
- sua economia, isto é, a eficiência com que utiliza os recursos ao seu dispor.

Cada processo de trabalho precisa possuir seus próprios controles. Embora todos os sistemas controladores precisem atender às mesmas exigências básicas e às mesmas determinações gerais, não há controles padrão.

A primeira coisa que se precisa saber é: controlar o processo de trabalho significa controlar o trabalho, e não o trabalhador. O controle é um instrumento que o trabalhador usa, nunca devendo virar seu senhor. Também não deve jamais tornar-se um obstáculo à sua atividade.

Os casos mais extremados de controles que constituem obstáculos ao trabalho não se encontram nas fábricas, e sim nas lojas e hospitais. Nestes, permitiu-se que em forma de burocracias quase intermináveis os controles se tornassem um fim em si mesmos, a ponto de usurpar os direitos do trabalho e de impor-lhe uma perigosa lentidão.

Nos hospitais, é tremendo o volume dos controles necessários. Eles estendem-se desde o registro das anotações médicas até o faturamento e as providências relativas aos seguros, com vistas ao reembolso das despesas, ao pagamento do médico particular, do segurado etc. Mas encarregar a enfermeira de cuidar dessa papelada toda – como se costuma fazer nos hospitais norte-americanos – constitui um descontrole brutal. Com isso, a enfermeira fica amarrada à sua mesa e com pouco tempo para cuidar do paciente. O remédio é simples: uma funcionária em cada andar, geralmente estagiária de administração hospitalar, encarrega-se desses detalhes e de fornecer à enfermeira todas as informações de que precisa para bem desempenhar suas funções. Com isso, não se consegue só certa economia, já que as estagiárias de administração ganham bem menos do que as enfermeiras; acima de tudo, consegue-se o emprego adequado de capacidades que se mostram escassas.

Devemos lembrar sempre que o controle é um princípio de economia, e não de moral. O controle destina-se a fazer que o processo se desenvolva com suavidade e adequação e obedeça a padrões elevados. O primeiro ponto a indagar com respeito ao sistema de controle é: "Com o *menor esforço* ele conserva o processo dentro da faixa dos desvios permitidos?". Gastar um dólar para proteger 99 centavos não é controlar. É desperdiçar. "Qual o menor controle capaz de manter o processo em funcionamento?" é a pergunta correta.

Setenta anos atrás, esse ponto foi claramente compreendido pelos homens que construíram a Sears-Roebuck. No início de suas vendas pelo reembolso postal, quando o meio circulante norte-americano ainda era metálico, o dinheiro que chegava não era contado. As remessas recebidas eram pesadas sem abri-las. Após as experiências que fizera, a empresa conhecia os pesos médios que correspondiam aos valores globais em dinheiro – e esse controle já lhe bastava.

A segunda coisa que é preciso saber a respeito dos controles são suas características básicas. Os controles precisam ser preestabelecidos. É necessário resolver qual o desempenho que se deseja e qual o afastamento que se permite em relação à norma. O controle precisa ser efetuado essencialmente por "exceção": só os afastamentos expressivos devem acionar o controle. Enquanto estiver operando dentro dos padrões prefixados, o processo encontra-se sob controle e não exige qualquer providência.

Em terceiro lugar, o controle precisa ser efetuado através da retroalimentação fornecida pelo trabalho executado. É o próprio trabalho que deve fornecer as informações. Se ele precisar ser verificado a toda hora, não haverá controle.

Uma das implicações disso – e muito importante – é que fiscalizar não é controlar. Obviamente, a fiscalização, especialmente a da fase final, é necessária tanto para os bens como para os serviços. Mas se for usada como controle tornar-se-á rapidamente incômoda demais e cara demais, e fará que o processo todo passe a se arrastar. Acima de tudo, porém, ela na verdade nada controla, mesmo que cada unidade seja testada e analisada. O resultado final ainda seria a má qualidade, os defeitos excessivos e o mau funcionamento.

O controle precisa ser exercido nos pontos em que o mau funcionamento seja provável. A providência controladora deverá então ser tomada pelo próprio maquinário, como ocorre com o termostato que regula o aquecimento central das casas modernas.

Pode-se também alertar o trabalhador para que tome as medidas corretivas devidas. E aí haverá, igualmente, o controle por retroalimentação. O importante não é quem providencia, mas a providência que se toma. Igualmente importante é que se tome a providência como resultado do funcionamento do próprio processo e no local em que ela seja devida, isto é, no ponto em que será efetuada a correção do processo ou a mudança de sua direção (como o acionamento ou desligamento do aquecimento central).

Isso significa que o sistema controlador precisa designar o *ponto-chave* no qual o controle precisa ser introduzido. Basicamente, essa não é uma decisão técnica, mas sim gerencial. Qual o ponto do sistema que conta com informações suficientes para dizer se há necessidade de alguma providência controladora? Qual o ponto do sistema em que há campo para uma providência eficaz? Em qualquer outro ponto o controle estará mal colocado. Mal colocado estará também se for acionado tarde demais para evitar os danos. Qual a parte do processo que exige controle contínuo? Qual a parte que exige o controle apenas em determinadas fases? Em que ponto se faz necessário o controle preventivo, ou pelo menos o controle nas fases iniciais? Finalmente, em que ponto é o controle essencialmente corretivo? Essas perguntas raramente são feitas ao planejar-se o sistema de controle. Contudo, sem que elas sejam formuladas – e respondidas – não se poderá projetar qualquer sistema de controle que realmente atenda às necessidades do processo de trabalho.

AS ROTINAS E AS EXCEÇÕES

O sistema de controle só pode controlar o processo normal. Cabe-lhe localizar as exceções reais, mas não cuidar delas. A única coisa que ele pode fazer a seu respeito é garantir que não interrompam o próprio processo.

Nunca se evitarão as exceções, mas pode-se eliminá-las do processo de trabalho, e aí cuidar delas separadamente e como exceções. Obrigar o sistema de controle a cuidar das exceções é minar o processo de trabalho e o sistema de controle, além de imprimir-lhes direção errada. O sistema de controle que além de localizar as exceções procura encarregar-se delas anulará o processo. Ele sacrificará os 97 por cento que compreendemos aos 3 por cento que deixamos de compreender.

Os exemplos que mais bem ilustram essa circunstância são os fornecidos pelo processamento de informações das empresas de seguros de vida. Todas elas processam diariamente uma verdadeira avalanche de pedidos de pagamento da indenização por morte do segurado. As empresas de seguros de vida sabem que devem processar com rapidez esses pedidos para garantir sua posição no mercado. Por isso, há muito elas adotaram a regra de pagar em vinte e quatro horas os pedidos rotineiros.

A grande maioria – bem mais de 90 por cento – de todos os pedidos de indenização é rotineira, exigindo apenas sua conferência. Os formulários necessários foram todos providenciados? As informações necessárias foram todas fornecidas? Se a resposta for sim – e não serão precisos mais do que alguns segundos para verificar isso – autoriza-se o pagamento.

Um pequeno número de casos apresenta informações incompletas. Talvez falte o certificado de óbito, ou não esteja devidamente assinado, ou então não especifique a *causa mortis*. Talvez o nome que conste do atestado de óbito não confira com o que conste da apólice, ou então a idade seja diferente, ou outras falhas do gênero. Ao ingressar na empresa, os pedidos de pagamento por morte são ordenados alfabeticamente (ou pela área) e encaminhados ao funcionário encarregado. Até recentemente, nas seguradoras norte-americanas típicas o funcionário devia cuidar dos pedidos correspondentes à sua área conforme chegassem. Isso geralmente significava que ele aprovava dez ou doze pedidos e de repente batia em um cuja conferência rotineira não bastava. Ele se detinha então naquela apólice. Às vezes conseguia resolvê-la em alguns segundos, talvez devolvendo a papelada ao agente do seguro, junto com carta impressa solicitando as informações faltantes. Outras vezes, porém, ele precisava perder meia hora, ou mais, para resolver o caso. Em resultado disso, os pedidos rotineiros iam acumulando-se. E à hora do almoço o funcionário estava com o serviço atrasado, ao mesmo tempo que ainda não fora despachado certo número de pedidos rotineiros que já poderiam estar aprovados.

As seguradoras inglesas enfrentam o problema de outro jeito. Os funcionários encarregados verificam os pedidos de indenização um a um para ver se constituem casos rotineiros. Qualquer pedido que, por ficar fora desses casos, não puder ser aprovado de imediato é entregue a um núcleo especial de "entendidos", geralmente mais velhos e experimentados, que nele então se concentram. Enquanto isso, os pedidos rotineiros vão passando normalmente.

Outro processamento é o empregado por algumas seguradoras europeias e japonesas. O funcionário encarregado da conferência coloca sobre uma mesa especial todos os pedidos que por qualquer motivo não possam ter sua liquidação autorizada de pronto. O mesmo fazem seus três ou quatro colegas da seção. Quando a pilha dos pedidos rotineiros diminui e a dos pedidos mais complicados começa a crescer, digamos por volta das dez e meia ou onze horas da manhã, eles todos dividem entre si esses pedidos mais complicados, de acordo com as respectivas cargas de serviço no momento.

O sistema norte-americano tradicional constitui o controle mal aplicado. Subordina a rotina às exceções. O sistema inglês tradicional constitui o controle eficaz. Elimina do processo as exceções e o mantém fluido. Mas embrutece o funcionário; é um bom sistema para controlar os processos mecânicos, e não o trabalho humano. O sistema europeu e japonês atende às exigências tanto da função como do trabalho.

OS MODELOS DAS ROTINAS

Três são os modelos das rotinas. O primeiro é aquele cuja alimentação e produção (saída) são padronizadas em alto grau. É o caso da produção em massa rígida, bem como da produção em massa flexível.

Os pedidos de indenização do seguro de vida enquadram-se nesse modelo. Sua alimentação é totalmente padronizada – um pedido de indenização resultante de um acontecimento, a morte do segurado. Sua saída também é padronizada: um cheque para a liquidação do pedido. A única coisa que varia é o valor do cheque. E esse valor, naturalmente, é previamente fixado pela própria apólice. O processamento dos pedidos de indenização desses seguros constitui exemplo perfeito da produção em massa rígida – talvez até melhor do que o da linha de montagem da indústria automobilística. Nesse modelo, o controle consiste em organizar o fluxo dos casos rotineiros e seu peneiramento, com as exceções sendo examinadas em separado.

No segundo modelo, a diversidade perceptível dos acontecimentos é constituída por um conjunto de submodelos, cada um dos quais rotinizados em alto grau. Exemplos desse caso são os seguros contra acidentes, como aqueles que se fazem para fogo, roubo, perdas no mar etc. Eles parecem apresentar uma estonteante variedade de riscos e de pedidos de indenização, mas seus modelos não passam de cinco ou seis.

Sempre que determinado processo pareça imprevisível, o mais provável é que se constitua de certo número de modelos bem previsíveis. Eles parecem imprevisíveis apenas por interferir uns com os outros. É, por exemplo, o que ocorre nos hospitais. Cada admissão e cada paciente parece um caso único e extramodelo. Com algumas poucas exceções, contudo, seus casos enquadram-se em dez ou doze categorias padrão. A chave para projetar o respectivo sistema de controle é saber quais são esses submodelos. Depois, pode-se transformar cada um deles em rotina, fixar os padrões e criar um sistema de controle que assegure a operação do processo dentro de uma faixa preestabelecida de aceitação.

Finalmente, há os processos em que prevalecem os acontecimentos singulares, ímpares, únicos. São raros na produção industrial; mesmo a produção de artigos sob encomenda compõe-se geralmente de uma quantidade relativamente pequena de submodelos repetitivos e bem previsíveis. São certos casos de prestação de serviços que frequentemente contêm os processos de acontecimentos únicos.

O seguro para a indenização dos trabalhadores acidentados no serviço e em resultado dele paga seus rendimentos mais certa indenização pelos danos sofridos. Paga também as despesas médicas e a reabilitação de quem se acidenta no trabalho ou contraia enfermidade por ele provocada. Essa indenização constitui em grande parte um processo de acontecimentos únicos. Não ocorrem dois pedidos realmente iguais de indenização. Cada um precisa ser tratado separadamente, com respeito não só à própria indenização, mas também às providências que se façam necessárias no campo médico, cirúrgico e da reabilitação. Com frequência, cada caso exige também alguma mudança nos métodos de trabalho ou nas ferramentas utilizadas, de modo a eliminar ou reduzir os riscos para o futuro. Finalmente, os encarregados de calcular os valores que a seguradora pagará aos acidentados precisam contar com autonomia quase completa para despachar os pedidos respectivos. A grande maioria deles é resolvida com rapidez, para satisfação tanto do trabalhador acidentado como da sua empresa, bem como com grande êxito na cura ou reabilitação. O serviço médico ministrado aos planos norte-americanos de indenização dos trabalhadores acidentados tem sido melhor do que o executado na maior parte das demais atividades médicas.

Para cuidar desse modelo de acontecimentos únicos, deve-se considerar e definir os padrões. Quais os padrões mínimos que cada parte do serviço, um pedido já liquidado de indenização a acidentado, por exemplo, precisa atender com respeito à verificação do próprio pedido, à condução dos serviços médicos ou cirúrgicos necessários, ao período decorrido entre a apresentação do pedido e sua liquidação e assim por diante? Ou seja, por quais parâmetros o encarregado de liquidar os pedidos de indenização pode medir-se e se orientar? É certo que mesmo na situação dos acontecimentos únicos haverá padrões a observar. Mas eles são numerosos demais, e cada um abrange uma parcela pequena demais dos fenômenos totais, para permitir a concepção de um sistema de controle para cada modelo. O único controle possível – mas bastante eficaz – é o fornecido pelos padrões que permitam a cada trabalhador construir sua própria rotina e controle.

Este terceiro modelo reveste-se de particular importância por ser típico dos trabalhadores intelectuais do tipo do ensino, do exercício médico e de qualquer outro serviço profissional. Por definição, o profissional liberal trabalha sozinho. Por definição ele também lida com acontecimentos únicos – únicos pelo menos dentro do pequeno universo com que toma contato. E aí o controle precisa obedecer a determinados parâmetros. A insatisfação tão em voga hoje em dia com os profissionais liberais – trate-se do professor, do médico ou do advogado – em grande parte tem sua raiz na ausência desses parâmetros, ou seja, na ausência de um sistema de controle adequado aos processos dos acontecimentos únicos.

O TRABALHO E SEUS INSTRUMENTOS

A etapa final para tornar produtivo o trabalho é preparar os instrumentos adequados à sua execução, sejam eles físicos, como o martelo, ou conceituais, como um relatório contábil.

Para tipos diferentes de trabalho, são necessários instrumentos diferentes. São tantos os instrumentos existentes, dos mais simples aos mais complexos, dos menores aos verdadeiramente gigantescos, que nem no mais amplo dos livros se poderia apresentá-los e analisá-los. E a concepção, a organização e a aplicação dos instrumentos constituem assuntos técnicos e não gerenciais.

Mesmo assim, os dirigentes precisam compreender as exigências *gerenciais básicas* que digam respeito à utilização do instrumento, seja qual for seu setor: a produção industrial, o processamento das informações ou o trabalho intelectual.

O maior instrumento não será necessariamente o melhor. Será o melhor se executar o serviço desejado com o menor esforço, com a menor complexidade e a menor utilização da energia.

Ao contrário do que geralmente se pensa, grande parte das operações das linhas de montagem, mesmo nas linhas totalmente mecanizadas, é executada com o auxílio de pequenas ferramentas manuais. Essas ferramentas foram alteradas de modo que atenda àquele serviço em particular. Mas continuam martelos, chaves de fenda, marretas, alicates e assim por diante. O bom ferramental da linha de montagem deve fornecer ao trabalhador, sempre que necessária e em qualquer ponto necessário, a ferramenta mais simples que ele precise para executar seu serviço.

A pergunta correta do dirigente não deve ser: "Haverá um instrumento maior para se fazer esse serviço?". Ele sempre deverá indagar: "Qual o instrumento mais simples, menor, mais leve e mais fácil para esse serviço?".

A segunda regra simples é: o instrumento deve servir ao trabalho. O trabalho não existe em função do instrumento, mas sim este existe em função da produção. Essa regra é hoje constantemente infringida pelos usuários dos computadores. Eles se deixam fascinar pela capacidade, velocidade, memória e potencialidade operacional da nova geração de computadores. Em resultado disso, à chegada da máquina inicia-se uma desenfreada corrida em busca das coisas que ele possa fazer. No fim, ela é usada para despejar intermináveis rolos de papel com informações que ninguém deseja nem precisa nem pode usar. Conservar o instrumento em funcionamento vira um fim em si mesmo.

O argumento que geralmente invoca quem faz o trabalho servir ao instrumento, e não o instrumento servir ao trabalho, é "O capital investido nesse instrumento é tão alto que só se justificará se ele funcionar o tempo todo". Realmente, é desperdício manter ocioso um substancial investimento de capital. O custo financeiro continua a correr, quer o instrumento funcione ou não. Ainda assim, porém, será infinitamente mais econômico absorver esse custo do que ter instrumentos caros produzindo inutilidades. Usar o computador para produzir lixo de luxo constitui um desperdício muito maior do que tê-lo parado de vez.

A MECANIZAÇÃO E A AUTOMAÇÃO

A coisa mais importante, contudo, que o dirigente precisa saber a respeito dos instrumentos e do trabalho é que os instrumentos constituem a *ponte* entre o trabalho e o trabalhar. Os instrumentos servem ao trabalho. Servem também a quem trabalha. Precisam, pois, ser aproveitados a fim de que o trabalho seja produtivo e o trabalhador se realize. Para isso, o dirigente precisa compreender em que consiste a mecanização e o que constitui a mecanização apropriada.

A palavra mecanização é de uso bastante recente. Muita gente pensa que ela se refere só aos instrumentos modernos, isto é, aos instrumentos de tecnologia avançada. Mas todos os instrumentos são "mecanização". Através de milhares de anos, o homem foi mudando a fonte de energia dos seus instrumentos, passando da própria força e da força dos animais para o vento e a água, depois para os combustíveis fósseis e a energia nuclear. Os instrumentos em si, porém, evoluíram muito pouco. Todos constituem extensões do ser humano: extensões do seu corpo, como o martelo, ou da sua mente, como as tabelas de multiplicação e os computadores. Ou então conferem ao corpo humano certas habilidades para as quais ele não foi preparado, como fazem a roda e o machado. Todos os instrumentos, porém, não passam de ferramentas do ser humano, devendo, portanto, atender à dupla necessidade de fazer que o trabalho seja produtivo e o trabalhador se realize.

Embora não tenha fundamento o receio de que a tecnologia venha a dominar o ser humano, escravizando-o – externado em geral por quem nada sabe sobre a tecnologia e menos ainda a compreende – é real o perigo do emprego errôneo da mecanização. Sua aplicação correta deve sempre procurar ampliar a esfera da capacidade humana e a capacidade de realização do ser humano. Se não fizer isso, seu aproveitamento terá sido falho. E então a mecanização não só deixará de tornar o trabalho mais produtivo. Fará, na verdade, que a produção se reduza.

Especificamente, dois são os perigos a evitar nessa área. O primeiro é o de transformar o ser humano em peça de máquina. Como peças de máquinas, os seres humanos são muito frágeis. Se dentro do sistema o esforço humano for projetado erroneamente, de modo a executar o trabalho da máquina, esse sistema funcionará mal. O segundo perigo é o de usar erroneamente o instrumento como elemento de divisão do grupo de trabalho, frustrando assim o atendimento à necessidade básica de o trabalho funcionar como vínculo comunitário.

Ambos os perigos estão presentes na linha de montagem moderna, concebida por Henry Ford. Na tradicional linha de montagem automobilística, os trabalhadores constituem, na verdade, peças do maquinário. Eles executam de maneira errada, lenta e desajeitada, operações que deveriam estar sendo feitas pelas máquinas. Essa é a essência de executar um movimento repetitivo invariavelmente na mesma velocidade e ritmo, sempre e sempre. Pior ainda, a linha de montagem da fábrica de automóvel faz de cada trabalhador uma ameaça a seus colegas e não um recurso de que se possam valer. Quem trabalhar um pouco mais rápido ameaçará seu vizinho. Quem trabalhar de modo mais produtivo, isto é, em velocidade e ritmo variáveis, passará a ameaçar todos os companheiros. E trabalhando melhor ninguém poderá, tampouco, auxiliar seu vizinho. Cada um estará confinado à sua própria operação.

Que devemos fazer quando a mecanização se opõe ao trabalhar, ou seja, quando a organização dos instrumentos mais capazes de tornar produtivo o trabalho ameaça prejudicar o trabalho e o trabalhador? Uma solução – possível na maioria dos casos – é reprojetar a mecanização. A outra é superar a mecanização e passar à automação.

Automação é uma palavra de uso mais recente. Foi forjada no final da década de 1940 por um executivo da Ford Motor Company. A ideia, no entanto, é muito mais antiga.

A melhor exemplificação do que significa a automação antecedeu em muitas décadas a criação dessa palavra – e em muitas mais a preocupação pública com o fenômeno. É o sistema telefônico. O sistema telefônico não funciona "sem qualquer contato da mão humana" nem sem qualquer trabalho humano. Ao discar o número desejado, o usuário programa o sistema. E isso é "trabalho". Recebendo essas instruções, porém, o sistema passa a funcionar por si mesmo, aciona os canais apropriados, fornece um sinal de retorno para avisar se a chamada foi completada ou não e desliga-se quando a conversação termina. Executa também certos serviços burocráticos, como o registro das chamadas para a posterior cobrança. Se for preciso, ele pode facilmente executar outras tarefas, como avisar ao centro de assistência técnica que determinada linha não está funcionando bem.

A chamada telefônica apresenta os *quatro princípios da automação.* Primeiro, o processo inteiro é visto como um sistema. Ele não tem, por assim dizer, um começo e um fim. Tudo está integrado. Segundo, o sistema baseia-se na suposição de que no universo físico se pode confiar nos fenômenos e prevê-los. Terceiro, o sistema controla-se por si mesmo através da retroalimentação.

Finalmente, os operadores humanos não trabalham.

Eles programam. Tomam decisões com base no seu julgamento dentro da gama de padrões em que o sistema foi projetado para operar. Eles podem ser quase totalmente não especializados – como é o usuário do telefone. Ou então podem ser extremamente especializados, como as pessoas que concebem os microcircuitos nos equipamentos automatizados do tipo dos computadores, para ser fabricados por equipamentos totalmente automatizados. Seja porém especializado ou não, o trabalhador "discrimina". Sua ferramenta é o próprio julgamento e não sua capacidade manual ou mesmo intelectual.

Sempre que a mecanização chega ao ponto em que o trabalhador possa funcionar como peça de máquina, há condições para a automação. É fácil projetar a máquina para executar serviço de máquina. Em determinados casos, isso pode não se mostrar desejável ou econômico. Talvez não se possua ainda tecnologia suficiente para tanto, mas sempre será algo possível. Não será necessariamente a melhor alternativa replanejar a mecanização para que ela se incumba do trabalho e do ato de trabalhar, mas sempre será uma alternativa para ser encarada com seriedade.

Automatizar não é dar às máquinas uma disposição especial. Não é também o ponto máximo da mecanização. É, basicamente, outra ideia. Pode perfeitamente operar sem qualquer máquina. O ábaco, computador manual que as crianças japonesas e chinesas usam com grande velocidade e exatidão, constitui, na verdade, automação e processamento de dados tão avançados e refinados como qualquer coisa que o computador eletrônico seja capaz de fazer. O ábaco não exige maquinário nem tecnologia avançada, mas contém a ideia básica da automação.

Todo trabalho precisa contar com seus instrumentos.

Todo trabalho, portanto, precisa ser mecanizado. "O trabalhador é tão bom quanto seu instrumento de trabalho"; mas também o inverso é verdadeiro, isto é, os instrumentos são tão bons quanto o trabalhador que os usa. Portanto, ao conceber os instrumentos para o trabalho o dirigente precisa ter presentes essas duas dimensões – o trabalho e o trabalhar.

PARA ALÉM DO TRABALHO BRAÇAL

A análise do trabalho, os princípios da produção, os controles e os instrumentos foram inicialmente concebidos para o trabalho braçal. A indagação que se apresenta diz respeito a saber se os mesmos métodos, as mesmas ideias e os mesmos princípios aplicam-se para além do trabalho braçal.

Não há qualquer dúvida sobre a aplicabilidade dos mesmos métodos e dos mesmos princípios ao trabalho braçal que tecnicamente não constitua produção, ou seja, aquele que não seja aplicado à agricultura, à mineração, à manufatura, e sim aos "serviços". É também bastante claro que os mesmos caminhos, princípios e métodos se aplicam quase sem alteração ao processamento das informações, isto é, à maior parte dos trabalhos executados nos escritórios.

A emissão das apólices de seguros, o processamento dos pedidos que chegam, a cobrança, as operações de perfuração e a maior parte das operações contábeis constituem essencialmente trabalho de produção. Na verdade, a maior parte do serviço que se processa nos escritórios constitui produção em massa – algumas rígidas e algumas flexíveis. Esse serviço exige a mesma engenharia industrial, isto é, a mesma análise do trabalho, que se aplica a qualquer trabalho manual, assim como os mesmos processos de produção e os mesmos tipos de controle.

No tocante aos princípios do trabalho, a maior parte das verdadeiras operações de prestação de serviços não difere fundamentalmente da produção de coisas. A atividade vendas de uma loja de varejo constitui, basicamente, produção em massa flexível. As vendas variam bastante entre si, mas o processo dificilmente muda. E pode ser organizado em partes padronizadas. Esse processo tem a melhor organização quando oferece ao vendedor uma rotina prefixada, acompanhada dos instrumentos apropriados, mas concedendo-lhe ampla faixa de julgamento. Contudo, se a rotina não tiver sido adequadamente concebida e os instrumentos corretos não tiverem sido adequadamente fornecidos, nem o melhor critério dos balconistas mais experimentados será capaz de gerar vendas.

No entanto, o que pode surpreender muita gente é saber que os mesmos caminhos, princípios e métodos também podem ser empregados nas operações de aplicar ou adquirir conhecimentos.

Há milhares de anos se fala em melhorar o ensino – sem resultado. Foi só no início do século 20, contudo, que uma educadora perguntou: "Qual é o produto final dessa atividade?". Aí, a solução evidenciou-se. O produto final não é o ensino. É, naturalmente, o aprendizado. E aí a mesma educadora, a médica e professora italiana Maria Montessori (1870-1952), começou a aplicar a análise sistemática do trabalho e a unificação sistemática de suas partes em um processo – sem, naturalmente, ter ideia de que era isso que fazia. O sistema Montessori não constitui, certamente, a solução definitiva. Mas seus métodos forneceram as bases para todos os trabalhos posteriores nessa área, como o do psicólogo suíço Jean Piaget, que se dedicou a estudar a maneira como as crianças aprendem, e o dos behavioristas norte-americanos, que estudaram a aprendizagem como um processo dinâmico de trabalho contínuo, com sua própria lógica e controles. Na "sala de aula aberta" inglesa, o trabalho dessas pessoas cristalizou-se em um ambiente real de aprendizagem. Essa pode ser a grande mudança no ensino e o primeiro trabalho sistemático de aprendizagem. Sua metodologia abrange, especificamente, a análise do trabalho, a integração do trabalho em um processo – uma combinação entre a produção em massa flexível e a verdadeira produção por processo contínuo –, a concepção do sistema adequado de controle e o fornecimento dos instrumentos apropriados.

Esses exemplos mostram que a aplicação e a aquisição do conhecimento não constituem trabalho fundamentalmente diferente de qualquer outro. É claro que o produto é inteiramente diverso, como totalmente diversos são também os materiais aplicados e os instrumentos utilizados. Mas o processo é basicamente o mesmo. Sua aplicação contém uma das maiores oportunidades gerenciais para tornar produtivo o trabalho.

A área da empresa em que mais se evidencia a necessidade de organizar como trabalho sistemático a aplicação e a aquisição dos conhecimentos existentes será talvez a da criação – ou seja, a área em que se efetua o trabalho de transformar novos conhecimentos em produtos ou serviços vendáveis. Os conhecimentos já estão aí, como resultado das pesquisas e invenções. Precisamos aplicar o que já se conhece. Essa, de modo geral, não é uma atividade executada de forma sistemática. Onde o trabalho da criação foi organizado de conformidade com os métodos de trabalho (e, outra vez, fundamentalmente como produção em massa flexível), como se vê em certos laboratórios farmacêuticos, os resultados têm sido impressionantes. As operações avançam rapidamente e são produtivas, ao mesmo tempo que os produtos ou serviços criados apresentam todas as características dos êxitos econômicos.

Uma área em que ainda não foi comprovada a aplicação da metodologia sistemática do trabalho é a da geração de novos conhecimentos, invenções ou pesquisas. Temos, no entanto, bons motivos para crer que a mesma metodologia também se aplique pelo menos a parcelas consideráveis dessa atividade.

Thomas Edison, talvez o mais criativo dos inventores do século dezenove, aplicava um método sistemático para tornar produtora a atividade de inventar. Sempre partia de uma definição clara do produto desejado. Desdobrava então o processo nas partes que o compunham e estudava as relações e a sequência que ocorriam entre elas. Fixava controles específicos para os pontos básicos. Firmava os padrões e assim por diante. É certo que Edison não esgotou a "chama criadora". Mas tentou, e com êxito, dar à criatividade uma base sólida, conferindo-lhe sistema e método. Um indício de que ele talvez estivesse no caminho certo foi o grande número de assistentes seus que por conta própria se tornaram inventores bem-sucedidos, embora claramente carentes de capacidade inventiva extraordinária. Um deles, Frank J. Sprague (1857-1934), por todos os aspectos não passava de um simples trabalhador esforçado, mas suas invenções foram em grande parte responsáveis pelo aparecimento do bonde elétrico.

Até aqui, só possuímos uns poucos exemplos isolados – suficientes para mostrar a potencialidade, mas não para qualquer prova. Claramente, a metodologia tem seus limites – a visão do artista lança-se para muito além de sua área (embora não o trabalho do artista). A pesquisa, porém, ou seja, a busca organizada de novos conhecimentos científicos ou industriais, provavelmente se enquadre nessas limitações.

CONSIDERAÇÕES FINAIS

O trabalho precisa ser controlado com respeito ao seu rumo; a sua qualidade e as quantidades que produza; ao seu modelo e a sua economia. O controle é um instrumento do trabalhador, não devendo tornar-se seu senhor nem obstáculo à sua atividade. O controle é um princípio de economia e não de moral. O controle não pode cuidar das exceções; cabe-lhe apenas assegurar que a exceção não impeça o processo rotineiro. O controle precisa ajustar-se ao modelo de rotina – e só há três desses modelos. O trabalho precisa também contar com instrumentos apropriados, desde o alicate até as folhas impressas pelo computador. Os instrumentos constituem a ponte entre o trabalho e o ato de trabalhar, precisando ajustar-se a ambos. Os instrumentos podem ser utilizados tanto para a mecanização como para a automação, cada uma das quais apresenta suas próprias condições de aplicação e exigências. Finalmente, a direção sistemática do trabalho – a análise, a síntese nos processos de produção, o controle e os instrumentos – embora criada de início para o trabalho braçal, aplica-se a todos os trabalhos: ao burocrático e à produção de serviços, ao processamento das informações e à aplicação e aquisição dos conhecimentos existentes.

PERGUNTAS

1. Qual é a finalidade do sistema de controle?
2. Qual é a importância de lembrar que o controle constitui um princípio de economia e não de moral?
3. Por que motivo os controles devem operar por exceção?
4. Qual é a diferença entre a fiscalização e o controle?
5. Compare e confronte os métodos norte-americano, inglês e japonês de processar os pedidos de indenização dos seguros de vida.
6. Quais são os três modelos de rotinas? Dê exemplos de cada um.
7. O que significa dizer que os instrumentos são a ponte entre o trabalho e o ato de trabalhar?
8. Quais são os quatro princípios da automação?
9. Em que área ainda não está comprovada a aplicação da metodologia sistemática do trabalho?

CAPÍTULO 17

O TRABALHADOR E O ATO DE TRABALHAR: TEORIAS E REALIDADE

Desde o momento em que pela primeira vez os administradores tomaram contato com as obras da escola de relações humanas, por volta da Segunda Guerra Mundial, apareceram inúmeros livros, trabalhos e estudos sobre a motivação e a realização, sobre a psicologia industrial e a sociologia industrial, sobre as relações interpessoais no trabalho e sobre a satisfação do trabalhador. Pelo menos na quantidade, a literatura referente à direção dos trabalhadores e o trabalhar é superior a tudo que se publicou em qualquer outra área da administração.

A TEORIA X E A TEORIA Y DE McGREGOR

Dentre esses estudos, provavelmente o mais lido e citado é *The Human Side of Enterprise,* de Douglas McGregor, que apresenta duas escolhas fundamentais à direção dos trabalhadores, a Teoria X e a Teoria Y. A Teoria X constitui o modo tradicional de encarar o trabalhador e sua atividade: supõe que as pessoas sejam preguiçosas, que detestam e evitam o trabalho, que precisam ser conduzidas e precisam também do chicote e da cenoura, ou seja, das recompensas e das ameaças. Supõe que a maioria das pessoas é incapaz de assumir responsabilidades e de desincumbir-se delas, e que precisa ser vigiada. Já a Teoria Y supõe que o trabalho constitui uma necessidade psicológica dos seres humanos e que estes anseiam por realizações e responsabilidades. A Teoria X supõe a imaturidade; a Teoria Y imagina que todos almejam ser adultos.

McGregor apresentou as duas teorias como alternativas afirmando sua neutralidade entre elas. Mas nunca algum dos seus leitores duvidou – ou pareceu duvidar – de sua franca adesão à Teoria Y.

São impressionantes os indícios a favor da Teoria Y. Muitos são os postos da empresa cujos ocupantes, mesmo quando hostis aos patrões e à organização, procuram apreciar seu serviço e realizar-se nele. Em muitas funções, até os funcionários mais alienados conseguem encontrar algo capaz de lhes proporcionar satisfação.

Esse fato foi pela primeira vez trazido à tona no final da década de 1940, quando a General Motors instituiu um grande concurso sobre o tema "Meu Serviço e Por Que Gosto Dele". Quase 190.000 funcionários da empresa participaram do concurso e discorreram sobre seu serviço – decididamente, a maior amostra de posições de empregados que até então se conseguiria. Poucos deles deixaram de fazer suas críticas. Menos ainda, porém, foram aqueles que deixaram de mencionar algum desafio apresentado pelo seu serviço, alguma realização ou satisfação, alguma genuína motivação.

Mas as coisas não são tão simples como os adeptos de McGregor nos fariam crer. Em primeiro lugar, aprendemos que a Teoria Y não se mostra adequada por si só. A direção baseada nessa teoria não deixa "fazer o que quiser". Pelo contrário, dirigir o trabalhador e seu trabalho, conferindo-lhe responsabilidade e visando à realização é algo que cobra do trabalhador e do próprio dirigente tributos excessivamente pesados, circunstância de que só mais tarde McGregor se daria conta.

A CRÍTICA DE MASLOW

Ardoroso entusiasta da Teoria Y, o falecido Abraham H. Maslow mostrou que as exigências dela eram na realidade muito pesadas. Durante um ano, Maslow colaborou estreitamente com uma pequena empresa do sul da Califórnia que procurava colocar em prática essa teoria. No seu livro sobre aquelas experiências, Maslow mostrava que as exigências de responsabilidade e realização podem elevar-se de tal forma que só consigam suportá-las as pessoas mais vigorosas e mais saudáveis. Ele criticou asperamente a Teoria Y pela sua "desumanidade" para com os fracos, os vulneráveis e os acidentados, que seriam incapazes de impor a si mesmos a responsabilidade e a autodisciplina que ela exige. Mesmo os indivíduos fortes e saudáveis, observou, precisam da segurança que lhes proporcionam as ordens e as instruções; e as pessoas fracas carecem de proteção contra o fardo da responsabilidade. Ele concluiu dizendo que o mundo não é habitado apenas por pessoas maduras, mas contém uma carga plena de indivíduos permanentemente imaturos.

Mas Maslow não concluiu que a opressão paternalista constitua o único meio de dirigir as pessoas que trabalham e o único tipo de bondade que se pode ter para com elas. Sua conclusão foi muito mais importante e muito mais válida. Maslow – que até a sua morte, alguns anos mais tarde, continuou francamente favorável à Teoria Y – concluiu não ser suficiente eliminar as restrições. É necessário *substituir* a segurança da Teoria X, e a certeza que ela dá, por outra estrutura de segurança e certeza. Na aplicação da Teoria Y, é preciso fornecer outros meios, que façam o papel que as ordens e os castigos desempenham na Teoria X. Ou seja, a Teoria Y não pode simplesmente substituir a Teoria X, mas deve ir muito além dela.

Perceber isso é muito importante. Trata-se de algo claramente comprovado pelas nossas próprias experiências com a Teoria Y.

Uma das conclusões da obra de Maslow é que a Teoria Y não faz concessões, como acreditam tantos dos seus defensores. Ela não significa a libertação do trabalhador em relação às restrições que lhes são impostas. Não fecha os olhos diante dele, muito menos o mima. A Teoria Y assume ares de um capataz severo, em numerosos aspectos bem mais severo que a Teoria X que substitui. Ela precisa fazer o que a Teoria X faz e muito mais ainda – ou então acabará sendo um fardo pesado demais para os seres humanos, com exigências que eles não terão forças para atender.

Já está claro que a Teoria X e a Teoria Y não são, como sustentava McGregor, *teorias relativas à natureza humana.* Todos sabemos que há gente inquestionavelmente preguiçosa, assim como há gente indiscutivelmente vigorosa. Ponto muito mais importante, contudo, é que nossas experiências mais comuns, do dia a dia, ensinam que as pessoas reagem de maneira bem diversa a circunstâncias diferentes. Em determinada situação, elas podem mostrar-se preguiçosas e indispostas ao trabalho a ponto de sabotá-lo. Em outra, podem sentir-se motivadas à realização. Claramente, o que aí entra em jogo não é a natureza humana nem a estrutura da personalidade. Ou então, no mínimo haverá naturezas humanas diversificadas, que se comportem de modo diferente em condições diferentes.

A gíria norte-americana fala de "ligar-se" e "desligar-se", em relação a determinada tarefa, professor, serviço ou chefe. Essas expressões têm sido apontadas como desumanizantes. Argumenta-se que elas se referem a pessoas como se estivessem falando de aparelhos eletrodomésticos. Mas a experiência diária mostra que é exatamente assim que muita gente se comporta: reage em vez de agir. A motivação, o ímpeto e o impulso estão ausentes nelas.

Isso, porém, não se compatibiliza nem com a Teoria X nem com a Teoria Y, pois dá a entender que não é a natureza humana e sim a estrutura do serviço e do trabalho que na verdade determina a maneira como as pessoas procedem e de que direção elas necessitam.

Sabe-se também que somos capazes de adquirir o hábito da realização, mas que somos igualmente capazes de adquirir o hábito da derrota. Mais uma vez, isso não se compatibiliza nem com a Teoria X nem com a Teoria Y da natureza humana.

QUAL É A REALIDADE DE QUEM DIRIGE?

O debate sobre a validade científica da Teoria X ou da Teoria Y em grande parte constitui, portanto, uma falsa guerra. A pergunta que o dirigente deve fazer não é "Qual das teorias sobre a natureza humana está correta?". A pergunta a fazer é "Qual é a realidade da *minha* situação e como posso executar a *minha* tarefa de dirigir o trabalhador e seu trabalho na situação atual?".

O fato básico – desagradável mas inexorável – é que a tradicional forma de dirigir que a Teoria X representa, isto é, através do chicote e da cenoura, já não funciona. Nos países desenvolvidos, ela não funciona nem em relação aos trabalhadores braçais; e em país algum poderá funcionar em relação aos trabalhadores intelectuais. Os dirigentes já não podem mais contar com o chicote, enquanto é cada vez menor o incentivo proporcionado pela cenoura.

O chicote que a maneira tradicional de dirigir o trabalhador e seu trabalho apresentava era o da fome e do medo. Antigamente, em todos os países só uma elite muito reduzida não vivia no próprio limite da subsistência. A maior parte das pessoas se encontrava permanentemente à beira do abismo da inanição. Uma safra ruim era quanto bastava para forçar um camponês hindu ou chinês a vender suas filhas para que se prostituíssem. Essa safra ruim era suficiente para fazê-lo perder o minúsculo pedaço de terra que era tudo que se punha entre ele a mendicância. Hoje, até nos países menos ricos há um piso econômico, situado bem acima do nível da subsistência, mesmo para as pessoas muito pobres. E o trabalhador de qualquer país desenvolvido sabe hoje que se vier a perder o emprego, nem ele nem sua família morrerão de fome. Ele talvez vá precisar privar-se de uma série de coisas que apreciaria, mas sempre será capaz de sobreviver.

Mesmo onde impera, o medo em grande parte já deixou de motivar. Em vez de motivação, o medo está passando a ser uma desmotivação. O primeiro motivo para isso é a disseminação da instrução; o outro é o advento da sociedade baseada em organizações. A elevação da instrução permite a conquista do emprego. Abre os horizontes. Na sociedade moderna, até o indivíduo não muito instruído tem suas oportunidades. Na sociedade baseada em organizações, a pessoa pode conseguir um novo emprego, diferente do anterior. A perda do emprego ainda desgosta, mas já não é catastrófica.

A psicologia behaviorista moderna mostra que um grande medo reprime, enquanto os resquícios do medo, como aqueles nutridos hoje por um grande número de trabalhadores norte-americanos, só provocam ressentimentos e oposição. Em todos os países desenvolvidos, o medo perdeu seu poder coercitivo. Os receios secundários que ainda permanecem não têm força para motivar. Eles destroem a motivação – precisamente por lhes faltar pleno poder e credibilidade.

O "GRANDE MEDO" E OS "RECEIOS SECUNDÁRIOS"

Onde consegue fazer-se verdadeiramente crível, o "grande medo" ainda motiva. Isso podemos ver pelo êxito deveras surpreendente do novo método de "curar" o alcoolismo. Todos "sabiam" que o verdadeiro alcoólatra não podia parar de beber até ficar completamente bêbado e inconsciente. Mas muitas empresas estão descobrindo agora que numerosos funcionários alcoólatras realmente deixarão de beber (permanentemente) se ouvirem de maneira inequívoca que se não pararem serão demitidos e as empresas que eles procurarem para emprego serão informadas sobre seu vício, e assim lhes será difícil conseguir nova colocação.

Excluídos tais casos excepcionais, porém, nos países desenvolvidos o dirigente já não pode mais contar com esse grande chicote, o medo terrível que antigamente tocava seus empregados. E não passa de refinada tolice tentar jogar ainda com os "chicotes secundários", isto é, com o que ainda existe de resquícios do medo anterior. Não se coloca em dúvida que toda organização precisa possuir seus dispositivos disciplinares, mas o papel e a finalidade desses dispositivos é cuidar dos atritos secundários. Eles não têm o condão de estimular. Quando erroneamente usados para estimular, os dispositivos disciplinares só provocam ressentimentos e oposição. Conseguem apenas desmotivar.

O GRANDE PODER DA CENOURA

A cenoura das recompensas materiais não perdeu, como ocorreu com o chicote do medo, seu poderio. Pelo contrário, alcançou tanto poder que deve ser manejada com muita cautela. Ela ficou poderosa demais para constituir um instrumento digno de confiança.

Hoje, é comum encontrar nos jornais dos domingos artigos de sociólogos ou filósofos de renome que afirmam que os seres humanos estão se afastando das satisfações materiais. Mas a primeira página desses mesmos jornais, tanto aos domingos como nos dias úteis, sempre estampa alguma reportagem informando que esta ou aquela categoria de trabalhadores – professores ou eletricistas, jornalistas ou bombeiros, vendedores ou estivadores portuários – pleiteou ou conseguiu o maior aumento salarial de todos os tempos.

Não há a menor indicação do alegado abandono das recompensas materiais. Pelo contrário, a disseminada abundância significa que está generalizada a crença de que as recompensas materiais são e devem ser fáceis de alcançar. Samuel Gompers (1850-1929), o principal fundador da American

Federation of Labor e seu dirigente até a morte, costumava apresentar as metas dos sindicatos de trabalhadores com uma palavra: "mais". Hoje, ele com certeza precisaria passar a dizer "muito mais". O antimaterialismo é um mito, por mais que esteja sendo exaltado. Até este momento pelo menos a realidade é bem outra, elevando cada vez mais as expectativas de desfrute de maior quantidade de bens e serviços.

No fim, é óbvio que a exigência de muito mais se chocará com os limites dos recursos naturais da Terra e com a necessidade de preservar o meio ambiente. Pelo menos dentro do futuro previsível, isso significará uma passagem ainda mais rápida dos bens para os serviços, como agentes da satisfação, e, com ela, a passagem do desejar (e comprar) os serviços que contenham maior quantidade de materiais para o desejar (e comprar) os serviços que contenham maior quantidade de mão de obra (especialmente da mão de obra intelectual). E a elevação do preço das matérias-primas e das despesas com a preservação ecológica deverá botar mais lenha na fogueira das exigências de maiores recompensas monetárias, muito maiores.

É exatamente o ponto cada vez mais alto que atingem essas expectativas que reduz cada vez mais a eficácia motivadora da cenoura das recompensas materiais, bem como seu emprego como instrumento da direção.

Há necessidade de ampliar mais a elevação das recompensas materiais que é capaz de motivar os seres humanos ao trabalho. À medida que vão recebendo mais, eles já não se satisfazem com um pouco mais, quanto mais com menos. Esperam muito mais. Esse é claramente um dos principais focos das implacáveis pressões inflacionárias que hoje minam a economia de todos os grandes países. Um aumento salarial de 5 por cento proporcionava poucos anos atrás uma grande satisfação, mas hoje os condutores de veículos – ou os professores, ou os médicos – exigem 40 por cento, na esperança de conseguirem pelo menos metade. Essa situação pode ser encarada como manifestação da regra de Maslow que diz que quanto mais próxima do seu atendimento estiver determinada necessidade, maior será o aumento necessário para gerar a mesma satisfação. Mas a exigência de satisfações materiais maiores e bem maiores foi acompanhada por uma mudança de valores que não se encaixa de maneira alguma no esquema de Maslow. Os incentivos econômicos estão ganhando ares de direito, e não mais de recompensa. Ora, os aumentos salariais por mérito são sempre concedidos como recompensa pelo desempenho excepcional. Jamais se transformam em direito. Negar o aumento ou concedê-lo em bases inferiores vira castigo.

Seja qual for a explicação, o resultado das exigências cada vez maiores de recompensas materiais está destruindo rapidamente a utilidade destas como incentivos e como instrumentos da direção. O dirigente deve procurar desmerecer o papel dessas recompensas materiais, em vez de usá-las como cenoura. Se apenas os aumentos maiores – e cada vez maiores – valerem como incentivo, o emprego dos incentivos materiais acabará destruindo a si mesmo. Conseguir-se-á o resultado desejado em termos de motivação, mas seu custo será tão alto que ultrapassará as vantagens obtidas. O custo engolirá a nova margem de produtividade. Isso foi em grande parte o que ocorreu com as opções para a aquisição de ações e com os planos de remuneração extra para os administradores, bem como com os aumentos de ordenado e as bonificações concedidas a todas as outras classes de trabalhadores.

OS EFEITOS COLATERAIS TÓXICOS DA CENOURA

Isso também significa que as consequências sociais colaterais da cenoura estão atingindo dimensões tóxicas. Todo remédio forte tem seus efeitos colaterais, e quanto maior a dose, maiores serão esses efeitos. Os incentivos e recompensas materiais constituem realmente um remédio bastante forte, e estão se tornando ainda mais poderosos. Eles estão fadados, portanto, a apresentar consequências colaterais que se tornarão mais pronunciadas e mais perigosas à medida que aumentar a dose necessária para sua eficácia. Em particular (como dissemos no Capítulo 14), quanto mais a pessoa ganhar, mais forte se tornará sua insatisfação com respeito à diferença entre o que ela recebe e o que os outros recebem. Como mostram todos os nossos estudos – a começar pelo concurso "Meu Serviço e Por Que Gosto Dele", lançado pela General Motors no final da década de 1940 –, não há obstáculo maior à motivação do que aquele representado pela insatisfação que sentimos diante da diferença entre o que ganhamos e o que ganham nossos companheiros. Quando o que ganhamos ultrapassa o nível da subsistência, a insatisfação que sentimos com respeito aos nossos rendimentos relativos é muito mais forte do que a que sentimos com respeito aos nossos rendimentos absolutos. Como convincentemente sustentou o filósofo norte-americano do direito Edmond Cahn, o "senso da injustiça" está profundamente arraigado nos seres humanos. Provavelmente, nada ofenderá tanto esse senso da injustiça quanto a insatisfação pelas diferenças entre as recompensas econômicas dadas pela organização a seus auxiliares. Toda organização constitui uma economia de redistribuição (ver o Capítulo 14); as recompensas econômicas relativas constituem portanto decisões referentes ao poder e às posições, exprimindo o *valor* de determinada pessoa ou grupo.

Quando se confia na cenoura das recompensas econômicas, corre-se portanto o perigo de alienar tanto a pessoa que as recebe como todas as demais. Corre-se o perigo de dividir o grupo contra si mesmo e de, ao mesmo tempo, uni-lo contra a instituição empregadora e sua direção.

Claramente, não se pode esperar que as recompensas econômicas percam a importância. Pelo contrário, os dirigentes encontram-se diante do tremendo desafio de divisar algum meio que lhes permita ligar a crescente exigência do "muito mais" à realidade econômica, isto é, à produtividade e à lucratividade. As recompensas materiais são poderosas demais para se depender delas como o principal agente motivador positivo. Elas só são capazes de produzir pressões inflacionárias cada vez maiores – e insatisfações também cada vez maiores.

As limitações da eficácia da cenoura e do chicote aplicam-se com particular vigor a dois grupos da força de trabalho: a nova espécie de trabalhadores braçais e os trabalhadores intelectuais.

Na direção dos trabalhadores braçais dos países desenvolvidos, cada vez mais o administrador se vê a braços com empregados que começam como "perdedores", que se sentem rejeitados e derrotados de início. É gente que a vida inteira foi dirigida por outra e ainda não conseguiu se realizar. Mas os perdedores sempre aprendem a fazer uma coisa com perfeição: a opor-se à própria direção. Talvez eles não consigam chegar a realizações, mas sabotar eles sabem.

Portanto, não se consegue mais conduzir a nova espécie de trabalhadores braçais. A fome e o medo já não os dominam como dominavam seus avós. Mas seus fracassos os tornaram impermeáveis às pressões.

O trabalhador intelectual não produzirá se for dirigido segundo o modelo da Teoria X. Ele deve dirigir-se a si mesmo e assumir responsabilidades.

O medo é totalmente incompatível com a produção do saber. Poderá gerar atividades e ansiedades, mas não resultados. E o medo inibe a aprendizagem, ponto básico da moderna psicologia behaviorista. As recompensas, sim, produzirão a aprendizagem. Em tudo que se referir ao saber, o medo só será capaz de gerar oposição.

O DIRIGENTE E O SENHOR

A Teoria X supõe a existência de um "senhor". Mas na sociedade baseada em organizações não há senhores. O administrador não é senhor. É superior hierárquico, mas ao mesmo tempo colega de trabalho. Pela primeira vez na história temos uma sociedade sem senhores.

Por não ser senhor, falta ao dirigente tanto a autoridade do senhor como sua credibilidade. O poder do senhor não depende do apoio que receba, seja dos seus serviços, seja da sociedade que o rodeia. Pode-se matar um senhor, mas não destituí-lo. Contudo, a década de 1960 mostrou cabalmente que, como ocorreu com inúmeros reitores de universidades norte-americanas, até o executivo chefe de uma organização pode ser destituído, exatamente por ser colega de trabalho. A autoridade que ele exerce não é sua própria.

Nos termos da antiga lei do servo e do senhor, o executivo chefe da maior corporação não passa de um colega servo. Os demais podem ser-lhe hierarquicamente subordinados, mas pela lei são seus iguais. Eles não são servos do executivo chefe, e sim seus colegas de trabalho.

Isso é muito mais do que um jogo de palavras. Significa que nem o chicote nem a cenoura produzirão resultados se forem usados pelo administrador, por melhor que eles tenham funcionado para os senhores de outrora.

PODEMOS SUBSTITUIR O CHICOTE E A CENOURA?

Podemos substituir a cenoura das recompensas monetárias e o chicote do medo por uma nova cenoura e um novo chicote adequados à nova realidade gerencial?

Essa pergunta não é feita só pelos dirigentes. Os sindicatos dos trabalhadores talvez estejam até mais ansiosos em manter a estrutura da Teoria X.

Afinal de contas, esses sindicatos têm interesse nas relações senhor-escravo da Teoria X. Se não houvesse o senhor, qual seria o papel do sindicato? Os líderes trabalhistas extraem da oposição à Teoria X a sua missão. Eles sabem como proceder diante dela e conhecem de cor a argumentação nela baseada.

Quando os trabalhadores mais moços de algumas fábricas da General Motors começaram a falar de humanizar a linha de montagem, a maior oposição não partiu da direção da empresa. Partiu, sim, da direção do United Automobile Workers, sindicato dos trabalhadores que insistia em continuar a discussão sobre o salário dos seus membros, sua aposentadoria, suas horas de repouso, seus intervalos para o café e assim por diante. Ou seja, contra a opinião dos próprios interessados, os líderes sindicais insistiam em que se mantivesse, e até mesmo se fortalecesse, uma direção empresarial baseada na Teoria X.

Buscar novos conjuntos de motivadores para substituir o velho binômio do chicote e da cenoura não parece só racional, mas também tentador. Essas novas motivações já estão mesmo sendo oferecidas aos administradores na forma de um novo "despotismo psicológico esclarecido", uma tirania moderna.

A maior parte das mais recentes obras sobre a psicologia industrial exprime sua adesão à Teoria Y. Usa expressões do tipo "autorrealização", "criatividade" e "ser humano completo". Mas o que essas obras dizem se traduz no controle através da manipulação psicológica. Seus autores são levados a isso pelas suposições básicas de que partem, que são exatamente as da Teoria X: o ser humano é fraco, doentio, incapaz de cuidar de si mesmo. Está recheado de receios, ansiedades, neuroses e inibições. No fundo, ele não quer realizar, mas fracassar. Deseja, portanto, que o controlem. Na verdade, em seu próprio benefício ele precisa ser controlado – não pelo medo da fome ou pelo incentivo das recompensas materiais, mas através do receio de certa alienação psicológica e através do incentivo da "segurança psicológica".

Sei que estou supersimplificando. Sei que estou enfiando dentro de um tópico só meia dúzia de coisas diferentes. Mas todas elas compartilham das mesmas suposições básicas, que são as da Teoria X, e levam às mesmas conclusões. O superior hierárquico, o administrador, tem a possibilidade de exercer o controle psicológico; e ao praticar esse controle ele não é "egoísta", pois o exerce no interesse do próprio trabalhador. Contudo, ao tornar-se o escravo psicológico de seus funcionários, o administrador adquire um controle que corresponde ao do "chefe" deles.

Diante do velho binômio do chicote e da cenoura isso pode parecer "esclarecido", mas continua sendo despótico. Nesse novo enfoque psicológico, a persuasão entra no lugar das ordens. Quem não se convencer pela persuasão é considerado doentio, imaturo ou precisando de psicoterapia para o ajuste devido. A manipulação psicológica substitui a cenoura das recompensas financeiras; e a exploração dos receios, ansiedades e carências pessoais de personalidades substitui o velho medo do castigo ou da perda do emprego.

Esclarecido ou não, o despotismo psicológico constitui um terrível mau uso da psicologia. A psicologia destina-se principalmente a proporcionar às pessoas o conhecimento e o domínio de si mesmas. Aquelas ciências que hoje denominamos comportamentais chamavam-se inicialmente morais, e o "conhece-te a ti mesmo" era seu ensinamento básico. Empregar a psicologia para controlar, dominar e manipular os outros constitui um abuso do saber que chega a ser autodestruidor. Constitui também uma forma particular repugnante de tirania. Os senhores de outrora contentavam-se com controlar o corpo do escravo.

Bem, não nos interessa aqui nem o emprego adequado da psicologia nem a moral. Perguntamos, porém: é lícito permitir que se mantenha a estrutura da Teoria X através do despotismo psicológico? Terá o controle psicológico condições de funcionar?

O despotismo psicológico deve exercer uma violenta atração sobre os dirigentes, pois contém a promessa de lhes permitir continuar a proceder como sempre fizeram. Bastará aos dirigentes passar a usar novas palavras. Ele os adula. Mesmo assim, contudo, ao mesmo tempo que devoram com avidez as obras sobre a psicologia e participam dos grupos de estudo que a difundem, os dirigentes estão esquivando-se de colocar em prática a nova Teoria X psicológica.

Com essa cautela, os dirigentes demonstram possuir bom instinto. O despotismo psicológico não pode funcionar melhor do que duzentos anos atrás funcionou o despotismo esclarecido na esfera política – e pelo mesmo motivo. *Ele requer do soberano genialidade universal.* Ao dar ouvidos aos psicólogos, o dirigente precisará conhecer o interior das pessoas de todos os tipos. Precisará ser capaz de manejar todas as espécies de técnicas psicológicas. Terá que entender uma infinidade de estruturas pessoais de personalidade, de necessidades psicológicas pessoais e de problemas psicológicos pessoais. Ele precisará, em outras palavras, ser onisciente. Mas a maior parte dos dirigentes já acha bastante difícil saber tudo de que precisa saber sobre sua área imediata de especialização, seja ela a do tratamento térmico, da contabilidade de custos ou da programação da produção.

Na verdade, os dirigentes devem saber mais coisas sobre os seres humanos. Devem saber pelo menos que eles procedem como seres humanos que são e quais as consequências disso. Acima de tudo, como a maior parte de nós, os dirigentes precisam conhecer muito mais a si mesmos. Na realidade, por mais numerosos que sejam os seminários de psicologia de que tenham participado, em pouco tempo os dirigentes que tentam praticar o despotismo psicológico viram suas primeiras vítimas. Os erros que de imediato eles cometem não lhes permitem alcançar um bom desempenho.

As relações do trabalho precisam basear-se no respeito mútuo. O despotismo psicológico é basicamente insolente – muito mais insolente do que a tradicional Teoria X. Ele não parte da suposição de que o ser humano seja preguiçoso e avesso ao trabalho, mas sim da suposição de que o dirigente é poderoso, enquanto todas as outras pessoas são fracas. Supõe que o dirigente é sábio, enquanto todas as outras pessoas são ignorantes. Supõe que o dirigente é inteligente, enquanto todas as outras pessoas são estúpidas. São suposições nascidas da mais tola arrogância.

Acima de tudo, o dirigente-psicólogo solapará sua própria autoridade. A compatibilização psicológica é indispensável, sem dúvida, assim como a orientação e o aconselhamento psicológico. É indispensável haver quem console as almas e quem conforte os aflitos. Mas a relação que ocorre entre o consolador e seu paciente e a que ocorre entre o superior hierárquico e seu subordinado são diferentes entre si e reciprocamente se excluem. Cada um desses elementos possui sua integridade. A integridade do consolador está na sua subordinação ao bem-estar do paciente. Já a do administrador está na sua subordinação às exigências da tarefa comum. Nas duas relações é indispensável a autoridade, mas o campo da autoridade de uma e da outra não é o mesmo. O dirigente que achar que o que se fará será determinado pelas necessidades pessoais do seu subordinado (as necessidades de afeição, por exemplo), e não pelas necessidades objetivas do serviço, não se mostrará apenas um mau dirigente; ninguém acreditará nele – nem deverá acreditar. Tudo que ele fará será destruir a integridade do seu relacionamento e, junto com ela, o respeito pela pessoa e pela função do seu subalterno.

Ao exigir um suprimento ilimitado de gênios universais para os postos de gerência e ao confundir a autoridade e o papel do consolador com os do dirigente, o despotismo psicológico esclarecido não vai cumprir o que promete; conservará a Teoria X enquanto fingirá substituí-la.

Mas então, que é que poderá funcionar?

Não é simplesmente a Teoria Y formulada por McGregor. Ao mesmo tempo em que aceita a Teoria Y, o dirigente deve na realidade supor que pelo menos alguns componentes da força de trabalho buscarão realizar-se. De outra forma, poucas seriam as esperanças. Felizmente, a realidade comprova amplamente essa hipótese. Além disso, o dirigente precisa aceitar o fato de que sua tarefa é conferir realização tanto ao trabalhador como ao seu trabalho. Como resultado, o dirigente deve estar pronto a aceitar pesadas exigências sobre sua própria pessoa, sobre sua seriedade e sua capacidade. Mas ele não pode supor, como faz a Teoria Y, que bastará dar às pessoas oportunidade devida para que elas passem à realização. É necessário mais – muito mais – para que até os indivíduos mais fortes e saudáveis aceitem o pesado fardo da responsabilidade. A estrutura de que precisamos não poderá depender da condução que se aplicar ao trabalhador; nem da cenoura e do chicote. Essa estrutura precisará fornecer também elementos que substituam a segurança proporcionada pelas ordens da Teoria X, bem como a consciência que a pessoa tem a respeito de onde se encontra e de saber que está sendo cuidada.

CONSIDERAÇÕES FINAIS

Seja qual for a teoria válida, a "X" ou a "Y" – as mais amplamente debatidas dentre as teorias relativas ao comportamento humano no trabalho –, o dirigente não pode mais confiar na Teoria X, que assenta sobre o chicote do medo e a cenoura dos incentivos materiais. Em particular, nenhuma das duas funciona quando aplicada à nova espécie dos jovens trabalhadores braçais ou aos trabalhadores intelectuais. Mas também a Teoria Y apresenta sérias limitações e inconvenientes. Como, portanto, substituir a velha direção fundamentada na Teoria X? A manipulação psicológica – isto é, a Teoria X com a máscara da Teoria Y – não resolve. Que é que resolverá, então?

PERGUNTAS

1. Compare e confronte a Teoria X com a Teoria Y, ambas formuladas por McGregor.
2. Que elemento de compreensão A. H. Maslow acrescentou à obra de McGregor?
3. Por que se pode dizer que no tocante ao administrador o debate a respeito da Teoria X e da Teoria Y constitui em grande parte uma falsa guerra?
4. Por que o medo perdeu seu poder como agente motivador de quem trabalha?
5. De que forma a exigência cada vez maior de recompensas materiais prejudica sua utilidade para o dirigente?
6. Que diferenças motivacionais ocorrem entre os trabalhadores braçais de hoje e os da geração anterior?
7. Numerosos dirigentes estão procurando colocar os incentivos da "segurança psicológica" no lugar dos da fome e do medo. Que é que há de errado nessa iniciativa?
8. O que se entende por "despotismo psicológico"?

CAPÍTULO 18

DA DIREÇÃO DO PESSOAL À LIDERANÇA SOBRE AS PESSOAS

De que precisa o trabalhador – braçal ou especializado, do escritório ou intelectual – para poder suportar o fardo da responsabilidade? Que instrumentos lhe são necessários? Que incentivos? Que segurança? E que precisam fazer os dirigentes da empresa e ela própria para pedir aos trabalhadores que assumam responsabilidades, e para esperar que eles correspondam?

As atenções devem concentrar-se no serviço. O serviço deve possibilitar a realização. Ele não é tudo, mas vem em primeiro lugar. Se outros aspectos da atividade forem insatisfatórios, eles serão capazes de estragar até o serviço que maior realização proporcione – do mesmo modo como um molho ruim pode estragar o gosto até da melhor das carnes. Mas se o trabalho em si não proporcionar realização, nada mais será capaz de fazê-lo.

Para alcançar a realização, portanto, o trabalhador precisa antes de mais nada ser capaz de responsabilizar-se pelo seu serviço. Para isso, são necessários os seguintes pontos: (1) trabalho produtivo; (2) informações retroalimentadas; (3) aprendizagem contínua.

É insensato esperar que o serviço proporcione realização quando o trabalho não tenha sido estudado, o processo não tenha sido sintetizado, os padrões e controles não tenham sido ponderados e os instrumentos físicos de informação não tenham sido considerados. E isso também é incompetência gerencial.

A ILUSÃO DA CRIATIVIDADE

Diz um antigo – e sempre revivido – adágio relativo à criatividade pessoal: "Liberte as pessoas das restrições e elas voltarão com respostas muito melhores, muito mais avançadas e muito mais produtivas que as dos especialistas". Mas não há provas nesse sentido. Tudo que se sabe indica que só há criatividade quando se fornecem os instrumentos básicos. Tudo que se sabe indica também que a estrutura adequada do trabalho – de qualquer trabalho – não é intuitivamente evidente.

Há muitos séculos o homem carrega areia. Na maior parte das vezes, pode-se supor, ninguém lhe ensinou isso. Se o trabalho produtivo dependesse da criatividade das pessoas, estas sem dúvida já teriam encontrado o melhor modo de carregar areia antes do alvorecer da história. No entanto, quando Taylor o analisou pela primeira vez, em 1885, verificou que esse trabalho estava todo errado. O tamanho e o formato da pá não eram adequados. Nem o comprimento do cabo. A quantidade da areia que cada operador carregava de cada vez estava errada, e aparentemente teria até sido calculada para cansá-lo e prejudicá-lo fisicamente. A forma, o tamanho e a posição dos recipientes também estavam errados e assim por diante. A intuição e a criatividade humanas haviam produzido uma operação fatigante e ineficiente. Seu processo foi melhorado em vários graus de grandeza ao ser analisado e novamente sintetizado para se tornar uma única operação produtiva. E após dois mil anos de "criatividade", exatamente a mesma concepção (totalmente errada) do trabalho e do processo os médicos encontraram por volta de 1840, quando pela primeira vez analisaram sistematicamente o processo que aplicavam aos seus diagnósticos.

AS INFORMAÇÕES RETROALIMENTADAS PARA O AUTOCONTROLE

O segundo pré-requisito para o trabalhador assumir responsabilidade é a informação retroalimentada sobre o seu desempenho. A responsabilidade exige autocontrole. Este por sua vez requer informações contínuas sobre o próprio desempenho, projetado contra os padrões vigentes.

Ultimamente, tem havido grande interesse em aplicar ao trabalho a "modificação do comportamento". Em particular, tem despertado profundo interesse o método de trabalho adotado por uma grande empresa de transportes aéreos de carga, a Emery Air Freight, que verificou que basta informar aos trabalhadores, de imediato, qual está sendo seu desempenho, para que eles, em todos os níveis do serviço, sejam capazes de dirigi-lo. Na verdade, há muitos anos já sabíamos disso.

As informações que o trabalhador precisa receber devem atender às exigências das informações retroalimentadas eficazes. Precisam ser oportunas. Precisam ser importantes. Precisam ser operacionais. Precisam concentrar-se no próprio serviço. Acima de tudo, precisam ser instrumento *dele*. Sua finalidade deve ser o autocontrole, e não o controle pelos outros, muito menos a manipulação pelos outros.

A verdadeira força das informações retroalimentadas – e o seu maior elemento reforçador – está, sem dúvida, em que as informações constituem o instrumento que o trabalhador pode usar para medir-se e se orientar. O trabalhador não precisa receber elogios ou repreensões para *saber* como está se conduzindo. Ele sabe.

A APRENDIZAGEM CONTÍNUA

O terceiro elemento necessário para conseguir realização no trabalho e trabalhadores responsáveis é a aprendizagem contínua.

A aprendizagem contínua não substitui o adestramento destinado à aquisição de novas aptidões. Ela procura atingir outras metas e atender a outras necessidades. Acima de tudo, ela atende à necessidade que sente o empregado de contribuir com o que ele mesmo aprendeu para melhorar seu desempenho, para melhorar o desempenho de seus companheiros e para chegar a um método de trabalho não só melhor e mais eficaz, mas também mais racional.

Ela constitui também o único meio de fazer frente a dois problemas básicos: a resistência dos trabalhadores à inovação e o perigo de os trabalhadores se tornarem "obsoletos".

A aprendizagem contínua não precisa ser transmitida em reuniões formais, mas precisa ser sempre organizada. Há necessidade de um desafio contínuo ao trabalhador: "Que é que você aprendeu que pode fazer que seu trabalho e o de todos nós se mostre mais produtivo, mais funcional e mais realizador? Que é que você está precisando em matéria de conhecimentos, ferramentas e informações? E de que forma poderemos nos preparar melhor para as novas necessidades, os novos métodos e as novas capacidades de desempenho?".

O PLANEJAMENTO E A EXECUÇÃO

Esses três pré-requisitos – (1) o trabalho produtivo, (2) as informações retroalimentadas e (3) a aprendizagem contínua – compõem, por assim dizer, o planejamento para a responsabilidade do trabalhador em relação ao seu serviço, ao seu grupo de trabalho e à sua produção. Constituem, portanto, responsabilidades e tarefas da administração. Mas eles não constituem "prerrogativas da administração", isto é, coisas que a administração faça sozinha, por si mesma e unilateralmente. A administração precisa de fato executar seu trabalho e tomar decisões. Em todas essas áreas, porém, os próprios trabalhadores precisam desde o início integrar-se no processo de planejamento como sócios responsáveis. Desde o início eles precisam participar da elaboração das ideias, através do seu trabalho e do processo, dos instrumentos e das informações. Seus conhecimentos, experiências e necessidades constituem recursos que devem ser aproveitados no processo do planejamento. Os trabalhadores precisam ser participantes desse processo. Tudo deve ser feito para colocar à sua disposição os conhecimentos de que necessitam. Não se espera que eles se tornem engenheiros industriais ou projetistas de processos, mas quase todos eles serão capazes de compreender sem maior dificuldade os pontos básicos da engenharia industrial e de suas implicações em relação às funções e ao trabalho de cada um.

Não se pode também esperar, e muito menos exigir, que o trabalhador se *responsabilize* pelo seu serviço, pelos grupos de trabalho e pela produção, enquanto não se tenham fixado os fundamentos do trabalho produtivo, as informações retroalimentadas e a aprendizagem contínua. E desde o início deve-se levar o trabalhador a participar do planejamento desses alicerces.

Se compreendermos a criatividade como uma adivinhação não dirigida, desestruturada, sem acompanhamento e sem controle, é improvável que ela venha a produzir resultados. Por outro lado, dificilmente poderá ser eficaz o sistema que não recorrer (e não os puser a funcionar) aos conhecimentos, à experiência, aos recursos e à imaginação das pessoas que com ele precisam conviver e fazê-lo funcionar.

Planejar e executar são atividades distintas, como ler e escrever, e exigem métodos e prismas diferentes. Mas o planejador e o executor, da mesma forma como o leitor e o escritor, precisam estar unidos na mesma pessoa. Não podem se dissociar por inteiro – pois aí o planejamento perderá sua eficácia e passará a constituir inclusive uma ameaça ao desempenho.

O planejador é necessário para fornecer ao executar instruções e mensurações, bem como os instrumentos para a análise e a síntese, mais a metodologia e os padrões. Sua participação também é necessária para assegurar que o planejamento de um grupo seja compatível com o dos demais. Por sua vez, porém, o planejador precisa do executor como recurso também para o controle da retroinformação. E quando o planejador não souber o que o executor faz e precisa, seu planejamento, mesmo que teoricamente perfeito, talvez nunca venha a se realizar. Da mesma forma, se não compreender o que o planejador procura fazer, o executor não conseguirá atender aqueles pontos que, fixados para o seu desempenho, lhe pareçam despropositados, arbitrários ou simplesmente tolos; ou então se oporá a eles.

Ainda assim, os alicerces da responsabilidade do trabalhador são o planejamento e, portanto, as responsabilidades que cabem à administração.

A NECESSIDADE DE UMA AUTORIDADE BEM DEFINIDA

Uma coisa mais se faz necessária para tornar a responsabilidade aceitável aos trabalhadores de todos os escalões: eles precisam contar com a segurança de uma estrutura de autoridade bem definida. Precisam saber que áreas e decisões se encontram fora do seu poder e, portanto, reservadas a uma autoridade diferente ou superior. Eles precisam saber a quem recorrer na hora em que alguma decisão se faça necessária. Precisam saber a quem devem ouvir, bem como as ordens de quem (por mais peremptórias que sejam) deverão ser consideradas como procedentes de fonte "não autorizada", ou seja, dada por quem não tem o direito de dar ordens a este ou àquele trabalhador, nesta ou naquela área.

Toda organização é também ameaçada pelo "perigo geral". Sempre há a possibilidade de ocorrer uma situação de emergência que não tenha sido prevista e para a qual não se fixaram regras. O perigo geral pode ser físico – na empresa, o mais das vezes ele será econômico. Qualquer que seja sua natureza, alguém precisará decidir nessa hora, e depressa, pois caso contrário todos correrão perigo. É preciso saber antecipadamente quem é esse alguém, do contrário virá o caos. E essa pessoa deverá ser capaz de dizer: "O que precisamos fazer é isto, *você* o fará e *deste* modo". A sobrevivência do grupo dependerá de essa pessoa possuir uma autoridade inquestionável, sem a qual ninguém do grupo poderá se sentir seguro.

A RESPONSABILIDADE PELO SERVIÇO E PELOS GRUPOS DE TRABALHO

O planejamento referente a cada tarefa necessária à execução do trabalho e ao atendimento dos padrões constitui responsabilidade dos trabalhadores e do seu grupo de trabalho. Assim também o projeto, a estrutura e o relacionamento do grupo de trabalho em que esses serviços estão integrados, formando uma comunidade. Os trabalhadores podem precisar de assistência profissional para desincumbir-se dessas responsabilidades. Podem precisar dos conhecimentos, da experiência e dos ensinamentos de seus chefes. Podem precisar da orientação e dos serviços do engenheiro industrial e de muitos outros técnicos e profissionais. A administração deve conservar para si o poder do veto, a que muitas vezes poderá recorrer. Mas a responsabilidade pelo planejamento dos serviços e do próprio grupo de trabalho cabe àqueles que são responsáveis pela produção e pelo desempenho: os trabalhadores e o grupo de trabalho.

A responsabilidade do trabalhador pelo seu serviço e pelo seu grupo varia bastante, de acordo com o tipo do trabalho que deve ser executado, com o nível da instrução, das aptidões e dos conhecimentos da força de trabalho, bem como com a cultura e as tradições vigentes. Ela certamente apresentará configuração diferente conforme se trate de trabalhadores cientistas de pesquisa ou de obstinados vagabundos dos guetos de uma cidade grande.

Mas os princípios são os mesmos: o trabalhador e o grupo de trabalho são responsáveis por seus serviços e pelas relações entre os diversos serviços. Eles são responsáveis por pensar no *modo como* o trabalho deve ser executado. São responsáveis por alcançar as metas propostas para o desempenho, como são responsáveis tanto pela quantidade da produção como pela sua qualidade. E são responsáveis pelo aperfeiçoamento do trabalho, do serviço, das ferramentas e processos, bem como de suas próprias aptidões.

É impossível prescrever de fora uma estrutura "correta" para o grupo de trabalho. A estrutura desse grupo é complexa, mesmo quando o grupo se componha de uma quantidade bastante simples de elementos também bastante simples – os trabalhadores e os respectivos serviços. Ela lembra um calidoscópio. Pequenas variações na posição dos componentes alteram radicalmente o padrão global.

Em uma situação dessas, as tentativas constituem o único meio de chegar-se à solução correta, à solução ótima. As pessoas de fora, como o engenheiro industrial, podem ajudar. Mas elas não podem chegar à solução pela via analítica, enquanto o próprio grupo geralmente chega relativamente depressa e sem maiores dificuldades à solução correta. Ele resolve as coisas.

A LINHA DE MONTAGEM E O ENRIQUECIMENTO DO SERVIÇO

As pressões para mudar os modos tradicionais de dirigir o trabalhador e sua atividade aumentaram nas últimas décadas à medida que a "nova espécie" passou a fazer parte da força de trabalho e que os antigos estímulos motivadores, como a fome e o medo, começaram a perder sua força. A pressão mais forte que se tem sentido é a que se exerce sobre a tradicional linha de montagem das fábricas. A posição convencional é a de que por sua própria natureza a linha de montagem só pode funcionar se submetida ao comando e às ordens superiores.

Há muito tempo nossa experiência durante a Segunda Guerra Mundial, na produção de material bélico, provou o contrário. Nada do que hoje se propõe vai tão longe em exigir a responsabilidade do trabalhador como o que algumas fábricas norte-americanas de material bélico fizeram durante aquela guerra. Em uma delas, as equipes de trabalho montavam motores para avião bastante complexos. Cada equipe dividia de maneira diferente o trabalho de seus membros, mas todas ultrapassavam o padrão de desempenho que delas se esperava. Naquelas fábricas, o trabalhador tinha que assumir responsabilidades por causa da carência de engenheiros industriais, chefes de serviço e gerentes.

As lições proporcionadas por esses casos estão sendo hoje redescobertas em um dos processos de produção mais rígidos e de mais alto nível técnico, a linha de montagem automobilística.

Nos Estados Unidos, a Chrysler está procurando fazer os trabalhadores assumirem a responsabilidade pelas operações da linha de montagem. Em uma de suas fábricas, situada em Detroit, a empresa chegou inclusive a solicitar aos seus funcionários que reavaliassem toda a operação da fabricação. Em razão dos comentários que recebeu, ela reorganizou aquela fábrica por completo, e com isso passou a conseguir uma produção maior com menos gente.

Os processos mais sistemáticos adotados nas operações das linhas de montagem de automóveis, com vistas à responsabilidade do trabalhador, foram os observados pelas duas indústrias automobilísticas suecas, a Saab e a Volvo, ambas agindo em consequência da pressão exercida pela falta da mão de obra.

Em uma unidade sueca dessas organizações, um grupo de trabalho se responsabiliza pela montagem completa do veículo. A fábrica estipula o padrão para a produção (quantos carros por hora) e o padrão para a qualidade. O processo já estará preparado, mas a estrutura dos vários serviços, sua amplitude e relacionamento, bem como a organização dos grupos de trabalho, são estipulados pelos próprios trabalhadores, em conjunto com seus chefes diretos e os engenheiros industriais.

Também fora das linhas de montagem são cada vez maiores as exigências pelo "enriquecimento do serviço". Nesse enriquecimento, um especialista (geralmente o engenheiro industrial) define os "módulos" do trabalho a executar, as operações que precisam ser efetuadas. Ele estabelece os padrões e analisa as informações de que o trabalhador precisará. A seguir, é o próprio trabalhador que esquematiza seu serviço, isto é, a quantidade de módulos que constituem "o meu" serviço, bem como a sequência, velocidade e ritmo desses módulos. O resultado que se colhe é uma produção maior, uma qualidade melhor e uma grande redução na rotatividade do pessoal.

Há décadas a IBM e um grande número de empresas japonesas colocaram em prática o enriquecimento do serviço. E o modo como há décadas são atendidos os pedidos de pagamento de seguros em algumas companhias seguradoras alemãs e japonesas (ver o Capítulo 16) é puro e simples enriquecimento do serviço. O fato de ele estar sendo agora proclamado como uma descoberta é de certa forma irônico – mas isso não importa, desde que se introduzam as modificações.

O que já não importa tampouco é a crença de que o enriquecimento do serviço constitua *a* resposta. Ele não é mais do que o primeiro passo. A IBM e os japoneses mobilizaram as energias do *grupo* de trabalho. O enriquecimento do serviço limita as responsabilidades dos trabalhadores aos serviços que executam. Mas eles devem assumir responsabilidades também pelo próprio grupo de trabalho, pelo seu relacionamento no processo de trabalho e através dele, bem como pela sua estrutura e coesão.

A RESPONSABILIDADE DO TRABALHADOR E AS "NOVAS ESPÉCIES"

A responsabilidade do trabalhador pelo seu serviço e grupo de trabalho é importante para todos os tipos de trabalhadores e organizações atuais. Ela é fundamental para uma civilização em que de cada quatro pessoas que trabalham três estão empregadas em alguma organização.

Mas a responsabilidade do trabalhador é particularmente importante para três grupos de trabalhadores – embora por motivos diferentes.

O primeiro grupo é constituído pela nova espécie de trabalhadores braçais jovens. São homens e mulheres que começam a trabalhar já como rejeitados, já como perdedores. No entanto, embora sejam os refugos do sistema educacional, eles já passaram muitos anos na escola e possuem, por qualquer padrão histórico, um alto nível de instrução. Não são os analfabetos miseráveis dos cortiços industriais de 1850. Seus conhecimentos formais podem ser reduzidos, mas seus horizontes são amplos – mesmo que seja só por causa da televisão. E eles não se deixam motivar, de modo geral, nem pela cenoura nem pelo chicote. São pessoas revoltadas – e em muitos casos com toda razão –, pois a falta do diploma, que as condenou à sua posição de inferioridade, não lhes parece um critério de julgamento bom, verdadeiro ou válido. Ao mesmo tempo, elas têm dúvidas sobre sua capacidade de desempenho e de realização, bem como sobre sua própria dignidade. Esses homens e mulheres precisam desesperadamente de realização para vencer o hábito que adquiriram, de ver-se derrotados. De outro modo, permanecerão eternamente em estado de ressentimento e rebelião latente. Eles precisam de responsabilidade para vencer sua sensação de inferioridade. Precisam de algum desafio que possam vencer. Eles são desconfiados – todos os contatos anteriores com as autoridades os condicionaram à desconfiança. Mas precisam de autoconfiança e segurança mais do que qualquer outro grupo da força de trabalho.

Essa é, acima de tudo, a lição da revolta, amplamente noticiada, dos trabalhadores da General Motors na década de 1960, na então nova fábrica de Lordstown, em Ohio. O fato de aqueles moços rejeitarem a rígida disciplina imposta às linhas de montagem da General Motors não é surpreendente nem inédito. Em cada uma das principais fábricas de montagem que a General Motors construiu nos últimos trinta anos, a reação inicial dos trabalhadores foi exatamente a mesma. O noticiário dos jornais sobre os acontecimentos de Lordstown foi exatamente igual ao das entrevistas e reportagens relativas aos trabalhadores da grande fábrica de montagem que no final da década de 1940 a General Motors construíra na Nova Inglaterra.

A diferença real – e bastante importante – foi que os jovens trabalhadores, brancos e negros, da fábrica de Lordstown quase unanimemente acharam que teriam concebido suas tarefas e projetado a linha de montagem muito melhor do que o fizeram os engenheiros industriais da General Motors. Os acontecimentos ocorridos em Lordstown contrastaram frontalmente com os que se verificaram em outra fábrica próxima. Nesta, os trabalhadores e seus chefes participaram do planejamento e concepção dos próprios serviços, e por fim assumiram responsabilidades com relação a tornar a nova fábrica produtiva a um ponto que ultrapassasse os próprios padrões fixados para a de Lordstown.

OS "PRÉ-INDUSTRIAIS"

O segundo grupo (absolutamente diverso em seu interior, por maiores que sejam suas semelhanças externas) é composto pelo grande número de pessoas que recentemente imigrou para as cidades e organizações modernas, provenientes de civilizações pré-industriais: os turcos e outros trabalhadores estrangeiros na Alemanha, os sicilianos de Turim, na Itália, os negros dos Estados Unidos, os nordestinos dos canaviais assolados pela seca, de São Paulo, Brasil, e os indígenas do *pueblo*, da Cidade do México.

Em muitos aspectos, esses trabalhadores precisam de cuidados paternalistas. Precisam ser cuidados. Eles não se sentem em casa dentro da sociedade moderna; ficam assustados e perdidos. Mas ao mesmo tempo eles precisam ser incorporados à sociedade moderna, para seu próprio bem e para o bem da sociedade para a qual se transferiram. De outra forma, exercerão uma influência perturbadora e instável. E de novo o que se faz necessário é inculcar nesses trabalhadores o hábito da responsabilidade e o gosto pela realização.

Enquanto a Fiat de Turim não consegue incorporar os imigrantes sicilianos, tendo sido muitas vezes paralisada pelo seu desespero, ódio e resistência, a Olivetti, não muito longe dali, em Ivrea, tem, pelo que tudo indica, poucos problemas com esses mesmos imigrantes sicilianos. Por que essa diferença? Na década de 1960, a Olivetti atravessou momentos bastante difíceis, após a morte do seu fundador, e a própria sobrevivência da empresa correu perigo. Na mesma hora, a Fiat experimentava um extraordinário surto de progresso, pagando salários cada vez maiores e oferecendo elevada segurança de emprego. Ambas as empresas são bastante paternalistas. A diferença entre a capacidade de cada uma em absorver os sicilianos reside, pelo que parece, em um fator: a Olivetti conta com uma antiga tradição de trabalhadores que são responsáveis pelos próprios serviços e grupos de trabalho.

OS TRABALHADORES INTELECTUAIS

Finalmente, há os trabalhadores intelectuais, e especialmente os de conhecimentos mais avançados. Eles precisam ser "profissionais do saber". Significa isso que ninguém poderá motivá-los. Eles precisarão motivar-se a si mesmos. Ninguém poderá dirigi-los. Eles precisarão dirigir-se a si mesmos. Acima de tudo, ninguém poderá chefiá-los. Eles serão os guardiães dos próprios padrões, desempenhos e objetivos. Eles só poderão se mostrar produtivos quando responsáveis pelo seu serviço.

SALVEMOS O CHEFE DO SERVIÇO!

Fazer o trabalhador responsável pelo seu serviço e pelo serviço do seu grupo de trabalho é também o melhor – e talvez o único – meio de devolver ao chefe do serviço (ou "supervisor") seu vigor e função.

Por meio século ou mais, o chefe da primeira linha, especialmente nas atividades fabris ou do escritório, está vendo a posição, importância e respeito do seu papel se reduzirem gradativamente. Cinquenta anos atrás, o chefe do serviço constituía aos olhos dos funcionários a própria "direção"; hoje, em grande parte ele é apenas um amortecedor entre a direção, o sindicato e os trabalhadores. E como todo amortecedor, sua principal função é absorver os choques.

Em realidade, nas fábricas modernas o chefe do serviço está virando cada vez mais o "inimigo". Separa-o, dos homens que dirige, uma muralha cada vez mais alta de ressentimentos, desconfiança e hostilidade. Ao mesmo tempo, separa-o da direção sua falta de conhecimentos técnicos e gerenciais. E a posição do chefe dos trabalhadores intelectuais sofre exatamente o mesmo isolamento. Seus subordinados consideram-no seu porta-voz e esperam que ele os proteja, bem como à sua área de conhecimentos, contra as exigências e a ignorância da direção. Por sua vez, a direção espera que ele promova a integração dos conhecimentos e da capacidade do pessoal da sua área à missão, finalidade e objetivos da organização. Ele se vê assim cada vez mais repudiado por ambas as partes: pelos subordinados, por já não ser visto como um verdadeiro cientista ou especialista e por "ter-se vendido" à direção; e pela direção, por ser provinciano, departamentalizado e parcial.

O papel adequado aos chefes do serviço não é o do policial. Eles precisam funcionar como "assistentes" do grupo de trabalho e da direção (e é assim que a IBM os denomina) e a ambos fornecer conhecimentos, informações, colocação, ensinamentos, ajuda na fixação dos padrões e orientação geral. Seu papel não é fácil, mas é sustentável. Ele não mais obriga a um confronto entre a lealdade ao grupo de trabalho e a lealdade à direção. Como recurso à disposição do trabalhador e grupo de trabalho desejosos de realização, o chefe do serviço pode ainda reencontrar sua função. Ele pode satisfazer tanto às necessidades de desempenho da empresa como às necessidades pessoais de realização dos trabalhadores.

A FÁBRICA E O ESCRITÓRIO COMO COMUNIDADES

A fábrica e o escritório constituem mais do que simples locais geográficos. Fala-se do ambiente que predomina em determinado escritório ou fábrica. Estuda-se sua "cultura". Fala-se de "modelos" para a organização "formal" ou "não formal", dos "valores" predominantes e dos "escalões profissionais". E embora haja profundas diferenças de grau entre a fábrica e o escritório mais paternalistas e os que sejam mais impessoais, todos eles têm funções comunitárias a desempenhar. Em outras palavras, há as comunidades de trabalho.

Para que se mostrem realizadores, os trabalhadores devem assumir responsabilidades substanciais em relação à direção de sua comunidade de trabalho. Numerosas decisões referentes à comunidade de trabalho não se relacionam com a finalidade e o desempenho da organização toda. Não são decisões empresariais, e sim decisões sociais, vinculadas aos assuntos que dizem respeito à comunidade de trabalho. Essas decisões devem ser descentralizadas. Elas precisam ser tomadas na comunidade de trabalho – assim, numerosas decisões empresariais também devem ser descentralizadas e tomadas pela gerência operacional onde se aplicam.

Uma das leis que regulam o governo diz que ele deve restringir-se apenas às decisões *necessárias*. O corpo governante será tanto mais eficaz e poderoso quanto menos decisões tomar.

Quando toma decisões referentes à comunidade de trabalho, a direção da empresa sobrecarrega-se com assuntos que lhe são pouco expressivos, embora assumam grande importância aos olhos dessa comunidade. São decisões que dizem respeito ao restaurante, à escala de férias, ao governo das atividades recreativas, à segurança, aos planos de pensão e assim por diante. É comum ver nas empresas elementos da direção cuidando dessas coisas – geralmente mal e dispendiosamente.

A NECESSIDADE DAS OPORTUNIDADES PARA ASSUMIR A LIDERANÇA

Ao mesmo tempo, essas áreas oferecem importantes oportunidades para a liderança, para a responsabilidade, para o reconhecimento e para a aprendizagem. Os elementos que dirigem essas atividades são pessoas importantes na comunidade de trabalho. Quem decide as coisas nessas áreas também é forçado a aprender o que é dirigir e o que significa assumir responsabilidades de direção. Aprende que é preciso fazer escolhas e fixar prioridades, e que uma infinidade de coisas que a gente gostaria de ter precisa adequar-se aos recursos disponíveis.

Sem as oportunidades de liderança na comunidade de trabalho, as aptidões, as energias e as ambições dos trabalhadores poderão se voltar contra a direção e contra a própria comunidade trabalhadora. Elas se mostrarão então negativas, destruidoras e demagógicas. Líder será quem causar mais problemas aos patrões e não quem apresentar o melhor desempenho na comunidade.

A responsabilidade não constitui garantia de desempenho por si mesma. Mas sua ausência gera o demagogo.

A SEGURANÇA DO EMPREGO E A ESTABILIDADE DA RENDA

Viver com medo de ficar desempregado e desassalariado é algo incompatível com a responsabilidade pelo seu serviço e pelo serviço do grupo de trabalho, pela produção e pelo desempenho. O fato de esse receio estar menos disseminado – a ponto de já não funcionar como espora – torna-o ainda mais destruidor. Nas situações em que constitui fator importante, ele contrasta profundamente com o padrão da vida e da segurança a que se acostumou a maioria dos trabalhadores das sociedades desenvolvidas.

Para aceitar o fardo da responsabilidade, o trabalhador – tanto o especializado como o não especializado, tanto o braçal como o intelectual – precisa de boa dose de segurança no tocante ao seu emprego e à sua renda. Ao mesmo tempo, no entanto, o trabalhador precisa também gozar de certa mobilidade.

A resistência às mudanças e às inovações não é inerente à natureza humana. Sempre que a empresa proporcionou segurança real em relação ao emprego e à renda, essa resistência terminou.

No Ocidente, a garantia *formal* do emprego e da renda ainda constitui mais exceção do que regra – embora as exceções sejam muito mais numerosas do que muita gente pensa (inclusive quase todos os dirigentes sindicais). Pois a segurança do emprego e a certeza do rendimento cada vez mais estão fazendo parte do sistema.

O primeiro passo foi o seguro-desemprego. Certas empresas e setores, com ou sem contratos sindicais, tomaram outras providências mais: seguro-desemprego suplementar; indenização por infringência ao contrato; regulamentação das dispensas com base na antiguidade do empregado (com a qual praticamente se deu segurança efetiva aos trabalhadores mais antigos).

Em resultado disso, as despesas com a mão de obra estão ficando cada vez menos variáveis.

A MOBILIDADE

Muita gente acredita que nos Estados Unidos os trabalhadores, principalmente os trabalhadores intelectuais, mudam de emprego constantemente. Em grande parte, porém, até em relação aos administradores e aos profissionais especializados essa crença não passa de mito.

Nas grandes empresas norte-americanas – assim como na maioria das pequenas – a rotatividade dos administradores e profissionais é bastante baixa. Ocorre uma rotação considerável nos cargos iniciais, isto é, durante os primeiros três a cinco anos de serviço, bem como nos postos da alta administração. Na metade do caminho, entretanto (entre os trabalhadores mais antigos da administração média e inferior, entre os profissionais especializados e os trabalhadores intelectuais técnicos), mudar de emprego é mais exceção do que a regra. Nas empresas norte-americanas de porte, a grande maioria dos postos intermediários é preenchida por pessoas que mudaram de emprego no máximo uma vez, e isso nos primeiros anos após a formatura. A primeira mudança de emprego costuma ocorrer quando as pessoas são moças, e geralmente essa é também a última vez. Depois disso, as pessoas movimentam-se de um ponto para outro no interior da organização, mas muito raramente deixam a empresa.

Também para os operários das fábricas norte-americanas a estabilidade no emprego é mais regra do que exceção. Uma boa medida disso é dada pelas experiências colhidas pelos planos empresariais particulares de aposentadoria, planos esses que cobrem praticamente todas as nossas empresas grandes e médias (e provavelmente também a maioria das pequenas). Esses planos foram muito criticados anos atrás, porque "só setenta por cento dos empregados recebem aposentadoria". O problema tem sua origem em que a maioria dos planos norte-americanos de aposentadoria condicionou suas concessões anteriores a 1974 a quem tivesse trabalhado para a mesma empresa de 25 a 30 anos. (Essa situação prevalece ainda hoje nos planos de pensão dos governos estaduais e municipais. Mas desde 1974 os planos das empresas privadas são obrigados a conceder pensão garantida após 10 anos de engajamento, ou menos.) Isso então significa que setenta por cento da força de trabalho goza da vantagem, na verdade, de ter emprego para a vida inteira. Essa parcela da força de trabalho passou 25 a 30 anos na mesma empresa.

A NECESSIDADE DA COLOCAÇÃO ORGANIZADA

Toda empresa – bem como a economia como um todo – precisa contar com um grau razoável de flexibilidade em relação às suas despesas com a mão de obra. A adequação entre a segurança no emprego e a estabilidade no serviço, de um lado, e, do outro, certa flexibilidade nas despesas com a mão de obra, exige um trabalho de colocação organizada. O custo do que se faça em matéria de colocação é quase insignificante. Sem ele, entretanto, as despesas com a mão de obra poderão ficar "congeladas". A empresa poderá não ser capaz de reduzir seu nível de emprego. Ou então, se for capaz disso, as despesas que terá com as indenizações nas demissões e outros proveitos do trabalhador poderão acabar engolindo qualquer economia que ela consiga nas despesas com a mão de obra. Mesmo assim, continuarão o receio e a insegurança, a não ser que o empregador assuma ativamente, de um modo ou de outro, a responsabilidade pela colocação dos empregados que cortar. Sempre que a empresa aceitou o compromisso de encontrar serviço para seus empregados excedentes, o resultado foi a segurança psicológica.

Em meio a uma acentuada depressão, pode ser difícil, ou quase impossível, colocar esses trabalhadores. Mas o problema básico da segurança em relação ao emprego e ao rendimento não é o da catástrofe geral. São, sim, as repercussões que a pessoa sente em decorrência das pequenas mudanças resultantes dos progressos tecnológicos que tornem obsoleta determinada empresa, setor ou profissão; são os avanços na produtividade que levem à redução da força de trabalho necessária; são as ligeiras alterações na procura econômica, na economia dos transportes, na linha dos produtos ou nos processos. Estatisticamente, esses acontecimentos são marginais. Para as pessoas, eles são tão raros, mas também tão devastadores, como ser atingidas por um raio.

Dar aos trabalhadores a sensação de segurança de emprego não é um problema de dinheiro. O dinheiro para conferir-lhes essa segurança, bem como a segurança de seu rendimento, na verdade já está sendo gasto. O que se faz preciso agora é, em primeiro lugar, deixar claro que a segurança existe. E em segundo, que a mobilidade de que necessitam todos – a economia, a empresa e o trabalhador – deve ser organizada. Em outras palavras, o que se faz preciso é uma pitada de inteligência e um pouco mais de trabalho duro.

OS LUCROS, A PRODUTIVIDADE E OS PROVENTOS

O emprego como meio de vida constitui a primeira preocupação do trabalhador com respeito à dimensão econômica do trabalho. Mas há também o evidente conflito entre o fundo salarial e os fundos destinados ao capital, isto é, entre o interesse econômico do trabalhador em relação aos salários e ordenados e a necessidade da economia e da empresa e (em última análise, dos próprios trabalhadores) em relação ao lucro e à produtividade.

Nos Estados Unidos, esse conflito já deve ser, agora, coisa do passado, porque na economia norte-americana cada vez mais o trabalhador é favorecido tanto pelo fundo salarial como pelos fundos destinados ao capital.

As empresas do País – pelo menos as grandes e médias – estão cada vez mais se tornando, para o benefício dos seus trabalhadores, "propriedade" das administradoras patrimoniais[1] por eles constituídas. Em 1990 – ou o mais tardar até 2000 – os fundos de pensão e os fundos mútuos (a maioria dos cotistas dos fundos mútuos compõe-se de empregados de baixa ou média renda) possuirão mais de dois terços das grandes e médias empresas norte-americanas. Já agora, no início da década de 1970, essas administradoras patrimoniais dos trabalhadores compõem o maior grupo individual de acionistas e proprietários do País. Elas constituem os únicos verdadeiros "capitalistas" que andam por aqui.

No entanto, o fato de o trabalhador e o acionista estarem se tornando uma só pessoa parece repercutir muito pouco, ou quase nada, na hostilidade em relação ao lucro. Até a propriedade total das empresas pelos trabalhadores e a eliminação de todos os seus proprietários externos parece não ter grande repercussão.

O trabalhador proprietário que se opõe ao lucro e rejeita as necessidades dos fundos destinados ao capital não é, entretanto, totalmente irracional: o fato é que o lucro simplesmente é pequeno demais em relação aos salários para ser capaz de inclinar a balança para o lado do trabalhador (ver o Capítulo 16).

A segunda explicação – mas não uma explicação secundária – é que como *renda* os planos de participação nos lucros e na produtividade são bons quando está tudo azul. Eles funcionam muito bem nas épocas de lucros e produtividade ascendentes. Mas geram revolta e frustração no momento em que as cotas relativas aos lucros, e as bonificações relativas à produtividade, começam a baixar, em vez de subir.

Constitui engano fundamental tratar o lucro como renda. O lucro é fundo para o capital, ou seja, é poupança. Ele só tem sentido quando utili-

---

1 São as conhecidas "trustees". Julgamos que "administradoras patrimoniais" podem facilitar mais a compreensão do que o termo mais técnico "fideicomissárias". (N. do T.)

zado para formar um fundo de capital que beneficie o trabalhador. Só aí a função do lucro poderá ser compreendida.

A lucratividade e o interesse dos trabalhadores podem coincidir quando se estabelece uma ligação entre os proventos que o trabalhador recebe e a lucratividade. Um "provento" desses pode consistir de um plano de aposentadoria. Distribuída por um número adequado de anos e sobre um grupo de tamanho apropriado, a renda adequada para a aposentadoria poderá ser financiada através de pagamentos anuais relativamente baixos por pessoa beneficiada. Outra área desse tipo é a da assistência médica. O risco econômico pessoal supera aquilo que até quem é rico pode enfrentar nesse campo. Mas como estatisticamente falando poucas são as pessoas que a cada ano precisam de maiores cuidados médicos, a cobertura coletiva passa a ser razoavelmente barata. Finalmente, há a garantia do emprego e do rendimento, também ele um risco catastrófico para cada um, mas que passa a ser bastante baixo, pelo prisma das probabilidades, quando considerado em relação ao grupo inteiro.

Esses proventos podem ser cobertos pelos lucros oscilantes. Em determinado ano, pode variar a contribuição para o fundo de aposentadoria, para o plano de saúde ou o fundo de seguro do emprego e do rendimento. Mas o que importa é que em um período de três a cinco anos a média das contribuições se mostre adequada. Isto é, que as contribuições menores do ano mais fraco sejam compensadas pelas mais substanciais contribuições dos anos mais lucrativos.

COMO DEVEM SER OS PROVENTOS DO TRABALHADOR

Quase nenhum dos planos de proventos existentes por todo o mundo foi planejado, esquematizado e ponderado com profundidade. Praticamente, todos eles simplesmente cresceram. Tanto, que nos Estados Unidos eles ainda são chamados "extras" – embora constituam mais de uma terça parte das despesas *totais* das empresas norte-americanas com sua mão de obra e estejam aproximando-se rapidamente (em grande parte por causa dos planos de pensão) da casa dos quarenta por cento delas –, o que é um pouco alto demais para ser assim considerado. Na Europa e no Japão, esses "extras" são ainda mais elevados.

Na maioria das empresas, os proventos aparecem como o terceiro conjunto de despesas em grandeza, vindo após os salários e os materiais. No entanto, enquanto alguns programas de proventos têm sua administração própria, como o plano de aposentadoria e o de saúde, o sistema todo dos proventos essencialmente não a tem. Deixar de cuidar de um centro gerador de despesas tão importante é dirigir mal. E nesses proventos há muito mais coisas em jogo do que simples despesas. Já é hora, pois, de as administrações assumirem de verdade a responsabilidade pela gerência desse importante sistema.

Pode-se explicitar o que os proventos devem ser e o que eles devem fazer.

1. Os proventos devem ser estruturados de modo a dar ao favorecido, o trabalhador, o máximo por seu dinheiro.

   Um bom exemplo do que não se deve fazer a esse respeito é o plano de seguros de saúde mais difundido nos Estados Unidos, o Plano "Blue Cross", especialmente utilizado pelos sindicatos dos trabalhadores. A proteção à saúde por ele dispensada está ficando cada vez mais cara. E, no entanto, até recentemente ele não cobria as despesas médico-hospitalares da família do trabalhador justamente na hora em que ele mais precisava, isto é, no desemprego. Agora, quando o trabalhador está empregado, o Plano reembolsa as despesas integrais relativas a qualquer pequena doença em sua família – um dos principais motivos do alto prêmio que cobra. Mas o trabalhador norte-americano ganha mais do que o suficiente para arcar com as despesas relativas a todas as pequenas doenças dos seus familiares não empregados. Cem dólares "dedutíveis" para as despesas médicas dos dependentes que não trabalhem cobririam substancialmente as despesas médico-hospitalares durante até dois anos de desemprego. Isso constituiria um benefício muito maior ao segurado do que o reembolso de quantias com que ele facilmente pode arcar quando trabalha.
2. Deve haver um "piso" fixo para os proventos. Mas esses proventos devem ser financiados em base variável, guardando estreita relação com a

lucratividade e talvez também com a produtividade da empresa. Os proventos maiores (especialmente os relativos à aposentadoria) ficariam vinculados à lucratividade e produtividade extraordinárias.

É preciso haver uma contribuição *mínima* do empregador, e qualquer carência que se observar no fundo destinado aos proventos deverá ser periodicamente compensada. Quanto maior flexibilidade tiver, maior contribuição poderá dar o empregador. Ao mesmo tempo, quanto mais estreito e evidente for o relacionamento entre os proventos e os lucros da empresa, mais esses proventos ajudarão a atenuar o conflito entre o fundo salarial e os fundos para o capital.

3. Em vez de programas isolados de proventos, cada um com suas contribuições, talvez fosse melhor primeiro determinar as dimensões totais do pacote de proventos e depois preparar as opções, de modo a conferir a cada grupo a combinação de proventos que melhor atenda às suas necessidades.

   Certas opções dos planos de proventos permitem que o empregado reduza seu salário em dinheiro e melhore seu pacote de proventos – através de contribuições voluntárias extras a algum fundo de pensão, por exemplo. Sempre que foram oferecidos, os planos desse tipo encontraram uma receptividade muito grande entre os trabalhadores mais jovens em geral e especialmente entre os trabalhadores intelectuais de todas as idades. Exemplos são alguns planos de compra de ações e de poupança de algumas empresas norte-americanas. O Serviço das Rendas Internas dos Estados Unidos costuma estimular esse tipo de plano com relação a certos funcionários de instituições sem fins lucrativos, como os professores universitários, que podem separar boa parcela do seu salário para inversão em suas pensões de aposentadoria, só recolhendo o respectivo imposto de renda quando recebam de volta o valor correspondente, isto é, depois de aposentado, e presumivelmente em uma faixa bem menos carregada. O plano tem contado com a preferência de grande número dos trabalhadores que a ele podem ter direito – com o que fica provado que muita gente compreende que pode gerir com um só fluxo de rendimentos, suas receitas em dinheiro e os proventos a que faz jus.

4. Tanto quanto possível, a gerência dos proventos deve constituir responsabilidade da comunidade trabalhadora.

A realização das inversões pelo fundo de pensões exige capacidade profissional. A mesma capacidade profissional é necessária para dirigir um banco hipotecário que financie a construção de casas para os empregados. Mas a comunidade trabalhadora precisa participar dessas coisas, mesmo que seja só para aprender. Ela deve ser a principal responsável pelo planejamento dos programas de proventos e de opções para os diversos grupos da força de trabalho. Ninguém sabe mais do que ela distinguir as reais necessidades dos empregados. Ninguém mais do que ela terá capacidade para convencer os trabalhadores com respeito à necessidade de escolher entre vários caminhos e à conveniência de aceitar um deles como o melhor.

Pode-se prever que os proventos continuarão a constituir uma das principais exigências e necessidades dos trabalhadores. É provável, portanto, que na economia os proventos venham a formar uma parte maior, e não menor, das despesas com a mão de obra. Ao mesmo tempo, cada vez mais eles se tornam o canal do qual se alimentam os fundos para o capital. É obrigação da administração, portanto, assumir a responsabilidade pelos proventos de seus empregados. Já não cabe mais considerá-los "extras", como fazem as administrações do mundo ocidental, ou benevolências, como fazem as administrações do Japão.

A LIDERANÇA SOBRE AS PESSOAS

Para fomentar a responsabilidade e o senso de realização entre a comunidade trabalhadora é necessário fazer muito mais do que reduzir os obstáculos à produtividade. Por mais que o trabalhador responsável necessite da segurança quanto ao emprego e de um sistema prático de proventos, só isso não lhe bastará. Dirigir pessoas para delas conseguir a mais alta produtividade é algo que exige mudanças drásticas de postura e de hábitos.

Três são os caminhos tradicionalmente adotados para dirigir pessoas. Há o método do bem-estar, que vê as pessoas como problemas que precisam de solução. Há o método da direção do pessoal, que vê atividades a exercer e tarefas a desempenhar toda vez que certa quantidade de gente necessite trabalhar junta. O terceiro método vê a mão de obra como despesa e como ameaça, achando necessário controlar as despesas e combater as "crises".

As pessoas constituem de fato "problemas". E precisam mesmo de ajuda. O método do bem-estar pode ser muito eficaz, especialmente para dirigir gente realmente necessitada.

O melhor exemplo disso, pelo menos no Ocidente, foi a Casa Krupp, na Alemanha. Alfried Krupp, fundador da empresa na metade do século dezenove, não foi brilhante como engenheiro. Nem sua ascensão foi devida a grandes inovações em produtos ou processos. Ela assentou diretamente sobre o tremendo apoio que Alfried Krupp conseguiu da sua força de trabalho. Tendo crescido em extrema pobreza, ele, talvez sozinho entre os grandes industriais da Europa de meados do século passado, teve pena das grandes massas de camponeses sem qualificação, analfabetas e desamparadas, que a nova "agricultura científica" expulsava das miseráveis fazendas que haviam arrendado ao leste da Prússia. Carregando uma simples trouxa às costas, aquela leva de camponeses corria para o Ruhr, cujo início de industrialização lhes acenava. Muito antes de sua empresa chegar à fase áurea de prosperidade e lucratividade que acabou atingindo, Alfried Krupp forneceu aos coitados casa, comida, assistência médica, adestramento profissional, pequenos empréstimos a juros baixos etc. A Krupp do Essen pode mesmo ser considerada o primeiro Estado do bem-estar social. Seus empregados, que a si mesmos denominavam "kruppianos", nunca esqueceram a benevolência do fundador da empresa. Eles permaneceram leais a ela e à família durante um século inteiro.

Mas o exemplo da Krupp mostra também o perigo do paternalismo gerador do bem-estar. Ele acaba destruindo-se, pois fomenta expectativas que a longo prazo nenhuma empresa – tampouco qualquer outra entidade – poderá satisfazer.

O paternalismo da empresa alemã constituiu uma das principais razões – se não a própria razão – do colapso final da família Krupp. A exagerada expansão de após a Segunda Guerra Mundial foi em grande parte motivada pela necessidade de não deixar descumprida a promessa de Krupp, de que todo "kruppiano" estaria sempre empregado. Isso, por sua vez, significou que exatamente aquelas seções da Krupp que apresentaram o menor potencial de crescimento na economia de pós-guerra precisaram ser beneficiadas com a maior ampliação. Nesse caminho, a empresa chegou afinal à beira do colapso. A família foi expulsa de sua direção pelo governo alemão e pelos bancos, como o preço para salvarem a organização. Em uma época em que também não havia outros empregos, um grande número de antigos e leais "kruppianos" teve que ser despedido, em meio à séria recessão que atravessava a indústria alemã do carvão e do aço.

Mesmo quando alcança o maior êxito, o caminho do bem-estar não constitui um método destinado a *dirigir* as pessoas. É um método destinado a *ajudá-las*. Ele parte do princípio de classificá-las por suas deficiências. Não procura encontrar suas virtudes e torná-las produtivas. É um complemento à direção das pessoas, mas não sua essência.

O método do bem-estar constitui expediente temporário. É uma muleta. Como muleta, pode ser muito eficaz, e até decisivo para que as pessoas amparadas sobrevivam. Quando se torna permanente, porém, e considerado resposta final, acaba aleijando a direção e os trabalhadores, bem como a empresa, a economia e a sociedade inteira.

A DIREÇÃO DO PESSOAL

O segundo método de conduzir as pessoas é o da direção do pessoal. Apareceu como função organizada e sistemática da administração durante e após a Primeira Guerra Mundial.

Dirigir o pessoal da empresa consiste em executar metódica e sistematicamente todas as atividades que se fazem necessárias onde haja gente empregada, especialmente em grandes contingentes: a seleção e o engajamento; o adestramento profissional; os serviços médicos; o refeitório e a segurança; a direção dos salários, dos ordenados e dos proventos; e outras coisas mais.

A direção do pessoal é uma atividade necessária. Sem ela, a empresa sofrerá de mau funcionamento crônico. Mas entre as atividades que lhe dizem respeito e a real direção das pessoas existe a mesma distância que se verifica entre varrer a casa e lavar a louça, de um lado, e, do outro, ser feliz no casamento e educar bem os filhos. Se a louça suja começar a empilhar-se na pia, o casamento pode sofrer. Mas as louças mais brilhantes não contribuem muito para a felicidade de um casamento ou para o relacionamento mais íntimo e ajustado dos pais com os filhos. Esses são fatores higiênicos. Se desleixados, podem dar origem a problemas; mas são aceitos como axiomas.

Da Segunda Guerra Mundial para cá, os departamentos de direção do pessoal cresceram de maneira astronômica em todos os países e em todos os setores. Contudo, por toda parte os responsáveis por esses departamentos reclamam que "não são ouvidos" pelos demais participantes da direção da empresa, os quais também "não os apoiam", nem "os aceitam realmente". Há certa dose de verdade nessas afirmações. Mas globalmente elas mostram que no seu próprio entendimento esses encarregados acham que há algo errado no que estão fazendo, bem como que eles não caminham para a atividade que lhes é atribuída, ou seja, a direção do pessoal da empresa.

Toda organização precisa da atividade da "consciência" em relação a seus funcionários (ver o Capítulo 34); e à alta direção compete desempenhar as funções referentes a essa "consciência". A direção do pessoal, porém, não pode cuidar delas; suas atividades já a ocupam bastante. O trabalho normal da direção do pessoal é prestar "apoio" (ver novamente o Capítulo 34). Mas apoio principalmente à comunidade trabalhadora – e aí é que essas funções devem aninhar-se.

A última forma tradicional de encarar a direção do pessoal da empresa é como despesa e como ameaça.

É necessário controlar as despesas com a mão de obra. É necessário controlar a produtividade dessa mão de obra. É necessário manter o "combate". E é necessário cuidar da guerra de guerrilha organizada que representam as relações com o sindicato – já que se permitiu a imposição dessa necessidade. Cuidar dessas coisas é indispensável, podendo às vezes revestir-se de importância decisiva. Mas cuidar delas não é o mesmo que dirigir seres humanos. Cuidar delas é enfrentar os problemas resultantes das falhas cometidas em dirigi-los. Em algo tão complexo como a organização moderna, essas falhas sempre serão cometidas. Mas preveni-las, ou mesmo saná-las, não faz o sistema funcionar e produzir.

Dirigir pessoas significa tornar eficazes suas qualidades. No entanto, nem o método do bem-estar, nem o da direção do pessoal, nem o controle e do combate se voltam para essas qualidades.

O ser humano é fraco; a maior parte de nós é fraca de dar pena. Os seres humanos provocam problemas, tornam necessárias as normas, dão trabalho. E constituem despesas e certa "ameaça" em potencial. Mas não é por esse motivo que as empresas os contratam. O motivo da contratação é ligado às qualidades e à capacidade de desempenho dessas criaturas. E dizemos algo que será repetido por toda esta obra: a finalidade da organização é tornar produtivas as qualidades das pessoas que nelas trabalham e desimportantes suas deficiências.

"NOSSOS FUNCIONÁRIOS CONSTITUEM O PRINCIPAL ATIVO DA EMPRESA"

Os dirigentes das empresas gostam de dizer "Nosso principal ativo são os funcionários". Eles gostam de repetir o truísmo de que a única diferença real entre uma organização e outra está no desempenho dos respectivos funcionários. Ora, a maior parte desses dirigentes sabe perfeitamente que de todos os seus recursos o menos utilizado é aquele representado pelo seu pessoal, e que só uma pequena parte do potencial humano é aproveitada e posta a trabalhar em qualquer organização.

É absolutamente verdadeiro que a contabilidade encara os funcionários como "despesas". E essa caracterização gera a maneira como a direção os encara, mesmo sabendo que se trata de mera simplificação contábil (a este respeito, ver o Capítulo 31, "Os Controles, o Controle e a Administração"). Portanto, o sistema contábil que mostrasse os funcionários como "investimento de ativo fixo" modificaria muito esse modo de pensar.

Acima de tudo, porém, precisa-se de *métodos de trabalho*. E é mais fácil implantar esses métodos do que alterar os modos de ver de certas pessoas e suas posições.

Em primeiro lugar, naturalmente, está o método de rechear de responsabilidade e realização o serviço desempenhado por cada funcionário e pela força de trabalho, como já dissemos. É preciso que o serviço de cada um tenha seus objetivos, fixados por quem deve alcançá-los, em conjunto com o respectivo superior hierárquico. O próprio trabalho precisa tornar-se produtivo para que o empregado possa trabalhar de maneira a conseguir realizar-se. E quem trabalha não pode dispensar as exigências, a disciplina e os incentivos proporcionados pela responsabilidade.

Em segundo lugar, o dirigente precisa tratar as pessoas com as quais trabalha como *recurso* seu. Precisa buscar nelas orientação para seu próprio serviço. Precisa fazer que aceitem como responsabilidade delas permitir a seus chefes trabalhar melhor e com mais eficácia. O dirigente precisa incutir no serviço de cada um de seus subordinados o senso de responsabilidade pelo serviço de seu chefe, bem como a ideia de que precisa colaborar para a boa execução desse serviço.

Uma forma de conseguir isso é pedir a cada subalterno que medite em algumas perguntas muito simples e depois as responda: "Daquilo que fazemos, eu, como seu chefe, e a empresa, que é que mais ajuda *você* no seu serviço?"; "Daquilo que fazemos, eu, como seu chefe, e a empresa, que é que mais atrapalha *você* no seu serviço?"; e "Que pode você fazer para ajudar-me, como *seu* chefe, a fazer o melhor para a empresa?". Essas perguntas podem parecer óbvias. Mas raramente são formuladas. E, sempre que o são, produzem respostas que estão longe de ser óbvias.

São perguntas que forçam o dirigente e seu subordinado a se concentrarem no desempenho de ambos. Ambos examinam a finalidade de seu relacionamento mútuo. Elas provavelmente induzirão o dirigente a adotar uma nova perspectiva em relação ao pessoal que trabalha para ele. E elas o levarão também a se apresentar aos olhos dos subordinados como recursos deles.

A COLOCAÇÃO DO PESSOAL

O último elemento, e talvez o mais importante, na atividade de dirigir seres humanos, é colocá-los onde suas qualidades possam se mostrar produtivas.

Dirigir seres humanos é algo que destaca a seleção para o engajamento. Não parece muito certo que os resultados justifiquem o tremendo esforço e os elaborados métodos de testes, entrevistas e procedimentos de seleção que se têm criado – especialmente com relação aos trabalhadores intelectuais.

Sabe-se como identificar os traços físicos que reduzam a probabilidade de determinada pessoa executar determinada atividade braçal, como praticar a solda por pontos em locais apertados e confinados, por exemplo. Nada se sabe, no entanto, sobre a configuração do caráter, da personalidade e das qualidades que influirão no trabalho intelectual, e especialmente no do administrador. A maioria das grandes empresas norte-americanas tem montado grandes equipes de recrutadores universitários que procuram encontrar os colegas formandos que apresentem "potencialidade", nas faculdades e "escolas graduadas" profissionalizantes. Se a função dessas pessoas for atrair formandos para as respectivas empresas, tudo bem. Mas quanto à sua capacidade de descobrir "promessas" entre os moços que chegam, seus resultados são melancólicos. Não fosse assim e não ocorreria de cada cinco dos seus "recrutas" três abandonarem em poucos anos o primeiro emprego da vida. Uma escolha aleatória, como quando se pega um candidato de três em três, talvez produzisse resultados melhores. O motivo é que não sabemos o que procurar em matéria do potencial gerencial nem dispomos de qualquer meio de testá-lo que não se baseie no próprio desempenho.

Por outro lado, a colocação do pessoal é em grande parte deixada, nas empresas, ao acaso. Mas não há duas pessoas que apresentem o mesmo conjunto de deficiências ou qualidades. E ninguém pode ser considerado desprovido de falhas; não há "gênios universais". Cabe ao administrador levar os recursos ao seu ponto ótimo. E a colocação do pessoal constitui o meio capaz de levar a esse ponto o recurso mais caro e mais valioso de todos: o ser humano.

Esses métodos não satisfarão aos numerosos críticos da tradicional direção do pessoal, que reclamam fundamentais alterações nos conceitos vigentes e nas posições firmadas. Certamente, encarar seres humanos como recurso do dirigente e realçar sua colocação nos postos em que suas qualidades possam se mostrar mais eficazes constituem apenas "métodos de trabalho". Mas já constituem muito mais do que a retórica e os lugares-comuns. Requerem trabalho duro e exigente. E orientarão as organizações rumo ao desempenho, não à conformidade. Esses métodos de trabalho não terão o condão de tornar interessantes as pessoas e os serviços que sejam aborrecidos. Mas farão muito no sentido de evitar que as pessoas e serviços interessantes se tornem aborrecidos. Eles não eliminarão as funções e tensões básicas da organização nem farão desaparecer seus problemas econômicos e de apego ao poder. Contudo, poderão liberar energias compensatórias na área da realização e da confiança. Esses métodos não tornarão desnecessários os tradicionais modos de encarar as pessoas: como problemas, como tarefas a executar ou como despesas ou ameaças. Embora constituindo apenas os primeiros passos, eles levam o administrador e a administração para além da direção do pessoal, rumo a liderar seres humanos.

CONSIDERAÇÕES FINAIS

De que precisa o trabalhador para ser capaz de suportar o fardo da responsabilidade e desejar suportá-lo? As atenções devem concentrar-se no serviço; ele vem em primeiro lugar. Para que os trabalhadores – braçais ou especializados, ou trabalhadores intelectuais, gerentes ou profissionais de carreira, tanto quanto os funcionários comuns – se sintam capazes de assumir responsabilidades, o planejamento e as providências da administração são indispensáveis. O trabalho precisa tornar-se produtivo; a retroalimentação e a aprendizagem contínua são fatores positivos para chegar-se a tanto. Mas o trabalhador precisa ser responsável pelo seu serviço e grupo de trabalho. Isso é particularmente importante com relação a três grupos: as novas espécies de trabalhadores braçais jovens; os pré-industriais e os trabalhadores intelectuais. A responsabilidade do trabalhador constitui também o caminho pelo qual pode ser salvo e restaurado às suas funções o chefe do serviço, ou "supervisor". É preciso estender a responsabilidade do trabalhador aos assuntos relativos à comunidade fabril. Para que assumam suas responsabilidades, os trabalhadores precisam contar com segurança de emprego e de rendimento, bem como de uma atividade decidida de colocação. A responsabilidade do trabalhador é o caminho de que se dispõe para abrandar o conflito entre o fundo salarial e o fundo de capital. Que papel desempenham os proveitos com que contam os empregados? Por fim, a responsabilidade do trabalhador exige que os métodos de trabalho da administração mude da direção do pessoal para a liderança sobre as pessoas.

PERGUNTAS

1. Que condições precisam ser satisfeitas para capacitar os trabalhadores a assumir a responsabilidade por seu serviço?
2. Por que os trabalhadores devem ser juntados ao processo de planejamento como recursos?
3. Qual é a relação ideal entre o planejador e o executor?
4. Por que se faz necessária uma autoridade bem definida?

5. Quais são alguns dos modos pelos quais o enriquecimento do serviço pode ser aplicado às tarefas da linha de montagem?
6. Para três grupos de trabalhadores a responsabilidade pelo próprio serviço é particularmente importante; quais são eles?
7. Quais são as tendências da última metade de século que reduziram a posição e a importância do chefe do serviço ou "supervisor"? De que maneira se pode devolver ao chefe do serviço sua antiga importância?
8. Que tipos de atividades voltadas para a comunidade de trabalho podem propiciar aos trabalhadores oportunidades para assumir liderança?
9. É verdade que nos Estados Unidos os trabalhadores gozam tanto da estabilidade no emprego como da mobilidade?
10. Por que não é proveitoso às empresas pagar aos seus empregados a participação nos lucros como rendimento?
11. Explicite o que os proventos dos trabalhadores devem ser e devem fazer.
12. Por que se deve considerar o método do bem-estar apenas como um expediente temporário?
13. Por que é enganoso considerar a direção do pessoal como função genuinamente da administração?
14. Estabeleça o confronto entre a posição de quem encara os funcionários como despesas e a de quem os encara verdadeiramente como ativos.

BIBLIOGRAFIA

FORD, Robert N. *Motivation through the work itself.* Nova York: American Management Associations, Inc., 1969.

GELLERMAN, Saul W. *Management by motivation.* Nova York: American Management Associations, Inc., 1968.

HERZBERG, Frederick. *Work and the nature of man.* Nova York: T.Y. Crowell, 1966.

_______ et al. *The motivation to work.* 2. ed. Nova York: John Wiley & Sons, Inc., 1959.

HUGHES, Charles L. *Goal setting.* Nova York: American Management Associations, Inc., 1965.

LIKERT, Rensis. *The human organization.* Nova York: McGraw-Hill, 1967.

MAHER, John. (comp.) *New perspectives in job enrichment.* Nova York: Van Nostrand Reinhold, 1971.

MARROW, Alfred J. et al. *Management by participation.* Nova York: Harper & Row, 1967.

______. *The failure of success.* Nova York: American Management Associations, Inc., 1972.

MASLOW, A. H. *Motivations and personality.* 2. ed. Nova York: Harper & Row, 1970.

McGREGOR, Douglas. *Human side of enterprise.* Nova York: McGraw-Hill, 1960.

MYERS, M. S. *Every employee a manager:* more meaningful work through job enrichment. Nova York: McGraw-Hill, 1970.

PARTE IV

AS REPERCUSSÕES SOCIAIS E AS RESPONSABILIDADES SOCIAIS

O padrão de vida constitui a terceira grande área em que a administração tem serviços a prestar. A administração de todas as entidades é responsável pelos subprodutos destas, isto é, pelas repercussões de suas atividades legítimas sobre as pessoas e o meio ambiente físico e social. Espera-se que cada vez mais a administração preveja e resolva os problemas sociais. Ela precisa meditar profundamente o assunto e formular novas diretrizes para as relações entre as empresas e o governo, relações essas que com rapidez estão ultrapassando as teorias e os hábitos tradicionais. Que tarefas terá ela a desempenhar? Com que oportunidades poderá contar? Com que limitações terá de lutar? E qual será a ética da liderança para o administrador, que é líder, mas não senhor?

CAPÍTULO 19

AS REPERCUSSÕES SOCIAIS E OS PROBLEMAS SOCIAIS

Do início de 1960 para cá, o significado das palavras "responsabilidade social da empresa" mudou drasticamente. Anteriormente, os debates sobre as responsabilidades sociais que cabem às empresas concentravam-se em três áreas. A primeira área localizava-se no problema da relação entre a ética privada e a ética pública. Deve o administrador de uma organização orientar-se pela ética pessoal? Ou será então que sua responsabilidade para com a organização lhe permite – se até não o obriga a isso – recorrer a uma conduta antiética do ponto de vista pessoal, para o bem de sua organização? O terreno para a realização dessa discussão é, conscientemente ou não, o de um velho epigrama aplicado aos políticos: "Que grandes canalhas seríamos se fizéssemos na vida particular o que fazemos para o nosso país na qualidade de homens públicos".

O segundo grande tópico era constituído pela responsabilidade social que o empregador assume para com seus empregados em virtude do poder e riqueza que possui. A discussão clássica desse assunto está contida na obra *The Human Needs of Labor,* do industrialista e filantropo quaker inglês B. Seebohm Rowntree (1918).

Finalmente, falava-se da responsabilidade social do executivo para salientar – ou lhe atribuir – sua responsabilidade de liderança com respeito à "cultura" da comunidade: apoiar as artes, os museus, a ópera e a orquestra sinfônica; cooperar como curador dos conselhos das entidades educacionais e religiosas; e dar apoio financeiro às causas filantrópicas da comunidade e outras. Principalmente nos Estados Unidos do século vinte, a disposição ao exercício de cargos governamentais ou de postos públicos em geral passou também a ser encarada como importante responsabilidade social do executivo.

Esse modo tradicional de ver o empresário não se preocupava tanto, na verdade, com as responsabilidades sociais da empresa, e sim com as responsabilidades sociais dos homens que a dirigiam. Dava-se maior realce aos serviços que os dirigentes da empresa podiam ou deviam prestar *fora* do seu período de trabalho.

Já hoje em dia são outros os pontos que se salientam quando se trata das responsabilidades sociais. Fala-se daquilo que a empresa deve ou pode fazer para enfrentar e resolver os problemas sociais. Dá-se ênfase às contribuições que a empresa pode prestar com relação a problemas do tipo (nos Estados Unidos) da discriminação e integração raciais e da proteção e recuperação do ambiente físico. Um dos melhores exemplos dessa nova postura veio da Suécia.

No final da década de 1960, várias empresas suecas de porte, especialmente uma indústria de equipamentos elétricos pesados, foram severamente criticadas pela imprensa do País por participarem de um importante plano de energia elétrica na África. O plano tinha patrocínio das Nações Unidas e financiamento do Banco Mundial; também havia sido endossado pelo governo socialista da Suécia. Sua finalidade era elevar o padrão da vida em uma região desesperadamente pobre da África Negra. Mas seria levado a efeito no território de uma colônia portuguesa. Por conseguinte, afirmava-se com veemência que, ao ajudar a elevar os padrões de vida da população nativa, as empresas participantes estavam "apoiando o colonialismo". Dizia-se que seu dever seria trabalhar para a "derrocada do colonialismo", o que melhor conseguiriam mantendo os naturais da região em sua desesperada pobreza, em vez de fazê-los prosperar submetidos a um "explorador imperialista".

Essa nova concepção da responsabilidade social já não pergunta quais são as limitações da empresa, ou o que ela deveria fazer em favor daqueles que se encontram sob sua autoridade imediata. Ela exige que as empresas assumam responsabilidades em relação aos problemas sociais, às questões sociais e às metas políticas e sociais, bem como que passem a ser as guardiãs da consciência social e as solucionadoras dos problemas sociais.

Por outro lado, ao mesmo tempo cada vez mais se exige essa responsabilidade social das entidades não empresariais da sociedade. As universidades, os hospitais e os órgãos públicos, mas também as associações culturais – sejam de físicos, de historiadores ou de linguistas – estão se vendo cada vez mais diante de exigências desse tipo, bem como atacadas por não assumir responsabilidades em relação aos problemas e males sociais.

QUAL É A EXPLICAÇÃO?

A explicação mais encontrada e mais óbvia é a menos certa. Não é hostilidade às empresas que explica as exigências em relação à responsabilidade social. Pelo contrário, é o sucesso do sistema empresarial que leva a novas e muitas vezes exageradas expectativas. As exigências relativas à responsabilidade social constituem o preço do sucesso.

Hoje em dia, nos países desenvolvidos tem-se como garantido o desempenho econômico. Com isso, nasceu a crença de que a competência para obter esse desempenho seja – ou deva ser – universal. Passou-se assim a achar que o mesmo empenho que um século atrás retirou da pobreza duas quintas partes da humanidade, levando-as à abundância, pode, num período muito mais curto, levar as restantes três quintas partes do gênero humano ao rápido desenvolvimento econômico.

Na história econômica e social anterior, nada se iguala ao recente desenvolvimento econômico e social do negro norte-americano. Em vinte anos, de 1950 a 1970, duas terças partes de um dos mais desfavorecidos grupos de imigrantes pré-industriais dos Estados Unidos passaram da pobreza extrema para a condição da classe média. Conquistaram competência e empregos. A parcela dos seus filhos que se diplomou em universidades é superior à dos filhos de grupos de imigrantes urbanos mais antigos, como os italianos e os poloneses, que não encontraram qualquer barreira "racial".

Contudo, o que a maior parte dos norte-americanos vê ao examinar o "problema" dos negros do seu país não é o sucesso da maioria deles. Em vez disso, eles se fixam no muito que há ainda por fazer – e com isso acham que os resultados conseguidos traduzem apenas fracasso. Eles veem apenas que "a garrafa ainda não está cheia".

Deve-se admitir que o negro norte-americano constitui um problema todo especial. Ainda assim, porém, a diferença entre o que há menos de um quarto de século se considerava quase utópico e o que hoje se considera um miserável fracasso mostra até que ponto o sucesso mudou as expectativas. Até as "classes médias bem de vida" de antigamente pouco desfrutavam das boas coisas da vida que hoje temos como rotineiras.

O fato de podermos nos preocupar com a qualidade da vida que levamos já constitui um grande avanço, portanto. E parece apenas justo e natural que os mesmos grupos de liderança que foram responsáveis pelo êxito em prover as "quantidades" para a vida assumam agora a responsabilidade de prover também a qualidade da vida.

O DESENCANTAMENTO COM OS GOVERNOS

O fato de os empresários serem olhados como líderes resulta do desencantamento cada vez maior em relação aos governos, do crescente descrédito na capacidade dos governos para resolver os principais problemas sociais.

Não mais que uma geração atrás, as pessoas que hoje clamam pela responsabilidade social das empresas (ou das universidades) esperavam que o governo cuidasse de todos os problemas sociais, ou até mesmo de cada problema dos cidadãos. Ainda hoje, em todos os países se fazem sentir pressões para conseguir mais e mais programas governamentais – embora também se sinta uma resistência cada vez maior contra a criação de mais taxas e impostos. Entretanto, até os mais fervorosos adeptos dos governos ativistas já não esperam realmente grandes resultados nessa área, mesmo nos países que ainda respeitam muito seus governos, como o Japão, a Suécia e a Alemanha. Até o mais fervoroso adepto de um governo forte já não acredita que os problemas estarão resolvidos no momento em que o governo resolver enfrentá-los. Como resultado, as pessoas mais preocupadas com esses problemas – os liberais e os progressistas, que uma geração atrás faziam passeatas pelas ruas dos EUA portando faixas que pediam "Mais Governo" – hoje se voltam cada vez mais para os empresários, para que eles cuidem dos problemas que o governo não é capaz de resolver.

OS NOVOS GRUPOS DE LIDERANÇA

É a ascensão da administração à posição de liderança social que leva às exigências de responsabilidade social que lhe são feitas.

Neste século, os administradores de nossas principais entidades assumiram posição de liderança em todos os países desenvolvidos e em muitos países em desenvolvimento. Os antigos grupos de liderança, como a aristocracia e o clero, desapareceram por completo ou então se tornaram insignificantes. Até os cientistas (os magos do após Segunda Guerra Mundial) perderam grande parte do seu prestígio. Os únicos novos grupos de liderança que surgiram foram os dos administradores – administradores das empresas e das universidades, dos órgãos públicos e dos hospitais. Eles comandam os recursos sociais. E também comandam a competência social. É lógico, portanto, esperar que assumam responsabilidades de liderança em relação aos principais problemas sociais e às mais importantes questões sociais.

O aparecimento dos administradores como o principal grupo de liderança; o crescente desencantamento com o governo; as atenções que se transferiram das quantidades para a vida para a qualidade da vida – dessas mudanças brotou a exigência de que os administradores coloquem a preocupação pelo social em plano superior à preocupação pela condução da própria empresa. É a exigência de que a qualidade da vida se torne o negócio da empresa. A pergunta tradicional seria: "Como podemos fazer para que nossa produção de carros (ou de sapatos) não ofenda os valores e as crenças sociais, nem as pessoas e sua liberdade, nem a boa sociedade de modo geral?". Reivindica-se agora que as empresas façam que os valores e as crenças sociais *criem* a liberdade pessoal e a boa sociedade.

Essa reivindicação leva os administradores a procurar outros modos de raciocinar e de atuar. Ela não pode ser tratada da maneira tradicional. Nem pode ficar a cargo do setor de relações públicas.

PELO QUE A EMPRESA É RESPONSÁVEL?

As responsabilidades sociais – sejam as de uma empresa, de um hospital ou de uma universidade – podem originar-se de duas áreas. Elas podem originar-se das repercussões sociais provocadas pela instituição. Podem também surgir como problemas da própria sociedade. As duas áreas interessam à administração, porque a entidade que os administradores dirigem vive na sociedade e na comunidade. Fora daí, porém, as duas áreas são diferentes entre si. A primeira delas lida com o que a entidade faz para a sociedade. A segunda preocupa-se com o que a entidade pode ou deve fazer pela sociedade.

A organização moderna existe para fornecer algum serviço específico à sociedade. Precisa, portanto, estar na sociedade. Precisa estar em alguma comunidade, ser vizinha de alguém e fazer seu trabalho no interior de algum cenário social. Mas para fazer seu trabalho ela precisa também ter empregados. As repercussões que fará a sociedade sentir inevitavelmente irão além da contribuição específica cuja prestação é a razão da sua existência.

A finalidade do hospital não é empregar enfermeiros e cozinheiros, mas cuidar de seus pacientes. Para cumprir essa finalidade, porém, ele precisa dos enfermeiros e dos cozinheiros – que jamais chegam a constituir uma comunidade de trabalho que tenha tarefas e problemas próprios.

Essas repercussões são secundárias em relação à finalidade da organização. Mas em grande parte são subprodutos inevitáveis.

Já os problemas sociais constituem disfunções da sociedade, e não repercussões provocadas pela organização e suas atividades.

Nenhuma empresa sadia, universidade sadia ou hospital sadio pode existir em uma sociedade enferma. A administração tem interesse pessoal em uma sociedade que seja sadia, mesmo que a causa da doença da sociedade nada tenha a ver com o que faça a administração.

A RESPONSABILIDADE PELAS REPERCUSSÕES

Quem provoca as repercussões é responsável por elas, sejam intencionais ou não. Essa é a primeira regra. As repercussões sociais da organização dizem respeito à sua administração.

Por ser responsável pelas repercussões que acarreta, a pessoa procura reduzir ao mínimo sua importância. Quanto menos repercussões a entidade gerar fora da sua finalidade e missão específicas, melhor ela estará se conduzindo, mais responsavelmente estará atuando e mais aceitável se tornará como cidadã, vizinha e contribuinte. As repercussões não essenciais, especialmente as não ligadas ao cumprimento da finalidade e missão específicas da organização, devem ser reduzidas ao mínimo absoluto. Mesmo que pareçam benéficas, estarão fora das fronteiras adequadas à função da entidade, e mais cedo ou mais tarde levantarão ressentimentos e encontrarão oposição.

Na melhor das hipóteses, as repercussões derivadas das operações da empresa aborrecem; na pior delas, são nocivas. Nunca beneficiam ninguém. Elas sempre causam despesas e comportam ameaças. Consomem recursos, queimam ou desperdiçam matérias-primas, ou então amarram os esforços da administração. E nada acrescentam ao valor do produto nem à satisfação do cliente. Essas repercussões são "atritos", ou seja, despesas não produtivas.

Não basta dizer "Mas o público não reclama". Acima de tudo, não basta dizer que qualquer medida destinada a enfrentar os problemas será "impopular" ou provocará "ressentimentos" entre os colegas e parceiros nem que seja dispensável. Mais cedo ou mais tarde a população olhará esses problemas como ataques diretos. Aí, então, irá cobrar um alto preço de quem não trabalhou de maneira responsável para acabar com o problema ou encontrar uma solução para ele.

Aqui estão alguns exemplos.

No fim da década de 1940 e início da seguinte, a Ford lançou carros providos de cintos de segurança, na tentativa de conscientizar o público norte-americano quanto à segurança. Mas suas vendas caíram catastroficamente. A empresa foi obrigada a recolher os automóveis providos de cintos e a abandonar a ideia. Quinze anos depois, o público motorizado norte-americano conscientizou-se da necessidade da segurança, e as fábricas de automóveis foram duramente criticadas pela sua "total falta de preocupação e interesse pela segurança dos passageiros" e por serem "mercadoras da morte". E as regulamentações emitidas na época procuraram não só proteger o público como também criticar as empresas.

Várias grandes produtoras e distribuidoras de energia elétrica norte-americanas procuraram, durante anos, levar os órgãos estaduais do País a aprovar o emprego dos combustíveis de baixo teor de enxofre e dos dispositivos limpa-chaminés. Em resposta, repetidas vezes os órgãos encarregados se negaram a tomar tais medidas, alegando que a legislação vigente sobre tarifas não favoreciam a inclusão, como componente legítimo do custo, nem dos combustíveis mais caros nem de maiores investimentos em ativo fixo, para a purificação da fumaça. Mas bastou que a poluição atmosférica despertasse a atenção pública para que as mesmas empresas de força e luz fossem categoricamente acusadas de "contaminadoras do meio ambiente".

Da mesma forma, as entidades prestadoras de serviços públicos pagam seu preço quando deixam de se preocupar com as repercussões de suas atividades ou as consideram de menor importância. Em Nova York, a Columbia University foi quase destroçada em resultado do seu sossego, por supor que determinada repercussão de sua atividade fosse coisa desimportante. O estopim da explosão que em 1968 abalou a Columbia nos seus alicerces veio no bojo de uma questão insignificante e inofensiva: um plano para a construção de um novo centro esportivo, que seria usado tanto pelos seus estudantes como pelos moradores do gueto negro vizinho à Universidade. Mas as causas da explosão tiveram raízes muito mais profundas: a convicção de sua diretoria e congregação de que uma instituição educacional liberal não precisava se preocupar com as repercussões que provocava no vizinho gueto negro.

A IDENTIFICAÇÃO DAS REPERCUSSÕES

A primeira tarefa da administração é, portanto, identificar e prever as repercussões que as atividades de sua organização provocarão – fria e realisticamente. A pergunta que se deve fazer não é "Está certo o que fazemos?". A pergunta deve ser, sim, "O que fazemos é aquilo que a sociedade e nossos clientes estão nos pagando para que façamos?", e se determinada atividade não fizer parte integrante da finalidade e missão da entidade, deverá ser considerada repercussão social, e como tal indesejável.

Hoje em dia, é grande o interesse que se observa em relação às consequências dos avanços tecnológicos, isto é, em prever as repercussões e os efeitos colaterais das novas tecnologias antes de avançar com elas. O Congresso norte-americano acabou instituindo o "Office of Technology

Assessment". Esse órgão deverá ser capaz de prever quais, dentre as novas tecnologias, provavelmente ganharão importância e quais as consequências a longo prazo que delas se poderão esperar. Deverá, pois, orientar o governo sobre as novas tecnologias que devem ser estimuladas e as que devem ser desestimuladas.

Esse empreendimento só poderá resultar em fiasco. É o tipo da coisa que tem a propensão de levar a incentivar as tecnologias erradas e a desestimular as tecnologias necessárias. Isso porque as repercussões futuras das novas tecnologias situam-se quase sempre fora da imaginação de qualquer pessoa.

O DDT é um exemplo. Foi sintetizado na Segunda Guerra Mundial para proteger os soldados norte-americanos dos insetos transmissores de moléstias, especialmente na zona tropical. Alguns cientistas consideraram então a possibilidade de usar-se o novo produto químico também para a proteção das populações civis. Entretanto, nenhuma das numerosas pessoas que trabalharam com o novo pesticida pensou em aplicá-lo no controle das pragas e dos insetos que infestavam a agricultura, as florestas ou os animais. Se tivesse sido restringido à finalidade para a qual foi criado (a proteção dos seres humanos), o DDT nunca se tornaria o desastre para o meio ambiente que veio a constituir. No auge do emprego do produto, pelo meio da década de 1960, só 5 a 10 por cento do seu total estavam sendo usado para a finalidade inicialmente prescrita. Foram os fazendeiros e silvicultores que, sem muito apoio nas descobertas dos cientistas, perceberam que o que matava os parasitas no ser humano também os mataria nas plantas, e transformaram o DDT numa agressão maciça ao meio ambiente.

Por outro lado, quase nunca se cristalizam as repercussões previstas pelos especialistas em relação aos avanços tecnológicos que ocorrem. Eles afirmaram que a automação teria uma repercussão econômica e social tremenda – e ela não teve praticamente repercussão alguma. O exemplo dos computadores é ainda mais curioso. No final da década de 1940, ninguém previa que o computador seria usado pelas empresas e pelos governos. Embora constituísse uma "importante revolução científica", todos "sabiam" que ele seria usado principalmente para a ciência e para a guerra. Como resultado, a mais ampla pesquisa de mercado efetuada na época chegou à conclusão de que até o ano 2000 o mercado de computadores poderia absorver no máximo 1.000 deles. Hoje, ao fim da década de 1970, apenas vinte e cinco anos após, há cerca de 170.000 computadores espalhados pelo mundo, a maioria deles ocupada com a prosaica escrituração contábil. Quando ficou claro que as empresas estavam adquirindo computadores para as folhas de pagamento e o faturamento, os especialistas previram que eles iriam tomar o lugar da administração intermediária, de modo a não haver mais ninguém situado entre o executivo chefe e o último mestre. "Estará obsoleta a administração intermediária?", perguntava um artigo muito citado que a *Harvard Business Review* publicou no começo da década de 1950; e respondia a essa pergunta com um retumbante "Sim". Naquele exato momento se iniciava a tremenda expansão da administração intermediária. Em todos os países desenvolvidos, tanto nas empresas como nos governos os postos que compõem a administração intermediária cresceram nos últimos vinte anos quase três vezes mais que os empregos em geral; e esse crescimento emparelhou-se com o uso do computador.

Qualquer pessoa que no início da década de 1950 confiasse na previsão feita a respeito das consequências do progresso tecnológico teria fechado as escolas de administração, pois era de crer que seus alunos não encontrariam emprego ao se formar. Felizmente, nossos jovens não deram ouvidos a isso e se matricularam nas faculdades de administração de empresas em quantidades recordes, para se candidatarem aos bons empregos que o computador ajudou a gerar.

É impossível prever as repercussões dos avanços tecnológicos. O mais bem-sucedido profeta do progresso tecnológico, o francês Júlio Verne (1828-1905), previu cem anos atrás grande parte da tecnologia conquistada no século vinte (embora poucos cientistas e tecnólogos o levassem a sério na época). Mas ele não anteviu absolutamente nenhuma das repercussões sociais ou econômicas, só imaginando uma sociedade e uma economia da metade da era vitoriana. Por seu turno, os profetas econômicos e sociais apresentam os mais melancólicos resultados como previsores do avanço tecnológico. Dessa forma, a única e só consequência que um "Office of Technology Assessment" provavelmente produzirá será a de garantir o emprego de um punhado de escritores de ficção científica de quinta categoria. *Muito mais do que prever as repercussões das atividades das empresas, nós precisamos é controlá-las.*

COMO TRABALHAR COM AS REPERCUSSÕES

Identificar as repercussões secundárias de qualquer entidade é a primeira responsabilidade da sua administração. Mas como trabalhar com elas? O objetivo é claro: as repercussões que a entidade acarrete para a sociedade e a economia, para a comunidade e as pessoas, e que não constituam em si mesmas a finalidade e a missão da entidade, devem ser conservadas no ponto mais baixo possível, ou então (melhor ainda) eliminadas de vez.

Sempre que se possa eliminar a má repercussão abandonando a atividade que a causa, essa será a melhor solução – a única verdadeiramente boa. Na maioria dos casos, porém, não se pode simplesmente eliminar aquela atividade. Daí a necessidade de um trabalho sistemático para eliminar a repercussão indesejável – ou para reduzi-la ao mínimo, pelo menos – enquanto não se interrompe a atividade básica.

O caminho ideal seria transformar a eliminação das repercussões indesejáveis em oportunidade lucrativa para a empresa. Exemplo disso é como a Dow Chemical tem enfrentado a poluição do ar e da água desde a década de 1960. Pouco depois da Segunda Guerra Mundial, essa empresa concluiu que a poluição do ar e da água constituía uma repercussão indesejável de suas atividades e devia ser eliminada. Muito antes da onda dos protestos públicos sobre o meio ambiente, a Dow adotou a política de poluição zero para suas fábricas. Daí, dedicou-se sistematicamente a transformar em produtos vendáveis as substâncias retiradas dos gases das suas chaminés e dos seus efluentes hídricos, bem como a criar usos e mercados para eles.

QUANDO A REGULAMENTAÇÃO É NECESSÁRIA

Deve-se sempre procurar transformar a eliminação de uma repercussão negativa em oportunidade para a empresa. Em muitos casos, porém, não se pode fazer isso. O mais comum é que a eliminação de determinada repercussão implique maiores despesas. O que era "uma coisa externa à empresa" e que o público em geral pagava, vira despesa para ela. Torna-se, portanto, uma desvantagem competitiva, a não ser quando todas as indústrias do ramo adotem a regra – o que na maioria dos casos só pode ser conseguido por meio de uma regulamentação.

Sempre que determinada repercussão negativa não puder ser eliminada sem elevar as despesas, a administração deve pensar à frente e elaborar a regulamentação que maior probabilidade apresente de resolver o problema com o menor custo possível e os maiores proveitos possíveis para a empresa e para a população. E aí a tarefa da administração passa a ser a de conseguir que se baixe a regulamentação correta.

O fato de o público não enxergar o problema pouco importa. Na verdade, pouco importa até o fato de o público opor resistência ativa – como fez em cada um dos exemplos mencionados – aos esforços dos líderes empresariais prudentes no sentido de prevenir a crise. No final, é o escândalo que sobrevém. Exemplo disso é o fracasso das empresas internacionais de petróleo em pensar no futuro e preparar algo capaz de substituir a "concessão petrolífera", cujas repercussões negativas podiam ser claramente previstas ao final da Segunda Guerra Mundial. Outro exemplo foi o fracasso da indústria norte-americana em imaginar a regulamentação dos investimentos externos que o Canadá podia adotar para preservar tanto sua identidade política como seu acesso ao mercado de capitais.

AS TROCAS NECESSÁRIAS

Qualquer solução para os problemas gerados pelas repercussões negativas exige trocas entre as partes. Além de determinado ponto, a eliminação de uma repercussão negativa custa mais (em dinheiro ou em energia, em recursos ou em vidas) que o proveito que se deseja alcançar. A decisão precisa ser tomada no ponto do melhor equilíbrio entre os custos e os proveitos. Em regra, as pessoas do ramo entendem isso. Mas as de fora não – de modo que a solução de quem está de fora geralmente desconhece por completo o problema das trocas necessárias.

Onde se encontra a melhor troca entre a preocupação tardia pelo meio natural ameaçado pelas minas de carvão a céu aberto, de um lado, e, do outro, as vidas que se salvam ao passar-se das minas subterrâneas para as de céu aberto? A mineração subterrânea nunca pode ser realmente segura. Além disso, ela sempre apresentará alguma ameaça à saúde, devido ao ar empoeirado e contaminado do local em que se processa a extração. De seu lado, a mineração a céu aberto é uma atividade relativamente segura, além de apresentar poucos inconvenientes à saúde. Onde está essa troca entre as vidas, de um lado, e, do outro, a beleza natural e os riachos límpidos e despoluídos?

Nesse caso da mineração a céu aberto, há ainda outra troca: aquela que ocorre entre os custos representados pelos danos ao meio natural e o custo representado pelos empregos, pelo melhor padrão de vida e pelas condições pouco saudáveis das casas desprovidas de aquecimento, além do custo representado pela insegurança das ruas mal iluminadas em decorrência do alto preço e da escassez da energia.

A experiência norte-americana com o controle dos gases produzidos pelos automóveis mostra o que acontece quando a administração deixa de enfrentar determinada repercussão negativa e de pensar seriamente nas trocas que elas impõem. Que esse controle seria indispensável já se sabia desde o fim da Segunda Guerra Mundial, quando o "smog"[1] entrou no vocabulário cotidiano de Los Angeles.[2] No entanto, a indústria automobilística confiou no seu setor de relações públicas, que afirmava que o público não estava muito preocupado com o "smog". Mas na década de 1960 a população da cidade de repente entrou em pânico e forçou a promulgação de drásticas leis contra os gases produzidos pelos automóveis. Se esses controles eliminarão de fato a poluição é um ponto bastante duvidoso. Eles controlarão a emissão de gases pelos carros novos, mas não têm a possibilidade de controlar a da grande maioria dos carros que andam pelas ruas, fabricados há mais de dois ou três anos. Uma coisa no entanto é certa. Esses próprios controles gerarão uma nova e substancial poluição. Eles elevarão muito a energia necessária a cada veículo, forçando-o, portanto, a consumir mais gasolina. Com isso, exigirão maior refinação de petróleo – uma das atividades industriais mais poluentes. Ao mesmo tempo, elevarão substancialmente o preço dos automóveis e da sua manutenção. Quais seriam as trocas corretas nós não sabemos – já que o setor não fez a sua parte. Tanto ele como a população, porém, vão pagar e sofrer.

A responsabilidade pelas repercussões sociais negativas recai sobre a administração – não por constituir responsabilidade social, mas por cons-

---

1 Neologismo composto de "smoke" (fumaça) e "fog" (neblina). (N. do T.)

2 Los Angeles tem cerca de um carro por habitante. (N. do T.)

tituir responsabilidade da própria empresa. O ideal é transformar a eliminação das repercussões em oportunidade comercial. Mas sempre que não conseguir isso a administração deverá conceber a regulamentação adequada, que ofereça o melhor equilíbrio de troca, bem como promover o debate público do problema e a melhor solução no campo dos regulamentos e controles governamentais.

OS PROBLEMAS SOCIAIS COMO OPORTUNIDADES EMPRESARIAIS

Os problemas sociais constituem disfunções da sociedade. Mas para a direção das organizações e sobretudo para a direção das empresas, eles representam desafios. São importantes fontes de oportunidades. Pois é função da direção das empresas – e em menor grau das outras grandes organizações – atender a determinada necessidade social e ao mesmo tempo servir as próprias entidades, transformando a solução de um problema social em oportunidade empresarial.

As oportunidades mais expressivas para transformar problemas sociais em oportunidades empresariais podem, portanto, não se encontrar em novas tecnologias, novos produtos ou novos serviços. Elas podem se encontrar na solução dos problemas sociais, isto é, nas inovações sociais capazes de favorecer e fortalecer, direta ou indiretamente, a empresa ou seu ramo.

O êxito de algumas empresas muito bem-sucedidas resultou em grande parte dessas inovações sociais. Aqui estão alguns exemplos norte-americanos.

Julius Rosenwald, o "malandro da cidade" que levantou a Sears, imaginou e por muito tempo financiou o County Farm Agent, organismo de assistência aos lavradores. O problema social cuja existência ele constatou foi o da pobreza, ignorância e isolamento em que viviam os lavradores norte-americanos, os quais no início do século compunham ainda metade da população do País. As informações necessárias para que os lavradores pudessem produzir mais e produzir as coisas certas, conferindo maior rendimento ao seu trabalho, podiam ser conseguidas – mas não por eles. Mais do que as novas tecnologias, as novas máquinas e as novas sementes, o County Farm Agent constituiu a mola mestra da "explosão produtiva" da agricultura norte-americana. Rosenwald divisou um problema social real. Mas divisou também uma legítima oportunidade empresarial. Pois, à medida que a posição e a renda dos lavradores se elevavam, ampliava-se o mercado da Sears. E no meio dos lavradores a Sears acabou identificando--se como sua "amiga".

Também a IBM deveu grande parte do seu progresso a uma investida frontal contra um problema social. Na Grande Depressão, a IBM era minúscula e sem destaque. Sua atitude nada teve, portanto, da repercussão conseguida pela política dos 5 dólares por dia que vinte anos antes, em 1913, a Ford havia implantado (triplicando, quase da noite para o dia, a receita de seus trabalhadores braçais) e que precisaria ser rapidamente acompanhada por todas as grandes empresas norte-americanas. Mesmo assim, dando segurança de emprego aos seus trabalhadores e depois concedendo-lhes salários mensais fixos em vez do pagamento por hora, a IBM mostrou-se tão audaciosa e inovadora quanto a Ford. A medida tomada pela IBM também foi dirigida contra um grande problema social da época – o medo, a insegurança e a perda de dignidade que nos Estados Unidos a Depressão infligira aos trabalhadores. Também ela transformou uma moléstia social em oportunidade empresarial. Foi aquela providência, acima de tudo, que criou o potencial humano propício ao rápido crescimento da empresa e, uma década depois, à sua agressiva entrada na tecnologia totalmente nova da computação.

Na sociedade atual, uma das áreas em que se poderia resolver e transformar em oportunidade um grave problema social seria bem a do cansaço, frustração e "desgaste" do trabalhador de meia-idade, bem como da que ele sente em relação a uma segunda carreira. O custo oculto representado pelo trabalhador intelectual de meia-idade – administradores e profissionais do saber – que se "aposentou no serviço", que perdeu o interesse e trabalhou por trabalhar, pode muito bem ser maior que o da rotação da Ford em 1913, que levou a empresa a triplicar a remuneraçao que pagava para o dia de serviço. Ao mesmo tempo, a frustração e o desespero secreto desses homens e mulheres podem oferecer um perigo tão grande para a sociedade quanto o da miséria, amargura e desespero dos trabalhadores braçais oprimidos de antigamente. Nada corrói mais do que o sucesso transformado em frustração. A primeira empresa que se dispuser a enfrentar esse problema como oportunidade poderá muito bem colher tanto proveito quanto o colhido pela Ford há 60 anos e pela IBM há 40.

Curar os males sociais transformando-os em oportunidade de contribuição e desempenho não é um desafio que se coloca exclusivamente às empresas. É uma responsabilidade que cabe também a todas as outras entidades de nossa sociedade baseada nas organizações.

Fala-se muito, hoje, sobre a crise da universidade; e é uma crise real. Em alguns lugares, no entanto, ela foi aproveitada como oportunidade. Na Inglaterra, a Universidade Aberta emprega a televisão para colocar a educação superior à disposição de quem queira se dedicar a ela. Na Califórnia, a pouco conhecida mas não tão pequena Universidade do Pacífico, em Stockton, está criando um novo tipo de universidade. Ela joga com a vontade que os jovens têm de aprender, e também com seu desejo de participar responsavelmente da própria aprendizagem.

Qualquer empresa, e mesmo qualquer entidade, precisa organizar suas atividades inovadoras para transformar os problemas sociais em oportunidades de desempenho e colaboração. Nos últimos vinte e cinco anos, a pesquisa tecnológica metodizada virou lugar-comum. A inovação social ainda é em grande parte deixada ao acaso e a cargo do empresário que de repente tropece em uma oportunidade. Isso já não é mais adequado aos tempos atuais. Na nossa sociedade de organizações, todas as entidades precisam organizar suas atividades de pesquisa e criação relativas à sociedade e à comunidade da mesma forma como as organiza em relação à tecnologia. A administração precisa organizar-se de modo a sistematicamente localizar as questões, as crises e os problemas da sociedade e da comunidade, e operar com inovações que transformem suas soluções em oportunidades lucrativas.

AS "MOLÉSTIAS DEGENERATIVAS" DA SOCIEDADE

Nem todo problema social pode ser resolvido e transformar-se em oportunidade de colaboração e desempenho. Na realidade, o mais grave desses problemas inclina-se a desafiar esse caminho.

Nenhuma empresa poderia, por exemplo, ter feito muita coisa a respeito da mais séria moléstia degenerativa da história dos Estados Unidos – seu problema racial. Essa moléstia só pôde ser enfrentada quando a sociedade norte-americana alterou sua própria consciência e opinião a seu respeito. E aí já era quase tarde demais. Mesmo, porém, que determinada administração resolva esse problema, as restantes talvez não lhe sigam o exemplo. Uma solução pode haver; mas embora seja conhecida e evidente, ela não está sendo posta em prática. O problema continua agudo e à espera de solução.

Qual é então a responsabilidade social da administração por esses problemas da sociedade que se transformam em moléstias crônicas ou degenerativas?

Cabe à administração resolver tais problemas. Ela é responsável pela saúde da empresa. Não há compatibilidade possível entre uma empresa sadia e uma sociedade doentia. A saúde da comunidade apresenta-se como pré-requisito para o crescimento e o êxito da empresa. É tolice esperar que esses problemas venham a desaparecer se virarmos para o outro lado. Os problemas só desaparecem quando alguém faz alguma coisa a seu respeito.

Até que ponto se pode esperar que a empresa – ou qualquer outra entidade de finalidades específicas da nossa sociedade – enfrente tais problemas? Até que ponto se deve inclusive permitir que essas entidades (empresas, universidades ou hospitais) assumam novas responsabilidades?

Os argumentos atualmente empregados tendem a ignorar essa questão. "Eis aqui o gueto negro", disse certa vez o prefeito Lindsay, de Nova York; "ninguém sabe o que fazer com ele. Tudo que o governo, os assistentes sociais ou a comunidade em geral procuram fazer só piora sua situação. Portanto, melhor será que as grandes empresas se responsabilizem por ele".

O fato de o prefeito procurar ansiosamente alguém que se encarregasse do assunto é compreensível; e o problema é realmente desesperador, constituindo uma grande ameaça. Mas será correto transformá-lo numa responsabilidade social da administração? Ou há limites para essa responsabilidade social? E quais são esses limites?

CONSIDERAÇÕES FINAIS

Por mais debatidas que sejam, as questões relativas ao comportamento ético ou moral das pessoas não constituem a base das responsabilidades sociais da empresa e das demais entidades existentes na sociedade moderna, como a escola e a universidade, os órgãos públicos e os hospitais. A base primeira é constituída pelas repercussões sociais, que são subprodutos da conduta legítima e necessária da empresa (ou da entidade) e consequências do fato de que a entidade existe dentro de alguma comunidade e exerce autoridade sobre certas pessoas. Tais repercussões devem sempre ser eliminadas ou pelo menos reduzidas ao mínimo. Quando sua eliminação não puder ser transformada em oportunidade, será necessária a regulamentação; e caberá à empresa a necessidade de conceber uma regulamentação apropriada, bem como a de trabalhar por ela antes que surja o escândalo. Depois, vem a questão da responsabilidade da empresa pelos males da sociedade. Finalmente, há a função de liderança dos administradores em uma sociedade em cujo interior os executivos e as entidades assumiram, como grupo, posição de liderança.

PERGUNTAS

1. Anteriormente à década de 1960, quais eram as três áreas da responsabilidade social mais frequentemente debatidas?
2. Que direção está tomando a nova ênfase que se atribui à responsabilidade social?
3. Por que se pode dizer que as reivindicações que se apresentam à empresa, no sentido de que assuma maior responsabilidade social, são o preço do seu êxito?
4. Por que o foco em que se concentravam as reivindicações de responsabilidade social passaram do governo para a empresa?
5. Quem é que compõe os novos grupos de liderança?
6. Qual é o primeiro passo para assumir as responsabilidades pelas repercussões sociais das atividades da organização?
7. O que está errado com relação ao tipo de avaliação que atualmente se pratica no tocante ao progresso tecnológico?
8. Um modo de eliminar determinada repercussão negativa é cessar as atividades que a acarretam. Há outros modos? Cite alguns.
9. Quando cabe à administração a responsabilidade pelo trabalho referente à regulamentação das repercussões indesejáveis?
10. Por que os problemas sociais constituem também fontes de oportunidades para as empresas? Que problemas atuais poderiam oferecer reais oportunidades empresariais?

CAPÍTULO 20

OS LIMITES DA RESPONSABILIDADE SOCIAL

O administrador é um servo. Seu senhor é a entidade que ele administra, e para ela se dirige sua primeira responsabilidade. A primeira tarefa que lhe cabe é levar sua entidade (seja empresa, hospital, escola ou universidade) a exercer a função e fornecer os préstimos para os quais existe. A pessoa que aproveitar sua posição de dirigente de grande organização para se projetar perante o público e assumir liderança relativamente a problemas sociais, enquanto sua empresa ou universidade estiver sendo corroída pela negligência, não será estadista. Será alguém irresponsável, desmerecedor de qualquer confiança.

O desempenho da missão específica da entidade também é do maior interesse e necessidade da sociedade. A sociedade nada terá a ganhar, e sim a perder, se aquela entidade vir reduzida ou enfraquecida sua capacidade para desempenhar a tarefa que lhe cabe. O bom desempenho da própria função constitui a principal responsabilidade social da entidade. Se não desempenhar com responsabilidade sua missão, a entidade não poderá desempenhar mais nada. A empresa falida não será uma empregadora desejável, assim como dificilmente será considerada uma boa vizinha na comunidade a que pertence. Nem gerará o capital necessário para os empregos de amanhã e para proporcionar aos trabalhadores de amanhã as oportunidades que eles precisarão. A universidade que falhar no preparo dos líderes e profissionais do futuro não estará demonstrando responsabilidade social, independentemente de quantas "atividades úteis" venha a exercer.

A primeira "limitação" que se impõe à responsabilidade social é, portanto, a responsabilidade mais alta pelo desempenho específico da instituição, que é o senhor, ou a senhora, administrador. Esse ponto merece um realce todo especial no tocante à empresa comercial, a entidade econômica da sociedade. Qualquer solução que se dê a alguma questão de influência social ou a algum problema social (a não ser quando esses sejam transformados em oportunidade de desempenho e resultados) gera despesas sociais indiretas. Essas despesas não poderão ser custeadas nem como despesas correntes (isto é, pelos consumidores ou pelos contribuintes) nem pelo capital (isto é, por menos empregos e piores empregos, amanhã, e/ou pelo rebaixamento dos padrões de vida). O único modo de cobrir as despesas e acumular capital é conseguir o bom desempenho econômico. Todas as outras satisfações proporcionadas à sociedade estão sendo pagas, de uma forma ou de outra, pelos excedentes que a economia apresenta.

Essa circunstância torna a acentuar a responsabilidade que os administradores têm de prever os problemas e ponderar profundamente as "trocas" relativas às soluções existentes para eles. Em que ponto, por debilitar a capacidade de desempenho das entidades atuais, determinada solução se tornará proibitivamente cara para a sociedade? Qual é o ponto ótimo de equilíbrio entre a necessidade de cuidar de determinado problema social e a de preservar a capacidade de desempenho das instituições sociais em funcionamento? E em que ponto se começa a correr o risco de pôr-se a perder o desempenho social – e assim criarem-se problemas novos e mais sérios – ao se sobrecarregar as instituições existentes? Em que ponto conseguimos o melhor equilíbrio entre os custos antigos e os proveitos novos?

Os administradores precisam ponderar com cuidado os limites que a responsabilidade social fixam como obrigação tendo em vista a capacidade de a empresa desempenhar esse papel. No caso da empresa comercial, eles precisarão saber quais os objetivos de suas áreas-chave. Pois esses objetivos determinam as metas mínimas que o desempenho precisa atingir para a empresa cumprir sua missão. Enquanto tais objetivos puderem ser alcançados, a empresa estará conseguindo um bom desempenho. Se o objetivo de qualquer área estiver correndo riscos graves, a capacidade de desempenho da empresa toda estará em perigo.

Acima de tudo, a administração precisa saber qual é a lucratividade mínima exigida pelos riscos do empreendimento e pelos compromissos com o futuro. Desse conhecimento ela precisa para suas próprias decisões. Mas precisa também para explicar suas decisões aos outros – os políticos, a imprensa, o público. Enquanto as administrações continuarem prisioneiras de sua própria ignorância com respeito à necessidade objetiva e à função do lucro – isto é, enquanto raciocinarem e argumentarem em termos do "lucro como agente motivador" – elas não serão capazes nem de tomar decisões racionais com relação às suas responsabilidades sociais nem de explicar essas decisões a terceiros.

OS LIMITES DA COMPETÊNCIA

Empreender tarefas para as quais não se tem competência é comportamento irresponsável. E também é crueldade, pois cria expectativas que estão fadadas à frustração.

Toda e qualquer organização, especialmente em se tratando de empresa privada, precisa assenhorear-se da competência necessária para que possa assumir a responsabilidade pelas consequências do que fizer. Mas nas outras áreas sociais que não essa, o direito e o dever de atuar são limitados pela competência.

Qualquer organização deve evitar enfrentar tarefas que não se coadunem com seu sistema de valores. As aptidões e os conhecimentos são relativamente fáceis de adquirir. Mas mudar personalidade não é nada fácil. Ninguém tem grande probabilidade de sair-se bem em área que não respeite. Se a empresa ou qualquer outra organização se meter em tal área por força de alguma necessidade social, dificilmente incumbirá da tarefa seus membros mais capazes e lhes dará o apoio adequado. Dificilmente ela compreenderá tudo que a tarefa envolve. E quase certamente acabará fazendo as coisas erradas. Como resultado, provocará mais danos do que benefícios.

O que não fazer nessa circunstância ficou demonstrado quando as universidades norte-americanas se apressaram, na década de 1960, a assumir a responsabilidade social pelos grandes problemas urbanos. Esses problemas são bastante reais. E naquelas universidades era perfeitamente possível encontrar estudiosos capacitados em uma série de áreas relativas aos problemas. Mas as tarefas eram primordialmente políticas. Os valores em jogo eram os dos políticos e não dos estudiosos. As habilidades que se faziam necessárias vinculavam-se às concessões, à mobilização das energias e, acima de tudo, à fixação das prioridades. E essas não são as qualidades mais admiradas e apreciadas pelos universitários. Elas representam quase o oposto da objetividade e da "procura da verdade" que constituem a excelência dos valores acadêmicos. O serviço todo ultrapassava a competência da universidade e era incompatível com seu sistema de valores.

O que a universidade colheu finalmente de sua apressada aceitação dessa tarefa foi, portanto, a falta de desempenho e de resultados. Colheu também o abalo do seu prestígio e posição, além dos danos infligidos à sua própria credibilidade. As universidades que embarcaram naquela aventura não ajudaram a resolver os problemas urbanos; por outro lado, prejudicaram seriamente sua capacidade de desempenho dentro da própria área.

A administração precisa, portanto, saber em que ponto ela e sua entidade são realmente incompetentes. Como regra, a posição de incompetência absoluta da empresa se localizará numa área "intangível". A força da empresa está na responsabilidade e na mensurabilidade – a disciplina proveniente do teste do mercado, das mensurações da produtividade e das exigências da lucratividade. Onde esses elementos não existirem, "não haverá pé" para as empresas. Aí lhes faltará também certa afinidade fundamental, isto é, as empresas estarão fora do seu sistema de valores. Onde os critérios de desempenho forem intangíveis, como nas opiniões e emoções "políticas", na aprovação ou não da comunidade, na mobilização das energias comunitárias e na estruturação das relações de poder, é pouco provável que a empresa se sinta bem. É pouco provável que ela aprecie, nessas áreas, os valores que importam. É bastante improvável, pois, que ela tenha competência para operar.

Contudo, nessas áreas geralmente a empresa pode definir, com clareza e mensurabilidade, metas relativas a tarefas parciais específicas. Geralmente lhe será possível converter partes de um problema situado fora de sua competência. Nos Estados Unidos, ninguém conseguiu muita coisa em matéria de preparar para o trabalho adolescentes negros não empregáveis e obstinados. Mas nessa área as empresas se saíram menos mal que qualquer outra entidade. Essa é uma tarefa que se pode identificar, que se pode delimitar. Suas metas podem ser fixadas. E seu desempenho pode ser medido. Nessas condições, a empresa tem possibilidade de êxito.

Antes de aceitar solicitações para que assuma esta ou aquela responsabilidade e de começar a trabalhar no problema, será conveniente à administração considerar com cuidado que parte do serviço, se existir, poderá ser enquadrada dentro da competência de sua entidade. Há ali alguma área que se possa delimitar em termos de metas tangíveis e desempenho mensurável? Se a resposta for positiva, justificar-se-á uma séria consideração da empresa com respeito à sua responsabilidade social. Se, porém, a resposta for negativa – o que ocorrerá em numerosas áreas –, a empresa deverá opor-se, por mais importante que seja o problema e por mais premente que seja a solicitação à empresa para que cuide do caso. Pois, se aceder, a empresa só poderá causar mal à sociedade e a si mesma. Ela não terá a possibilidade de apresentar um bom desempenho, e por isso mesmo não poderá responsabilizar-se.

OS LIMITES DA AUTORIDADE

A maior limitação que se impõe à responsabilidade social é a limitação da autoridade. O advogado constitucionalista sabe que o dicionário político não contém a palavra "responsabilidade". O que ele contém é "responsabilidade e autoridade". Seja quem for que reivindique autoridade, assumirá a respectiva responsabilidade. Por outro lado, seja quem for que assuma responsabilidade, reivindicará por essa razão a respectiva autoridade. São dois lados da mesma moeda. Portanto, assumir responsabilidade social significa sempre reivindicar autoridade.

Toda vez que a empresa for solicitada a assumir a responsabilidade por isto ou aquilo, deverá se perguntar: "Ela tem autoridade para isso, e deve ter?". Se a empresa não contar com essa autoridade, nem dever contar – e em um grande número de áreas ela não deve contar mesmo –, a responsabilidade por parte da empresa deverá ser olhada com muita desconfiança. Pois aí já não será mais responsabilidade; será a ânsia pelo poder.

Ralph Nader, o defensor dos direitos dos consumidores norte-americano, considera-se sinceramente inimigo das grandes empresas. Na medida em que exige das empresas responsabilidade pela qualidade e segurança dos seus produtos, Nader certamente está se preocupando com a verdadeira responsabilidade empresarial, isto é, seu desempenho e seus préstimos. A única dúvida – sem pensar na exatidão dos dados que ele fornece e do estilo que imprime à sua campanha – é se as reivindicações de Nader com respeito à perfeição não irão custar muito mais aos consumidores do que as falhas e deficiências que ele condena. As únicas dúvidas dizem respeito às "trocas".

Acima de tudo, porém, Ralph Nader exige que as grandes empresas assumam responsabilidades em uma infinidade de áreas que escapam aos produtos e serviços. O atendimento dessas reivindicações só poderá levar as administrações das grandes empresas a aparecer como donas do poder absoluto em numerosíssimas áreas que em verdade pertencem a outras instituições.

Na realidade, é nesse sentido que Nader – assim como os demais partidários de uma responsabilidade social sem limites – está caminhando com rapidez. Uma das equipes de Nader publicou em 1972 uma crítica à Du Pont Company e ao papel que ela desempenhava no pequeno Estado norte-americano de Delaware, onde tem sua matriz e emprega um grande contingente de pessoas. A publicação nem chegou a discutir o desempenho econômico da empresa. Deixou de lado, como irrelevante, o fato de num período de inflação generalizada a Du Pont haver reduzido continuamente o preço dos seus produtos (básicos, em muitos casos, para economia do País). Em vez de considerar isso, o relatório criticou duramente a empresa por não utilizar seu poderio econômico para forçar os habitantes do Estado a enfrentar uma série de problemas sociais, desde a discriminação racial até a saúde pública e as escolas do governo. Por não ter assumido a responsabilidade pela sociedade de Delaware, por sua política e legislação, a Du Pont foi grosseiramente acusada de negligente em relação às próprias responsabilidades.

Uma das ironias desse caso é que as tradicionais críticas liberais ou esquerdistas que se faziam à Du Pont há muitos anos tomavam coloração exatamente oposta. Elas acusavam a empresa de, pelo destaque de que gozava no pequeno Estado, "interferir e exercer seu domínio" sobre este, além de praticar uma "autoridade ilegal".

A linha de Nader constitui apenas a mais difundida das posições que, sob a capa de slogans antiempresariais, na realidade pleiteiam uma sociedade onde as grandes empresas constituam as instituições mais poderosas, mais dominadoras e mais absolutas. É claro que essa consequência é o oposto do que Nader pretende. Mas não seria a primeira vez que a exigência de maior responsabilidade social produziria resultados contrários aos pretendidos.

Por outro lado, também, não é prática a posição "pura" tomada por Milton Friedman – economista de Chicago e vencedor do Prêmio Nobel – de as empresas se absterem de assumir qualquer responsabilidade social. Alguns dos problemas atuais são graves, urgentes e desesperadores. Acima de tudo, há a "moléstia governamental" a gerar um vácuo de responsabilidade e desempenho – vácuo tanto mais vigoroso quanto maior se torna o governo. Por mais que desejemos a pureza das empresas e demais organizações da nossa sociedade baseada em organizações, puras elas não podem ser. Por si só, seu interesse já as força a se preocuparem com a sociedade e a comunidade, bem como a estar preparadas para arcar com responsabilidades que se estendem além das principais áreas de sua própria tarefa e responsabilidade.

Ao fazerem isso, entretanto, as empresas precisam ter consciência do perigo a que se expõem – elas e a própria sociedade. Precisam ter consciência do risco que correm. Nenhuma sociedade pluralista jamais funcionou enquanto suas principais instituições não assumiram a responsabilidade pelo bem comum. Por outro lado, sobre a sociedade pluralista paira ao mesmo tempo, permanentemente, a ameaça da confusão, sempre fácil, entre o bem comum e a ânsia pelo poder.

Algumas linhas mestras podem ser traçadas em certas áreas. Não cabe à empresa (nem à universidade) pretender substituir a autoridade governamental pela sua em áreas que claramente digam respeito à orientação do país. Em uma sociedade livre, é lógico que a empresa tem o direito de *não* se dedicar a tais atividades, mesmo quando sejam sancionadas ou até mesmo estimuladas pela política governamental. Ela pode perfeitamente ficar de fora. Não há dúvida a respeito de que a ela não cabe o direito de tomar o lugar do governo. E também não lhe cabe o direito de empregar seu poderio econômico para impor valores à comunidade.

QUANDO DIZER NÃO

Deve-se opor resistência às reivindicações de responsabilidade social que na realidade pretendam induzir a empresa – ou qualquer outra entidade – a ampliar sua autoridade. Deve-se resistir a elas no próprio interesse da empresa. Deve-se a elas resistir por causa da verdadeira responsabilidade social da empresa. Porque na realidade essas reivindicações pretendem a irresponsabilidade. Pouco importa se elas são sinceras e brotam de aflições genuínas, ou se constituem argumentos destinados a mascarar a ânsia pelo poder. Sempre que solicitada a assumir responsabilidades sociais situadas fora da área de seu desempenho e da área das consequências de sua atuação, a empresa – ou qualquer outra das nossas entidades – deve perguntar: "Possuímos autoridade legítima nessa área?". Se a resposta for negativa, a atitude socialmente responsável é não atender à solicitação.

CONSIDERAÇÕES FINAIS

Quais são os limites que se impõem à responsabilidade social de uma empresa ou hospital? Essas organizações não devem prejudicar ou destruir sua capacidade de desempenhar sua principal tarefa em nome das responsabilidades sociais que lhes caibam. Seja qual for a função primordial da organização, situe-se ela na área dos cuidados médicos ou dos serviços de caráter econômico, essa função constitui o motivo de sua existência e uma responsabilidade fundamental que assumiu. Além disso, é atitude irresponsável dedicar-se a tarefas para cujo desempenho não se possua a competência básica. E também é irresponsável – além de constituir ânsia de poder – assumir responsabilidades em áreas em que ocorra qualquer vácuo de autoridade. Pois a responsabilidade sempre caminha ao lado da correspondente autoridade.

PERGUNTAS

1. Por que se pode dizer que os administradores são servos?
2. Qual é a primeira limitação que se impõe à responsabilidade social?
3. Qual a limitação à responsabilidade social que ficou demonstrada quando certas universidades norte-americanas se apressaram em assumir a responsabilidade de resolver problemas urbanos?
4. Em que áreas costuma a empresa ver-se em posição de incompetência?
5. Qual é a maior limitação à responsabilidade social? Por que Ralph Nader infringe, com a posição que assume, essa limitação?
6. Quando a organização deve se recusar a atender às exigências relativas à sua responsabilidade social?

CAPÍTULO 21

A EMPRESA E O GOVERNO

Uma responsabilidade social de vital importância para o administrador, especialmente o administrador de empresa, é representada pelo relacionamento da empresa com o governo. No entanto, ela raramente é pelo menos mencionada nas exposições sobre as responsabilidades sociais da direção.

Poucos relacionamentos apresentam para a empresa comercial a importância que ela possui com o governo. A responsabilidade por esse relacionamento faz parte da responsabilidade global que assume o administrador para com a própria empresa. Essa é uma área que abrange as repercussões sociais das atividades da empresa. Em grande parte, as relações entre a empresa e o governo resultam daquilo que ela faz ou deixa de fazer.

As relações empresa-governo constituem também um problema social, pois em todos os grandes países elas se encontram ao abandono. É preciso repensá-las, reavaliá-las e reestruturá-las com urgência. Em nenhum país desenvolvido – assim como em quase nenhum dos países em desenvolvimento – há regras claras nessa área; há, sim, pouca compreensão recíproca e, na melhor das hipóteses, uma colcha de retalhos de leis e preconceitos, regulamentos e tradições. Ao mesmo tempo, surgem novos e graves problemas que ninguém consegue encaixar no relacionamento vigente. Exemplos disso temos no meio ambiente e nas corporações multinacionais.

Em última análise, fazem-se necessárias novas teorias políticas, que se mostrem adequadas às realidades e exigências de uma sociedade que se baseia em organizações. Enquanto isso não ocorrer, as empresas e o governo precisarão continuar a cumprir as tarefas de cada um. Eles deverão saber quais dessas tarefas precisarão ser enfrentadas em conjunto e quais deverão ser conservadas separadas. Agora pode ser cedo demais para pensar em soluções, mas precisamos divisar meios e elementos, ainda que caso a caso. E devemos tomar muito cuidado para evitar que esses caminhos provisórios nos comprometam com algum modelo a longo prazo menos correto.

Procurar esses caminhos provisórios e acompanhá-los de perto é tarefa que cabe principalmente ao administrador. Ele não pode ficar à espera das elucubrações dos filósofos políticos, pois estão em jogo coisas muito importantes, tanto para a empresa como para a economia e para a sociedade.

Para desempenhar essa responsabilidade, o administrador precisa, antes de tudo, compreender o contexto histórico das relações governo-empresa. As tradições referentes a essas relações variam bastante de país para país. Essas tradições determinam em grande parte aquilo que em cada país é considerado "correto" e "adequado" – pelos políticos, pelos órgãos públicos e pelos cientistas políticos; e também pela comunidade empresarial. Em grande parte, essas tradições também explicam o motivo por que o relacionamento do governo com a empresa está hoje em crise. Poucos livros, porém – digam eles respeito ao governo ou à empresa –, têm dedicado muita atenção ao cenário histórico e às teorias políticas e gerenciais que se encontram na raiz desse relacionamento.

OS MODELOS HISTÓRICOS

Os dois modelos políticos que fixaram as normas das relações do governo com a empresa diferem bastante entre si. Podemos denominá-los mercantilismo (ou, em francês, *dirigisme*) e constitucionalismo.

No modelo mercantilista, a economia é tida como a base da soberania política da nação e especialmente do seu poderio militar. Tanto a economia do país como sua soberania são organizadas essencialmente *contra* um mundo exterior. A principal função da economia, nessa concepção, é prover os meios adequados para que a nação-Estado sobreviva às ameaças externas. No interior da nação-Estado pode haver atritos, conflitos, concorrência e disputas. Mas, como no caso das fortalezas sitiadas, todas as disputas e discórdias cessam junto à muralha.

Na grosseira concepção inicial do mercantilismo (formulada ao fim do século dezessete), a empresa era vista como a fornecedora do ouro e prata com que se pagariam os soldados, os quais, por sua vez, eram os protetores da independência e sobrevivência nacional. Adam Smith arrasou essa linha de raciocínio, mas ainda assim o modelo mercantilista vê o fundamento econômico da soberania política no desempenho competitivo externo. As exportações constituem o objetivo – e a prova.

No modelo mercantilista, o empresário passa por socialmente inferior ao governante. Isso aconteceu tanto na França de Luís XIV como no Japão de antes da Segunda Guerra Mundial. Ainda assim, a tarefa do governante é apoiar, fortalecer e incentivar as empresas – e especialmente a exportação. Com a ascensão da tecnologia e do administrador profissional, a empresa passou, por assim dizer, a integrar o "establishment" nacional. Mas ela ainda é uma sócia secundária do governo.

Exemplo disso temos na posição em que se encontram as associações empresariais e organizações desse tipo nos sistemas mercantilistas. Na França – e em grande parte na Alemanha – a filiação às associações comerciais ou setoriais é compulsória. No Japão, essas associações são entidades semigovernamentais. O diretor de uma entidade de classe geralmente é um antigo funcionário governamental de projeção. Ele costuma desfrutar de uma posição e poder que ultrapassam os que são conferidos aos próprios componentes do setor, com exceção dos maiores e mais poderosos. É característica desses sistemas a negociação dos acordos sindicais pela entidade de classe, ficando as filiadas obrigadas a acatá-lo. É através dessas entidades que o governo se relaciona com o setor e com as empresas.

O modelo constitucionalista, criado no século dezenove – sobretudo nos Estados Unidos – vê o governo, no relacionamento com as empresas, em posição oposta a delas. Esse relacionamento é regido por leis. E conduzido à distância do braço.

O constitucionalismo aceita que o governo não possa ficar fora da economia e das empresas. "A empresa – afirma tanto o mercantilismo como o constitucionalismo – é importante demais para poder ficar nas mãos da comunidade empresarial." Mas enquanto o mercantilismo guia, dirige e subsidia, o constitucionalista diz: "não farás isso", e lança mão da legislação antitruste, dos organismos reguladores e dos processos criminais. O mercantilismo procura estimular as empresas, desde que tomem o caminho que ele julga correto para a política da nação e seu poderio militar. Já o constitucionalista faz questão de manter as empresas fora do governo; elas corrompem. E fixa limites de moralidade política para a atividade empresarial.

Pode-se dizer que Jefferson foi o primeiro constitucionalista – profundamente desconfiado em relação às empresas e convencido de que seu interesse não devia penetrar na área do governo. Mas foi só na década de 1820, quando Andrew Jackson assumiu a Presidência dos Estados Unidos (vinte e cinco anos mais tarde), que o constitucionalismo se tornou no país o modelo intelectual vigente no relacionamento empresa-governo.

Foi também no governo de Jackson que o constitucionalismo determinou a posição social do empresário na vida norte-americana. A partir de então, os empresários passaram a ser socialmente iguais a qualquer outro grupo da sociedade norte-americana.

Em verdade, nos Estados Unidos do fim do século dezenove e início do século vinte os empresários constituíam talvez as figuras dominantes da sociedade. Na hierarquia social, seus concorrentes não eram mais, como nos países mercantilistas, os funcionários governamentais, e sim o clero, e, mais tarde, os professores universitários. Desde os tempos de Jackson, no modelo constitucionalista, o empresário devia também ser um grande patriota e estar pronto, especialmente nas épocas de crise, a servir à pátria e assumir posições de liderança política. Quando, porém, cem anos após Jackson, Franklin D. Roosevelt chamou os empresários de "malfeitores de grande fortuna", estava exprimindo-se no mais puro estilo constitucionalista.

Na tradição constitucionalista, as associações comerciais e as entidades de classe são encaradas com grande desconfiança e raramente trazidas ao campo das relações entre o governo e a comunidade empresarial. Elas não são compulsórias nem têm poderes de coerção, muito menos posição oficial

– por mais influentes que possam se mostrar por trás dos bastidores, como grupos de pressão sobre o Congresso.

OS MODELOS E A REALIDADE

Tanto o dirigismo como o constitucionalismo são modelos de teoria política – ou gerencial. A realidade sempre fica longe desse ideal.

Na verdade, muitos críticos têm acusado de mera hipocrisia e de impostura completa as posições da política constitucionalista oficial norte-americana. Mas essa acusação não toma em conta a poderosa influência que o constitucionalismo exerceu e ainda exerce. Ela inspira a tradicional oposição norte-americana ao "sistema". Explica o motivo por que o radical norte-americano tradicionalmente se tem oposto à empresa, enquanto os esquerdistas europeus tradicionalmente se têm colocado "a favor" das empresas, querendo apenas substituir os "bandidos capitalistas" pelos seus belos "mocinhos" – os governantes. O constitucionalismo também explica as formas peculiares da legislação e da regulamentação econômica e empresarial norte-americanas. Mas há muita verdade no velho comentário de que os Estados Unidos têm sido jefersonianos (isto é, constitucionalistas) em teoria, e hamiltonianos (isto é, mercantilistas) na prática.

Sem sombra de dúvida, o mercantilismo tem sido muito mais praticado. E quando o país que havia realmente praticado o que a teoria econômica dizia, e mantido o governo fora da economia – a Inglaterra – alterou seu rumo, por volta de 1900, adotando uma visão política da empresa e da economia, ele mudou mais para o *dirigisme* do que para o constitucionalismo.

Mas nem o modelo mercantilista foi posto em prática em toda a sua plenitude. Desde o princípio ele apresentou tensões. Repetidamente a direção das empresas escapava ao controle. Mesmo no Japão o governo e a comunidade empresarial se veem como adversários com tanta frequência como se veem como sócios.

Por bem mais de um século, esses dois modelos têm sido os guias, e ditado as normas. Eles são os que têm declarado aos governos e aos políticos o que deve ser feito. Eles são quem têm firmado os critérios que, perante a opinião pública, distinguem o certo do errado. Eles não ditaram o relacionamento entre a empresa e o governo, mas fixaram os limites dentro dos quais os problemas específicos desse relacionamento poderiam ser resolvidos caso a caso, assunto por assunto, "escândalo por escândalo".

OS NOVOS PROBLEMAS

Agora, porém, os dois modelos estão obsoletos. Já nenhum deles oferece muita orientação, nem ao governo nem às empresas. Nenhum deles tem capacidade para enfrentar os novos problemas cuja solução está sendo exigida na área do relacionamento. Os mais importantes desses novos problemas – ou pelo menos os mais evidentes – têm-se originado nos seguintes pontos:

- a "economia mista";
- a empresa multinacional;
- a perda de posição, pelo governo, como a entidade; e o aparecimento do administrador profissional.

1. A primeira dessas realidades é a "economia mista" dos dias de hoje.

   Esses dois modelos foram criados para a economia capitalista. Eles podem também funcionar em uma economia socialista (com respeito à adaptação do constitucionalismo à concorrência socialista, ver o Capítulo 12). Contudo, nenhum dos dois modelos tem capacidade para operar uma economia mista, em que as atividades do governo e as das empresas ao mesmo tempo se entrelaçam e concorrem.

   Toda economia desenvolvida constitui um conjunto complexo de regulamentações, controles governamentais, subsídios e castigos, autonomia empresarial em áreas anteriormente consideradas governamentais (como os serviços postais autônomos, por exemplo) e operações de empresas diretamente pelo governo. Entidades há que, embora constituídas como empresas privadas, pertencem ao patrimônio público e exercem funções públicas. Também há entidades de propriedade do governo que operam em mercados relativamente competitivos e exercem funções "do setor privado". E há todo um rebuliço envolvendo as mais complexas parcerias. As compras para o setor da defesa constituem apenas um exemplo. Hoje em dia, os materiais para esse setor são comprados através de uma relação contratual – meio sociedade meio duelo – que se estabelece entre o governo e as empresas privadas.

As compras para o setor da defesa podem ser consideradas caso especial. Nos Estados Unidos, por exemplo, ainda se justifica a economia mista nesse setor como uma "emergência temporária" trinta e cinco anos após a Segunda Guerra Mundial. Todas as pessoas ligadas ao assunto sabem que nada há de temporário a seu respeito, e que na ficção da "emergência temporária" reside uma das principais causas dos sérios problemas que surgem nas compras para o setor da defesa. Mas todas elas sabem também que qualquer tentativa de pensar no caso de reestruturar esse relacionamento levaria imediatamente a contradições filosóficas e a antagonismos inconciliáveis entre "o que a coisa deve ser" e o que se faz necessário. Como declarou um alto funcionário do Departamento de Defesa norte-americano: "Sabemos que o que existe é o caos; mas ele ainda é melhor que a paralisia".

Haverá um número cada vez maior de "tarefas conjuntas" em que o governo e as empresas terão que trabalhar em equipe, com a liderança atribuída a uma ou a outra parte, conforme a situação. Há os serviços relacionados com o meio ambiente. Há a gigantesca tarefa de conservar os recursos mundiais. Há os problemas das grandes cidades. Há as pesquisas – tanto tecnológicas como sociais. Os serviços relacionados com a qualidade da vida constituem, talvez, por definição, tarefas conjuntas, em que as entidades não governamentais assumam a responsabilidade social pela execução e o governo forneça a orientação e o dinheiro necessários.

Isso é difícil de enquadrar no *dirigisme*. O servidor público já não guia nem molda uma comunidade empresarial à parte. Em certas relações, ele terá que funcionar como sócio, e não necessariamente o mais categorizado. Em outras (como na área bancária e na de seguros, por exemplo), ele precisará ser o porta-voz das empresas contra a política governamental. Em outras ainda, especialmente na área das "multinacionais", as empresas privadas representam a "política governamental" de seu país, como na unificação da Europa e no desenvolvimento dos países mais atrasados. Aí, o servidor público defende os "interesses privados" do setor interno.

O *dirigisme* ainda pode aceitar isso – embora as tensões sejam consideráveis. A economia mista, porém, é de todo incompatível com o modelo constitucionalista, com o que se explica a extrema dificuldade dos partidos políticos norte-americanos, da retórica política norte-americana e dos comentaristas políticos norte-americanos para explicar como o governo e a economia estão operando.

2. O segundo elemento que não se consegue enquadrar nos modelos tradicionais é a empresa multinacional. A empresa multinacional constitui uma resposta ao divórcio entre a economia e a soberania após trezentos anos de casamento. Nem os países maiores e mais poderosos podem considerar nacional sua economia, enquanto a soberania ainda lhes pertence por inteiro. Não há qualquer indício de algo destinado a substituir a nação-Estado como a encarnação da soberania política. Contudo, observa-se a existência de uma genuína economia mundial, que sustenta a dinâmica econômica e determina os desenvolvimentos econômicos em escala mundial. Essa economia mundial provoca repercussões diretas no comportamento econômico, nas atividades e nos resultados que se alcançam no interior das economias dos países, mas é em grande parte impermeável à soberania política.

   O desafio mais direto ao modelo mercantilista é apresentado pelo desenvolvimento, do qual a empresa multinacional constitui tanto a portadora como o efeito. Para o mercantilismo esse divórcio está fora das cogitações; mesmo assim, porém, ele está ocorrendo. O general De Gaulle compreendeu isso muito bem quando presidente da França, nas décadas de 1950 e 1960. Foi plenamente racional sua resolução de não permitir que as empresas francesas se tornassem multinacionais. E ela também foi absolutamente inútil.

   O modelo constitucionalista tem muita dificuldade para conviver com a empresa multinacional. Não é por acaso que o populismo está agora investindo contra a empresa multinacional nos Estados Unidos. Para a tradição mercantilista, o crime das empresas multinacionais é não ser nem poder ser instrumento da soberania política. Para o populista da tradição constitucionalista norte-americana, o crime dessas empresas é não ser nem poder ser instrumento da moralidade norte-americana. Pelo contrário, em cada país onde operam elas precisam se adaptar aos valores jurídicos e morais impostos pela sua soberania política.

3. Na sociedade fundada em organizações, o governo torna-se uma entidade com finalidades especiais, e não *a* entidade. Essa sociedade gera responsabilidades sociais para os grupos de liderança não governamen-

tais e especialmente para o administrador de empresa. Debilita, assim, a supremacia da posição e do papel do governo.

O que tornou tão notável a figura de De Gaulle foi sua recusa em aceitar isso. De Gaulle, pelo contrário, insistiu na indiscutível primazia do Estado – não só sobre a economia, mas também sobre as artes e o ensino. Com isso, ele se mostrou claro e coerente. Mas também fez sua política mostrar-se antiquada e no final quase absurda, mesmo para seus fervorosos admiradores.

Também o constitucionalista, entretanto, enfrenta dificuldades diante de uma sociedade em que se espera que a empresa privada assuma responsabilidades sociais. Sua posição durante o tempo todo, bem como o fundamento da sua insistência em um relacionamento hostil para com a empresa, tem-se baseado em que as empresas devem sofrer restrições, ser policiadas, reguladas, limitadas – e, se for preciso, castigadas – para não se comportarem de maneira irresponsável e antissocial. Daí provém a ambivalência (próxima à esquizofrenia) do liberal norte-americano tradicional, que exige que de um só fôlego a General Motors ou a IBM sejam divididas e mobilizem seus recursos para a resolução dos nossos principais problemas sociais.

4. Há, por fim, o aparecimento do administrador profissional substituindo o empresário proprietário. Os modelos tradicionais falam do empresário, mas a realidade atual é constituída pelo administrador. Isso significa que os administradores das empresas apareceram como um grupo cuja origem, educação, formação e valores se assemelham muito às dos servidores públicos. Ao mesmo tempo, os servidores públicos (como os grupos de liderança de outras entidades) encontram-se em processo de virar administradores.

O aparecimento de administradores como um poderoso grupo de líderes é particularmente incompatível com o modelo mercantilista. Mas igualmente incompatível com a tradição constitucionalista é a tendência cada vez mais acentuada, que se observa, de tomar a administração das empresas como modelo para a administração pública.

Pode-se argumentar que esses são problemas que cabe ao governo resolver, e não às empresas. Há coisas demais em jogo, porém, para que a empresa e a administração não tomem em consideração o fato de os modelos tradicionais de relações que herdamos não poderem mais organizar e estruturar adequadamente as realidades dessas relações.

AS LINHAS MESTRAS

Precisaremos trabalhar com os problemas específicos, muito embora não tenhamos soluções conhecidas, nem novas teorias políticas, nem algum modelo novo e mais apropriado. Precisamos é de "características". Precisamos de critérios pelos quais as respostas específicas aos problemas – pragmáticos e temporários – possam ser submetidas à prova e julgadas.

1. A primeira dessas características é que as organizações econômicas da sociedade, isto é, as empresas privadas e seus administradores, precisam de autonomia e responsabilidade:

- no interesse da economia;
- em favor de um governo forte e eficaz;
- no interesse da sociedade.

A bandeira da "Empresa Responsável" talvez seja melhor que a da já desgastada "Livre Empresa".

Para assumir a responsabilidade pelo próprio desempenho, as entidades econômicas e seus administradores precisam possuir autonomia. Não se pode ser responsável por algo sobre o qual não se desfruta de autoridade nem controle. Ou as empresas privadas e suas administrações submetem-se ao teste do desempenho ou então deixam de ter uma boa atuação. Elas precisam ser capazes de distribuir os recursos da sociedade e da economia de maneira racional e guiada por critérios objetivos, do contrário esses recursos serão desperdiçados.

Isso não é uma questão de propriedade. Exige a prova do mercado e as decisões ditadas pelo mercado nas três dimensões econômicas – o mercado de bens e serviços, o mercado de capitais e investimentos e o mercado de empregos e carreiras profissionais.

Desses três, talvez o de maior importância seja o mercado de capitais. É nele que os recursos para o futuro são distribuídos segundo as expectativas relativas aos desempenhos. É ele, portanto, que precisa tanto de regulamentação como de autodeterminação.

Contudo, também precisamos de uma economia aberta na qual as empresas possam nascer e também morrer. Um ponto fraco básico de todo sistema econômico controlado pelo Estado, ou por ele possuído, é que não se permite às empresas irem à falência, e só raramente se permite que elas sejam liquidadas. Contudo, é bastante claro que o bem-estar da sociedade e da economia exige um metabolismo sadio para as empresas.

A capacidade de desempenho do governo também depende da autonomia da empresa e sua administração. Na melhor das hipóteses, o processo político toma mal e dolorosamente as decisões relativas à distribuição. Elas atolam e sobrecarregam o governo a ponto de impedi-lo de se movimentar, de impedi-lo de tomar decisões e de impedi-lo de se dedicar como deve às tarefas governamentais.

Também a sociedade requer autonomia para as administrações. Os administradores das principais organizações compõem juntos os grupos de liderança de uma sociedade baseada em organizações. Mas uma sociedade sadia precisa contar com o pluralismo dos grupos de liderança, com valores diferentes, prioridades diferentes e "estilos" diferentes. Precisa de caminhos alternativos – nas carreiras e em seus escalões, nos pontos de vista e nos modos de viver. Se não for assim, essa sociedade degenerará para o conformismo e perderá sua capacidade de mudança. Quando chegar a hora em que seja preciso mudar, ninguém chegará sequer a imaginar um comportamento diverso daquele ao qual todos os componentes do grupo de liderança estão habituados e consideram "certo", se não mesmo uma "lei natural" imutável. Ao mesmo tempo, as pessoas capacitadas e ambiciosas que não se enquadram facilmente no padrão do grupo de liderança alienam-se.

2. Mas a sociedade precisa também de um governo sadio e atuante, especialmente a sociedade complexa e interdependente em que a nossa acabou se transformando.

O governo é necessário, e hoje talvez mais do que nunca, para tomar as decisões políticas. Ao mesmo tempo, a capacidade de o governo tomar decisões políticas está sendo cada vez mais ameaçada pelo seu peso, tamanho e burocratização. Ela está sendo cada vez mais ameaçada pela tendência governamental de entregar-se a coisas demasiadas, de prometer demasiado e de "fazer" demasiado. Quanto mais o governo engorda, mais frouxo e mais fraco fica.

As empresas e suas administrações não podem restaurar a saúde ao governo. Esse trabalho é político. Mas elas podem ao menos tomar consciência do problema e, ao estruturar as relações entre elas e o governo, evitar tudo que possa enfraquecer a capacidade de desempenho do governo como o principal autor das decisões políticas. Nessa área, a responsabilidade das empresas e suas administrações é com respeito ao *primum non nocere* – "não causar mal conscientemente".

A EMPRESA MULTINACIONAL

3. As necessidades gêmeas de economia autônoma e governo eficaz caminham juntas dentro do grande problema do relacionamento empresa-governo.

   A empresa multinacional é a principal realização econômica desde a Segunda Guerra Mundial, constituindo talvez a mais frutífera inovação social do século vinte. Constitui também um problema de difícil solução. Precisamos é elaborar um relacionamento que salvaguarde tanto uma verdadeira economia mundial como a soberania política dos governos dos países em coexistência pacífica. Se não, iremos danificar ou destruir por inteiro a mais promissora das nossas criações, que é a empresa multinacional, bem como minar a capacidade de gerar uma visão política, medidas políticas e uma comunidade política.
4. A necessidade de raciocinar corretamente sobre o relacionamento empresa-governo não resulta, na realidade, de qualquer crise nas empresas. Resulta, sim, de uma séria crise no governo. Mesmo assim, os administradores das empresas deverão considerar tarefa sua o relacionamento com o governo e com a sociedade. Não podem ficar aguardando as iniciativas do cientista político ou do economista teórico. A atitude puramente negativa de lutar contra qualquer "usurpação governamental" de nada adiantará. Tudo que ela poderá fazer será conseguir adiamentos. Fazem-se necessárias providências positivas e afirmativas.

Não precisamos de leis mais numerosas. Nenhum país sofre hoje em dia de carência de leis. Precisamos de um novo modelo. No entanto, tudo que podemos esperar são respostas temporárias a problemas específicos. Essas respostas devem, porém, ser compatíveis com especificações mínimas: devem preservar a autonomia e a responsabilidade da empresa privada e da sua administração; devem proteger uma sociedade livre, flexível e capaz de mudar; devem harmonizar a economia mundial das multinacionais com a soberania dos estados-nações; e devem incentivar o aparecimento de governos fortes e atuantes.

CONSIDERAÇÕES FINAIS

Uma das mais importantes dimensões da responsabilidade social é o relacionamento governo-empresa. Esse relacionamento é tão decisivo para as atividades da empresa como o é para as atividades do governo. Mas as duas teorias tradicionais sobre as quais se estrutura esse relacionamento – a mercantilista e a constitucionalista – estão mostrando-se cada vez mais inadequadas e ineficazes. Não há qualquer teoria nova à vista; mas às empresas cabe a responsabilidade – e também a oportunidade – de meditar no assunto e moldar esse relacionamento, para assim ensejar a operacionalidade tanto do governo como delas próprias.

PERGUNTAS

1. Quais são os dois modelos políticos que fixaram as formas do relacionamento empresa-governo? Qual dos dois é o mais antigo?
2. Qual desses modelos se aplica melhor às relações governo-empresa vigentes nos Estados Unidos?
3. Quais são os novos elementos que complicam o relacionamento governo-empresa e invalidam os dois modelos históricos?
4. Quais são algumas das tarefas conjuntas em que no futuro a empresa e o governo terão que trabalhar em equipe?

5. Por que o mercantilismo se vê ameaçado diretamente pelo crescimento da empresa multinacional?
6. Nas relações entre a empresa e o governo, qual foi a tendência que Charles De Gaulle se recusou a aceitar para a França?
7. Quais são as três dimensões econômicas às quais é preciso aplicar a prova do mercado e as decisões do mercado para garantir uma racional distribuição dos recursos?
8. Por que convém aos melhores interesses do governo a autonomia da empresa?
9. Por que convém aos melhores interesses da empresa a existência de um governo forte e saudável?
10. Resulta de crise na empresa ou no governo a atual necessidade de raciocinar corretamente sobre o relacionamento empresa-governo?

CAPÍTULO 22

A ÉTICA DA RESPONSABILIDADE

Incontáveis sermões têm sido feitos, oralmente e por escrito, sobre a ética da empresa e do empresário. A maior parte deles nada tem a ver com as empresas e muito pouco com a ética.

Um tópico importante é a honestidade simples, de todo dia. Dizem-nos solenemente que o empresário não deve roubar, trapacear, mentir, subornar ou aceitar suborno. Mas ninguém deve fazer isso. Por causa do seu trabalho ou função, nenhum homem ou mulher fica isento de observar as regras normais de conduta. Nem deixa de ser ente humano ao ser nomeado vice-presidente, prefeito ou reitor de universidade. E sempre tem havido bom número de gente que trapaceia, rouba, mente, suborna e deixa-se subornar. É um problema de valores morais e de educação moral. Não há uma ética à parte para as empresas – nem precisa haver.

Outro tema muito comum na discussão sobre a ética da empresa nada tem a ver com a ética. Coisas como a contratação de "call-girls" para entreter clientes não estão relacionadas com a ética, e sim com a estética. A pergunta correta a fazer é: "Será que quero ver um alcoviteiro quando olho no espelho para fazer a barba?".

Seria realmente muito bom termos líderes meticulosos. Mas, santa misericórdia, a meticulosidade nunca foi particularmente notória entre os grupos de liderança, fossem reis ou condes, sacerdotes ou generais, ou mesmo "intelectuais", como os pintores e humanistas da Renascença ou das tradições chinesas. Tudo que a pessoa meticulosa pode fazer é se recusar a participar das coisas que não se coadunam com o respeito por si mesma e seu bom gosto.

Ultimamente, a essas antigas lições de moral juntou-se outra, especialmente nos Estados Unidos. Dizem-nos que aos dirigentes de empresas cabe a "responsabilidade ética" de assumir um papel atuante e construtivo na sua comunidade, de servir às causas comunitárias, de dar parte do seu tempo às atividades comunitárias e assim por diante.

Em muitos países essas atividades comunitárias não se enquadram nos costumes tradicionais; o Japão e a França constituem bons exemplos disso. Mas onde prevalece na comunidade uma tradição de "voluntariedade", como nos Estados Unidos, os dirigentes de empresas devem realmente ser incentivados a participar das questões e das entidades comunitárias, bem como a assumir uma liderança responsável nessa área. Contudo, eles nunca deverão ser forçados a tais atividades. Nem devem ser elogiados, premiados ou promovidos pela sua participação em atividades voluntárias. Mandar os dirigentes de empresas se dedicar a esses trabalhos, ou pressioná-los a tanto, constitui abuso do poder organizacional – e é ilegal.

GRUPOS DE LIDERANÇA, MAS NÃO LÍDERES

Um problema ético peculiar ao administrador provém do fato de que os dirigentes das entidades constituem *coletivamente* os grupos de liderança de nossa sociedade, que se baseia em organizações. *Individualmente,* porém, cada dirigente administrador é apenas um empregado a mais.

O público sente isso perfeitamente. Até o mais poderoso presidente, da maior das empresas, é desconhecido do público. E a maioria dos funcionários da sua empresa mal conhece o seu nome, e não o reconheceria se o visse pessoalmente. Talvez ele deva seu alto cargo inteiramente aos próprios méritos e comprovado desempenho. E a autoridade e prestigio de que goza deve-os totalmente à entidade que dirige. Todo mundo conhece a GE, a Mitsubishi, a Unilever e alguma grande companhia telefônica. Mas quem chefia essas grandes empresas? Ou quem chefia a Universidade da Califórnia, ou a École Polytechnique, em Paris, ou o St. Mary's Hospital, em Londres? É coisa que interessa diretamente à equipe de administração dessas entidades, e a ela diz respeito basicamente.

É inadequado, portanto, falar dos dirigentes de empresa como líderes. Eles são "membros do grupo que exerce a liderança". O grupo, porém, ocupa posição de destaque, proeminência e autoridade. Ele tem, pois, sua responsabilidade – e dessa responsabilidade trataram os capítulos anteriores desta parte do livro.

Quais, porém, são as responsabilidades e qual é a ética do dirigente de empresa como membro do grupo de liderança?

Em essência, pertencer a um grupo de liderança é o que tradicionalmente exprime a palavra "profissional". Pertencer a um grupo desses confere obrigações. É fútil esperar que todo dirigente de empresa vá ser líder. Em um país desenvolvido há milhares (se não milhões) desses dirigentes – e a liderança é sempre exceção rara, limitada a pouquíssimas pessoas. Mas como membro de um grupo de liderança, o administrador de empresa está sujeito às experiências da ética profissional relativa à responsabilidade.

PRIMUM NON NOCERE

A primeira responsabilidade de um profissional foi claramente enunciada 2.500 anos atrás, pelo Juramento de Hipócrates, que todo médico recém-formado ainda jura observar: *primum non nocere* – "Acima de tudo, não causar mal conscientemente".

Nenhum profissional, seja médico, advogado ou administrador, pode prometer que fará realmente o bem ao cliente. Tudo que ele pode fazer é tentar. Mas pode prometer que não lhe causará mal conscientemente. O profissional precisa operar com autonomia. Não pode ser controlado, supervisionado ou dirigido pelo cliente. As decisões devem ser confiadas aos seus conhecimentos e discernimento. Mas constitui o fundamento de sua autonomia e até mesmo a razão lógica desta que ele se sinta "influenciado pelos interesses do cliente". Ou seja, os profissionais são privados, no sentido de gozarem de autonomia e não estarem sujeitos a qualquer controle político ou ideológico. Por outro lado, eles são públicos, no sentido de que o bem-estar e a prosperidade dos seus clientes fixam limites ao que ele faz ou diz. E o *primum non nocere* (não causar mal conscientemente) é a regra básica da ética profissional.

Há áreas muito importantes nas quais os administradores, e especialmente os administradores de empresa, ainda não perceberam que precisam sujeitar-se à responsabilidade da ética profissional para poder continuar gozando da autonomia e privacidade. Ainda precisam aprender que lhes compete esmiuçar seus atos, palavras e comportamento, de modo a estar certos de não causar mal conscientemente.

De uma dessas áreas, talvez a mais importante, já tratamos. O administrador que, pelo receio de ficar malvisto entre seus pares, não consegue encontrar e pôr em prática uma solução para algum problema provocado pelas operações de sua indústria, está causando mal conscientemente. Está intencionalmente fomentando o crescimento de um tumor cancerígeno. Já dissemos que esse procedimento é estúpido. Já dissemos também que no fim ele causa à empresa ou ao setor um dano maior do que aquele que seria causado por algum pequeno mal-estar temporário. Além de tudo, porém, ele infringe grosseiramente a ética profissional.

Mas há ainda outras áreas. Especialmente com relação aos pontos abaixo os administradores norte-americanos costumam infringir a norma de não causar mal conscientemente:

- a remuneração dos executivos;
- o emprego de planos de proventos para impor "grilhões dourados" a funcionários da empresa; e
- sua retórica sobre o lucro.

O que eles fazem ou dizem nessas áreas pode provocar perturbações sociais. Eles tendem com isso a ocultar uma realidade sadia e a provocar uma enfermidade, ou pelo menos uma hipocondria social. Dessa forma, inclinam-se a praticar a má direção e a criar obstáculos para o entendimento. E isso constitui um doloroso mal social.

A REMUNERAÇÃO DOS EXECUTIVOS E A DESIGUALDADE ECONÔMICA

Ao contrário do que se acredita por toda parte, nos países desenvolvidos os rendimentos são hoje muito mais equitativos do que em qualquer outra época de que se tem notícia. E eles caminham no sentido de se tornar cada vez mais equitativos na medida em que a receita dos países e das pessoas se eleva. Também contrariamente ao que se diz, a maior equidade entre os rendimentos ocorre nos Estados Unidos.

Na empresa norte-americana característica, descontados os impostos, a proporção entre o que ganham os funcionários de remuneração mais baixa e o pessoal da direção – ou seja, entre os operadores das máquinas e os gerentes das grandes fábricas – é no máximo de um para quatro. Em 1970, o salário líquido anual do operador (descontados os impostos) situava-se por volta dos 7.500 dólares; poucos gerentes de fábrica tinham naquele ano renda anual líquida (incluídas todas as bonificações) superior a 25.000 dólares. Essa proporção reduz-se ainda mais quando se consideram também os extras: um para três (ou US$ 12.000 para US$ 35.000 no máximo). Proporções semelhantes observam-se em outros países desenvolvidos.

Se o grau de desigualdade que entre as receitas se observa nos Estados Unidos está "muito alto" ou "muito baixo" é questão de opinião. Claramente, porém, é muito inferior ao que a grande maioria da população norte-americana aceita ou mesmo deseja. Todas as pesquisas mostram que "a proporção de 1 para 10 ou 1 para 12" entre os rendimentos do operário braçal e a do "chefão" seria considerada "mais ou menos correta". Isso faria que, descontados os impostos, o "chefão" viesse a ganhar por ano algo entre 75.000 e 100.000 dólares, ou seja, um salário bruto (antes da dedução dos impostos) de pelo menos 200.000 dólares. E só um punhado de executivos ganha tanto, com todas as bonificações incluídas. Se a comparação abranger – como deve – os rendimentos totais, compreendendo também os extras, a remuneração diferida, as opções de compra de ações e todas as remunerações extraordinárias, a proporção de 1 para 12 conduziria a um montante máximo anual, após os impostos, de 150.000 dólares. E não passam de dez ou doze os executivos chefes das maiores empresas norte-americanas que auferem anualmente, antes dos impostos e com tudo incluído, 300.000 dólares ou mais (necessários para gerar os 150.000 dólares líquidos). Os "extremamente ricos" não são executivos a serviço, são herdeiros de milionários da época anterior às elevadas tributações ou então proprietários de pequenas empresas.

Os fatos relativos a uma igualdade cada vez maior entre os rendimentos, na sociedade norte-americana, são bastante evidentes. A impressão que o povo tem, contudo, é a de uma desigualdade que cresce a olhos vistos. É uma ilusão perigosa, porque corrói. Destrói a confiança recíproca que deve existir entre grupos que precisam viver e trabalhar juntos. E só pode desencadear medidas políticas capazes de infligir sérios danos à sociedade, à economia e também ao próprio administrador de empresas.

A crença na desigualdade cada vez maior entre os rendimentos, nos Estados Unidos, reflete, até certo ponto, o problema racial norte-americano. O aparecimento, em grandes cidades, de uma população negra desempregada gerou um grupo marginal, mas bastante visível, que sofre os efeitos de uma extrema desigualdade de rendimentos. Os fatos reais (que os ordenados dos negros têm subido rapidamente, sendo de prever que dentro de aproximadamente uma década estarão igualados aos dos brancos pela execução de tarefas iguais – e que quatro quintas partes dos negros norte-americanos estão empregados e trabalhando) estão sendo ofuscados pela terrível pobreza de certos grupos muito menores, mas altamente concentrados, de desempregados ou não empregáveis que vivem nos guetos negros situados no coração dessas cidades.

Outro fator para a difundida crença em uma desigualdade cada vez maior é a inflação. A inflação é um veneno social corrosivo exatamente porque faz todo mundo partir em busca de um vilão. A explicação dos economistas, de que a inflação a ninguém beneficia, ou seja, de que a ninguém se transfere o poder aquisitivo que a inflação rouba dos assalariados, simplesmente não "casa" com as experiências do dia a dia. Alguém deve ter saído ganhando, alguém deve ter "passado a mão naquilo que era meu de direito". Em consequência disso, todas as inflações da história geraram o ódio entre as classes, a desconfiança mútua e a crença de que de alguma maneira "alguém" deve estar se beneficiando ilicitamente à minha custa. Nos períodos inflacionários, a classe média sofre de paranoia e volta-se contra o "sistema".

As inflações ocorridas nos países desenvolvidos nas décadas de 1960 e 1970 não constituíram exceções.

Mas a principal causa da perigosa ilusão relativa a um hipotético crescimento, cada vez maior, da desigualdade entre os rendimentos é constituída pelos amplamente divulgados rendimentos *antes dos impostos,* de umas poucas figuras que se encontram na cúpula de algumas gigantescas empresas, bem como os – da mesma forma amplamente divulgados – "extras" da remuneração dos executivos, como as opções pela compra de ações.

Os 500.000 dólares que o executivo chefe de uma dessas gigantescas empresas recebe por ano constituem, em grande parte, um "dinheiro para aparecer". Sua função é conferir mais "posição" do que rendimento. Apesar de todas as brechas que os advogados das empresas descobrem na legislação tributária, a maior parte desse dinheiro é imediatamente carreada para os cofres públicos na forma de impostos. E os "extras" não passam de estratagemas no sentido de colocar uma parte do ganho desse executivo numa faixa tributária mais baixa. Economicamente falando, nenhum dos dois caminhos adianta muito. Social e psicologicamente, porém, eles "conscientemente causam muito mal". Não se consegue defendê-los.

Uma forma de acabar com esse pecado é as empresas se comprometerem a observar um limite máximo para as remunerações *após os impostos.* A proporção de 1 para 10, considerada perfeitamente aceitável pela grande maioria dos norte-americanos, se mostraria, na realidade, maior do que a relação que impera na maior parte das empresas. (Acho, entretanto, que deveria haver a possibilidade de abrir-se ocasionalmente uma exceção: a de uma bonificação especial e muito grande, que uma vez na vida se concedesse a alguém – um pesquisador científico, ou um administrador de empresa, ou um vendedor – que tivesse contribuído com préstimos extraordinários.)

Igualmente importante é que os administradores aceitem a responsabilidade social de trabalharem em prol de um sistema tributário racional,[1] que eliminasse a tentação dos "truques fiscais" e de sua necessidade.

---

1 Sabemos quais devem ser as características desse sistema – e elas são bastante simples: nenhuma alíquota preferencial para qualquer renda pessoal, seja proveniente de salários ou de lucros de capital, e um limite para o imposto máximo a ser recolhido – digamos. 50 por cento da renda total auferida.

Há bons motivos para a existência de incentivos adequados aos executivos de boa produção. E a remuneração em dinheiro é bem preferível às remunerações ocultas, como as que se concedem através de certas vantagens desse tipo. Se o executivo receber a sua parte em dinheiro, poderá gastá-lo no que quiser, em vez de ser beneficiado, como costuma ser, com aquilo que a empresa lhe der, seja um carro com o respectivo chofer, seja uma casa de luxo, seja (como fazem algumas empresas suecas) uma governanta para as crianças. Na verdade, pode até ocorrer de os rendimentos realmente pagos pelas empresas norte-americanas não serem desiguais como deveriam.

O perigoso, porém, é essa ilusão de desigualdade. A causa básica reside na legislação tributária. Mas a disposição dos administradores em aceitar, e na verdade até apoiar, essa estrutura tributária antissocial constitui também um dos principais fatores que contribuem para tal desigualdade. E se os administradores não se derem conta de que isso infringe a norma de "não causar mal conscientemente", acabarão incluídos, no fim, entre os principais prejudicados.

O PERIGO DOS "GRILHÕES DOURADOS"

Uma segunda área em que os administradores de hoje não se apegam aos princípios do *primum non nocere* está estreitamente ligada à remuneração.

Desde a Segunda Guerra Mundial se tem abusado cada vez mais das remunerações e vantagens, para criar os "grilhões dourados".

Aposentadoria, remunerações suplementares, bonificações e opções por ações são todas formas de remuneração. Do ponto de vista da empresa – e também do ponto de vista da economia –, elas constituem "despesas de mão de obra", independentemente de sua catalogação. E como tais são tratadas pelas direções, quando das negociações com os sindicatos dos trabalhadores. Cada vez mais, porém, ainda que seja apenas pelos desvios da legislação tributária, essas vantagens estão sendo usadas para prender o empregado à empresa. Com isso, os empregados são considerados a permanecer anos a fio, muitas vezes, na mesma empresa. E a coisa é feita de tal modo que o funcionário que se desliga da empresa sofre penalidades drásticas e a perda de benefícios já auferidos.

Os grilhões dourados não fortalecem a empresa. Eles levam à "seleção negativa". As pessoas conscientes de não estarem trabalhando bem no seu emprego – isto é, as pessoas que se encontram claramente no lugar errado – geralmente não procurarão outro serviço, permanecendo onde sabem não ser seu lugar. Mas as que permanecem em virtude de a penalidade para quem sai ser muito severa opõem-se a essa situação e ficam ressentidas com ela. Sabem que foram subornadas e se mostraram fracas demais para dizer não. E provavelmente se tornarão soturnas, ressentidas e amarguradas pelo resto de sua vida no emprego.

Logo, cabe aos administradores resolver quais dessas vantagens devem estar – por sua própria lógica – relacionadas com o emprego duradouro. As opções para a aquisição de ações, por exemplo, podem se encontrar entre elas. Mas os direitos a pensões, as bonificações por desempenho, as participações nos lucros etc. foram "ganhos" pelo empregado e não lhe podem ser cerceados sem ofender seus direitos de cidadão, de empregado e de pessoa. E, mais uma vez, os administradores precisarão se empenhar em conseguir as necessárias mudanças na legislação tributária.

A RETÓRICA SOBRE O LUCRO COMO AGENTE MOTIVADOR

Através de sua retórica, os administradores tornam impossível ao público compreender a realidade econômica. Com isso infringem a norma de não causar mal conscientemente. Isso é particularmente verdadeiro para os Estados Unidos, mas também vale para a Europa Ocidental. Pois no Ocidente os administradores ainda falam constantemente do lucro como agente motivador. E ainda afirmam que a meta de suas empresas é a elevação do lucro ao máximo. Mas não insistem na necessidade do capital. Eles quase nunca chegam a mencionar o próprio custo do capital, menos ainda a necessidade que a empresa tem de gerar lucro suficiente para conseguir ao menor custo possível o capital que precisa.

São constantes as reclamações dos administradores com relação à hostilidade que se levanta contra o lucro. Eles quase nunca percebem que sua própria retórica constitui um dos principais fatores a sustentar essa hostilidade. Realmente, pelos argumentos que a direção das empresas utiliza ao falar ao público, o lucro não tem justificação possível, nem explicação para sua existência, nem função a desempenhar. O lucro, para ela, só existe como motivação, como o desejo de alguns capitalistas anônimos – e nunca se explica a razão por que esse desejo deva ser mais consentido pela sociedade do que a bigamia, por exemplo. A lucratividade, porém, constitui uma *necessidade* vital da economia e da sociedade.

Em qualquer sociedade pluralista, a responsabilidade pelo bem social tem constituído um problema e um ponto fundamental. A sociedade pluralista composta de organizações não constituirá exceção. Seus líderes representam "interesses especiais", isto é, entidades criadas para atender a uma necessidade específica da sociedade. Os líderes dessa sociedade são os servos de tais entidades. Ao mesmo tempo, eles compõem nessa sociedade o principal grupo de liderança. Precisam servir tanto às suas próprias entidades como ao bem comum. Para que a sociedade funcione, e mais ainda para que continue como sociedade livre, os homens que chamamos de administradores deverão continuar "privados" dentro de suas entidades. Independentemente de a quem tais entidades pertençam e como, eles deverão manter sua autonomia. Mas deverão também ser "públicos" em sua ética.

Nessa tensão entre a atuação privada do administrador, a necessária autonomia de sua entidade e a sua responsabilidade para com sua própria missão e finalidade, de um lado, e, do outro, o caráter público do administrador, encontra-se o problema ético específico da sociedade baseada nas organizações. O *primum non nocere* pode parecer até tímido, confrontado com os incitamentos à "capacidade de estadista" que hoje pululam nos manifestos relativos à responsabilidade social. Mas, como os médicos verificaram há muito tempo, mesmo essa norma já não é fácil de cumprir. Sua modéstia e autocerceamento fazem dela a regra certa para a ética que os administradores precisam, a ética da responsabilidade.

CONSIDERAÇÕES FINAIS

Pessoalmente, o administrador de empresa, mesmo quando executivo chefe de uma gigantesca corporação, tornou-se singelo e anônimo neste século – apenas um empregado a mais. Em seu conjunto, porém, os administradores de nossas entidades – empresas, universidades, organizações escolares, hospitais e órgãos governamentais – compõem os grupos de liderança da moderna sociedade das organizações. Nessa qualidade, eles precisam ter uma ética, um compromisso e um código. O código correto é aquele instituído há mais de dois mil anos para o primeiro grupo de liderança profissional, o dos médicos: "Acima de tudo, não causar mal conscientemente".

PERGUNTAS

1. Por que a diferença entre a posição individual e a coletiva dos administradores gera um problema de ética?
2. Por que o Juramento de Hipócrates se aplica muito bem aos administradores?
3. Em que áreas hoje em dia os administradores estão mais propensos a infringir a norma do "não causar mal conscientemente"?
4. Grosso modo, qual é o grau de desigualdade que hoje prevalece nos Estados Unidos entre os rendimentos, após a dedução dos impostos, dos administradores e dos trabalhadores braçais que eles dirigem?
5. Por que a inflação fomenta a crença generalizada em uma desigualdade cada vez mais acentuada entre os rendimentos?
6. Por que se pode dizer que a função de um nível salarial de 500.000 dólares ou superior é mais de "posição" do que de rendimento?
7. Por que a remuneração em dinheiro para os administradores é preferível à remuneração através da concessão oculta de favorecimentos?
8. O que significa a expressão "grilhões dourados"? Por que esses grilhões dourados são perniciosos às organizações?
9. Por que falar do "lucro como agente motivador" não dá a medida certa das verdadeiras funções da lucratividade?

BIBLIOGRAFIA

ANSHEN, M. (Comp.). *Managing the socially responsible corporation.* Nova York: Macmillan, 1974.

BACKMAN, Jules. (Comp.) *Social responsibility and accountability.* Nova York: New York University Press, 1975.

BAUER, Raymond; ACKERMAN, Robert. *Corporate social responsiveness.* Reston, Va.: Reston Publishing, 1976.

CHAMBERLAIN, Neil W. *The limits of corporate responsibility.* Nova York: Basic Books, Inc., 1973.

JACOBY, Neil H. *Corporate power and social responsibility.* Nova York: Macmillan, 1973.

LINOWES, David F. *The corporate conscience.* Nova York: Hawthorn Books, 1974.

McGUIRE, J. W. *Business and society.* Nova York: McGraw-Hill, 1963.

SEIDLER, Lee J. *Social accounting:* theory, lssues and cases. Nova York: John Wiley and Sons, 1974,

STEINER, George A. *Business and society.* Nova York: Random House, 1971.

STONE, Christopher D. *Where the law ends:* the social control of corporate behavior. Nova York: Harper & Row, 1975.

WALTON, Clarence. *Corporate social responsibility.* Belmont. Ca.: Wadsworth Publishing Co., 1967.

PARTE V

O TRABALHO E AS FUNÇÕES DO ADMINISTRADOR

O que faz de alguém administrador é a responsabilidade por sua contribuição para os resultados do empreendimento, e não a "responsabilidade pelo trabalho executado por terceiros". É a responsabilidade pelo próprio trabalho. Há, bem claro, o "trabalho do administrador"; e há os "postos gerenciais", ocupados por administradores. Há também um modo claro de dirigir administradores: por objetivos e pelo autocontrole. E à medida que avançamos da "administração intermediária" para a "organização intelectual", novas e diferentes exigências vão sendo feitas. Mais importante: é preciso dirigir os administradores de tal maneira que se insufle neles o espírito do desempenho.

CAPÍTULO 23

ADMINISTRADORES POR QUÊ?

Os executivos compõem um recurso fundamental da empresa. Em uma fábrica automatizada, pode não haver quase nenhum funcionário comum. Mas haverá sempre os executivos, os gerenciadores. Na verdade, haverá muito mais executivos aí do que nas fábricas de antigamente.

Os executivos constituem o recurso mais caro da maioria das empresas – além de ser o que mais rapidamente se deprecia e mais constantemente precisa ser reposto. Muitos anos são necessários para a montagem de uma equipe executiva, mas para que ela se depaupere basta um curto período de mau governo. A quantidade dos executivos, bem como o investimento de capital que cada um deles representa, cresce continuamente. Paralelamente, elevam-se as exigências das empresas em relação aos seus executivos. Tais exigências dobraram a cada nova geração, e não há qualquer motivo para esperar que essa tendência decline nas próximas décadas.

Nos últimos vinte e cinco anos, por toda parte os executivos sujeitaram-se a ondas contínuas de palestras e programas em que se dizem uns aos outros que sua função é dirigir as pessoas submetidas às suas ordens, exortam-se uns aos outros para que cada um dê a máxima prioridade a essa responsabilidade e atulham-se uns os outros de conselhos e custosos dispositivos que visam a favorecer as "comunicações no sentido descendente". Mas até agora não encontrei um só executivo, de qualquer nível ou função, que não se mostrasse fundamentalmente preocupado com seu relacionamento no sentido ascendente e com suas comunicações no mesmo sentido. (Ver também o Capítulo 30, "As Comunicações na Administração".) Todo vice-presidente acha que seu verdadeiro problema situa-se no relacionamento com o presidente. E assim se caminha, hierarquia abaixo, até o supervisor da primeira linha, o mestre da produção e o chefe de qualquer seção; eles estão certos de que poderiam se dar muito bem com seus subordinados se o "chefão" e o departamento do pessoal simplesmente os deixassem trabalhar à sua moda.

Isso não constitui, apesar da opinião em contrário do departamento do pessoal, indício da maldade humana. As relações com seus superiores constituem propriamente a maior preocupação de todo executivo. Ser executivo significa participar da responsabilidade pelo desempenho da empresa. Quem não assume essa responsabilidade não é executivo.

Esses problemas relativos ao relacionamento com os superiores, que tanto afligem os executivos (o relacionamento com seu superior imediato; suas dúvidas quanto ao que do executivo se espera em termos de desempenho; a dificuldade em fazer que os argumentos do departamento sejam acatados, ou seu programa seja aceito; sua preocupação com respeito a que sua atividade receba o peso devido; suas relações com outros departamentos e com as equipes de assessoria e assim por diante), são todos problemas relacionados com a atividade de dirigir.

ASCENSÃO, DECLÍNIO E RENASCIMENTO DA FORD

A história de Henry Ford, sua ascensão e declínio, bem como do renascimento de sua empresa sob a batuta do neto, Henry Ford II, já foi contada e recontada tantas vezes que se tornou folclórica.

Começando do nada em 1905, em apenas quinze anos Henry Ford conseguiu criar a maior e mais lucrativa empresa industrial do mundo. No início da década de 1920, a Ford Motor Company dominava e praticamente monopolizava o mercado automobilístico norte-americano, além de deter a posição de líder absoluta na maior parte desse mercado em todo o mundo. Além disso, ela possuía reservas em dinheiro de cerca de um bilhão de dólares, provenientes dos lucros que acumulara.

Todavia, apenas alguns anos mais tarde, em 1927, todo aquele império empresarial, aparentemente inabalável, encontrava-se em ruínas. Tendo perdido sua posição de liderança e mal conseguindo manter-se como terceira fábrica de automóveis dos EUA, durante cerca de vinte anos a Ford foi sofrendo prejuízos quase anualmente e mostrando-se incapaz de concorrer com mais vigor, até o final da Segunda Guerra Mundial. Em 1944, o neto do velho Ford, Henry Ford II, com apenas 26 anos e sem qualquer aprendizagem ou experiência especial, assumiu a direção da empresa; dois anos depois, e com um golpe tipicamente palaciano, despediu todos os antigos companheiros do seu avô, contratou uma equipe administradora inteiramente nova, e assim salvou a empresa.

O que geralmente se ignora é que essa história teatral retrata muito mais do que um simples caso de êxito e fracasso pessoais. Acima de tudo, ela constitui "uma experiência controlada" de má administração.

O fracasso do velho Ford resultou da sua arraigada convicção de que as empresas não necessitam nem de administradores nem de administração. Tudo que elas precisariam, segundo ele, seria do próprio empresário proprietário e alguns "ajudantes". A única diferença que havia entre Ford e a maioria dos empresários seus contemporâneos era que, como em tudo mais que fazia, ele se mantinha irredutivelmente fiel às suas convicções. E ele as aplicava por inteiro à empresa, demitindo ou colocando de lado qualquer "ajudante" seu, por mais capacitado que fosse, que se atrevesse a proceder como "administrador", que tomasse qualquer decisão ou providência sem sua ordem expressa. A maneira como ele punha em prática sua crença só pode ser considerada um teste, uma prova, que acabou reprovando por inteiro a teoria de Ford.

Na verdade, o que torna o caso tão importante e único é que Ford *conseguiu* colocar sua hipótese à prova. Isso em parte foi possível porque ele teve uma vida longa e em parte porque dispôs de um bilhão de dólares para levar suas ideias até o fim. O fracasso de Ford não decorreu da área da personalidade ou do temperamento. Antes e acima de tudo ele resultou de sua recusa em aceitar como necessários os administradores e a administração, assentados sobre cargos e funções, em vez das "delegações" conferidas pelo "patrão".

GENERAL MOTORS – A CONTRAPROVA

No início da década de 1920, enquanto Ford procurava demonstrar a não necessidade dos administradores, o novo presidente da General Motors, Alfred P. Sloan Jr., punha à prova a tese contrária. À época, a GM estava quase esmagada pela gigantesca Ford Motor Company. Ela mal conseguia sobreviver e palidamente aparecia no segundo lugar do mercado automobilístico norte-americano. Constituindo pouco mais do que uma especulativa aventura financeira, e montada às pressas, a GM alinhava uma plêiade de pequenas fábricas de automóveis postas à venda por não conseguirem concorrer com a Ford. Em sua linha de produtos, ela não contava sequer com um carro popular, nem com rede de revendedores, nem com potencial financeiro. Cada um dos antigos donos das fábricas fora conservado e tinha autonomia de ação, podendo assim administrar mal sua antiga empresa à sua moda, como um feudo pessoal. Ao assumir a presidência da General Motors, Sloan idealizou-a como empresa e como estrutura e transformou seus indisciplinados barões em uma equipe de administradores. Em não mais que cinco anos, a General Motors assumia a liderança da indústria automobilística norte-americana, mantendo-se nessa posição até hoje.

Quando o neto de Henry Ford tornou a pôr à prova a tese de Sloan, vinte anos depois, a Ford Motor Company estava às portas da falência. Todo aquele bilhão de dólares de reservas do início da década de 1920 tinha sido consumido na amortização dos prejuízos que foram se sucedendo. Tão logo tomou posse, em 1946, Henry Ford II dispôs-se a fazer em sua empresa aquilo que SIoan realizara na General Motors vinte anos antes. Criou uma estrutura gerencial e uma equipe de administradores. Em cinco anos, a Ford Motor Company reconquistava seu potencial de crescimento e Iucratividade, tanto no País como internacionalmente. Tornou-se a principal concorrente da GM e chegou até a superá-la no florescente mercado europeu.

A LIÇÃO DO CASO FORD

A lição que se tira do caso Ford é que os administradores e a administração constituem uma necessidade específica da empresa comercial, seu órgão característico e sua estrutura básica. Ficou evidente que a empresa não pode prescindir dos administradores. Não se pode alegar que a administração faça o trabalho do dono através da delegação dos poderes. Não é apenas porque os encargos sejam demais para um só homem que a administração é indispensável, mas porque administrar uma empresa é algo basicamente diverso de dirigir o que lhe pertença.

Henry Ford não chegou a entender a necessidade de passar a ter administradores e administração por acreditar (como os compêndios ainda ensinam) que toda empresa grande e complexa "evolui" organicamente a partir da oficina ou da lojinha de um homem só. É claro que Ford começou pequeno. Mas o crescimento lhe trouxe algo mais do que uma simples mudança no tamanho. A certa altura, a quantidade transformou-se em qualidade. Houve um momento em que a Ford passou a ser um *empreendimento comercial,* ou seja, uma organização que exigia nova estrutura e novos princípios – uma organização, enfim, que necessitava de administradores e administração.

A administração não evoluiu a partir da pequena firma gerida pelo próprio dono em resultado do seu crescimento. Ela constituiu algo novo, concebido para empreendimentos que começassem grandes e complexos.

As primeiras empresas que se poderiam considerar "administradas" seriam as grandes estradas de ferro norte-americanas do século dezenove – obrigadas a enfrentar a tarefa engenharial de construir a via permanente, a tarefa financeira de levantar grandes volumes de capital e a tarefa de relações públicas de conseguir as necessárias concessões de terras, escrituras e subsídios. Na verdade, a estrutura gerencial concebida logo após a Guerra Civil para as primeiras ferrovias norte-americanas de longo percurso permaneceu praticamente intacta até os dias de hoje.

Não foi senão trinta ou quarenta anos mais tarde que a administração se transferiu das empresas que nasceram grandes para as empresas que ficaram grandes pelo crescimento. Andrew Carnegie e John D. Rockefeller Jr. introduziram a administração, respectivamente, na siderurgia e no petróleo. Um pouco mais tarde, Pierre S. du Pont reestruturava a empresa química da família (E. I. du Pont de Nemours & Co.) e lhe dava uma administração profissional, para possibilitar seu crescimento e circunscrever o controle acionário à família. Essa estrutura gerencial que de 1915 a 1920 Pierre du Pont conferiu à empresa de sua família tornou-se, alguns anos mais tarde, o ponto de partida para a estruturação de uma "administração profissional" na General Motors, depois que a própria família adquiriu o controle acionário daquele conglomerado precário e semifalido, à cuja frente colocou Sloan.

A ADMINISTRAÇÃO COMO "MUDANÇA DE FASE"

A passagem que se observa entre a firma dirigida pelo próprio dono, com o auxílio de alguns "ajudantes", e a empresa que emprega administração adequada é o que em física se chamaria "mudança de fase", como a que ocorre quando a água vira gelo. É uma alteração brusca sofrida pelo estado da matéria, que passa de uma estrutura básica para outra. O exemplo de Sloan mostra que se pode conseguir mudar de fase qualquer organização. Todavia, a reestruturação da General Motors por Sloan mostra também que esse trabalho só pode ser levado a efeito se houver uma radical alteração nos conceitos e princípios fundamentais, bem como no modo de ver das pessoas em jogo.

Henry Ford não queria saber de administradores. O resultado disso, porém, foi que ele desencaminhou seus administradores, estruturou os cargos erroneamente, gerou o espírito de suspeita e frustração, desorganizou sua empresa e sufocou ou até mesmo destruiu sua equipe de administração. A única escolha que resta aos administradores nesses casos, pois, é estruturar bem ou mal os postos gerenciais. Os postos em si, porém, sempre existirão, já que o empreendimento precisa ser dirigido. E o fato de esses postos serem bem ou mal estruturados determinará em grande parte a sobrevivência e prosperidade do empreendimento, ou seu declínio e morte final.

CONSIDERAÇÕES FINAIS

Os administradores não são ajudantes nem suas funções delegadas. Essas funções são autônomas e estão alicerçadas nas necessidades do empreendimento. A única escolha é estruturar bem ou mal os postos gerenciais – mas esses postos existem, pois há um empreendimento a ser dirigido.

PERGUNTAS

1. Em uma empresa típica, qual é o recurso mais caro?
2. É mais apropriado o executivo preocupar-se primordialmente com suas comunicações no sentido ascendente ou no sentido descendente?
3. Qual foi a principal razão para que a Ford Motor Company sofresse um declínio tão drástico entre 1924 e 1944?
4. De que maneira a experiência da General Motors pode ser utilizada como exemplo contrário ao do caso da Ford?
5. Qual lição se tira do caso da Ford?
6. Qual foi o primeiro tipo de empreendimento comercial que pode ser considerado "administrado"?

CAPÍTULO 24

O PLANEJAMENTO E O CONTEÚDO DOS POSTOS DE DIREÇÃO

O posto de direção deve sempre ter por base uma tarefa que seja essencial à realização dos objetivos da empresa. Deve sempre compreender um serviço genuíno – um serviço que contribua de modo visível e, se possível, mensurável, para o êxito do empreendimento. Deve possuir a maior amplitude e autoridade possível, e não a menor. E os administradores devem ser dirigidos e controlados pelos objetivos fixados para o desempenho, e não pelos seus superiores.

A determinação de quais os postos de direção necessários deve ser decorrência das operações e contribuições necessárias para que alcancem os objetivos da empresa. O posto de determinado administrador existe porque a tarefa com que a empresa se depara assim o exige – e não por outra razão.

Cada posto deve ter sua autoridade e sua responsabilidade. *Pois os administradores devem administrar*. Cada posto deve contar sempre com amplitude e dimensões gerenciais.

Já que o dirigente é alguém que assume responsabilidades relativas aos resultados finais do empreendimento e colabora para a sua concepção, os postos devem sempre abranger o máximo de desafio, de responsabilidade e de colaboração.

ERROS COMUNS NO PLANEJAMENTO DOS POSTOS DE DIREÇÃO

Não há fórmula estabelecida que garanta o êxito da concepção de qualquer posto de direção. É possível, no entanto, evitar seis erros que costumam prejudicar a eficácia dos dirigentes e da organização da direção.

1. O *Posto Limitado Demais*. O erro mais comum é planejar um posto tão limitado que não deixe seu ocupante crescer. Todo posto gerencial constitui, com toda probabilidade, um posto final – isto é, um posto em que o responsável vá permanecer até se aposentar. Essa é a regra (e não a exceção) mesmo nas empresas que se encontrem em franca expansão.

   Inevitavelmente, os cargos "lá em cima" são muito menos numerosos do que os dos escalões inferiores. De dez pessoas que se encontrem em determinado nível da organização, não mais do que duas ou três normalmente poderão sequer aspirar à promoção. As demais continuarão onde se encontram. Talvez recebam um título mais pomposo e, em regra, uma remuneração mais condizente. Mas suas funções não deverão se modificar sensivelmente.

   Se se estruturarem postos tão estreitos que em poucos anos seus titulares possam ficar sabendo tudo que tenham a fazer, muitos desses dirigentes se sentirão frustrados e entediados, não mais derivando qualquer satisfação de seu trabalho. Eles "se aposentarão em serviço". Opor-se-ão a qualquer alteração, a qualquer inovação, a qualquer ideia nova, já que para eles toda mudança só poderá piorar sua situação e ameaçar sua segurança. Sabedores que são de que não estão mais prestando qualquer colaboração real, esses gerentes sentir-se-ão fundamentalmente inseguros.

   Portanto, os postos de direção devem ser concebidos de forma a permitir aos titulares crescerem, aprenderem e progredirem por muitos anos. De modo geral, pequeno é o risco que se corre ao atribuir amplitude demasiada a determinado posto. É um erro que logo se manifestará, e fácil de corrigir. O posto limitado demais, porém, constitui um veneno insidioso e lento, que paralisa o administrador e a organização.

Todos os postos de direção devem ser concebidos de forma a proporcionar satisfação através do desempenho. Em si mesmos, devem apresentar desafios e recompensas. Se a maior satisfação oferecida pelo posto for a promoção, ele próprio já terá perdido seu sentido e razão de ser. Ora, considerando que a maior parte das pessoas que ocupam postos gerenciais está destinada a ver suas esperanças de promoção virar fumaça – por força da aritmética, e não da política adotada pela organização –, será estultícia colocá-las de olhos postos na promoção. Sua atenção deve sempre concentrar-se no seu posto atual, e não no seguinte.

Na verdade, poucas coisas são tão perigosas para a organização como uma sucessão tão rápida de promoções que chegue a ser interpretada como a recompensa natural de quem trabalhe bem.

Exemplo característico é a situação em que se encontram alguns dos grandes bancos comerciais de Nova York. Um número muito pequeno de moços foi admitido pelas organizações bancárias nas décadas de 1930 e 1940, período em que esses bancos mais se encolheram do que ampliaram. Assim que a atividade bancária retomou sua expansão, após a Segunda Guerra Mundial, a série de fusões que se seguiu (como a do Chase Bank com o Bank of the Manhattan Company, dando origem ao Chase Manhattan) gerou o excesso de gerentes. Já no início da década de 1950, porém, grandes levas de executivos que haviam iniciado antes de 1929 chegaram à idade da aposentadoria, com o que os bancos começaram a contratar um grande número de moços recém-egressos das faculdades ou das escolas de administração de empresas. Em sete ou oito anos, muitos desses moços foram elevados a postos de elevada remuneração, como os de vice-presidente e de vice-presidente executivo. Antes de atingir os trinta anos, grande parte desses "moços promissores" chegava, por assim dizer, ao "fim da linha" de suas carreiras. Aqueles postos, no entanto – em grande parte porque os moços não possuíam mesmo grande experiência –, por mais pomposas que fossem suas denominações e por mais elevados que fossem seus salários, eram muito limitados quanto à sua amplitude e autoridade. Dessa forma, ao chegar aos quarenta anos muitos daqueles homens sentiram-se entediados, céticos e frustrados, sem qualquer entusiasmo pelo seu serviço e os respectivos desafios.

Toda empresa em rápido crescimento fará um ato de prudência se trouxer para seus principais postos algumas pessoas experimentadas e mais idosas que tenham feito carreira em outras empresas. Do contrário, poderá criar em seus gerentes mais moços expectativas que anos mais tarde se verão obrigados a frustrar.

Outra importante razão para evitar que os postos e sua estrutura se concentrem em rápidas promoções é que isso acabará produzindo uma estrutura etária desequilibrada. Esteja essa estrutura descompassada por muito jovem ou por muito idosa, em qualquer dos casos provocará graves turbulências no interior da organização.

A estrutura gerencial precisa ter continuidade e autorrenovação. A continuidade é necessária para que a organização de repente não se veja forçada a substituir um grande número de administradores experimentados, mas muito idosos, por gente nova e inexperiente. E deve haver "metabolismo gerencial" bastante para que ideias novas e "caras novas" tenham a possibilidade de se firmar na organização. O grupo dirigente cujos integrantes tenham todos a mesma idade está fadado a entrar em crise. No entanto, uma direção uniformemente idosa geralmente é preferível a outra que seja uniformemente juvenil. A crise ali será pelo menos superada mais depressa.

2. O *Não Posto.* Pior ainda que o posto limitado demais é aquele que não constitui realmente um posto, o do "assistente" típico.

   Todo posto de direção deve ter objetivos específicos, asim como finalidades e funções específicas. Seu ocupante deve ter condições de colaborar de maneira palpável. Deve responder por alguma coisa.

   Contudo, o assistente clássico não tem um posto em que possa prestar contribuição destacada. Não pode ser responsabilizado por nada, nem suas funções, finalidades ou objetivos podem ser claramente estabelecidos. Ele não passa de um "ajudante", que faz tudo que seu chefe ache necessário, ou então tudo que a ele consiga "vender". Todo cargo nessas condições acaba corrompendo. Seu titular torna-se um "manobrista" que se prevalece da intimidade de algum executivo importante, ou então um "puxa-saco" que procura fazer carreira lambendo os pés do patrão. A posição de assistente corrompe também a empresa. Nunca se sabe ao certo qual é o papel, a autoridade e o poder do assistente. Em regra, outros gerentes procurarão agradá-lo para se aproveitar dele e explorar a insegurança da sua posição.

3. O *Equilíbrio entre a Direção* e o *Trabalho.* Administrar é trabalhar. Mas não é, por si mesmo, trabalho em tempo integral. Concebe-se o posto gerencial combinando a "direção" com o "trabalho", ou seja, com a responsabilidade por determinada função ou cargo seus próprios. Normalmente, o administrador precisa ao mesmo tempo dirigir e trabalhar na sua especialização.

   O administrador deve sempre ter o que fazer – do contrário acabará fazendo o trabalho dos seus subalternos. A queixa comum de que os administradores não "delegam" geralmente significa que os executivos simplesmente não têm serviço bastante para fazer, e por isso acabam fazendo o serviço dos subalternos. Por outro lado, é terrível não ter o que fazer – especialmente para quem se acostumou a "dar duro". E é particularmente indesejável que um dirigente não tenha seu próprio serviço. Nessas condições, ele depressa perderá o sentido de sua especialização e o respeito pelo trabalho sério – sem o qual, por sinal, o executivo talvez mais prejudique do que ajude. O administrador deve ser o "chefe que trabalha", e não um simples "coordenador".

4. O *Posto para uma Pessoa.* Tanto quanto possível, o posto de direção deve ser concebido de modo a permitir seu desempenho pelo executivo que trabalhe sozinho e conjuntamente com as pessoas da unidade que dirige. É erro conceber um posto cujo exercício exija reuniões constantes, "cooperação" e "coordenação" contínuas. Não há necessidade, especialmente nos postos de direção, de infligir mais e mais "relações humanas". Por sua própria natureza, os serviços já requerem muito mais relações humanas do que aquelas de que a maioria das pessoas é capaz. Na verdade, ou se trabalha ou se participa de reuniões. Não se pode fazer as duas coisas ao mesmo tempo.

   Outro erro bastante comum – e geralmente desnecessário – é o de criar um posto cujo titular seja obrigado a passar muito tempo viajando. Da mesma forma como não se pode ficar participando de reuniões e trabalhando simultaneamente, não se pode ficar viajando e trabalhando ao mesmo tempo. O contato pessoal e frente a frente com os colegas, sócios, subordinados, clientes e superiores é absolutamente essencial.

Nada o substitui. Mas é muito melhor dedicar um bom tempo de dois em dois anos para que os dirigentes e os principais clientes de sua subsidiária se encontrem do que ficar correndo de um lado para outro o tempo todo – como partir de Nova York na terça, passar o dia em Paris na quarta e estar de volta ao serviço, em Nova York, na quinta. Isso significa apenas que não se trabalhou quatro dias; afinal de contas, a gente precisa pelo menos de um dia para se recuperar dessa fútil tentativa de atuar em dois lugares ao mesmo tempo.

5. O *Título como Recompensa.* O título jamais deve ser usado como recompensa, muito menos para encobrir a falta do que fazer. Conferir um título "em vez de um aumento" não é tão mau, nem tão habitual, como conferir um título "no lugar de um posto".

   Exemplo disso é dado pelos grandes bancos comerciais nos Estados Unidos e na Alemanha. Nos EUA, todo mundo tem que ser vice-presidente ou pelo menos um "officer". Na Alemanha, todos querem ser o "Herr Direktor". Há motivos para isso. O cliente do banco (digamos, o dono de uma pequena empresa) não quer expor seus problemas financeiros a um funcionário de menor categoria. Acontece que isso também distorce. Cria insatisfação em quem não receba seu título, talvez porque seu trabalho não necessite de contatos diretos com a clientela. E também aumenta mais a insatisfação das pessoas que ainda muito moças chegam ao badalado posto de vice-presidente e aí descobrem que vão ficar enterradas na mesma e monótona rotina pelo resto da vida.

   O certo deve ser: o serviço bem-feito nós pagamos – e pagamos bem. Mas só mudamos o título quando as funções, o posto e as responsabilidades também se modificarem. Os títulos fomentam expectativas. Usá-los como gestos desprovidos de sentido – isto é, em lugar da hierarquia e da responsabilidade – é procurar sarna para se coçar.

6. O *Posto Fazedor de Viúvas.* Por fim, os postos que são "fazedores de viúvas" devem ser reconsiderados e reestruturados. No apogeu dos grandes veleiros, por volta de 1850, pouco antes do advento do navio a vapor, de vez em quando as empresas marítimas topavam com um "fazedor de viúvas". Eram navios que, por motivos que ninguém entendia, de vez em quando se descontrolavam e matavam gente. Depois de isso acontecer várias vezes, o armador prudente recolhia a embarcação e a desmantelava, independentemente de quanto houvesse investido para

construí-la. Pois do contrário ele em pouco tempo ver-se-ia sem comandantes ou imediatos para suas tripulações.

Muitas empresas possuem postos que conseguem destruir homens capazes, uns após outros – sem qualquer razão plausível. Se determinado posto derrubar em seguida duas pessoas bem-sucedidas em funções anteriores, deverá ser reestruturado. Aí evidenciar-se-á (embora só depois da porta arrombada) o que havia de errado naquele posto.

Um clássico "fazedor de viúvas" tem sido o cargo de vice-presidente internacional das grandes empresas norte-americanas. Ninguém parece saber ao certo o motivo por que esse cargo não funciona, porém, na maioria dos casos um executivo após o outro fracassa nele redondamente. A razão costuma ser que a empresa superou o volume de negócios que justificava o tratamento do "departamento internacional" como um simples filho adotivo. Mas isso só se torna claro retrospectivamente depois que se reestrutura o cargo e se encontra o administrador capaz de exercê-lo a contento.

Por vezes, o posto "fazedor de viúvas" resulta de um acaso. Alguém que de certa forma tenha conseguido reunir em si mesmo características temperamentais não normalmente encontradas em uma só pessoa criou o posto e se deu muito bem com ele. Ou seja, aquilo que parecia constituir um posto lógico não passa de um acidente de personalidade, não o resultado de uma função autêntica. Ora, não se pode substituir a personalidade.

A ESTRUTURA DOS SERVIÇOS E A PERSONALIDADE

O exagero no uso dos títulos e o posto "fazedor de viúvas" estão intimamente relacionados com um dos pontos mais controvertidos acerca dos postos de direção e da estrutura da direção: Deve-se estruturar a organização de modo a que seus postos se amoldem às pessoas? Ou deverá a empresa ser "funcional", com as pessoas adaptando-se aos seus postos?

Como se costuma dizer, esse é um pseudoproblema. É óbvio que os postos serão ocupados por pessoas, devendo portanto amoldar-se a elas. Na verdade, precisamos criar cargos que realmente se ajustem às pessoas, atendam às suas necessidades e correspondam às suas expectativas. Cada vez mais veremos nas grandes empresas o "planejamento organizacional"; ou seja, esforços no sentido de fazer os cargos se adequarem às pessoas e servi-las.

Contudo, a estrutura das organizações precisa ser impessoal e concentrar-se nas tarefas a cumprir. Caso contrário, não haverá possibilidade de manter a continuidade e de fazer que as pessoas se sucedam. Se o cargo for destinado a determinada pessoa em vez de a determinada função, precisará ser reestruturado toda vez que o titular mudar. E conforme os executivos experimentados sabem, não se pode reestruturar *um único cargo*. Ocorre um "efeito dominó", uma verdadeira reação em cadeia. Reestruturar um cargo geralmente significa reformular toda uma série de cargos, movimentando as pessoas para cá e para lá e perturbando todo mundo. Por esse motivo, devem-se conceber os postos para que se ajustem a determinada tarefa e não a determinada pessoa.

Há uma exceção: aquele homem extraordinariamente raro e extraordinariamente excepcional, em favor do qual esta regra deve ser quebrada.

Alfred P. Sloan Jr., o arquiteto da General Motors, acreditava firmemente que os cargos devem ser impessoais e concentrar-se nas tarefas a cumprir. Abriu uma exceção, porém, quando se tratou de encaixar um dos grandes inventores deste século, Charles F. Kettering. Kettering era um homem excessivamente difícil, além de desprezar toda e qualquer norma da organização. Seus inventos, porém, desde o motor de arranque automático até a reconcepção do motor diesel, eram importantes demais. Sloan quis fazer de Kettering um pesquisador autônomo; Kettering, porém, quis ser vice-presidente e um "grande empresário". Sloan aceitou, mas, no momento em que o outro se aposentou, reformulou seu posto – de "gênio residente" para diretor de um grande laboratório de pesquisas.

A concepção do posto precisa partir dos serviços que serão feitos, mas também deve procurar abrigar pessoas de diferentes temperamentos, hábitos e modalidades de conduta. Esse é um importante motivo para se "pensar grande" (e não pequeno) no momento de conceber qualquer posto de gerência. Assim, o posto deve ter amplitude suficiente para permitir que o bom executivo nele encontre satisfação e realização, trabalhando ao seu modo.

"O posto deve ser suficientemente pequeno para que o bom executivo possa contê-lo em seus braços", é um dito popular. Mas está errado. A regra correta seria: "O posto deve ser bastante específico para que o bom executivo possa exercê-lo, mas também bastante amplo para não se deixar abraçar todo por ele".

O "estilo" jamais deve ser objeto de preocupação nem na hora de conceber o posto de direção nem na hora de preenchê-lo. A única condição em que deve basear-se o posto de direção, bem como a única prova por que deve passar seu ocupante, é o desempenho. Toda organização precisa saber dizer com clareza qual o tipo de conduta que não pode aceitar. Deve possuir uma definição cristalina de tudo que não permite, especialmente com relação às pessoas, tanto dentro da empresa (os funcionários) como fora (os fornecedores e clientes). Dentro desses limites, porém, o executivo deve gozar da maior liberdade para fazer seu serviço da maneira que melhor se ajustar ao seu temperamento e personalidade.

O "estilo" é a embalagem. A única substância é o desempenho.

A AMPLITUDE DA FAIXA DAS RELAÇÕES DE DIREÇÃO

Ao tratar das dimensões do posto de direção, os compêndios geralmente começam observando que cada pessoa consegue supervisionar apenas um pequeno número de outras – a chamada faixa ou amplitude do controle. Isso, por sua vez, leva a esta atrocidade em matéria de administração: níveis e mais níveis a obstruir toda cooperação e comunicação, a restringir o desenvolvimento dos futuros administradores e a corroer o sentido do trabalho gerencial.

Em primeiro lugar, raramente o princípio da amplitude do controle é citado com propriedade. Não é o número das pessoas subordinadas a determinado executivo que importa. O que importa é saber quantas pessoas *que devem trabalhar* juntas estão subordinadas ao mesmo executivo. O que interessa é a quantidade das relações, não a quantidade das pessoas.

Um presidente de empresa que tenha sob suas ordens certo número de altos executivos, cada qual encarregado de funções importantes, deve logicamente manter em nível bastante reduzido a quantidade de seus subordinados diretos – o limite provavelmente esteja entre oito e doze. Esses executivos – o diretor financeiro, o diretor industrial, o diretor de marketing etc. – precisam trabalhar o dia todo uns com os outros e com o presidente da empresa. Se não trabalharem juntos, não trabalharão de uma vez. O presidente mantém portanto um grande número de relacionamentos, muito embora seus subordinados diretos possam ser poucos.

Diferentemente disso, um vice-presidente regional da Sears pode ter sob suas ordens – e tem – várias centenas de gerentes de loja. Cada loja é independente. Não há necessidade de qualquer interação entre duas lojas. Todas executam o mesmo tipo de trabalho e têm a mesma função. Todas podem ser avaliadas e medidas pelos mesmos padrões. Teoricamente, não há limite para o número de gerentes de loja que um vice-presidente regional da Sears pode dirigir e controlar. O limite é fixado mais pela geografia do que pela amplitude do controle.

A segunda falha da teoria da amplitude do controle gerencial é considerar que os principais relacionamentos do executivo se façam no sentido descendente. Mas essa é apenas uma de suas dimensões. Dentro da definição que tradicionalmente lhe é aplicada (a pessoa responsável pelo trabalho de outras), sem dúvida o administrador mantém relações descendentes. Mas todo administrador e todo profissional de carreira têm também seu superior hierárquico. Na verdade, muitos administradores, independentemente do que diga o organograma da empresa, têm mais de um superior. E seu relacionamento ascendente com os superiores é pelo menos tão importante quanto seu relacionamento descendente com os subalternos. O mais importante, porém, é que tanto os executivos como os profissionais de carreira mantêm sempre relacionamentos horizontais – relações que, travadas com pessoas que não lhes são nem subordinadas nem superiores, não contêm qualquer elemento de autoridade ou de responsabilidade. Esses relacionamentos, porém, são vitais para o executivo poder realizar seu serviço, bem como para a própria eficiência desse serviço.

O que se faz necessário, por conseguinte, é substituir a ideia da amplitude do controle por outra mais importante: a amplitude das relações gerenciais.

Não sabemos até onde pode ir essa amplitude. Certamente, ela terá limites. Mas sabemos, isto sim, que a amplitude das relações gerenciais é decisiva na concepção de qualquer posto de direção.

Em primeiro lugar, essas relações definem a posição do executivo na estrutura da direção. Em segundo, determinam em grande parte o que seu posto vem a ser – pois tais relações constituem uma parte vital e essencial do conteúdo desse posto. Finalmente, elas fixam, sim, limites – já que um posto que seja todo "relações" e nenhum "serviço" não chega a ser posto nenhum. Na concepção dos postos de gerência, é tão importante pensar em termos do relacionamento gerencial e fazer que ele não exceda o controle da pessoa como o é pensar em termos das funções específicas desses postos.

Uma vez mais, é melhor estender do que restringir demais a amplitude das responsabilidades gerenciais. E isso se aplica a todos os subordinados com quem o executivo trabalha e que compõem sua unidade e sua equipe. Também se aplica às relações que ele mantém no sentido ascendente. O único setor do relacionamento gerencial em que eu aconselharia com veemência a manutenção de estreitos limites à amplitude é o horizontal. O ideal seria que o posto de direção tivesse poucas relações horizontais – todas elas da maior importância para o bom funcionamento da organização inteira, a execução das funções e a realização dos objetivos do próprio executivo. O problema não é só que essas relações tomam muito tempo. Se muito volumosas, elas serão encaradas superficialmente, não receberão a devida atenção e serão tratadas sem qualquer empenho. E a falha mais comumente observada em muitas empresas é, de modo geral, a falta do devido interesse e do empenho adequado no trato do relacionamento horizontal.

O QUE VEM A SER O POSTO DE DIREÇÃO?

Por vários ângulos podemos encarar um posto de direção.

1. Em primeiro lugar vem a função específica, o cargo em si. Este deve ser sempre permanente, contínuo e considerado necessário por um período. Exemplos seriam os cargos do gerente das pesquisas do mercado ou do diretor da produção. É evidente que esses cargos continuarão a existir no futuro previsível.

2. Mas a definição funcional do cargo, expressa na sua clássica especificação ou no manual dos cargos, não detalha a contribuição que determinado executivo deve prestar. Enquanto as funções possuem, pelo menos em intenção, caráter permanente, há aquelas tarefas do "aqui e agora" cuja responsabilidade a empresa e o superior hierárquico atribuem ao executivo. Por aí, chegamos ao segundo aspecto dos postos de direção e das responsabilidades que eles acarretam.

   Pelo menos uma vez por ano e sempre que assumir um novo cargo, todo executivo deve se fazer aquela pergunta: "Qual é a contribuição que eu e minha unidade podemos dar e que, se muito bem prestada, produzirá consequências importantíssimas para o desempenho e os resultados da nossa. Empresa?".

   O manual dos cargos e suas especificações constituem, por assim dizer, a declaração dos princípios que regem o posto de direção. Com relação à empresa toda, eles correspondem a determinar "o que é a empresa e o que ela deve ser". As atribuições que apontam constituem os objetivos e as metas. Eles precisam, portanto, ter alvos específicos, prazos específicos, afirmações claras a respeito de a quem cabe a responsabilidade por cada coisa, bem como mensurações que se realizem através de realimentações à base dos resultados.

   É característico do executivo eficiente que essas atribuições sempre excedam a amplitude do cargo na forma apresentada pela especificação dos cargos. A especificação dos cargos costuma representar o que já se fez; aquilo que precisa ainda ser feito, para compor a especificação futura, sempre supera o que se fez anteriormente, indo-lhe além.
3. O posto de direção é determinado também pelas relações que ele mantém – nos sentidos ascendente, descendente e horizontal.
4. Finalmente, o posto de direção é determinado pelas informações de que necessita e pelo lugar que seu titular ocupa dentro da rede de informações.

   Cada executivo deve se perguntar: "Que espécie de informações preciso para executar meu serviço e onde posso consegui-las?". Ele deve cuidar para que, seja quem for que tenha a incumbência de lhe fornecer tais informações, entenda com clareza as informações de que ele precisa e a forma que elas devem tomar.

Depois, cada executivo deve se perguntar: "Por outro lado, quem é que depende das minhas informações, acima de mim, abaixo de mim e lateralmente, e que forma devem elas tomar?".

Essas quatro especificações, que em conjunto delimitam o posto de direção, constituem responsabilidade do próprio executivo. Ele deve detalhar por escrito as especificações do respectivo posto; elaborar sua proposta relativa aos resultados e contribuições pelas quais ele e sua unidade se responsabilizam; organizar e considerar seus relacionamentos; e, finalmente, especificar as informações de que precisa e as informações que pode fornecer. Na verdade, preocupar-se com as quatro dimensões do seu posto é a primeira responsabilidade do executivo, da qual ele jamais deve ser dispensado. O superior hierárquico do executivo tem o dever e a responsabilidade de aprovar ou reprovar tudo que ele lhe propuser. Mas é ao próprio executivo que cabe a responsabilidade pela ponderação e proposição. A esse respeito, não há qualquer diferença entre o posto "gerencial", isto é, de quem arque com a responsabilidade direta pelo trabalho de outras pessoas, e o posto de um profissional de carreira.

A AUTORIDADE DO EXECUTIVO

Dizer que se deve conferir aos postos executivos a maior amplitude e a maior autoridade possível é apenas repetir com outras palavras a norma de que as decisões devem ficar por conta dos escalões mais baixos possíveis e mais próximos possíveis do ponto em que elas serão aplicadas. Em suas consequências, porém, essa norma leva a pronunciados distanciamentos em relação à ideia tradicional da delegação conferida pelos escalões superiores.

A direção mais alta resolve que operações e serviços seu empreendimento requer. A análise inicia-se pelo produto final desejado: os objetivos visados pela atuação e resultados da empresa. Partindo desse ponto, a análise determina, degrau por degrau, os serviços que precisam ser executados.

Contudo, ao compormos as tarefas do executivo precisamos caminhar de baixo para cima. Precisamos partir das operações que se efetuam na "linha de fogo" – as atividades que resultarão na produção dos bens e serviços, na venda final aos consumidores, no fornecimento das plantas e especificações para o serviço de engenharia.

Aos executivos situados na linha de fogo cabem, em última análise, as tarefas gerenciais básicas – aquelas de cuja execução depende todo o resto da empresa. Vistas por esse ângulo, as tarefas que cabem à direção mais alta têm o objetivo de ajudar os executivos da linha de fogo a executar seu serviço. Vistas pelo ângulo estrutural e orgânico, é o executivo da linha de fogo que concentra toda a autoridade e responsabilidade; só a parte que ele não puder fazer será transferida para a direção mais alta.

Evidentemente, há limites reais para as decisões que os executivos da linha de fogo podem ou devem tomar, bem como para a autoridade que deve possuir e as responsabilidades que deve assumir. O executivo da linha de fogo deve operar dentro da autoridade que lhe for conferida. Um supervisor da produção nada tem a ver com a remuneração dos vendedores, assim como um gerente regional de vendas não tem qualquer autoridade sobre outra área. Também limitado é o tipo das decisões que cada executivo pode tomar. Claramente, ele não pode tomar decisões que digam respeito a outros executivos. Sozinho, ele não pode tomar decisões que digam respeito à empresa inteira e ao seu espírito. É uma questão de elementar bom-senso, por exemplo, não se permitir que algum executivo tome sozinho decisões definitivas sobre a carreira e o futuro de algum dos seus subordinados.

Não se deve permitir que os executivos da linha de fogo tomem decisões que não lhes caibam. A pessoa responsável por um desempenho imediato não tem tempo, por exemplo, para tomar decisões de longo alcance. O encarregado da produção não tem conhecimentos nem capacidade para preparar um plano de pensões ou um esquema de assistência médica. Sem dúvida, as decisões desse tipo afetam a ele e seu serviço. Ele deve estar a par delas, compreendê-las, e até participar (no limite do humanamente possível) de sua preparação e formulação, mas não tomá-las. Em decorrência disso, não pode ter autoridade para tomá-las nem responsabilidade por elas; porque a autoridade e a responsabilidade devem sempre concentrar-se nos serviços a executar. Isso se aplica à hierarquia gerencial inteira, subindo até o mais alto executivo.

Uma regra muito simples se aplica à fixação dos limites das decisões que o executivo está autorizado a tomar. Parodiando a Constituição norte-americana, o estatuto da Divisão de Lâmpadas da General Electric dos EUA utiliza essa regra ao declarar: "Toda autoridade que não estiver expressamente reservada por escrito à alta administração fica conferida aos escalões gerenciais inferiores". É exatamente o oposto à velha ideia prussiana sobre os direitos do cidadão: "Tudo que não estiver expressamente autorizado é proibido". Ou seja, as decisões que o executivo não estiver autorizado a tomar dentro da sua área devem sempre estar expressas; para todas as outras, ele tem autoridade e responsabilidade suficientes.

O EXECUTIVO, SEUS SUPERIORES, SEUS SUBORDINADOS E A EMPRESA

As relações do executivo com seus superiores e seus subordinados são recíprocas, de duas mãos de direção. Ambas são relações formais e não formais, tanto de informação quanto de autoridade. *Ambas constituem relações de dependência recíproca.*

Em relação aos subalternos, o executivo tem responsabilidades no sentido descendente. Primeiramente, ele deve assegurar-se de que os subalternos saibam e entendam o que lhes está sendo exigido. Deve ajudá-los a fixar seus objetivos. Depois, deve ajudá-los a alcançar esses objetivos. É responsabilidade do executivo fazer que eles contem com os instrumentos, os auxiliares e as informações de que necessitem. Deve ajudá-los fornecendo orientação e conselho e, quando necessário, ensinando-os a trabalhar melhor. Para exprimir em uma palavra esse relacionamento de sentido descendente, ele tem o dever de prestar-lhes "assistência".

Os objetivos de qualquer unidade gerencial devem sempre visar ao desempenho com que ela colaborará para o êxito da empresa. Os objetivos devem sempre concentrar-se em um plano superior.

Mas os objetivos do executivo que dirige a unidade compreendem tudo aquilo que ele mesmo deve fazer para ajudar os subalternos a alcançar seus objetivos. Os olhos do executivo devem estar sempre voltados para cima – para a empresa como um todo. Mas sua responsabilidade se volta também para baixo – para os componentes do seu grupo de trabalho. Encarar suas relações com os subordinados como um dever no sentido de favorecer a realização destes através da execução, por eles próprios, das tarefas que lhes cabem, e não tanto como um "controle", é exigência básica para a eficaz organização da unidade que o executivo dirige.

A obrigação final do executivo é para com a empresa. Seu cargo e funções fundamentam-se nas necessidades reais da empresa, e não em títulos ou na delegação de poderes.

Todo executivo deve, portanto, inferir dos objetivos da empresa a especificação de seus objetivos e dos objetivos da unidade que dirige.

Este capítulo concentrou-se no administrador da empresa. Tudo que disse, porém, aplica-se igualmente ao administrador de qualquer entidade de serviços públicos e especialmente ao de qualquer órgão governamental. Eles precisam de cargos que, sendo bastante amplos, lhes permitam crescer. Eles precisam colher satisfação através do que realizam, e não através de promoções ou títulos que lhes confiram. Seus postos precisam ser concebidos em torno do cargo e do serviço; das incumbências; das relações; e das informações necessárias. Eles devem ter autoridade suficiente para desempenhar suas funções. E devem inferir seus objetivos dos da instituição a que servem.

Na realidade, como já dissemos (Capítulos 9 a 12), mais ainda do que o executivo que opera na empresa privada, o administrador da entidade de serviços públicos precisa de uma concepção apropriada, de um conteúdo adequado e de uma estrutura correta para seu posto. No entanto, poucas são as entidades públicas que parecem dedicar muita atenção aos postos gerenciais; elas costumam dar maior importância ao nome do cargo do que à sua função, bem como aos procedimentos do que ao desempenho. A concepção de postos realmente gerenciais é o primeiro passo (que também pode ser o mais decisivo) rumo à elevação do serviço e do moral das entidades públicas.

CONSIDERAÇÕES FINAIS

O posto de direção deve sempre ter por base uma tarefa necessária. Deve compreender um serviço genuíno, que contribua de modo visível (ou até mensurável) para que o empreendimento todo alcance seus objetivos. Deve possuir a maior amplitude e autoridade possível. Os executivos devem ser dirigidos e controlados pelos objetivos propostos para o desempenho, e não pelos seus superiores. No planejamento dos postos de direção, seis erros devem ser evitados. Devem os postos de direção amoldar-se às pessoas, ou devem os executivos amoldar-se aos postos de direção? É preciso conceber a amplitude da responsabilidade da direção – e quatro são os ângulos pelos quais se pode encarar o posto de direção. Há uma dependência recíproca entre o executivo e seus superiores e entre ele e seus subordinados. A obrigação final do executivo é para com a empresa.

PERGUNTAS

1. Quais são alguns dos erros que comumente se cometem no planejamento dos postos de direção em prejuízo da sua eficácia?
2. O que está errado quando se conceber um posto de direção de modo que a principal satisfação que ele proporcione seja a promoção? Qual deve ser a satisfação do seu titular?
3. Por que os postos chamados "assistente de" frequentemente corrompem seu ocupante?
4. Por que é necessário planejar um posto de direção de forma a que ele abranja o trabalho e a direção?
5. Por que é errado planejar um posto de direção que exija uma "coordenação" contínua?
6. Por que nunca se deve tomar em consideração o "estilo" ao se planejar ou preencher um posto de direção?
7. Qual é a mais importante limitação à amplitude do controle gerencial: a quantidade das pessoas subordinadas ao executivo ou a quantidade das relações que se travam entre as pessoas com quem o executivo trabalha? Por quê?
8. Quais são algumas das características pelas quais se pode delimitar um posto de direção?
9. Por que se diz por vezes que toda a autoridade e toda a responsabilidade se concentram nos executivos da linha de fogo?
10. Qual é a regra simples que se pode usar na fixação dos limites das decisões que o executivo está autorizado a tomar?
11. Que sentido devem os objetivos do executivo tomar: o ascendente ou o descendente?
12. De que forma o planejamento dos postos de direção de uma entidade pública difere do planejamento dos postos de direção de uma empresa privada?

CAPÍTULO 25

FORMAR A ADMINISTRAÇÃO E OS ADMINISTRADORES

Desde 1950, verificou-se um grande surto expansionista na formação da administração, dentro do surto mais amplo experimentado pela administração como um todo. Nos meados da década de 1940, quando pela primeira vez me interessei por esse assunto, só pude encontrar duas empresas considerando com seriedade a formação de seus administradores: a Sears, Roebuck, nos Estados Unidos, e a Marks & Spencer, na Inglaterra. À época, só havia três programas universitários, nos Estados Unidos, de especialização para administradores: o Sloan Program, no MIT (Massachusetts Institute of Technology), os cursos ministrados pela Universidade de Nova York, destinados a administradores e jovens profissionais do ramo bancário e financeiro, e o Advanced Management Program, da Harvard Business School.

Dez anos mais tarde, em meados da década de 1950, já chegavam a cerca de três mil as empresas que mantinham programas específicos para o aperfeiçoamento gerencial. Além disso, um grande número de universidades norte-americanas oferecia todo tipo de programas de especialização em administração.

Atualmente, não é mais possível enumerar as empresas que, de uma ou de outra forma, se dedicam ao aprimoramento do seu sistema gerencial e dos seus administradores. Constitui exceção a grande empresa que não tome providências efetivas nesse sentido nem possua um corpo próprio dedicado a formar sua administração. E exceção constitui também a escola de administração de empresas de nível superior que não ministre algum tipo de programa de aperfeiçoamento gerencial. Além do mais, um sem-número de organizações outras, como associações comerciais e empresas de consultoria, promove o aprimoramento gerencial.

POR QUE FORMAR A ADMINISTRAÇÃO?

As grandes decisões empresariais requerem um período cada vez maior para apresentar resultados. Já que se pode prever o futuro, a direção das organizações só poderá tomar decisões sensatas e responsáveis selecionando, formando e colocando à prova os homens e mulheres que se encarregarão da respectiva execução – os futuros administradores.

A procura de executivos aumenta ininterruptamente. Os países desenvolvidos substituem cada vez mais o trabalho braçal pelo conhecimento teórico e pela capacidade de organização e direção – em suma, pela capacidade gerencial. Na verdade, os Estados Unidos constituem o primeiro país em que a questão básica não é saber "Quantas pessoas instruídas podemos eximir da tarefa de cuidar da própria subsistência?". A questão básica é saber "Quantas pessoas sem instrução podemos nos dar o luxo de sustentar?".

Formar a administração também se faz necessário, para que a empresa privada se desincumba de uma responsabilidade elementar que assumiu perante a sociedade. Sua continuidade é vital, especialmente quando se trata de uma grande empresa comercial. Nossa sociedade não pode tolerar que, pela falta de sucessores competentes para as administrações atuais, se desperdicem as fontes geradoras de riqueza constituídas por tais empresas.

Os integrantes de uma sociedade moderna veem no seu serviço muito mais do que um simples meio de ganhar a vida. Procuram também nele outras satisfações, que vão além do aspecto econômico – satisfações que proporcionem orgulho, respeito por si mesmo e realização pessoal. Formar a administração é apenas mais um nome que se dá à preocupação de fazer do trabalho e da empresa algo mais do que um simples meio de ganhar a vida. Apresentando desafios e oportunidades para cada administrador desenvolver ao máximo suas qualidades pessoais, a empresa desincumbe-se em parte da obrigação de dar uma "vida boa".

E se algo sabemos agora é que os administradores não nascem feitos, mas se formam. É preciso haver um trabalho sistemático que vise à oferta, à formação e à habilitação da administração do futuro. Não se pode deixar isso ao acaso ou à sorte.

POR QUE FORMAR O ADMINISTRADOR?

Cada administrador precisa se aperfeiçoar, tanto quanto a empresa e a sociedade. Antes de mais nada, ele deve se manter atento e mentalmente ativo. Deve sentir-se constantemente desafiado. Deve adquirir agora as habilidades de que necessitará no futuro. Ele precisa também ter a oportunidade de refletir sobre a importância de sua própria experiência e – acima de tudo – precisa ter a oportunidade de pensar em si mesmo e de aprender a tirar o maior proveito de suas qualidades. Por fim, precisa desenvolver-se como pessoa, ainda mais do que como administrador.

Uma das vantagens do trabalhador intelectual (e ao mesmo tempo uma de suas deficiências) é esperar satisfação e estímulo do trabalho que executa. Nesse particular, o trabalhador intelectual desgasta-se tremendamente nos primeiros anos de atividade, no período de sua formação. O trabalhador braçal, especializado ou não, não espera de seu serviço desafios, estímulos ou impulsos que o levem a se formar profissionalmente. Ele só espera ganhar a vida com seu trabalho. Já o trabalhador intelectual espera dele "uma vida".

É por isso que o trabalhador intelectual, e especialmente aquele mais realizado em seu campo profissional, está sujeito a mergulhar em crise psicológica aos quarenta e poucos anos. A essa altura, a maioria deles inevitavelmente terá chegado ao fim da linha, na respectiva carreira. Talvez tenha também chegado ao que, em sua especialidade, constitui as funções finais – seja na área das pesquisas de mercado, seja na do adestramento do pessoal, seja na da metalurgia. De repente, o que faz não mais o satisfaz. Após quinze ou vinte anos de pesquisas no mercado do seu ramo, ele acaba sabendo tudo que é possível sobre o assunto. Aquilo que lhe era indescritivelmente emocionante no início da função, quinze anos depois se torna rotineiro e enfadonho.

Isso quer dizer que os administradores devem ser capazes de criar vida própria, fora da organização, antes de chegar aos 45 anos.

Isso eles precisam para si mesmos e também para a organização em que trabalham. Porque a colaboração do administrador que aos 45 anos "se aposenta na função", por não ter mais interesse pela vida, certamente não será mais útil à empresa. Desenvolver-se como pessoa é um dever que ele tem para consigo mesmo – assim como para com a empresa – de modo a criar vida própria e não ficar dependendo inteiramente da organização para viver, ou então de outra promoção ou de novas e diferentes funções. Ele precisa se concentrar em sua personalidade, em suas qualidades e em seus interesses pessoais.

Teremos de aprender a criar *segundas carreiras* para os profissionais e administradores realizados que se aproximem dos cinquenta anos. Deveremos fazer que as pessoas que trabalharam cerca de vinte anos em uma empresa exercendo determinada função – isto é, a grande maioria dos nossos administradores – descubram novos desafios, novas oportunidades e novos modos de colaborar efetivamente, fazendo algo diferente ou pelo menos sendo úteis em outros ambientes e outras formas de organização.

Mas o que realmente queremos dizer ao falar em "formar a administração" e "formar os administradores"? Qualquer surto de expansão como aquele que presenciamos nas duas últimas décadas é suspeito. Sem dúvida, surgiram tantas "ondas" como surgiram iniciativas saudáveis. Deve haver por aí – e há – inúmeros charlatões e tipos tais a pregar a formação da administração apenas por estar na moda.

O QUE A FORMAÇÃO DA ADMINISTRAÇÃO NÃO É

Por esses motivos, é melhor começar dizendo o que a formação da administração e dos administradores não é.

1. Não é fazer cursos. Os cursos constituem um instrumento para a formação gerencial, mas não constituem a própria formação.

   Qualquer curso – seja um seminário de apenas três dias sobre alguma especialização ou um curso noturno "especializado" de dois anos com três aulas por semana – precisará ajustar-se às necessidades da formação do grupo de administradores ou às necessidades da formação de determinado administrador. Mas o serviço, o chefe e o planejamento da formação, tanto com relação à empresa como com relação à pessoa, constituem instrumentos muito mais importantes para tal formação do que qualquer curso ou cursos.

   Na realidade, parece discutível a utilidade de alguns dos cursos de formação mais conhecidos. Eu duvido, por exemplo, da eficiência dos cursos que por longos períodos afastem do serviço o administrador. Pela minha experiência, os cursos mais eficazes são aqueles ministrados nas horas de lazer que o administrador consegue aproveitar – os programas noturnos oferecidos por um bom número de universidades metropolitanas, por exemplo. E os cursos de tempo integral mais eficientes alternam períodos na escola com períodos no serviço; o gerente fica uma ou duas semanas longe da empresa, submetido a uma densa experiência de aprendizado, após o que retorna imediatamente ao serviço e aplica na prática tudo que aprendeu.

   Os administradores concentram sua atenção nas atividades; não são filósofos nem devem sê-los. O curso só poderá "pegar" se eles tiverem a oportunidade de colocar imediatamente em prática aquilo que estudaram. Caso contrário, o curso permanecerá como uma "informação", jamais tornando-se "conhecimento". Pedagogicamente falando, não tem sentido deixar de colocar em prática o que se aprendeu, ou seja, não executar na segunda-feira o que se aprendeu na sexta. Finalmente, o administrador que se afastou da empresa por três meses, para fazer um curso especializado, poderá se sentir "deslocado" e "sem teto" ao voltar ao serviço.

2. Formar administradores e formar a administração não podem ser considerados o mesmo que o planejamento promocional, o planejamento sucessório ou os programas destinados a descobrir novos talentos. Essas coisas não passam de exercícios inúteis. E podem até ser prejudiciais.

A pior coisa que uma empresa pode fazer é impulsionar os funcionários mais promissores e deixar de lado os demais. Dentro de uns tantos anos, oitenta por cento do serviço estará sendo feito pelos que foram relegados. Se eles não se tiverem desenvolvidos a ponto de poder compreender, acatar e colocar em prática as ideias do pequeno número de "promessas", nada acontecerá. Esses oito que não terão sido beneficiados pelo programa vão se sentir, compreensivelmente, relegados a segundo plano. Eles acabarão menos eficientes do que antes, e, portanto, menos produtivos e menos dispostos a aceitar qualquer inovação.

Os esforços no sentido de localizar "potencialidades" são totalmente fúteis. Têm menos possibilidades de êxito do que qualquer escolha a esmo, como apanhar de cinco em cinco. O que vale é o desempenho, e a relação entre a promessa e o desempenho não é particularmente elevada. Assim, de cada dez jovens funcionários com "potencial elevado", aos quarenta anos, cinco não passarão de grandes tagarelas. Da mesma forma, aqueles cinco que não parecem tão brilhantes nem chegam a convencer muito ao falar, quando entrarem na casa dos quarenta terão demonstrado sua capacidade.

Por outro lado, a ideia de que a finalidade da formação da administração é descobrir "substitutos" vem negar toda e qualquer razão para sua existência. Precisamos formar a administração precisamente porque os serviços e as organizações futuras irão ser diferentes dos serviços e organizações atuais. Se tudo que tivéssemos de fazer fosse apenas substituir os serviços de ontem e de hoje, estaríamos preparando os moços como aprendizes, orientados por seus chefes atuais.

A pior espécie de planejamento sucessório é aquela que procura um "príncipe herdeiro". Na escolha do príncipe herdeiro, de duas uma: ou ele tem direitos reais à sucessão ou não tem, e neste caso sua nomeação provavelmente acabará destruindo-o. Por mais sigilosa que seja, muito rapidamente a escolha de um príncipe herdeiro chegará ao conhecimento da organização inteira. E aí todos os outros pretendentes se unirão contra o herdeiro e trabalharão para derrubá-lo – o que geralmente conseguem.

3. Finalmente, a formação da administração e a formação do administrador não significam "reformar as pessoas" mudando sua personalidade. Seu objetivo é torná-las mais eficazes. Sua finalidade é levá-las a utilizar

a plenitude de suas qualidades e assim a agir à sua própria maneira, e não como pareça a qualquer outra pessoa.

O patrão nada tem a ver com a personalidade do empregado. O engajamento se faz por um contrato que prevê determinado desempenho, e nada mais. Qualquer esforço do empregador no sentido de ir além disso é imoral e constitui invasão ilegal da privacidade da pessoa. É abuso do poder. O empregado não tem a obrigação de prestar qualquer "fidelidade", qualquer "devoção" ou qualquer "postura" – ele tem o dever de trabalhar bem e nada mais.

A formação da administração e dos administradores tem a ver com as aptidões de que as pessoas precisam. Tem a ver com aquilo que o funcionário precisa aprender para dar eficácia às suas aptidões. Deve preocupar-se com as mudanças de conduta que tenham a possibilidade de tornar alguém mais eficaz. Mas não trata daquilo que a pessoa é – ou seja, de sua personalidade e de sua dinâmica emocional.

Todo esforço no sentido de mudar a personalidade de uma pessoa madura está fadado inevitavelmente ao fracasso. Quando ela começa a trabalhar, sua personalidade está formada. O que interessa não é modificar sua personalidade, e sim permitir à pessoa chegar à realização e ao bom desempenho.

AS DUAS DIMENSÕES DA FORMAÇÃO

A formação não se compõe de uma tarefa só, e sim de duas, que se relacionam entre si e se influenciam reciprocamente. Uma tarefa é *formar a administração.* Ela visa à saúde, à sobrevivência e ao crescimento da empresa. A outra tarefa é formar o *administrador.* Ela visa à saúde, ao desenvolvimento e à realização da pessoa, tanto na sua condição de integrante da organização como na de pessoa propriamente dita. Formar a *administração* é função e tarefa que competem à organização – não importando como esteja sendo desempenhada. Formar o *administrador* é responsabilidade da pessoa, embora a empresa e os superiores hierárquicos tenham coisas importantes a cumprir aí.

A formação da administração parte da pergunta "Que Espécie de administradores e de profissionais de carreira esta empresa necessitará no futuro para alcançar seus objetivos e atuar com êxito em um mercado que será diferente deste, em uma economia que será diferente desta, com outra tecnologia e em outra sociedade?".

A formação da administração ocupa-se de questões como a estrutura etária do grupo dirigente da empresa e as aptidões que seus administradores devem adquirir hoje a fim de se qualificarem para o futuro. Concentra-se também na estrutura da organização e na concepção dos postos gerenciais, com vistas a atender, no futuro, às necessidades e aspirações dos "candidatos a carreiras", isto é, os jovens gerentes e os jovens profissionais de carreira. O mercado de postos e de carreiras tornou-se um verdadeiro mercado de massa. Toda organização, portanto, precisa conceber um "produto de carreira" que atraia e satisfaça os futuros candidatos a carreiras.

Se a formação da administração requer ou não um quadro à parte de funcionários, isso depende do tamanho e da complexidade da empresa. Certamente ela não constitui atividade que exija muita gente e promova muitos programas. Ela precisa, porém, ter autoridade e prestígio, pois visa a mudar o planejamento básico da empresa, a estrutura da sua organização e a concepção dos seus postos gerenciais. No âmago da sua tarefa encontram-se o planejamento do mercado e a concepção dos produtos, bem como a obsolescência dos postos atuais e das estruturas organizacionais atuais. Vista por esse ângulo, a formação da administração é inovadora, desorganizadora e crítica. Sua função é questionar os pontos ligados à organização humana da empresa. "Que é a nossa empresa e que é que ela deve ser?"

A *formação do administrador* concentra-se na pessoa. Visa a capacitá-la a desenvolver ao máximo suas qualidades e aptidões e a alcançar a realização pessoal. O alvo é a excelência.

Ninguém consegue motivar alguém ao autodesenvolvimento. A motivação deve provir do interior. Todavia, o superior hierárquico e a empresa podem contribuir muito para desestimular até o mais entusiástico e fazer esmorecer seus anseios em prol do aperfeiçoamento. A participação ativa, o incentivo e a orientação tanto do superior como da empresa são necessários para que os esforços em prol da formação do administrador deem seus melhores frutos.

O ponto de partida para qualquer iniciativa em prol da formação do administrador é uma avaliação do seu desempenho, concentrada naquilo que ele faz bem feito, naquilo que ele pode fazer bem feito e nas limitações à sua capacidade de desempenho que ele precisa superar para tirar o máximo proveito do emprego de suas energias. Essa avaliação, no entanto, deve sempre resultar de uma iniciativa conjunta. Requer empenho do próprio funcionário; precisa ser uma autoanálise. Mas exige também a liderança atuante do seu superior.

Ao se autoanalisar, as pessoas costumam ser demasiado críticas ou então insuficientemente críticas. Talvez enxerguem suas qualidades nos lugares errados e se orgulhem mais de suas deficiências do que de suas qualidades.

Como exemplo típico, há o caso do engenheiro altamente capacitado que se julga bom administrador por ser "analítico" e "objetivo". No entanto, o administrador precisa possuir também empatia, capacidade de compreender como os outros trabalham e uma aguçada percepção de fatores "não racionais" do tipo da personalidade. Há igualmente a gerente de vendas que acha que sua grande força está na "estratégia" – na verdade ela é uma negociadora astuta; e o que quer dizer por estratégia é a "liquidação da próxima semana". E com frequência o bom analista e consultor não imagina que ele próprio careça da coragem emotiva necessária para tomar decisões difíceis por conta própria.

Toda avaliação deve basear-se nos objetivos que em colaboração com seus superiores o administrador fixa para sua própria atuação. Deve partir do confronto entre seu desempenho e esses objetivos. Nunca iniciar pelo "potencial". Deve perguntar: "Que é que esse administrador fez bem feito – não uma vez, mas repetidamente?". Esse ponto deve levar ao reconhecimento das qualidades do administrador e dos fatores que tolhem a plena eficácia dessas qualidades. Mas a avaliação da autoformação deve também indagar: "Que é que espero da vida? Quais são os meus valores, minhas aspirações e meus rumos? E que é que devo fazer, aprender ou mudar, para me tornar capaz de atender às exigências que me faço e às minhas expectativas em relação à vida?". Também essa pergunta pode com mais propriedade ser feita por algum outro, que conheça a pessoa e a respeite, mas que ao mesmo tempo tenha o discernimento que muitos de nós não possui com relação a nós mesmos.

O autodesenvolvimento pode exigir a aquisição de novas aptidões, novos conhecimentos e novas maneiras. Acima de tudo, porém, requer nova experiência. Os fatores mais importantes em relação ao autodesenvolvimento, independentemente de a pessoa discernir suas próprias qualidades, são a experiência no serviço e o exemplo dado pelo superior. Por conseguinte, a autoavaliação deve levar a conclusões acerca das necessidades e oportunidades do administrador, tanto com respeito àquilo que ele tem a oferecer como com respeito às experiências de que ele necessita. Deve-se sempre perguntar "Por que espécie de experiência esta pessoa deve passar, no serviço, para que suas qualidades possam se desenvolver com a maior rapidez possível e o mais amplamente possível?".

A formação é sempre autoformação. É pura tolice pensar que a empresa possa assumir a responsabilidade pela formação de alguém. A responsabilidade é da pessoa, de suas aptidões e empenho. Nenhuma empresa tem capacidade, e muito menos obrigação, de chamar a si a iniciativa de promover a formação da pessoa. Seria uma pretensão absurda.

No entanto, todos os dirigentes da empresa têm a oportunidade de incentivar a autoformação de seus subordinados ou de sufocá-la, de orientá-la ou de desencaminhá-la. Deve ser-lhes especificamente atribuída a responsabilidade de ajudar seus auxiliares a concentrar, dirigir e aplicar seus esforços no sentido da autoformação. E toda empresa tem a possibilidade de oferecer aos seus administradores desafios e experiências capazes de proporcionar sua formação pessoal.

É indispensável ao espírito, descortino e desempenho dos administradores de hoje formar aqueles que dirigirão a empresa do futuro. Assim como ninguém aprende tão bem uma matéria como quem é forçado a ensiná-la, ninguém se desenvolve tanto como quem procura ajudar os outros a se desenvolver. Na verdade, só poderá alcançar o próprio desenvolvimento quem se dedicar ao desenvolvimento de outros. É pelo esforço em aprimorar os outros que os dirigentes apuram as exigências que se façam. Em qualquer profissão, as pessoas mais realizadoras sempre contemplam os subordinados que prepararam e formaram, como o monumento que mais orgulho lhes proporcionou.

Uma vez mais: formar a administração e formar os administradores são tão necessários – e exigem a aplicação dos mesmos métodos – na empresa privada como no serviço público.

Acima de tudo, porém, é sobre os gerentes e profissionais de carreira atuais que recai a responsabilidade pela própria formação. É uma responsabilidade que eles devem assumir tanto consigo mesmos como com a instituição que ajudam a dirigir.

Fala-se muito, hoje em dia, da pessoa como engrenagem da organização, bem como da alienação das pessoas no interior das organizações. Duvido que nas organizações modernas o conformismo seja maior do que nas pequenas aldeias de antigamente, com suas enormes pressões de classe e parentesco, castas e costumes. Eu duvido muito que a alienação atual seja mesmo maior do que a das sociedades antigas. Quer o conformismo e a depressão psíquica sejam maiores ou menores hoje do que no passado, a única força contrária eficaz a ambos é o empenho de cada um em promover a própria formação, o empenho de cada um em prol da excelência.

CONSIDERAÇÕES FINAIS

Desde 1950 verificou-se um grande surto expansionista na formação da administração – que teve suas origens em necessidades genuínas tanto das organizações como dos seus administradores. Ainda hoje, porém, raramente se compreende que haja uma formação *da administração,* vinculada às necessidades da organização, e uma formação *do administrador,* vinculada às necessidades da pessoa. A formação do administrador é autoformação, embora o superior hierárquico e a própria organização sejam capazes tanto de incentivá-la como de sufocá-la. E o alvo da formação do administrador é a excelência.

PERGUNTAS

1. As grandes decisões empresariais requerem um período cada vez maior para apresentar resultados; quais são as implicações disso na formação da administração?
2. Por que o trabalhador intelectual mais realizado em seu campo profissional pode mergulhar em uma crise psicológica logo após os quarenta anos?

3. Por que talvez não constitua a melhor formação para o administrador aquela proporcionada por um curso que por muito tempo o afaste do serviço?
4. Por que é um erro a empresa procurar impulsionar os funcionários "promissores"?
5. Por que são fúteis os esforços no sentido de localizar administradores "em potencial"?
6. Quais são as duas dimensões da formação? De que forma elas diferem entre si?
7. Qual é o ponto de partida de qualquer iniciativa em prol da formação do administrador?
8. Em que deve se basear a avaliação dos administradores?
9. Quais são alguns dos requisitos do autodesenvolvimento? De que maneira pode a organização auxiliar o administrador nessa tarefa?

CAPÍTULO 26

A ADMINISTRAÇÃO POR OBJETIVOS E PELO AUTOCONTROLE

Cada membro da empresa presta-lhe uma contribuição diferente, mas todos devem colaborar para o alcance da meta comum. Os esforços de cada um devem tomar o mesmo sentido, e as diferentes contribuições devem compor-se entre si, de maneira a produzir um todo – sem vazios, sem atritos e sem a desnecessária duplicação dos esforços.

Se o que se deseja é alcançar as metas globais, cada trabalho efetuado na empresa deve estar voltado para os objetivos da organização inteira. Em particular, a atividade de cada dirigente deve concentrar-se no sucesso do todo. O desempenho que se espera dos gerentes deve estar voltado para as metas fixadas para o desempenho da empresa. Os resultados devem ser medidos pela contribuição que cada um presta ao êxito global da empresa. Os dirigentes devem saber e compreender o que de cada um exigem as metas da empresa em termos de desempenho, ao mesmo tempo que seus superiores devem saber que contribuição lhes pedir e deles esperar. Sem a observação dessas exigências, os administradores ficarão desorientados, e seus esforços, desperdiçados.

A administração por objetivos exige um profundo empenho e técnicas especiais. Nas empresas comerciais, os dirigentes não se voltam automaticamente para uma meta comum. Pelo contrário, por sua própria natureza essas organizações contêm quatro fatores tendentes à má orientação: o trabalho especializado da maior parte dos gerentes: a estrutura hierárquica da administração; as diferenças que ocorrem entre os vários escalões da administração com respeito aos seus panoramas e serviços, levando esses escalões a se isolarem entre si; a estrutura que toma a remuneração do grupo dirigente.

Para superar esses obstáculos, faz-se necessário algo mais do que boas intenções. Fazem-se necessárias orientação e estrutura. Faz-se necessário que a administração por objetivos seja deliberadamente organizada e se torne a lei básica a reger a atividade de todo o grupo dirigente.

O TRABALHO ESPECIALIZADO DOS DIRIGENTES

Uma velha história diz que a três escultores se perguntou que é que faziam. O primeiro respondeu: "Estou ganhando a vida". O segundo continuou a martelar o mármore enquanto respondia: "Estou fazendo a melhor escultura de todo o país". O terceiro voltou-se para o alto, com um brilho sonhador nos olhos: "Estou construindo uma catedral".

Foi o terceiro homem, naturalmente, que demonstrou possuir o espírito do verdadeiro administrador. O primeiro sabia o que queria do seu serviço e porfiava por consegui-lo. Era o tipo da pessoa capaz de retribuir com um bom serviço o bom pagamento. Mas não o animava o espírito do administrador. Era no segundo escultor, porém, que residia o principal problema. A habilidade para o serviço é essencial – a organização desmoraliza-se quando não exige de seus membros a mais alta habilidade profissional possível. Sempre há o perigo, porém, de que o verdadeiro artífice, o verdadeiro profissional, venha a achar que está realizando algo, quando na verdade está apenas polindo uma pedra ou juntando notas de rodapé. A perícia merece ser estimulada nas empresas comerciais, mas deve sempre estar vinculada às necessidades do todo.

A maior parte dos dirigentes e profissionais de carreira que operam nas empresas comerciais preocupa-se mais, como o segundo escultor, com o trabalho especializado. Os hábitos do ser humano que se encontra por trás de cada dirigente, seus modos de ver e valores, habitualmente se formam enquanto ele executa serviços funcionais e especializados. É essencial que o especialista em cada função fomente em si mesmo altos padrões de capacidade profissional, que ele lute para ser "o melhor escultor do país". Isso porque, desvinculado dos mais elevados padrões, o trabalho descamba para a desonestidade; corrompe o que trabalha e quem o rodeia. A insistência na capacidade e a luta por consegui-la produzem inovações e progressos em todas as áreas da administração.

Deve-se estimular os dirigentes a fazer o melhor serviço que possam – a conseguir uma "administração pessoal profissional", a dirigir "a fábrica mais moderna", a efetuar "pesquisas de mercado verdadeiramente científicas". Mas o desejo de promover a habilidade profissional no desempenho de funções especializadas também encerra certo perigo. Ele tende a fazer que a atenção e os esforços do dirigente se desviem das metas da empresa. O trabalho funcional vira um fim em si mesmo. Em um número muito grande de casos, os dirigentes funcionais passam a não medir mais o próprio desempenho pela contribuição que prestam à empresa, mas apenas pelos critérios profissionais da sua especialização. Eles gostam de avaliar seus subordinados apenas pela capacidade técnica que demonstram, e a recompensá-los e promovê-los nessa conformidade. Ficam revoltados quando lhes são apresentadas exigências em nome do desempenho da empresa, rotulando-as de interferências no seu "bom serviço de engenharia", na sua "produção regulada", ou nas suas "vendas engrenadas". O legítimo desejo que o dirigente funcional alimenta, de conseguir perícia em alto grau, pode transmudar-se em uma força que leve a empresa ao se fracionar e a acabar tomando a forma de uma justaposição frouxa de grupos em atividade. Cada grupo preocupa-se apenas com a sua especialidade. Cada grupo oculta de forma ciumenta seus "segredos". Cada um procura ampliar seu domínio, mais do que construir a empresa. O remédio é sofrear a preocupação com a habilidade funcional introduzindo a preocupação com a meta comum da empresa.

O DESVIRTUAMENTO DA DIREÇÃO PELO CHEFE

A estrutura hierárquica da administração aumenta ainda esse perigo. Dada a posição ocupada pelo chefe, tudo que ele faz e diz, suas observações mais casuais, seus costumes e até seus maneirismos, aparecem aos olhos dos subordinados como calculados, planejados e significativos. "Por aqui, não se fala de outra coisa que não seja a prática das relações humanas; mas sempre que o chefão chama a atenção de alguém é porque está havendo muita hora extra; e no momento da promoção, os louros sempre vão para a cabeça de quem preenche melhor os papéis para a contabilidade." Essa é uma das cantigas mais ouvidas nas empresas, entoada com infinitas variações em todos os escalões da administração. Ela desemboca no desempenho medíocre – mesmo quando corta o extraordinário. Também revela perda da confiança na empresa e sua direção, bem como falta de respeito por elas.

Contudo, não é intencionalmente que o administrador desvirtua assim sua direção. Ele acha sinceramente que a prática das relações humanas constitui a tarefa mais importante dos gerentes de sua fábrica. Reclama das horas extras por achar que deve criar no seu pessoal uma imagem de "homem prático" ou por achar que demonstra conhecer perfeitamente os problemas "da turma" ao discutir com ela os problemas da fábrica. Dá importância aos relatórios contábeis porque se aborrece tanto com eles como seus próprios homens – ou talvez por não querer aumentar seus problemas com o controlador. Aos olhos de seus subordinados, porém, essas razões ficam encobertas; o que os subordinados veem e ouvem são as perguntas sobre as horas extras e a insistência nos relatórios.

Para resolver esse problema, a estrutura da administração deve levar a atenção dos gerentes e seus superiores a se voltar para aquilo que é exigido pelo serviço – e não pelo chefe. Ressaltar o estilo e a maneira de administrar – como fazem hoje muitas obras sobre a administração – só pode agravar o problema. Na verdade, qualquer pessoa familiarizada com o mundo empresarial já presenciou situações em que o empenho do dirigente em fugir à má orientação através de mudanças em sua maneira de ser acabou jogando por terra um relacionamento razoavelmente satisfatório, transformando-o num pesadelo de seguidos constrangimentos e mal-entendidos. O próprio dirigente se torna tão consciente de si mesmo que perde por completo todo o relacionamento amistoso com seus subordinados. Estes, por sua vez, passam a fazer comentários do tipo: "Pelo amor de Deus, o velho acaba de ler um livro; antes a gente sabia o que ele queria, agora temos de adivinhar".

DIFERENÇAS ENTRE OS VÁRIOS ESCALÕES DA ADMINISTRAÇÃO

O desvirtuamento da direção pode resultar da diversidade que ocorre entre as preocupações dos vários escalões da administração. Esse é outro problema que não pode ser resolvido só com posturas e boas intenções; pois suas raízes encontram-se na estrutura de qualquer empresa. Igualmente, não se pode resolvê-lo recorrendo a "melhores comunicações", já que as comunicações pressupõem uma linguagem comum – precisamente o que costuma faltar nessa situação.

Não é por acaso que a velha história dos ceguinhos que topam com um elefante na estrada é tão mencionada entre o pessoal ligado à administração. Cada escalão vê o "elefante" (a empresa) por um ângulo diferente. Como o cego que apalpou a pata do elefante e achou que tinha uma árvore à frente, o encarregado da produção costuma enxergar apenas os problemas imediatos da produção. A alta direção – o cego que tocou a tromba e achou que havia uma cobra no seu caminho – tende a ver a empresa apenas como um todo. Ela vê os acionistas, vê os problemas financeiros, vê à frente, a um só tempo, um feixe de relações e números abstratos no mais alto grau. Já a gerência das operações – o cego que apalpou a barriga do elefante e achou que estava diante de um barranco – tende a ver as coisas pelo seu lado funcional. Cada um dos escalões precisa ter sua visão própria; sem ela, não pode executar suas tarefas. Modos de ver tão diversos entre si, porém, fazem que ao falarem da mesma coisa as pessoas de diferentes níveis geralmente não percebam essa circunstância – ou, como acontece amiúde, achem que estão falando da mesma coisa e na realidade se referem a coisas diametralmente opostas.

A MÁ DIREÇÃO RESULTANTE DA REMUNERAÇÃO

O mais sério fator interno capaz de influir no grupo dirigente é a estrutura das remunerações. Além do mais sério, ele é ao mesmo tempo o fator mais difícil de eliminar. Os integrantes da administração precisam ser remunerados de alguma forma, mas todo sistema de remuneração contém em si elementos capazes de desvirtuar a direção.

A remuneração constitui despesa para a empresa e receita para quem a recebe. Ela também exprime, infalivelmente, a posição que a pessoa galgou, tanto na empresa como na sociedade. Leva a julgamentos sobre o trabalho e sobre o valor do administrador. Enlaça-se emocionalmente com nossas ideias de honestidade, justiça e equidade. Naturalmente, o dinheiro é quantitativo. Mas em qualquer sistema de remuneração, ele exprime valores de qualidade que são, ao mesmo tempo, os mais intangíveis e os mais sensíveis. É por esse motivo que não pode haver sistemas remuneratórios essencialmente simples ou essencialmente racionais.

Qualquer sistema de remuneração determina a posição da pessoa dentro do seu grupo. Aos olhos do interessado, a maneira como sua remuneração se coloca diante da remuneração dos outros, e especialmente diante da remuneração dos seus colegas, é sempre mais importante do que o valor absoluto do seu salário (veja a esse respeito o Capítulo 14). A remuneração deve sempre procurar encontrar o equilíbrio entre a apreciação em que se tem a pessoa e a estabilidade e permanência do seu grupo. Nenhuma tentativa de encontrar uma fórmula de remuneração "científica" poderá portanto alcançar êxito completo. O melhor plano possível de remuneração constitui necessariamente um meio-termo entre as diversas funções que cabem à remuneração e os diversos sentidos que ela apresenta em relação aos grupos e às pessoas. O melhor dos planos sempre conterá elementos de boa e de má direção, que estimularão tanto a conduta correta como a errônea.

Todavia, dificilmente se encontrará algo que para os administradores apresente tanto significado como a sua remuneração e a respectiva estrutura. A seus olhos, a importância destas vai muito além do significado econômico do dinheiro. Elas lhes dizem quais são os valores da direção mais alta e qual é o valor que ela lhes atribui. De maneira clara e concreta, elas exprimem a posição e a classificação do administrador no grupo, bem como o reconhecimento que este lhe devota. Nos tempos de hoje, com um imposto sobre a renda tão alto, um pouco mais de dinheiro em regra não significa muito para os executivos mais altos. Na verdade, ele significa apenas mais imposto a pagar. Contudo, é incalculável o valor simbólico desse pequeno acréscimo financeiro e de seus reflexos no terreno emocional.

O pior e mais prejudicial desvirtuamento possível da direção pode resultar desses sistemas de remuneração aparentemente "justos" que estabelecem uma relação direta entre o pagamento do gerente e seu desempenho. Geralmente, esse desempenho é medido pelos rendimentos sobre os investimentos no decorrer do ano. Se quisermos *aferir* o desempenho, não há outra maneira. Entretanto, quando se supervaloriza o rendimento alcançado sobre os investimentos, ou o lucro corrente, os gerentes das empresas descentralizadas poderão ser erroneamente levados a desconsiderar o futuro em favor do presente.

A capacitada equipe dirigente de uma das mais importantes divisões de certa fábrica de produtos químicos passou vários anos sem chegar a lançar um produto novo, que estava se fazendo bastante necessário. Ano após ano ela informava à Diretoria que o novo produto não estava de todo pronto. Finalmente, ao ser energicamente inquirido sobre o motivo por que estava retardando o término de um projeto claramente vital para o desempenho da empresa, o gerente da divisão respondeu: "Vocês já deram uma olhada no sistema de remuneração que está funcionando por lá? Meu ordenado está garantido. Mas todo o resto dos gerentes ganha de acordo com o rendimento sobre os investimentos. Esse produto é o futuro da empresa, mas durante cinco a oito anos vai requerer muito investimento sem produzir qualquer rendimento. Sei que estamos atrasados três anos. Mas os senhores pensam realmente que vou tirar o pão da boca dos filhos do pessoal que me está mais chegado?". A história teve seu final feliz. O plano de remuneração foi mudado – mais ou menos na base daquilo que há muito constitui o da Du Pont no tocante aos novos lançamentos. Enquanto o produto não tiver sido levado ao mercado, a Du Pont não contabiliza como investimentos as respectivas despesas de criação da divisão ou subsidiária.

Um ano ou dois depois, o novo produto era lançado e muito bem recebido pelo mercado.

Devem ter preferência os sistemas remuneratórios simples. Melhores serão os sistemas que, em vez de impor a mesma fórmula a todos os interessados, permitam aplicar o critério básico e os ajustes das remunerações ao trabalho de cada um. Mas eu seria a última pessoa a afirmar que é possível compor um sistema "justo", para não dizer "científico". Tudo que se pode fazer, repito, é estar atento a que o sistema de remuneração não acabe premiando a conduta errada, salientando os maus resultados e afastando as pessoas do desempenho capaz de promover o bem comum.

QUAIS DEVEM SER OS OBJETIVOS DO DIRIGENTE?

Assim como "o preço da liberdade é a eterna vigilância", é indispensável um esforço contínuo para evitar a má direção. O supervisor precisa compreender o que pode esperar dos dirigentes subordinados. Por seu turno, estes precisam ser capazes de saber os resultados pelos quais são responsáveis. Sem se empenharem a fundo, nem o superior nem os subordinados conseguirão saber e compreender esses pontos; além disso, as ideias dele e dos outros não se conciliarão, muito menos se identificarão.

Desde o "chefão", lá em cima, até os mestres da produção e o chefe do escritório, cada dirigente precisa ter seus objetivos claramente delineados. Sem isso, reinará a confusão. Esses objetivos deverão especificar o desempenho esperado de cada dirigente. Eles deverão estipular a colaboração que ele e sua unidade deverão prestar a outras, no sentido de ajudá-las a conseguir alcançar seus objetivos. Finalmente, eles precisarão particularizar a contribuição que o dirigente poderá esperar de outras unidades para alcançar seus próprios objetivos. Por outras palavras, o que desde o início se deve salientar são o trabalho em equipe e seus resultados.

Esses objetivos devem sempre derivar das metas da empresa. Até dos mestres da linha de montagem se deve exigir a declaração de quais sejam seus objetivos, com base nas metas da empresa e do departamento de produção. A empresa pode ter tais dimensões que torne enorme a distância entre a produção de cada chefe de serviço e a produção global da empresa. No entanto, cada chefe deve se concentrar nos objetivos da empresa e definir os próprios resultados em termos da contribuição que presta sua unidade ao todo a que pertence.

Os objetivos de cada dirigente devem especificar a contribuição que ele presta ao alcance das metas da empresa em todas as suas áreas. Evidentemente, nem todos os dirigentes estarão em condições de dar sua contribuição direta a cada uma dessas áreas. A contribuição do marketing à produtividade, por exemplo, pode ser indireta e difícil de definir. Mas quando não se espera a contribuição da unidade de determinado dirigente a qualquer uma das áreas marcadamente ligadas à prosperidade e à sobrevivência da empresa, esse fato deverá ser claramente ressaltado, pois os dirigentes devem compreender que os resultados da empresa dependem do equilíbrio que se conseguir entre os esforços e os resultados de uma série de áreas. Isso se faz necessário tanto para conferir uma perspectiva total à capacidade técnica de cada função e especialização como para evitar a formação de grupinhos e o aparecimento de ciúmes entre as diversas funções e especializações. E também se faz necessário para evitar a supervalorização de qualquer área básica.

Esse ponto tem particular importância com relação às equipes prestadoras de serviços e aos grupos muito especializados, como os da área da computação. Nem sempre esse pessoal estará em condições de perceber as relações diretas entre o próprio trabalho e os objetivos e resultados da empresa. Se não se empenhar nesse sentido, ele acabará direcionando seus esforços para algum ponto que não coincidirá com os objetivos e resultados da empresa.

Para a conjugação dos esforços, os objetivos dos dirigentes de todos os escalões e áreas devem também estar sintonizados em suas considerações tanto a curto como a longo prazo. Além disso, esses objetivos deverão sempre conter, naturalmente, não só os objetivos concretos da empresa, mas também aqueles mais "intangíveis", como a formação dos dirigentes, o desempenho e a postura dos funcionários, assim como as responsabilidades sociais da empresa. O que não ficar dentro desses parâmetros resultará de visão curta e será impraticável.

A ADMINISTRAÇÃO POR IMPULSOS

A boa administração exige equilibrado realce aos vários objetivos, especialmente no que tange à alta direção. Com isso, ela evitará um mau procedimento empresarial bastante difundido: a administração por crises e impulsos.

Que as coisas voltem ao ponto inicial três semanas após exaurido o impulso é algo de todos sabido e evidentemente esperado. As campanhas de economia costumam apresentar como único resultado a dispensa de alguns office boys e datilógrafas, enquanto os executivos de altos salários são obrigados a cuidar de serviços banais, como datilografar suas cartas – muito mal, por sinal. Contudo, muitas diretorias não conseguem chegar à acaciana conclusão de que o método de conseguir coisas por impulsos afinal não é o melhor.

Além de ineficaz, a administração por impulsos desvirtua a direção. Dá maior ênfase a uma fase do serviço em prejuízo de todas as demais. "Nas próximas quatro semanas, trataremos de reduzir os estoques da empresa", comentava certa vez um calejado veterano da administração por crises. "Depois, teremos quatro semanas de redução das despesas, seguidas de outras quatro em que nos dedicaremos a melhorar as relações humanas no serviço. Não teremos mais de um mês para os serviços aos clientes. Aí, o estoque se encontrará exatamente no ponto em que se encontrava quando a ciranda começou. No próprio serviço ninguém de nós pensa. A diretoria não fala de outra coisa, não pensa em outra coisa, não prega outra coisa que não seja o ponto em que na semana passada se encontrava o estoque da empresa ou o ponto em que se encontram hoje as reclamações dos clientes. Como anda o serviço de cada um é coisa que não lhe interessa."

Nas empresas administradas por impulsos, os funcionários relaxam o próprio serviço para se manter na crista de cada onda, ou então se organizam para sabotar em silêncio a campanha e assim poderem cuidar de suas funções. Em qualquer um desses casos, eles se mostram surdos ao "uivo do lobo". E quando sobrevier a crise de verdade, que exige que todos coloquem tudo de lado e arregacem as mangas, os funcionários procedem exatamente como se estivessem diante de outra crise histérica da diretoria. A administração por impulsos constitui indício claro de confusão. Constitui a admissão da própria incompetência. Constitui sinal de que a diretoria não raciocina. Mas antes e acima de tudo, constitui uma prova de que a empresa ignora o que pode esperar de seus dirigentes e, não sabendo como orientá-los, desorienta-os, pura e simplesmente.

COMO E POR QUEM DEVEM SER FIXADOS OS OBJETIVOS DOS DIRIGENTES?

As metas do serviço de cada dirigente devem ser definidas com base na contribuição que dele se espera para o êxito da unidade mais ampla a que pertence. Os objetivos do gerente distrital de vendas devem ser definidos com base na contribuição que a equipe distrital de vendas deve prestar ao departamento de vendas; os objetivos do engenheiro de projetos devem basear-se na contribuição que ele, seus engenheiros e projetistas prestam ao departamento de engenharia da empresa. Os objetivos do gerente geral de uma divisão descentralizada da empresa devem ser definidos com base na contribuição que essa divisão deve prestar aos objetivos globais da empresa matriz.

A alta administração deve reservar-se o direito de aprovar e reprovar esses objetivos. Mas fixá-los faz parte da responsabilidade de cada dirigente; na verdade, essa constitui sua primeira responsabilidade. E quando o dirigente os fixa está, igualmente, participando, de maneira responsável, na fixação dos objetivos da unidade mais ampla a que pertence. Não apenas é insuficiente "dar a *sensação* de participar" (para usar uma frase muito do gosto da área das relações humanas): isso também está errado. Ser dirigente significa *sentir* a responsabilidade. Exatamente porque suas metas devem refletir as necessidades objetivas da empresa, e não simplesmente aquilo que deseja o chefe – ou ele mesmo –, o dirigente deve comprometer-se em relação aos objetivos através de um ato positivo de assentimento. Os dirigentes devem conhecer e compreender as metas últimas da empresa, o que se espera deles e por quê, bem como os parâmetros pelos quais serão avaliados e de que forma. No seio da direção de cada unidade deve haver concordância de ideias. Só se consegue isso quando se faz cada um dos dirigentes da equipe raciocinar os objetivos da unidade e participar, de maneira ativa e responsável, na tarefa de defini-los. E só quando os dirigentes que lhe forem subordinados tiverem essa participação poderá o administrador mais alto saber o que pode esperar deles, bem como apresentar-lhes suas exigências.

A importância disso é tamanha que alguns dos mais eficazes dirigentes que conheço vão ainda um pouco além. Fazem que duas vezes por ano cada um dos seus subordinados redija uma "carta do gerente". Nessa carta, dirigida aos respectivos superiores, os dirigentes definem primeiro os objetivos da atuação do superior e de sua própria atuação na forma como as veem. Em seguida, especificam os padrões de desempenho que acreditam que lhes estejam sendo aplicados. Relacionam depois o que precisam fazer para alcançar essas metas – bem como as coisas que no interior de suas unidades considerem os principais obstáculos para eles. Entre as coisas que seus superiores e a empresa fazem, especificam quais os ajudam e quais os atrapalham. Finalmente, relacionam aquilo que propõem fazer no ano seguinte para alcançar suas metas. Se seus superiores aceitarem como boa essa declaração, a "carta do gerente" virará a "Constituição" do serviço do dirigente subordinado.

Como nenhum outro que seja do meu conhecimento, esse dispositivo demonstra a facilidade com que os comentários casuais e irrefletidos até do melhor dos chefes são capazes de gerar confusão e desorientação. Há dez anos uma grande empresa vem usando o método da "carta do gerente". Quase todas as cartas, porém, ainda relacionam como objetivos e padrões coisas que surpreendem o superior a que se dirigem. E se ele perguntar "Por que isto?", receberá uma resposta mais ou menos assim. "O senhor não lembra o que me disse meses atrás, quando descíamos juntos no elevador?"

A carta do gerente coloca também à mostra quaisquer incongruências contidas nas exigências de um chefe ou da empresa a alguém. Será que o chefe exige rapidez e alta qualidade quando só pode pedir uma dessas coisas? E qual o meio-termo que impõe o interesse da empresa? Exigirá o chefe iniciativa e capacidade de julgamento de seus auxiliares, mas também que o consultem antes de tomar qualquer providência? Pedirá ele ideias e sugestões, mas sem nunca utilizá-las nem mencioná-las? Esperará a empresa que sua reduzida equipe de engenheiros esteja sempre pronta para entrar em ação quando da ocorrência de qualquer problema na fábrica, e, ao mesmo tempo, que se dedique de corpo e alma à criação de novos produtos? Esperará a empresa que seus gerentes apresentem altos padrões de produtividade, ao mesmo tempo que lhes proíbe desfazer-se de seus funcionários menos eficientes? Criará ela condições para que seu pessoal diga: "Se meu chefe não vier a saber o que estou fazendo, conseguirei cumprir a tarefa que me cabe ...?".

Como bem ilustra a carta do gerente, dirigir dirigentes é algo que exige esforço especial não apenas para fixar uma orientação geral, mas também para acabar com a má orientação. Jamais se chegará ao entendimento recíproco através de "ordens superiores", nem esse entendimento brotará de conversa mole. Ele só pode resultar das "comunicações de baixo para cima". Exige a boa vontade do superior em ouvir e um dispositivo especialmente destinado a fazer que os gerentes subalternos sejam ouvidos.

O AUTOCONTROLE ATRAVÉS DAS AFERIÇÕES

A maior vantagem da administração por objetivos talvez resida no fato de que ela permite que os dirigentes controlem o próprio desempenho. No autocontrole encontra-se embutida uma motivação mais poderosa: o desejo de fazer o melhor possível, e não apenas o suficiente para "ir levando". Exercer o autocontrole significa possuir metas de desempenho mais elevadas e visão mais aberta. Mesmo que não fosse necessária para unificar a orientação e os serviços da equipe administradora da empresa, a administração por objetivos seria necessária para possibilitar a administração através do autocontrole.

Em poucos momentos este livro tratou, até aqui, do controle; ele tratou, sim, da aferição. Foi propositado. Controle é uma palavra de sentido ambíguo. Significa a capacidade de dirigir-se a si mesmo e de dirigir seu trabalho. Também pode significar o domínio de uma pessoa sobre outra. No primeiro sentido, a base do controle são os objetivos. Utilizar os objetivos como base do controle no segundo sentido desvirtuaria sua finalidade. Na verdade, uma das principais virtudes da administração por objetivos reside em que ela permite substituir a administração através do domínio pela administração através do autocontrole.

Para controlar o próprio desempenho, os dirigentes precisam saber algo mais do que quais são suas metas. Precisam estar capacitados para medir seu desempenho e os respectivos resultados em confronto com as metas. Eles devem dispor de meios de aferição claros e conhecidos, em todas as áreas básicas da empresa. Esses meios não precisarão ser rigidamente quantitativos nem exatos. Mas devem ser claros, simples e racionais. Devem despertar confiança – pelo menos até o ponto em que sua margem de erro seja conhecida e compreendida. Devem, ainda, explicar-se e fazer-se entender por si mesmos, sem interpretações complicadas nem discussões filosóficas.

Todos os dirigentes devem dispor das informações de que necessitam para medir o próprio desempenho, e recebê-las com uma rapidez que permita introduzir qualquer alteração que se faça necessária aos resultados desejados. Essas informações devem chegar aos próprios dirigentes e seus superiores. Elas devem constituir instrumento para a prática do autocontrole e não para a prática do controle de cima para baixo.

Esse ponto merece uma ênfase toda especial nos dias de hoje, quando, em consequência dos progressos tecnológicos registrados na coleta, análise e síntese dos dados, a possibilidade de conseguir tais informações cresce com muita rapidez. Antigamente, as informações relativas a importantes fatos não existiam ou só podiam ser reunidas tarde demais para sua utilização mais ampla. Aquela situação constituía uma faca de dois gumes. Se dificultava o autocontrole eficaz, não permitia também a dominação do dirigente pelos seus superiores. À falta de informações através das quais pudesse ser controlado, o dirigente ficava livre para trabalhar da forma que melhor entendesse.

Essa possibilidade agora concreta, de juntar os dados apropriados à avaliação, permitirá um autocontrole eficaz. Se empregada adequadamente, ela permitirá notáveis avanços na eficiência e desempenho da administração. Todavia, se essa possibilidade for empregada de modo abusivo, para impor um mais amplo controle dos dirigentes subalternos, a tecnologia moderna causará danos incalculáveis, pois desmoralizará a administração e reduzirá seriamente a eficiência dos administradores.

O AUTOCONTROLE E OS PADRÕES DO DESEMPENHO

A administração por objetivos e pelo autocontrole demanda autodisciplina. Força o administrador a exigir muito de si. Pode ser tudo, menos moleza. Leva a exigir sempre mais do que menos. Essa é, na verdade, a principal crítica que lhe tem sido feita. (Veja o Capítulo 17, especialmente a exposição relativa à crítica da Teoria Y por Maslow.)

A administração por objetivos e pelo autocontrole supõe que as pessoas queiram assumir responsabilidades, prestar colaboração, alcançar resultados. É uma suposição ambiciosa; sabe-se, porém, que se costuma obter das pessoas o procedimento que delas se espera.

O dirigente que parta do pressuposto de que seus auxiliares são ineficientes, irresponsáveis e preguiçosos encontrará ineficiência, irresponsabilidade e preguiça. Também o dirigente que pressupunha empenho, responsabilidade e vontade de colaborar pode vir a ter suas desilusões de vez em quando. Mas a principal tarefa do dirigente é fazer que as potencialidades de seu pessoal se tornem concretas. E isso ele só conseguirá se partir da premissa de que os seres humanos – especialmente os dirigentes e profissionais especializados da sua equipe – apreciam as realizações.

Acima de tudo, ele deve fazer essa suposição com respeito aos jovens cultos de hoje que serão os dirigentes de amanhã. Esses moços podem não saber o que querem quando pedem liberdade "para colaborar". Mas sua solicitação é correta. Também correta é a afirmação que eles fazem, de que, na forma como até aqui tem sido praticada, a administração não age com base nas premissas de que os moços preparados desejam colaborar. É à disciplina e às exigências da administração por objetivos e pelo autocontrole que eles devem estar sujeitos, e sujeitar-se.

UMA FILOSOFIA PARA A ADMINISTRAÇÃO

O que a empresa precisa ter é um princípio de administração que proporcione uma amplidão total à potencialidade e à responsabilidade das pessoas, bem como uma orientação comum para o descortino e os esforços de cada uma, orientação essa que fomente o trabalho em equipe e harmonize as metas pessoais com o bem comum. A administração por objetivos e pelo autocontrole faz do interesse da empresa a meta de cada dirigente. Ela substitui o controle externo por um controle interno mais rígido, mais exigente e mais eficaz. Motiva o administrador a agir, não porque alguém lhe ordene ou o convença, mas porque sua tarefa objetiva assim exige. Não é porque lhe cobrem que trabalha, e sim porque acha que deve trabalhar; por outras palavras, ele procede como ser livre.

Não emprego de maneira leviana a palavra "filosofia". Na verdade, prefiro não usá-la de uma vez; ela tem sentido amplo demais. Contudo, a administração por objetivos e pelo autocontrole pode ser adequadamente considerada uma filosofia para a administração. Apoia-se em uma ideia relativa à função da administração. Fundamenta-se na análise das necessidades específicas do grupo dirigente e na análise dos obstáculos que pelo caminho ele vai encontrando. Baseia-se na ideia da atuação, conduta e motivação do ser humano. Finalmente, ela se aplica a todos os administradores, sejam quais forem o escalão e a função, bem como a todas as organizações, grandes ou pequenas. Garante o bom desempenho, pois transforma necessidades objetivas em metas pessoais. E isso constitui, genuinamente, a liberdade.

CONSIDERAÇÕES FINAIS

Cada membro da empresa contribui com algo diferente; todos, porém, precisam colaborar para a meta comum, o desempenho comum. Cada um deles deve empenhar-se em alcançar a maior perícia em seu trabalho. A excelência profissional, contudo, constitui um meio para alcançar o objetivo comum. Por sua própria natureza, as organizações tendem a se afastar desse objetivo comum. Dessa forma, as organizações precisam da administração por objetivos, de forma a conseguir integrar os esforços pessoais no desempenho comum. É preciso que os dirigentes fixem seus próprios objetivos, cujo uso deve visar ao autocontrole. A administração por objetivos e pelo autocontrole pode verdadeiramente ser considerada uma "filosofia para a administração por seres humanos livres".

PERGUNTAS

1. Quais são os quatro fatores inerentes à organização que tendem a desorientar os administradores?
2. Por que às vezes é perigoso os dirigentes se empenharem em promover a habilidade profissional no desempenho das funções especializadas?
3. Quais são alguns dos modos em que o administrador pode desvirtuar sua própria direção?
4. De que maneira se aplica aos problemas relacionados com o desvirtuamento da direção a velha história dos ceguinhos que topam com um elefante na estrada?
5. Quais são os sinais direcionais que os administradores colhem no sistema de remuneração de sua organização?
6. Que perigos há em se fixar uma relação direta entre a remuneração do dirigente e os resultados mensuráveis?
7. Quais devem ser os objetivos do dirigente?

8. Que problemas resultam de conduzir a administração através de crises e impulsos?
9. Como devem ser fixados os objetivos do dirigente? Por quem?
10. O que vem a ser a "carta do gerente"? De que forma se pode usá-la?
11. Que tipo de avaliação precisa o dirigente para medir o desempenho?
12. Que suposição deve o dirigente fazer com relação à motivação das pessoas que desempenham funções de nível gerencial ou profissional especializado?

CAPÍTULO 27

DA ADMINISTRAÇÃO INTERMEDIÁRIA À ORGANIZAÇÃO BASEADA NO SABER

Ao iniciar-se a década de 1950, quando o computador e a automação ocupavam as manchetes dos jornais, virou moda prever o fim da administração intermediária de vez. Todas as decisões passariam então a ser tomadas pelos computadores ou pela alta direção, com base em um "sistema total de informações".

Poucas previsões ruíram com tanta rapidez e tão completamente. No exato momento em que essas previsões eram mais alardeadas, iniciava-se um grande surto de expansão da administração intermediária. De então para cá essa administração não parou de crescer. Em verdade, as décadas de 1950, 1960 e 1970 bem poderiam ser consideradas como compondo a era da administração intermediária. Nenhum outro grupo da força de trabalho se expandiu nessa quadra com tanta rapidez.

Esse período sentiu, na realidade, a influência de uma poderosa força, que procurava reduzir o número dos postos da administração intermediária. Mas essa força não foi constituída pelo computador, nem pela automação, nem por qualquer outra tecnologia nova, e sim pela ânsia das fusões, das encampações e das aquisições de empresas que se apossou especialmente dos Estados Unidos e da Grã-Bretanha. Por influência desse movimento, unificaram-se ou se fecharam inúmeros escritórios de venda e de contabilidade – e suprimiu-se um grande número de cargos na administração intermediária. Apesar disso, contudo, a procura de administradores para os escalões médios aumentou sem cessar, à exceção dos períodos de recessão econômica, como o do fim da década de 1970 na Grã-Bretanha e o de 1970 e 1971 nos Estados Unidos. Nas empresas não diretamente atingidas pelas fusões e aquisições, bem como nas entidades prestadoras de serviços públicos, a procura elevou-se espetacularmente.

Vejamos alguns casos ocorridos na área industrial, ou seja, naquele setor da economia em que a automação conseguiu a aplicação mais ampla e os computadores viraram coisa tão comum como suas chaminés algumas gerações atrás. Uma conhecida fábrica de automóveis norte-americana construiu recentemente uma enorme unidade que produziria por inteiro um novo modelo de seus carros. Era a primeira grande fábrica de automóveis que a empresa instalava desde 1949, quando instalara uma unidade semelhante destinada a produzir a mesma quantidade de veículos. Tanto na parte industrial como no escritório, a nova unidade emprega quase trinta por cento a menos de funcionários do que a anterior. Essa redução, porém, não resultou da automação do processo, e sim da elevação normal de sua produtividade. O quadro da direção mais alta da nova fábrica é mais ou menos igual ao da fábrica anterior. Todavia, o grupo dos administradores pertencentes aos seus escalões intermediários (ou seja, aquele grupo que ganha mais do que os encarregados comuns e menos do que o gerente geral) é quase cinco vezes maior do que o da unidade inaugurada há pouco mais de trinta anos.

Na Inglaterra, uma grande indústria produtora de matérias-primas – líder mundial no seu setor – cresceu 45 por cento entre 1950 e 1970. Ao fim desse período, a alta direção da empresa "encolhera" um pouco, em consequência das duas reorganizações que sofrera e nas quais alguns administradores profissionais haviam substituído seus membros mais antigos, familiares do fundador da empresa. Os funcionários comuns das fábricas e escritórios elevaram-se em cerca de vinte por cento. Mas o grupo intermediário triplicou.

O fato é que esses exemplos não chegam a mostrar a taxa real do crescimento experimentado pela administração intermediária. Nesse período, os setores que apresentaram elevado índice de emprego de administradores intermediários tiveram maior crescimento do que a maior parte dos demais. Na década de 1970, não era mais a General Motors, e sim a IBM, que constituía o símbolo do dinamismo da economia norte-americana. E na IBM, como em qualquer outra indústria de computadores, o grupo intermediário da administração é bem maior do que nos setores tradicionais de transformação, como o automobilístico e o siderúrgico. O mesmo se pode dizer dos laboratórios de produtos farmacêuticos, que nos vinte anos decorridos entre 1950 e 1970 se expandiram de forma acelerada.

Nos hospitais – seja qual for a definição que se aplique – a direção mais alta não se ampliou. Continua com um superintendente geral, talvez com assistente nas organizações maiores, o conselho curador e o diretor clínico. A relação funcionários por paciente dia caiu, em vez de subir. É na cozinha, na manutenção e em outros setores semelhantes que a mão de obra hospitalar se tornou mais rarefeita. Todavia, os escalões intermediários da administração desses estabelecimentos – os dos técnicos, engenheiros, contadores, psicólogos e assistentes sociais – simplesmente explodiram. Multiplicaram-se pelo menos por quatro – e certamente por mais do que isso em alguns hospitais-escola.

A CORREÇÃO NECESSÁRIA

Um crescimento desses acaba sempre ultrapassando o objetivo. Leva ao desperdício. Como vira moda entrar nesta ou naquela profissão, mesmo quando não necessária, admite-se pessoal demais. As admissões em excesso ocorrem porque nas épocas favoráveis é mais fácil concordar com a solicitação de mais gente do que se opor a ela. E nos períodos de crescimento explosivo não é hábito se preocupar muito com a organização do trabalho. A verdade, porém, é que em vez de constituírem mero crescimento quantitativo, tais ampliações no quadro do pessoal acabam sempre alterando a própria natureza do serviço. Se este e sua organização não forem convenientemente estudados e modificados, o resultado final será o desperdício, a duplicação dos esforços e a obesidade organizacional.

São numerosos os exemplos do desperdício decorrente do pessoal excessivo nos escalões intermediários da administração. Os mais flagrantes ocorrem nos projetos norte-americanos relacionados com a defesa do país. Para conceber o caça Mirage, o melhor avião militar do período 1950-1970, os franceses mobilizaram cerca de setenta engenheiros e projetistas que produziram o caça em tempo recorde. Nos Estados Unidos, para uma obra dessas seriam necessários três mil engenheiros e projetistas trabalhando durante um período quatro vezes maior. E no fim talvez saísse um produto inferior e infinitamente mais caro.

O extraordinário crescimento da administração intermediária acabaria, por conseguinte, levando à sua própria depressão. Ao primeiro revés econômico de certa importância, ela deveria sofrer uma dura correção. Foi na Grã-Bretanha, onde a recessão bastante séria dos fins da década de 1960 coincidiu com o maior volume das fusões e encampações, que essa correção ocorreu em primeiro lugar. Em resultado, verificaram-se inúmeras demissões de executivos e profissionais pertencentes aos escalões intermediários. Já nos Estados Unidos foi bem mais branda a reação à recessão de 1970 e 1971: um drástico corte, por dois anos, no recrutamento universitário dos profissionais especializados e dos candidatos aos postos de direção; raros, porém, foram os cortes de administradores de nível intermediário que já figuravam nas folhas de pagamento (à exceção dos setores mais atingidos: aeroespacial e guerra).

Por mais penosa que se apresente, essa reação é basicamente saudável. Naturalmente, ela sempre exagera. Pelo menos, porém, ela força as diretorias a refletir nos serviços que precisam ser feitos e nas respectivas necessidades. Essa reflexão mostra-se particularmente importante com respeito aos serviços a cargo da administração intermediária. Poucos são os setores em que o excesso de pessoal se mostra tão prejudicial como nesse grupo. E trata-se de um excesso que custa muito mais do que dinheiro. Custa desempenho e motivação.

Essa reação sempre tem vida curta. Nos Estados Unidos, terminou antes de 1973, momento em que o processo do crescimento da administração intermediária readquiriu seu ritmo. Mesmo na Grã-Bretanha esse crescimento foi retomado após o fim de 1972, a despeito dos graves problemas com que se defrontava a economia do País.

O PERIGO DO EXCESSO DE PESSOAL

O trabalho intelectual – específico dos administradores dos escalões intermediários – deve sempre exigir bastante de cada executivo. Portanto, o quadro dos administradores deve se apresentar mais magro do que gordo, sendo preferível errar, se for o caso, contratando menos gente do que a necessária. A organização que tenha excesso de pessoal nos escalões intermediários destrói a motivação. Destrói a realização, o espírito de conquista e a satisfação. Por fim, destrói o próprio desempenho.

O surto de expansão da administração intermediária e seu consequente excesso de pessoal solaparam de fato o moral e a motivação, especialmente nas grandes empresas. O pessoal excessivo constituiu um dos principais focos de insatisfação e desilusão para tantos jovens executivos que para seus escalões intermediários as empresas, as entidades governamentais, as organizações escolares e os hospitais recrutaram em grande número nas décadas de 1950 e 1960. São pessoas bem remuneradas e bem tratadas, mas que não têm coisas suficientes para fazer. Elas não encontram desafios suficientes, não conseguem prestar colaboração suficiente nem conseguem realizações suficientes. Há gente demais "interagindo". Quando solicitados a explicar os motivos que os levam a preferir cada vez mais o trabalho em pequenas empresas ou na administração de cidades de tamanho médio, os jovens capacitados dizem invariavelmente: "Pelo menos, haverá lá alguma coisa para fazer".

A recomendação inicial é conservar magros os escalões intermediários da administração. "Quais são os serviços que realmente precisamos fazer?" é a primeira pergunta. A segunda, de igual importância, é: "Quais são os serviços que não precisamos fazer, e que portanto devemos reduzir ou eliminar?". A lição inicial diz respeito, portanto, à *necessidade de controlar* o *peso*.

Um ponto que exige ainda maior consideração e atenção, porém, é o serviço a ser executado pela administração intermediária, bem como sua organização. Além do fato de a ampliação desse escalão ter provocado mudanças qualitativas, essa própria ampliação resultou de alterações na natureza das funções da administração intermediária.

É provável que o crescimento da administração intermediária continue. Entretanto, ele precisará ser orientado, controlado, administrado. Precisará basear-se na compreensão das contínuas modificações que se processam na natureza da administração intermediária, bem como na compreensão das consequentes necessidades de se introduzirem alterações nas funções, nas relações e nas estruturas.

ONDE SE DEU O CRESCIMENTO

O crescimento ocorrido nos postos da administração intermediária verificou-se em funções pouco conhecidas uma geração atrás. Os novos administradores dos escalões intermediários são os profissionais do saber: engenheiros de produção e especialistas de processo; programadores de computação, contadores fiscais e analistas de mercado; gerentes de produto e de mercado; especialistas em promoção e propaganda.

Essencialmente, os administradores tradicionais dos escalões intermediários eram comandantes. Os novos administradores do nível médio são, basicamente, fornecedores de conhecimentos. Os administradores tradicionais dos escalões intermediários possuíam autoridade exercitada de cima para baixo sobre subordinados seus. Basicamente, a autoridade dos novos administradores médios é praticada tanto em sentido lateral como para cima, isto é, em relação a pessoas sobre as quais eles não exercem poder de mando.

Acima de tudo, em grande parte os administradores tradicionais dos escalões intermediários cuidavam de tarefas rotineiras. Eles não tomavam decisões; executavam-nas. Cabia-lhes manter em funcionamento uma organização que não haviam projetado e que não lhes competia modificar.

Esse papel encaixava-se muito bem, logicamente, na definição tradicional do administrador: alguém responsável mais pelo trabalho alheio do que pelo seu próprio. Ele também realçava a estrutura social tradicional da administração fora dos Estados Unidos e do Japão, especialmente na Europa.

Nos Estados Unidos e no Japão, o pessoal destinado à alta direção tradicionalmente é recrutado entre os escalões intermediários, ou seja, entre pessoas que subiram na empresa por seus próprios méritos. Nos países europeus não tem sido esse o padrão normal. Na Inglaterra sempre houve – e até certo ponto ainda há – enorme distância entre os administradores e o "board", isto é, a administração mais alta. Mesmo nas grandes empresas, até bem pouco tempo atrás o "board" compunha-se de pessoas que jamais haviam ocupado qualquer posto de direção de operações, ou até que jamais haviam trabalhado em alguma empresa, como seria o caso de ex-funcionários públicos de projeção. Na Holanda, por exemplo, mesmo nas empresas de grande porte e profissionalmente administradas, a alta direção raramente contém elementos provenientes das áreas operacionais. Por toda a Europa, a maior parte do pessoal das altas direções geralmente faz carreira na administração pública e depois passa diretamente aos mais elevados postos das empresas. Os gerentes operacionais que galgaram a hierarquia da empresa normalmente são lá considerados inadequados para os postos mais altos, mesmo quando portadores de diplomas universitários.

O fato de esse tipo de estrutura social funcionar, e funcionar muito bem frequentemente, demonstra que tinha seus fundamentos o ponto de vista europeu relativamente ao tradicional administrador dos escalões intermediários, de tratar-se de alguém que se encarrega dos serviços rotineiros e não das decisões, bem como de manter as engrenagens em funcionamento e não de dirigi-las. Esse conceito, porém, não se aplica mais ao novo administrador dos escalões intermediários.

A REPERCUSSÃO DAS DECISÕES QUE TOMA O NOVO ADMINISTRADOR DOS ESCALÕES INTERMEDIÁRIOS

Como os novos titulares da administração intermediária são profissionais do saber, seus atos e decisões repercutem direta e sensivelmente na empresa, bem como na sua capacidade de realização e na sua orientação.

Vejamos alguns exemplos característicos.

Os gerentes de produtos das empresas do tipo da Procter & Gamble, produtora de sabões e detergentes, pertencem definitivamente, por sua categoria e remuneração, aos escalões intermediários da respectiva administração. Eles não são investidos do poder de mando. Os trabalhadores estão subordinados aos chefes funcionais – o gerente industrial, o gerente das vendas, o chefe dos laboratórios químicos e de criação e assim por diante. Todavia, os gerentes dos produtos são responsáveis pela criação, lançamento e desempenho dos respectivos produtos no mercado. São eles que decidem quais serão suas especificações. Fixam o preço dos produtos. Determinam onde e de que forma serão eles submetidos aos testes do mercado. Fixam as metas para suas vendas. Eles não possuem poder direto de mando, nem podem dar ordens a ninguém, mas controlam as verbas de propaganda e promoção, em grande parte responsáveis pelo êxito dos novos produtos de consumo.

Nas fábricas de máquinas operatrizes, os engenheiros encarregados do controle da qualidade também não têm poder de mando, nem quem lhes esteja subordinado, à exceção talvez de algum eventual assistente. São eles, porém, que supervisionam o projeto e a estrutura do respectivo processo industrial. Os padrões relativos ao controle da qualidade, por eles fixados, determinam em grande parte os custos do processo de fabricação e o desempenho das fábricas. É o diretor da produção ou o gerente da fábrica que toma as decisões; mas o encarregado do controle da qualidade tem o poder de vetá-las.

Também o contador fiscal não é investido do poder de mando, não pode dar ordens e, com exceção da própria secretária, muitas vezes não tem nenhum subordinado. No entanto, tem poder para vetar até mesmo decisões da alta direção da empresa. Seu parecer sobre as consequências tributárias de determinada política não raro decide o que a empresa fará e de que forma.

Os gerentes de produtos da Procter & Gamble, seus engenheiros encarregados do controle da qualidade e seus contadores fiscais não são administradores de linha. Mas também não são de assessoria. Não lhes compete orientar nem ensinar. Seu trabalho é "operacional". Entretanto, provocam reflexos iguais aos que resultam dos atos da alta direção, mesmo não pertencendo eles à diretoria nem pela sua categoria, nem pela sua remuneração, nem pelas suas funções.

Para dizer a verdade, eles não podem tomar certas decisões básicas – qual é a atividade da nossa empresa e qual deve ser? Onde aplicar os recursos básicos de capital e mão de obra? Mesmo em relação a essas decisões, todavia, eles colaboram com seus conhecimentos indispensáveis, sem os quais nenhuma decisão de importância poderá ser eficazmente tomada na organização. E as decisões básicas não podem ser executadas enquanto esses novos administradores dos escalões intermediários não as embutirem, por sua responsabilidade e por força da autoridade que possuem, em seus próprios conhecimentos e trabalhos. No Capítulo 1 dissemos que os profissionais do saber são administradores mesmo sem ter ninguém às suas ordens. Agora, percebemos que, pelas repercussões que alcançam seus pareceres e seus serviços, e pela responsabilidade que lhes cabem, eles pertencem à alta direção, mesmo que na hierarquia fiquem cinco ou seis degraus abaixo.

A ORGANIZAÇÃO BASEADA NO SABER

A administração dos escalões intermediários não desapareceu. Na verdade, nem mesmo o administrador tradicional dos escalões intermediários desapareceu. A administração média de antigamente, porém, está se transformando na *organização baseada no saber* do futuro.

Para que isso ocorra, é necessário reformular cada posto e a própria organização. Na organização baseada no saber, todos os serviços, até o do mais baixo nível profissional ou gerencial, precisam se concentrar nos objetivos da empresa. Precisam se concentrar na colaboração que prestam e precisam possuir objetivos próprios. Precisam ser organizados de conformidade com os serviços a executar. Precisam ser examinados e estruturados de acordo com o fluxo de informações de e para cada cargo. E precisam ter seu lugar dentro da estrutura das decisões. Eles não podem mais ser concebidos apenas em termos da autoridade que flui de cima para baixo. Em vez disso, devem ser reconhecidos como multidimensionais.

Por tradição, aos postos dos escalões intermediários da administração têm-se aplicado conceitos restritivos. A primeira preocupação referia-se às limitações da autoridade do titular da administração intermediária. Em vez disso, na organização baseada no saber será preciso perguntar: "Qual é a maior contribuição que este posto pode prestar?". O foco das atenções deverá ser transferido da preocupação com a autoridade para a tônica da responsabilidade.

É PRECISO HAVER UMA AUTORIDADE COM CLARO PODER PARA DECIDIR

A organização baseada no saber exige que a autoridade possua claro poder para decidir. Exige que se reflita a respeito de quem tomará cada decisão.

A organização baseada no saber é muito mais complexa do que a simples organização "linear" que está substituindo. Se a autoridade para decidir não for expressa com clareza, a organização baseada no saber acabará mergulhada em confusão.

A organização baseada no saber destina-se também a correr maiores riscos. Seu funcionamento deixou de constituir uma "rotina" com todas as normas muito claras. Trata-se da organização que decide, e não mais daquela que apenas mantinha as engrenagens girando em velocidade preestabelecida e que visava a alcançar resultados já conhecidos. Inesperadamente, as coisas podem começar a caminhar mal. E se a autoridade para alterar as decisões tomadas não estiver embutida na própria decisão inicial, o resultado lógico será o mau funcionamento.

Um grande laboratório farmacêutico resolveu lançar sete novos produtos em um ano – o dobro do que chegara a lançar no ano mais ativo de toda a sua existência. Por meio de reuniões que se prolongaram pelo ano inteiro, com a participação de forças-tarefa de todos os seus setores, escalões e principais territórios, foi traçada uma estratégia meticulosa para a empresa, a ser observada em numerosos países. Alguns dos produtos seriam lançados primeiramente em mercados europeus e outros no mercado norte-americano; alguns mais destacadamente junto aos clínicos gerais e outros junto a especialistas ou hospitais. Após o lançamento, os dois produtos considerados menos importantes passaram inesperadamente a liderar as vendas, enquanto a venda dos dois artigos que se supunham mais fortes começou a apresentar problemas imprevistos, com sérios prejuízos para sua comercialização. Ao planejar tais vendas, ninguém perguntara: "E se as coisas não saírem como esperamos, quem se encarregará de alterar esse plano?". Por isso, inúmeros foram os relatórios que se seguiram, intermináveis os estudos e infindáveis as reuniões – sem que se tomasse qualquer providência positiva. Ao final, a empresa perdeu grande parte dos frutos que esperava colher do seu feito. Os dois inesperados campeões de venda não tiveram o apoio que precisavam para explorar devidamente sua aceitação pela classe médica. Em pouco tempo, empresas concorrentes entraram na briga com produtos semelhantes, e colheram grande parte dos frutos que normalmente caberiam à empresa lançadora. Os testes clínicos e as grandes promoções de venda programados para os dois produtos que inesperadamente "encalharam" deviam ter sido drasticamente reduzidos, ou então muito mais intensificados – mas não se fez nem uma coisa nem a outra. Todo mundo via isso com clareza, mas ninguém na empresa possuía autoridade suficiente para decidir.

Na organização intelectual da nova administração dos escalões intermediários, todo programa, todo projeto e todo plano precisarão, forçosamente, formular e responder a esta pergunta: "Quem tem autoridade para alterar os planos?". E daí resultará uma delegação de autoridade, aos escalões intermediários, muito mais ampla do que qualquer outra que até as tradições norte-americanas relativas à administração intermediária jamais contemplaram. Na organização do saber, até os administradores de linha precisarão possuir mais autoridade, e não menos.

O PAPEL DA ALTA DIREÇÃO NA ORGANIZAÇÃO BASEADA NO SABER

Na organização baseada no saber, a alta direção não pode mais pretender que o "pessoal operacional" proceda de conformidade com as ordens recebidas. Ela precisa aceitar o fato de que caberá aos administradores dos escalões intermediários tomar decisões reais. Mas a máquina operacional também não pode mais supor que tenha condições para desempenhar suas funções independentemente da alta direção, como tradicionalmente ocorria na Europa. Ela precisa compreender as decisões que tenham sido tomadas pela alta direção. Em verdade, na organização baseada no saber, a administração dos escalões intermediários deve assumir a responsabilidade de "educar" a alta direção. Esta, por sua vez, deve compreender o que está procurando fazer a organização baseada no saber, que ela é capaz de realizar e onde acha que se encontram as oportunidades mais importantes para a empresa, suas maiores necessidades e seus principais desafios. Finalmente, a administração dos escalões intermediários deve insistir em que a alta direção tome suas decisões com relação ao que a organização faz e ao que deveria fazer, seus objetivos, estratégias e prioridade. Em caso contrário, os titulares da administração intermediária simplesmente não conseguirão cuidar do próprio serviço.

A alta direção precisa compreender a organização que se baseie no saber. Precisa estabelecer comunicações reais com ela. Não vale mais a tradicional suposição norte-americana de que, por já haverem ocupado aqueles mesmos postos, os membros da alta direção conheçam as funções dos titulares da administração intermediária. Até a experiência dos executivos que chegaram à alta direção através da administração intermediária talvez não abranja mais do que uma pequena parcela das funções que cabem a esta última nas organizações que se baseiem no saber. E a alguns dos principais setores da administração intermediária não mais caberá o papel de preparar candidatos aos postos da alta direção nem de servir-lhes de prova.

Na verdade, alguns dos elementos mais capacitados dos setores intermediários nem desejarão chegar às funções da alta direção, preferindo permanecer dentro do campo de suas especializações. De maneira geral, os especialistas em computação de dados vão querer continuar operando nessa área, trabalhando com informações e a respectiva tecnologia. Da mesma forma, a maioria dos pesquisadores desejará continuar pesquisando, seja na área física ou na área técnica, seja em pesquisas humanas ou de natureza econômica.

Na organização que se baseie no saber, o "público" mais importante para a alta direção – e aquele que mais precisa se relacionar com ela – é o que se compõe dos trabalhadores intelectuais mais jovens e especializados. A probabilidade com que eles contam, de compreender o que a diretoria está procurando fazer, é a menor; sua probabilidade de enxergar a empresa como um todo é a menor, e menor é a sua probabilidade de se concentrar nos objetivos e no desempenho da empresa. No entanto, em virtude do seu saber especializado, desde o momento que ingressam na organização esses trabalhadores intelectuais são capazes de fazer sentir o reflexo de sua presença. Seja qual for o tamanho ou a complexidade da empresa, em todas elas o grupo que compõe a direção precisa cuidar do seu relacionamento com esses jovens profissionais do saber.

Cada membro da alta direção da empresa deve se sentar algumas vezes por ano junto a esses jovens profissionais e dizer: "Não organizei qualquer temário para esta reunião. Nada tenho a lhes informar. Estou aqui para ouvir. Cabe a vocês dizer o que pensam que nós da diretoria, devemos saber sobre o trabalho que efetuam, bem como de que forma poderemos fazê-lo render mais. Quero que digam quais, na sua opinião, são os problemas e oportunidades que se apresentam à empresa, bem como que é que a diretoria faz que ajuda ou atrapalha o serviço de vocês. De uma coisa só faço questão: que *vocês* tenham cumprido a parte que *lhes* compete e que levem a sério a responsabilidade que lhes cabe de nos informar e nos educar".

Acima de tudo, na organização que se baseie no saber cabe à alta direção mobilizar, organizar, colocar e orientar os conhecimentos. As pessoas que trabalham com conhecimentos especializados – e elas abrangem os administradores e profissionais de carreira das organizações modernas – não podem ser consideradas subordinadas nem ser tratadas como subordinadas. Pela sua categoria, remuneração e autoridade, elas pertencem aos seus escalões intermediários. Porém, são colegas (talvez colegas mais novos), mas não subordinadas.

Em última análise, "administrar" significa substituir os músculos e a força bruta pela inteligência, os hábitos e as crenças populares pelo saber, o "muque" pela cooperação. Significa colocar o senso de responsabilidade no lugar da obediência à hierarquia, a autoridade conferida pelo desempenho no lugar da autoridade conferida pelo poder. A organização baseada no saber, portanto, a própria essência daquilo que em todos os tempos tem constituído a teoria da administração, o raciocínio e as aspirações dessa mesma administração. Só que agora a organização baseada no saber está virando fato consumado. A tremenda ampliação que da Segunda Guerra Mundial para cá experimentaram os quadros da administração transformou os titulares dos seus postos intermediários em profissionais do saber – pessoas remuneradas para colocar seus conhecimentos em ação e tomar decisões que repercutam na capacidade de realização, nos resultados e na futura orientação da empresa inteira. A tarefa de conferir eficácia e poder de realização a esses novos intelectuais dos escalões intermediários mal começou. Ela constitui função básica dos dirigentes colocados nas posições mais elevadas.

CONSIDERAÇÕES FINAIS

Com seu desaparecimento previsto em 1950, a administração intermediária cresceu espetacularmente desde aquela época. Mas também se transformou. Os antigos administradores dos escalões intermediários estão virando os modernos profissionais do saber – profissionais que, possuindo bom nível escolar, são contratados e bem pagos mais para contribuir com seus conhecimentos do que para dirigir pessoas. Essa situação requer a reestruturação tanto dos cargos como das organizações. Ela exige que se confira à responsabilidade destaque maior que à autoridade – bem como que se repensem as estruturas conferidas à autoridade e às decisões. Ela também está a pedir uma transformação no papel da alta direção.

PERGUNTAS

1. Que tendência apresentou a administração intermediária nos últimos 25 anos?
2. Quais são alguns dos perigos apresentados pelo excesso de pessoal na administração intermediária?
3. Quais são os novos titulares da administração intermediária?
4. De que forma tem sido tradicionalmente recrutado nos Estados Unidos o pessoal destinado aos postos da alta direção? Qual é a diferença entre essa forma e a dos padrões adotados na Europa?
5. Com relação aos reflexos que fazem sentir e às responsabilidades que assumem, os profissionais do saber devem ser considerados integrantes da administração intermediária ou da alta direção?
6. Em que se transformarão amanhã os administradores dos escalões intermediários de ontem?
7. A preocupação com a autoridade constituiu sempre o ponto de convergência das atenções dos postos da administração intermediária; qual será o centro das atenções no futuro?
8. Por que está assumindo importância cada vez maior a pergunta: "Quem tem autoridade para modificar o plano?".
9. Na organização baseada no saber, que grupo de pessoas constitui o "público" mais importante para a alta direção?

CAPÍTULO 28

O ESPÍRITO DE REALIZAÇÃO

As organizações existem para permitir que seres humanos comuns façam coisas extraordinárias.

Nenhuma organização pode depender dos gênios; o aparecimento de gênios é sempre raro e precário. A prova por que têm que passar as organizações é fazer que pessoas comuns apresentem uma atuação superior àquela que parecem possuir naturalmente, fazer aparecer todo o potencial possuído por seus integrantes e utilizar o pleno vigor de cada um para ajudar todos os outros a cuidar dos respectivos serviços. Às organizações cabe ao mesmo tempo neutralizar as deficiências pessoais de seus componentes. A prova por que têm que passar as organizações é constituída por esse espírito de realização.

O espírito de realização exige a mais ampla expectativa para cada qual levar à excelência a prática de suas qualidades. O foco a concentrar as atenções deve constituir-se dos pontos fortes – aquilo que as pessoas são capazes de fazer, e não aquilo de que são incapazes.

Quando se diz que uma organização possui "moral" não se quer dizer que as pessoas ali "se dão bem umas com as outras". A prova dos nove é a atuação de cada uma delas. As relações humanas que não assentem na satisfação proporcionada pela boa atuação no trabalho constituem más relações humanas. Não há pior pecha para uma organização do que o fato de o potencial e a capacidade de alguma pessoa ser considerados ameaça ao grupo, e sua atuação constituir foco de dificuldades, frustrações e desalento para os companheiros.

Uma organização humana tem espírito de realização quando a energia que produz é maior do que a soma dos esforços nela aplicados. Quando cria energia. Isso não se consegue por meios mecânicos. A máquina não pode fornecer uma energia maior do que aquela que recebe. Produzir mais do que recebe só é possível no campo moral.

Por moralidade não quero dizer fazer sermões. Para que tenha sentido, a moralidade deve constituir um princípio de ação. Ela não deve compor-se de exortações, sermões ou boas intenções. *Deve traduzir-se em atos.* Especificamente:

A organização deve concentrar-se na *atuação.* A primeira exigência do espírito de realização é a de altos padrões de atuação, tanto para o grupo todo como para cada um dos seus membros. A organização deve cultivar em si mesma o hábito da realização.

A organização deve se concentrar mais nas *oportunidades* do que nos problemas.

As decisões que atingem as pessoas – sua contratação e remuneração, sua promoção, rebaixamento e demissão – devem exprimir os valores e crenças da organização. Essas decisões constituem os verdadeiros comandos da organização.

Finalmente, em suas decisões relativas ao pessoal, a diretoria deve mostrar compreender que a integridade moral é um requisito indispensável ao dirigente, aquela qualidade que ele deve trazer consigo e que não poderá pretender adquirir mais tarde. E a diretoria deve demonstrar que exige a mesma integridade moral de si mesma.

O PERIGO DA MEDIOCRIDADE CONFIANTE

Uma tentação que constantemente se observa nas organizações é a da mediocridade confiante. O primeiro ponto indispensável à saúde da organização é a exigência de um desempenho elevado. Em verdade, um dos principais motivos de se pretender o exercício da administração por objetivos e a concentração das atenções nas exigências concretas do serviço provém da necessidade de fazer que os dirigentes fixem para si mesmos altos padrões de atuação.

Para isso, em primeiro lugar é preciso compreender devidamente o que venha a ser a boa atuação. Apresentar boa atuação não quer dizer acertar na mosca permanentemente – isso é proeza de circo que só dura alguns minutos. O desempenho está, antes de tudo, na capacidade de produzir resultados favoráveis por longo tempo e em uma série de tarefas. As fichas de desempenho devem conter erros. Devem conter até fracassos. A par das boas qualidades das pessoas, devem mostrar também quais são as suas limitações. E os tipos de boa atuação são tantos quantos os tipos de seres humanos. Determinada pessoa trabalhará sempre bem, raramente seu serviço caindo muito abaixo de um apreciável padrão, mas também raramente distinguindo-se pelo brilhantismo ou pela excelência. Outra, nas condições normais terá uma atuação apenas adequada, mas que se eleva ante as exigências de uma crise ou de um grande desafio, apresentando a pessoa como verdadeira "estrela". As duas são "realizadoras". As duas deverão ser reconhecidas. Mas apresentam condutas bem diferentes entre si.

Quem não merece confiança, porém, é o indivíduo que não erra, que nunca tropeça, que jamais falha no que procura fazer. Esse pode ser um impostor, ou então pertencer ao tipo de pessoas que só joga na certa, só se dedica ao que está consagrado ou não passa de trivialidade.

Toda administração que não compreender a atuação de cada um como a soma dos respectivos êxitos e fracassos durante certo período estará tomando a conformidade por realização e a falta de defeitos como qualidade. Será uma administração que desestimulará a própria organização. Quanto melhor for a pessoa, mais enganos poderá cometer – porque mais coisas novas procurará fazer.

Quem apresentar continuamente atuação fraca ou medíocre deverá ser transferido daquele serviço, para o seu próprio bem. A ocupação de cargos situados acima da capacidade da pessoa a leva a se sentir frustrada, atormentada, angustiada. Não se ajuda ninguém permitindo-lhe que permaneça em um cargo com o qual não se coaduna. Não querer reconhecer o fracasso de alguém em determinado posto constitui mais covardia do que caridade.

Também com relação aos seus subordinados constitui obrigação não tolerar a fraca atuação de alguém. Eles têm o direito de ser conduzidos com competência, dedicação e capacidade de realização. Todos os subalternos têm direito a um chefe que produza, pois caso contrário nem eles mesmos serão capazes de render o esperado.

Por fim, constitui obrigação para com todos os funcionários da organização não tolerar o executivo que apresente fraca atuação. A organização inteira será prejudicada pelo administrador ou profissional de carreira cujo trabalho apresente rendimento fraco ou nulo. Por outro lado, ela só terá a lucrar com o administrador que trabalhe excepcionalmente bem.

À primeira vista, os japoneses parecem infringir esta regra. Pois poucas pessoas foram jamais demitidas – se é que o foram – de organizações nipônicas por trabalhar mal. Na verdade, as organizações nipônicas talvez sejam tão exigentes e possuam até ambiente tão competitivo quanto as do Ocidente. A pessoa de rendimento fraco ou medíocre não é demitida. Ela é logo posta de lado e incumbida de atividades que não passam de "coisas feitas". E tanto ela quanto a organização sabem disso. À medida, porém, que todos os funcionários vão subindo na escala dos salários e dos postos, de conformidade com seu tempo de serviço, a pessoa acaba vendo chegar sua hora da verdade, nos quarenta e cinco anos ou perto, no momento em que se escolhe o reduzidíssimo número de funcionários que será guindado à alta direção, enquanto aos muitos outros se reservará, dez anos mais tarde, uma aposentadoria como chefe de seção ou diretor de departamento.

A única coisa comprovada pelo fraco desempenho da pessoa em determinado posto é o erro que a diretoria cometeu ao designá-la para tal. Trata-se de um erro que dirigente algum pode evitar, por maior cuidado com que escolha seu pessoal. Nesse caso, o "fraco desempenho" pode significar apenas que se cometeu um erro de cálculo ao se escolher um excelente profissional de carreira para determinado posto de direção. Pode significar que se cometeu um erro de cálculo ao se escolher um ótimo encarregado de operações para funcionar como inovador e empreendedor. Ou pode significar o contrário: que se cometeu um erro de cálculo ao escolher alguém cuja principal aptidão esteja em fazer coisas novas e diferentes, para dirigir um serviço repetitivo, bem firmado e cuja nota predominante seja a rotina.

A má atuação de alguém possuidor de excelente ficha de serviços deve levar a pensar bastante na pessoa e na atribuição que lhe foi conferida. E, às vezes, é claro (ver a exposição sobre o "posto fazedor de viúvas" no Capítulo 19), é a função que está errada, não a pessoa.

George C. Marshall, comandante-chefe do Exército norte-americano na Segunda Guerra Mundial, era inflexível e exigente, não tolerando a mediocridade e muito menos o fracasso. "É minha obrigação para com os soldados, seus pais e a pátria transferir qualquer comandante que não atenda às exigências da mais alta atuação", dizia ele frequentemente. Mas sempre afirmando: "Errei ao conferir a este ou aquele homem um comando a que ele não se ajustava. Por isso, a mim compete agora matutar onde colocá-lo". Muitos daqueles que na Segunda Guerra Mundial se revelaram grandes comandantes do Exército norte-americano haviam sido, no curso de sua carreira, retirados por Marshall de outras funções. Marshall, contudo, refletia sobre os erros que cometera – e procurava descobrir onde aproveitar o homem. Em grande parte, isso explica o motivo de o Exército norte-americano, que iniciara a Segunda Guerra Mundial sem que um único de seus futuros comandantes se encontrasse em posição de mando, acabar gerando um destacado grupo de comandantes em poucos anos.

AS DECISÕES RELATIVAS À "CONSCIÊNCIA"

Os casos mais difíceis, mas também os mais expressivos, são os das pessoas que prestaram longos e valiosos serviços à empresa, mas que se viram ultrapassadas em sua capacidade de continuar colaborando. Veja-se, por exemplo, o caso da contadora que começou quando a empresa ainda engatinhava e cresceu com ela até que, ao atingir os cinquenta anos, se vê controladora financeira de uma grande organização, funções que fogem totalmente à sua capacidade. A mulher não mudou – as exigências do posto é que são outras. Ela prestou bons e fiéis serviços. E lealdade com lealdade se paga. Mesmo assim, porém, ela não deve continuar como controladora financeira. Não apenas sua falta de capacidade profissional coloca a empresa em risco, mas também sua inadequação ao cargo desmoraliza e desacredita a diretoria inteira.

São casos – felizmente não muito numerosos – que desafiam a consciência da organização. Manter a pessoa como controladora financeira seria trair a empresa e todos os seus integrantes. Mas demitir alguém que prestou trinta ou mais anos de bons e leais serviços também é atraiçoar sua confiança. E dizer "Devíamos ter pensado nisto vinte e cinco anos antes" não ajuda nada, embora esteja certo.

Nesses casos, a decisão precisa ser objetiva, isto é, concentrar-se no bem da empresa: aquela pessoa precisa ser afastada do posto que ocupa. No entanto, a decisão também tem o seu lado humano, que requer o máximo de consideração, verdadeira caridade e aceitação de deveres. O fato de Henry Ford II ter revigorado a moribunda Ford Motor Company após a Segunda Guerra Mundial deveu-se em grande parte à sua compreensão pessoal em relação à importância decisiva desses "casos de consciência".

Àquela altura, nenhum dos nove executivos de uma das principais divisões da empresa estava à altura de assumir os novos cargos criados com a reorganização da empresa. Nenhum deles foi nomeado para esses postos. Para cada qual, porém, se encontrou um cargo satisfatório de técnico ou especialista dentro da organização. Fácil teria sido demiti-los todos. Sua incapacidade para o exercício da direção era inquestionável. Por outro lado, porém, eles haviam servido com lealdade à empresa em períodos muito difíceis. Henry Ford II tomou como norma que quem não apresentasse uma conduta excepcional em seu posto precisava deixá-lo, mas também fez que ninguém fosse punido pelos erros da administração anterior. E à estrita observância dessa norma se deveu grande parte da rápida recuperação da empresa.

A desculpa que mais se ouve nos casos de consciência ("Não podemos despedi-lo; ele trabalha conosco há tanto tempo...") é um argumento que, pela falta de lógica, pode ser considerado simples desculpa esfarrapada. Ela prejudica o desempenho dos administradores, seu espírito de realização e seu respeito pela empresa.

Demitir um dirigente desses, porém, é igualmente desaconselhável. Atenta contra o senso de justiça e contra a dignidade da organização. Abala a fé na honestidade de propósitos da direção. "Chegou a minha vez, meu Deus" é o que diz todo mundo – mesmo o primeiro a criticar a diretoria quando esta permite a permanência de uma pessoa incompetente em algum cargo importante.

Toda diretoria que se preocupa com o espírito da organização leva tais casos muito a sério. De modo geral, eles não são muito frequentes – ou pelo menos não devem sê-lo. Mas provocam uma repercussão tremenda no espírito da organização, muito além dos números que representam. O modo de resolvê-los diz à organização se a diretoria toma realmente a sério a si mesma e ao seu trabalho, bem como se toma a sério o ser humano como tal.

CONCENTRAR-SE NAS OPORTUNIDADES

A organização demonstrará elevado espírito de realização se estiver permanentemente voltada para as oportunidades, e não para os problemas. Ela sentirá o frêmito da emoção, a sensação do desafio e a satisfação da realização quando suas energias se concentrarem na consecução dos resultados, ou seja, nas oportunidades que surjam.

É claro que não se podem menosprezar os problemas. Mas a organização que se concentra em seus problemas está jogando sempre na defesa. É uma organização que se dá por satisfeita quando as coisas não pioram.

Toda administração que deseja infundir e manter aceso em sua organização o espírito de realização destaca, por isso mesmo, a importância de se aproveitarem as oportunidades. Mas exigirá também que as oportunidades sejam transformadas em resultados reais.

A administração que deseja ver sua organização concentrar-se nas oportunidades exigirá que estas recebam prioridade entre os objetivos e metas de cada gerente e de cada profissional de carreira. "Quais são as oportunidades que, se bem aproveitadas, produzirão a maior repercussão e influência no desempenho e resultados da empresa e da minha unidade?" deve ser a primeira pergunta que todo gerente ou profissional de carreira se faça ao preparar seu plano de trabalho e estudar seu próprio desempenho.

AS DECISÕES SOBRE O PESSOAL – O CONTROLE DA ORGANIZAÇÃO

A organização que deseja infundir em si mesma um elevado espírito de realização reconhece que as decisões sobre seu pessoal – as decisões relativas à concentração e remuneração deste, sua promoção, rebaixamento e demissão – constituem seu verdadeiro comando. Muito mais do que os números e os relatórios da contadoria, são essas decisões que modelam e moldam a conduta da organização. Pois as decisões relativas ao pessoal indicam a cada um de seus integrantes o que a diretoria realmente pretende, preza e reconhece.

A empresa que prega "nossos chefes de serviço devem praticar relações humanas", mas que sempre promove os chefes que se destacam por apresentar relatórios em dia e muito caprichados, jamais conseguirá praticar as "relações humanas". Até o mais tolo dos imediatos logo descobrirá que o que a empresa realmente quer são relatórios bem-feitos.

Na verdade, as organizações procuram apresentar reações exageradas às decisões da diretoria relativas ao pessoal. Uma coisa que a alta direção faça com o espírito de tomar um compromisso sem consequências para afastar um obstáculo ou resolver um impasse de natureza política pode muito bem ser recebida pela organização como um recado de que a diretoria prega determinada conduta e pratica outra.

As decisões relativas à contratação e promoção do pessoal revestem-se de crucial importância. Exigem, acima de tudo, reflexões cuidadosas, bem como normas e procedimentos claros que se revistam de elevados critérios de justiça e equanimidade. Elas jamais devem ter por base opiniões pessoais, ou o "potencial" do funcionário. Devem, sim, basear-se em fichas de desempenho que contenham fatos relativos a metas e objetivos explícitos.

Contudo, os melhores processos de contratação e promoção não garantem, por si mesmos, que essas importantes decisões não venham a prejudicar o espírito da organização, e sim que venham a fortalecê-lo. Em vista disso, a alta direção deve embutir-se no processo das promoções. Acima de tudo, deve estar certa de que participa das principais decisões relativas às promoções, decisões essas que na verdade comunicam à organização os valores e as convicções sustentados pela diretoria, e determinam, ao mesmo tempo – geralmente de maneira irrevogável –, a composição da alta direção de amanhã.

Toda alta administração exerce papel preponderante nas decisões relativas às promoções que guindem alguém ao seu próprio quadro ou aos postos imediatamente inferiores: as promoções a gerente geral de grandes divisões da empresa ou a diretor de importantes setores funcionais, como o da produção ou o do marketing. Poucas, porém, são as altas administrações, especialmente as das grandes empresas, que se interessam pelas decisões relativas às promoções aos postos situados logo abaixo da direção, ou seja, os postos de chefe de pesquisas de mercado, de gerente de fábrica, ou mesmo de gerente de marketing ou de divisão. Elas deixam essas decisões a cargo dos diretores das respectivas áreas ou divisões. No entanto, esses postos de direção da administração intermediária constituem para a organização *a* direção. Os encarregados mais abaixo, especialmente os mais jovens e os profissionais de carreira, sabem muito bem que seu próprio futuro dentro da organização está muito mais nas mãos desses gerentes de nível médio-alto do que nas dos "chefões". E são as decisões relativas às nomeações para esses postos de nível médio-alto que na verdade determinarão quem, dentro de alguns anos, estará na brecha para galgar a alta direção.

Acima de tudo, essas decisões relativas a promoções revestem-se de grande simbologia. Elas são vistas pela organização inteira, à qual dizem: "É isto que a empresa deseja, reconhece e recompensa". Por essa razão, as organizações mais antigas e experimentadas, como o Exército e a Igreja Católica, dão a máxima atenção às promoções para os cargos mais altos da administração intermediária – no Exército, os postos de coronel; na Igreja Católica, os de bispo auxiliar.

INTEGRIDADE MORAL, A PEDRA DE TOQUE

A prova final da sinceridade e seriedade de uma diretoria é dada pela importância que inflexivelmente atribui à integridade do caráter. É isso, acima de tudo, que devem simbolizar as decisões que a direção toma sobre o seu pessoal. Porque é através do caráter que se exerce a liderança; é o caráter que fixa o exemplo a ser imitado. O caráter não é algo que o diretor possa comprar; se não o trouxer consigo para seu posto, jamais o terá. Não é algo a cujo respeito se possa enganar os outros. Em poucas semanas, as pessoas com quem o diretor trabalha, especialmente as que lhe são subordinadas, saberão se ele possui ou não integridade de caráter. Elas podem ser capazes de perdoar uma porção de coisas: a incompetência, a ignorância, a insegurança e até a má educação. Jamais, porém, perdoarão a falta de caráter. Nem perdoarão a administração superior pela nomeação de um tipo desses.

A integridade moral pode ser difícil de definir, mas aquilo que constitua uma falta de integridade tão séria que desqualifique alguém para um posto de direção certamente não o é. Quem costuma se concentrar mais nos defeitos das pessoas do que em suas qualidades não deve ser escolhido para dirigir pessoas. O gerente ou encarregado que sempre sabe dizer exatamente o que as pessoas não são capazes de fazer, mas que nunca enxerga aquilo de que elas sejam capazes, estará minando o espírito da sua organização. É claro que todo chefe deve ter uma noção nítida das limitações dos seus subordinados, mas deve encará-las como limitações àquilo que eles possam fazer e como obstáculos a superar. O chefe deve ser realista; e ninguém é menos realista do que a pessoa que não acredite em coisa alguma.

Quem sempre se preocupa mais em apurar "quem é que está certo e quem é que está errado" do que "que é que está certo e que é que está errado" não deve ser nomeado. Colocar o personalismo acima das exigências do serviço é corrupção e corruptor. A pergunta "Quem é que está certo?" leva as pessoas a evitar o risco, quando não a "fazer política".

A diretoria não deve elevar a postos de chefia quem colocar a inteligência acima da integridade moral. Isso é imaturidade – e geralmente incurável. Jamais deve promover quem tenha mostrado medo em relação a algum subordinado capacitado. Isso é sinal de fraqueza. Jamais deve colocar em posto de direção alguém que deixe de fixar padrões elevados para sua própria atuação. Pois isso gerará desprezo pelo trabalho e pela capacidade da diretoria.

A pessoa pode se conhecer mal, trabalhar mal, ser desprovida de critério e capacidade, e ainda assim não causar grandes danos como chefe. Porém, ela certamente será perniciosa se não tiver caráter e integridade moral – por maiores que sejam seus conhecimentos, seu brilhantismo e seu êxito. Ela destruirá as pessoas, o recurso mais precioso que a empresa possui. Destruirá o espírito. E destruirá o desempenho.

Isso se aplica de modo especial às pessoas que dirigem as empresas. Porque o espírito da organização é gerado a partir de cima. Se a organização for grande em espírito, será porque o espírito de seus dirigentes é grande. Se ela degenerar, será porque a alta administração apodreceu. Como diz o provérbio, "As árvores morrem de cima para baixo". Nenhuma pessoa deverá ser designada para ocupar posto de importância se a alta administração não estiver disposta a ver seu caráter sendo tomado para modelo de seus subordinados.

Este capítulo tratou dos "processos" e dos "atos". Não falou da "liderança". Isso foi intencional. Nada substitui a liderança. Mas nenhuma diretoria será capaz de fabricar líderes. Só conseguirá criar as condições nas quais as qualidades virtuais para a liderança possam se tornar reais; ou então as condições capazes de extinguir a liderança latente. O aparecimento da liderança é por demais incerto para poder depender da criação do espírito que a empresa necessita para ser produtiva e se manter coesa.

Todavia, os atos e processos, embora aparentemente monótonos e rotineiros, sempre poderão ser postos em prática, quaisquer que sejam as aptidões, a personalidade e a posição da pessoa. Os processos e atos não exigem gênios – apenas sua aplicação. São coisas para fazer e não para discutir.

E os processos corretos devem avançar bastante no sentido de fazer aparecer todo o potencial de liderança que o grupo da direção possua. Eles devem também lançar as bases para o tipo correto de liderança. Pois liderar não significa possuir personalidade magnética – isso pode não passar de demagogia barata. Nem significa "fazer amigos e influenciar pessoas" – isso é bajulação. Liderar é levantar os olhos da pessoa para desígnios mais altos, elevar sua atuação rumo a padrões mais elevados, aprimorar sua personalidade para além das limitações normais. Para preparar o terreno para essa liderança, nada melhor do que o espírito da diretoria, que nos processos do dia a dia da organização confirma seus rígidos princípios de conduta e responsabilidade, seus altos padrões de desempenho e o respeito pelas pessoas e pelo seu trabalho.

CONSIDERAÇÕES FINAIS

A finalidade da organização é permitir que seres humanos comuns façam coisas extraordinárias. A prova pela qual devem passar as organizações é, portanto, a do espírito de realização. Esse espírito exige mais atos e processos do que pregações. Exige, acima de tudo, a compreensão de que a integridade moral é uma exigência absoluta para dirigir pessoas.

PERGUNTAS

1. Quais são os atos que traduzem a moralidade nas organizações?
2. Por que deve o dirigente desconfiar da pessoa que nunca erra?
3. Por que não constitui ato de caridade permitir que a pessoa permaneça em um posto ao qual não se ajuste?
4. O que comprova o fraco desempenho de alguém em um posto para o qual foi designado?
5. O que se entende por "casos de consciência"? Quais são as regras para tratar esses casos?
6. As organizações que se concentram nos problemas não serão dotadas de elevado espírito de realização. Em que devem elas se concentrar?
7. Quais são as mais importantes decisões relativas ao pessoal?
8. Qual é a simbologia das decisões relativas às promoções?
9. Qual é o defeito que não se pode perdoar nos dirigentes?
10. Por que se diz que "nenhuma diretoria será capaz de fabricar líderes"?

BIBLIOGRAFIA

BERNARD, Chester I. *Functions of the executive.* Cambridge, Mass.: Harvard University Press, 1968.

BLAKE, Robert R.; MOUTON, Jane S. *Managerial grid.* Houston, Tex.: Gulf Publishing, 1972; Pioneira, 2. ed., 1984.

CARROLL, Stephen J. Jr.; TOSI, Henry L. Jr. *Management by objectives.* Nova York: Macmillan, 1973.

CLEVELAND, Harlan. *The future executive*: a guide for tomorrow's managers. Nova York: Harper & Row, 1972.

DRUCKER, Peter F. *The effective executive.* Nova York: Harper & Row, 1966.

FIEDLER, Fred. *Theory of leadership effectiveness.* Nova York: McGraw-Hill, 1967.

HUMBLE, John W. *How to manage by objectives.* Nova York: American Management Associations, Inc., 1973.

JENNINGS, Eugene. *Executive success.* Nova York: Appleton-Century-Crofts, 1967.

KELLOG, Marion S. *What to do about performance appraisal.* ed. rev. Nova York: American Management Associations, 1975.

LEVINSON, Harry. *The exceptional executive.* Cambridge, Mass.: Harvard University Press, 1968.

MALI, Paul. *Management by objectives.* Nova York: John Wiley and Sons, 1972.

McGREGOR, Douglas. *The professional manager.* Nova York: McGraw-Hill, 1967.

ODIORNE, George S. *Management and the activity Trap.* Nova York: Harper & Row, 1974.

REDDIN, W. J. *Effective management by objectives.* Nova York: McGraw--Hill, 1971.

SILBER, Mark B.; SHERMAN, Clayton. *Managerial performance and promotability*: the making of an executive. Nova York: American Management Associations, 1974.

VANCE, Charles C. *Manager today, executive tomorrow.* Nova York: McGraw-Hill, 1974.

ZALEZNIK, Abraham. *Human dilemmas of leadership.* Nova York: Harper & Row, 1966.

PARTE VI

AS APTIDÕES PARA ADMINISTRAR

Administrar é uma obra específica. Dessa forma, exige aptidões específicas. Entre essas aptidões estão as seguintes:

- tomar decisões eficazes;
- comunicar-se com e sem a organização;
- aplicar adequadamente os controles e as mensurações;
- ser capaz de trabalhar com orçamentos e com planejamento;
- ser capaz de empregar instrumentos analíticos – as ciências da administração.

É pouco provável que alguém possua ao mesmo tempo todas essas aptidões. Todo administrador, contudo, precisa compreender em que consiste cada uma delas, o que podem elas fazer a seu favor e o que, por sua vez, dele exigem.

CAPÍTULO 29

A DECISÃO EFICAZ

Os executivos fazem muitas coisas além de tomar decisões. Só eles, porém, as tomam. A primeira aptidão para administrar é, portanto, ser capaz de tomar decisões eficazes.

São incontáveis os livros que tratam das técnicas para decidir. Complexos métodos lógicos e matemáticos têm sido concebidos para aplicação ao processo decisório. Mas é pequena a preocupação relativa à própria essência do processo. Que vem a ser uma "decisão"? Quais são os principais elementos nela contidos? O povo japonês foi o único que criou um método sistemático e padronizado para tomar decisões. O método japonês desrespeita todas as regras ensinadas pelos compêndios sobre o assunto. A dar crédito a esses compêndios, os japoneses jamais chegariam a qualquer decisão, quanto mais a decisões eficazes. No entanto, as decisões que tomam são muito eficazes. Pode nos ser útil, portanto, dar uma espiada na maneira como os japoneses tomam suas decisões para verificar quais os elementos que entram nesse processo.

COMO OS JAPONESES TOMAM DECISÕES

Se há um ponto em que todas as autoridades sobre o Japão estão de acordo é que as instituições daquele país, sejam empresas particulares ou entidades governamentais, tomam suas decisões por unanimidade. Os japoneses, ouve-se dizer, fazem a organização inteira debater determinado ponto até chegar à concordância plena. Só então tomam alguma decisão.

Isso, dirá qualquer executivo ocidental, sentindo um calafrio na espinha, não serve para nós, por melhor que funcione no país do sol nascente. Esse método só pode levar à indecisão e à politicagem, ou, na melhor das hipóteses, a um compromisso que, se não melindra ninguém, também não resolve coisa alguma.

Mas o que marca a história japonesa, bem como a conduta da administração japonesa de hoje, é sua capacidade de chegar a decisões radicais e altamente controversas. Explico.

Nenhum outro país mostrou-se tão receptivo ao Cristianismo como o Japão do século dezesseis. A esperança dos missionários portugueses, de que o Japão seria o primeiro país cristão fora da Europa, parecia justificada. O mesmo Japão, entretanto, deu uma virada de 180 graus logo ao iniciar-se o século seguinte. Em poucos anos ele suprimiu por completo a prática do Cristianismo e fechou-se totalmente às influências externas – na verdade, a todos os contatos com o mundo exterior –, assim permanecendo por 250 anos. Aí, então, na Restauração da Dinastia Meiji, em 1967, o Japão deu outra guinada de 180 graus e abriu-se ao mundo ocidental – coisa que nenhum outro país não europeu conseguiu fazer.

A chave dessa aparente contradição reside em que o ocidental e o japonês querem dizer coisas diversas quando falam em "tomar uma decisão". No Ocidente, a ênfase toda repousa na *resposta* ao problema. Nossos livros que tratam do assunto procuram criar métodos sistematizados que levem a uma resposta. Para o japonês, entretanto, o elemento importante na decisão é definir o problema. Os principais passos são os que levam a resolver se há ou não necessidade de alguma decisão, bem como a que se referirá essa decisão. E é nessa etapa que os japoneses procuram chegar à unanimidade. Em verdade, é essa etapa que, para os japoneses, constitui a essência da decisão. A resposta ao problema (aquilo que os ocidentais consideram ser *a* decisão) segue-se de sua definição.

No processo que antecede a decisão, não se faz qualquer menção àquilo que a resposta pode vir a constituir. Faz-se isso para que as pessoas não sejam forçadas a tomar partido; uma vez que o tomem, qualquer decisão constituirá a vitória de uma das partes sobre a outra. Dessa forma, o processo inteiro concentra-se em descobrir o ponto sobre o qual se tomará ou não alguma decisão, e não em qual deva ser a decisão. O resultado é a concordância sobre a necessidade (ou não) de uma mudança de conduta.

Tudo isso toma muito tempo. Os ocidentais que lidam com os japoneses sentem uma frustração total no decorrer desse processo. Eles simplesmente não entendem o que está acontecendo. Têm a impressão de que estão sendo "levados na conversa".

Para descer a um exemplo, é muito difícil ao executivo norte-americano compreender o motivo por que os japoneses com quem venha negociando, digamos, a concessão de uma licença, fiquem enviando grupos e mais grupos de pessoas a cada poucos meses, os quais, como se jamais tivessem ouvido falar do assunto, iniciam a cada vez o que o ocidental supõe serem "negociações". Cada delegação nipônica toma inúmeras anotações de tudo e volta para casa, apenas para ser seguida, seis semanas mais tarde, por outro grupo, vindo de outro setor da empresa, o qual novamente procede como se nunca tivesse tido conhecimento do assunto, toma inúmeras anotações e volta para casa.

Esse, em verdade – embora poucos dos meus amigos ocidentais acreditem –, é um indício de que os japoneses levam a questão muito a sério. Eles estão procurando com isso implicar as pessoas que por fim executarão o contrato no processo de conseguir um acordo geral quanto a que aquela licença lhes seja realmente necessária. Só quando todas essas pessoas tiverem chegado à unanimidade acerca da necessidade de tomar alguma decisão é que se resolverá tocar o assunto para a frente. Só então se iniciarão de fato as negociações – e a partir daí os japoneses geralmente agem com grande presteza.

Quando os japoneses chegam ao ponto que denominamos decisão, dizem que estão no estágio da *execução*. Aí, a alta direção passa o poder de decisão para as pessoas tidas como "o pessoal certo". É a própria alta direção que escolhe essas pessoas; delas depende a resposta específica ao problema a ser enfrentado. Isso porque no curso dos debates que levam à unanimidade das opiniões ficou bem clara a posição básica de certas pessoas ou grupos diante do assunto. Ao encarregar este ou aquele grupo, a alta direção já dá a solução para o caso – mas é uma solução que a essa altura não surpreende mais ninguém.

Que vantagens oferece esse processo? E que podemos nós aprender dele? Antes de mais nada, ele conduz a decisões muito eficazes. Não obstante no Japão se leve muito mais tempo para chegar a uma decisão do que no Ocidente, desse momento em diante os japoneses funcionam melhor do que nós. Uma vez tomada a decisão, nós no Ocidente passamos um tempo enorme "vendendo-a" e procurando fazer que as pessoas se mexam. No mais das vezes, a decisão é sabotada pela organização, ou então, o que é pior, leva tanto tempo para ser posta em prática que se torna obsoleta, se não descabida, quando o pessoal da organização a torna operacional.

Já os japoneses não precisam perder tempo vendendo a decisão. Todos os interessados estão pré-comprados. Além disso, o processo adotado deixa bem claras áreas da organização em que determinada solução para o problema será mais bem-recebida e as áreas em que encontrará maior resistência. Assim sendo, há tempo de sobra para procurar convencer os que discordam, ou para fazer pequenas concessões que os conquistem sem prejudicar a integridade da decisão.

Todos os executivos ocidentais que já mantiveram contatos comerciais com os japoneses aprenderam que a velocidade de lesma da fase das negociações, com seus intermináveis atrasos e infindáveis discussões sobre os mesmos pontos, é seguida de medidas rápidas, que tiram o fôlego de qualquer um. Talvez se levem uns três anos para concluir determinado acordo de licenciamento, período em que não entram em discussão as condições, não entram em discussão os artigos que os japoneses pretendem fabricar, não entram em discussão os pontos em que eles precisam de informações ou a ajuda de que eles necessitam. Aí, então, em não mais que quatro semanas os nipônicos estão prontos para lançar-se à produção. Começam a pedir aos seus sócios ocidentais informações e técnicos que estes estão totalmente despreparados para fornecer. E chega a vez de os japoneses reclamarem, e amargamente, dos "intermináveis atrasos e procrastinações" dos ocidentais. É que nossa maneira de tomar decisões e de agir não é mais bem-entendida por eles que a deles por nós.

O caminho japonês concentra-se em compreender o problema. O fim colimado é a atuação e a conduta das pessoas. Esse processo assegura que todas as alternativas serão tomadas em consideração. Ele concentra a atenção da direção nos pontos essenciais. Ele não permite que se chegue a um compromisso enquanto a direção não tenha resolvido em que se consubstanciará a decisão. Os dirigentes nipônicos podem apresentar uma solução errada para determinado problema, mas raramente aparecem com a solução certa para o problema errado. E este último, como aprendem todas as pessoas acostumadas a decidir, é o caminho mais perigoso, que leva à decisão irrevogavelmente errada.

Acima de tudo, com seu sistema os japoneses se forçam a só tomar decisões relevantes. É muito desagradável ser posto a trabalhar em questões de somenos importância. Elas fazem que muita gente desperdice muito tempo que poderia estar sendo dedicado a assuntos de real importância, que introduzissem alterações de monta na política ou no comportamento da empresa. Por esse motivo, geralmente não se tomam no Japão decisões insignificantes, mesmo quando gritantemente necessárias.

Entre nós, são as pequenas decisões as mais fáceis de tomar – decisões acerca de coisas desprovidas de maior importância. Qualquer pessoa familiarizada com as empresas ocidentais, órgãos governamentais ou entidades educativas sabe que em regra seus dirigentes costumam tomar um número excessivo de pequenas decisões. E nada provoca tanto transtorno em uma organização como uma porção de decisões secundárias. Do ponto de vista emocional, pouca diferença faz que a decisão diga respeito à mudança do bebedouro de água de um canto do corredor para o outro ou à desativação de uma das antigas empresas do grupo. Tanto uma decisão quanto a outra levam o mesmo tempo para ser tomadas e geram a mesma controvérsia.

Aqui no Ocidente estamos adotando agora o método japonês. Pelo menos é o que numerosas forças-tarefas, planejamentos a longo prazo, estratégias e outros métodos do gênero estão procurando conseguir. Só que na elaboração desses projetos não incluímos a venda que o método japonês consegue realizar antes de chegar à decisão. Isso explica em grande parte o motivo por que tantos relatórios brilhantes de forças-tarefas e planejadores jamais ultrapassam a fase do planejamento.

Quais são os pontos essenciais do método japonês de decidir? O elemento primordial inicial é resolver a respeito do ponto que será objeto da decisão. Não preocupa aos nipônicos encontrar uma solução, mas sim definir o caso.

Em segundo lugar, os japoneses fazem aflorar as opiniões divergentes. Como não se discute qualquer solução até ocorrer a unanimidade a respeito do assunto, uma ampla faixa de opiniões e pontos de vista pode ser explorada.

Em terceiro lugar, a atenção concentra-se mais nas alternativas do que na "solução correta". O processo também diz a qual escalão deve caber a decisão e as respectivas pessoas. E o método elimina a venda da decisão. No processo de tomá-la, já se garante a execução eficaz da decisão.

O sistema japonês é único. Não pode ser empregado sem a organização social especial daquele país e de suas instituições. Os princípios de que os nipônicos lançam mão no processo de decidir, porém, têm aplicação genérica. Eles constituem os elementos básicos da decisão eficaz.

FATOS OU OPINIÕES?

Decidir é julgar. É escolher entre alternativas. Raramente é escolher entre o certo e o errado. Quando muito, é uma escolha entre o "quase certo" e o provavelmente errado – mas no mais das vezes é uma escolha entre dois rumos a seguir, nenhum dos quais encontrando-se provavelmente mais próximo do que o outro.

A maioria dos compêndios sobre como decidir aconselha: "Em primeiro lugar, procure os fatos". Acontece que os dirigentes que tomam decisões eficazes sabem que nada se começa com fatos à mão. Começa-se com opiniões. Estas, é claro, não passam de hipóteses não comprovadas e, como tal, sem valor se não forem corroboradas pela realidade. Para estabelecer o que constitui fato é preciso decidir antes com respeito ao critério da relevância, especialmente com respeito à mensuração correta. Esse é o ponto crítico da eficácia no decidir, e geralmente também seu aspecto mais controvertido.

Tampouco, porém, a decisão bem-tomada decorre, como proclamam tantas obras relativas à decisão, da "concordância geral sobre os fatos". O entendimento existente por trás da decisão correta surge do encontro e conflito de opiniões, bem como de uma reflexão séria sobre as diferentes alternativas.

Só partindo de opiniões pode-se descobrir a que respeito se vai decidir. Logicamente, as respostas das pessoas diferem entre si. Mas a maioria das divergências entre as opiniões reflete uma discordância básica – e geralmente velada – quanto ao verdadeiro sentido daquela decisão. Reflete certa divergência quanto à pendência que precisa ser resolvida. Dessa forma, saber dizer quais são os pontos em debate constitui o primeiro passo para chegar à decisão eficaz.

As pessoas partem inevitavelmente de uma opinião; pedir-lhes que procurem antes de mais nada os fatos é pedir-lhes o impossível e até o indesejável. Elas simplesmente farão aquilo que cada qual está mais do que inclinada a fazer: procurar os fatos que se ajustem à conclusão a que já chegaram. E ninguém jamais deixou de encontrar os fatos que procura. O bom estatístico sabe disso, e por essa razão desconfia de todos os números – ou ele conhece a pessoa que os encontrou ou não a conhece: em ambos os casos ele tem motivos para desconfiar.

O único método rigoroso, o único que nos permite confrontar a opinião com a realidade, baseia-se no claro reconhecimento de que as opiniões vêm em primeiro lugar. Aí, ninguém pode deixar de ver que se começa com hipóteses não comprovadas – no processo de decidir, como na ciência, esse é o único ponto de partida. A gente não as discute: a gente as coloca à prova para verificar quais delas são merecedoras de consideração séria e quais são invalidadas pelo primeiro confronto com a experiência observável.

O tomador de decisões eficaz incentiva, por conseguinte, a exteriorização das opiniões. Mas insiste em que as pessoas que as emitam ponderem igualmente este ponto: que é que deve mostrar o "experimento" – isto é, a comprovação da opinião diante da realidade? O executivo eficaz pergunta, pois: "Que é que precisamos saber para comprovar a validade dessa hipótese?", "Quais teriam de ser os fatos para que esta opinião fosse defensável?". Com isso, as pessoas adquirem o hábito da reflexão e decifração do que precisa ser examinado, estudado e comprovado. As pessoas que opinam *precisam* também responsabilizar-se pela definição das provas que possam ser esperadas e que devem ser procuradas.

Talvez a pergunta crucial, neste caso, seja: "Qual é a mensuração apropriada ao assunto em discussão e à decisão a ser tomada?". Sempre que se analisa o modo como se chegou a uma decisão realmente eficaz, descobre-se que o encontro da mensuração apropriada necessitou de muito trabalho e muito empenho mental.

A NECESSIDADE DA DISCORDÂNCIA E DAS ALTERNATIVAS

Quem não considera as alternativas tem a mente embotada. Esse ponto explica, acima de tudo, o motivo por que os japoneses deliberadamente desprezam a segunda grande recomendação dos compêndios sobre o processo de decidir, e fomentam a discussão e a divergência como meio para chegar à unanimidade das opiniões.

As decisões do tipo que os executivos precisam tomar não são as melhores quando tomadas por aclamação. Elas só podem ser as melhores se se basearem no choque das opiniões conflitantes, no diálogo entre os diferentes pontos de vista, na escolha entre os diferentes critérios. A primeira regra do processo de decidir é que só se tome qualquer decisão diante da discordância.

Conta-se que Alfred P. Sloan Jr. teria dito, em reunião de uma das comissões de cúpula da General Motors: "Senhores, acredito que estejamos todos de pleno acordo quanto à decisão a respeito deste ponto". Ao redor da mesa, cada um exprimiu seu assentimento. "Então", continuou Sloan, "sugiro que adiemos a discussão do assunto até a próxima reunião, para haver tempo de surgirem divergências e de talvez compreendermos um pouco sobre a matéria relativa a esta decisão".

Sloan nada tinha que permitisse rotulá-lo tomador de decisões "intuitivo". Sempre salientava a necessidade de colocar as opiniões à prova diante dos fatos, e de haver certeza absoluta de não se ter chegado à conclusão antes de começar; e só a partir daí procurar os fatos que a consubstanciassem. No entanto, ele sabia que a decisão correta exige discordância apropriada.

Por três motivos a discordância se faz necessária. Primeiro, ela protege quem decide contra o perigo de se tornar prisioneiro da organização. Todo mundo sempre quer alguma coisa da pessoa que decide. Todos se tornam solicitadores especiais, procurando – geralmente na maior boa-fé – conseguir a decisão que mais lhe convenha. Isso é verdade tanto quando quem vai tomar a decisão é o presidente da nação como quando é um simples engenheiro recém-formado que trabalha na modificação de algum produto. A única forma de não se fazer prisioneiro dos apelos especiais e das ideias preconcebidas é conseguir que haja discordâncias debatidas, documentadas e amadurecidas.

O segundo motivo é que só a divergência pode propiciar alternativas para determinada decisão. E a decisão sem alternativas não passa de desesperada cartada de jogador, por mais cuidadosamente ponderada que tenha sido. Sempre há boa possibilidade de a decisão se mostrar errada – seja por não estar certa desde o início, seja porque alguma posterior mudança das circunstâncias a tornou errada. Se durante o processo decisório a pessoa já houver pensado em alternativas, sempre terá algo a que recorrer, algo já plenamente estudado e compreendido. Sem essa alternativa, ela corre o risco de fracassar quando a prática mostrar a inoperância da decisão tomada.

Acima de tudo, a divergência se faz necessária para estimular a mente. Em tudo que envolver incerteza, como ocorre nos assuntos operados pelo executivo – seja na esfera política, na econômica, na social ou na militar – é preciso contar com soluções engenhosas, capazes de apresentar situações novas. Significa isso que se precisa ter imaginação – uma forma nova e diferente de perceber e compreender.

A imaginação da primeira linha não é, admito, algo que se encontre por toda parte. Mas também não é tão rara como geralmente se pensa. A imaginação precisa de desafios e estímulos, porém; se não, permanece sem uso. A discordância constitui o mais forte estímulo que a imaginação conhece.

Por conseguinte, o tomador eficaz de decisões organiza a divergência. Isso protege a organização contra o perigo de ser dominada pelas soluções plausíveis, mas falsas ou incompletas. Dá alternativas entre as quais escolher, além de assegurar a existência de um plano de retirada. E força a imaginação. A discordância transforma o plausível no correto e o correto na boa decisão.

A ARMADILHA DO "ESTAR CERTO"

Quem sabe tomar decisões nunca parte da premissa de que determinado caminho seja correto e todos os demais errados. Nem parte da suposição de que "Eu estou certo e o resto do mundo está errado". Parte, isso sim, do compromisso de procurar saber o motivo por que as pessoas divergem.

Os executivos eficazes sabem, é claro, que há por aí muita gente tola, e também muita gente fofoqueira. Mas não pressupõem que todos quantos discordem do que lhes parece claro e óbvio sejam por isso idiotas ou charlatães. Sabem que, a menos que haja prova em contrário, quem discorda deve ser tido como alguém suficientemente inteligente e honesto. Portanto, devem achar que a pessoa terá chegado a uma conclusão tão evidentemente errada por estar enxergando outra realidade e preocupando-se com outros aspectos do problema. Por conseguinte, o executivo eficaz sempre se pergunta: "Que é que esse sujeito vê que uma situação tão diferente lhe pareça racional?". O executivo eficaz preocupa-se, antes de mais nada, em *compreender* a coisa. Só assim pode começar a pensar em distinguir entre quem está certo e quem está errado.

Não é necessário dizer que pouca gente procede dessa forma, executivo ou não. A maior parte das pessoas parte da certeza de que o modo como vê as coisas é o único de encará-las. Em consequência, nunca chega a compreender sobre o que realmente se vai decidir – nem mesmo qual é o ponto em debate.

Os dirigentes da indústria siderúrgica norte-americana jamais se perguntaram: "Por que esse pessoal do sindicato fica tão nervoso a cada vez que falamos do 'empreguismo'?". De seu lado, a liderança sindical nunca se perguntou por que os dirigentes da indústria siderúrgica fazem tamanha celeuma acerca do empreguismo, quando todos os casos de "empreguismo" que puderam apresentar nunca se revestiram de maior importância. Em vez disso, cada um dos lados sempre procurou provar que o outro está errado. Se cada qual tentasse compreender o que o outro vê e por que motivo, ambos se fortaleceriam muito e as relações trabalhistas no setor do aço haveriam de se mostrar bem mais saudáveis.

Sejam quais forem o envolvimento emocional do caso e a certeza do executivo a respeito de que o outro lado está absolutamente errado e não tem o que argumentar, o executivo que deseja tomar a decisão correta esforça-se por compreender a oposição como um meio para examinar as alternativas. Utiliza o conflito entre opiniões como arma sua para assegurar que todos os aspectos de alguma importante matéria estejam sendo considerados com critério.

É NECESSÁRIO DECIDIR?

Uma pergunta que faz quem sabe tomar decisões é: "É necessário decidir?". Porque *uma* alternativa é sempre a de não fazer nada.

É indispensável decidir sempre que a situação piore caso não se faça nada. Isso também se aplica à oportunidade. Se a oportunidade não for importante e puder escapar se não se agir com presteza, é indispensável agir – e provocar uma mudança radical.

Por volta de 1900, os contemporâneos de Theodore Vail concordavam com ele quanto ao perigo de as empresas estatais degenerarem. Eles, porém, queriam lutar contra isso investindo contra seus sintomas – combatendo este ou aquele projeto no legislativo, opondo-se a este ou àquele candidato, apoiando outro e assim por diante. Só na presidência da Bell Telephone System Vail compreendeu que aquela era uma forma inconsequente de combater situações de degenerescência. Mesmo que vencessem todas as batalhas, jamais venceriam a guerra por aquele caminho. Vail viu que era preciso tomar uma atitude drástica para forçar o aparecimento de uma nova situação. Só ele enxergava que a iniciativa privada precisava fazer que a regulamentação governamental se transformasse em alternativa válida à nacionalização.

No outro extremo estão as situações a cujo respeito se pode, sem otimismo indevido, esperar que se resolvam por si mesmas, ainda que não se tome qualquer providência. Se a resposta à pergunta "Que acontecerá se não fizermos nada?" for "A coisa se resolverá por si", então será melhor não interferir. Também não se deverá interferir se a situação, embora incômoda, não tiver muita importância e ao final das contas não fizer muita diferença.

A grande maioria das decisões se colocará entre esses dois extremos. O problema nem se resolve por si nem se apresenta com jeito de tomar ares de maligno e degenerado. A oportunidade é apenas para melhorar, e não realmente para mudar e inovar; mas ainda assim merece consideração. Por outras palavras, temos todas as probabilidades de sobreviver sem tomar qualquer medida. Tomando-a, porém, talvez nos saiamos melhor.

Nessa situação, aquele a quem cabe decidir compara o esforço e o risco contidos no agir com o risco da inércia. Não há fórmula que conduza à decisão correta deste caso. Contudo, as linhas mestras são tão claras que raramente é difícil tomar uma decisão nas situações concretas. Aqui vão essas linhas mestras:

- se no cômputo geral as vantagens forem muito maiores do que o custo e o risco, aja;
- agindo ou não, não dê compensações nem se comprometa.

O cirurgião que extraia apenas metade das amígdalas ou metade do apêndice arrisca o paciente ao mesmo perigo de infecção e choque a que o arriscaria no caso da extração completa. E acabará por não sanar o mal, apenas piorando as coisas. Ou ele opera ou não opera. Da mesma forma, o responsável por tomar decisões toma ou deixa de tomar alguma providência. Não pode ficar nas meias-medidas. A meia-medida é o caminho sempre errado.

A QUEM CABERÁ O TRABALHO?

Quando chegam a esse ponto, os responsáveis pelas decisões no mundo ocidental acham que podem tomar uma decisão eficaz. Mas, como mostra o exemplo japonês, ainda está faltando um elemento essencial. A decisão eficaz constitui um compromisso com relação a determinada providência e seus resultados. Se ela precisar ser "vendida" *depois* de tomada, nem haverá a providência nem os resultados – e, com efeito, nem decisão alguma. No mínimo, poderá ocorrer tamanho atraso que tornará a decisão superada antes mesmo de ter efeito.

A primeira regra é conseguir que todos que tenham algo a fazer para conferir eficácia à decisão – ou que possam sabotá-la – sejam obrigados a participar com responsabilidade de sua discussão. Isso não é "democracia". É habilidade de vendedor.

Igualmente importante, porém, é desde o início criar os compromissos relativos às providências embutidas na decisão. Em verdade, nenhuma decisão terá sido tomada se a sua execução por medidas específicas não houver assumido a forma de tarefa e responsabilidade atribuídas a alguém. Até aí, não terá havido mais do que boas intenções.

Transformar determinada decisão em providências requer a resposta a diversas perguntas distintas: "Quem precisa tomar conhecimento desta decisão?", "Que providência deverá ser tomada?", "Quem deverá tomá-la?", "E que providência será essa para que quem deva possa tomá-la realmente?". A primeira e a última dessas perguntas geralmente são desconsideradas – com resultados deploráveis.

Um caso que virou lenda entre os cientistas da administração mostra a importância da pergunta "Quem precisa tomar conhecimento desta decisão?". Uma importante fábrica de equipamentos industriais resolveu interromper a produção de determinado modelo. Por muitos anos o modelo constituíra equipamento padrão em certa linha de máquinas operatrizes, muitas das quais ainda se encontravam em pleno uso. Resolveu-se, por isso, que durante três anos, na base de reposição, se forneceria o modelo a quem possuísse o velho equipamento. Depois disso, sua fabricação e venda receberiam um ponto final. As encomendas desse modelo estavam caindo todo ano, mas subiram temporariamente, já que os antigos fregueses fizeram seus pedidos para prevenir-se contra o dia em que o modelo não mais se encontrasse no mercado. Ninguém na empresa se perguntara: "Quem precisa tomar conhecimento dessa decisão?". Ninguém portanto informou o rapaz do Departamento de Compras que encomendava as peças destinadas à montagem daquele modelo. As instruções que ele tinha eram de encomendar tais peças na proporção do volume das vendas – e as instruções não haviam sido alteradas. Quando chegou a hora de suspender a fabricação do modelo, havia na empresa peças estocadas suficientes para oito ou dez anos de produção, peças essas que foram então baixadas com enormes prejuízos.

Acima de tudo, a medida deve ser adequada às aptidões das pessoas que se encarregarão de executá-la.

No início da década de 1960, uma indústria química possuía grande volume de recursos bloqueado em dois países da África Ocidental. Para proteger aquele dinheiro, a empresa resolveu investi-lo em empreendimentos locais, os quais contribuíram para a economia dos respectivos países, não exigiriam importações e, se bem-sucedidos, poderiam ser vendidos aos investidores locais quando novamente fosse possível remeter dinheiro. Como base daqueles empreendimentos, a empresa criou um processo químico simples para conservar uma fruta tropical amplamente cultivada nos dois países e que até então se estragava em quantidade no transporte para os mercados consumidores.

Em ambos os países o empreendimento foi muito bem-sucedido. Em um deles, porém, a firma foi estruturada de forma a precisar de administradores extremamente hábeis e tecnicamente preparados, difíceis de encontrar na África Ocidental. Já no outro país o gerente considerou bem as aptidões do pessoal que posteriormente dirigiria a empresa, e empenhou-se em conferir a maior simplicidade ao processo industrial e à própria empresa. Logo de início, contratou gente do país até para os mais altos escalões.

Alguns anos mais tarde, as remessas de dinheiro para o exterior foram novamente permitidas naqueles países. Os empreendimentos haviam prosperado, mas o do primeiro país não conseguiu encontrar interessados. Ninguém ali possuía suficiente capacidade gerencial e técnica para querer adquiri-lo. A firma fechou suas portas, com grande prejuízo. No segundo caso, tantos foram os empresários locais interessados que os proprietários conseguiram não só retirar o investimento inicial como ainda ganhar um bom dinheiro em cima.

Tanto os processos industriais como as organizações empresariais eram praticamente idênticos nos dois casos. No primeiro deles, porém, ninguém se perguntou: "Que tipo de gente temos por aqui para executar nossa decisão? E que sabe ela fazer?". Em consequência, a própria decisão acabou frustrada.

Tudo isso passa a ser duplamente significativo quando o pessoal da empresa é obrigado a modificar seu comportamento, hábitos ou posições para colocar em prática determinada decisão. Nesse caso, é preciso ter a certeza não só de que a responsabilidade pela medida seja claramente atribuída a alguém, mas também de que esse alguém tenha capacidade para a execução. Deve-se também verificar se as mensurações empregadas pelos encarregados, seus padrões de desempenho e incentivos mudaram correspondentemente. Não ocorrendo essa mudança, o pessoal será tornado por um paralisante conflito emocional interno.

Se a conduta contrária àquela exigida pelo novo caminho for a mais recompensada, todos ali concluirão que é ela que a alta direção deseja ver praticada e recompensada.

O COMPROMISSO CORRETO E O INCORRETO

Chegou a hora de tomar a decisão: as especificações foram devidamente aquilatadas, as alternativas examinadas, os riscos e as vantagens levados na devida conta. Já se sabe quem vai fazer o quê. O caminho a trilhar está suficientemente claro. A esta altura, a decisão praticamente "se toma por si mesma".

E é a esta altura que a maior parte das decisões acaba se perdendo. De repente, vê-se que a decisão não vai ser agradável, não vai ser simpática a muita gente nem fácil de executar. Fica evidente que ela não exige só discernimento, mas também coragem. Não há razão intrínseca para que os remédios tenham gosto ruim – mas os mais eficazes geralmente têm. Da mesma forma, não há razão precípua para que as decisões sejam desagradáveis – no entanto a maioria das decisões eficazes o é.

O motivo é sempre o mesmo: nenhuma decisão é "perfeita". Sempre se tem de pagar o preço. Sempre se tem de contrabalançar objetivos conflitantes, opiniões conflitantes e prioridades conflitantes. A melhor das decisões não passa de aproximação – e risco. E sempre há a pressão para ficar no meio-termo que facilitará a aceitação, atenuará a forte resistência ao caminho proposto ou dará maior garantia quanto aos riscos.

Para tomar decisões eficazes nessas circunstâncias, é preciso partir de um firme compromisso para com o "correto", e não se pôr a perguntar "Quem é que está com a razão?". Ao final, tem-se que assumir certos compromissos. Mas se não se partir, no início, com a decisão que mais se aproxime daquela que realmente atenderá aos objetivos, acaba-se assumindo o compromisso errado – aquele que abandona o essencial.

Porque há dois tipos de compromissos. O primeiro é traduzido pelo velho provérbio que diz que meio pão é melhor do que nenhum. O outro é o do Julgamento de Salomão, que claramente se baseia na compreensão de que meia criança é *pior* do que nenhuma. No primeiro caso, de certa forma as solicitações ainda estão sendo atendidas. O pão destina-se a alimentar, e meio pão sempre alimenta alguma coisa. Meia criança, porém, não é uma criança viva e que vá crescer. É um cadáver dividido em dois.

Constitui um despropósito e perda de tempo preocupar-se com aquilo que pode ou não ser aceito. As coisas que mais nos preocupam geralmente não acontecem. E vê-se que objeções e dificuldades em que ninguém pensou subitamente se tornam obstáculos quase intransponíveis. Ou seja, nada se ganha quando se começa por perguntar "Que é aceitável?". E no processo de responder a essa pergunta perde-se a oportunidade de encontrar uma solução eficaz – quanto mais correta.

A RETROALIMENTAÇÃO

No processo de decidir, é preciso introduzir a retroalimentação, que proporcione comprovação contínua, em relação à realidade, das expectativas que fundamentam a decisão. Poucas decisões funcionam exatamente como esperadas. Até a melhor delas geralmente acaba tropeçando em dificuldades, obstáculos inesperados e surpresas de toda espécie. Até a mais eficaz delas se tornará obsoleta com o tempo. Se os resultados da decisão não proporcionarem retroalimentação, é difícil que ela venha a produzir os efeitos desejados.

Isso requer que as expectativas sejam expostas com clareza – e por escrito. Requer medidas organizadas para o acompanhamento. E essa retroalimentação faz parte da decisão, devendo ser especificada, portanto, no próprio processo decisório.

Quando o general Eisenhower foi eleito presidente dos Estados Unidos, seu antecessor, Truman, disse: "Pobre Ike, quando era general dava ordens, e elas eram cumpridas. Agora, vai sentar-se naquela enorme sala, dará ordens e absolutamente nada acontecerá".

O motivo por que "absolutamente nada acontecerá" não está em que os generais possuam maior autoridade do que os presidentes. É que há muito tempo a organização militar aprendeu a futilidade da maioria das ordens expedidas, e por isso organizou uma retroalimentação que verifica e garante a execução de cada uma. Há muito os militares aprenderam que a verificação pessoal é a única retroalimentação em que se pode confiar. Os relatórios – que são tudo que um presidente norte-americano normalmente consegue mobilizar – não podem fazer muito. De longa data as forças militares sabem que todo oficial que expede uma ordem vai atrás e verifica pessoalmente seu cumprimento. No mínimo, ele envia um dos seus auxiliares para fazer a verificação. Ele nunca confia naquilo que lhe diz o encarregado de executar a ordem. Não que não confie nos subordinados, mas a experiência lhe ensinou a não confiar nas comunicações.

CONSIDERAÇÕES FINAIS

Tomar decisões não é uma função mecânica. Tomar decisões é assumir riscos e ver desafiada sua capacidade de julgamento. O mais importante não é encontrar a "solução certa" (que geralmente nem pode mesmo ser encontrada). O principal é compreender o problema. Decidir não é um exercício mental. Exige visão das coisas, energias e recursos da organização com vistas a conseguir medidas eficazes.

PERGUNTAS

1. Qual é o único país em que os administradores criaram um método sistemático e padronizado para tomar decisões?
2. O que os ocidentais querem dizer quando falam de tomar determinada decisão? Qual é a diferença que a esse respeito ocorre no Japão?
3. Descreva o método japonês de tomar alguma importante decisão empresarial.
4. Quais são as vantagens do sistema japonês de decidir? Que podem os dirigentes ocidentais aprender daí?
5. O que pode haver de vantajoso em um sistema que não pode ser empregado para tomar decisões de importância secundária?
6. Por que não é boa a ideia de tentar iniciar o processo decisório procurando os fatos?
7. Por que é importante estimular as divergências durante o processo de tomar determinada decisão?
8. Por que deve o executivo eficaz esforçar-se por compreender o ponto de vista contrário?
9. Em que condições seria conveniente não tomar decisão alguma?
10. Por que é importante que todos que tenham algo a fazer para conferir eficácia à decisão sejam obrigados a tomar parte no processo decisório?
11. Por que se perdem muitas decisões no próprio momento em que o caminho a trilhar fica bastante claro?
12. Por que é preciso introduzir retroalimentação em cada decisão?

CAPÍTULO 30

AS COMUNICAÇÕES NA ADMINISTRAÇÃO

Hoje em dia, é maior o empenho em estabelecer comunicações, falar aos outros. Verifica-se a existência de certa fartura de meios de comunicação, nunca imaginável para quem, por volta da Primeira Guerra Mundial, começava a se dedicar aos problemas das comunicações no interior das organizações. Como fator de gerenciamento, as comunicações passaram a constituir uma grande preocupação dos estudiosos e dos praticantes de todas as instituições – empresariais, militares, governamentais, hospitalares, universitárias e pesquisadoras. Em nenhuma outra área têm-se visto homens e mulheres inteligentes trabalhando com tanto afinco e dedicação como os psicólogos, os especialistas em relações humanas, os administradores e os peritos em administração que se têm dedicado ao aperfeiçoamento da comunicação no interior das nossas principais instituições.

No entanto, a comunicação tem-se mostrado tão indefinida e ilusória como o Unicórnio. O barulho aumentou com tal rapidez que ninguém mais consegue, na verdade, entender tanto falatório sobre as comunicações. Mas o que claramente se percebe é que há cada vez menos comunicação. O hiato nas comunicações, dentro das instituições e entre os vários grupos da sociedade, vem ampliando-se continuamente, a ponto de ameaçar virar um insanável abismo de desentendimento total.

Enquanto isso, ocorre uma verdadeira explosão de informações. De repente, todo profissional e todo executivo tem acesso a dados abundantes e inexauríveis. Nós todos nos sentimos, a esse respeito, como o garotinho que se apanhou sozinho na confeitaria e se empanturrou de doces. Que é preciso, então, para que esses dados forneçam informações, para não dizer conhecimentos? As respostas são muitas, mas a única coisa clara até aqui é que ninguém tem, realmente, uma resposta. A despeito da teoria da informática e do processamento dos dados, ninguém até agora viu, na realidade, nem está pensando usá-los, um "sistema de informações" ou um "banco de dados". A única coisa que sabemos é que a abundância das informações interfere no problema das comunicações e lhe confere maior urgência e complicação.

Observa-se hoje certa tendência ao abandono das comunicações. Na psicologia, por exemplo, a moda já é o grupo-T, com seu "adestramento da sensibilidade". O objetivo confesso não é a comunicação, e sim a autoconsciência. Os grupos-T concentram-se no "Eu" e não no "Você". Dez ou vinte anos atrás, a moda era falar da "empatia"; hoje, é ensinar a "ficar na sua". Por mais importante que seja o conhecimento de si mesmo, o comunicar-se terá pelo menos uma importância igual.

Apesar do triste estado em que se encontram tanto a teoria quanto a prática das comunicações, temos aprendido muitas coisas a respeito das informações e das comunicações. A maior parte delas, entretanto, não resultou dos trabalhos a que temos dedicado tanto tempo e energia no terreno das comunicações. Ela constitui o subproduto dos esforços que têm sido efetuados em um grande número de áreas que, aparentemente não guardando relação entre si, se estendem da teoria do aprendizado à genética e à engenharia eletrônica. Nós também colhemos muita experiência – embora o mais das vezes traduzida em fracassos – em inúmeras situações práticas ocorridas em todos os tipos de instituições. É possível que jamais venhamos a entender a "comunicação". Mas a respeito das "comunicações na organização" – ou *comunicações na administração,* se quiserem –, disso nós agora entendemos alguma coisa.

O QUE APRENDEMOS

Aprendemos, na maioria dos casos pelo erro, quatro pontos fundamentais sobre as comunicações:

- A comunicação é percepção.
- A comunicação é expectativa.
- A comunicação faz exigências.
- A comunicação e a informação são coisas diferentes e, na verdade, em grande parte opostas – embora interdependentes.

1. *A comunicação é percepção.* Um velho enigma apresentado pelos místicos de numerosas religiões – os zen-budistas, os sufis do Islã e os rabinos do Talmude – exprime-se através da pergunta: "Quando uma árvore tomba na floresta e não há ninguém por perto para ouvi-la, há som?". A resposta certa é não. Há ondas sonoras, mas não há som se ninguém as percebe. O som é criado pela percepção. O som é comunicação.

Quem comunica é o *emissor.* O chamado comunicador, a pessoa que emite a comunicação, não comunica. Apenas exprime-se audivelmente. Se não houver quem a ouça não há comunicação, só há ruído. O comunicador fala, escreve ou canta – mas não se comunica. Em verdade, ele não pode se comunicar. Só pode tornar possível (ou impossível) a um receptor – melhor seria dizer "perceptor" – perceber sua emissão.

Sabemos que a percepção não é lógica. Constitui uma experiência. Isso quer dizer, em primeiro lugar, que se percebe uma configuração, um padrão. Não se podem perceber meras especificações. Estas fazem sempre parte de um quadro total. A "linguagem silenciosa"[1] – os gestos, o tom da voz, o ambiente, para não falar do contexto cultural e social – não pode ser dissociada da linguagem falada. Na verdade, sem a "linguagem silenciosa" a palavra falada não tem sentido nem poder de comunicação.

Ao serem ouvidas, as mesmas palavras, "Foi uma satisfação conhecê-lo", por exemplo, podem ter uma série de sentidos. Podem ser ouvidas calorosamente ou glacialmente, transmitindo afeto ou rejeição – tudo dependendo da "linguagem silenciosa" que as envolva. Sem sua colocação na configuração total da ocasião, do valor, da "linguagem silenciosa" e assim por diante, a frase não terá qualquer sentido. Por si mesma, ela não terá poderes para tornar possível a comunicação. Não poderá ser compreendida. Em verdade, nem ouvida poderá ser. Parafraseando um

---

1 Como Edward T. Hall a denominou no título da sua obra pioneira (Doubleday, 1959).

antigo provérbio da escola das relações humanas: "Não se pode comunicar uma palavra; a pessoa inteira vem sempre junto".

Todavia, acerca da percepção sabemos também que cada qual só percebe aquilo que é capaz de perceber. Assim como o ouvido humano não ouve sons situados acima de determinada intensidade sonora, também a nossa mente não percebe aquilo que se encontre fora do alcance de sua percepção. Poderá, é claro, ouvir ou ver fisicamente, mas essas sensações só poderão se transformar em comunicação quando forem expressivas.

No *Phaedro,* de Platão, Sócrates realça que se deve falar aos outros em termos da experiência deles. Ao falar aos carpinteiros, usa-se as metáforas dos carpinteiros, ao falar aos marinheiros, usa-se a linguagem dos marinheiros e assim por diante. A gente só pode se comunicar quando emprega a linguagem ou o palavreado do receptor. E esse palavreado deve ter por base a experiência. Pouco adianta tentar explicar às pessoas o sentido das palavras. Elas não terão capacidade de receber os vocábulos que não estiverem relacionados com a sua experiência.

Para nos comunicar, devemos perguntar em primeiro lugar: "Esta comunicação está dentro da faixa de percepção do receptor? Poderá ele recebê-la?".

Naturalmente, essa "faixa de percepção" é fisiológica e fixada em grande parte (embora não totalmente) pelas limitações físicas do corpo do animal homem. No terreno da comunicação, porém, as principais limitações da percepção apresentam geralmente natureza mais cultural e emocional do que física.

Que os fanáticos não se convencem diante de argumentos racionais já sabemos há milhares de anos. Agora, estamos começando a compreender que a falta não é dos "argumentos". É que os fanáticos não possuem capacidade para perceber as comunicações situadas fora de sua faixa de emoções. Em primeiro lugar, seria preciso modificar suas emoções. Ninguém na verdade está "em contato com a realidade", se com isso quisermos significar a total abertura às coisas evidentes. A diferença entre a "sanidade" e a "paranoia" não reside na capacidade de percepção, mas na capacidade de aprender, de alterar as próprias emoções com base na experiência.

Raramente compreendemos que algo que seja evidente para nós e claramente convalidado pela nossa experiência emocional possui outras facetas, "costas" e "lados" inteiramente diversos e que, por isso mesmo, conduzem a percepções totalmente diferentes. A história dos cegos e do elefante, em que cada qual, ao tomar contato com o estranho animal, apalpa uma de suas partes e tira conclusões inteiramente diversas das dos outros, constitui simplesmente uma metáfora sobre a condição humana. A comunicação será impossível enquanto não se tiver entendido isso.

2. *A comunicação é expectativa.* Em regra, nós percebemos aquilo que esperamos perceber. Vemos em grande parte aquilo que esperamos ver e ouvimos em grande parte aquilo que esperamos ouvir. Que o não esperado possa ser repudiado, não é o que importa – embora a maior parte das obras sobre as comunicações nas empresas e no governo diga isso. Realmente importante é que o que não é esperado geralmente não é sequer recebido. Não é visto nem ouvido, mas desprezado. Ou então é mal compreendido.

   A esse respeito, temos agora um século ou mais de experiências. Os resultados são claros. A mente humana procura encaixar impressões e estímulos em uma estrutura de expectativas. E oferece tenaz resistência a qualquer tentativa de fazê-la "mudar de opinião", ou seja, de perceber coisas que não espera perceber. É claro que se pode alertar a mente humana para o fato de que aquilo que está percebendo contraria suas expectativas. Mas para isso precisamos antes compreender o que a mente espera perceber. Depois, ela precisa de um sinal inconfundível – "isto é diferente". Não funcionará a mudança gradual, em que se suponha que através de pequenos passos a mente seja levada a compreender que aquilo que percebeu não é o que esperava perceber. Pelo contrário, com isso as expectativas se revigorarão, o que torna ainda mais certo que o receptor perceba exatamente o que espera perceber.

   Por conseguinte, antes de poder nos comunicar, devemos saber o que o receptor espera ver e ouvir. Só aí poderemos saber se a comunicação se encaixa nas expectativas do receptor – e quais são elas – ou se há necessidade de um "despertar" que rompa as linhas das expectativas do receptor e o force a compreender que está ocorrendo o que não esperava.

3. *A comunicação faz exigências.* Muitos anos atrás, em seus estudos sobre a memória, os psicólogos tropeçaram em um fenômeno estranho. Para testar a memória dos seus pacientes experimentais, eles lhes mostra-

vam uma relação de palavras que haviam preparado. Para o controle, compuseram uma relação de palavras descabidas, meras mixórdias de letras. Com grande surpresa, esses pesquisadores de quase cem anos atrás verificaram que a capacidade que seus entrevistados mostraram em memorizar palavras separadas era totalmente desigual. Mais surpreendente ainda, era espantosamente alta sua capacidade de retenção das palavras absurdas. A explicação do primeiro fenômeno é bastante clara: as palavras não constituem simples veículos de informação. Elas contêm cargas emotivas. Por essa razão, somos inclinados a suprimir as palavras que provoquem associações desagradáveis ou ameaçadoras e a reter as que produzem em nós associações agradáveis. Na verdade, essa retenção seletiva através das associações emocionais daí para a frente passou a ser utilizada na preparação de testes relacionados com os distúrbios emocionais e com os perfis da personalidade.

O índice relativamente alto de memorização das palavras absurdas constituiu um enigma maior. Esperava-se que ninguém fosse lembrar as palavras desprovidas de sentido. Com o passar do tempo, ficou claro que, embora limitada, a memorização dessas palavras ocorre exatamente pelo fato de elas serem desprovidas de sentido. A seu respeito, pode-se dizer que a memória opera "mecanicamente", não mostrando nem preferência nem rejeição emocional.

A comunicação é sempre "propaganda". O emissor quer sempre "transmitir alguma coisa". Sabemos que a propaganda é muito mais poderosa do que os racionalistas pensam, com *sua* crença na "livre discussão", e muito menos poderosa do que quiseram que acreditássemos seus mitificadores. O perigo da propaganda total não está em que se venha a acreditar nela. O perigo está em que nada seja acreditado e todas as comunicações se tornem suspeitas. Ao final, nenhuma comunicação será recebida. Tudo que se disser será considerado exigência, encontrando resistência e ressentimentos, na verdade não sendo ouvido de vez. O resultado final da propaganda total não se comporá de fanáticos, mas de céticos.

Por outras palavras, a comunicação sempre apresenta suas exigências. Ela sempre exige que o receptor se torne alguém, faça algo, acredite em alguma coisa. Sempre apela para a motivação. Se se coadunar com as aspirações, os valores e os objetivos do receptor, ela será poderosa. Se investir contra eles, muito provavelmente não será recebida. Quando poderosa ao máximo, a comunicação provoca a "conversão", isto é, uma mudança na personalidade, nos valores, nas crenças e nas aspirações da pessoa. Esse acontecimento é raro, porém, contra ele as forças psicológicas básicas de todo o ser humano estão vigorosamente organizadas. Até o Senhor, conforme conta a *Bíblia*, precisou cegar Saulo antes de transformá-lo no apóstolo Paulo. As comunicações tendentes a converter exigem uma rendição. De maneira geral, portanto, só há comunicação quando a mensagem puder sintonizar-se com os valores do receptor.

4. *A comunicação* e *a informação são coisas diferentes* e, *na verdade,* em *grande parte opostas – embora interdependentes.* A comunicação é percepção; a informação é lógica. Como tal, a informação é estritamente formal e desprovida de sentido próprio. É mais impessoal do que interpessoal. Quanto mais puder libertar-se do componente humano, das emoções e dos valores, das expectativas e das percepções, maior valor ela terá e maior confiança despertará, bem como maior dose de informação transmitirá.

Em toda a história, o problema tem residido em retirar das comunicações um pouco de informação. O problema tem sido isolar o conteúdo informativo dentro da abundância das percepções. De repente, agora, passamos a ser capazes de fornecer informações – por força tanto do trabalho conceitual dos lógicos como da operação técnica de processamento e armazenamento de dados pelo computador. Agora, o problema é inverso daquele com o qual o gênero humano sempre se bateu. Precisamos trabalhar com informações que são vazias de qualquer conteúdo comunicativo.

As exigências apresentadas pela informação eficaz são opostas às que faz a comunicação para ser eficaz. A informação, por exemplo, é sempre específica. Nas comunicações, percebe-se o padrão; já no processo informativo são transmitidos dados individuais específicos. Na verdade, a informação constitui, acima de tudo, um princípio de economia. Quanto menor for a quantidade dos dados necessários, melhor será a informação. E a sobrecarga de informações leva a um "branco" informativo. Ela não enriquece, só empobrece.

O protótipo do sistema informativo pode perfeitamente ter sido a linguagem peculiar conhecida como *Armee Deutsch* (idioma alemão usado pelo Exército) que antes de 1918 funcionou como a linguagem do comando do Exército Imperial austríaco. Destinado a um exército cujos oficiais e soldados não dispunham de língua comum, funcionou às mil maravilhas com menos de duzentas palavras específicas – "fogo", por exemplo, ou "descansar" – cada qual apresentando apenas um único sentido possível. Esse sentido estava sempre ligado a algum ato. E as palavras se aprendiam nos atos e por meio de atos. Após muitas décadas de agitação nacionalista, eram realmente muito grandes as tensões que se sentiam no exército austríaco. O relacionamento social entre indivíduos de diferentes nacionalidades que serviam nas mesmas unidades tornava-se cada vez mais difícil. Mas o sistema de informações funcionou até o fim. Ele era totalmente formal; totalmente rígido; totalmente lógico, pois a cada palavra se associava um só sentido possível. Baseava-se em comunicações preestabelecidas, com relação a uma reação específica a determinado conjunto de ondas sonoras. Esse exemplo mostra também que a eficácia do sistema de informações depende da disposição e capacidade de ponderar cuidadosamente qual é a informação necessária para quem e para que fim, dependendo depois da criação sistemática de comunicações entre as diversas partes componentes do sistema com respeito ao significado de cada alimentação e produção específica. Por outras palavras, a eficiência depende do preestabelecido da Comunicação.

POR QUE NÃO PODEM FUNCIONAR AS COMUNICAÇÕES VINDAS DE CIMA

Há séculos temos procurado nos comunicar no sentido "descendente". Isso, porém, não funciona, por maiores que sejam os esforços e por maior que seja a inteligência que se empenhe. Não pode funcionar, em primeiro lugar porque se concentra naquilo que *nós* queremos dizer; ou seja, porque supõe que quem se exprime se comunica. Mas sabemos que tudo que faz quem se exprime é exprimir-se. A comunicação constitui ato do receptor. O que se tem procurado é trabalhar o lado do emissor (especificamente, do dirigente) para fazer dele um melhor comunicador. Entretanto, tudo que se pode comunicar para baixo são ordens. Ninguém consegue comunicar para baixo qualquer coisa que se relacione com a compreensão, para não falarmos da motivação. Isso exige comunicação para cima, daqueles que percebem para aqueles que querem atingir sua percepção.

Não quer isso dizer que os dirigentes devam deixar de ser claros naquilo que dizem ou escrevem. Longe disso. Mas quer dizer, sim, que o modo de dizermos algo só vem depois de termos aprendido o que dizer. E isso não pode ser descoberto "conversando". Por mais bem escritas que sejam, as "Cartas aos Empregados" só não constituirão desperdícios quando seus autores souberem o que os empregados esperam perceber e desejam fazer. Elas só não constituem desperdícios quando se baseiam na percepção de quem as recebe, e não de quem as envia.

Cinquenta anos atrás, ao reconhecer o fracasso da forma como tradicionalmente se encaravam as comunicações, a Escola de Relações Humanas de Elton Mayo recomendou que as pessoas ouvissem. Em vez de partir para aquilo que "nós", os dirigentes, queremos "transmitir", os executivos devem começar descobrindo o que os subordinados desejam saber. Até hoje, a receita das relações humanas continua a se basear na fórmula clássica.

Mas "ouvir" também não funciona. Logicamente, ouvir é o ponto inicial da comunicação. Mas não é apropriado por si mesmo. Ouvir supõe que o superior entenderá o que lhe estão dizendo. Por outras palavras, supõe que os subordinados consigam se comunicar. Todavia, é difícil compreender o motivo por que o subordinado será capaz de fazer algo que seu superior não consegue. Ou seja, não há razão para crer que ouvindo se consiga incorrer em menos mal-entendidos e "descomunicações" do que falando. Além disso, a teoria de saber ouvir não leva em conta que a comunicação tem suas exigências. Ela não revela as preferências e desejos, valores e aspirações dos subordinados. Pode explicar os motivos dos mal-entendidos, mas não lança as bases para o bom entendimento.

Mais e melhores informações tampouco resolverão os problemas das comunicações. Pelo contrário, quanto maior for o volume das informações, maior será também a necessidade de comunicações que funcionem e sejam eficazes. Quanto mais eficaz for, mais impessoal e formal se tornará o processo informativo; mais ele separará os seres humanos, e com isso exigirá um empenho à parte, mas também muito mais intenso, para restabelecer o relacionamento através das comunicações. A eficácia do processo informativo dependerá cada vez mais da nossa capacidade de nos comunicar. Na falta da comunicação eficaz (a situação atual) a revolução informativa não conseguirá informar. Tudo que conseguirá fazer será fornecer dados.

A explosão informativa constitui o motivo mais premente para o aperfeiçoamento das comunicações. Na verdade, o problema traduz-se no alarmante hiato que se observa nas comunicações por toda parte – entre patrões e empregados; entre as empresas e o governo; entre os professores e os alunos das faculdades, bem como entre os dois e a direção das universidades; entre os produtores e os consumidores e assim por diante.

O QUE OS ADMINISTRADORES PODEM FAZER?

Poderemos nós dizer algo construtivo a respeito das comunicações? Poderemos fazer alguma coisa? O que podemos afirmar é que a comunicação deve partir daquele a quem se visa alcançar, e não daquele que a emite. Em termos da organização tradicional, precisamos começar de baixo para cima. As comunicações que vêm de cima não funcionam nem podem funcionar. Elas precisam vir *depois* que as comunicações de baixo para cima tiverem sido estabelecidas com êxito.

Mas também podemos afirmar que ouvir não basta. As comunicações para cima devem se concentrar naquilo que seja comum ao receptor e ao transmissor. Elas precisam convergir para aquilo que já motiva a pessoa que se deseja alcançar. Precisam, desde o início, estar municiadas de seus valores, crenças e aspirações.

A administração por objetivos constitui assim um pré-requisito para a eficiência das comunicações. Ela exige que o subordinado raciocine demoradamente e apresente ao seu superior as conclusões a que chegou com respeito a saber qual será a importante contribuição que a organização pode dele esperar e pela qual ele poderá se responsabilizar.

Aquilo que o subordinado apresenta raramente corresponde àquilo que seu superior espera. Na verdade, o primeiro objetivo do exercício é precisamente evidenciar a divergência entre a percepção do superior e a do subordinado. Mas a percepção se concentra, e concentra-se em algo que é real para as duas partes. Compreender que cada qual vê a mesma realidade de maneira diferente já constitui, em si, comunicação.

A administração por objetivos oferece ao receptor visado pela comunicação – no caso, o subordinado – acesso a experiências que lhe abrem a compreensão. Ele tem acesso à realidade do que é tomar decisões, do problema das prioridades, da escolha entre aquilo que a pessoa gosta de fazer e aquilo que a situação exige, e, acima de tudo, da responsabilidade por determinada decisão. Ele pode não ver a situação da mesma maneira que seu superior vê – em verdade, raramente ele assim a verá, ou nem mesmo deve vê-la. Mas ele entra a compreender a complexidade da situação do superior e o fato de que a complexidade não é o superior que a cria, ela é inerente à própria situação.

E essas comunicações, mesmo quando terminam com um "não" às conclusões do subordinado, concentram-se vigorosamente nas aspirações, valores e motivação do receptor desejado. Na verdade, elas começam com uma pergunta: "Que é que você *quer* fazer?". Elas podem terminar com uma ordem: "É isto que quero que você faça". Mas essa ordem pelo menos força o superior a compreender que ele está desprezando os desejos do subordinado. Força-o a uma explicação, se não a procurar a persuasão. Pelo menos ele sabe que tem um problema – e o subordinado também.

Uma análise do desempenho da pessoa, para verificar aquilo que ela é capaz de fazer bem e o tem feito, constitui uma base para as comunicações. Ela começa por aquilo que preocupa o funcionário, que exprime sua percepção e concentra suas expectativas. Ela faz que as comunicações constituam para a pessoa uma ferramenta de trabalho, e não uma exigência. E comprova então que as comunicações requerem experiências compartilhadas.

Não pode haver comunicação concebida para partir do "Eu" e chegar ao "Você". A comunicação só funciona de um de "nós" para o outro. Nas organizações, a comunicação não constitui um meio que leve à organização. Constitui, isto sim, o *modo* de organizar.

CONSIDERAÇÕES FINAIS

Nós sabemos que nas organizações a comunicação:

- é percepção;
- é expectativa;
- faz exigências;

e que as comunicações e as informações são diferentes, embora interdependentes.

Sabemos que as comunicações que vêm de cima não funcionam – só as que vêm de baixo. E sabemos que para contar com comunicações eficazes as organizações precisam da administração por objetivos. A comunicação não se faz entre "mim" e "você". É sempre de um de "nós" para o outro.

PERGUNTAS

1. Quais são os quatro pontos fundamentais da comunicação?
2. Quem é o real comunicador: aquele que fala ou aquele que ouve?
3. Que se compreende pela "linguagem silenciosa"?
4. Que natureza têm as limitações mais importantes das comunicações humanas?
5. Por que antes de nos comunicarmos eficazmente precisamos saber o que o receptor espera ouvir e de que forma?
6. Por que se pode dizer que a comunicação constitui sempre propaganda?
7. Qual é a diferença entre a comunicação e a informação?
8. Por que as comunicações que vêm de cima não podem funcionar?
9. Por que a explosão das informações constitui o mais premente motivo a nos compelir ao aperfeiçoamento das comunicações?
10. Quais são algumas linhas mestras que o dirigente pode observar para conseguir comunicações eficazes?

CAPÍTULO 31

OS CONTROLES, O CONTROLE E A ADMINISTRAÇÃO

No vocabulário das instituições sociais, a palavra "controles" não corresponde ao plural de "controle". Não se trata apenas de verificar que não é através de um maior número de controles que necessariamente se chega a um controle maior, mas também que as duas palavras possuem significados totalmente diversos. Os controles significam mensurações e informações. O controle quer dizer direção. Os controles dizem respeito aos meios, o controle ao fim. Os controles ligam-se aos fatos, isto é, a acontecimentos ocorridos anteriormente. O controle relaciona-se com expectativas, isto é, com o futuro. Os controles são analíticos, preocupam-se com o que era e o que é. O controle é normativo e diz respeito àquilo que deve ser.

Estamos adquirindo rapidamente uma grande capacidade de aplicar controles, devido aos importantes avanços técnicos ocorridos especialmente na aplicação de instrumentos lógicos e matemáticos, bem como na capacidade de processar e analisar grandes volumes de dados com extrema rapidez. Que é que significa isso para o controle? Especificamente, quais são os requisitos para que esses controles, assim aperfeiçoados, proporcionem à administração um controle maior? Pois na tarefa de dirigir, os controles constituem simplesmente um meio para atingir determinado fim. O fim é o controle.

Na empresa, a pessoa encarregada de fornecer os controles é o controlador. Mas a maior parte dos executivos – inclusive muitos dos próprios controladores – consideraria um mau uso ou um abuso o controlador prevalecer-se dos controles para exercer o controle da empresa. Diriam que isso, na realidade, levaria a empresa ao absoluto "descontrole".

As razões para esse aparente paradoxo residem na complexidade dos seres humanos e das funções sociais.

Se operarmos com seres humanos em uma instituição social, os controles devem se tornar motivações pessoais que conduzam ao controle. Em vez de constituir um sistema mecânico, nas situações sócio-humanas o sistema de controle baseia-se na vontade individual. O fato de serem parcos nossos conhecimentos relativos à vontade não tem maior importância aqui. As informações fornecidas pelos controles precisam ser traduzidas antes de poder justificar qualquer medida – a tradução de um tipo de informação para outro, que chamamos *percepção.*

A instituição social apresenta uma segunda complexidade, um segundo "princípio de incerteza". Nas conjunturas sociais, é quase impossível determinar de antemão as respostas apropriadas a determinado evento.

Em uma máquina, podemos criar, e o fazemos, controles que reduzam a velocidade de sua rotação sempre que ela ultrapassar determinado ponto. Isso podemos conseguir através de meios mecânicos ou de instrumentos que indiquem ao operador humano qual é essa velocidade e lhe forneçam instruções específicas, nada ambíguas, no sentido de que reduza a velocidade quando o ponteiro do relógio chegar a determinado ponto. Todavia, a indicação "lucros baixando" não apresentará, de maneira alguma, a resposta "aumente os preços", para não dizer em quanto; a indicação "vendas caindo" não apresentará a resposta "reduza os preços" e assim por diante. Grande é o número das respostas igualmente prováveis – tão grande que geralmente nem é possível saber dizê-las de antemão. O próprio acontecimento não apresenta, tampouco, qualquer indicação com respeito a saber se essas respostas são mesmo possíveis, para não dizer adequadas ou corretas. O acontecimento em si pode nem mesmo ser expressivo. Ainda que o seja, porém, nunca haverá certeza com respeito ao seu significado. E a probabilidade de o acontecimento ser expressivo constitui um dado muito mais importante do que o acontecimento em si mesmo – dado esse que quase nunca poderemos avaliar através da análise do próprio acontecimento.

AS CARACTERÍSTICAS DOS CONTROLES

Três são as principais características dos controles em vigor nas empresas comerciais (ou em qualquer outra instituição social).

1. Os *controles não podem ser objetivos nem neutros.*

   Ao medir a velocidade da queda de uma pedra, nós nos colocamos inteiramente fora da ocorrência em si. Ao fazer essa medição, em nada alteramos o fenômeno; nem sofremos qualquer transformação como observadores. A medição dos fenômenos físicos é objetiva e neutra.

   Em uma situação perceptiva complexa como a que apresenta a empresa comercial, o ato de medir não é objetivo nem neutro. Ele é subjetivo e necessariamente sofre influências. Ele altera o acontecimento e também o observador. Nas situações sociais, os acontecimentos adquirem importância pelo fato de serem escolhidos para merecer a atenção de sofrer medições. Por mais "científicos" que sejamos, o fato de escolher este ou aquele conjunto de acontecimentos para "controlá-los" mostra que estes são considerados importantes.

   Qualquer pessoa que tenha presenciado a instalação de um sistema orçamentário já viu isso acontecer. Durante muito tempo – e para sempre em algumas empresas – interpretar os números do orçamento passa a ser algo mais importante do que aquilo que o orçamento se destina a medir, ou seja, o desempenho econômico. Executivos há que, depois de passar pela primeira experiência de um sistema orçamentário, muitas vezes contêm deliberadamente as vendas e reduzem os lucros para não se verem acusados de "descumprir o orçamento". Só com vários anos de experiência e um diretor de orçamento muito inteligente se pode fazer retomar o equilíbrio. E são incontáveis os diretores de pesquisas, perfeitamente lúcidos em tudo mais, que trabalham convictos de que conseguir resultados para as suas pesquisas por menos do que o montante assinalado no orçamento constitui crime maior do que não conseguir para elas qualquer resultado aplicando o montante "apropriado" previsto no plano orçamentário.

Nas instituições sociais do tipo das empresas, os *controles fixam metas* e *valores.* Eles não são "objetivos". Eles são necessariamente morais. A única maneira de evitar isso é sobrecarregar o executivo com tantos controles que o sistema todo acabe perdendo seu sentido e passe a constituir simplesmente uma sucessão de "barulhos".

Os controles permitem ver as coisas. Eles modificam os acontecimentos mensuráveis e também o observador. Eles concedem aos acontecimentos não apenas sentido, mas também valor. E isso quer dizer que o ponto básico não é saber "De que maneira exercemos o controle", e sim "Que é que devemos medir com nosso sistema de controle?".

2. *Os controles devem se concentrar nos resultados.*

A empresa (como qualquer outra instituição social) existe para prestar sua contribuição à sociedade, à economia e às pessoas. Consequentemente, os *resultados* das empresas existem apenas externamente – na economia, na sociedade e junto ao cliente. É o cliente que gera um "lucro". Tudo mais, no interior da empresa – a produção, o marketing, as pesquisas etc. – produz apenas despesas. Por outras palavras, a área gerencial preocupa-se apenas com os custos. Mas os resultados dizem respeito ao empreendimento.

Com facilidade podemos registrar, e portanto quantificar, a eficiência, ou seja, os esforços despendidos. Muito poucos são os instrumentos com que contamos para registrar e quantificar as repercussões. Todavia, até a mais eficiente fábrica de carruagens puxadas a cavalo, há muito, já teria fechado as portas. De nada valerá possuir o mais eficiente departamento de engenharia se ele trabalhar com os produtos errados. As subsidiárias cubanas das empresas norte-americanas eram de longe as mais bem administradas e, pelo que tudo indica, as mais lucrativas – para não dizer as que menos "dores de cabeça" davam – de todas as que operavam na América Latina. Isso, entretanto, não teve qualquer importância para a sua encampação pelo governo de Castro. E ouso dizer que durante a grande expansão da IBM, nas décadas de 1950 e 1960, o grau de "eficiência" operacional da empresa pouco importou; certa era sua concepção empresarial básica, era nela que residia a eficácia.

O lado de fora, o setor dos resultados, é muito menos acessível que o de dentro. O principal problema dos executivos das grandes organizações é seu isolamento em relação à parte externa. Isso se aplica tanto ao presidente dos Estados Unidos como ao da United States Steel. O que a empresa moderna precisa, portanto, é de órgãos sensoriais sintéticos capazes de operar sobre seu exterior. É sem dúvida e acima de tudo aí que os controles modernos devem prestar sua contribuição.

3. Os *controles são necessários para* os *acontecimentos mensuráveis* e *para* os *não mensuráveis.* Como em qualquer outra instituição, há na empresa importantes resultados que não se podem medir. Qualquer executivo experimentado sabe que há empresas ou setores que estão fadados a morrer por não serem capazes de atrair ou de manter pessoas capacitadas em seus quadros. Todo executivo experimentado sabe também que com relação a tais empresas ou setores esse fato tem maior importância do que a demonstração dos lucros e perdas referente ao ano anterior. Se algum positivista lógico tentasse dizer a tais executivos que por não se poder definir de maneira clara esse ponto constitui um "não ponto", relacionado com um "não problema", seria imediatamente (e com justiça) considerado um grande asno. É um ponto que não se pode definir com clareza, muito menos "quantificar", mas que pode ser tudo menos "intangível" (como logo verifica qualquer pessoa que entenda do assunto). Trata-se simplesmente de algo não mensurável. E seus resultados mensuráveis não começarão a aparecer em menos de uma década.

Contudo, as empresas apresentam também resultados mensuráveis e quantificáveis de real sentido e expressão. Aí se encontram todos os resultados ligados ao seu desempenho econômico anterior. Pois esses resultados podem ser expressos em termos de dinheiro, um medidor muito peculiar da esfera econômica.

Não quer isso dizer que esses sejam "tangíveis". Na verdade, a maioria das coisas que se podem medir através do dinheiro são totalmente "intangíveis" – a depreciação, por exemplo. Mas essas coisas são mensuráveis.

Os resultados mensuráveis constituem coisas que aconteceram; eles se colocam no passado. Não há fatos que se relacionem com o futuro. Basicamente, os acontecimentos mensuráveis são internos, e não externos. As manifestações externas de importância, as coisas que fazem que a fábrica de carruagem a cavalo feche e a IBM se agigante não se mostram mensuráveis até o momento em que seja tarde demais para a aplicação de qualquer controle.

Por esse motivo, o equilíbrio entre o mensurável e o não mensurável constitui problema básico e contínuo para as direções e uma área real para as decisões. As mensurações que não exprimam as suposições relativas às declarações não mensuráveis que se fazem – pelo menos como parâmetros ou limitações – desorientam e desinformam. No entanto, quanto mais pudermos quantificar os setores mensuráveis, tanto maior será a nossa tentação a dar-lhes maior realce. E maior, portanto, será o perigo de que aquilo que se nos afigura como os melhores controles signifique na verdade um controle menor, se não mesmo uma empresa totalmente descontrolada.

OS REQUISITOS RELATIVOS AOS CONTROLES

Para que o administrador possa exercer controle, os controles devem atender a sete requisitos:

- devem ser econômicos;
- devem ser expressivos;
- devem ser adequados;
- devem ser congruentes;
- devem ser oportunos;
- devem ser simples;
- devem ser operacionais.

1. O *controle constitui um princípio de economia.* Quanto menor esforço necessitar o controle, melhor será seu esquema. Quanto menores forem mais eficazes se mostrarão os controles necessários. Na verdade, acrescentando novos controles não se alcançará um controle melhor. Tudo que se fará será criar confusão.

   A primeira pergunta, portanto, que o administrador deve fazer ao conceber ou utilizar um sistema de controles é: "Quais são as informações mínimas de que necessito para exercer o controle?".

A resposta pode variar de um administrador para outro. Tudo que o diretor tesoureiro da empresa precisa saber é o total investido nos estoques, e se está subindo ou descendo. O diretor de vendas precisa saber qual é a meia dúzia de produtos responsável por 70 por cento dos estoques; mas o valor total dos estoques não tem importância fundamental para ele. Nem o tesoureiro nem o diretor de vendas precisam receber mais de uma vez ou duas por ano os números completos referentes aos estoques; uma amostra relativamente pequena poderá lhes fornecer todas as informações necessárias. O chefe do almoxarifado, porém, todo dia precisa ter essas informações – e bem detalhadas.

O fato de o computador ser capaz de cuspir enormes quantidades de números não melhora os controles. Pelo contrário, o controle é proporcionado pela resposta à pergunta: "Qual é o *mínimo* de relatórios e estatísticas capaz de permitir a compreensão de determinado fenômeno e de dar condições de prevê-lo com antecedência?". E aí se deve perguntar: "Qual é o mínimo de dados relativos a esse fenômeno capaz de nos fornecer um quadro bastante seguro?".

2. *Os controles devem ser expressivos.* Isso quer dizer que os acontecimentos a medir devem ser expressivos por si mesmos (a posição no mercado, por exemplo) ou devem constituir sintomas de desdobramentos que sejam pelo menos potencialmente expressivos (uma brusca elevação no giro dos funcionários, por exemplo, ou em suas ausências ao serviço).

   Os controles devem sempre relacionar-se com os objetivos básicos e com as prioridades a estes conferidas, as "atividades-chave" e às áreas "relativas à consciência". Por outras palavras, os controles devem se basear na definição que a empresa dá ao que ela própria é, ao que pretende ser e ao que deve ser.

OS CONTROLES ACOMPANHAM A ESTRATÉGIA

Com referência a tudo que não seja essencial ao atingimento dos objetivos da empresa, os controles devem ser infrequentes e apenas destinados a evitar degradações. Essa parte deve ser controlada estritamente "por exceção". Fixa-se um padrão, efetuam-se mensurações periódicas e com base em amostragem, e só se informam as deficiências realmente expressivas que ficarem abaixo do padrão.

O fato de podermos quantificar determinada coisa não é razão suficiente para que a meçamos. O ponto é: "É isto que o administrador deve considerar importante?", "É sobre isto que deve se concentrar a atenção do administrador?", "É este o ângulo correto para exercer o controle, ou seja, para se conseguir uma direção eficaz com a máxima economia de esforços?".

3. *Os controles devem ser adequados ao caráter e à natureza dos fenômenos que se medem.* Este pode perfeitamente ser o mais importante requisito com relação aos controles; no entanto, é o que recebe a menor atenção na sua esquematização.

   Pelo fato de exercerem tamanha influência, é da maior importância que escolhamos não apenas os controles corretos, mas também os apropriados, para permitir que forneçam o panorama correto e a base para medidas eficazes. E a mensuração deve apresentar de forma estruturalmente real os acontecimentos medidos. A validade formal não basta.

   Geralmente, afirma-se que as queixas ou reclamações apresentadas pelos funcionários da empresa são de "cinco mil empregados por mês". Formalmente, isso é válido. Todavia, será válido também estruturalmente? Ou constitui um desencaminhamento? A primeira impressão que essa informação dá é que as reclamações se distribuem de maneira casuística por toda a força de trabalho da empresa. A segunda é que elas constituem um problema menor, especialmente quando precisamos atender a cinco reclamações por mil empregados por mês. Embora formalmente válida, está aí uma informação que não representa a verdade e desinforma ao mesmo tempo.

   As reclamações constituem um acontecimento de natureza social. E os acontecimentos de natureza social quase nunca ocorrem obedecendo à "distribuição normal" que encontramos no mundo físico. A grande maioria dos departamentos da fábrica, abrigando 95 por cento de sua força de trabalho, normalmente não apresenta uma só reclamação durante o ano inteiro. Mas em outro departamento, que emprega apenas um punhado de gente, pode haver uma forte incidência de reclamações – de modo que os "cinco por mil" podem muito bem significar e (no caso do qual retirei esses dados realmente significaram) uma importante reclamação por pessoa por mês. Ora, se acontecer de esse departamento abrigar a linha de montagem final, pela qual deve passar toda a produção, e se os trabalhadores desse setor entrarem em greve ao verem suas reclamações desprezadas por uma direção que se deixou desencaminhar por seus próprios controles, o resultado pode ser desastroso. No caso concreto, levou a firma à falência.

A maior parte das avaliações de desempenho que se fazem nos departamentos de venda, digam elas respeito a toda a equipe de vendedores ou a um só deles, refere-se às vendas em valores totais. Todavia, em muitos setores esses valores são inadequados. O mesmo valor de vendas pode significar um volumoso lucro, nenhum lucro ou até um grande prejuízo – dependendo do conjunto dos artigos vendidos. O valor absoluto de vendas que não faça menção ao conjunto dos artigos, portanto, não permite qualquer controle – nem ao vendedor, nem ao gerente das vendas, nem à alta direção da empresa.

Essas coisas são elementares. No entanto, poucos são os administradores que parecem conhecê-las. Os sistemas tradicionais de informação (especialmente a contabilidade tradicional) mais encobrem do que ressaltam a adequação. Sem controles que ponham claramente à mostra a real estrutura dos acontecimentos, o administrador fica desguarnecido de informações e portanto propenso a fazer coisas erradas. Isso porque todo o volume diário do trabalho o força a distribuir suas energias e recursos em relação à *quantidade* dos acontecimentos. Verifica-se aí um impulso contínuo para que ele aplique suas energias e recursos nos pontos que proporcionarão os menores resultados, isto é, na grande quantidade dos fenômenos que, no conjunto, praticamente darão em nada.

4. *As mensurações devem ser congruentes com os acontecimentos medidos.* Alfred North Whitehead (1861-1947), destacado lógico e filósofo, costumava advertir contra o "perigo da falsa exatidão". Se incidir sobre um fenômeno que pode ser verificado em uma faixa de 50 a 70 por cento, a mensuração não ganhará maior "exatidão" por ser calculada até a sexta casa decimal. Isso constitui "falsa exatidão" e desencaminhamento.

Constitui importante peça de informação dizer que este ou aquele fenômeno não pode ser medido com precisão, e sim apenas colocado dentro de certa amplitude ou grandeza. Dizer: "Temos 26 por cento do mercado" parece algo bastante preciso, mas costuma ser uma declaração tão imprecisa que virtualmente não tem qualquer sentido. O que realmente significa, em regra, é: "Nós não dominamos o mercado, mas também não estamos marginalizados dele". Ainda assim, essa declaração só merece a confiança que se puder depositar na definição que se der ao mercado.

Cabe ao administrador julgar o tipo de mensuração apropriado ao fenômeno que quer medir. Ele deve saber quando o "aproximado" é mais preciso do que um número aparentemente exato que tenha sido meticulosamente calculado. Ele deve saber quando um intervalo de valores é mais preciso do que até mesmo um único número aproximado. Ele deve saber que "maior" e "menor", "antes" e "depois", "para cima" e "para baixo" são termos quantitativos e geralmente mais exatos, na verdade até mais rigorosos, do que qualquer número ou série de números específicos.

5. *Os controles devem ser oportunos.* As mensurações frequentes e os "relatórios imediatos" não proporcionam necessariamente melhor controle. Na verdade, eles podem até mesmo frustrar o controle. A dimensão temporal dos controles deve corresponder à duração temporal do fato medido.

Ultimamente, está muito na moda falar de controles em "real time", isto é, controles que informam simultânea e continuamente. Acontecimentos há em que os controles em "real time" são muito convenientes. Se no tanque de fermentação um lote de antibióticos se estragar no momento em que a temperatura ou a pressão se afastarem de determinada faixa muito estreita por mais de um momento ou dois, o acompanhamento em "real time" e contínuo evidentemente será necessário. Poucos, porém, são os acontecimentos que exigem esse tipo de controle. E a maior parte nem pode ser controlada por eles. O "real time" tem duração errada para um controle eficiente.

Diz-se que quando as crianças tomam conta de uma horta ficam impacientes a ponto de arrancar os rabanetes assim que as folhinhas começam a aparecer, para ver se a raiz já está crescendo. Esse é um controle em "real time" – mal aplicado.

Da mesma forma, querer medir durante o tempo o progresso de uma pesquisa acaba por atrapalhar seus resultados. A dimensão temporal apropriada para as pesquisas é longa. Uma vez a cada dois ou três anos deve-se proceder a uma avaliação rigorosa do andamento das pesquisas e dos seus resultados. Nesse intervalo, o administrador experiente acompanha a marcha dos trabalhos. Presta atenção a qualquer indício que aponte para inesperados problemas de monta e, mais que isso, para qualquer indicação de boas perspectivas. Mas controlar a pesquisa em "real time" – como vêm procurando fazer alguns laboratórios de pesquisa – é arrancar os rabanetes.

Também o perigo contrário existe, o de não fazer as medições com a frequência necessária. Essa falha é bastante comum nas iniciativas que (a) levam um tempo relativamente longo para apresentar resultados concretos, e (b) precisam juntar-se em dado momento, no futuro, para apresentar os resultados finais esperados.

6. *Os controles devem ser simples.* Todos os grandes bancos comerciais de Nova York dedicaram-se, na década de 1960, à criação de sistemas de controle internos, especialmente com relação aos custos e à distribuição das tarefas. Todos gastaram bastante tempo e dinheiro nesse particular, e saíram com seus manuais de controle. Segundo me consta, esses manuais estão sendo usados hoje por apenas um desses bancos. Perguntado sobre como explicar isso, um dos executivos desse banco não afirmou (ao contrário do que seu entrevistador esperava) que se devia a um intenso programa de adestramento nem falou sobre sua própria "filosofia". O que ele disse foi: "Tenho duas filhas mocinhas. Elas nada sabem sobre o funcionamento dos bancos nem são muito boas em cálculos aritméticos. Mas têm inteligência. Toda vez que eu preparava um plano destinado a controlar determinada atividade, eu o levava para casa ainda em forma de rascunho e pedia às minhas filhas que me deixassem explicá-lo. Só quando o plano ficava tão simples que elas conseguiam entender e me explicar de volta o que se pretendia fazer e como é que eu tratava de colocá-lo em funcionamento. Só aí ele estava suficientemente simples".

Os controles complicados não funcionam. Só confundem. Desviam a atenção daquilo que deve ser controlado, para a mecânica e a metodologia do controle em si. Mas se antes de empregar aquele controle o usuário precisar saber como é que ele funciona, então esse usuário não terá controle nenhum nas mãos. E se precisar sentar e pôr-se a imaginar o que significa determinada mensuração, também não terá controle nenhum.

7. *Finalmente, os controles devem ser operacionais.* Devem concentrar-se sobre a ação. A ação, e não a informação, constitui sua finalidade. A ação pode não passar do estudo e análise. Por outras palavras, a mensuração

pode dizer: "Não sabemos o que está acontecendo; trata-se, porém, de alguma coisa que precisamos entender". Mas jamais deve limitar-se a dizer: "Eis aqui algo que você pode achar interessante".

Isso quer dizer que os controles – constituam eles relatórios, estudos ou números – devem sempre chegar à pessoa que é capaz de tomar medidas controladoras. Se devem chegar a alguém mais – e especialmente a alguém de escalão mais alto – é um ponto que se pode discutir. Mas seu principal destinatário é o administrador ou profissional que tem condições de tomar providências em razão da posição que ocupa no fluxo do trabalho e na estrutura decisória. Isso quer dizer ainda que a mensuração deve tomar forma adequada às necessidades de quem a recebe.

Os trabalhadores e seus chefes de primeira linha devem receber mensurações e informações controladoras que lhes permitam dirigir seus esforços imediatos para conseguir resultados que se encontrem sob seu controle. No entanto, é característico que os chefes da primeira linha recebam todo mês relatórios sobre os resultados relativos ao controle da qualidade na fábrica inteira, enquanto os trabalhadores nunca recebem coisa alguma. Por sua vez, a alta administração geralmente recebe informações e mensurações que os gerentes do nível médio precisam e podem usar, e que pouco ou nada dizem respeito ao seu próprio trabalho de alta direção.

Em grande parte, o motivo disso tudo é a confusão existente entre o controle como dominação sobre terceiros e o controle como conduta racional. Se os controles não forem dirigidos de forma a satisfazer a este último ponto, e isso quer dizer de forma a proporcionar o autocontrole, eles conduzirão às medidas erradas. Eles passam a constituir, aí, "descontroles".

O CONTROLE DERRADEIRO DA ORGANIZAÇÃO

Mais um ponto importante deve ser mencionado. Nas instituições sociais, observa-se uma limitação fundamental, incurável e básica, no tocante aos controles. Isso se deve ao fato de que toda instituição social é, ao mesmo tempo, uma entidade real e uma ficção. Como entidade, ela tem finalidades próprias, desempenho próprio, resultados próprios e sobrevivência e morte próprias. Esses são os setores sobre os quais vimos discorrendo até aqui. A instituição social, porém, compõe-se de pessoas, cada qual com seus próprios objetivos, ambições, ideias e necessidades. Por mais autoritária que seja, a instituição precisa satisfazer as ambições e necessidades de seus membros, e fazê-lo em sua condição de pessoas, mas através de prêmios e castigos, incentivos e repressões *institucionais.* A expressão dessas coisas pode ser quantificada – como um aumento salarial. Mas o sistema em si não tem caráter quantitativo nem pode ser quantificado.

No entanto, aí está o verdadeiro controle da instituição, isto é, a razão da conduta e a causa da ação. As pessoas propendem a agir de conformidade com o modo como estão sendo premiadas ou castigadas. Para elas, essa é a expressão dos verdadeiros valores da instituição, bem como de sua real finalidade e papel.

Todo sistema de controles que não se encontre em sintonia com esse controle derradeiro da organização, o único eficaz, que assenta nas decisões de seu pessoal, será, na melhor das hipóteses, ineficiente; na pior delas, provocará atritos intermináveis e levará a organização ao completo descontrole.

CONSIDERAÇÕES FINAIS

Os *controles* são coisa diferente do *controle.* Os controles constituem os meios, o controle constitui o fim necessário. Nas organizações humanas, os controles não podem ser nem objetivos nem neutros. Eles fixam metas e valores, e devem concentrar-se nos resultados. Os controles são necessários tanto em relação aos acontecimentos mensuráveis como em relação aos não mensuráveis, Há determinados requisitos que os controles devem satisfazer para propiciar um controle eficaz. E as decisões das pessoas constituem o controle derradeiro da organização.

PERGUNTAS

1. Qual é a diferença entre o "controle" e os "controles"?
2. Qual é a pessoa da empresa a quem cabe fornecer os controles?
3. Quais são as três características do controle?
4. Por que se pode dizer que "os controles permitem ver as coisas"?

5. Quais são alguns exemplos de acontecimentos não mensuráveis que ocorrem nas organizações e que não precisam ser controlados?
6. Quais são os requisitos relativos aos controles?
7. Por que o verdadeiro controle deriva da quantidade *mínima* das informações que se fazem necessárias?
8. Por que os controles devem acompanhar a estratégia?
9. Por que é desorientador relatar, em um acontecimento social, apenas a quantidade das ocorrências em relação à quantidade das pessoas?
10. Por que muitas vezes um número aproximado é mais exato do que um número aparentemente preciso que tenha sido meticulosamente calculado?
11. O que são os controles em "real time"? De que forma podem eles ser mal aplicados?
12. Qual é a fonte do derradeiro controle da organização?

CAPÍTULO 32

O ADMINISTRADOR E O ORÇAMENTO

Depois da contabilização por partidas dobradas e do copiador, o orçamento é o mecanismo mais usado pela administração. Praticamente toda empresa, grande ou pequena, se vale de alguma espécie de orçamen to. Assim também todo hospital e toda universidade. Acima de tudo, não há, no mundo inteiro, órgão público que opere sem seu orçamento anual. Na realidade, os orçamentos constituem o único mecanismo de administração gerado na área governamental, e não na área privada.

Em sua forma moderna, nascida na Inglaterra do século passado, os primeiros orçamentos relacionavam de um lado as receitas provenientes dos impostos, taxas alfandegárias etc., e do outro, as despesas. Eles mostravam se as finanças governamentais produziriam superávit ou déficit. Em caso de déficit, seria preciso aumentar as receitas, ou cortar as despesas, ou tomar empréstimos. O orçamento fornecia também a base legal para as despesas de cada departamento da administração pública. A despesa não orçada seria ilegal. Tratava-se, pois, do primeiro dique eficaz à burocracia, a primeira maneira sistemática e ordenada de deixar o executivo governamental saber a verba de que dispunha para cada fim.

Independentemente da forma como são preparados, todos os orçamentos atendem ainda a essas finalidades iniciais. Eles permitem que a administração – seja da empresa, de hospital ou de entidade pública – reúna em um documento amplo todos os seus compromissos, planos, projetos e despesas; pelo orçamento, confronta-se a despesa total com o total das receitas previstas, chegando-se assim a prever as receitas e as necessidades financeiras da organização inteira. Os orçamentos contam ainda quais as despesas planejadas e autorizadas. Finalmente, eles permitem aos administradores de todos os níveis verificar se, no decorrer do período orçado, os acontecimentos tomam o caminho traçado ou se provocam qualquer redução nas receitas ou excesso nas despesas previstas, ou ainda qualquer alteração expressiva no desempenho econômico da empresa, departamento, projeto ou produto.

Quase todas as empresas usam hoje o orçamento para prever e controlar suas necessidades financeiras e sua posição financeira. O orçamento é particularmente necessário para que o administrador financeiro planeje com antecedência as necessidades de caixa da empresa e procure conseguir antecipadamente os recursos financeiros adequados. Por conseguinte, todo processo orçamentário gera o respectivo orçamento do "fluxo de caixa". Muitas empresas preparam ainda um orçamento de capital – habitualmente abrangendo período superior a um ano – que estipula as necessidades previstas de capital em relação às suas várias fontes, fornecendo dessa forma uma base para distribuírem os recursos desse gênero (por exemplo, entre as propostas para ampliar determinada capacidade e as propostas para criar novos mercados). Ao mesmo tempo, esse orçamento de capital permite à administração verificar se seus planos para levantar capitais serão adequados às necessidades da empresa, bem como tomar a tempo providências capazes de procurar o respectivo equilíbrio.

O ORÇAMENTO É INSTRUMENTO DE ADMINISTRAÇÃO

Mas o orçamento cresceu de importância, passando a constituir muito mais do que um instrumento financeiro. Ele é, acima de tudo, instrumento de administração. É o instrumento em torno do qual o administrador experimentado monta todo o seu planejamento. Constitui o melhor mecanismo para fazer que os recursos básicos, e especialmente o recurso representado pelo pessoal capaz de bom desempenho, sejam designados a prioridades e resultados. É igualmente um instrumento integrador em relação a toda força trabalhadora, e nessa qualidade inteiramente à disposição dos dirigentes. É ainda um mecanismo que capacita o administrador a saber quando deve reexaminar e rever seus planos, seja porque seus resultados se apresentem diferentes dos esperados – melhores ou piores – seja porque as condições ambientais ou econômicas, as condições do mercado ou as tecnologias, tenham mudado e já não correspondam às suposições básicas do orçamento.

O ponto de partida para o processo da orçamentação, especialmente na empresa, deve sempre ser constituído pelos *resultados previstos.* "Que resultados esperamos conseguir nesta empresa durante os próximos doze ou vinte e quatro meses? Que resultados esperamos deste departamento de pesquisas no próximo ano ou nos próximos cinco anos?" Só quando os resultados previstos tiverem sido cuidadosamente considerados se deverá perguntar: "E que *esforços* se fazem necessários para alcançá-los?".

Os orçamentos são expressos em termos monetários. Mas esses termos monetários devem ser vistos como expressão simbólica – uma espécie de taquigrafia – dos esforços necessários, devendo ainda basear-se em "valores reais"; ou seja, nas matérias-primas necessárias, no volume de trabalho necessário, na capacidade de produção necessária. Por outras palavras, os orçamentos devem sempre ser usados como instrumentos para se considerar com seriedade a relação entre os resultados desejados e os meios disponíveis. Se forem encarados como mera demonstração de despesas, em pouco tempo deixarão de constituir o instrumento de que o administrador se serve para seu planejamento e controle. Aí, eles poderão degenerar em uma camisa de força a controlar o administrador e impedi-lo de tomar as medidas corretivas.

Em particular, é importante evitar a pior armadilha que o orçamento pode representar, aquela em que costumam cair os orçamentos públicos. É a tendência a encarar as despesas do ano anterior como "mais ou menos certas" e projetá-las no preparar o orçamento do ano seguinte. Caracteristicamente, nesse tipo de projeção o administrador parte do orçamento do ano anterior e acrescenta ou abate dez por cento em todas as parcelas. Com isso, ele pode conseguir um orçamento "simétrico", mas também demonstrará que não usa o orçamento para seu planejamento, com o que pouca probabilidade terá de empregar seus recursos onde sejam necessários.

ORÇAMENTO DE BASE ZERO

Como remédio para esse tipo de orçamento projetado, está cada vez mais cotado o "orçamento de base zero". Em vez de partir das despesas do ano anterior, nesse tipo de orçamento o administrador parte dos resultados que deseja alcançar em determinada área, e pergunta: "É a área correta? É uma área prioritária?". E depois: "Que se faz realmente necessário para alcançar esses resultados?".

Em uma empresa grande e complexa, é difícil submeter todas as áreas de despesas a essas perguntas a cada ano. Não obstante, é algo que deve ser sempre feito com relação aos mais importantes setores das despesas. A orçamentação que ajusta os números do período anterior às previsões do período seguinte pode funcionar nos setores menos importantes durante alguns anos. Nesses setores, a orçamentação de base zero pode ser utilizada mais ou menos a cada três anos, e não anualmente. Dentro desse esquema rotativo, a orçamentação de base zero pode e deve ser utilizada em todas as organizações, como instrumento para a revisão periódica e sistemática em todas as organizações, mercados e atividades. Dessa forma, ela será útil como o instrumento do descarte sistemático do obsolescente, do improdutivo e do desnecessário.

Tão importante como o orçamento de base zero é a compreensão de que qualquer período que for tomado para conter o orçamento será arbitrário. Grande parte das despesas orçadas pelo administrador se projetarão, necessariamente, sobre períodos muito superiores a um ano. Isso se aplica particularmente às despesas de capital. No primeiro ano de um projeto – a construção de uma nova fábrica, por exemplo – as despesas podem ser muito baixas, limitadas ao que seja necessário à engenharia preliminar e aos desenhos arquitetônicos. Mas essa engenharia e esses desenhos na verdade comprometem a empresa a despesas muito maiores nos anos seguintes. E se estas despesas não forem efetuadas por falta de disponibilidade, os montantes gastos no primeiro ano ficarão perdidos. O mesmo aplica-se a muitas outras atividades: os trabalhos de pesquisa; a formação da administração e dos administradores; o adestramento dos trabalhadores da fábrica e das equipes de venda; a promoção das vendas e a propaganda etc. Para produzir qualquer resultado, essas atividades todas exigem um esforço contínuo por longos períodos. Preparar orçamentos para elas em bases anuais, portanto, é ilusório e provavelmente acarretará prejuízos nos anos posteriores, ao verificar-se a falta da disponibilidade necessária para que aquela atividade produza os resultados desejados. Tais atividades requerem um orçamento que cubra a vida inteira do projeto ou operação, ou seja, que mostre os esforços exigidos em toda a sua vida.

ESPÉCIES DE DESPESAS

Há muito os contadores distinguem três espécies de despesas: 1) *Despesas variáveis,* ou seja, aquelas que devem oscilar conforme o volume das operações, como as despesas com matérias-primas necessárias à produção de determinado artigo, ou com a mão de obra direta necessária a essa produção. 2) *Despesas fixas,* ou seja, aquelas às quais a empresa está obrigada por lei ou decisões anteriores, como o pagamento de juros sobre empréstimo contraído para construir uma nova fábrica, as despesas de manutenção da fábrica, os impostos prediais e os prêmios dos seguros. As despesas relativas à manutenção de um plano de aposentadoria dos funcionários também são fixas. 3) *Despesas gerenciais,* ou seja, as relativas a atividades do gênero da pesquisa, da promoção e propaganda, da formação de administradores e das operações de campo da equipe de vendas. Essas despesas não são determinadas nem pelo nível das operações nem pelos compromissos assumidos anteriormente, representando, isto sim, decisões da administração.

O ORÇAMENTO PARA O CICLO DA VIDA

Nos meios contábeis, discute-se a respeito de saber se essas distinções ainda guardam sentido. Cada vez mais, por exemplo, a "mão de obra" está assumindo feição de despesa fixa e não de despesa variável. Para fins orçamentários, porém, esse sistema ainda é útil. Tudo que apresente probabilidade de ser despesa fixa e tudo que seja despesa administrada tem por definição período de vida superior a um ano. Dessa maneira, nunca deverá ser orçado em base apenas anual. Em vez disso, o orçamento deve começar com o ciclo temporal apropriado. Depois deve perguntar: "Que parcela da despesa necessária desse ciclo se refere ao período orçamentário atual?".

O exemplo mais conhecido dessa orçamentação "para o ciclo da vida" é o estudo das despesas relativas ao ciclo da vida, introduzido no orçamento da segurança norte-americana por Robert McNamara quando secretário da Defesa do presidente Kennedy, no início da década de 1960. Pelo processo tradicional de orçamento do governo norte-americano, até então praticado, para criar uma arma qualquer, como um novo avião de caça, as forças armadas apresentavam suas solicitações financeiras em base anual. Ou seja, pediam a verba suficiente para iniciar o projeto, sem revelar a verba que se faria necessária até o fim do projeto. Aí, quando as primeiras centenas de milhões de dólares haviam sido gastas, os militares sempre diziam que abandonar a coisa por seu custo estar muito elevado (conforme o novo avião passava da prancha de desenhos para a produção) corresponderia a perder as verbas já empregadas. Quando o primeiro protótipo do avião saía da linha de produção e evidenciava a necessidade de um programa longo e dispendioso de adestramento, bem como de vultosas verbas para a compra das peças de reposição necessárias, eles podiam argumentar que a falta desses valores no orçamento futuro significaria a perda das elevadas somas já investidas. No regime das despesas para o ciclo da vida, as forças armadas deveriam apresentar suas estimativas para o custo do novo armamento em toda a sua vida, inclusive as despesas de adestramento e com os equipamentos de manutenção, reparo e reposição. Com isso, pelo menos teoricamente, o secretário da Defesa, o presidente e o Congresso podiam saber antecipadamente as dimensões do compromisso que assumiam e suas repercussões sobre os orçamentos posteriores.

Também no setor empresarial as despesas para o ciclo da vida, ou alguma de suas variantes, estão tendo uso cada vez maior. Na realidade, constitui um mau começo para o orçamento supor que no futuro o novo projeto – trate-se ele investimento de capital ou de coisa como um programa de propaganda ou treinamento – virá a custar menos. Só os programas malsucedidos não precisarão de novas verbas; esses poderão e deverão ser descartados. A fábrica que acabe se mostrando desnecessária deverá ser vendida. O programa de adestramento que não produza pessoal preparado deverá ser sucateado. Se o produto for bem no mercado, se a fábrica produzir o artigo certo ao custo certo e se o programa de adestramento realmente preparar as pessoas, a coisa sempre exigirá maiores verbas no futuro – e deverá exigi-las. Na orçamentação das despesas de capital, das despesas fixas e das despesas administradas, o dirigente deve sempre ponderar a quantia a mais que será reclamada pela sua boa e feliz condução. O êxito obriga a organização a elevar seu apoio real ao programa.

O ORÇAMENTO OPERACIONAL E O ORÇAMENTO PARA AS OPORTUNIDADES

Só por esse motivo, um grande número de empresas desmembra cada vez mais seu orçamento em duas partes. Uma é a do orçamento operacional, que abrange tudo que já esteja sendo feito. A outra é algo chamado orçamento para as oportunidades; trata das novas coisas que possam ser feitas, dos produtos, mercados, atividades e programas que representem algo genuinamente novo ou um novo modo de fazer algo antigo. O orçamento operacional geralmente tem muitas e muitas folhas. Já o orçamento para as oportunidades costuma ser muito breve. Mas o dirigente que aprendeu a trabalhar com o orçamento, em regra, empregará com o fino orçamento destinado às oportunidades exatamente o mesmo tempo que gastará com o grosso orçamento operacional. Ao analisar o orçamento operacional, o dirigente pergunta: "Qual é o *mínimo* que precisamos fazer neste setor para evitar prejuízo? Quanto empenho e quantos recursos precisam ser investidos nesta atividade para que ela prossiga? Qual é o menor custo para conseguirmos resultados adequados?". Nos termos da moderna teoria econômica, esse é o método da "satisfação". Ele não procura "elevar ao máximo". Nem "atingir o ótimo". Ele procura "satisfazer" as exigências mínimas que se façam necessárias para evitar qualquer desempenho inaceitável.

Com relação ao orçamento para as oportunidades, a primeira pergunta será sempre: "É esta a oportunidade correta?". Se a resposta for "sim", a pergunta ficará sendo: "Qual é o ótimo, em termos de recursos e de dinheiro, que esta oportunidade pode absorver, ao nível atual? Podemos esperar apressar o processo de criar um novo produto, muito necessitado, colocando mais gente a trabalhar nele? Ou com isso só criaremos confusão?". Nos estágios iniciais de uma oportunidade, fornecer dinheiro e recursos excessivos é exatamente tão perigoso como fornecê-los em quantidade insuficiente.

Deixar de formular essas perguntas constitui, em grande parte, a causa do fracasso de tantos programas relacionados com a "Guerra à Pobreza", levada a efeito nos Estados Unidos; quem acabou com eles foi a bondade. Ela os sufocou no dinheiro, quando eles precisavam apenas de um punhado de pessoas de primeira classe capazes de experimentar, criar, aprender e demonstrar. O dinheiro carregou consigo uma burocracia tremenda, que estava ocupada demais com sua própria mecânica interna para produzir resultados, ou mesmo para saber quando estava conseguindo tais resultados. E o povo, levado pelos opulentos orçamentos desses programas a esperar progressos imediatos, desencantou-se quando viu que os resultados demoravam para chegar – como eles costumam demorar também nos programas educacionais e de assistência médica que, por definição, só começam a produzir frutos após um bom período de carência.

O ORÇAMENTO DOS RECURSOS HUMANOS

Para trabalhar bem com o orçamento, o dirigente precisa usá-lo como instrumento para controlar a atribuição dos serviços. A maior parte dos orçamentos só fixa as verbas e diz onde elas devem ser gastas. Não contém as cláusulas necessárias a assegurar, de maneira razoável, que os resultados previstos serão conseguidos. São orçamentos que deixam de atentar para o único recurso capaz de gerar resultados: pessoas realizadas.

A última providência no processo de orçamentação, a mais decisiva (e raramente tomada) é determinar quem será responsável por qual atividade e por quais resultados previstos. Se à frente de cada despesa orçada não se mencionar o nome de quem fará o serviço, essa decisão não terá sido tomada. A única decisão que terá sido tomada será a de gastar dinheiro – a mais fácil, naturalmente.

Ao preparar o orçamento, o dirigente começa pelas suas oportunidades ou prioridades. E a respeito de cada uma, perguntará: "A quem compete esse serviço? É essa a pessoa correta? Ela é capaz de gerar resultados? E está pronta para cuidar do serviço?".

Ou seja, trabalhar com orçamento não substitui as decisões eficazes. Ele é um instrumento para planejar e decidir. O dinheiro não substitui o raciocínio, o bom desempenho e a competência. São as pessoas que raciocinam. As pessoas que conseguem o bom desempenho. As pessoas que têm competência. Elas precisam do dinheiro, não há dúvida, mas sem elas o dinheiro se perderá.

Além de instrumento de planejamento do dirigente, o orçamento constitui também um dos mais eficazes meios de comunicação e integração. O orçamento sempre procura apresentar um quadro de cada parte da empresa. Mas também mostra como cada uma delas se relaciona com os fins e necessidades do todo. Por conseguinte, trabalhar com orçamento exige que o dirigente encarregado do todo e as pessoas encarregadas das partes discutam essa peça em conjunto. O dirigente de cada unidade precisa assumir sua responsabilidade pela liderança do processo de orçamentação. Em essência, o orçamento da empresa inteira representa o total dos orçamentos relativos a todas as suas partes. Inversamente, o orçamento de cada parte é derivado do orçamento do todo.

Bem usado, portanto, o orçamento transforma-se em importante mecanismo de comunicação e integração à disposição do dirigente. Deve induzir a eficazes comunicações ascendentes, que levem ao administrador o ponto de vista, as prioridades, preocupações e necessidades de cada unidade subalterna. Deve também proporcionar comunicações laterais, permitindo aos dirigentes de outros setores compreender o que seus colegas estão procurando fazer ou precisam. Ele deve ser um eficaz instrumento integrador que permita ao dirigente comunicar às pessoas com quem trabalha a compreensão das necessidades da empresa inteira – das decisões que precisam ser tomadas, das prioridades que devam ser fixadas e, especialmente, das atribuições pessoais de serviço que derivem do orçamento.

O orçamento autoriza certas despesas e proíbe outras. Aponta e apoia certas oportunidades, mas ao fazê-lo desaconselha ou proíbe o apoio a outras oportunidades e atividades. É um instrumento para tomar decisões que irão atingir todos os componentes da organização. Por conseguinte, pode-se às vezes ver no orçamento uma peça que imponha limites à ação dos dirigentes ou lhes proporcione a fuga à responsabilidade, dessa forma impedindo a inovação. Bem usado, porém, ele pode se transformar em instrumento que estimule e una, que torne compreensível o interesse comum e motive até as pessoas cujos projetos mais acariciados precisem ser negados.

O ORÇAMENTO E O CONTROLE

O orçamento é um instrumento de controle da administração. Mostra ao dirigente como vai o desempenho de cada um dos principais setores da organização. Estamos "dentro do orçamento"? Ou estamos "abaixo do orçamento"? Uma olhada nos algarismos pode mostrar isso a cada mês, a cada três meses e a cada ano. E pela mesma via o orçamento mostra também quando se faz necessário rever as previsões – seja porque as coisas andem melhores, piores ou diferentes em relação às previstas.

Caracteristicamente, as empresas acompanham o orçamento como um sistema de alarme inicial, que denuncia o perigo e a falta do desempenho, e essa função é importante. Mas o bom desempenho em relação ao orçamento deve também ser visto como um sistema de alarme inicial em relação às oportunidades, isto é, para o caso de o desempenho se mostrar *melhor* do que o esperado.

Exemplo do controle por orçamento que executa essas duas coisas é um sistema colorido muito simples empregado por uma grande multinacional de investimentos que opera na América Latina fornecendo capital inicial a novas atividades e novas empresas. Os orçamentos relativos a todos os investimentos da organização, neste ou naquele país latino-americano, encontram-se em um grande mapa de parede, na sala de conferência da matriz da empresa. A cor mostra a perspectiva que cada um apresenta: verde – as coisas estão caminhando de acordo com o orçamento; amarelo – cuidado, pode haver problema; vermelho – há problema; e azul – as coisas estão caminhando melhor e mais rápido do que o previsto. A direção dessa empresa aprendeu a dedicar à área azul a mesma atenção (ou maior) que dedica às áreas amarela e vermelha.

Suponhamos que uma nova empresa verifique que sua fábrica esteja sendo construída com rapidez maior do que a inicialmente prevista. Ela pode, por conseguinte, iniciar o marketing de seu novo produto um ano antes. Que significará isso no tocante a contratar pessoas, preparar o sistema de distribuição, desfechar a propaganda e a promoção, encomendar as matérias-primas e atender às necessidades do capital de giro? Se tudo isso não for providenciado, perder-se-á a oportunidade representada pelo êxito inesperado que tenha sido conseguido na construção da fábrica.

O controle através do orçamento permite ao dirigente descartar-se de todos os pontos que caminhem de acordo com o orçamento, bem como localizar com facilidade aqueles outros pontos que se afastem expressivamente do orçamento, para cima ou para baixo. Na realidade, constitui um saudável hábito orçamentário mostrar separadamente, a cada mês ou trimestre, os pontos que apresentem desvios expressivos em relação à previsão orçamentária, bem como fornecer as respectivas explicações, de forma a permitir ao dirigente tomar as providências que eventualmente lhe pareçam necessárias.

Contudo, os vários tópicos do orçamento obviamente diferem muito no tocante à sua importância, havendo desde aqueles que apresentem importância decisiva até os mais triviais. E geralmente o controle pela exceção não se mostra adequado ao tópico mais importante. Cada vez mais, portanto, especialmente nas operações complexas, está sendo utilizado o "orçamento de fatores críticos". (Empregado pela primeira vez na década de 1920, pela General Motors.)

A versão mais divulgada de um orçamento de fatores críticos provavelmente seja a do orçamento montado pelas Forças Armadas dos Estados Unidos, quando era secretário da Defesa Robert McNamara, no início da década de 1960. Com respeito a cada sistema de armas, a cada comando, a cada projeto importante, ela pergunta: "Quais são os poucos e importantes pontos que no conjunto respondem por 75 a 80 por cento do orçamento total? E quais os poucos pontos que no conjunto respondem por 75 a 80 por cento da prontidão para o combate, das Forças Armadas do País, do Comando Aéreo Estratégico ou da força-tarefa naval?". E aí esses tópicos (quc no conjunto não passam de poucas centenas, dentro de um orçamento que relaciona milhões deles, se não bilhões) são relatados especificamente e acompanhados de numerosos detalhes. Todos os outros tópicos só são informados se e quando se afastam expressivamente dos padrões prefixados. E quanto menos importantes forem, em termos tanto da verba como da sua influência na prontidão para o combate e na estratégia do País, tanto maior será a faixa dentro da qual não serão relatados aos escalões superiores da administração.

Outro refinamento importante e amplamente utilizado é o "orçamento dos marcos", que controla os pagamentos e os faz depender da consecução de resultados prefixados. O orçamento pode, por exemplo, autorizar despesas com a promoção das vendas e a distribuição de um novo produto, sujeitas à realização com êxito de um teste no mercado, em determinado ponto de determinada verba. Até que se alcance aquele marco, a nova despesa, embora autorizada e averbada, não poderá ser efetuada. A orçamentação por marcos é particularmente importante nos projetos de capital, como a construção de um grande prédio, a realização de um importante programa de pesquisas e a criação e introdução de um produto no mercado.

O GRÁFICO DE GANTT

O orçamento introduz um corte seccional na organização – trate-se da empresa interna, de uma sua divisão ou departamento. Ele controla todas as suas receitas e as confronta com o conjunto das suas despesas. Para cada período, ele apresenta um retrato – ou pelo menos raios X – da organização inteira e aponta os pontos em que o controle se faça necessário. Mas ele não confere ao dirigente os instrumentos para o planejamento e controle dos projetos individuais, especialmente os mais longos e complexos.

Construir um grande petroleiro, uma ampla usina de produtos químicos, uma nova fábrica de papel ou um arranha-céu para escritórios representa tarefa que pode se estender por cinco anos. O produto acabado será um todo integrado, mas irá resultar de numerosíssimas atividades que avançarão através de diferentes estágios. Alguns deles precisarão caminhar em sequência. A fiação elétrica e o encanamento do prédio de escritórios, por exemplo, não poderão ser instalados enquanto sua estrutura não estiver pronta. Mas poderão ser instalados antes que qualquer outra obra seja feita em seu interior. Outras obras poderão ser executadas paralelamente entre si. O motor para o petroleiro e o condutor de força ligando a hélice ao motor poderão ser feitos enquanto o casco estiver sendo montado, podendo mesmo precisar ser iniciados antes que comece a sua construção. No entanto, a empreiteira responsável pela construção do navio ou do arranha-céu se comprometerá em relação à data da entrega, geralmente obrigando-se a pesadas multas se ela não for observada. Caracteristicamente, a empreiteira se comprometerá também em relação a determinadas despesas.

O instrumento para o controle de tais projetos é o *Gráfico de Gantt* (cujo nome vem do pioneiro norte-americano da administração científica, Henry L. Gantt (1861-1919), que criou esse instrumento para as tarefas da Primeira Guerra Mundial). O Gráfico de Gantt e seus vários refinamentos posteriores, como o Gráfico do Caminho Crítico (criado pela Dupont Chemical Company na década de 1950) e o Pert (Program Evaluation and Review Technique – Técnica de Avaliação e Revisão de Programas, criado pela marinha norte-americana no fim da década de 1950) constituem os instrumentos mais refinados e eficazes que o dirigente possui para o planejamento e controle. Eles não estão sendo empregados com a amplitude que merecem.

A ideia básica de Gantt foi assombrosamente simples. Tradicionalmente, o planejamento de um serviço grande e complexo começava no seu início, na primeira providência. Depois caminhava, passo a passo, até o fim. Gantt propôs começar pelo produto final. "Prometemos entregar em 15 de dezembro de 1917", disse ele, "um destróier terminado, completo e pronto para entrar em serviço. Qual é a última providência que precisamos tomar para chegar a essa data de entrega? Quando essa providência precisará ser iniciada para que o navio esteja pronto na data prometida? E qual é a providência anterior a essa? E anterior a essa, e anterior a essa, regredindo no caminho todo, até o início?". Os resultados dessa análise costumam a ser mostrados em uma série de gráficos de barras paralelas, cada uma delas representando uma grande atividade. São dois os tipos de barras. Um representa as tarefas que só podem ser executadas *após* algo ter sido feito: a instalação da turbina do destróier, por exemplo, pressupõe o término do casco. As outras barras representam atividades que não dependem da complementação de nenhum outro trabalho, como adestrar a tripulação ou planejar o painel dos instrumentos. Contudo, para que chegue junta no produto final completo e no momento desejado, cada uma dessas tarefas precisará ser iniciada em um dado instante.

Na década de 1960, os estaleiros japoneses e suecos projetaram-se como líderes mundiais do ramo e conquistaram as mais amplas fatias da construção naval mundial. O custo de sua mão de obra e matérias-primas não era muito inferior ao dos estaleiros tradicionais ingleses ou norte-americanos. Assim mesmo, contudo, eles conseguiam dar cotações bem inferiores às suas. Conseguiam também prometer entregas mais rápidas – e efetuá-las. Um importante motivo para isso foi que os japoneses e suecos usavam o Gráfico de Gantt; os outros estaleiros insistiam em não adotá-lo, continuando a planejar na forma tradicional, isto é, providência por providência, do início até o fim. Em consequência, repetidas vezes os estaleiros tradicionais verificavam que os materiais necessários, as submontagens ou as atividades de adestramento simplesmente não haviam sido planejados e providenciados a tempo, o que resultava em grande elevação dos preços e alongamento do período de construção.

Para os programas extremamente complexos, como a construção de um enorme complexo químico ou de um novo sistema de armamentos, são necessários gráficos de Gantt mais complexos: os Gráficos do Caminho Crítico ou Gráficos Pert (as diferenças entre os dois métodos são pequenas e meramente técnicas). Trata-se simplesmente de métodos que permitem ao dirigente manter o controle de uma grande série de diferentes tarefas que precisarão se entrelaçar e interagir em vários momentos. Um ponto de partida desses métodos é algo que o próprio Gantt entendeu muito bem. Em todo grande projeto, há um "caminho crítico", isto é, uma sequência de estágios que não poderá ser facilmente entubada, apressada ou abreviada.

Na construção do arranha-céu para escritórios, por exemplo, nenhum serviço interno poderá ser efetuado enquanto não terminarem coisas do tipo de estrutura, do teto, dos pisos, da fiação e encanamento, dos buracos dos elevadores etc. Uma vez completas essas partes, o serviço restante poderá ser programado com muita liberdade. O caminho crítico é o da construção da estrutura principal. O resto da obra será organizado em torno dele. Mas alugar escritórios no edifício também constitui um caminho crítico. Procurar os inquilinos pode bem ser coisa que precise começar *antes* do estaqueamento do solo. E se a ocupação do prédio for mais lenta do que a prevista, o término dos últimos vinte e cinco ou trinta andares pode não apresentar a mesma urgência que parecia necessária quando da definição dos planos. Por conseguinte, a construção e o projeto de um grande prédio para escritórios apresentam um caminho crítico na construção e outro no arrendamento. E os dois precisam se encaixar.

Acima de tudo, os métodos do Caminho Crítico e do Pert permitem ao dirigente ver que providência precisa ser tomada para contrabalançar os acontecimentos desfavoráveis, como os atrasos ou as elevações dos custos. De que áreas menos críticas poderão ser desviados recursos para as mais críticas? Que é que deve ser acrescentado ou sacrificado para compensar determinado tempo perdido ou para apressar determinado projeto? Quanto tempo poderá ser ganho (ou perdido) gastando-se mais (ou menos) dinheiro?

O Gráfico de Gantt não precisa ser complicado, excetuado o caso da operação de sistemas realmente complexos. Mas deve-se sempre montar um desses gráficos quando o projeto tomar um período considerável ou exigir um grande número de atividades que precisem ser compostas entre si, no tempo ou no espaço. Sem um plano que parta do ponto final desejado e que, através dos estágios necessários, volte ao ponto de partida, até nos projetos simples poder-se-á perder o controle em relação ao tempo e ao custo.

JULGAR O DESEMPENHO ATRAVÉS DO ORÇAMENTO

Os dirigentes precisam também ser capazes de planejar e controlar o desempenho da organização humana. Precisam fazer isso em termos tanto dos grupos que compõem as organizações (divisões, departamentos, seções e atividades) como das pessoas que compõem esses grupos.

O dirigente precisa perguntar de início: "Que desempenho é esperado deste grupo ou pessoa?". Depois precisará saber: "Qual o desempenho produzido?". Ou seja, o ponto de partida é o planejamento do desempenho, não sua avaliação. O ponto de partida para o desempenho da organização humana, como o do Gráfico de Gantt, precisa ser o resultado desejado. Como muitas vezes já dissemos neste livro, esse ponto de partida deve concentrar-se nos objetivos, e ser encarado como responsabilidade importante da unidade organizacional e do respectivo gerente ou profissional, individualmente considerado.

CONSIDERAÇÕES FINAIS

O orçamento permite ao dirigente distribuir os recursos com vistas aos respectivos resultados, equilibrar as receitas e as despesas, bem como controlar os acontecimentos no tempo para tomar as medidas corretivas que se façam necessárias. O Gráfico de Gantt e seus vários refinamentos, como o Gráfico do Caminho Crítico e o Gráfico Pert, permitem ao dirigente planejar um grande projeto, distribuir racionalmente os recursos entre os vários estágios e tipos de trabalho necessários à realização do projeto, e controlar seu progresso até o final, com respeito tanto ao tempo necessário como às despesas efetuadas. Por fim, o planejamento e a avaliação do desempenho das unidades e correspondentes pessoas permitem ao dirigente tornar produtivos os membros, os conhecimentos, o descortino e a motivação da organização humana, concentrar a energia humana no desempenho e fazer o desempenho organizacional redundar, por sua vez, no desempenho pessoal.

PERGUNTAS

1. Onde foi instituído o orçamento em sua forma moderna? Qual era sua finalidade inicial?
2. De que maneira o orçamento pode ser usado como instrumento de administração?
3. Qual deve ser o ponto de partida do processo de orçamentação de uma empresa?
4. Que é o orçamento de base zero? No que diz respeito à postura dos dirigentes em relação aos orçamentos, que problemas ele ajuda a resolver?
5. O que é orçamento para o ciclo da vida?
6. O que é orçamento operacional?
7. De que maneira se deve usar o orçamento para as oportunidades?
8. Qual é a última e mais decisiva providência do processo de orçamentação?
9. Por que a orçamentação constitui instrumento eficaz para as comunicações e a integração?
10. Por que algumas empresas utilizam o orçamento dos fatores críticos?
11. Que tipo de projetos é mais bem controlado pelo Gráfico de Gantt? Por quê?
12. Quando um projeto exija complexidade maior do que a que permite o Gráfico de Gantt, que outros métodos podem ser usados para o controle?

CAPÍTULO 33

O ADMINISTRADOR E AS CIÊNCIAS DA ADMINISTRAÇÃO

O primeiro cientista da administração foi o desconhecido italiano do século doze ou treze que inventou a escrituração contábil por partidas dobradas. Nenhum outro instrumento de administração pode a ela se comparar em simplicidade, elegância e utilidade. Com toda a sua progênie e variações, a escrituração contábil por partidas dobradas continua sendo a única "ciência da administração" verdadeiramente universal, o único instrumento de análise sistemática que todas as empresas, e na verdade todas as entidades, utilizam a cada dia.

Todavia, ninguém jamais se referiu à escrituração contábil por partidas dobradas como constituindo uma ciência da administração. Essa expressão apareceu após a Segunda Guerra Mundial. "A administração", parecia ela proclamar, "deve se tornar rigorosa, científica, quantitativa". Os novos instrumentos substituiriam as conjecturas pela certeza, a opinião pelo conhecimento, a experiência pelos "fatos indiscutíveis". Aqueles eram, é claro, os dias da embriaguez, quando se previa abertamente que o computador substituiria os administradores. E um bom número de cientistas da administração, assombrados à vista dos seus novos e reluzentes instrumentos, da mesma forma já os via "assumindo" o controle das decisões.

De há muito a maioria dos administradores já verificou que o computador não irá tomar seu lugar. A maioria já compreendeu que o computador é um instrumento – muito útil quando devidamente aplicado, mas sempre um instrumento. A maior parte dos administradores também sabe agora que as ciências da administração não passam de instrumentos. Na verdade, teria sido mais prudente – e mais modesto – falar de "análises da administração", em vez de "ciências da administração".

Contudo, as ciências da administração constituem instrumentos que apresentam grande potencial quanto à sua utilidade. Há tantos motivos para que um administrador seja cientista da administração como para que um médico seja especialista em exames hematológicos ou bacteriologista. Todavia, o administrador precisa saber o que as ciências da administração podem lhe oferecer e de que forma podem ser usadas como instrumentos gerenciais, exatamente como o médico precisa saber o que a química hematológica e a bacteriologia podem lhe oferecer, assim como de que maneira valer-se delas como elementos diagnosticadores.

Para tanto, o administrador precisa, antes de mais nada, compreender o que as ciências da administração procuram fazer – e o que deveriam estar fazendo. Em seguida, ele precisa saber que contribuição esperar delas. Até agora, poucos administradores adquiriram habilidade bastante para fazer que as ciências da administração prestem real contribuição ao seu trabalho gerencial. Poucos, até agora, vêm utilizando esses novos instrumentos para trabalhar com maior eficácia.

A PROMESSA E O DESEMPENHO

Em sua maioria, os administradores sabem que precisam contar com melhores instrumentos de trabalho. Muitos aprenderam, à custa de amargas experiências, que a intuição não merece sua confiança, podendo até mostrar-se manifestamente traiçoeira, quando empregada como base única para as decisões. Realmente, a maioria dos administradores experientes de há muito suspeitava de algo que um destacado cientista atual da administração, Jay W. Forrester, do MIT (Massachusetts Institute of Technology), demonstrou com brilhantismo: os sistemas complexos funcionam na realidade "anti-intuitivamente", e o rumo apontado pelo bom senso tende a estar errado. Ora, os mercados, as tecnologias e as empresas constituem sistemas extremamente complexos.

Dessa maneira, quando pela primeira vez deu o ar de sua graça a ciência da administração foi aclamada pelos executivos com brados de júbilo. Daí para cá, vimos surgir uma profissão inteiramente nova: a dos cientistas da administração, com suas associações de classe, seus jornais eruditos, seus departamentos nas universidades, nas escolas de administração e escolas de tecnologia, além de ótimos e numerosos empregos nesses setores.

No entanto, a ciência da administração tem constituído uma decepção. Até aqui, não cumpriu o prometido. Ela sem dúvida não revolucionou a prática da administração. Na verdade, poucos são os administradores que lhe dedicam grande atenção.

O vácuo cada vez maior entre as pretensões e promessas alardeadas pela ciência da administração, de um lado, e sua utilização pelas empresas, do outro, é reconhecido – e lamentado – tanto pelos cientistas da administração como pelos administradores. Não há surpresa em que cada um culpe o outro. Os administradores sustentam que os cientistas da administração se preocupam com coisas corriqueiras e "reinventam a roda". De sua parte, os cientistas da administração dizem horrores acerca da resistência que lhes oferecem os "executivos reacionários".

Há certo fundamento para as queixas de um e do outro lado. A verdade, porém, é mais complexa – e muito mais importante do que saber a quem cabe a culpa.

POR QUE A CIÊNCIA DA ADMINISTRAÇÃO NÃO FUNCIONA

Há um aspecto fundamental subjacente a toda ciência da administração. É o fato de que a organização constitui um sistema da mais elevada ordem. Um sistema cujos componentes são seres humanos que voluntariamente contribuem com seus conhecimentos, habilidades e dedicação para uma causa comum. E há uma coisa que caracteriza todos os sistemas autênticos, sejam eles mecânicos (como o controle de um míssil espacial), biológicos (como uma árvore) ou sociais (como a empresa comercial): é a interdependência. O conjunto de um sistema não melhorará necessariamente se apenas determinada função ou parte de sua estrutura melhorar ou ganhar maior eficiência. Na verdade, isso poderá até prejudicar ou destruir o sistema. Em alguns casos, a melhor maneira de reforçar um sistema pode vir a ser enfraquecer um dos seus componentes – tornando-o menos exato ou menos eficiente. Isso porque o que vale em qualquer sistema é o desempenho do conjunto; desempenho esse que resulta do crescimento e do equilíbrio dinâmico, do ajuste e da integração, mais do que da mera eficiência técnica.

O realce que a ciência da administração confere à eficiência dos componentes está portanto fadado a prejudicar o conjunto. Ele está fadado a conferir uma excelente precisão ao instrumento à custa da saúde e do bom desempenho do todo. (O fato de a empresa constituir um sistema social e não mecânico só aumenta o perigo, já que os demais participantes – as pessoas – não ficam parados. Eles ou reagem de maneira a disseminar o desajuste por todo o sistema ou então se organizam para sabotá-lo.)

Todavia, ao examinar o trabalho que os cientistas da administração têm executado nas empresas, encontramos muito pouco que corresponda ao discernimento básico com que a ciência da administração inicia sua jornada.

O grosso do trabalho até aqui executado relaciona-se com o aprimoramento dos instrumentos já existentes com vistas a funções técnicas específicas – como o controle da qualidade ou do estoque, a localização dos armazéns ou a distribuição das gôndolas e vagões, a carga das máquinas, a localização dos armazéns ou a distribuição dos pedidos. Boa parte desse trabalho pouco mais constitui do que um refinamento das atividades desempenhadas pela engenharia industrial, pela contabilidade dos custos ou pela análise dos procedimentos. Certa atenção, embora não muito grande, vem sendo dispensada à análise e ao aperfeiçoamento das atividades funcionais – basicamente no tocante às funções da produção, mas também, até certo ponto, às do marketing e da administração financeira.

Muito pouco trabalho tem sido visto, porém, e pouco raciocínio organizado, pouca consideração na área da direção da empresa – com relação a criar riscos, aceitar riscos e tomar decisões. Em toda a ciência da administração – tanto na literatura especializada como nos trabalhos efetuados – confere-se maior realce às técnicas que aos princípios, ao funcionamento mecânico do que às decisões, aos instrumentos do que aos resultados; e, acima de tudo, à eficiência das partes do que ao desempenho do conjunto.

Algumas e expressivas exceções ocorrem. Na General Electric Company, quase vinte anos de empenho levaram à elaboração de modelos genuínos de empresas inteiras, mostrando suas características econômicas básicas e principais inter-relacionamentos. Trabalho semelhante foi feito pelo Conselho Britânico do Carvão. As potencialidades estão ali, mas a maior parte dos trabalhos efetuados tem-se preocupado com melhorar ligeiramente aquilo que já sabemos fazer. Afinal de contas, muito antes do advento da ciência da administração já se controlavam os estoques e já se carregavam os vagões. E é pouco provável que qualquer empresa que esteja para morrer sobreviva, ou que esteja a definhar que prospere, só porque agora sabemos fazer essas coisas um pouco melhor – ou mesmo muito melhor.

Que é que explica então essa utilização deficiente – ou a má utilização – de instrumentos potencialmente tão poderosos?

A primeira indicação encontra-se possivelmente na própria origem das ciências da administração – e essa origem é realmente inusitada. Todas as demais disciplinas estudadas pelo ser humano começaram por uma tentativa rudimentar de definir o assunto. Depois, começava-se a trabalhar moldando ideias e instrumentos para seu estudo. Já as ciências da administração partiram da aplicação de ideias gerais e instrumentos criados por uma série de outras disciplinas, procurando aplicá-los em benefício dos seus próprios fins. Talvez as ciências da administração tenham nascido com a notável descoberta, feita no decorrer da Segunda Guerra Mundial, de que determinadas técnicas matemáticas, até então aplicadas ao estudo do universo físico, poderiam também ser utilizadas no estudo das operações militares.

Como resultado, grande parte dos trabalhos empreendidos pelas ciências da administração não se tem concentrado em torno de pontos como: "Que vem a ser a empresa comercial?", "Que vem a ser dirigir?", "Que é que fazem a empresa e a direção, e de que é que precisam as duas?". – Em vez disso, o que se procura saber, principalmente, é: "Onde é que posso colocar em funcionamento minha bela cartola mágica?". Tem-se dado atenção maior ao martelo do que a pregar o prego, para não falar da construção da casa. Na literatura especializada sobre a pesquisa operacional, por exemplo, encontram-se numerosas dissertações na base de "155 aplicações da programação linear", mas até agora nunca vi qualquer estudo publicado sobre "as oportunidades típicas da empresa e suas características".

O que isso indica é uma grave ignorância do cientista da administração a respeito do significado da palavra "científico". Científico não é – como muitos cientistas da administração ingenuamente parecem crer – sinônimo de quantificação. Se o fosse, a astrologia seria a rainha das ciências. Não quer nem mesmo dizer aplicação de métodos científicos. Afinal de contas, até os astrólogos observam os fenômenos, constroem uma hipótese a partir da sua generalização e depois colocam essa hipótese à prova através de novas observações organizadas. No entanto, a astrologia não passa de uma superstição, nunca constituindo ciência, em face de sua infantil suposição de que há realmente um zodíaco, de que os símbolos zodiacais existem mesmo e de que a imaginada semelhança entre eles e alguns seres terrestres (como o peixe ou o leão) definem mesmo caracteres e propriedades – quando na verdade todos eles não passam de artifícios inventados pelos antigos navegantes para melhor lembrar as posições dos astros que os orientavam nos mares.

Por outras palavras, a palavra "científico" pressupõe uma definição racional do universo da respectiva ciência (isto é, dos fenômenos que ela considere reais e significativos), bem como a formulação de suposições básicas ou postulados fundamentais que sejam adequados, coerentes e globais. Essa tarefa de definir o universo da ciência e de fixar seus postulados básicos precisa ser executada, embora rudimentarmente, antes de se poder aplicar o método científico. Sem isso, o método científico não poderá ser aplicado. Com isso, o método científico passará a ter aplicação e até mesmo força.

A ciência da administração está ainda por cumprir essa tarefa de definir seu universo. No momento em que a cumprir, todos os trabalhos que executou até aqui se tornarão fecundos – pelo menos como preparação e campo de adestramento para as verdadeiras realizações. Portanto, a primeira tarefa a cargo da ciência da administração, se ela desejar prestar sua contribuição e não confundir e iludir, será a de definir a natureza específica da sua própria matéria.

Isso pode abranger, como definição básica, a compreensão de que a empresa se compõe de seres humanos. Dessa forma, as suposições, as opiniões, os objetivos e até mesmo os erros dos seres humanos (e especialmente dos que ocupam cargos de direção) constituem, por isso, fatos fundamentais para o cientista da administração. Qualquer trabalho positivo da ciência da administração precisa realmente partir da análise e do estudo desses fatores.

Depois, portanto, de dar esse primeiro passo, de reconhecer o que deve estudar, em seguida a ciência da administração precisará fixar suas suposições básicas. Ela pode em primeiro lugar tomar conhecimento do fato vital de que as empresas comerciais vivem dentro da economia e da sociedade; de que mesmo a mais poderosa delas é serva do ambiente em que vive, o qual pode dela se descartar sem a menor cerimônia, mas de que até mesmo a menor delas interfere na economia e na sociedade e as molda, em vez de simplesmente adaptar-se a elas. Por outras palavras, a empresa comercial vive apenas em uma ecologia econômica e social de grande complexidade.

Os postulados básicos da ciência da administração podem ainda abranger as seguintes ideias:

1. A empresa não produz coisas nem ideias, e sim valores determinados pelo ser humano. A mais bela máquina não passará de simples sucata enquanto não tiver utilidade para seu usuário.
2. As mensurações que se fazem no interior da empresa comercial constituem símbolos complexos – como o dinheiro – ao mesmo tempo extremamente abstratos e assombrosamente concretos.
3. Por força das circunstâncias, a atividade econômica constitui o comprometimento de recursos atuais em relação a um futuro desconhecido e incerto – por outras palavras, um comprometimento mais relacionado com as expectativas do que com os fatos. O risco está na própria essência da empresa, e criar e correr riscos constituem sua função básica. E os riscos não são aceitos apenas pelo gerente geral mas justamente pela organização inteira, por todos que dela participam com suas aptidões – isto é, por cada um dos seus executivos e de seus profissionais especializados. Esse risco constitui algo muito diverso daquele com que trabalha o estatístico na lei das probabilidades: é o risco do acontecimento inusitado, da irreversível ruptura do padrão estabelecido.

4. Dentro e fora da empresa comercial ocorrem mudanças constantes e irreversíveis; em verdade, na sociedade moderna a empresa comercial existe como agente de transformações, precisando ser capaz tanto de evoluir deliberadamente com vistas a adaptar-se a condições novas como de inovar deliberadamente com vistas a mudar as condições existentes.

Parte disso é geralmente dito no prefácio dos livros relativos às ciências da administração. Contudo, o assunto geralmente não passa do prefácio. Mas para que de modo geral as ciências da administração ajudem a entender o mundo empresarial, sem dizermos para que se tornem "ciências", certos postulados como os que acabamos de mencionar precisam constituir a própria massa com que elas trabalham. É claro que a quantificação é necessária – embora costume aparecer em fase bem posterior à da criação da disciplina (só agora, por exemplo, está sendo realmente possível aos cientistas empregar a quantificação na biologia). Os métodos científicos são necessários. E é necessário trabalhar em setores e operações específicos – um trabalho cuidadoso, meticuloso e detalhado. Acima de tudo, porém, é necessário reconhecer o caráter específico do empreendimento comercial e os postulados exclusivos que se fazem indispensáveis ao seu estudo. É em cima dessa ótica que devemos edificar.

A primeira coisa, portanto, que uma ciência da administração precisa fazer é respeitar-se bastante como disciplina distinta e autêntica.

O MEDO DE CORRER RISCOS

A segunda indicação do que está faltando às ciências da administração, na maneira como elas são hoje aplicadas, é o realce que todo o seu trabalho dá (como constituindo a meta e a finalidade última de sua atividade) à "redução do risco ao mínimo", ou até mesmo à "eliminação do risco".

Querer eliminar o risco em um empreendimento comercial é uma futilidade. O risco é algo inerente ao comprometimento dos recursos presentes com vistas às expectativas futuras. Na verdade, o progresso econômico pode ser definido como a capacidade de tomar riscos maiores. Tentando-se eliminar os riscos, ou até mesmo reduzi-los ao mínimo, só se pode torná-los irracionais e insuportáveis. E daí só resultará o risco maior de todos: o da inflexibilidade.

A principal meta de uma ciência da administração deve ser a de capacitar a empresa a correr os riscos certos. Na verdade, ela deve ter em vista capacitar a empresa a correr riscos maiores – permitindo-lhe conhecer e compreender os riscos alternativos e as expectativas alternativas que se apresentam; procurando saber quais são os recursos e operações que se fazem necessários para chegar aos resultados desejados; mobilizando as energias para a contribuição de cada setor; e comparando os resultados conseguidos com as respectivas expectativas, com o que a ciência da administração proporcionará os meios para a pronta correção das decisões erradas ou inadequadas.

Tudo isso pode parecer mero jogo de palavras. No entanto, os arrazoados em relação à redução dos riscos ao mínimo levam realmente à hostilidade contra a criação e a aceitação dos riscos – isto é, contra o empreendimento comercial – na literatura especializada das ciências da administração. Esses arrazoados desejam subordinar a empresa à técnica, parecendo encarar a atividade econômica mais como uma esfera de determinação física do que como afirmação e exercício da liberdade e decisão responsáveis.

Isso é pior do que estar errado – é falta de respeito pela própria matéria –, coisa que nenhuma ciência pode se permitir e nenhum cientista pode suportar. Até o trabalho mais sério e da melhor qualidade efetuado por pessoas boas e sérias – e elas não faltam nas ciências da administração – está fadado a ser corroído por isso.

O segundo requisito para uma ciência da administração, portanto, é que ela leve a sério a matéria de que se compõe.

O QUE OS ADMINISTRADORES PRECISAM SABER

Todavia, aos administradores também cabe parte da culpa pelo vácuo existente entre a contribuição em potencial e a contribuição real das ciências da administração. E de forma geral a parte que cabe aos administradores pode ser a maior, já que a ajuda que os administradores precisam dar – e não têm dado – constitui carência verdadeiramente crucial tanto para a ciência da administração como para o cientista da administração.

Contudo, a queixa típica do cientista da administração em relação ao administrador constitui, com toda franqueza, pura estupidez. Trata-se da alegação de que os administradores não se preocupam com aprender a ciência da administração, e assim permanecem ignorantes. Quem fabrique determinado instrumento e exija que seus usuários saibam o que entra na fabricação do mesmo está admitindo a própria incompetência. Desde que o instrumento seja bem-feito, seu usuário não precisa saber nada a respeito da sua fabricação – na realidade, nem deve. Quantos são os choferes que sabem como funciona o carburador do seu carro – ou mesmo que seu carro tem um carburador?

O problema básico é muito mais sério do que a mera falta de disposição dos executivos para aprender algumas técnicas matemáticas. De modo geral, os administradores deixaram de assumir a responsabilidade gerencial em relação aos cientistas e às ciências da administração. Eles se recusaram a aceitar o fato de que, como qualquer outro especialista de alto nível, para conseguir dirigir e ser eficiente o cientista da administração deles depende. Eles deixaram as ciências da administração sem governo – sendo, portanto, responsáveis em grande parte por elas terem degenerado ao ponto de virar uma caixa de mágicas, um verdadeiro "saco de truques gerenciais" e de soluções para problemas que em muitos casos não existem.

De modo geral, sabe-se o que os administradores precisam: que alguém lhes ofereça de maneira sistemática um conhecimento organizado que os ajude, em suas decisões empresariais, a correr riscos em uma tecnologia, uma economia e uma sociedade que são complexas e estão passando por rápidas transformações.

Os instrumentos são necessários para medir as expectativas e os resultados, além de constituir meios eficazes para propiciar um panorama geral aos inúmeros especialistas funcionais e profissionais, e vias de comunicação entre eles, cada um dos quais estando munido de seus conhecimentos, de sua lógica e de sua linguagem própria; e cujos esforços conjuntos são indispensáveis para que as medidas empresariais certas sejam tomadas, efetivadas, e produzam resultados.

Os administradores precisam de algo que possa ser ensinado e aprendido, pelo menos porque este nosso mundo precisa de muita gente com visão e competência gerenciais, para não continuar dependendo da intuição de uns poucos gênios "de nascimento"; e só as generalizações e ideias gerais de uma disciplina podem realmente ser aprendidas ou ensinadas.

Isso se torna claro quando se examinam os poucos pontos em que as ciências da administração produziram resultados. Em cada um desses casos, o resultado não ocorreu porque os cientistas da administração tivessem praticado algo que não estivessem fazendo por toda parte. Foi, sim, porque os administradores formularam as perguntas certas e conduziram as ciências da administração.

Um dos casos foi o de uma grande indústria com ampla linha de produtos, que eram vendidos ao público através de milhares de pontos de venda, como lojas de departamentos, lojas de descontos e lojas de ferragem. Os executivos dessa empresa chegaram aos seus cientistas da administração e lhes disseram: "Neste setor, todo mundo sabe que ampliar o crédito aos atacadistas e aos varejistas é a maneira certa de elevar as vendas. E todo mundo sabe também que há um ponto além do qual os riscos da ampliação do crédito anulam o aumento das vendas. Estamos certos em nossas suposições, para nelas basear nossa política de vendas e de crédito?". Seis meses mais tarde, os cientistas da administração voltaram e responderam: "Não, essas suposições estão erradas. Aquilo que todo mundo sabe – e isso acontece muito frequentemente – não é verdadeiro. A verdade é que neste ramo podem-se aumentar as vendas ampliando o crédito dos maiores e melhores clientes, que oferecem os riscos mais baixos, e cortando o crédito dos menores e piores clientes, que apresentam os mais sérios riscos no tocante ao crédito. Não se conseguem novas vendas ampliando o crédito do cliente 'médio', cujo risco de crédito também seja 'médio'". Em resultado disso, a empresa tomou um caminho totalmente novo. Cortou o crédito dos pequenos clientes, com o que, embora perdendo algumas vendas, melhorou muito o conjunto delas e o desempenho do crédito. Ao mesmo tempo, ela ampliou a faixa do crédito dos seus maiores e melhores fregueses. O montante total do crédito que ela concede atualmente é, na verdade, menor do que aquele que costumava conceder quando mantinha uma política creditícia muito rígida. E agora chegou a entender racionalmente as relações entre o crédito, as vendas e os riscos do crédito.

Por outras palavras, o que os administradores precisam fazer para que a ciência da administração seja capaz de ajudá-los é analisar com cuidado os setores em que precisam colocar à prova certas suposições básicas.

O administrador está querendo que os cientistas da administração apresentem as respostas corretas sobre pontos a cujo respeito ninguém lhes fez as perguntas corretas. Ele está querendo que o cientista da administração, isto é, um especialista técnico, saiba melhor do que ele próprio quais são as necessidades e os problemas da empresa, e as perguntas que esta deseja formular.

Acima de tudo, ele espera receber respostas conclusivas. Mas a grande força da ciência da administração – tanto ao aplicar os métodos das ciências físicas como os da economia ou os das ciências sociais (e todo bom cientista da administração deve se sentir à vontade nessas três áreas) – é a sua capacidade de perguntar. O administrador terá de dar as respostas. Isso porque no mundo empresarial as respostas sempre constituem um julgamento, uma escolha entre alternativas que apresentam riscos diversos (e assim mesmo incertos), uma mescla de conhecimentos, experiências e esperanças.

Em regra, os administradores esperam que as ciências da administração apresentem a solução ideal. Todavia, o que as ciências da administração devem poder oferecer são as alternativas que se apresentam ao administrador. Elas devem poder dizer: "Aqui estão quatro ou cinco rumos a tomar. Nenhum deles é perfeito. Cada qual tem seus riscos, suas incertezas e limitações, bem como seu custo. Cada um deles, porém, satisfaz pelo menos a alguma das especificações principais. Você, administrador, deverá escolher entre eles. Você precisará se resolver por um dos rumos, pelo menos como constituindo o menor dos males. Qualquer que seja a escolha representará a sua decisão. Será o seu julgamento quanto aos riscos que a empresa possa correr. E será seu julgamento com respeito àquilo de que você possa se desfazer e àquilo em que você deverá insistir. Agora pelo menos você conhece as alternativas que tem à frente".

Finalmente, o administrador deve esperar que os cientistas da administração lhe forneçam compreensão e não fórmulas. As fórmulas constituem os instrumentos dos cientistas da administração, e pouco ou nada interessam ao administrador. Se este não puder supor que seu cientista da administração conhece seu ramo, melhor será substituí-lo. Mas a compreensão, ou seja, o discernimento a respeito daquilo que realmente constitua uma decisão, é algo que ele deve deixar por conta do cientista da administração. A ajuda que as ciências da administração podem oferecer – e que se deve esperar que ofereçam – consubstancia-se na compreensão de que, embora parecendo vincular-se à produção, determinada decisão incide realmente sobre o marketing. É uma decisão relativa àquilo que os clientes desejam, àquilo pelo qual estão dispostos a pagar, àquilo que comprarão. O que todo administrador deve esperar de seu cientista da administração é ouvir coisas assim: "Escute aqui, o problema que você nos passou está errado. Este outro é o problema em cuja solução devemos trabalhar".

A maior contribuição que um grupo de cientistas da administração prestou ao laboratório farmacêutico que os empregou não se constitui de soluções, mas sim pelo que disse à direção da empresa: "Todo o seu empenho, todas as suas energias, toda a sua atenção estão concentrados nos produtos novos. Acontece que três quartas partes da receita atual da empresa e da receita que ela conseguirá no futuro previsível provêm e provirão dos remédios que estão sendo produzidos há pelo menos três anos. Ninguém os dirige, ninguém os vende, ninguém sabe o que fazer com eles. Na verdade, ninguém demonstra o menor interesse por eles. Sabemos apenas que o que se precisa fazer para manter remédios antigos no mercado é totalmente diverso do que se faz para lançar medicamentos novos. Não temos ideia do que seja preciso fazer para cuidar de uma linha de medicamentos antigos e consagrados. Contudo, é isso que devemos procurar analisar".

Estas quatro exigências e expectativas:

- que os cientistas da administração coloquem suposições à prova;
- que eles saibam dizer quais são as perguntas certas que devem ser feitas;
- que apresentem alternativas e não soluções;
- que se concentrem mais em compreender as coisas do que em apresentar fórmulas

constituem as chaves para tornar produtivas as ciências da administração. Todas elas partem da suposição de que as ciências da administração não constituem métodos de computação, e sim instrumentos de análise. Todas supõem que a finalidade das ciências da administração é ajudar a diagnosticar os problemas. Elas constituem compreensões e discernimentos, e não receitas.

Mas todas elas exigem também que o administrador assuma a responsabilidade pela aplicação das ciências da administração. Elas exigem que o administrador dirija esses instrumentos. Todas elas exigem que o administrador resolva, em íntima relação de trabalho com os cientistas da administração, os pontos em que estes devem trabalhar. O cientista da administração não deve pôr-se a trabalhar em coisas que a ele pareçam interessantes e às quais melhor se apliquem os instrumentos que usa. Ele deve trabalhar nas áreas que os administradores precisam compreender melhor. E mesmo que a tais áreas seus instrumentos não se mostrem particularmente adequados (áreas, por exemplo, em que a quantificação seja difícil, ou até mesmo impossível), o administrador não deve se deter, nem o cientista da administração. O entendimento, a compreensão, a classificação das prioridades e a "sensibilidade" em relação à complexidade de determinado setor são tão importantes quanto os modelos matemáticos exatos e maravilhosamente elegantes – na verdade, aqueles costumam ser infinitamente mais úteis que estes, e até mesmo mais "científicos". Eles espelham a realidade do universo empresarial e de suas tarefas.

CONSIDERAÇÕES FINAIS

Cabe ao administrador transformar as ciências da administração de potencialidade em desempenho. Para fazer isso, ele precisa compreender o que sejam as ciências da administração e o que elas podem conseguir. Precisa compreender as limitações características que são inerentes às ciências da administração, em grande parte como resultado da origem e da história delas. Acima de tudo, porém, ele precisa compreender que as ciências da administração constituem instrumentos de trabalho à disposição do administrador, e não instrumentos à disposição do cientista da administração. E cabe ao administrador direcionar esses instrumentos no rumo das tarefas gerenciais, bem como orientá-los de modo a que prestem contribuições para a solução dos problemas gerenciais.

PERGUNTAS

1. Qual foi o primeiro instrumento gerencial analítico?
2. Qual é o aspecto fundamental que está subjacente a toda ciência da administração?
3. Por que o realce que se dá à eficiência dos componentes da organização pode se mostrar prejudicial?
4. Quais são os aspectos das tarefas gerenciais que até hoje têm constituído o foco dos estudos da ciência da administração?
5. Qual foi a origem das ciências da administração? Que consequências decorrem disso para seu desenvolvimento posterior?
6. O que vem a ser "científico" com respeito às ciências da administração?
7. Quais poderiam ser alguns dos postulados básicos da ciência da administração?
8. Por que os arrazoados da ciência da administração a respeito da redução do risco ao mínimo desorientam tanto os administradores?
9. Frequentemente os administradores esperam ouvir a resposta certa dos cientistas da administração; qual é a força mais fundamental destes com que eles deveriam contar?
10. Quais são as solicitações e expectativas da direção que constituem as chaves para tornar produtivas as ciências da administração?

BIBLIOGRAFIA

ACKOFF, Russel Lincoln. *A concept of corporate planning.* Nova York: Wiley-Interscience Inc., 1970.

ANTHONY, R. N. *Planning and control systems.* Boston: Harvard Business School, 1965.

BEER, Stafford. *Decision and control.* Nova York: Wiley, 1966.

CHRISTOPHER, William M. *The achieving enterprise.* Nova York: American Management Associations, 1974.

EWING. *D.W.* (Coord.) *Long-range planning for management.* Nova York: Harper & Row, 1972.

FELDMAN. Edwin B. *How to use your time to get things done.* Nova York: Frederick Fell Publishers, 1968.

FORRESTER, Jay W. *Industrial dynamics.* Cambridge, Mass.: M.I.T. Press, 1961.

LAKEIN, Alan. *How to get control of your time.* Nova York: Peter H. Wyden, 1973.

LOEN, R. O. *Manage more by doing less.* Nova York: McGraw-Hill. 1971.

SOLOMON, Ezra. *The theory of financial management.* Nova York: Columbia University Press, 1963.

STEINER , George A. *Top management planning.* Nova York: Macmillan, 1969.

WEBBER, Ross A. *Time and management.* Nova York: Van Nostrand Reinhold, 1972.

PARTE VII

A ORGANIZAÇÃO DA ADMINISTRAÇÃO

Na administração, a estrutura organizacional é a área mais antiga e a que tem sido mais profundamente estudada. Todavia, a organização apresenta hoje novas necessidades, que as bem conhecidas e experimentadas concepções estruturais da organização "funcional" e "descentralizada" não são capazes de satisfazer adequadamente. Novas concepções estruturais estão surgindo: a equipe da força-tarefa; a descentralização simulada; a estrutura sistêmica. Aprendemos que a organização não se inicia a partir da estrutura, mas sim dos blocos de montagem. Não há uma concepção correta ou universal; cada empresa deve ir estruturando suas atividades básicas de forma adequada à sua missão e às suas estratégias. Três tipos de trabalho – o trabalho operacional, o trabalho inovador e o trabalho da alta administração – precisam ser acomodados debaixo do mesmo teto organizacional. A estrutura das organizações precisa concentrar-se tanto nas tarefas como nas pessoas, e possuir dois eixos: o da autoridade e o da responsabilidade.

CAPÍTULO 34

ESTRUTURAS E ESTRATÉGIAS

Os estudos relativos à organização que conduzem à reorganização das empresas, suas divisões e funções, têm constituído um dos mais espetaculares "setores em expansão" das últimas décadas. Todo mundo parece permanentemente empenhado em reorganizar: as empresas, as repartições públicas, as forças armadas, os laboratórios de pesquisa, as dioceses católicas, a administração das universidades e os hospitais.

Várias são as razões desse interesse pela organização e pela crença subjacente de que as estruturas organizacionais herdadas ou as que "apenas cresceram" dificilmente poderão atender às necessidades dos empreendimentos. Acima de tudo, aprendemos a conhecer o perigo que representam as estruturas organizacionais erradas. A melhor das estruturas não será capaz de assegurar qualquer resultado ou desempenho, mas a estrutura errada garante o mau desempenho. Tudo que ela gera são atritos e frustrações. A organização errada realça os pontos que não devem ser realçados, aprofunda as disputas desimportantes e levanta tempestades sobre questões triviais. Ela salienta as deficiências, em vez das virtudes. A estrutura organizacional correta constitui, portanto, pré-requisito para o bom desempenho.

Até muito recentemente, só se observava interesse pela organização nas empresas de grande vulto. Todos os casos iniciais dessa área – como o da estrutura organizacional conferida por Alfred P. Sloan à General Motors no início da década de 1920 – verificaram-se nas grandes empresas.

Hoje, sabemos que a organização entra em uma fase mais crítica quando a pequena empresa cresce e se torna média, ou então quando uma empresa simples adquire complexidade. A pequena empresa que deseja crescer, mesmo que seja só para ganhar dimensões de empresa média, deve portanto ponderar e montar uma organização que lhe permita tanto operar como pequena empresa como ter capacidade para expandir-se. Da mesma forma, a empresa simples, que produz apenas um artigo ou que opera apenas um mercado, enfrentará graves problemas de organização no momento em que avançar, mesmo que seja pouco, no caminho da diversidade ou da complexidade.

AS SOLUÇÕES DEFINITIVAS DE ONTEM

Entretanto, ao mesmo tempo que aceitamos o fato de que são de crucial importância as estruturas da organização e da administração, rapidamente estamos colocando de lado as "soluções definitivas" de ontem.

Por duas vezes, na curta história da administração, já nos foi informada a "solução definitiva" para a organização. A primeira ocorreu por volta de 1910, quando Henri Fayol, um francês dedicado ao estudo do trabalho industrial, estruturou as funções que se desempenham dentro da empresa industrial. Naquela época, naturalmente, as empresas industriais constituíam o único problema organizacional importante, e as funções que ele então definiu – como de engenharia, produção e comercialização – ainda se aplicam às indústrias de hoje.

Pode-se dizer que uma geração mais tarde nós tornamos a "ser informados". Fayol dera "a solução" referente à empresa industrial que produzisse um artigo só. Ao organizar a General Motors, no início da década de 1920, Alfred P. Sloan Jr. deu o passo seguinte. Ele encontrou "a solução" para organizar a empresa industrial grande e complexa. A solução de Sloan serviu-se da organização funcional de Fayol para as subunidades, as "divisões" individuais, mas organizou a empresa propriamente dita com base na "descentralização federal". Sua estrutura assenta na autoridade descentralizada e no controle coordenado. Após a Segunda Guerra Mundial, ela virou o modelo mundial para as organizações, especialmente as maiores.

Outra geração depois, no início da década de 1950, começou a evidenciar-se: diante dos novos e importantes desafios que se apresentavam à organização o modelo da General Motors não apresentava adequação maior que o de Fayol em face das realidades de uma empresa verdadeiramente grande como aquela que se encontrava à frente de Alfred P. Sloan Jr. quando ele resolveu tornar a General Motors administrável e administrada.

Quando se enquadram nas realidades da organização, os modelos concebidos por Fayol e Sloan ainda são insuperáveis. A organização funcional de Fayol ainda se apresenta como a melhor maneira de estruturar a pequena empresa, especialmente a pequena empresa industrial. A descentralização federal de Sloan ainda constitui a melhor estrutura para a grande empresa fabricante de uma série de produtos. *Se e quando* a organização funcional e a descentralização federal se aplicam, nenhuma das novas concepções estruturais que têm sido apresentadas atende tão bem às especificações que foram concebidas para a estrutura das organizações. Mas uma parcela cada vez maior da realidade institucional que deve ser estruturada e organizada deixa de aplicar-se. Na verdade, os próprios pressupostos do trabalho de Sloan e de Fayol não se aplicam às principais necessidades e desafios que a organização apresenta hoje.

OS PRESSUPOSTOS TRADICIONAIS E AS NECESSIDADES DE HOJE

A melhor maneira de apresentar as necessidades atuais da estrutura organizacional será, talvez, estabelecer um confronto entre as características básicas da General Motors, que Sloan estruturou com tanto êxito, e as necessidades e realidades atuais da organização e da sua estrutura.

1. A General Motors é uma empresa industrial que produz e vende bens de técnica elevada. Também Fayol se preocupou com uma empresa que fabricava bens físicos: uma mineração de carvão de bom tamanho. O desafio de hoje é organizar a grande empresa que basicamente não se dedica à fabricação. Não são apenas as grandes instituições financeiras

e as grandes organizações varejistas. Encontraremos empresas transportadoras e de comunicação de âmbito internacional, empresas que, embora fabricando alguma coisa, o fazem principalmente na área dos serviços que prestam aos clientes (como a maior parte das fábricas de computadores). Depois, encontraremos todas as entidades não empresariais que prestam serviços e que foram examinadas nos Capítulos 9 a 12. Essas entidades, que não fabricam produtos, cada vez mais constituem o verdadeiro centro de gravidade de qualquer economia desenvolvida. Elas empregam a maioria das pessoas. Elas não só colaboram com a maior parcela do Produto Nacional Bruto mas também dela participam. Elas constituem os principais problemas organizacionais dos dias que correm.

2. Essencialmente, a General Motors é uma empresa de um só produto, uma só tecnologia e um só mercado. Mais de quatro quintas partes de suas vendas são de veículos. Os veículos que a General Motors vende diferem entre si em detalhes, como o tamanho, a potência e o preço, mas essencialmente constituem o mesmo e único produto.

   Já as empresas típicas de hoje trabalham com muitos produtos, muitas tecnologias e muitos mercados. Elas podem não chegar a constituir "conglomerados", mas são diversificadas. E o principal problema dessas empresas a General Motors não experimentou: organizar a complexidade e a diversidade.

3. A General Motors é ainda, basicamente, uma empresa norte-americana. Ela domina o mercado automobilístico dos EUA e assoma com vigor no mercado automobilístico internacional. Todavia, fora dos EUA ela só domina o mercado australiano. Na Europa ela se encontra, na melhor das hipóteses, em quarto lugar. Em termos organizacionais, o mundo fora dos Estados Unidos é ainda, para a GM, um mercado "separado" e "externo".

   Ao contrário, foi a empresa multinacional que nos últimos vinte e cinco anos registrou a mais rápida expansão; isto é, a empresa para a qual um grande número de países e um grande número de mercados apresentam igual importância, ou pelo menos são muito importantes.

4. Por fabricar um só produto e operar em um só país, a GM não tem na informação um grande problema organizacional, nem uma preocupação maior. Todo mundo, na GM, fala a mesma língua, entenda-se por

isso a linguagem automobilística ou a língua inglesa falada nos Estados Unidos. Todo mundo entende o que o parceiro está fazendo ou deve estar fazendo, ainda que só porque provavelmente ele próprio exerce ou exerceu atividade bastante parecida com aquela. A GM pode então organizar-se de conformidade com a lógica do mercado e com a lógica da autoridade e da decisão. Não há porque ela, em sua organização, preocupar-se muito com a lógica e com o fluxo das informações.

Já as empresas que fabricam muitos produtos, trabalham com muitas tecnologias e operam em muitos países precisam se preocupar, em seu projeto e estrutura organizacionais, com se organizar de conformidade com o fluxo das informações. Elas precisarão assegurar-se de que sua estrutura organizacional não infrinja a lógica das informações. E a esse respeito a GM não oferece nenhuma orientação – ela não foi obrigada a enfrentar esse problema.

5. De cada cinco empregados da GM, quatro operam na área da produção, seja como trabalhadores braçais, seja como encarregados de tarefas rotineiras. Por outras palavras, a GM emprega a força de trabalho de ontem, e não a de hoje.

   Todavia, o problema organizacional básico dos dias atuais compõe-se do trabalho intelectual e dos trabalhadores intelectuais. Eles constituem o elemento de mais rápido crescimento em qualquer tipo de empresa. Nas entidades prestadoras de serviços, eles constituem o próprio núcleo dos funcionários.

6. Finalmente, a General Motors tem sido uma empresa de "administração", e não de "empreendimento" – isto é, a que cria e lança novas empresas e novos produtos. A virtude do caminho escolhido por Sloan residiu na sua capacidade de administrar, de maneira magnífica, aquilo que já se encontrava lá e se conhecia. A General Motors não se tem mostrado inovadora – a indústria automobilística toda não se tem mostrado inovadora, desde os dias que precederam a Primeira Guerra Mundial.

Entretanto, os desafios apresentam-se cada vez maiores na área do empreendimento e da inovação. Precisa-se de organizações inovadoras – além de bem administradas. E a esse respeito o modelo da General Motors não fornece qualquer nova orientação.

Mas naturalmente aprendemos muito nos três quartos de século que decorreram desde que a geração de Fayol se preocupou pela primeira vez com a organização. Sabemos de que se compõe o serviço. Conhecemos os principais prismas pelos quais devemos examiná-lo. Sabemos o que vem primeiro. Sabemos o que não irá funcionar – embora nem sempre saibamos o que irá funcionar. Sabemos o que almeja a estrutura organizacional e portanto qual é a prova pela qual deve passar um projeto de organização bem-sucedido.

O QUE APRENDEMOS

1. A primeira coisa que aprendemos é que Fayol e Sloan estavam certos: a estrutura da organização simplesmente não "evoluirá". As únicas coisas que evoluem espontaneamente em uma organização são a desordem, o atrito e o mau desempenho. Nem é "intuitiva" a estrutura correta, como não o foram os templos gregos e as catedrais góticas. As tradições podem mostrar onde se localizam os problemas, mas não ajudam a resolvê-los. *O projeto* e *a estrutura organizacional exigem raciocínio, análise e tratamento sistemático.*
2. Aprendemos que o primeiro passo não é projetar a estrutura da organização; este é o último passo. O primeiro passo é localizar e organizar os blocos de montagem da organização, isto é, as atividades que a estrutura final deverá conter e que sustentam a "carga estrutural" da organização final.

   Sabemos agora que o que determina os blocos de montagem é o tipo da *contribuição* que eles prestam. E sabemos que a classificação tradicional das contribuições – a ideia da "linha" e "assessoria" da teoria convencional norte-americana sobre a organização – constitui mais um obstáculo do que uma ajuda à compreensão.
3. *"A estrutura acompanha a estratégia."* A organização não é mecânica. Não se trata de uma "montagem". Ela não pode ser "pré-fabricada". A organização é peculiar a cada empresa ou entidade. Pois sabemos agora que para ser eficaz a estrutura deve acompanhar a estratégia.

   A estrutura é um meio para se chegar aos objetivos e metas da entidade. Todo trabalho relativo à estrutura deve portanto começar pelos objetivos e pela estratégia. Essa talvez seja a mais proveitosa compreensão que se conseguiu no campo da organização. Pode parecer óbvia, e é.

Mas alguns dos mais graves erros que têm sido cometidos na construção da organização têm derivado de se tentar impor a roupagem de uma organização "ideal" ou "teórica" a uma empresa viva.

A estratégia – isto é, as respostas às perguntas "Qual é o nosso ramo, qual deve ser e qual será?" – determina a finalidade da estrutura. Ao fazê-lo, determina as atividades básicas de uma dada empresa ou entidade prestadora de serviços. A estrutura eficaz é aquela concebida de tal forma que torna essas atividades básicas aptas a funcionar e produzir bom desempenho. Por sua vez, as atividades básicas constituem os "elementos sustentadores" da estrutura atuante. O projeto da organização preocupa-se, ou deve preocupar-se, em primeiro lugar, com as atividades básicas; o resto é secundário.

OS TRÊS TIPOS DE TRABALHO

Por menor ou mais simples que seja, toda organização contém três diferentes tipos de trabalho.

Em primeiro lugar está o trabalho operacional, isto é, o de administrar o que já existe e se conhece, construindo-se, explorando seu potencial e cuidando de seus problemas.

Sempre há o trabalho da alta administração. E (como veremos no Capítulo 38) esse trabalho é diferente, possuindo suas próprias tarefas e exigências.

Finalmente, há o trabalho inovador. Também ele é diferente, exigindo coisas diferentes, tanto com respeito às operações como com respeito à alta administração.

Como veremos posteriormente nesta mesma parte do livro, nenhum dos princípios concepcionais conhecidos pode ser empregado na organização de todos os três tipos de trabalho. No entanto, cada um deles precisa ser organizado. E todos eles precisam ser integrados em uma organização global.

O QUE PRECISAMOS DESAPRENDER

Algumas coisas há, igualmente, que precisamos desaprender. Algumas das batalhas mais ruidosas relativas à teoria e à prática da organização, e que mais tempo têm consumido dos estudiosos, não passam de puro engano. Elas assumem a forma de "e/ou", quando a resposta correta é "ambos" – em proporções variáveis.

1. A primeira dessas pseudobatalhas, que bem poderia ser esquecida, é aquela que se trava para saber se a concepção dos serviços e da estrutura organizacional deve concentrar-se nas tarefas ou nas pessoas. Repetindo o que já dissemos (Capítulo 24), *a estrutura da organização* e *a concepção dos serviços* devem concentrar-se nas tarefas. Mas as atribuições devem adequar-se tanto às pessoas como às necessidades da situação. Para dizê-lo mais uma vez, o trabalho é objetivo e impessoal, o serviço é que é executado por determinada pessoa.
2. Um tanto relacionada com essa antiga controvérsia está a questão da contraposição entre a organização hierárquica e a organização aberta.

   A teoria tradicional da organização conhece apenas uma forma de estrutura que se aplica tanto aos blocos de montagem como aos edifícios completos: a chamada *organização hierárquica,* isto é, a pirâmide constituída pelo superior e pelos subordinados. A teoria tradicional da organização considera essa estrutura apropriada a todas as tarefas.

   Hoje, está entrando em moda outra teoria sobre a organização. Ela sustenta que a forma e a estrutura são aquilo que desejamos que sejam. Elas são, ou devem ser, "abertas". Tudo aí – a forma, o tamanho e, ao que tudo indica, as tarefas – deriva de relações interpessoais. Na verdade, a finalidade da estrutura é permitir a cada pessoa fazer a "sua parte".

   A primeira coisa que se deve dizer sobre essa controvérsia é que simplesmente não é verdade que uma dessas formas é constituída pela arregimentação e a outra pela liberdade. A dose de disciplina exigida por uma e por outra é a mesma; apenas a distribuição que elas lhe dão é diferente.

   A hierarquia não torna o superior mais poderoso, como seus críticos afirmam. Pelo contrário, a primeira consequência da organização hierárquica é proteger o subordinado contra a autoridade arbitrária que vem de cima. Isso ela consegue definindo cuidadosamente a esfera dentro da qual o subordinado tem sua autoridade e o superior não pode interferir. Ela protege o subordinado permitindo que ele diga "Este é o *meu* serviço". A proteção do subordinado está também subjacente à insistência do princípio hierárquico no sentido de que cada pessoa tenha um único superior. Em caso contrário, o subordinado pode ser apanhado entre exigências conflitantes, entre ordens conflitantes e entre conflitos de interesse, tanto quanto de lealdade. "Melhor um chefe ruim do que dois bons", diz um antigo provérbio campestre.

Ao mesmo tempo, a organização hierárquica confere maior liberdade à pessoa. Desde que o responsável por um serviço cumpra as obrigações a ele atribuídas, terá feito o serviço. Não é responsável por nada além disso.

A expressão "organização aberta" por vezes engana. O que significa é uma organização projetada para tarefas específicas e não para finalidades supostamente "eternas". Particularmente, ela significa a organização do trabalho em pequenos grupos e equipes.

Como veremos com mais detalhes em capítulos posteriores, isso exige, acima de tudo, uma alta dose de disciplina pessoal de cada membro da equipe. Todos eles têm que "vestir a camisa da equipe". Todos eles têm que assumir responsabilidades pelo trabalho de toda a equipe e por seu desempenho. Na realidade, a crítica de Abraham Maslow com relação à Teoria Y (Capítulo 17), por impor exigências desumanas à grande parcela das pessoas fracas, vulneráveis, tímidas e deslocadas aplica-se com maior propriedade à organização aberta. Quanto mais flexível for a organização, mais força precisará ter cada um dos seus membros e maior carga suportar.

Em qualquer estrutura, certa parcela de hierarquia será necessária tanto a cada um dos membros como à organização inteira. É preciso alguém que possa tomar decisões; no caso contrário, a organização se desfará em grupos empenhados em discussões intermináveis. Em particular, as organizações baseadas no trabalho intelectual exigem extrema clareza no tocante à autoridade decisória e à definição dos "canais" específicos que sejam designados. Toda organização de vez em quando se encontrará em situação de perigo comum. Aí, então, tudo perecerá se não houver alguém investido de um *comando* claro e preciso.

Como há muito os estadistas aprenderam, para que um governo funcione bem são necessários boas leis e bons governantes; dessa forma, os construtores da organização devem aprender que uma sólida estrutura organizacional precisa *tanto* da estrutura hierárquica da autoridade *como* da capacidade de organizar forças-tarefas, equipes e pessoas para o trabalho temporário.

3. No fundo, essas pretensas batalhas – entre a concentração nas tarefas e a concentração nas pessoas, assim como entre a organização hierárquica e a organização livre – espelham a crença da teoria tradicional sobre a organização de que um único melhor princípio é "certo" e de que esse princípio será sempre "certo". Deve haver *uma única solução definitiva.*

Em vez do princípio "único e certo", *três* novos princípios concepcionais importantes surgiram nos trinta anos que se seguiram ao fim da Segunda Guerra Mundial, acrescentando-se às funções de Fayol e à descentralização federal de Sloan. Esses princípios – o da *equipe,* da *descentralização simulada* e da *administração sistêmica* – não se colocam no lugar das concepções anteriores. Nenhum deles pretende ser um princípio "universal"; na verdade, todos eles apresentam sérias limitações estruturais e aplicabilidade limitada. Mas eles constituem as melhores soluções existentes para certos tipos de trabalho, as melhores estruturas conhecidas para certas tarefas e as melhores maneiras de enfrentar importantes problemas organizacionais, como aqueles que afligem a alta administração e os relativos à inovação em muitos setores.

OS BLOCOS DE MONTAGEM DA ORGANIZAÇÃO

Quatro perguntas se apresentam a quem projeta os blocos de montagem de uma organização:

1. Quais devem ser as unidades da organização?
2. Quais os componentes que devem ser agrupados e quais os que devem ser separados entre si?
3. Qual a melhor forma e tamanho de cada componente?
4. Quais as relações e a colocação adequadas das diversas unidades?

O método tradicional para saber quais são as unidades básicas da organização tem sido o de analisar *todas* as atividades necessárias ao bom desempenho da empresa. Com isso, tem-se então uma relação das funções típicas de uma empresa industrial ou de uma empresa varejista.

Esse método das funções típicas considera mecânica a organização, como constituindo uma montagem de funções. Sem dúvida, a organização utilizará as atividades típicas – embora nem todas elas necessariamente. Mas a maneira de construir a estrutura depende dos resultados a alcançar. Organiza-se a partir dos resultados desejados.

AS ATIVIDADES BÁSICAS

O que precisamos conhecer não são todas as operações que a gente imagina que a estrutura organizacional deve conter. O que precisamos conhecer são as partes que sustentam as estruturas, as *atividades básicas.*

O projeto da organização, portanto, parte das seguintes perguntas:

- Em que área se precisa do grau excelente para alcançar os objetivos da empresa?
- Em que áreas a falta de um bom desempenho colocaria em perigo os resultados da empresa, ou quem sabe até sua própria sobrevivência?

Eis alguns exemplos das conclusões a que essas perguntas conduzem.

A Sears-Roebuck, dos Estados Unidos, e a Marks & Spencer, da Inglaterra, são empresas que se assemelham notavelmente em numerosos aspectos, mesmo que fosse só pelo fato de os fundadores e organizadores da Marks & Spencer conscientemente terem moldado essa empresa na Sears. Nota-se, porém, uma pronunciada diferença na colocação que recebe e no papel que desempenha o "laboratório" de cada uma. A Sears, que se diz "a compradora da família norte-americana", usa seu laboratório para examinar as mercadorias que compra. Dessa forma, embora grande, capacitado e respeitado, em termos organizacionais seu laboratório é altamente subordinado. Já a Marks & Spencer proclama que sua finalidade é "criar produtos de alta categoria para as famílias da classe trabalhadora". Em resultado, seu laboratório ocupa lugar proeminente na respectiva estrutura organizacional. É o laboratório, e não o cliente, que decide quais são os novos produtos desejados, que cria os novos artigos, projeta-os, prova-os e depois os coloca em produção. Só então entra no circuito o cliente. Em consequência, o chefe do laboratório da Marks & Spencer ocupa posição de relevo na administração da firma, sendo, sob muitos aspectos, seu principal planejador empresarial.

Pode-se verificar que toda empresa que conseguiu grande êxito fez que suas atividades básicas – e especialmente aquelas em que é necessário atingir a excelência para alcançar os objetivos da empresa – constituíssem os elementos mais importantes da sua estrutura organizacional.

Igualmente importantes, porém, são estas perguntas: "Em que áreas o mau funcionamento pode nos prejudicar seriamente? Em que áreas apresentamos a maior vulnerabilidade?". Raramente, porém, se formulam tais perguntas.

Em sua grande maioria, a comunidade corretora de Nova York não as formulou nos prósperos anos da década de 1960. Se as formulasse, teria percebido que o mau funcionamento do "escritório dos fundos", que trabalha com os pedidos, as contas e as cautelas dos clientes, poderia fazer as empresas correr sérios perigos. Não organizar o escritório de atendimento como operação básica constituiu a causa isolada mais importante da grave crise que abalou a Wall Street em 1969 e 1970. A única empresa da Wall Street que se fizera aquelas perguntas, a Merril Lynch, organizara seu escritório de atendimento como atividade básica e sustentadora da sua estrutura. Em consequência, ela emergiu da crise como a gigante do setor da corretagem.

Por fim, deve-se perguntar: "Quais são os *valores* realmente importantes para nós, nesta empresa?". Pode ser a segurança do produto ou do processo. Pode ser a qualidade do produto. Pode ser a capacidade dos revendedores em prestar aos clientes os serviços adequados, e assim por diante. Quaisquer que sejam os valores, eles precisam ter base organizacional. Deve haver um setor, na organização, que seja responsável por eles – e que seja um setor-chave.

Essas três perguntas localizarão as atividades básicas, que, por seu turno, constituirão os elementos estruturais da organização. Os restantes, por mais importantes que sejam, por mais que representem em dinheiro, por mais funcionários que ocupem, serão secundários. Obviamente, eles precisam ser analisados, organizados e colocados dentro da estrutura. Mas a primeira preocupação dirá respeito àquelas atividades que sejam essenciais para o êxito da estratégia da empresa e para o atingimento dos seus objetivos. Elas devem ser localizadas, definidas, organizadas e colocadas em situação de destaque.

Significa isso que toda vez que mudar de estratégia a empresa deverá analisar sua estrutura organizacional. Seja qual for o motivo – uma alteração no mercado ou tecnológica, diversificação ou novos objetivos –, a alteração na estratégia exige uma nova análise das atividades básicas e a competente adaptação da estrutura a elas. Por outro lado, toda reorganização sem a ocorrência de alteração na estratégia é supérflua ou, para começar, demonstra falta de organização.

A ANÁLISE DAS CONTRIBUIÇÕES

Desde o início da preocupação com a organização, a pergunta mais controvertida foi: "Quais as atividades que devem ser agrupadas e quais as que devem ser separadas entre si?".

De maneira geral, quatro são os principais grupos de atividades que prestam sua contribuição, de diferentes maneiras:

Em primeiro lugar, estão as *atividades geradoras de resultados,* isto é, aquelas que produzem resultados mensuráveis, que direta ou indiretamente podem ser relacionados com o desempenho da empresa inteira. Algumas dessas atividades são diretamente geradoras de receitas. Outras contribuem com resultados que se podem medir.

Em segundo lugar vêm as *atividades de apoio,* que, embora necessárias e até mesmo essenciais, não produzem resultados por si mesmas, mas seus resultados só aparecem através do uso que fazem do seu "produto" outros segmentos da empresa.

Em terceiro lugar vêm aquelas atividades que não estão relacionadas, direta ou indiretamente, com os resultados da empresa; atividades essas que são realmente auxiliares. Elas são chamadas *atividades domésticas.*

Há, finalmente, e com caráter diverso do de qualquer uma dessas atividades, as da *alta administração,* de que trataremos separadamente no Capítulo 38.

Algumas das atividades geradoras de resultados produzem receitas diretas. Nas entidades prestadoras de serviços, as atividades de tipo semelhante são as que geram de maneira direta os "cuidados dispensados aos doentes" ou o "ensino". Nesta categoria se incluem as atividades de venda e todo o trabalho necessário a uma atividade de venda sistemática e organizada, aí compreendidos a previsão das vendas, as pesquisas no mercado, o adestramento para as vendas e a administração das vendas. Aí também se coloca a função chamada tesouraria, isto é, a de fornecer e administrar o dinheiro na empresa.

O segundo grupo das atividades geradoras de resultados é constituído por aquelas atividades que não geram receita, mas que guardam uma relação direta com os resultados da empresa toda ou de alguma parcela importante desta que gere receitas. Eu as considero mais *colaboradoras dos resultados* do que geradoras de resultados.

A produção é tipicamente uma delas. E aqui se enquadram o recrutamento e o engajamento. São atividades que se preocupam com o fornecimento, à empresa, de pessoal qualificado e adestrado. As compras e a distribuição física colaboram com os resultados, mas não geram receitas. A "engenharia", como ela é normalmente entendida em muitas empresas industriais, colabora com os resultados, mas não produz receita. E aí também se enquadram as "operações" do banco comercial que movimentam números e papéis. O mesmo se diga das operações de atendimento aos segurados em uma seguradora. As negociações trabalhistas e muitas outras atividades semelhantes de "relacionamento" colaboram com os resultados, mas não geram receitas.

O terceiro grupo das atividades geradoras de resultados diz respeito à prestação de informações. Essa atividade realmente gera um "produto acabado" que todo mundo precisa no sistema. Contudo, por si mesmas as informações não geram receita alguma. Elas constituem um "suprimento", tanto com respeito às receitas como aos centros de custo.

Em primeiro lugar, entre as atividades "de apoio", que por si mesmas não geram qualquer produto mas constituem alimentação para outras, situam-se as atividades relacionadas com a "consciência". Essas atividades firmam padrões, criam visão e exigem excelência em *todas* as áreas básicas em que a empresa necessite alcançar alto grau. "Consciência" pode parecer uma palavra pouco apropriada para essa função, mas é apropriada. A tarefa das atividades relacionadas com a consciência não é a de auxiliar a organização a melhorar suas atividades atuais. Sua tarefa é manter a organização dentro dos seus padrões e lembrar-lhe aquilo que ela deve fazer mas não faz.

As atividades relacionadas com a consciência costumam ser negligenciadas na maioria das organizações. Mas toda empresa – assim como toda entidade prestadora de serviços – precisa proporcionar a si mesma e a seus administradores visão, valores, padrões e certas provisões que permitam confrontar seu desempenho com esses padrões.

Outra função de apoio é a do *aconselhamento* e *ensino*. A contribuição neste caso não reside naquilo que a atividade faz ou pode fazer, mas na repercussão que provoca sobre a capacidade das demais em bem desempenhar-se. Seu "produto" é constituído pela maior capacidade de desempenho do resto da organização.

Boa parte das atividades "de relacionamento" também é de apoio: a equipe jurídica e o departamento de patentes, por exemplo.

O último grupo de atividades segundo a contribuição que presta é o das *atividades domésticas,* que se estendem do departamento médico aos faxineiros, do refeitório à administração dos fundos de pensão e aposentadoria, de encontrar um local para a fábrica e cuidar do sem-número de registros impostos pelo Governo à empresa. Essas funções em nada contribuem de maneira direta para os resultados e o desempenho da empresa. Sua má operação, contudo, prejudica o empreendimento. Elas estão relacionadas com o atendimento das exigências jurídicas, com o moral do corpo de funcionários da empresa, ou com as responsabilidades desta perante o grande público. Entre todas as atividades da empresa, elas são as mais diversificadas. E costumam ser também as que menor atenção recebem na maior parte das organizações.

A classificação que adotamos é bastante rudimentar, e está longe de ser científica. Algumas dessas atividades podem pertencer a uma categoria em determinada empresa e a outra em outra empresa, enquanto numa terceira sua posição é vaga e sem qualquer classificação definida.

Por que, então, classificá-las? A resposta é que as atividades que prestam contribuição diferente precisam ser tratadas de maneira diferente. É a contribuição que prestam que determina sua ordem de importância e o ponto em que elas são colocadas.

As atividades básicas nunca devem estar subordinadas a atividades que não o sejam. As atividades que geram receitas nunca devem estar subordinadas às que não as gerem.

E as atividades de apoio nunca devem estar misturadas com atividades geradoras de receitas ou com atividades que colaborem com os resultados. Elas devem ser conservadas separadas.

AS ATIVIDADES RELACIONADAS COM A "CONSCIÊNCIA"

As atividades que constituem a consciência de uma organização nunca devem estar subordinadas a coisa nenhuma. Elas nunca devem, tampouco, ser colocadas junto a qualquer outra atividade; devem estar nitidamente separadas.

A função da consciência, de dar visão, de fixar padrões e de confrontar o desempenho com esses padrões, cabe, fundamentalmente, à alta administração. Mas precisa funcionar juntamente com todo o grupo da administração. Toda empresa, mesmo pequena, precisa dessa função. Em uma empresa pequena não há necessidade de considerá-la função separada, mas ela pode constituir parte do serviço da alta administração. Em qualquer empresa que se situe acima do tamanho médio, contudo, geralmente essa função deve ser colocada em separado e possuir pessoal próprio.

Todavia, muito pouca gente deve realmente estar fazendo o serviço relativo à consciência. É trabalho para uma única pessoa e não para uma equipe. É trabalho para alguém cujo desempenho tenha merecido o respeito da administração. Não é serviço para um "especialista", mas sim, por exemplo, para algum membro categorizado do grupo da administração que apresente uma bela ficha de trabalhos para a empresa e que tenha manifestado preocupação, sensibilidade e interesse na área da empresa para a qual irá funcionar como consciência.

Só podem se tornar área de consciência da empresa aquelas poucas que sejam de importância vital e básica para seu êxito e sobrevivência. Os objetivos e a estratégia determinarão as atividades de consciência que se farão necessárias. Dirigir pessoas é sempre uma área de consciência, assim como o marketing. As repercussões provocadas pela empresa em seu ambiente, suas responsabilidades sociais e suas relações com a comunidade exterior constituem, igualmente, áreas básicas de consciência. A inovação (tecnologia ou social) também pode ser uma área de consciência para qualquer empresa de vulto.

Para além desses pontos, todavia, não há fórmulas.

Em regra, a permanência, no cargo, dos poucos executivos encarregados da consciência deve ser limitada. Por mais respeito que mereça a pessoa encarregada da consciência e por maior que tenha sido o êxito alcançado em sua função, ela acabará vendo desgastada sua integridade ou sua acolhida. A posição é excelente para permitir que uma pessoa de categoria encerre sua carreira meritória. Uma pessoa mais jovem não deve ser mantida no cargo por mais do que alguns anos – voltando de preferência para um cargo do tipo "fazer".

DAR EFICÁCIA ÀS EQUIPES PRESTADORAS DE SERVIÇOS

São igualmente estritas as regras relativas às atividades de aconselhamento e ensino, ou seja, no tocante às equipes prestadoras de serviços.

O número delas deve ser muito reduzido. Só se deve montá-las nas áreas das atividades básicas. O segredo do trabalho eficaz na área da prestação de serviços é a concentração, e não o faz-tudo.

As equipes de aconselhamento e ensino nunca devem procurar fazer um pouco de tudo. Elas devem concentrar-se em um número reduzido de áreas de importância vital. Em lugar de prestar serviços a todo mundo, elas devem escolher, dentro da organização, as áreas cujos administradores sejam receptivos, sem precisar de que lhes vendam a ideia, e cujas realizações alcancem a maior repercussão por toda a empresa.

As equipes e suas atividades não devem "engordar".

Não são muitas as pessoas de temperamento adequado a esse tipo de trabalho. Fazer um trabalho meritório na área do aconselhamento e ensino é tarefa para alguém genuinamente predisposto a fazer que outros apareçam. Ela exige uma pessoa que desde o início tenha procurado possibilitar a outras fazer o que desejem, contanto apenas que não se trate de algo imoral ou maluco. Exige, além do mais, que a pessoa tenha a paciência de deixar as outras aprenderem, em vez de ela mesma ir lá e fazer o trabalho. Exige, finalmente, uma pessoa que não abuse de sua posição junto ao centro do poder, no escritório central, para praticar politicagem, manipulação e protecionismo pessoal. Gente com esses traços de personalidade é rara. Na área dos serviços, contudo, quem não possuir tais qualidades só fará estragos.

Uma regra básica para as equipes de aconselhamento e ensino é que abandonem sua atividade anterior antes de assumir a nova. Se não fizerem isso, logo começarão a criar seus "grupinhos" ou a produzir "enlatados", isto é, programas e memorandos, em vez de ajudar a desenvolver o talento e a capacidade de trabalho dos funcionários a quem cabe produzir. Além disso, elas ver-se-ão obrigadas a utilizar pessoal de segunda categoria em lugar de elementos de notável competência. Só abandonando a atividade anterior antes de assumir a nova é que poderão estar aptas a colocar em ação os elementos realmente de primeira qualidade em cada serviço.

As atividades de aconselhamento e ensino nunca devem "operar". Uma deficiência bastante comum entre o pessoal das equipes de serviço é operar. Ele conduz negociações trabalhistas e desempenha uma série de atividades "domésticas", como dirigir o restaurante ou o adestramento do pessoal. Em resultado, o serviço de aconselhamento e ensino acaba não sendo feito. As "crises diárias" das operações ganham precedência sobre o trabalho de aconselhamento e ensino, que sempre pode esperar até amanhã.

O trabalho de aconselhamento e ensino não deve constituir carreira. É um serviço que deve ser oferecido a gerentes e profissionais de carreira no decorrer de sua ascensão. Mas não é função que alguém deva, normalmente, desempenhar por muito tempo. Como carreira, ela corrompe. Cria desdém em relação "àquele grupo operacional ignorante", isto é, ao trabalho honesto. Recompensa os indivíduos "brilhantes", em vez de premiar os que trabalham direito. Constitui também um trabalho frustrador, já que a pessoa não vê seus resultados diretos, apenas os resultados "de segunda mão".

Constitui, entretanto, uma excelente preparação, e uma prova rigorosa para o caráter da pessoa e para sua capacidade de ser eficaz sem dispor da autoridade do comando. É uma experiência pela qual devem passar todas as pessoas que ascendem à direção suprema da organização. Mas é uma experiência à qual ninguém deve se submeter por longo tempo.

OS DOIS LADOS DAS INFORMAÇÕES

As atividades ligadas às informações apresentam um problema organizacional próprio. Elas possuem dois lados, duas direções. Ao contrário da maior parte das demais atividades geradoras de resultados, elas não se preocupam com este ou aquele estágio do processo, mas sim com o processo inteiro. Isso significa que elas devem ser centralizadas e descentralizadas.

Os organogramas tradicionais exprimem essa circunstância nas duas linhas diferentes com que ligam a atividade da informação aos "chefes". Uma linha cheia liga a atividade ao chefe da unidade à qual são fornecidas as informações, e uma linha pontilhada, ao grupo central de informações. Um relatório operacional mensal, por exemplo, pode ser encaminhado tanto ao chefe da respectiva unidade operacional como ao controlador da empresa.

Uma conclusão que daí decorre é que o trabalho de informação deve ser mantido separado dos demais tipos de trabalho. As empresas norte-americanas caracterizam-se por violar essa regra, colocando a contabilidade (atividade tradicional de informação) no mesmo componente do tesoureiro (o trabalho operacional gerador de resultados que fornece capital e administra o dinheiro na empresa). A justificativa que tem sido apresentada é a de que "ambos trabalham com dinheiro". Na verdade, porém, a contabilidade não trabalha com dinheiro nenhum; ela trabalha com números. O resultado dessa tradicional colocação tem sido o esvaziamento da administração financeira.

A questão mais penosa com relação às atividades referentes à informação é a de saber quais dessas atividades devem permanecer agrupadas e quais devem ser mantidas separadas entre si. Fala-se muito, hoje, nos "sistemas de informação total integrados". A implicação disso é que todas as atividades relacionadas com a informação – ou pelo menos a maioria delas – devem encontrar-se em um único componente. Na medida em que isso signifique que as novas e diversas atividades relacionadas à informação, como as pesquisas operacionais e os sistemas de computação, não estejam subordinados à contabilidade tradicional, o caso faz sentido. Mas devem elas ser coordenadas? Ou devem estar separadas entre si?

AS ATIVIDADES "DOMÉSTICAS"

O último grupo de atividades com base na contribuição que prestam é o das atividades domésticas. Elas devem ser conservadas isoladas de outros trabalhos, pois em caso contrário não serão executadas. O problema não é que tais atividades sejam particularmente difíceis. Algumas delas são e outras não. O problema é que nem indiretamente elas guardam relação com os resultados. Consequentemente, o resto da organização costuma considerá-las inferiores.

Um dos motivos da tremenda elevação que têm sofrido os custos da assistência à saúde nos Estados Unidos é o desleixo da administração com relação aos "serviços de hotelaria". Todas as pessoas que dominam o hospital, como os médicos e os enfermeiros, sabem que os serviços de hotelaria são essenciais. Os pacientes não passam bem quando não se sentem razoavelmente bem, quando não são bem alimentados, quando suas roupas de cama não são trocadas e seus quartos não são bem limpos. Mas essas não são atividades profissionais do médico, do enfermeiro ou do técnico de raios X. Eles não querem ceder um centímetro sequer para o pessoal encarregado dos serviços de hotelaria desempenhar melhor tais funções. Eles não querem ver essas atividades representadas nos níveis mais altos da administração hospitalar. Em resultado disso, essas atividades ficam ao léu, sem quem as dirija, o que quer dizer que são mal executadas e caras.

Esse tipo de negligência repercute até em atividades que envolvem valores substanciais. Poucas empresas norte-americanas, por exemplo, têm feito sequer um trabalho razoável na administração dos fundos de pensão de seus funcionários, a despeito dos altos valores envolvidos. Trata-se de uma atividade que parece não ter qualquer relação com os resultados, acabando relegada, portanto, aos cuidados de alguém outro.

Um modo de escapar a essa situação é entregar a direção das atividades domésticas à comunidade dos funcionários (ver Capítulo 18). Elas constituem atividades *para* os empregados, sendo portanto mais bem dirigidas *pelos* empregados. Ou então essas atividades podem ser confiadas a alguém ou alguma entidade, externa à empresa, que dirija algum fundo de pensão ou restaurante.

Todavia, na medida em que a administração da empresa precisar em pessoa cuidar dessas coisas – e a escolha de um local para a fábrica bem como sua posterior construção constituem algo que a empresa tem que fazer sozinha, ou pelo menos dele participar ativamente –, as atividades domésticas devem ser conservadas separadas de todas as demais. Elas exigem outro pessoal, outros valores e outras mensurações – devendo necessitar de pouca direção pela própria administração da empresa.

Uma regra é geral: as atividades que prestam o mesmo tipo de contribuição podem ser reunidas em um só setor e sob uma só direção, seja qual for sua especialidade técnica. As atividades que não prestam o mesmo tipo de contribuição não devem, em regra, ficar juntas.

É viável e geralmente preferível colocar todas as atividades de aconselhamento e ensino (digam elas respeito ao pessoal, à fabricação, ao marketing ou às compras) em um grupo de "serviços" sob o mesmo gerente. Da mesma forma, nas empresas que não apresentem grande vulto, uma só pessoa poderá muito bem ser sua consciência em todas as principais áreas de consciência. É a contribuição, e não a capacidade, que determina a função.

A ANÁLISE DAS DECISÕES

Localizando as atividades básicas e analisando as respectivas contribuições definem-se os blocos de montagem da organização. Mas a colocação das unidades estruturais que compõem a organização exige mais dois trabalhos: a análise das decisões e a análise das relações.

Que decisões serão necessárias para se alcançar os objetivos visados pelo desempenho? De que tipos são essas decisões? Em que escalão da organização devem elas ser tomadas? Que atividades são compreendidas ou atingidas por essas decisões? Quais, portanto, os administradores que devem tomar parte nessas decisões – pelo menos sendo consultados de antemão? Quais os membros da direção que deverão ser informados após terem sido tomadas tais decisões? As respostas a essas perguntas mostram o ponto em que se inicia o trabalho.

Nas empresas de grande porte, bem mais de 90 por cento das decisões que seus dirigentes precisaram tomar durante cinco anos foram consideradas "típicas", sendo enquadradas em um pequeno número de categorias. Se o problema tivesse sido ponderado de antemão, só em alguns casos seria necessário perguntar: "A quem compete tomar esta decisão?". No entanto, por não se haver efetuado a análise das decisões, três quartas partes delas tiveram que sair "à procura de um teto". A maior parte acabou subindo a um escalão gerencial muito mais elevado do que seria necessário. Na forma em que a empresa havia sido organizada, as atividades que deviam tomar as decisões básicas se encontravam tão embaixo, na hierarquia, que se viam desprovidas de qualquer autoridade, além de não contar com as informações necessárias para tomá-las.

Quatro características fundamentais determinam a natureza de qualquer decisão empresarial.

A primeira é o grau de *futuridade* da decisão. Por quanto tempo a empresa ficará comprometida por ela? E com que rapidez essa decisão poderá ser anulada?

Os compradores da Sears-Roebuck praticamente não têm limite em relação aos valores em que eles podem assumir compromissos pela empresa. Mas nenhum comprador ou chefe de compras da firma poderá abandonar um produto com que trabalhe, ou acrescentar um produto novo, sem a aprovação do encarregado geral das compras, que tradicionalmente é a segunda ou a terceira pessoa no comando de toda a organização. Da mesma forma, nos grandes bancos comerciais o encarregado de câmbio tradicionalmente tem limites muito frouxos para os valores em que pode comprometer o banco, mas não pode iniciar negociações com outra moeda sem a aprovação de uma alta autoridade da organização.

O segundo critério é o da *repercussão* que a decisão faz sentir em outras funções, em outras áreas ou na empresa como um todo. Se repercutir em uma função só, terá a mais baixa ordem, devendo ser tomada em escalão muito baixo da organização. Se não, ela precisará ser tomada em escalão mais elevado, que possa considerar a repercussão que a decisão irá provocar em todas as funções atingidas; ela poderá ainda ser tomada após estreitos entendimentos com os dirigentes das funções nas quais interfere. Para recorrer ao linguajar técnico, a "otimização" do processo e desempenho de uma função não pode ser conseguida à custa de outras funções. Essa seria uma "subotimização" indesejável.

Exemplos de decisão que aparenta ser de ordem puramente "técnica" e atingir uma única área, mas que na realidade repercute em numerosas áreas, pode ser a de alterar os métodos de manutenção do estoque de peças de uma fábrica que funcione com produção de massa. Essa operação repercutirá em todas as operações industriais da empresa. Ela exigirá profundas alterações na montagem. Ela repercutirá nas entregas do produto aos clientes – pode inclusive levar a mudanças radicais no marketing e na fixação dos preços da empresa, com o abandono de certos padrões e modelos. Embora de dimensões consideráveis, os problemas técnicos relativos à manutenção dos estoques reduzem-se a um nada quando comparados com os problemas provocados em outras áreas por qualquer alteração nos sistemas dos estoques. "Otimizar" a manutenção dos estoques à custa dessas outras áreas é algo que não pode ser permitido. No entanto, só evitará a subotimização se se reconhecer que a decisão é de ordem bem mais elevada, e que nela deve ser considerada a circunstância de repercutir em todo o processo. Ou se reserva essa decisão a um escalão mais alto que o da gerência da fábrica, ou se efetuam estreitos entendimentos entre todos os executivos funcionais.

O caráter da decisão também é determinado pela quantidade de *fatores qualitativos* nela contidos: os princípios básicos de conduta, os valores éticos, as crenças sociais e políticas, e assim por diante. Se envolve tais considerações de valor, a decisão passa a ter ordem mais elevada, devendo, portanto, ou ser tomada ou ser revista por um escalão mais alto. Os fatores qualitativos mais importantes e mais encontradiços são os seres humanos. Isso, naturalmente, se encontra à base da vigorosa determinação que fizemos no Capítulo 28, no sentido de que os membros da alta direção devem desempenhar papel bastante ativo nas decisões referentes às promoções aos escalões superiores da administração intermediária.

Finalmente, as decisões podem ser classificadas, no tocante à sua periodicidade, como *repetitivas* ou *raras*. A decisão repetitiva exige a fixação de uma regra geral, isto é, exige que se tome uma decisão com o caráter de princípio. Como a suspensão de um funcionário diz respeito a uma pessoa, a regra geral a ela relativa deverá ser fixada em um escalão bastante alto da organização. Mas a aplicação dessa regra aos casos específicos, embora ainda constituindo, em si, uma decisão, pode ser deixada a cargo de um escalão bem mais baixo.

A decisão rara, contudo, precisa ser tratada como um acontecimento bem distinto. Toda vez que ocorra, deve ser muito ponderada.

As decisões devem sempre ser tomadas nos escalões mais baixos possíveis e mais próximos possíveis do local do acontecimento. Contudo, esses escalões precisam ser suficientemente altos para poder garantir que todas as atividades e objetivos com que tais decisões interferem recebam plena consideração. A primeira regra diz qual o escalão mais baixo em que a decisão *deve* ser tomada. A segunda diz *até que ponto* ela pode descer. Diz ainda quais os executivos que devem tomar parte na decisão e quais os que devem ser dela informados. Conjuntamente, as duas regras nos dizem onde determinadas atividades devem ser localizadas. Os dirigentes que assumem a responsabilidade relativa a determinada decisão devem encontrar-se em postos suficientemente altos para estarem munidos da autoridade necessária para tomar as decisões típicas das respectivas áreas, e suficientemente baixos para poderem ter o necessário conhecimento detalhado e a necessária experiência de primeira mão que se consegue quando se está "onde as coisas acontecem".

A ANÁLISE DAS RELAÇÕES

O passo final para projetar os blocos de montagem da organização é o da análise das relações. Ela diz onde deve encontrar-se determinado setor.

A regra básica para a colocação de determinada atividade dentro da estrutura organizacional é impor-lhe a *menor quantidade possível de relacionamentos* e tornar fáceis, acessíveis e centrais em relação à unidade as relações que se revistam de vital importância, isto é, aquelas das quais dependem seu êxito e a eficácia de sua contribuição. *A regra é manter as relações reduzidas ao mínimo e jazer cada uma delas ter o seu valor.*

Essa regra explica o motivo por que as funções não constituem grupos de habilidades relacionadas. Se seguíssemos o princípio funcional, nós colocaríamos, por exemplo, o planejamento da produção dentro de um setor relacionado com o planejamento, no qual trabalhariam juntos todos os tipos de planejadores. As habilidades necessárias para o planejamento da produção estão estreitamente relacionadas com todas as outras habilidades referentes ao planejamento operacional. Em vez disso, porém, nós colocamos o planejador da produção na fabricação, e o mais próximo possível do gerente da fábrica e dos chefes da primeira linha. É esse o lugar em que deve se encontrar o planejador de conformidade com suas relações básicas.

É frequente o conflito entre a colocação a partir da análise da decisão e a colocação a partir da análise das relações. De modo geral, deve-se obedecer à lógica das relações tanto quanto possível.

OS SINTOMAS DA MÁ ORGANIZAÇÃO

As organizações perfeitas não existem. Em sua melhor situação, a estrutura organizacional não causará problemas. Mas quais são os erros que com maior frequência se cometem ao planejar os blocos de montagem da organização e ao juntá-los entre si? E quais são os sintomas mais comuns da existência de sérias falhas na organização?

O sintoma mais encontradiço e mais sério da má organização é o aumento da quantidade dos escalões da administração. Uma regra básica de organização é criar o menor número *possível* desses escalões e construir a cadeia de comando mais curta possível.

Cada novo escalão dificulta mais a consecução da compreensão mútua, aumentando o barulho e distorcendo as mensagens. Cada escalão a mais ajuda a distorcer mais um pouco os objetivos e a confundir mais um pouco as atenções. Cada elo a mais na cadeia gera mais tensões e mais uma fonte de inércia, de atrito e de negligência.

O segundo sintoma mais comumente encontrado na má organização é a repetição periódica dos problemas organizacionais. Assim que se acredita que tenha sido "resolvido", o problema reaparece, com nova roupagem.

Exemplo típico disso em uma indústria é o setor da criação de produtos. O pessoal do marketing acha que esse setor lhe pertence; o pessoal da pesquisa e criação acredita que é a ele que o setor pertence. Todavia, colocar esse setor em qualquer um desses segmentos da organização simplesmente criará um problema que se repetirá periodicamente. Na verdade, tanto uma colocação como a outra estão erradas. Na empresa que se deseja inovadora, criar produtos é uma atividade básica, geradora de receitas. É uma atividade que não deverá estar subordinada a nenhuma outra. Merece ser organizada como setor separado.

A resolução do problema organizacional que se repete periodicamente exige a realização das análises corretas – a análise das atividades-chave, a análise das contribuições, a análise das decisões e a análise das relações. Os problemas organizacionais que reaparecem mais de duas ou três vezes não podem ser tratados mecanicamente, com meras alterações nos quadros do organograma. Eles demonstram falta de raciocínio, falta de clareza e falta de compreensão.

Igualmente comum e igualmente perigosa é a estrutura organizacional que leva as pessoas-chave a voltar sua atenção para os problemas errados, desimportantes e secundários. A organização deve fazer que a atenção das pessoas que a compõem se concentre nas principais decisões empresariais, nas atividades básicas, no desempenho e nos resultados. Se, em vez disso, a atenção das pessoas se concentrar em saber quais são os comportamentos, as etiquetas e os procedimentos mais adequados, a organização se perderá. Ela se tornará um obstáculo ao bom desempenho.

Há uma série de sintomas comuns às más organizações que não costumam necessitar de qualquer outro diagnóstico. Em primeiro lugar vem o sintoma das *reuniões demais* e com a participação de gente demais.

Sempre que haja executivos, excetuados os do nível mais elevado, empregando em reuniões mais do que uma pequena parcela do seu tempo – talvez uma quarta parte ou menos – está caracterizada a má organização. O número excessivo de reuniões mostra que os serviços não foram definidos com clareza, não foram estruturados na medida que precisavam, não receberam realmente a responsabilidade que mereciam. A necessidade das reuniões deixa ver que não se fizeram as devidas análises das decisões e das relações, ou então que tais análises não foram aplicadas. A regra é reduzir ao mínimo a necessidade de as pessoas se reunirem para conseguir fazer alguma coisa.

Uma organização cujo pessoal esteja o tempo todo preocupado com as opiniões de uns e de outros ou com saber o que cada um goste ou deixe de gostar não mantém boas relações humanas. Ao contrário, é uma organização com péssimas relações humanas. As boas relações humanas, como as boas maneiras, devem ocorrer normalmente. A ansiedade constante em relação às opiniões dos outros constitui a pior espécie de relações humanas.

Sem medo de errar, pode-se dizer que a organização que sofra desse mal – e muitas sofrem – possui excesso de gente. Ela pode ter gente demais em termos de atividades. Em vez de concentrar sua atenção nas atividades-chave, ela procura fazer um pouco de tudo – especialmente nas atividades de aconselhamento e ensino. Ou então são as atividades em si que se encontram com excesso de gente. É nas salas abarrotadas de gente que os nervos ficam à flor da pele, que as pessoas se acotovelam e pisam nos calos das outras. Quando há entre elas uma distância conveniente, essas colisões não ocorrem. As organizações que contam com excesso de pessoal geram trabalho em vez de gerar desempenho. E geram também atritos, sensibilidades, irritações e preocupações com a opinião alheia.

Constitui sintoma de má organização depender de "coordenadores", "assistentes" e gente desse tipo, *cujo serviço* é *não ter* o *que fazer*. Isso quer dizer que as atividades e os serviços foram planejados com muita estreiteza, ou que em vez de um resultado definido deles se espera um número muito grande de parcelas de tarefas diferentes. Habitualmente, isso mostra também que os componentes da organização foram estruturados a partir das habilidades, em vez de o serem com base na contribuição que prestam ao processo ou na posição que nele ocupam. Isso porque as habilidades sempre contribuem apenas com uma parte do resultado e não com o resultado inteiro. Se a organização for montada com base nas habilidades, precisará ter um coordenador que torne a reunir as peças que, para começar, jamais deveriam ter sido separadas entre si.

"ORGANIZACIONITE", DOENÇA CRÔNICA

Numerosas são as empresas, especialmente as maiores e mais complexas, que sofrem da doença da "organizacionite". Todo mundo se preocupa com a organização. A empresa nunca para de se reorganizar. Ao primeiro sinal de qualquer problema, nem que se trate apenas de uma pequena disputa entre um comprador e um engenheiro sobre alguma especificação, brada-se logo pelos "médicos organizacionais", sejam eles consultores externos ou gente da própria empresa. E nenhuma solução organizacional dura muito Na verdade, poucas predisposições organizacionais recebem ali o tempo suficiente para que possam provar sua utilidade e funcionalidade na prática, antes que já se coloquem em andamento outro estudo organizacional.

Em alguns casos, isso realmente denota a má organização. A "organizacionite" se implantará se a estrutura da organização falhar no enfrentar aquilo que seja fundamental. Ela resulta principalmente de não se repensar e reestruturar a organização após qualquer alteração fundamental nas dimensões e na complexidade da empresa, ou então em seus objetivos e estratégia.

Muitas vezes, porém, a "organizacionite" não passa de uma forma de hipocondria. Deve-se salientar, portanto, que não se devem introduzir com muita frequência mudanças na organização, nem considerá-las superficialmente. A reorganização é uma espécie de cirurgia, e até as pequenas cirurgias apresentam riscos.

Deve-se negar atendimento às solicitações de estudos organizacionais, ou que visem à reorganização, como solução para males de menor gravidade. Nenhuma organização jamais será perfeita. É inevitável o aparecimento de certa dose de atritos, de incongruência, de confusão organizacional. E a prova da boa organização não é a perfeição no papel, é o bom desempenho no serviço.

CONSIDERAÇÕES FINAIS

Por duas vezes, na curta história da administração, acreditou-se estar de posse da solução certa para a organização. A primeira vez foi no transcorrer da Primeira Guerra Mundial, com as "funções" de Henri Fayol, e a segunda, uma geração mais tarde, com a "descentralização federal" de Alfred Sloan. Se e quando aplicáveis, essas duas soluções constituem ainda a melhor resposta. Mas cada vez mais nós nos vemos na contingência de estruturar organizações às quais nenhuma dessas duas concepções se ajusta. Cada vez mais temos concebido novos princípios concepcionais; possuímos agora cinco deles.

Nos últimos 75 anos, aprendemos muita coisa a respeito das organizações. Conhecemos as especificações que conduzem à organização eficaz. Sabemos que precisamos organizar, dentro de uma e mesma estrutura, três tipos distintos de trabalho: o trabalho operacional, o trabalho da alta administração e o trabalho inovador. Sabemos que a estrutura acompanha a estratégia e que, portanto, a estrutura não é mecânica, mas precisa ser construída a partir das finalidades, metas e objetivos da organização, e com fundamento nas atividades básicas necessárias para se atingirem os objetivos. Aprendemos que o serviço de organizar inicia-se com os "blocos de montagem" da organização. Sabemos quais são as atividades que devem ser agrupadas e quais as que devem ser mantidas separadas. Conhecemos os sintomas da má organização. E sabemos que solução final não existe.

A boa estrutura não garante, por si, o bom desempenho da organização. Mas uma estrutura fraca ou inadequada inibe o bom desempenho – e o desempenho é a prova pela qual tem que passar a estrutura da organização.

PERGUNTAS

1. Em que ponto da vida da empresa a organização entra em sua fase mais crítica?
2. Qual foi o modelo que Henri Fayol propôs para a organização?
3. De que maneira Alfred P. Sloan Jr. adaptou o modelo de Fayol à organização grande e complexa?
4. Por que motivo os modelos de Fayol e de Sloan são inadequados à realidade atual?
5. O que significa a afirmação "A estrutura acompanha a estratégia"?
6. Quais são os três tipos de trabalho?
7. Quais são as três enganosas controvérsias propostas pelos teóricos da organização? Por que esses três pontos não devem ser considerados opções do tipo "e/ou"?
8. O que se compreende pela expressão "organização aberta"?
9. Quais são os três grandes princípios concepcionais, relativos à organização, que surgiram nos últimos trinta anos?
10. Que perguntas deve fazer quem projeta os blocos de montagem da organização?

11. Quais são os quatro grandes grupos de atividades que devem ser considerados na análise das contribuições?
12. Qual é a diferença entre as atividades produtoras de resultados e as atividades que com eles colaboram?
13. Quais são alguns exemplos das atividades relativas à consciência?
14. Quais são as duas dimensões das atividades ligadas às informações?
15. Por que é boa ideia entregar a direção das atividades domésticas à comunidade dos funcionários?
16. Quais são as quatro características básicas que determinam a natureza de qualquer decisão empresarial?
17. Qual é a regra básica que se deve observar para colocar determinada atividade dentro da estrutura da organização?
18. Quais são alguns dos sintomas da má organização?

CAPÍTULO 35

O PLANEJAMENTO ORGANIZACIONAL CONCENTRADO NO TRABALHO E NAS TAREFAS

O "arquiteto organizacional" dispõe hoje de *cinco princípios para o seu planejamento,* cinco modos distintos de organizar as atividades e ordenar os relacionamentos. Dois deles são tradicionais: a estrutura funcional de Henri Fayol e a descentralização federal de Alfred P. Sloan.

Três desses princípios são novos: a organização em equipe, a descentralização simulada e a estrutura sistêmica.

Cada princípio foi concebido para atender necessidades específicas. A primeira impressão que se tem, portanto, é que eles representam certo oportunismo e não o planejamento, muito menos a lógica. Na realidade, porém, essas concepções exprimem diferentes *lógicas de planejamento.* Cada uma apanha uma dimensão genérica da organização gerencial e monta uma estrutura ao seu redor.

AS EXIGÊNCIAS FORMAIS

A estrutura da organização deve atender a exigências mínimas relacionadas com os seguintes pontos: a clareza; a economia; o alvo das atenções; a compreensão da tarefa pessoal e da tarefa do todo; o processo de decidir; a estabilidade e a adaptabilidade; a perpetuação e autorrenovação.

1. *Clareza.* Cada membro da organização e especialmente de sua direção precisa saber qual o lugar que lhe cabe, onde se situa, onde precisa ir para conseguir o que precisa, seja informação, seja cooperação, seja decisão. A clareza não significa, de forma alguma, simplicidade. Na verdade, estruturas que parecem simples podem ter falta de clareza. E estruturas aparentemente complexas podem possuir muita clareza.

   A estrutura cujos funcionários precisem de um elaborado manual de instruções para saber qual é o seu lugar, aonde lhes compete ir e onde se encontram, gera atritos, perdas de tempo, contendas, frustrações e atrasos nas decisões, constituindo, no geral, mais estorvo do que ajuda.
2. *Economia.* Estreitamente ligada à exigência da clareza está a da economia. Com o menor esforço possível deve-se poder controlar, comandar e induzir as pessoas ao bom desempenho. A estrutura da organização deve permitir o autocontrole e estimular a automotivação. E o menor número possível de pessoas, especialmente na área dos funcionários de alta capacidade de desempenho, deve precisar dedicar tempo e atenção para manter o mecanismo em funcionamento.

   Em qualquer organização, parte dos esforços precisa ser usada para mantê-la em funcionamento e bom estado. Algum tempo precisará ser dedicado ao "controle interno", às "comunicações internas" e aos "problemas pessoais". Mas quanto menos insumos da organização se precisar usar para mantê-la em operação, tanto maior será a quantidade dos insumos que poderão se transformar em produção. A organização se mostrará aí mais econômica, com maior volume de seus insumos tendo a possibilidade de se transformar em desempenho.
3. O *alvo das atenções.* A estrutura da organização deve orientar a atenção das pessoas e das unidades gerenciais para o desempenho, e não para os trabalhos que se realizam. Deve orientar as atenções para os *resultados,* isto é, para o desempenho da empresa toda. O desempenho é o fim a

que se destinam todas as atividades. Na verdade, a organização pode ser comparada com uma correia de transmissão que transforma as atividades no "impulso" único – o bom desempenho. Tanto mais eficiente será a organização quanto mais "direta" for essa transmissão, isto é, quanto menos precisar alterar a velocidade e o rumo dos trabalhos individuais para que apresentem bom desempenho. O maior número possível de dirigentes deve atuar como empresários e não como "especialistas" ou "burocratas". E o maior número possível deles deverá submeter-se à prova do desempenho e dos resultados, e não basicamente à prova dos padrões de capacidade gerencial ou de competência profissional.

4. *Compreensão da própria tarefa* e *da tarefa geral.* A organização deve capacitar cada pessoa, especialmente cada dirigente e cada profissional especializado, a *compreender a tarefa que lhe cabe.*

   Ao mesmo tempo, porém, a organização deve capacitar cada um deles a *compreender a tarefa comum a todos, à organização inteira.* Para vincular os próprios esforços ao bem comum, cada integrante da organização deve compreender de que forma sua tarefa se enquadra na tarefa global. Por outro lado, ele deve saber qual a implicação da tarefa global em relação à sua própria tarefa, sua contribuição e seu rumo. As comunicações devem, portanto, ser auxiliadas, e não tolhidas pela estrutura da organização.

5. *Processo de decidir.* Nenhum dos princípios vigentes para o planejamento se estrutura fundamentalmente em torno de algum "modelo para decidir". No entanto, é preciso tomar decisões, e tomá-las sobre os assuntos certos e aos níveis certos, bem como transformá-las em trabalho e realização. Por conseguinte, o planejamento organizacional precisa ser submetido à prova, para se ver se ele atrapalha ou fortalece o processo de decidir.

   A estrutura que obriga as decisões a buscar o nível mais alto possível da organização, em vez de permitir que sejam tomadas ao seu nível mais baixo possível, obviamente embaraça o processo de decisão. O mesmo faz a estrutura de decisão que ofusque a necessidade de se tomarem decisões vitais, ou que concentre a atenção nas matérias erradas, como as disputas sobre áreas de jurisdição.

6. *Estabilidade* e *adaptabilidade.* Toda organização precisa possuir *estabilidade.* Precisa ser capaz de executar seu trabalho mesmo que o mundo

inteiro ao redor esteja em tumulto. Precisa ser capaz de construir sobre seu bom desempenho e realização anteriores. Precisa ser capaz de planejar seu futuro e sua continuidade.

As pessoas precisam também de um "lar". Ninguém consegue trabalhar muito no saguão de espera de um aeroporto; ninguém consegue trabalhar muito como transeunte. A pessoa precisa pertencer a uma "comunidade" em que conheça outras e seja por elas conhecida, e onde seu relacionamento possa deitar âncora.

Mas estabilidade não significa rigidez. Pelo contrário, a estrutura da organização exige *adaptações*. A estrutura totalmente rígida não é estável; é quebradiça. A estrutura só poderá sobreviver se for capaz de se adaptar a novas situações, novas exigências e novas condições.

7. *Perpetuação* e *autorrenovação*. Finalmente, a organização precisa ser capaz de *perpetuar-se*. Precisa ser capaz de *preparar a autorrenovação*. Essas duas necessidades acarretam uma série de exigências.

   A organização precisa ser capaz de gerar dentre seus próprios elementos os dirigentes de amanhã. Um requisito mínimo para isso é que não possua escalões hierárquicos internos em tão grande número que alguém de capacidade, tendo ingressado cedo em sua administração (com 25 anos, digamos), não consiga normalmente chegar ao topo de sua hierarquia promocional ainda suficientemente jovem para ser eficaz.

   Uma coisa que a estrutura da organização precisa possuir para cuidar da autorrenovação é a capacidade de, em cada nível, preparar e experimentar alguém para o nível imediatamente superior. Especialmente, ela precisa preparar e experimentar seus atuais administradores inferiores e médios para os cargos mais graduados, inclusive os da direção mais alta. Para sua perpetuação e autorrenovação, a estrutura da organização precisa ainda mostrar-se *acessível a novas ideias* e estar disposta e aparelhada a fazer coisas novas.

O ATENDIMENTO DAS EXIGÊNCIAS

Algumas dessas exigências colidem claramente entre si. Nenhum princípio de planejamento poderá satisfazer plenamente a todas. Entretanto, para poder apresentar bom desempenho e continuidade, toda estrutura organizacional precisará satisfazê-las até certo ponto. Isso significa assumir compromissos, efetuar trocas, procurar equilíbrios. Significa também que provavelmente vários princípios de planejamento, e não um só, precisarão ser utilizados até pelas organizações mais simples. Pois, se qualquer dessas exigências não for atendida, a empresa não será capaz de apresentar bom desempenho. A construção da organização exige que se compreendam os princípios de planejamento vigentes, suas necessidades, limitações e "ajustes" às exigências do planejamento.

A primeira coisa que sabemos a respeito dos princípios de planejamento vigentes é sua lógica. A organização funcional e a organização em equipe são montadas em torno da tarefa e do trabalho. As duas espécies de descentralização são construídas em torno dos resultados. A estrutura sistêmica é organizada em torno dos relacionamentos.

AS TRÊS MANEIRAS DE ORGANIZAR O TRABALHO

Todo trabalho, tanto o físico como o mental, pode ser organizado de três modos.

Pode ser organizado de acordo com as etapas do seu processo. Para fazer uma casa, primeiro constroem-se os alicerces, depois a parede, o telhado, e por fim é feito o acabamento.

Pode-se também organizar o trabalho de modo que ele caminhe por onde se encontram as especializações ou máquinas necessárias a cada uma das etapas. Na metalúrgica tradicional da produção por encomenda, uma das alas contém uma série de mandris e tornos, outra possui máquinas de estamparia, enquanto uma terceira dispõe de equipamentos para o tratamento térmico – e as peças de metal vão caminhando de um grupo de máquinas e respectivos operadores para o seguinte.

Por fim, pode-se organizar o trabalho de forma que uma equipe de trabalhadores, com diferentes especializações e providos de diferentes máquinas, caminhe para o trabalho, ele mesmo fixo. Uma equipe de filmagem – o diretor, os artistas, os eletricistas e os técnicos de som – "faz uma externa". Cada membro executa um trabalho altamente especializado, mas todos funcionam como equipe.

A "organização funcional" de Fayol é comumente apresentada como uma organização do trabalho em "feixes de habilidades afins". Na realidade, ela usa tanto a organização do trabalho por etapas como a organização por aptidões. Certas funções tradicionais, como a fabricação ou o marketing, compreendem uma série muito grande de aptidões não relacionadas – a capacidade dos operadores das máquinas e a dos planejadores da produção, por exemplo, no primeiro caso, e, no segundo, a capacidade dos vendedores e a dos pesquisadores do mercado. Mas a fabricação e o marketing são etapas distintas de um processo. Já outras funções, como a da contabilidade e do pessoal, são organizadas segundo as aptidões. Mas em qualquer organização funcional o trabalho caminha em busca da etapa ou da especialização. Ele avança enquanto o trabalhador permanece parado.

Na estrutura baseada em equipes, porém, o trabalho e a tarefa são, por assim dizer, "fixos". Agrupam-se em equipes trabalhadores que possuem diferentes aptidões e operam diferentes máquinas. À equipe atribui-se determinada parcela do trabalho ou determinada obra, seja esta um projeto de pesquisa ou o planejamento arquitetônico de um novo prédio para escritórios.

As estruturas funcionais e as estruturas por equipe são muito antigas. Os construtores das pirâmides egípcias montavam seu trabalho em bases funcionais. E a equipe organizada e permanente do "grupo de caça" é de origem ainda mais antiga, remontando à última Idade Glacial.

O trabalho e a tarefa precisam ser estruturados e organizados. Para planejá-los, qualquer organização precisa aplicar ou a estrutura funcional ou a estrutura por equipes, ou ambas. Como veremos ainda neste capítulo, muitas aplicam as duas. E todas as organizações precisam compreender uma e outra.

A ESTRUTURA FUNCIONAL

A concepção funcional tem a grande vantagem da *clareza*. Nela, cada pessoa possui seu "lar". Cada uma *compreende sua tarefa*. É uma organização de alta *estabilidade*.

Mas o preço dessa clareza e estabilidade é a dificuldade que experimentam todos os seus membros, inclusive os mais elevados, em *compreender a tarefa do* conjunto e relacioná-la com seu próprio trabalho. Embora estável, sua estrutura é *rígida* e opõe-se à adaptação. Não prepara as pessoas para o amanhã, nem as *adestra* ou *testa*. No geral, tende a incutir nas pessoas o desejo de fazer um pouco melhor aquilo que já façam, em vez de levá-las a procurar novas ideias e novas maneiras de fazer as coisas.

As virtudes e limitações do princípio funcional conferem-lhe características próprias em relação à exigência de *economia*. Na melhor das hipóteses, a organização funcional opera com muita economia. Pouquíssimos ocupantes dos cargos mais altos precisam dedicar grande parte do seu tempo a manter a organização operando, isto é, "organizando-a", "coordenando--a", "conciliando-a" e assim por diante. Os outros podem dedicar-se ao seu trabalho. Mas na pior das hipóteses, relativamente frequente, a organização funcional é bastante antieconômica. Assim que se aproxima até de um grau modesto de tamanho ou complexidade, passa a gerar "atritos". Rapidamente assume a feição de uma organização onde imperam os desentendimentos, os grupinhos, os impérios e os "muros de Berlim". Em pouco tempo, passa a exigir coordenadores, comissões, reuniões, resoluções de encrencas e despachantes especiais, coisas que consomem o tempo de todos sem em regra resolver muita coisa. E essa tendência ao conflito prevalece não só entre as diversas "funções". A grande unidade funcional, com suas subdivisões e subfunções, torna-se também presa fácil da ineficiência interna e requer, igualmente, esforços cada vez maiores da direção para poder funcionar com suavidade.

A virtude básica da organização funcional, e ao mesmo tempo seu principal ponto fraco, é a concentração nos *esforços*. Cada dirigente funcional considera a própria função a mais importante de todas. Com isso, destacam-se bastante os padrões profissionais e os padrões de ofício. Mas também torna os integrantes da unidade funcional propensos a subordinar a prosperidade das outras funções, se não até da empresa toda, aos interesses da própria unidade. Não há remédio efetivo contra essa tendência da organização funcional. A ânsia de cada função melhorar sua posição na organização é o preço pago pelo louvável desejo de cada dirigente procurar fazer bem seu serviço.

A *comunicação* é relativamente boa nas organizações funcionais pequenas, mas entra em pane assim que a organização cresce. Mesmo no interior da unidade funcional – o departamento de marketing, por exemplo

–, as comunicações definham quando a unidade se torna grande ou complexa. Os funcionários ali especializam-se cada vez mais, interessados principalmente em suas próprias e estreitas funções.

Como estrutura para tomar decisões, a organização funcional – mesmo quando relativamente pequena – funciona mal. Pois nela, em regra, as decisões só podem ser tomadas no escalão mais alto. Só o executivo chefe encara a empresa como um todo. Em consequência disso, com facilidade as decisões são mal compreendidas pela organização, e com frequência mal executadas. E porque a organização funcional possui alta estabilidade e baixa adaptabilidade, é provável que nela o desafio representado pela necessidade de fazer algo realmente novo e diferente será sufocado, em vez de enfrentado às claras.

A *organização funcional* também é fraca em *formar, preparar* e *testar* pessoas. Para ela, o mais importante é que a pessoa se assenhoreie dos conhecimentos e competência relativos a determinada função. Com isso, o especialista funcional pode ver reduzida sua capacidade de enxergar, suas habilitações e suas dedicações. A organização funcional contém, embutido, um dispositivo que realça a importância de não se demonstrar demasiada curiosidade em relação ao trabalho executado por outras funções ou especialidades. Isso quer dizer que esse tipo de organização estimula uma estreita departamentalização.

Essas limitações e deficiências da organização funcional desde o início se patentearam. Por conseguinte, ela precisa dedicar muita reflexão para conseguir suprimi-las e conseguir suprimir particularmente seu ponto mais fraco de todos: a tendência que apresenta a fazer seu pessoal funcional afastar os olhos da contribuição e resultados de cada um, para concentrá-los nos próprios esforços e agitação.

SUA LIMITADA AMPLITUDE

Mesmo nas áreas em que a organização funcional tem boa aplicação, sua esfera de ação limita-se ao trabalho operacional. A alta administração é "trabalho" (ver o Capítulo 38), mas não é trabalho "funcional". E a organização funcional não se lhe mostra apropriada. Sempre que empregada, a organização funcional enfraquece a alta administração.

O princípio funcional aplica-se menos ainda ao trabalho inovador (ver Capítulo 37, "A Organização Inovadora"). Para inovar, procura-se fazer algo que não se tenha feito anteriormente, isto é, algo que ainda não se conheça. Para inovar, precisa-se das aptidões individuais das várias disciplinas, mas não se sabe onde nem quando elas se farão necessárias, nem por quanto tempo, em que grau ou em que volume. A tarefa inovadora não pode, portanto, ser organizada com base na organização funcional. São coisas incompatíveis entre si.

ONDE A ESTRUTURA FUNCIONAL SE APLICA

A estrutura funcional aplica-se muito bem ao tipo de empresa para o qual foi concebida. O modelo para o planejamento funcional de Henri Fayol, no início deste século, foi fornecido pela mineradora de carvão que dirigia. Era uma empresa bastante grande para a época, mas hoje seria considerada pequena. Excetuados uns poucos engenheiros, ela só empregava trabalhadores braçais, todos executando o mesmo tipo de serviço. Todas as minas carboníferas produziam uma única mercadoria, só variando de tamanho. O carvão não requer outro tratamento além de uma simples lavagem e escolha. Naquele tempo, pelo menos, o carvão tinha poucos mercados – os das siderúrgicas, das ferrovias e empresas de navegação, das usinas de força e das residências particulares. Nesses mercados, porém, ele praticamente desfrutava de monopólio, e embora o maquinário e as ferramentas para a mineração do carvão estivessem evoluindo rapidamente na época de Fayol, o processo em si absolutamente não mudava. Ele não apresentava grande campo para as inovações.

A mineradora de Fayol era o tipo da empresa que o planejamento funcional organiza bem. Qualquer coisa mais complexa, mais dinâmica ou mais inovadora exige capacidades de desempenho que o princípio funcional não possui. Empregada além dos limites do modelo de Fayol, em pouco a estrutura funcional se mostrará dispendiosa, tanto em termos de tempo como de esforços. Ela corre também o grande risco de afastar do desempenho as energias da organização, levando-as à mera agitação. Nas empresas que ultrapassam o modelo de Fayol em tamanho, complexidade ou esfera de ação inovadora, a concepção funcional deve ser utilizada apenas como um dos princípios, jamais como *o* princípio. E mesmo na empresa que se ajuste ao modelo de Fayol, a concepção e a estrutura da alta direção exigem outro princípio de planejamento.

A EQUIPE

A equipe é um grupo – geralmente bastante pequeno – de pessoas que, possuindo formação, habilitações e conhecimentos diversos e procedendo de vários setores da organização, trabalham juntas numa área específica e definida. Geralmente, a equipe tem um coordenador. Ele é quase sempre designação para todo o período em que perdurar a atribuição da equipe. Mas em um dado momento a coordenação é exercida segundo a lógica do trabalho e a fase em que se encontra seu processo. Na equipe não há superiores nem subordinados, só pessoas mais experimentadas e pessoas menos experimentadas.

Todas as empresas – e todas as outras organizações – têm sempre usado as equipes para tarefas não repetitivas, mas só recentemente nos demos conta de algo que já sabiam nossos antepassados nômades das expedições de caça da idade glacial – a equipe constitui também um princípio útil para o planejamento estrutural permanente. A missão da equipe é cumprir uma tarefa específica: a expedição de caça ou a criação de algum produto. A equipe em si, porém, pode ser permanente. Sua composição pode variar de tarefa para tarefa, mas sua base permanece relativamente constante, mesmo que os membros se dispersem entre uma tarefa e outra ou pertençam, no mesmo instante, a várias equipes.

O hospital talvez apresente o exemplo mais claro da equipe. O componente estrutural que nele opera é uma equipe mobilizada dos "serviços" para as necessidades de cada paciente na forma determinada pelo seu coordenador, o médico, enquanto a enfermeira constitui a funcionária executiva do grupo.

No hospital, todas as pessoas diretamente relacionadas com o tratamento dos pacientes, isto é, todos os componentes da equipe, devem assumir responsabilidade pessoal pelo êxito do trabalho da equipe inteira. No hospital, as ordens do médico constituem lei. Ainda assim, um fisioterapeuta que tenha recebido ordens, por exemplo de ministrar exercícios de reabilitação a determinado paciente, deverá interrompê-los ao perceber que o paciente esteja febril, avisar imediatamente a enfermeira e pedir uma tomada de temperatura. Dentro de sua esfera, ele não vacilará em contrariar as ordens do médico. O médico pode determinar que se tomem as medidas de um paciente da ortopedia para a confecção de muletas, e que o ensinem a usá-las. O fisioterapeuta, porém, após contemplar o paciente, pode dizer: "Você não precisa de muletas, é melhor pegar desde logo esta bengala ou simplesmente andar com a perna engessada e sem qualquer apoio".

A responsabilidade pelo resultado recai sobre a equipe inteira. Como coordenadora, cada enfermeira utiliza os recursos da organização toda, à medida que deles precisar. Em determinado estágio, requisitará os técnicos de raios X; em outro, os fisioterapeutas, ou então os técnicos do laboratório médico, e assim por diante. A composição da equipe pode variar de um paciente para outro, mas seu coordenador, que é o principal responsável pelo resultado, procurará, nas várias ocasiões, trabalhar com as mesmas três ou quatro pessoas de cada setor.

AS EXIGÊNCIAS DA ESTRUTURAÇÃO EM EQUIPE

A estruturação em equipe requer uma missão contínua, cujas tarefas específicas podem variar frequentemente. Se a missão não for contínua, talvez se forme uma força-tarefa temporária, mas não uma organização que se baseie na equipe como projeto permanente. Quando as tarefas não variam, não há necessidade nem sentido para a organização em equipe.

A equipe precisa de um objetivo claro e bem definido. Deve sempre permitir uma retroalimentação que, partindo dos objetivos, chegue ao trabalho e ao desempenho da equipe e de cada um de seus membros.

A força-tarefa precisa de um comandante. Pode ser um comandante permanente – o médico e a enfermeira, na equipe de tratamento do hospital, ou o chefe reconhecido de uma equipe de alta administração. O comando pode também mudar de uma fase importante para outra. Se ele mudar, porém, precisar-se-á designar claramente alguém que, em determinado estágio, assuma a coordenação da equipe em determinada fase da tarefa. Não se trata, aí, da responsabilidade de comando em relação a tomar decisões e baixar ordens. É a responsabilidade de comando por resolver quem, dentre os membros da equipe, possuirá em determinada fase a autoridade para tomar as decisões e assumir a direção. A equipe, pois, não é "democrática". Ela destaca a autoridade. Mas a autoridade deriva da tarefa e para ela se volta.

É sempre a equipe como um todo que responde pela tarefa. Cada um de seus integrantes entra com suas aptidões e conhecimentos pessoais. Mas cada um deles é sempre responsável pela produção e desempenho do grupo todo, não só pelo seu próprio trabalho. A unidade é constituída pela equipe.

Os membros da equipe não precisam se conhecer muito bem para trabalhar em conjunto. Mas precisam conhecer a função e a contribuição em potencial de cada um dos demais. Não haverá necessidade de "harmonia", "empatia" ou "relações interpessoais". Essenciais serão a mútua compreensão do trabalho de cada um e o entendimento geral da tarefa que cabe à equipe.

Por conseguinte, o primeiro trabalho do coordenador da equipe será deixar as coisas bem claras: a clareza dos objetivos e a clareza do papel de cada um, inclusive o do próprio coordenador.

AS VIRTUDES E LIMITAÇÕES DOS PRINCÍPIOS REFERENTES À EQUIPE

A equipe possui virtudes óbvias. Cada um dos seus membros sabe sempre qual é o trabalho a desenvolver em conjunto, e se responsabiliza por ele. A equipe é bastante receptiva às novas ideias e novas maneiras de fazer as coisas. E possui grande capacidade de se adaptar.

Ela apresenta também graves deficiências. Só possui clareza quando o coordenador a cria. Sua estabilidade é reduzida. Baixa é a economia da equipe: ela exige que continuamente se atente para sua direção, o relacionamento entre as pessoas no interior da força-tarefa, o serviço atribuído a cada uma, as explicações, as deliberações, as comunicações etc. Grande parte da energia de seus membros é canalizada para manter as engrenagens em funcionamento. Embora cada componente da equipe compreenda a tarefa comum, nem todos compreendem as próprias tarefas. Algum deles pode se interessar tanto pelo serviço dos demais que deixe de prestar a atenção devida ao seu próprio.

As equipes têm capacidade de adaptação. São receptivas às novas ideias e novos modos de fazer as coisas. Constituem o melhor meio que existe para superar o isolamento funcional e o provincianismo estreito. Todos os profissionais de carreira devem trabalhar em alguma equipe no decorrer de sua vida funcional.

Mesmo assim, as equipes são apenas um pouco superiores à organização funcional pura e simples quanto a preparar pessoas para as responsabilidades de direção mais altas ou testar seu desempenho. A equipe não favorece nem as comunicações mais claras nem as decisões mais claras. O grupo todo precisa ficar explicando constantemente, a si mesmo e aos dirigentes espalhados pelo resto da organização, o que está procurando fazer, no que está trabalhando e o que conseguiu realizar. A equipe toda deve constantemente cuidar para que sejam sempre trazidas à tona as decisões que precise tomar. De outra forma, será real o perigo de as equipes tomarem decisões que não devam tomar – decisões, por exemplo, que comprometam irreversivelmente a empresa inteira.

As equipes erram – e o índice de seus erros tem sido elevado – principalmente por deixar de adotar a disciplina e a responsabilidade exigidas pelo alto grau de liberdade com que operam. Nenhuma força-tarefa poderá ser "permissiva" e funcional ao mesmo tempo.

Mas a maior limitação da estrutura em equipe é seu tamanho. As equipes trabalham melhor quando têm poucos membros. A expedição de caça antiga compunha-se de sete a quinze membros. O mesmo se dá com as equipes esportivas, como a do futebol, de bola ao cesto e do cricket. Se a equipe se ampliar demais, tornar-se-á desajeitada. As virtudes que lhe são próprias, como a flexibilidade e o senso de responsabilidade de seus integrantes, ficarão prejudicadas. As limitações que lhe são próprias – os problemas de comunicação e a preocupação excessiva com as relações internas começarão a deformá-las.

A ESFERA DE AÇÃO DA ORGANIZAÇÃO EM EQUIPE

A limitação do tamanho, inerente às equipes, determina o campo ao qual pode se aplicar esse princípio de organização.

A equipe constitui o melhor princípio para planejar-se a estruturação dos trabalhos da alta direção. Na verdade (como veremos no Capítulo 38), trata-se provavelmente do *único* princípio de estruturação que se mostra adequado à alta direção. A equipe constitui também o princípio de estruturação preferido para os trabalhos inovadores (ver o Capítulo 37).

Para a maior parte dos trabalhos operacionais, porém, a equipe não é adequada *por si mesma e sozinha,* como princípio de planejamento da organização. É um complemento – embora tremendamente necessário – à concepção funcional. Pode muito bem ocorrer que a organização em equipes seja aquela que venha a tornar o princípio funcional plenamente eficaz e a permitir a realização daquilo com que os idealizadores deste sonhavam.

O PLANEJAMENTO DA EQUIPE E A ORGANIZAÇÃO INTELECTUAL

É no setor do trabalho intelectual que o planejamento da equipe como complemento da organização funcional tem a possibilidade de prestar sua maior contribuição. É provável que a organização intelectual venha a promover o equilíbrio entre a "função" e a "equipe", a primeira como o lar da pessoa e a segunda como seu "local de trabalho". (A denominação técnica disso é "organização matriz".)

O trabalho intelectual é, por definição, especializado. Por conseguinte, a passagem da administração média para a organização intelectual traz ao grupo da direção, como pessoal operacional, uma multidão de especialistas. O modelo tradicional das funções está sendo substituído por um número enorme de novas funções. Muitas, é claro, podem e devem ser agrupadas. Mesmo assim, embora o especialista em tributação possa muitas vezes ser colocado ao lado de outros funcionários "financeiros", seja na contabilidade ou no departamento de finanças, seu trabalho será diferente e isolado. Isso também se aplica a gerentes de produtos ou a gerentes de mercados, que estão igualmente relacionados com a função tradicional do marketing, a função tradicional da pesquisa e criação e a função tradicional da fabricação.

Isso exige uma administração funcional melhor. A organização precisará resolver quais são as especialidades de que necessita, ou então se afogará em aprendizagens inúteis. Ela precisará refletir que atividades básicas não dispensam um alto grau de conhecimento especializado, bem como cuidar no sentido de que nos setores básicos o trabalho intelectual seja profundo e perfeito. Nos demais setores, o trabalho intelectual não deverá ser feito de vez, ou então deverá ser conservado em baixo nível.

É preciso conduzir cada especialização de forma a assegurar que ela preste à empresa a contribuição a que se destina. A direção precisa prever hoje as novas especializações que se farão necessárias e as novas exigências que amanhã serão feitas às especializações atuais. Ou seja, ela precisa preocupar-se funcionalmente com aquilo que no Capítulo 25 denominei *formação da administração.*

É muito necessário haver uma grande preocupação com os especialistas em si e com a sua direção. Estarão eles trabalhando em coisas realmente importantes, ou apenas perdem seu tempo? Ficam repetindo as coisas que já sabem fazer, ou se empenham em criar um novo potencial e uma nova capacidade de desempenho? Estão sendo utilizados produtivamente, ou simplesmente mantidos ocupados? Estão se desenvolvendo tanto na qualidade de profissionais como na de pessoas?

Essas são perguntas críticas que não podem ser respondidas com a simples verificação de quantas horas a pessoa trabalha. Exigem conhecimento da área funcional e uma verdadeira direção funcional.

Boa parte do trabalho intelectual será sem dúvida organizada em bases estritamente funcionais. Outra parte também será executada por pessoas que, na verdade, formam, por si mesmas, um "componente organizacional".

Um número cada vez maior de trabalhadores intelectuais, contudo, terá um "lar" funcional, mas fará seu trabalho dentro de uma equipe composta também de outros trabalhadores intelectuais, provenientes de outras funções e disciplinas. Quanto mais avançado for, mais especializado será o conhecimento. E o conhecimento especializado constitui um fragmento, se não meros "dados". Ele só se torna eficaz como insumo de decisões, trabalhos e compreensões de outras pessoas. Só em equipe ele se transforma em "resultados".

Por conseguinte, cada vez mais a organização intelectual apresentará dois aspectos: um, funcional, conduzindo a pessoa e seu saber; o outro, a equipe, conduzindo o trabalho e a tarefa. Visto por um lado, isso prejudica o princípio funcional e o inutiliza. Visto por outro, salva o princípio funcional e o torna plenamente eficaz. Para tanto certamente se fazem necessários dirigentes e componentes funcionais vigorosos, profissionais e eficazes.

Evidentemente, a equipe não é uma panaceia. É uma estrutura difícil, que exige boa dose de autodisciplina. Tem limitações graves e deficiências consideráveis.

Mas ela também não é, como muitos administradores ainda acham, apenas um expediente temporário para tratar dos "problemas especiais" esporádicos. É um genuíno princípio de planejamento da organização. Constitui o melhor princípio para tarefas *permanentes* da organização, como o serviço da alta direção e o trabalho inovador. E na atividade da produção em massa, braçal ou de escritório, e, acima de tudo, no trabalho intelectual, ela constitui um complemento importante, talvez mesmo indispensável, à estrutura funcional. Com toda probabilidade, a equipe é a chave para tornar plenamente eficaz a especialização funcional na organização intelectual, através da organização matriz, na qual o componente funcional, voltado para as aptidões, constitui um eixo, sendo o outro a equipe voltada para a tarefa.

CONSIDERAÇÕES FINAIS

São *cinco,* hoje, os princípios de planejamento de que dispomos. Cada um deles atende a algumas das exigências do planejamento e nenhum atende a todos. Cada um desses princípios tem suas virtudes e limitações, e para ser eficaz apresenta exigências rigorosas. E cada um exprime uma lógica de planejamento diferente. Os primeiros dois princípios de planejamento, o da organização funcional e o da organização em equipe, estão organizados em torno da lógica do trabalho e da tarefa. Embora geralmente vistos como conflitantes, eles em grande parte são complementares, especialmente em função do trabalho intelectual, que cada vez mais vem sendo executado em organizações matrizes que empregam ambos os planejamentos, o funcional e o em equipes.

PERGUNTAS

1. Com respeito a que dimensões deve a estrutura da organização atender a exigências mínimas?
2. Quais são as três formas de organizar o trabalho? Quais são as virtudes e deficiências de cada modelo?
3. Onde opera melhor a organização funcional?
4. Quais são as exigências do planejamento da organização em equipe?
5. Qual é o primeiro e mais importante trabalho do coordenador da equipe?
6. Qual é o tamanho ideal de uma equipe?
7. Em que área tem a probabilidade de prestar a maior contribuição, como complemento da organização funcional, a estrutura em equipe?
8. Que problemas especiais enfrenta o dirigente dos trabalhadores intelectuais no tocante ao planejamento da organização?

CAPÍTULO 36

O PLANEJAMENTO ORGANIZACIONAL CONCENTRADO NOS RESULTADOS E NAS RELAÇÕES

A DESCENTRALIZAÇÃO FEDERAL

No modelo da *descentralização federal* a organização compõe-se de certo número de empresas autônomas. Cada unidade é responsável pelo próprio desempenho e resultados, bem como pelas contribuições que presta à organização toda. Cada unidade possui sua própria administração, que realmente dirige essa "empresa autônoma".

A descentralização federal supõe que as atividades que se executam no *interior* da empresa autônoma sejam organizadas com base no princípio funcional – embora, naturalmente, sem excluir o emprego das equipes. A empresa autônoma de estrutura descentralizada é projetada suficientemente pequena para aproveitar as vantagens da estrutura funcional, ao mesmo tempo que neutraliza suas deficiências.

Mas o ponto inicial da descentralização é outro. A organização funcional e a em equipe partem do trabalho e da tarefa. Supõem que os resultados constituam o somatório dos esforços. "Bastará organizar bem as atividades para que os resultados corretos surjam como consequência" é a premissa básica. Já a descentralização parte da pergunta: "Que resultados desejamos?". Ela procura primeiro montar a empresa certa, isto é, a unidade que terá a maior capacidade de conseguir resultados, e especialmente resultados no mercado. E aí, pergunta: "Que trabalho, que esforços, que atividades básicas devem ser montados e organizados no *interior* da empresa autônoma?".

É de desejar que para todas as empresas autônomas da organização se monte a mesma estrutura funcional, ou pelo menos estruturas funcionais semelhantes. Independentemente de seu tamanho ou localização, por exemplo, todas as lojas Sears possuem um controlador financeiro e um gerente de operações, além de chefes de departamento para as principais linhas de mercadorias. Todas as divisões de produção da General Motors enfeixam as mesmas sete funções básicas: de engenharia, produção, mecânica, compras, marketing, contabilidade e pessoal, com o chefe de cada uma delas subordinado diretamente ao gerente geral da divisão.

Não obstante, deve-se tomar cuidado para que essa semelhança, desejável, não se transforme em uniformidade sufocante.

A reorganização levada a efeito na General Electric em 1950-52 constitui um exemplo do que não se deve fazer. A GE resolveu que sua "empresa produtora típica" desempenharia cinco funções básicas: de engenharia, produção, marketing, contabilidade e pessoal. Que as empresas não manufatureiras do grupo, como a General Electric Credit Corporation, não se encaixavam no esquema, ficou logo claro, evidentemente. Mas dois pontos passaram despercebidos – causando graves danos. Em primeiro lugar, não se percebeu que algumas empresas manufatureiras precisam de outras funções básicas, ou pelo menos de uma disposição diferente para o mesmo trabalho funcional. No ramo dos computadores, por exemplo, a criação de produtos e a respectiva assistência técnica eram importantes demais para ficar subordinadas à engenharia e ao marketing. Numerosas foram as causas do fracasso da GE no setor dos computadores, mas a principal delas terá sido a de impor às unidades a estrutura funcional de uma empresa manufatureira típica. Em segundo lugar, ninguém percebeu que algumas empresas da organização pareciam fabris, mas eram na realidade inovadoras. Eram unidades que, constituindo genuínas empresas e centros geradores de resultados, não tinham seu "produto"; haviam sido montadas com a finalidade de criar produtos. Elas não tinham um "mercado" para explorar, e sim um contrato para pesquisa e criação, geralmente celebrado com o governo do país. Elas não "fabricavam"; tinham no máximo uma oficina de modelos para a construção de alguns protótipos. Não obstante, tinham-lhe sido impostas as funções de uma empresa produtora típica. Algumas daquelas empresas de finalidades inovadoras conseguiram sobreviver através de uma sabotagem silenciosa à estrutura oficial. Outras foram seriamente prejudicadas – por ser forçadas a arcar com um pesado feixe de funções de que não necessitavam e, sobretudo, por direcionar suas atenções e esforços para pontos errados.

OS PONTOS FORTES DA DESCENTRALIZAÇÃO FEDERAL

De todos os princípios de planejamento examinados até aqui, o da descentralização federal é o que consegue atender ao maior número das exigências referentes ao planejamento, especificadas no Capítulo 35. Também é o que apresenta a esfera de ação mais ampla. Nessa estrutura, os trabalhos operacionais e os trabalhos inovadores podem ser organizados como empresas autônomas descentralizadas. E embora seja óbvio que não se pode montar a alta administração como empresa autônoma, quando corretamente levada a efeito a descentralização federal das empresas pode contribuir para a existência de uma administração vigorosa e eficaz. Ela liberta a alta administração, para que se dedique às suas tarefas específicas.

A descentralização federal contém grande dose de *clareza* e uma *economia* considerável. Facilita a todos os membros da empresa autônoma a *compreensão das próprias tarefas* e *a da tarefa global da empresa*. Possui muita *estabilidade* e é ainda *adaptável*.

Ela concentra a atenção e os esforços dos administradores diretamente sobre o desempenho e os resultados da empresa. Nela, reduz-se bastante o perigo de a organização vir a enganar-se a si mesma, concentrando-se no conhecido, velho e cansado, e não no difícil, mas novo e em crescimento; reduz-se também o perigo de ela permitir que linhas não rentáveis sejam carregadas nas costas pelas mais rentáveis. A realidade não é facilmente ofuscada pelas despesas indiretas, nem camufladas entre os números relativos às vendas globais.

Com respeito às *comunicações* e *decisões,* a organização federal constitui o único princípio satisfatório de planejamento que se conhece. Como compartilha de um mesmo modo de ver e de sentir, o grupo todo da direção, ou pelo menos seus escalões mais altos, tende a comunicar-se com facilidade. Por esse motivo, na organização que aplica a descentralização federal as comunicações entre as pessoas que executam os diferentes tipos de serviços costumam ser estimuladas até os níveis mais baixos, em vez de ser encaradas com reservas. Nelas, também se pode, sem grande esforço, fazer que se tomem as decisões ao nível apropriado. Tende-se a realçar os assuntos certos e não os errados, as decisões importantes e não as triviais.

A maior virtude do princípio da descentralização federal reside, porém, na *formação dos administradores.* Dentre todos os princípios de organização conhecidos, só este prepara e testa as pessoas logo nos estágios iniciais para as responsabilidades da administração superior. Em si mesmo, isso já basta para que o emprego desse princípio seja preferido a qualquer outro.

Na estrutura organizada federalmente, os administradores ficam bastante próximos do desempenho e dos resultados da empresa para poder concentrar neles sua atenção. Eles ficam bastante próximos dos resultados para conseguir que o desempenho da empresa lhes forneça uma retroalimentação imediata sobre suas tarefas e seu trabalho. Como a *administração por objetivos e pelo autocontrole* se implanta, o número das pessoas ou unidades subordinadas a determinado administrador já não é mais limitado pela faixa do controle; ele é limitado apenas pela faixa muito mais ampla da responsabilidade gerencial.

Acima de tudo, os gerentes gerais das empresas descentralizadas pertencem realmente à alta administração, mesmo que essas empresas sejam pequenas. Eles precisam enfrentar a maior parte dos desafios encontrados pela direção suprema de qualquer empresa independente – excetuando-se apenas, em regra, a responsabilidade pelos recursos financeiros e seu levantamento.

Eles precisam tomar decisões. Precisam montar uma equipe. Precisam pensar em mercados e processos, pessoas e dinheiro, hoje e amanhã. Em consequência, eles estão sendo experimentados em um comando autônomo. Mas estão sendo experimentados bastante cedo em sua carreira, e em um nível relativamente baixo. Qualquer erro seu poderá, portanto, ser desfeito sem maiores danos para a empresa, e, igualmente importante, sem maiores danos à pessoa. Nenhum outro princípio da organização, na empresa ou em qualquer outra entidade, atende tão bem quanto o princípio federal à necessidade de *preparar* e *testar* pessoas para as posições de comando de amanhã.

A procura de um sistema que prepare e teste os líderes de amanhã constitui o problema mais antigo com que lutam a teoria e o exercício político. Nenhum sistema político conseguiu resolvê-lo satisfatoriamente. O princípio da descentralização federal logicamente não o resolve por inteiro. O administrador autônomo de uma empresa descentralizadora ainda não enfrenta a plena responsabilidade, muito menos a plena solidão de alto posto. Mas esse é o princípio que, em relação a todos os outros esquemas conhecidos, mais se aproxima da solução.

AS EXIGÊNCIAS DA DESCENTRALIZAÇÃO FEDERAL

A descentralização federal apresenta exigências rigorosas. Também apresenta consideráveis solicitações relativamente à responsabilidade e à autodisciplina.

A descentralização não deve gerar um núcleo frágil. Pelo contrário, importantes finalidades da organização federal são *fortalecer* a alta administração e capacitá-la a executar o trabalho que lhe cabe, em vez de forçá-la a dirigir, coordenar e escorar os serviços operacionais. A descentralização federal só funcionará se o papel da alta administração for claramente determinado e meditado.

A prova pela qual tem que passar a descentralização federal eficaz é o vigor da alta administração. A primeira coisa que a direção de cúpula de uma organização descentralizada precisa aceitar é sua responsabilidade pela resposta à pergunta: "Qual é o nosso ramo e qual deve ser?". Ela precisa aceitar a responsabilidade por fixar os objetivos de toda a organização e por elaborar as estratégias que permitam alcançar esses objetivos. Deve, em outras palavras, aceitar a responsabilidade pelo papel que lhe é próprio. A estrutura federal ficará em farrapos se a alta direção não se desincumbir das responsabilidades inerentes às suas tarefas.

A alta administração deve refletir cuidadosamente sobre quais decisões reservará para si própria. Há decisões que têm a ver com a organização inteira, sua integridade e seu futuro. Mas há também decisões que devem ser tomadas com base no que convém à empresa autônoma individual. Para distinguir entre essas duas espécies de decisões, e decidir-se pela que seja correta, a pessoa precisa ser capaz de enxergar o todo e de por ele ser responsável.

Na General Electric, por exemplo, só a direção superior da organização pode resolver o abandono de determinado ramo ou o início de outro. E é em seu escritório central que a alta direção da General Motors fixa as faixas de preço dentro das quais cada divisão automobilística deverá se enquadrar. Ela controla, portanto, a concorrência entre as principais unidades da organização. Na Sears, a matriz de Chicago decide os tipos de mercadorias – bens duráveis, eletrodomésticos, modas e outros – que cada loja deve vender.

Especificamente, é preciso haver *três setores reservados* para que a organização permaneça íntegra e não se fragmente. A alta direção, e só a alta direção, pode resolver: 1) em que tecnologias, mercados e produtos entrar; 2) em que ramos ingressar e de que ramos sair; e 3) quais serão os valores, crenças e princípios básicos da organização.

Em segundo lugar, a alta direção precisa reservar para si o controle da distribuição do capital, recurso básico. O levantamento e o investimento de capitais são responsabilidades que cabem à alta direção e não podem ser delegadas às unidades autônomas da organização federalizada.

O outro recurso básico é o do pessoal. Na organização estruturada federalmente, as pessoas, e especialmente os administradores e os profissionais básicos, constituem recurso pertencente à organização toda e não a uma de suas unidades. A política da organização com respeito ao pessoal e suas decisões com respeito às designações básicas nas empresas autônomas descentralizadas constituem, portanto, o terceiro setor reservado às decisões da alta direção – embora, naturalmente, os dirigentes das empresas autônomas devam nelas ter parte ativa. E a organização descentralizada precisa possuir na alta direção um executivo experimentado, forte e respeitado, que represente a "consciência" da organização com relação aos funcionários.

A descentralização federal requer controles centralizados e critérios comuns de aferição. Se a organização federal mergulha em problemas, isso se deve a que as avaliações ao alcance do setor central não são bastante boas. Em consequência, será necessário substituir a direção pessoal. Tanto os dirigentes das empresas autônomas como a direção central precisam saber o que é que se espera de cada empresa, que se entende por "desempenho" e que desdobramentos são considerados importantes. Para conferir autonomia é preciso depositar confiança. E para isso é preciso haver controles que tornem dispensáveis as "opiniões". A administração por objetivos requer que se saiba se as metas estão sendo atingidas ou não, e isso requer, por sua vez, avaliações claras e seguras.

A estrutura federal exige um modo de ver único em toda a organização. A unidade federada da organização é autônoma, mas não é nem deve ser independente. Sua autonomia constitui um meio para o melhor desempenho da organização inteira. Seus dirigentes devem considerar-se tanto mais membros de uma comunidade maior, a organização toda, exatamente por receberem grande dose de autonomia.

AS EXIGÊNCIAS RELATIVAS AO TAMANHO

A descentralização federal foi concebida como resposta a um problema de dimensões: a estrutura funcional passa a experimentar um processo de apodrecimento ao superar o tamanho médio. Mas também a descentralização federal tem suas exigências com relação ao tamanho. Quando a unidade federal fica tão grande que as subunidades funcionais excedem a dimensão que lhes permite operar bem, toda a empresa autônoma passa a se sentir desajeitada, entorpecida e grande demais para apresentar bom desempenho. Seu "cérebro", isto é, a alta direção, poderá ainda operar a contento. Mas os "membros", isto é, seus componentes funcionais, tornam-se rígidos e burocráticos e cada vez mais passam a servir-se a si mesmos, em vez de à finalidade comum.

Nesse ponto, a Du Pont tem enfrentado o problema desmembrando em duas cada empresa autônoma que cresce, e em parte criando pequenas empresas autônomas descentralizadas no interior das grandes empresas autônomas descentralizadas. Outro caminho é o seguido pela Johnson & Johnson, a gigantesca multinacional produtora de artigos ligados à saúde que vão desde o algodão absorvente até as pílulas anticoncepcionais. Por muitos anos a Johnson & Johnson procurou limitar o tamanho de cada uma de suas empresas a 250 funcionários. Cada uma era dirigida como empresa separada, com sua própria direção completa e seu próprio conselho diretor, e cada uma estava subordinada diretamente a uma pequena equipe de cúpula de administração da matriz. Embora tenha sido forçada a admitir empresas com bem mais de 250 funcionários, a organização, com vendas bem superiores a um bilhão de dólares e contando com mais de 40.000 funcionários, ainda limita o tamanho de cada empresa e está mais disposta a desmembrá-las do que a permitir que cresçam. Em consequência, as unidades federadas da Johnson & Johnson são ainda bastante pequenas.

Mas subdividir as empresas autônomas à medida que cresçam nem sempre é possível; ou pelo menos nem sempre se concretiza. E o resultado disso é o aparecimento de "impérios funcionais".

A divisão Chevrolet da General Motors, por exemplo, cresceu tanto que seria sozinha a terceira ou quarta empresa produtora do mundo, se fosse independente. Ela é descentralizada e autônoma. Mas internamente é organizada funcionalmente e com alta dose de centralização. A General Motors procura neutralizar o resultante isolamento das suas enormes unidades funcionais transferindo frequentemente os dirigentes funcionais da Chevrolet para divisões automobilísticas menores e colocando na direção da Chevrolet administradores funcionais dessas outras divisões. Muitos são os executivos da General Motors, especialmente os mais moços, que parecem achar que a Chevrolet há muito deveria ter sido repartida em uma série de divisões separadas, uma, por exemplo, ficando com os caminhões pesados; outra, talvez, com os automóveis menores, como os "compactos" e os "subcompactos", ficando a divisão inicial da Chevrolet limitada aos automóveis de passeio de "tamanho padrão".

QUANDO SE É PEQUENO DEMAIS?

Mas a unidade autônoma descentralizada também precisa ser bastante grande para comportar a administração de que necessita.

Ser pequena demais ou não é coisa que depende do ramo. Uma loja da Sears, ou da Marks & Spencer, pode ser bastante pequena e ainda assim comportar a administração apropriada. Tudo de que uma loja pequena precisa é um gerente e alguns chefes de departamento que dirijam as vendas em seu interior.

Em outros ramos, como o da metalúrgica da produção em massa, há tamanhos mínimos. Sem vendas que cheguem a vinte ou trinta milhões de dólares por ano, dificilmente uma empresa processadora de metais poderá sustentar uma administração adequada e ainda setores próprios de engenharia, fabricação e marketing. As empresas que vendem muito menos do que isso correm o perigo de não contar com o pessoal necessário ou de empregar funcionários inadequados.

O critério decisivo não é o tamanho, mas sim a área de ação e os desafios apresentados pelas tarefas da direção. A unidade federal deve sempre conter área de ação bastante grande para permitir que o administrador competente mostre sua capacidade. Ela deve conter desafios suficientes para obrigar o grupo de direção da unidade a realmente administrá-la; isto é, a raciocinar sobre seus objetivos e planos, transformar os recursos humanos em equipes eficazes, promover a integração do trabalho e medir seu desempenho. Deve conter desafios suficientes para obrigar a direção a trabalhar em todas as principais fases do ramo, mas também conter desafios suficientes para ela realmente poder criar um mercado, produto ou serviço – e, sobretudo, poder realmente formar pessoal. O verdadeiro critério para o tamanho da unidade empresarial autônoma não é econômico. É a área de ação e os desafios que se apresentam à direção e à atuação desta.

A organização descentralizada precisa de um trabalho de "consciência" eficaz. Especialmente quando grande e diversificada, ela precisa conter um raciocínio e planejamento ordenados para a alta administração. Precisa de informações centrais vigorosas, além de controles e aferições unificadas. Contará também com algum trabalho operacional comum a todas as unidades, como o levantamento e a administração do capital, as pesquisas, a assessoria jurídica, as relações com o público, a mão de obra organizada e o governo, além de, talvez, as compras. Poderá precisar ordenar os trabalhos de toda a organização no setor das inovações nas atividades básicas, seja o marketing, seja a direção do pessoal.

Mas as empresas autônomas de uma organização descentralizada não precisarão depender das equipes centrais de serviços, isto é, não precisarão de que os serviços de assessoria e ensino funcionem fora da matriz. As unidades operacionais descentralizadas devem possuir força bastante para se manter sobre os próprios pés por conta própria. Depender dos serviços de assessoria centrais só poderá causar à organização descentralizada deficiências e vulnerabilidades, sem lhe conferir as vantagens e virtudes da estrutura funcional.

O QUE VEM A SER UMA "EMPRESA"?

Só é possível aplicar a descentralização federal quando a companhia pode realmente ser organizada em uma série de "empresas" genuínas. Essa é a sua limitação básica.

Mas o que vem a ser uma "empresa"? Do ponto de vista ideal, naturalmente, a unidade federada deve constituir uma empresa completa por si mesma.

Essa a ideia que se encontrava à base da organização que no início da década de 1920 Alfred P. Sloan Jr. imprimiu à General Motors. Cada uma de suas divisões automobilísticas preparava os próprios projetos, engenharia, produção, marketing e vendas. Elas eram limitadas no tocante à faixa dos preços que podiam praticar para seus automóveis, mas fora disso eram totalmente autônomas. As divisões de acessórios da GM vendiam grande parte de sua produção às divisões automobilísticas da própria companhia. Mas vendiam uma parte ainda maior diretamente ao mercado, inclusive, muitas vezes, às próprias concorrentes da General Motors. Também elas eram "empresas" no sentido pleno do termo. E também o são as unidades autônomas de que se compõe a Johnson & Johnson. Cada uma tem sua linha de produtos, sua pesquisa e criação, seus mercados e seu marketing.

Mas que parcela da realidade de uma empresa genuína precisam conter essas unidades para que a descentralização federal funcione eficazmente? No mínimo, cada unidade precisa contribuir para o lucro da organização. Seus lucros ou perdas devem transformar-se diretamente em lucros ou perdas da organização toda. Na realidade, o lucro total desta deve constituir o somatório dos lucros das empresas individuais.

Talvez ainda mais importante – e a marca real da autonomia – é que a unidade federada tenha seu próprio mercado. Esse mercado pode constituir apenas uma entidade geográfica – como nas lojas da Sears ou da Marks & Spencer, ou das "empresas regionais" em que várias companhias norte-americanas de seguros de vida se desmembraram. Mas ainda assim deve haver um mercado distinto, dentro do qual a unidade seja, por assim dizer, *a* empresa.

Enquanto for capaz de assumir a responsabilidade plena pelo mercado e puder comparar objetivamente seus resultados, a empresa poderá ser autônoma, mesmo que receba seus artigos de outra unidade autônoma ou de uma fonte produtora central operada pela organização.

Nem as lojas da Sears nem as da Marks & Spencer constituem "empresas" de verdade. Elas não fazem suas compras, nem mesmo decidem as mercadorias que venderão e os preços que cobrarão. Cada loja, no entanto, deve ser capaz de se manter dentro de sua área geográfica. E como todas as lojas da Sears ou da Marks & Spencer recebem as mesmas mercadorias ao mesmo custo e do mesmo escritório central de compras, elas podem ser comparadas entre si. Dentro desse sistema, o gerente da loja Sears é autônomo e pode ser avaliado segundo seu desempenho e seus resultados.

Onde, no entanto, não for possível efetuar o teste do mercado, não se poderá falar de empresa autônoma. E aí a descentralização federal não funcionará.

Tratamos até aqui da descentralização federal nos trabalhos operacionais, isto é, de empresas existentes e conhecidas. A unidade descentralizada para os trabalhos inovadores já estruturada e avaliada de modo diferente (ver o Capítulo 37). Mas o princípio da descentralização federal é também o mais eficaz para aplicação a essa atividade – desde que seu desempenho e seus resultados possam ser medidos objetivamente. Também a unidade inovadora descentralizada precisa constituir uma empresa – ou ter condições de vir a sê-la.

A DESCENTRALIZAÇÃO SIMULADA

Sempre que alguma unidade puder ser montada em forma de empresa, nenhum princípio de planejamento da organização poderá igualar-se ao da descentralização federal. Não obstante, sabemos que muitas grandes organizações não podem ser desmembradas em empresas genuínas. E elas claramente cresceram ao ponto de ultrapassar os limites de tamanho e complexidade da estrutura funcional ou da estrutura em equipes.

São essas as organizações que estão cada vez mais caminhando para a "descentralização simulada" em resposta aos seus problemas de estruturação.

A descentralização simulada forma unidades que não são empresas, mas que ainda assim são montadas como se o fossem, com a máxima autonomia possível, com sua própria administração e com pelo menos uma "simulação" da responsabilidade pelos lucros e perdas que aufere. Elas compram e vendem umas às outras usando "preços de transferência" determinados internamente e não pelo mercado externo. Ou então seus "lucros" são apurados através de uma distribuição interna das despesas, às quais se costuma acrescentar uma "taxa padrão", como de 20 por cento destas. O princípio de planejamento da descentralização simulada é útil para enfrentar os problemas estruturais das empresas que movimentam grandes quantidades de materiais, como as firmas do setor químico, do aço, do vidro e do petróleo, em que todos os produtos provêm de uma fonte comum e de um processo comum, mas os mercados desses produtos são numerosos e diversificados.

Muitos complexos químicos organizaram as respectivas empresas em três conjuntos de unidades, cada um deles baseado na descentralização simulada. Já as grandes companhias que se dedicam à pesquisa e à criação se organizam segundo os principais campos de estudo e indagação. Certas organizações, como a Monsanto, montaram componentes de marketing separados e componentes de produção separados, cada um dos quais responsável pelos respectivos lucros e perdas.

A descentralização simulada aplica-se igualmente a companhias que operem com um único produto e tenham tamanho e complexidade semelhantes. A IBM pode ser considerada o principal exemplo.

De modo geral, a IBM trabalha com um único grande produto: o computador. E só um dos seus mercados pode ser apartado como autônomo, o do governo e da segurança nacional. O grosso dos negócios da empresa, cerca de 80 por cento deles, é constituído pelas vendas de um produto a um mercado: computadores, a empresas. Não obstante, o ramo dos computadores, com seus muitos bilhões de dólares de vendas e sua alta complexidade, é grande demais para organizar-se por funções. Nessa conformidade, a IBM desmembrou suas atividades na área dos computadores em duas unidades básicas, consideradas autônomas, a partir da descentralização simulada. Uma dessas empresas trata do marketing e dos serviços; a outra, da criação e da fabricação. Cada unidade é considerada um centro de lucros e perdas.

As tentativas mais notáveis no sentido de aplicar a descentralização simulada a organizações muito grandes, que não podem aceitar a descentralização federal, foram efetuadas através da reorganização dos principais bancos comerciais de Nova York, na década de 1960.

O First National City Bank (Citibank) e o Chase Manhattan Bank, respectivamente o primeiro e o segundo bancos de Nova York em depósitos, reorganizaram-se adotando estruturas simuladamente descentralizadas. O Citibank dividiu-se em seis unidades autônomas, cada uma chefiada por um "presidente": a unidade de varejo (que trabalha com os depositantes e os mutuários individuais), a comercial (pequenas e médias empresas), a das grandes empresas, a internacional, a multinacional e a dos serviços fiduciários, como a administração de investimentos. Cada unidade tem seus objetivos, seus planos e suas demonstrações de lucros e perdas. Embora executada de maneira independente, a reorganização do Chase observou mais ou menos os mesmos moldes.

Esses exemplos bancários ilustram claramente um dos principais problemas da descentralização simulada. Em ambos os casos, o centro geográfico das atividades do banco é a grande agência, como a do Rockefeller Center de Nova York ou a de Londres. Por vezes, essas agências funcionam simplesmente como a locadora e administradora das instalações ocupadas pelos representantes de cada um dos seis "bancos autônomos", localizados na agência. Por vezes, a agência é também "banqueira". Em diferentes momentos, pode ser as duas. Claramente, a própria grande agência é também uma "empresa" e um centro de lucros e perdas. E quem é que coordena os diferentes "bancos" e os concentra no cliente individual, que frequentemente é ao mesmo tempo cliente "varejista", "comercial", "fiduciário" e até mesmo "grande empresa"? A proprietária de uma pequena firma de modas, por exemplo, utilizará para seus negócios bancários pessoais e para sua conta de poupança o mesmo banco que financia sua organização. Ela tem o direito de esperar que esse banco opere como seu executor testamentário, administrador de seus investimentos e administrador do fundo de aposentadoria de sua empresa. Ela não quer operar com quatro bancos. Qual é o banco de que ela é cliente e que patrocina sua empresa?

A descentralização simulada é obviamente difícil e cheia de problemas. No entanto, será ainda mais utilizada no futuro, isso porque os setores de grande crescimento da nossa economia e da nossa sociedade – os ramos processadores e as entidades particulares e públicas de prestação de serviços – são aqueles que apresentam maior potencial de aplicação da descentralização simulada. Nesses setores, nem a organização funcional nem a descentralização federal será capaz de organizar os serviços. Por conseguinte, os administradores precisam conhecer as exigências e as limitações da descentralização simulada. Que problemas podemos esperar em uma organização construída com base nela?

OS PROBLEMAS DA DESCENTRALIZAÇÃO SIMULADA

A descentralização simulada dá-se mal com *todas* as exigências do planejamento. Ela não é clara. Não favorece a fácil centralização no desempenho. Raramente atende à exigência de que cada pessoa seja capaz de conhecer sua tarefa. Nem satisfaz à exigência de que os administradores e os profissionais necessariamente sejam capazes de compreender o trabalho do todo.

Na descentralização simulada, a *economia,* as *comunicações* e a *autoridade para decidir* são as menos satisfatórias. Essas são deficiências inevitáveis desse princípio de planejamento. Como a unidade simuladamente descentralizada não constitui realmente uma empresa, seus resultados não são verdadeiramente determinados pelo seu desempenho no mercado. Esses resultados constituem em grande parte o produto de decisões gerenciais internas. São as decisões relativas aos "preços de transferência" e à "distribuição das despesas".

Em resultado disso, as *comunicações* deverão sofrer muito. A administração gastará grande parte de seu tempo e energia em demarcar os limites entre as diversas unidades supostamente autônomas; em garantir que elas cooperem mutuamente; e em efetuar a mediação entre elas. O menor ajuste toma ares de questão que precisa ser decidida pela alta administração, de prova de força e de questão de honra e de princípios sagrados.

A descentralização simulada exige muito das pessoas: a autodisciplina, a tolerância mútua, a subordinação de seus interesses (inclusive os relativos à própria remuneração), a aceitação do arbítrio de uma autoridade superior; exige o "espírito esportivo" e o "saber perder". Essas exigências são muito mais difíceis de atender e, sobretudo, criam muito mais divisões do que as grandes solicitações que faz às pessoas a descentralização federal.

Certa vez ouvi contar o que ocorreu com alguns candidatos a um alto posto bancário. Um foi recusado porque sua unidade estava indo bem demais à custa do banco. "Ele coloca o desempenho da sua unidade acima de tudo." O candidato seguinte foi recusado por "estar excessivamente disposto a subordinar o desempenho da própria unidade às necessidades e exigências das demais, e não apresentar, portanto, desempenho bastante bom". Todos admitiram ter ficado confusos quando perguntei se havia diretrizes relativas ao comportamento dos homens. "Há algum meio de antecipadamente dizer a eles o que vocês consideram ser uma 'cooperação excessiva'"? Todos aceitaram também que essa era a maior preocupação dos próprios subordinados. "A gente precisa aprender a tocar de ouvido", concluiu finalmente o mais graduado deles. Mas aí ele mesmo se interrompeu e acrescentou: "Mas pelo ouvido de quem?".

Quanto à *esfera de ação,* a descentralização simulada limita-se aos serviços operacionais. Claramente, não se aplica ao trabalho da alta administração. E quanto aos trabalhos inovadores, se não puderem ser organizados em unidade federal descentralizada eles precisarão de uma estrutura funcional ou de uma estrutura por equipes.

REGRAS PARA O EMPREGO DA DESCENTRALIZAÇÃO SIMULADA

A descentralização simulada constitui apenas um *último recurso.* Ela deve ser evitada enquanto a estrutura funcional – com ou sem o complemento das equipes – for capaz de operar, isto é, enquanto a empresa apresentar tamanho pequeno ou médio, deve-se evitar a descentralização simulada. E para além dessas dimensões, a descentralização federal será muitíssimo preferível.

Mesmo as empresas processadoras de materiais talvez devam experimentar antes a descentralização federal – embora ela possa não funcionar permanentemente. Exemplo de adaptação da genuína descentralização federal a uma processadora de materiais é a Owens-Illinois, em Toledo, no Estado de Ohio, gigantesca produtora de garrafas de vidro. Após a Segunda Guerra Mundial, quando as embalagens plásticas começaram a ser usadas em grande quantidade, a Owens-Illinois ingressou no setor plástico visando a manter sua posição de liderança no mercado engarrafador. Após desesperadas investigações, a empresa resolveu montar tanto um setor como o outro, isto é, o da fabricação de garrafas de vidro e o da fabricação de embalagens plásticas como empresas autônomas e separadas de "produtos", concorrendo entre si para conquistar os mesmos clientes nos mesmos mercados.

A estratégia da Owens-Illinois resultou num brilhante êxito. O crescimento da empresa foi muito rápido. No entanto, quinze anos depois, no início da década de 1970, ela passou de armas e bagagens para a descentralização simulada. Manteve as duas divisões, mas limitou-as à fabricação. A comercialização de todas as suas embalagens, de vidro e de plástico, foi confiada a uma nova divisão especial. A razão dada foi que os clientes exigiam uma fonte só de fornecimento para todas as embalagens. "Vidro" e "plástico" eram palavras sem sentido para eles; eles queriam embalagens, não materiais.

Com todas as suas limitações, deficiências e riscos, a descentralização simulada pode constituir o melhor princípio existente quando as partes componentes de uma grande organização precisarem trabalhar juntas, e ainda assim terem suas responsabilidades separadas. Isso se aplica especialmente quando o princípio sobre o qual se organiza o mercado é incompatível com aquele sobre o qual assenta a tecnologia e a produção.

A ferrovia ou a empresa aérea não têm, por definição, nenhuma atividade puramente "local". Logo, são empresas que não podem ser federalmente descentralizadas, mas precisam organizar-se de acordo com as funções, tendo, no máximo, um coordenador regional para interferir entre as funções, servir de mediador e garantir as ligações. As decisões que venham a atingir o desempenho do sistema transportador só podem ser tomadas por um órgão central. Acima de tudo, são decisões sobre a utilização do capital, através da transferência de aviões, locomotivas e vagões de carga, por exemplo. Não obstante, embora sem condições de descentralização, a não ser para as tarefas relativamente desprovidas de importância, as empresas de transporte claramente são grandes demais para operar satisfatoriamente dentro da organização funcional.

Na realidade, isso significa que há empresas e entidades prestadoras de serviços para as quais não se possui um princípio de organização adequado.

Na descentralização simulada, pelo menos sabe-se o que esperar. Está aí, portanto, uma importante tarefa para a teoria da organização e para o seu exercício: criar para as grandes estruturas funcionais excessivamente centralizadas, como os sistemas ferroviários e a maior parte dos organismos públicos, um projeto de organização que não se mostre pior para elas do que se mostra a descentralização simulada para, por exemplo, as grandes empresas processadoras de materiais ou os grandes bancos comerciais. É provável que esse projeto consista em algum tipo de aplicação do princípio da descentralização simulada.

A ESTRUTURA SISTÊMICA

Pode-se dizer que dos princípios de planejamento referentes à organização só um, o princípio funcional de Fayol, partiu de uma análise teórica. Os outros – a organização em equipe, a descentralização federal e a descentralização simulada – nasceram em resposta a desafios e necessidades específicas surgidas em determinado momento. Isso também ocorreu com a estrutura sistêmica visível, princípio de planejamento da organização originário de um problema único de administração: o empreendimento espacial norte-americano levado a efeito na década de 1960.

A organização sistêmica constitui ampliação da estruturação em equipes. Mas enquanto esta utiliza pessoas para formar as equipes, a estrutura sistêmica compõe suas equipes utilizando uma ampla série de organizações, que podem ser órgãos públicos, empresas privadas, universidades e entidades de pesquisa e estruturas internas ou externas à organização central. A concepção sistêmica utiliza *todos* os outros princípios de planejamento que o serviço exija: a organização funcional e em equipes, a descentralização federal e a simulada.

A incumbência atribuída a alguns componentes da estrutura sistêmica poderá se manter inalterada durante toda a vida útil do empreendimento. Outros componentes poderão se incumbir de tarefas que variem segundo o estágio do programa. Alguns serão membros permanentes. Outros poderão ser chamados apenas para determinadas tarefas.

Embora só se tenha tornado visível como princípio de estruturação da organização com a Nasa (National Aeronautics and Space Administration – Administração Nacional da Aeronáutica e do Espaço) quando esse órgão montou o programa espacial norte-americano, na década de 1960, a estrutura sistêmica já existia pelo menos por um século. Ela foi criada pela primeira vez como estrutura de apoio às empresas, e é provável que no futuro venha a aplicar-se principalmente nelas. Durante décadas, a grande empresa japonesa, suas fornecedoras e suas distribuidoras operaram dentro de um relacionamento muito semelhante àquele que a Nasa montou com suas próprias fornecedoras, subcontratantes e associadas. A grande empresa japonesa é por vezes a proprietária de suas fornecedoras. Na maior parte das ocasiões, porém, tem pouca ou nenhuma relação de propriedade com elas. Assim mesmo, as fornecedoras são integradas ao "sistema". Da mesma forma, ela comumente depende de uma "trading" que ao mesmo tempo lhe é independente e integrada. E também as relações entre as grandes empresas que compõem cada grupo industrial se assemelham às que a Nasa montou para atender às suas necessidades.

A estrutura sistêmica poderá mostrar-se de particular importância para as grandes corporações multinacionais. Exemplo disso é a estrutura criada pelo Chase Manhattan Bank para seu sistema bancário internacional. Enveredando por um caminho pouco tradicional, o Chase resolveu não depender, com relação ao exterior, de agências de sua propriedade exclusiva. O que ele tem feito no mundo inteiro é adquirir participações minoritárias de bancos locais renomados e de tamanho médio. O Chase não detém a propriedade desses bancos, nem os controla. Também não fornece a sua diretoria. Mas eles fazem parte do "sistema Chase". Ao mesmo tempo que se integram à rede internacional dos serviços desse banco, porém, eles mantêm fortes raízes nas comunidades em que vivem. São independentes e integrados ao mesmo tempo.

O que têm em comum as organizações que utilizam a estrutura sistêmica é a necessidade de enfeixar uma série de culturas, valores e capacidades na unidade da sua atuação. Cada membro do sistema precisa trabalhar a seu modo e ser eficaz pela sua lógica e padrões. Ou então não será eficaz de vez. No entanto, todos os membros do sistema precisam trabalhar visando à mesma meta. Cada um deles precisa aceitar, compreender e cumprir seu papel, o que só poderá alcançar através de relações diretas, flexíveis e montadas sob medida entre pessoas, ou grupos de pessoas, cujos laços de amizade e confiança mútua passem ao largo de quaisquer divergências relativas às ideias e opiniões sobre o que se considere "apropriado" e "adequado".

A Nasa, por exemplo, precisou enfrentar o problema das divergências entre valores e culturas. Ela constitui um grande órgão público, mas algumas de suas importantes unidades eram compostas de homens acostumados a operar com as forças armadas norte-americanas, enquanto outras eram formadas e operadas por cientistas espaciais provenientes da Alemanha e lá preparados, como Wernher von Braun, educado na tradição alemã do *Herr Professor.* As empresas participantes, algumas grandes (a Pan American Airways, por exemplo), outras pequenas, eram "sócias" na "equipe", e não "subempreiteiras". Elas não fabricavam nem forneciam peças que obedecessem a especificações prefixadas, mas sim planejavam, projetavam e operavam os "sistemas nervosos" de toda a atividade espacial norte-americana. Outros "membros da equipe" eram cientistas universitários que trabalhavam por conta própria e independentemente, em seus próprios laboratórios. E à Nasa cabia enfeixar em um só desempenho todos os valores, tradições e comportamentos de participantes tão diversificados.

AS DIFICULDADES E OS PROBLEMAS DAS ESTRUTURAS SISTÊMICAS

Como a descentralização simulada, a estrutura sistêmica é falha em relação a todas as exigências do planejamento. Falta-lhe *clareza.* Falta-lhe *estabilidade.* Não é fácil, às pessoas, saber qual é o *seu trabalho,* nem compreender o *trabalho do todo* nem seu relacionamento com ele. As *comunicações* constituem um problema permanente. Nunca se sabe com certeza onde determinada decisão deverá ser tomada, nem mesmo quais são as decisões básicas. A estrutura sistêmica apresenta grande *flexibilidade* e uma receptividade a *novas ideias* quase excessiva. Ainda assim, em regra ela não *forma* nem testa *as pessoas* para os postos da alta direção. Acima de tudo, a estrutura sistêmica infringe o princípio da *economia* interna.

Quando a Nasa foi fundada, os cientistas que a dominavam acharam que os controles e especialmente as informações processadas em computadores conduziriam o sistema. Em pouco tempo mudaram de ideia, ao verificar a importância decisiva das relações pessoais frente a frente, das reuniões constantes e de introduzirem-se as pessoas no processo de tomar decisões, mesmo em assuntos não diretamente relacionados com suas próprias atribuições. Os principais executivos da Nasa passavam cerca de duas terças-partes do tempo em reuniões, na maior parte das quais tratavam de assuntos que não diziam respeito diretamente às suas próprias funções.

Os relacionamentos pessoais compõem a única coisa que impede o colapso da estrutura dos sistemas. Nela, é imperiosa e constante a necessidade de arbitrar os conflitos que surgem entre os vários componentes, com respeito às jurisdições, à direção, aos orçamentos, às pessoas e às prioridades. Independentemente de quais sejam as funções ou tarefas que lhes sejam atribuídas, as pessoas mais importantes da estrutura passam a maior parte do seu tempo procurando manter as engrenagens girando. Em nenhuma outra estrutura organizacional é tão desfavorável como na estrutura sistêmica a relação entre a produção e os esforços necessários para manter a coesão interna.

Ao mesmo tempo, as exigências da estrutura sistêmica para poder funcionar são rigorosas demais. No tocante aos objetivos, ela exige clareza absoluta. Os objetivos em si podem mudar, mas terão que ser sempre claros. O objetivo do trabalho de cada membro do sistema precisa derivar do objetivo global e estar diretamente relacionado com ele. Em outras palavras, a estrutura sistêmica só poderá funcionar se a tarefa de refletir no "qual é o nosso ramo e qual deve ser ele" for considerada com seriedade e executada com perfeição. Por seu turno, isso requer que a estratégia e os objetivos *operacionais* sejam elaborados com muito cuidado e a partir da missão e finalidade básica do sistema. "Colocar um homem na Lua até 1970" é o tipo de objetivo claro que permite à estrutura sistêmica funcionar.

Outra exigência diz respeito a uma responsabilidade universal de comunicação. Cada integrante da estrutura sistêmica, e especialmente cada integrante de cada um dos seus grupos de direção, precisa certificar-se de que as missões, os objetivos e as estratégias sejam bem compreendidos por todos os demais, e de que as dúvidas, interrogações e ideias de cada um não só recebam a devida atenção, mas que também sejam ouvidas, respeitadas, pensadas, analisadas, compreendidas e resolvidas. Nos empreendimentos do tipo das atividades espaciais da Nasa, é gigantesco o problema que se põe na área das comunicações, compreendendo a necessidade de informar imediatamente centenas de pessoas a respeito de qualquer dificuldade, inovação ou descoberta.

A terceira exigência é que cada integrante da equipe, isto é, cada unidade da direção, assuma responsabilidades muito superiores às das atribuições que lhes são próprias. Cada integrante precisa, na verdade, assumir responsabilidades que cabem à alta direção. Para que se colha algum resultado, cada membro do sistema deverá assumir responsabilidades independentes e tomar iniciativas próprias. Ao mesmo tempo, cada um deles precisará se esforçar por saber o que se passa no sistema todo, e conservar na mente a meta de todos. De modo especial, os executivos deverão sempre enxergar com clareza, e na perspectiva do empreendimento, as missões que lhes tenham sido atribuídas.

Não é de admirar que as estruturas sistêmicas não tenham constituído, de modo geral, um êxito retumbante. Para cada Nasa com uma alunissagem bem-sucedida (mas também com verbas quase ilimitadas para sustentá-la) dezenas de estruturas sistêmicas fracassaram fragorosamente ou conseguiram alguma coisa apenas demonstrando uma irresponsabilidade orçamentária que não haveria empresa privada que suportasse, como ocorreu, por exemplo, com a criação do avião supersônico anglo-francês, o "Concorde", e de vários sistemas de armamentos europeus e norte-americanos. A tentativa de utilizar a administração sistêmica para enfrentar graves problemas sociais – a badalada promessa da década de 1960 – com certeza quase absoluta está destinada ao fracasso total. É quase certo que as complexidades sociais e políticas que surgem sempre que saímos do "espaço sideral (onde, afinal de contas, não há eleitores) e mergulhamos nas zonas urbanas e seus problemas, no desenvolvimento econômico ou mesmo em algo que pareça tão simplesmente técnico como o trânsito maciço, esfarelarão a precária coesão da estrutura sistêmica.

Não obstante, o êxito da Nasa e das empresas japonesas de estrutura sistêmica mostra que é possível colocar esta a funcionar com alta eficácia. Ela precisa, porém, contar com metas claras, elevado grau de autodisciplina em toda a sua malha e com uma direção suprema que assuma pessoalmente responsabilidades pelas relações e comunicações.

A maioria dos administradores não considera de seu interesse direto e pessoal a estrutura sistêmica – embora todo administrador de empresa multinacional que queira operar eficazmente precise aprender a entendê-la. A estrutura sistêmica jamais será a forma preferida de organização; ela contém dificuldades terríveis. Mas é importante, e o arquiteto organizacional precisa conhecê-la e compreendê-la – mesmo que seja apenas para saber que a ela não deve recorrer sempre que puder aplicar estruturas mais simples e mais fáceis.

CONSIDERAÇÕES FINAIS

Os dois tipos de descentralização – a federal e a simulada – são montadas em torno dos resultados. A estrutura sistêmica é construída em torno das relações. De todos os princípios de estruturação conhecidos, o da descentralização federal é aquele que mais se aproxima do pleno atendimento das exigências da organização. Mas sua aplicação apresenta limitações severas, e sua operação, solicitações rigorosas. Onde não for possível aplicá-lo, precisaremos recorrer à descentralização simulada – complexa, desajeitada, cheia de dificuldades e longe de satisfatória, mas o único princípio de estruturação conhecido que pode aplicar-se à organização das empresas processadoras de materiais e às empresas de serviços do tipo dos bancos realmente grandes e dos órgãos públicos. A estrutura sistêmica é ainda mais completa e difícil, mas indispensável à montagem de empreendimentos multiculturais do tipo do programa espacial norte-americano dirigido pela Nasa ou da empresa multinacional.

PERGUNTAS

1. Qual é o modelo da descentralização federal?
2. A organização funcional e a organização por equipes partem da concentração no trabalho e na tarefa. Qual é o ponto de partida da descentralização?
3. Qual é a virtude da descentralização federal?
4. Quais são as exigências da descentralização federal?
5. Quais são as três áreas de controle que nunca deverão ser descentralizadas?
6. Que exigências relativas ao tamanho dizem respeito ao modelo da descentralização federal?
7. Qual é o teste seguro e capaz de determinar se uma dada unidade federal pode gozar de autonomia real?
8. O que é a descentralização simulada?
9. A que tipo de empresa é mais apropriado o modelo da descentralização simulada?
10. Quais são os problemas relativos ao modelo da descentralização simulada?
11. Quais são as linhas mestras para o emprego da descentralização simulada?
12. Qual dos princípios de estruturação da organização partiu de uma análise teórica? De que forma surgiram os demais princípios?
13. Descreva o modelo da organização sistêmica. Onde foi ele pela primeira vez montado conscientemente?
14. Quais são os problemas da estrutura sistêmica?

CAPÍTULO 37

A ORGANIZAÇÃO INOVADORA

Todo livro de administração menciona – na verdade, salienta – a necessidade de inovar. Fora disso, porém, essas obras em regra dizem muito pouco em relação ao que a administração e a organização precisam ser e fazer para estimular, orientar e tornar eficazes as inovações. A maior parte dos textos salienta a função puramente administradora da direção, isto é, a tarefa de manter em funcionamento e de melhorar o que já se sabe e o que em grande parte já se faz. Pouca atenção dedica, normalmente, à criação objetiva e eficaz do novo e do diferente.

Nessa pouca importância que dedica à administração das inovações, os livros apenas espelham a realidade empresarial. Toda direção frisa a necessidade de inovar-se. Mas poucas delas organizam essa atividade como tarefa distinta e importante. É certo que desde a Segunda Guerra Mundial a "pesquisa" entrou na moda. Muito dinheiro é a ela destinado. Em um grande número de empresas, porém, o resultado tem sido a introdução de melhorias e não das inovações propriamente ditas.

Isso vale ainda mais com relação às entidades públicas de prestação de serviços.

Antigamente, havia boas razões para realçar-se a função administradora em detrimento das inovações. Ao iniciar-se a preocupação pela administração, nos primeiros anos deste século, a necessidade mais imperiosa era a de aprender a organizar, estruturar e dirigir a organização humana de grandes proporções que subitamente nascia. Até onde recebiam atenção, as inovações eram encaradas como serviço à parte, executado por alguém que trabalhava sozinho, o "inventor" do século dezenove. Ou então elas eram vistas como tarefa predominantemente técnica, a de pesquisar.

Além disso, não houve muito campo para as inovações entre 1920 e 1950, quando ocorreu a maior parte da elaboração básica relativa à administração. Pois, contrariamente ao que se pensa, esses anos não se caracterizaram por mudanças rápidas, nem na tecnologia nem na sociedade. Foram anos em que, de forma geral, a tecnologia estava sendo erguida sobre os alicerces lançados antes da Primeira Grande Guerra. Embora esse período tenha apresentado uma tremenda turbulência política, suas instituições sociais e econômicas permaneceram estagnadas.

Agora, porém, é possível que estejamos ingressando em um período de transformações rápidas que mais se assemelhem, em suas características básicas, às últimas décadas do século dezenove do que ao passado mais próximo a que nos habituamos. Como se recorda, no fim do século dezenove a cada pouco noticiava-se uma nova e grande invenção, que quase de imediato levava ao aparecimento de uma nova e importante atividade na área empresarial. Esse período começou em 1856, que viu nascer tanto o motor elétrico como a tintura sintética. E terminou com o aparecimento da moderna válvula eletrônica, em 1911. No meio-tempo, vieram a máquina de escrever e o automóvel, a lâmpada elétrica, as fibras sintéticas, os tratores, os bondes elétricos, os medicamentos sintéticos, o telefone, o rádio e o avião – para mencionar apenas esses. Ou seja, no meio-termo veio o mundo moderno.

Em contraste com isso, nenhum setor industrial verdadeiramente novo e importante fez sua aparição entre 1914 e o fim da década de 1950, quando os computadores finalmente se mostraram operacionais.

De 1870 a 1914, a geografia industrial mundial experimentava transformações muito rápidas. Mais ou menos a cada década, em média, aparecia uma nova área industrial básica; os Estados Unidos e a Alemanha de 1860 a 1870, a Rússia ocidental e o Japão nos vinte anos seguintes, e a Europa Central por volta de 1900. Todavia, entre a Primeira e a Segunda Guerra Mundial, nenhuma nova área faria seu ingresso no "clube industrial".

Hoje, porém, já há sinais de rápidas evoluções, com o Brasil e a China, por exemplo, aproximando-se do "ponto de decolagem".

Mas a necessidade de inovar será também premente no campo social. E as entidades públicas de prestação de serviços vão ter, igualmente, que aprender a gerir as inovações.

A necessidade de inovações sociais e políticas está também, agora, tornando-se premente. A metrópole moderna precisa de novas formas de governo. O relacionamento entre o ser humano e seu ambiente tem que ser repensado e reestruturado. Nenhum governo moderno governa mais de modo eficaz. A crise do mundo é, acima de tudo, institucional, a exigir inovações também institucionais.

A empresa privada, sua estrutura e organização, a maneira como ela ajusta os conhecimentos ao trabalho e o trabalho ao desempenho – e a maneira como ela mesma se ajusta à sociedade e ao governo – constituem também áreas em que é grande a necessidade de inovações e numerosas são as oportunidades para elas.

De agora em diante, portanto, será preciso inovar no interior das organizações existentes. As grandes empresas e entidades públicas de prestação de serviços precisarão fazer-se cada vez mais capazes de organizar a si mesmas tanto para a administração como para as inovações.

Essas organizações têm hoje um acesso à mão de obra e ao capital com que cem anos atrás ninguém poderia sonhar. Mas também sofreu uma alteração profunda a relação entre o custo de transformar essas invenções em novos produtos. Aceita-se hoje como regra prática que para cada mil dólares gastos para gerar determinada ideia, deve-se gastar dez mil dólares com as "pesquisas" para transformá-la em descoberta ou invenção. Para cada dez mil dólares gastos com as "pesquisas", pelo menos cem mil deverão ser empregados na criação e desenvolvimento, e para cada cem mil dólares aí gastos, algo entre um milhão e dez milhões de dólares será necessário para lançar e fixar no mercado um novo produto ou empresa. E só depois que o novo produto ou empresa estiver fixado no mercado é que haverá uma "inovação".

Isso significa que a maior parte do empenho inovador precisará provir dos pontos que controlam a mão de obra e o capital necessário para a criação e o marketing, isto é, as empresas em funcionamento e as existentes entidades públicas de prestação de serviços.

Todavia, isso não quer dizer que a pequena empresa ou mesmo o empresário solitário não vá continuar a ter um importante papel a desempenhar. Todas as empresas que se mostraram inovadoras e tiveram grande crescimento nos últimos 25 anos começaram pequenas. E indiscutivelmente as pequenas empresas têm se saído muito melhor do que as de dimensões gigantescas.

Em todos os setores, com exceção daqueles que têm monopólio patrocinado pelo governo, pequenas empresas, recém-chegadas, desconhecidas alguns anos atrás, têm galgado posições importantes no mercado e se mostrado mais do que capazes de concorrer com as que apresentam dimensões gigantescas. Vimos isso especialmente quando estas, por crescimento natural ou política deliberada, evoluíram para os conglomerados. No setor químico, no setor dos aparelhos elétricos e em muitos outros a tradicional empresa gigante (uma GE ou uma Imperial Chemical) tem perdido posição e participação no mercado muitas vezes – na maior parte dos casos para empresas pequenas ou médias recém-chegadas e dispostas a praticar inovações.

A empresa já em funcionamento que em época que exija inovação não se mostre capaz de consegui-la está fadada ao declínio e à morte. E a administração que, em um período desses, não saiba dirigir suas inovações será incompetente e não se estará mostrando à altura do papel que lhe cabe. Gerir as inovações cada vez mais se apresentará como desafio à administração e como teste para sua competência.

EXEMPLOS DE INOVADORAS

As empresas inovadoras existem, embora em minoria, especialmente entre as de maior vulto. Podemos mencionar a Renault e a Fiat, a Marks & Spencer, a Sony e a 3M (Minnesota Mining and Manufacturing, de Saint Paul, no Estado de Minnesota, EUA), os Laboratórios da Telephone Company, o Citibank, de Nova York, ou o Bank of America. Pelo que tudo indica, essas empresas não têm dificuldades para inovar nem para conseguir que suas estruturas aceitem as transformações. Pode-se prever que suas direções raramente precisarão perguntar: "Como podemos manter nossa organização flexível e disposta a aceitar as novidades?". Geralmente, elas estarão muito ocupadas procurando a mão de obra e o capital necessários para levar avante as inovações que as respectivas organizações as forçam a adotar.

As organizações inovadoras não se limitam às empresas. Tanto o Projeto Manhattan, nos Estados Unidos, que na Segunda Guerra Mundial foi responsável pela produção da bomba atômica, como a CERN (Conselho Europeu para a Pesquisa Nuclear), de Genebra, constituem exemplos de organizações inovadoras.

Esses exemplos mostram que a capacidade de inovação da organização depende mais de sua administração do que do setor a que pertença, do seu tamanho ou idade, e muito menos dessa desculpa esfarrapada dos maus administradores, "a cultura e as tradições do país".

Tampouco a pesquisa constitui o fator decisivo. Os Laboratórios Bell – talvez os mais produtivos entre os laboratórios de pesquisas empresariais – há anos vêm na verdade realçando as indagações fundamentais relacionadas com as leis da natureza. Mas a Renault e a Fiat não se distinguem de maneira muito especial por suas pesquisas: o que as torna inovadoras é a capacidade de, com rapidez, conseguir produzir e colocar no mercado seus novos projetos e modelos. Finalmente, as inovações que o Bank of America tem introduzido dizem respeito às empresas clientes, notadamente no tocante à sua estrutura financeira e ao seu crédito, bem como às políticas que adotam em relação aos estoques e ao marketing.

Por esses exemplos, vê-se que de alguma forma a organização inovadora fomenta o espírito inovador e cria o hábito de inovar. No início da existência de tais organizações, poder-se-á encontrar alguma pessoa que tenha mostrado grande capacidade de inovação. É possível que ela tenha conseguido construir ao seu redor uma organização capacitada a transformar suas novas ideias e invenções em uma realidade empresarial vitoriosa – como tem feito Edwin H. Land, da Polaroid, desde a Segunda Guerra Mundial. Mas nenhum desses gênios fundadores regeu a banda dos Laboratórios Bell, da 3M ou da Renault. A organização que inova consegue fazê-lo como organização, isto é, como grupo humano organizado de modo a alcançar inovações constantes e produtivas. Ela é estruturada de modo a fazer que as transformações virem norma.

Essas várias organizações inovadoras são muito diferentes em suas estruturas, seus ramos, suas características e mesmo nas filosofias de organização e administração que adotam. Mas todas apresentam certas características comuns:

1. As organizações inovadoras sabem o que significa "inovar".
2. As organizações inovadoras entendem a dinâmica da inovação.
3. Elas possuem uma estratégia para as inovações.
4. Elas sabem que as inovações requerem objetivos, metas e medições que sejam diferentes dos objetivos, metas e medições das organizações dirigidas à moda tradicional, e que sejam apropriados à dinâmica das inovações.
5. Nas organizações inovadoras, o papel que cabe à direção (especialmente à direção suprema) e a postura que ela toma são outros.
6. A organização inovadora é estruturada e montada diferentemente da organização dirigida à moda tradicional.

O SIGNIFICADO DE INOVAR

Em primeiro lugar, as organizações inovadoras sabem o que significa "inovar". Sabem que inovar não é ciência nem tecnologia, e sim valor. Sabem que não é algo que se passe dentro da organização, e sim uma transformação externa. A medida da inovação é sua repercussão sobre o meio ambiente. As inovações da empresa devem, portanto, concentrar-se sempre no mercado. As inovações que se concentram no produto e não no mercado são capazes de produzir "milagres tecnológicos", mas apresentam recompensas decepcionantes.

Os laboratórios farmacêuticos que no mundo todo mais se notabilizam por suas inovações consideram seu objetivo lançar novos medicamentos capazes de introduzir mudanças expressivas no exercício médico e na saúde dos doentes. Eles não encaram as inovações em termos de pesquisa, mas sim em termos do exercício da medicina. Da mesma forma, os Laboratórios Bell sempre começam perguntando: "Que é que irá mudar, nos *serviços* telefônicos?".

Não é de surpreender, portanto, que precisamente as organizações inovadoras mais voltadas para o mercado tenham patrocinado os mais importantes progressos técnicos ou científicos. Os Laboratórios Bell, por exemplo, inventaram o transistor e a matemática básica da teoria da informação, além de serem responsáveis por algumas das principais descobertas que conduziram ao computador.

Partir da necessidade que sente o consumidor ou usuário em relação a alguma alteração expressiva é geralmente o caminho mais direto para determinar novos conhecimentos ou novas tecnologias que se imporão, bem como para montar um trabalho deliberado e sistemático que se volte para descobertas fundamentais.

A DINÂMICA DAS INOVAÇÕES

As empresas inovadoras compreendem a dinâmica das inovações. Elas sabem que as inovações não ocorrem por acaso nem segundo alguma tabela predeterminada.

Elas sabem que as inovações obedecem às leis das probabilidades. Sabem que se pode prever que, introduzida com êxito, determinada inovação terá probabilidade de vir a ser um produto ou processo importante, um novo setor de atividades de vulto, um grande mercado. Sabem distinguir as áreas em que os esforços inovadores sejam capazes de produzir resultados compensadores.

Uma das características das oportunidades para a inovação é a vulnerabilidade econômica básica de determinado processo, tecnologia ou setor. Onde quer que o mercado apresente uma procura cada vez maior sem que o respectivo setor consiga transformá-la em lucratividade, pode-se dizer que terá probabilidade de alta recompensa alguma importante inovação que altere o processo, o produto, os canais de distribuição ou as expectativas do consumidor ou usuário.

Os exemplos são inúmeros. Um deles é o do setor do papel. Mundialmente falando, a procura pelo papel está em rápida e contínua expansão – da ordem de 5 a 10 por cento ao ano, um ano sim e o outro também – mas sem que o setor se mostre capaz de conseguir lucros à altura do capital. O setor do aço encontra-se em situação bastante semelhante. Nas mesmas condições estão também os seguros de vida, um dos poucos "produtos" que os clientes estão prontos a comprar – e um dos poucos produtos, a propósito, em que os interesses dos produtores e dos compradores se identificam por completo – mas que mesmo assim precisam ser vendidos através de métodos agressivos e contra a aberta resistência que os clientes apresentam.

As oportunidades para as inovações existem também nas economias ou mercados que apresentem disparidades clamorosas.

Na América Latina da década de 1960, por exemplo, o principal setor em expansão não era manufatureiro. Era a distribuição varejista. Densas massas humanas afluíam às cidades e passavam de uma economia de subsistência para uma economia monetária. Individualmente, a maioria das pessoas era, naturalmente, muito pobre. Mas coletivamente elas apresentavam um novo e volumoso poder aquisitivo. Ainda assim, o sistema de distribuição da maior parte dos países da região continuava preso aos moldes pré-urbanos – pequenas lojas, subcapitalizadas, mal dirigidas, com estoques pequenos e de rotatividade muito baixa. Todas as empresas que ingressaram na área oferecendo distribuição moderna – a Sears Roebuck foi a primeira a perceber a oportunidade – conseguiram êxito imediato.

Outro campo que oferece oportunidades para as inovações é o da exploração das consequências de acontecimentos já ocorridos mas cujas repercussões econômicas ainda não se fizeram sentir. As alterações populacionais estão entre as mais importantes desses acontecimentos. Elas estão também entre os que maior certeza apresentam. As transformações que se verificam na área dos conhecimentos contêm menor grau de certeza. Também elas, porém, oferecem suas oportunidades. Depois, então, realmente importante mas contendo o mais baixo grau de certeza, vêm as mudanças de percepção, que são as alterações que ocorrem no modo de ver e nas expectativas das pessoas.

Em boa parte, por exemplo, foi por ter previsto as repercussões que teriam as profundas alterações que então ocorriam na área da percepção que o setor farmacêutico alcançou o êxito que teve. Depois dos cuidados que a assistência à saúde recebeu após a Segunda Guerra Mundial, por toda parte havia "bons negócios" a fazer. E os medicamentos constituem a única rota para a saúde à qual tinham rápido acesso às regiões rurais de recursos parcos e baixa instrução. Onde os médicos e os hospitais escasseiam, para muitos problemas de saúde pode-se ainda distribuir remédios com bons resultados. Os laboratórios farmacêuticos que compreenderam isso dirigiram-se aos países em desenvolvimento e verificaram que no tocante à aquisição de remédios esses países eram "plenamente desenvolvidos".

Por fim, há naturalmente as inovações que se colocam fora do padrão, as inovações inesperadas, que transformam o mundo em vez de explorá-lo, as inovações de importância real. São as inovações de um Henry Ford, que visualizou algo que na época não existia, ou seja, o mercado de massa, e partiu para fazê-lo acontecer.

Essas inovações situam-se fora da faixa normal das previsões. Elas também contêm, evidentemente, a maior dose de risco. Para cada inovação dessas que dá certo, deve haver 99 que falharão e que jamais se tornarão conhecidas.

É importante a empresa inovadora perceber que essas inovações especiais existem e se revestem de suprema importância. É importante manter-se alerta a elas. Mas pela própria natureza essas inovações não podem ser objeto de esforços organizados, sistemáticos e deliberados no interior da empresa. Não podem ser geridas.

E são bastante raras para merecer tratamento excepcional, a despeito de sua extraordinária importância. A empresa que compreender a dinâmica das inovações e organizar sua própria estratégia nessa área, de modo a aproveitar-se delas, inovará. E no processo se tornará sensível às inovações excepcionais, grandiosas, verdadeiramente históricas, ficando, assim, pronta para reconhecê-las logo e delas tirar proveito.

Para gerir inovações, o administrador não precisa ser tecnólogo. Na verdade, os tecnólogos de alto gabarito raramente conseguem administrar bem as inovações. Eles se acham tão profundamente absortos em suas especialidades que raramente enxergam qualquer coisa fora delas. Não serão os especialistas em metalurgia que se mostrarão capazes de perceber a importância de um novo conhecimento básico na área dos plásticos, mesmo que este possa, em prazo razoavelmente curto, tornar obsoletos muitos dos produtos de que eles mais se orgulhem. Da mesma forma, o gestor inovador não precisa ser economista. Os economistas só serão capazes de cuidar das repercussões provocadas pelas inovações depois que elas se avolumarem. O administrador inovador precisa prever as vulnerabilidades e as oportunidades. Ele precisa estudar as inovações e apanhar sua dinâmica, seus padrões e previsibilidade. Para gerir as inovações, o administrador precisa pelo menos estar alfabetizado quanto à sua dinâmica.

A ESTRATÉGIA PARA A INOVAÇÃO

Como todas as estratégias empresariais, a estratégia para a inovação deve partir da pergunta: "Qual é o nosso ramo, e qual deve ser?". Mas suas suposições relativas ao futuro são diferentes daquelas que se referem à empresa em funcionamento. As suposições relativas a esta são de que as atuais linhas de produtos e serviços continuarão, assim como continuarão os mercados e canais distribuidores, tecnologias e processos atuais. O primeiro objetivo da estratégia para a empresa em operação é tirar o maior proveito daquilo que já existe ou que esteja sendo preparado.

Já a principal suposição da estratégia para a inovação é a de que tudo que existe está envelhecendo. Deve-se imaginar que mais cedo ou mais tarde – e geralmente mais cedo, não mais tarde – as atuais linhas de produtos e serviços decairão em vez de crescer, assim como decairão os atuais mercados e canais de distribuição, tecnologias e processos.

O esquema dominante da estratégia para a empresa em operação pode ser, portanto, o de "Melhor e Mais". Já o da estratégia para a inovação tem que ser "Novo e Diferente".

O alicerce da estratégia para a inovação é o descarte planejado e sistemático de tudo que é velho, moribundo, obsoleto. As organizações inovadoras não gastam tempo nem recursos defendendo o passado. Só o descarte sistemático do passado pode liberar os recursos necessários ao serviço do que é novo, especialmente o recurso mais escasso de todos, que é o do pessoal capacitado.

A relutância em tomar esse caminho pode constituir o maior obstáculo às inovações nas grandes empresas atuais. O que é novo e especialmente o que não nasceu ainda, isto é, a inovação futura, sempre parece insignificante diante do grande volume, da alta renda e dos múltiplos problemas da empresa em operação. Por isso, se quiser mostrar-se capaz de criar no futuro, é da maior importância que a empresa em funcionamento se dedique ao abandono sistemático do passado.

Em segundo lugar na estratégia para a inovação vem a clara percepção de que os esforços inovadores devem mirar ao alto. Em geral, é tão difícil introduzir uma pequena modificação em um produto existente como criar um novo. Nas atividades que visem ao aperfeiçoamento – acrescentar um produto, melhorar determinada linha de produtos, ampliar o mercado etc. – pode-se supor 50 por cento de êxito. O fracasso completo não deve agravar mais da metade dos empreendimentos.

Não é assim que funciona a inovação. Nesta área, deve-se presumir que a maioria das tentativas de inovação não alcançará êxito. De cada dez "ideias brilhantes", nove acabarão mostrando-se despropositadas. E de cada dez ideias que, depois de cuidadosa análise, pareçam válidas e exequíveis, nove acabarão dando com os burros n'água, ou, no mínimo, mostrando-se meras ninharias. O índice de mortalidade das inovações é – e deve ser – elevado.

O "êxito" nas tentativas de inovação apresenta, em média, um acerto em dez tentativas. Esse é, naturalmente, o motivo de mirar-se ao alto nessas tentativas. O empreendimento vencedor terá de compensar os nove derrotados, além de produzir seus próprios resultados.

Todavia, as inovações não avançam numa bela progressão linear. Durante bom tempo, por anos às vezes, tudo que se vê são esforços sem resultados. Geralmente, os primeiros resultados são magros. Na verdade, os primeiros produtos raramente serão aqueles que o consumidor acabará comprando. Os primeiros mercados dificilmente serão os maiores. Os primeiros empregos do produto raramente serão aqueles que no final se revelarão os mais importantes.

É bem difícil, e muitas vezes impossível até, prever as repercussões que alcançará uma nova tecnologia. Mas essa dificuldade atinge tudo relacionado com o verdadeiramente novo – como o demonstrou o exemplo (apresentado no Capítulo 19) do grosseiro erro do cálculo sobre as dimensões do mercado dos computadores na minuciosa pesquisa de mercado efetuada nos Estados Unidos por volta de 1950. Mais difícil de prever, ainda, porém, é a rapidez com que a inovação se firmará. "O momento certo é essencial" – sobretudo no campo das inovações. Mas totalmente impossível é prever a ocasião certa. O computador, os antibióticos, a copiadora Xerox, todos varreram os respectivos mercados. Mas para cada inovação bem-sucedida que produza resultados mais rápidos que os previstos, outras cinco ou seis – no final talvez bem-sucedidas também – durante muitos anos parecerão avançar em ritmo decepcionantemente lento. O exemplo mais notório talvez seja o do navio a vapor. Já em 1835 sua superioridade se firmava com clareza, mas ele só substituiria o navio a vela cinquenta anos mais tarde.

Aí então, após um longo e frustrante período de gestação, a inovação bem-sucedida levanta-se meteoricamente. Em poucos anos, toma a feição de um setor novo e importante, ou de uma nova e importante linha de produtos, ou de um grande mercado que surge. Mas até que alcance esse ponto, ninguém poderá prever quando ela levantará voo, nem mesmo se algum dia chegará a levantar voo.

AS MEDIÇÕES E OS ORÇAMENTOS

A estratégia para as inovações requer medições diferentes das que são adequadas às empresas em funcionamento, bem como um emprego diferente dos orçamentos e controles orçamentários.

É errôneo impor às tentativas de inovação as mesmas medições, especialmente as resultantes das convenções contábeis, que se ajustam às empresas em funcionamento. Com isso, bloqueia-se tanto o esforço inovador como quando se pretende que uma criança de seis anos carregue nas costas um fardo de cinquenta quilos. E com isso deixa-se também de contar com um controle genuíno. Com isso, finalmente, pode-se estar armando uma ameaça para quando a inovação vingar. Pois aí ela precisará de controles apropriados ao seu rápido desenvolvimento, isto é, controles que mostrem os esforços e investimentos necessários para o aproveitamento do êxito e evitem que ele se estenda excessivamente.

Há muito as empresas inovadoras bem-sucedidas aprenderam essa lição.

É provável que o mais antigo, mais conhecido e mais bem-sucedido sistema de controle gerencial seja o da Du Pont Company, que já na década de 1920 criou para todas as empresas do grupo um modelo cujo ponto central era o lucro sobre os investimentos. As inovações, porém, não se incluíam nesse famoso modelo. Enquanto determinada empresa, linha de produtos ou processo se encontrasse no estágio da inovação, as verbas que lhe eram destinadas não se incluíam no investimento sobre o qual a respectiva divisão da Du Pont deveria conseguir tal lucro. E as despesas correspondentes também eram excluídas de seu orçamento para despesas. Ambas ficavam separadas. Só depois que os produtos da nova linha houvessem sido lançados no mercado e por dois anos ou mais tivessem vendido quantidades comerciais é que passava a vigorar, em relação a eles, as medições e controles vigentes no orçamento da divisão responsável pela sua criação.

Com isso, a organização garantia que os gerentes gerais de suas divisões não opusessem qualquer resistência às inovações, por considerá-las ameaças aos seus índices de lucro e ao seu desempenho nessa área. Garantia também um controle bem apertado sobre as despesas e os investimentos que se efetuavam para a procura de inovações. E conseguia perguntar em cada etapa: "Que esperamos no final, e qual é o fator do risco, isto é, a probabilidade do insucesso?". "Podemos justificar o prosseguimento desta tentativa de inovação?"

Os orçamentos relativos às empresas em operação e os orçamentos relativos às atividades que visem às inovações não devem apenas ficar separados entre si. Devem também receber tratamento diverso. Na empresa em operação, pergunta-se sempre: "É necessária essa atividade? Ou poderemos passar sem ela?" Se a resposta for "Nós precisamos dela", deve-se perguntar então: "Qual é o menor grau de apoio que ela precisa?".

Quando se procura inovar, a primeira e mais séria indagação que se deve fazer é: "É esta a oportunidade correta?". E se a resposta for positiva, deve-se perguntar: "Qual é a maior quantidade de gente capacitada, e de recursos básicos, que podemos dedicar produtivamente *a esta fase?*".

Um padrão à parte de medição para aplicar às tentativas de inovação permite avaliar os três fatores que determinam a estratégia para a inovação: a oportunidade final, o risco do insucesso e os esforços e despesas que se façam necessários. Do contrário, as tentativas poderão continuar e mesmo ser intensificadas em uma área em que as oportunidades sejam bastante limitadas, e elevados os riscos do insucesso.

No final da década de 1960, os laboratórios farmacêuticos produziam, com meritória engenhosidade científica, numerosos antibióticos de amplo espectro. Àquela altura, porém, reduzira-se bastante a probabilidade de sintetizar-se um novo antibiótico de amplo espectro que apresentasse propriedades muito superiores às dos que já se encontravam no mercado. Por outras palavras, era elevado o risco do insucesso. Ao mesmo tempo, a oportunidade que se oferecia a qualquer inovação nesse campo era muito menor do que a que se oferecera dez anos antes. Mesmo que apresentasse desempenho expressivamente superior ao dos existentes, um novo antibiótico teria que concorrer com produtos perfeitamente bons, já conhecidos dos médicos inclusive no seu uso. Até um progresso científico real resultaria, com toda a probabilidade, em um produto que apenas iria repetir a seu respeito afirmações já feitas em relação a outros. Ao mesmo tempo, as despesas e as atividades necessárias para descobrir qualquer coisa realmente nova em um campo tão explorado subiam rapidamente. O caminho tradicionalmente usado, isto é, examinar as dimensões do mercado e com base nisso supor um grande êxito para o produto novo "melhor", se mostraria totalmente enganoso. E ele realmente iludiu um bom número de empresas.

Nada é mais inadequado às inovações bem-sucedidas que algo como a meta de a cada ano "elevar os lucros em cinco por cento". Nos primeiros três a cinco anos – às vezes por mais tempo – as inovações não rendem lucro algum. Daí para a frente, durante cinco a dez anos, seu índice de crescimento anual deve estar mais perto dos 40 por cento do que dos 5 por cento. E é só depois de alcançar relativa maturidade que delas se pode esperar uma pequena elevação ano a ano. Mas aí já não constituirão mais inovações.

Por conseguinte, a estratégia para as inovações exige da organização inovadora alto grau de disciplina. Elas precisam operar sem contar com o apoio das diversas medições orçamentárias e contábeis que fornecem de volta informações razoavelmente rápidas e seguras sobre os resultados dos trabalhos e investimentos efetuados. Elas se sentem tentadas a, sem qualquer resultado, continuar despejando gente e dinheiro nas tentativas de inovação. Na administração das inovações é preciso, portanto, refletir bem no que se espera e para quando. Essas expectativas inevitavelmente serão alteradas pelos acontecimentos. Mas se não se produzirem resultados intermediários, algum progresso específico e correções ocasionais das operações durante a jornada, as inovações não estarão sendo administradas.

Quando, no fim da década de 1920, a Du Pont se dedicou à pesquisa dos polímeros, que acabariam conduzindo ao nylon mais de dez anos depois, ninguém podia prever se a tecnologia dos polímeros levaria à borracha sintética, às fibras têxteis, aos couros sintéticos ou a novos lubrificantes. No final, conduziu a todos esses produtos. Só bem perto do fim do trabalho se viu com clareza que as fibras sintéticas constituiriam seu primeiro produto comercial de importância. Desde o início, porém, e conjuntamente com

Wallace Carrothers, o cientista que dirigia suas pesquisas, o Sr. Du Pont traçava metodicamente um mapa que continha a rota dos tipos de descobertas e resultados que poderia esperar e para quando. À medida que se apuravam resultados, a cada dois ou três anos o mapa era revisado. E os dois sempre o refaziam para os estágios seguintes da rota. Mas foi só quando as pesquisas fizeram surgir as fibras polímeras (que permitiriam um amplo trabalho de desenvolvimento) que Du Pont se comprometeu a efetuar investimentos maciços. Até então, as despesas totais referiam-se essencialmente ao sustento de Carrothers e seus poucos assistentes.

O RISCO DO INSUCESSO

A estratégia para as inovações precisa basear-se na clara aceitação do risco do insucesso – bem como do risco, talvez mais perigoso, do "quase êxito".

É tão importante resolver o momento em que se abandonará uma tentativa de inovar como saber com qual delas se deverá iniciar. Na verdade, isso pode mostrar-se até mais importante. Os diretores de laboratórios bem-sucedidos sabem quando abandonar determinada linha de pesquisa que não apresente os resultados esperados. Os menos bem-sucedidos permanecem esperançosos por um período excessivamente longo, cegos pelo "desafio científico" do empreendimento ou iludidos pelas repetidas promessas de alguns cientistas, de "grandes novidades para o ano que vem". E os fracassados são simplesmente incapazes de se descartar do empreendimento, não conseguindo admitir que aquilo que parecia uma boa ideia virou desperdício de pesquisadores, tempo e dinheiro.

Numerosas, porém, são as tentativas de inovação que não desembocam nem no êxito nem no fracasso, mas sim no quase êxito. Ora, o quase êxito pode conter mais perigo que o fracasso. Repetidamente, encontra-se o produto ou processo que foi inovado na esperança de "revolucionar o ramo" e que acaba virando um complemento sem maior importância da linha de produtos, nem insucesso suficiente para merecer o abandono nem êxito suficiente para significar qualquer coisa maior. Há a inovação que no início dos trabalhos parece tão "empolgante" e simplesmente acaba ultrapassada durante sua gestação por um processo, produto ou serviço mais inovador de alguma empresa concorrente. Há a inovação feita para ser popular e que acaba conhecida de um grupinho como uma "especialidade" a mais, que uns poucos consumidores estão dispostos a comprar, não a pagar.

É particularmente importante, pois, ao gerir uma inovação, meditar profundamente nas expectativas que se alimentam, e anotá-las. E aí, quando já se tem o produto, processo ou empresa final, comparam-se as expectativas com a realidade. Se a realidade ficar muito abaixo das expectativas, não se despejarão mais recursos no empreendimento. Em vez disso, deve-se perguntar: "Não devemos cair fora disso, e de que maneira?".

A POSIÇÃO INOVADORA

A oposição às mudanças, tanto por executivos como por simples funcionários, há muitos anos tem sido considerada problema fundamental para a administração. Incontáveis livros e artigos têm sido escritos a seu respeito. Incontáveis seminários, debates e cursos têm-lhe sido dedicados. Todavia, pouco se avançou quanto a resolver o problema.

Na verdade, será impossível resolvê-lo enquanto ficarmos falando da "oposição às mudanças". Não que essa oposição não exista, ou não constitua um grande obstáculo. Mas concentrar-se na oposição às mudanças é encarar o problema erradamente, de uma forma que reduz (e não aumenta) nossa probabilidade de enfrentá-lo. A maneira certa de encarar o problema é vê-lo como um desafio para a criação, construção e manutenção da organização inovadora, organização essa para a qual as mudanças constituem a regra e não a exceção, oportunidades, e não ameaças. Inovar é, portanto, algo que decorre de posturas e providências. É, acima de tudo, algo que decorre de posturas e providências da alta administração. A organização inovadora atribui à alta administração um papel diferente, bem como faz uma concepção diferente das relações entre a alta administração e a organização toda.

Na maneira como é vista pelos textos sobre a administração, a organização dirigida à moda tradicional tem em sua alta administração o juiz final. Nela, a função mais importante da administração é exercer esse poder de veto, é dizer não a propostas e ideias que não tenham sido plenamente consideradas e analisadas. Na organização inovadora, a primeira e mais importante função da administração é fazer justamente o contrário. É transformar ideias impraticáveis, cruas e excêntricas, em realidade inovadora concreta.

Na organização inovadora, a alta administração considera função sua ouvir as ideias e tomá-las a sério. Ela sabe que as ideias novas são sempre "impraticáveis". Sabe também que são necessárias muitas ideias tolas para se gerar uma ideia viável, e que nos estágios iniciais não há meios de distinguir entre a ideia tola e a centelha da genialidade. Ambas parecem igualmente impossíveis ou igualmente brilhantes.

A alta administração da organização inovadora não só "estimula" as ideias, portanto (como se aconselha que façam todas as administrações). Ela pergunta constantemente: "Como deveria ser esta ideia para se tornar prática, realística e eficaz?". Ela se organiza de modo a considerar detidamente até a mais excêntrica das ideias, na medida em que consiga avaliar sua viabilidade.

A alta administração da organização inovadora constitui-se na principal "mola" que impele à inovação. Usa as ideias geradas na organização para estimular sua própria visão das coisas. E aí se movimenta para concentrar nas ideias o interesse coletivo da organização. A alta administração da organização inovadora faz o pensamento e o trabalho moldar-se sobre aquilo que seja novo, tanto com relação à energia da organização como com relação à disciplina necessária às inovações.

Para isso, contudo, é necessário reestruturar as relações entre a alta administração e o grupo humano que se encontra dentro da empresa. Naturalmente, a organização tradicional permanece. Na verdade, o organograma pode conter poucas coisas capazes de permitir distinguir entre a organização inovadora e a organização burocrática mais rígida. E a organização inovadora não precisa absolutamente ser "permissiva" ou "democrática". Todavia, a organização inovadora tece por assim dizer uma espécie de teia nervosa em torno do esqueleto ósseo da organização formal. Onde a organização tradicional se concentra na lógica do trabalho, a organização inovadora contém outra relação ainda, que se concentra sobre a dinâmica das ideias.

Na organização inovadora, os executivos mais altos incluem em suas atividades reuniões que fazem com o pessoal mais jovem de toda a organização (reuniões que não precisam ser necessariamente regulares), com "agenda livre" da parte da administração suprema. Nesses encontros, os executivos chefes sentam-se ao lado dos mais jovens e perguntam: "Que oportunidades *vocês* enxergam?".

No período de sua maior expansão e desenvolvimento, a Companhia 3M podia ser tudo, menos uma empresa "permissiva". Ela era rigorosamente administrada por duas ou três pessoas que tomavam todas as decisões. Mas até o mais novo dos técnicos era estimulado a chegar à alta administração com alguma ideia, por mais absurda que fosse. E repetidamente ele ouviria: "Sua ideia não apresenta qualquer sentido para mim, mas você estaria disposto a trabalhar nela?". Quando a resposta do técnico era afirmativa, pediam-lhe que apresentasse a ideia por escrito juntamente com uma solicitação de verba – e frequentemente o dispensavam de suas responsabilidades normais e lhe destinariam uma pequena verba, por um ano ou dois, solicitando que tocasse a coisa para a frente. Em consequência disso, a empresa passou da pequena e obscura fábrica de abrasivos que era a uma das maiores organizações empresariais norte-americanas.

A organização inovadora requer um ambiente de aprendizagem em toda a sua estrutura. Cria e mantém um aprendizado contínuo. Em nenhuma época alguém poderá considerar-se "completado". O aprendizado é um processo contínuo para todos os membros da organização.

A oposição às mudanças tem suas raízes na ignorância e no medo do desconhecido. Quando as alterações são vistas como oportunidades, o medo termina de existir. Os japoneses as encaram como oportunidades por ter seus empregos assegurados, de forma que não receiam se ver despedidos, ou os colegas, por propor algo novo. O Japão também supera o medo e a ignorância fazendo das alterações contínuas outras tantas oportunidades para a realização pessoal, para o reconhecimento e para a satisfação. Quem lá apresente, durante uma reunião de aprendizagem, alguma ideia nova não recebe qualquer recompensa monetária, mesmo que seja uma grande ideia e proveitosa. Mas se ela resultar em progresso, ainda que insignificante, seu autor ganhará maior estatura e reconhecimento, além de sentir profunda satisfação.

Não precisamos olhar o Japão para aprender essa lição. Todos os "sistemas de sugestões", tão usados nas empresas norte-americanas, a ensinam. Funciona aquele sistema de sugestões que ofereça como prêmio o reconhecimento, a realização e a participação. E os setores das fábricas cujos sistemas de sugestões estejam sendo conduzidos dessa forma pouca oposição oferecerão às mudanças, não obstante todos os receios quanto à garantia do emprego e todas as restrições dos sindicatos trabalhistas. Onde isso não acontece – a maioria das empresas –, os sistemas de sugestões não conseguem muita coisa, a despeito de quanto paguem pelas boas sugestões. Tampouco eles produzirão, sobre o comportamento e a postura dos trabalhadores, qualquer uma das influências que prometem os defensores desses sistemas.

A ESTRUTURA ADEQUADA ÀS INOVAÇÕES

A procura de inovações precisa ser organizada separadamente e fora das tarefas gerenciais correntes. As organizações inovadoras compreendem que não se pode simultaneamente criar o novo e cuidar daquilo que já existia. Compreendem que manter as atividades correntes já é uma tarefa excessivamente pesada para que as pessoas nela empenhadas possam construir a empresa nova e diferente do futuro. Compreendem também que tomar conta do futuro é tarefa excessivamente ampla e pesada para ser diluída na preocupação pelo dia de hoje. Os dois trabalhos precisam ser feitos. Mas eles diferem entre si.

As organizações inovadoras atribuem o que é novo, portanto, a segmentos distintos, que se encarregam da sua criação.

A esse respeito, o exemplo mais antigo talvez seja fornecido pelo departamento de criação que a Du Pont fundou no início da década de 1920. Aquela unidade preocupa-se exclusivamente com fabricar o futuro. Não se trata de um departamento de pesquisas – a Du Pont tem seu próprio e grande laboratório de pesquisas. A função do departamento de criação é fazer surgirem novas empresas; preocupa-se com a produção, finanças e o marketing tanto quanto com a tecnologia, os produtos e os processos. A 3M também tem seu laboratório de criação de empresas, que trabalha paralelamente com os demais laboratórios de pesquisa da organização, mas em separado.

Isso não foi compreendido pela General Electric Company, ao lançar, em 1952, sua reorganização maciça, que rapidamente se tornaria o modelo mundial para as amplas reformas estruturais nas empresas de vulto. No plano da GE, o administrador geral de cada "empresa produtora" devia responder tanto pelas atividades em andamento sob sua direção como pelas tentativas de inovações que visassem a criar os novos e diferentes empreendimentos do futuro. A coisa parecia plausível. Na verdade, parecia decorrer disso a ideia de que o administrador geral de qualquer empresa produtora devia, tanto quanto possível, portar-se como presidente de uma empresa independente. Mas o esquema não funcionou – os administradores gerais não se empenharam nas inovações.

Um dos motivos para esse insucesso foi a pressão exercida pelas atividades correntes. Os administradores gerais não tinham tempo nem motivação para se empenharem em tornar obsoleto aquilo que dirigiam. Outro motivo igualmente importante foi o fato de que as verdadeiras inovações raramente constituem prolongamento da empresa existente. Eles raramente se enquadram na esfera de ação, objetivos, metas, tecnologias ou processos de hoje. Cerca de dez anos mais tarde, a General Electric começaria a tirar as conclusões lógicas de suas frustrações e a organizar as principais inovações separadamente, fora dos departamentos de produtos existentes e das existentes divisões de produtos. Ela adotou uma estrutura muito semelhante à que por muitos anos utilizara a Du Pont para organizar suas tentativas de inovar, isto é, através de uma unidade separada, destinada à "criação de empresas".

Também a experiência das entidades públicas de prestação de serviços mostra que é melhor organizar as tentativas de inovação separadamente e fora da organização que se está dirigindo. Foi exatamente por terem como finalidade a inovação que tanto o Projeto Manhattan, que criou a bomba atômica, como o CERN (o mecanismo europeu para a pesquisa nuclear) foram criados externamente às estruturas acadêmicas e governamentais.

AS INOVAÇÕES COMO "EMPRESA"

Ao mesmo tempo, as organizações inovadoras compreendem que desde o início as inovações precisam ser montadas na base de uma "empresa" e não de uma "função". Isso significa colocar de lado a tradicional sequência temporal em que a "pesquisa" vem primeiro, seguida pela "criação", que por sua vez é seguida pela "fabricação", com o "marketing" vindo atrás, fechando a raia. As organizações inovadoras consideram essas habilidades funcionais parte do mesmo processo, o processo de criar uma nova empresa. Quando e como entra em jogo cada um desses instrumentos é coisa decidida pelas autoridades da situação e não por qualquer sequência temporal predeterminada.

Tão logo, portanto, se resolva dar atenção a qualquer coisa nova, encarrega-se de cuidar dela algum administrador de projeto ou de empresa. Ele pode provir de qualquer função – ou de função nenhuma. E pode utilizar todas as funções desde o início; usar o marketing, por exemplo, antes de efetuar qualquer pesquisa; ou calcular as necessidades financeiras de uma empresa futura antes mesmo de existir qualquer produto.

As funções tradicionais organizam as atividades a partir do ponto em que nos encontramos e rumo ao ponto que pretendemos atingir. Já a função inovadora ordena as atividades a partir de onde queremos chegar e volta àquilo que temos que fazer agora para chegar lá.

O princípio de planejamento usado para a inovação é a equipe, montada como "unidade autônoma", fora das estruturas existentes. Não se trata de uma "empresa descentralizada" no sentido tradicional da expressão, mas ela precisa ser independente e distinta em relação às organizações em operação.

Poder-se-ia bem organizar as unidades inovadoras no interior de uma grande empresa juntando-as todas em um grupo inovador. Esse grupo estaria subordinado a um membro da alta administração, que não teria outra função que orientar, assessorar, auxiliar, revisar e dirigir a equipe inovadora em seu trabalho. É nisso, com efeito, que consiste o departamento de criação da Du Pont. A inovação tem sua própria lógica, diferente da lógica das atividades em andamento. Por mais que possam diferir entre si no tocante às suas tecnologias, mercados, produtos ou serviços, todas as unidades inovadoras têm em comum o fato de ser inovadoras.

Mesmo essa organização autônoma em equipes pode revelar-se restrita demais para o tipo de inovações que cada vez mais se farão necessárias, inovações em campos completamente diversos de qualquer coisa que até então a empresa tenha feito. Talvez precisemos montar a unidade inovadora como um autêntico empresário.

Diversas grandes empresas – a GE, a Westinghouse e a Exxon, por exemplo – organizam seus trabalhos de inovação em forma de sociedade, com os "empresários" na direção. O trabalho referente às inovações é montado em forma de empresa à parte, empresa essa cujo controle acionário é exercido pela organização-mãe, que geralmente possui também o direito de comprar a participação minoritária dos outros sócios por um preço prefixado. Todavia, os empresários, isto é, os homens diretamente responsáveis pelo fomento das inovações, são acionistas de porte.

Uma das vantagens desse relacionamento é a forma como simplifica o problema da remuneração. Nas organizações dirigidas nos moldes tradicionais, as pessoas capazes de inovar, como os cientistas chefes das pesquisas ou os encarregados do marketing, chegam a ganhar salários elevados. Contudo, é grande a inconveniência de sobrecarregar um empreendimento inovador com pesados ônus salariais. Ele não conseguirá aguentá-los por muito tempo. E de todo conveniente é recompensar os "empresários" pelos resultados que consigam. Apropriado será, portanto, um método de remuneração que induza essas pessoas a trabalhar com salários modestos até que alcancem os resultados esperados, ao mesmo tempo que prometa recompensas substanciais em caso de êxito. Essa situação é propiciada por uma "sociedade comercial".

A generalização dessas "confederações", em que os "empresários" acabam sócios e acionistas, é coisa que dependerá tanto das leis tributárias como da economia e da própria estrutura das organizações. O princípio, porém, é importante: a remuneração das pessoas inovadoras deve estar à altura da realidade econômica do processo inovador. Nesse processo, os riscos são altos, longo é o tempo de espera, e as recompensas, em caso de êxito, consideráveis.

Constitua a equipe encarregada das inovações uma empresa à parte ou simplesmente uma unidade à parte, é provável que a companhia inovadora aplique alguns dos princípios de planejamento próprios da administração dos sistemas. Haverá unidades gerenciais empenhadas em dirigir o que já se conheça e o que já se esteja fazendo. E, separadas delas, haverá unidades inovadoras, trabalhando com elas mas também por conta própria e arcando com suas responsabilidades. Independentes entre si, umas e outras estarão subordinadas ao grupo da administração de cúpula. Inovar dentro de organizações existentes é algo que exige a aceitação de um esquema organizacional bastante complexo. Esse esquema não é nem centralizado nem descentralizado. No interior de uma companhia dessas, a organização funcional, a descentralização federal, a descentralização simulada e ainda algumas equipes poderão ser encontradas operando próximas e trabalhando juntas.

CONSIDERAÇÕES FINAIS

A organização inovadora constitui um desafio de importância à administração, privada e pública. Sabe-se que essas organizações são possíveis: há muitas delas por aí. Contudo, constitui ainda problema em grande parte insolúvel o modo de generalizar essas organizações, de fazer que elas se mostrem produtivas para a sociedade, para a economia e para as pessoas em geral. Todas as indicações nos dizem que o período que temos à frente será inovador, apresentando rápidas alterações na tecnologia, na sociedade, na economia e nas instituições. Todas as indicações nos dizem, portanto, que nos últimos vinte e cinco anos do século vinte as organizações inovadoras precisarão juntar-se em torno de uma entidade central.

PERGUNTAS

1. Por que há tanto tempo não se toma conhecimento da administração das inovações?
2. Por que está agora se tornando urgente a necessidade de inovações sociais e políticas?
3. Dê alguns exemplos de organizações inovadoras. Que características possuem elas em comum?
4. Por que a inovação deve sempre concentrar-se no mercado?
5. Quais são algumas das circunstâncias que geram oportunidades para inovações práticas?
6. Que pergunta deve constituir o ponto de partida para raciocinar-se sobre a estratégia para as inovações?
7. Qual é a suposição básica de qualquer estratégia inovadora?
8. Com que tipos de medições precisa contar uma estratégia para as inovações?
9. Que tipo de orçamentos e controles orçamentários é mais apropriado para as tentativas de inovação?
10. Por que saber qual é o momento de abandonar uma tentativa de inovar pode até ser mais importante do que saber qual é o momento de iniciá-la?

11. Por que é enganador falar a respeito da "oposição às alterações"?
12. Por que e como é diferente o papel da alta administração das organizações inovadoras?
13. A organização inovadora precisa ser "permissiva"?
14. Que tipo de estrutura é mais apropriado aos trabalhos que visam à inovação?
15. Por que a inovação deve ser organizada como empresa e não como função?

CAPÍTULO 38

A ALTA ADMINISTRAÇÃO E O CONSELHO DIRETOR

Nenhuma empresa funcionará melhor do que sua alta administração permita; afinal de contas, o "gargalo está sempre na cabeça da garrafa". De todos os trabalhos que se efetuam na empresa, o da alta administração é o mais difícil de organizar. Ao mesmo tempo, é aquele cuja organização mais importa.

AS TAREFAS A CARGO DA ALTA ADMINISTRAÇÃO

Excetuada a alta administração, todas as unidades de direção da empresa são projetadas para o desempenho de um serviço específico e de grande importância – quer a organização se estruture em bases funcionais ou em equipes, assentada na descentralização ou nos sistemas. Cada bloco de montagem da organização distingue-se pela contribuição que presta.

A única exceção é constituída pela alta administração. Sua função é multidimensional. Não há uma tarefa específica da alta administração;

só há *tarefas* relacionadas com a alta administração. E isso se aplica tanto às entidades públicas de prestação de serviços como às empresas privadas.

1. Em primeiro lugar vem a tarefa de raciocinar sobre a missão da empresa, isto é, de perguntar: "Qual é o nosso ramo e qual deve ser?". Esse ponto leva a fixar os objetivos, a preparar as estratégias e planos e a tomar as decisões de hoje que produzirão os resultados de amanhã. É claro que isso só pode ser conseguido por um órgão da empresa que possa observá-la no seu todo; que possa tomar decisões que a atinjam por inteiro; que possa pesar os objetivos e as necessidades de hoje em relação às necessidades do amanhã; e que possa distribuir recursos humanos e capitais visando aos resultados básicos da empresa.
2. É preciso fixar padrões e dar exemplos, isto é, cuidar daquilo que chamamos funções relacionadas com a "consciência" da empresa. É preciso haver na empresa um órgão que se preocupe com o hiato – sempre amplo – que se abre entre aquilo que a organização se propõe fazer e aquilo que realmente faz. É preciso haver um órgão voltado para o modo de ver e os valores das áreas básicas. Novamente, esse pode ser um órgão da empresa que enxergue e abranja a organização inteira.
3. Há a responsabilidade de construir e conservar a organização humana. É preciso trabalhar para formar os recursos humanos do futuro, e especialmente trabalhar para formar a futura administração de cúpula da empresa. O espírito da organização é inspirado pelos componentes do seu escalão superior. Seus padrões de conduta e seus valores constituem o exemplo em que se espelha a organização toda e determinam respeito que esta manterá por si mesma.
4. Igualmente significativas são as imprescindíveis relações que só os componentes da cúpula da empresa podem travar e manter. Essas relações podem ser as que se travam com os clientes ou com importantes fornecedores. Podem ser relações com o próprio setor, com os bancos ou com entidades externas, como os órgãos públicos e o Parlamento. Essas relações têm influência decisiva na capacidade de desempenho da empresa. E só podem, novamente, ser conduzidas por quem represente a empresa total, fale por ela, responsabilize-se por ela e assuma compromissos por ela.

5. Há incontáveis funções "cerimoniais" – jantares e acontecimentos cívicos, por exemplo – que devem ser desempenhadas pela alta administração. Os membros da cúpula da pequena e média empresa destacada em sua comunidade têm que dedicar mais tempo a esses compromissos e sentem maior dificuldade em evitá-los do que os dirigentes das empresas muito grandes.

   Como dizia o presidente de uma empresa média: "Desde que remeta seu cheque, o presidente da General Electric pode fazer-se representar por um vice-presidente – e o homem conta com sessenta e cinco deles! Já eu preciso ir em pessoa; minha empresa é a maior empregadora da região".
6. É preciso haver também um órgão "de prontidão" para enfrentar as crises mais graves, que esteja pronto para assumir o comando à ocorrência de algum problema mais sério. Aí, serão as figuras mais experimentadas, mais argutas e mais destacadas da organização que terão de arregaçar as mangas e pôr-se a trabalhar. Perante a lei, elas já são responsáveis; mas também há a responsabilidade intelectual, de que não podem abdicar.

Todas as entidades precisam ter uma função que caiba à alta administração. Mas em todas há tarefas específicas da alta administração. Os componentes do trabalho são os mesmos, mas as tarefas específicas da alta administração variam conforme a empresa. Elas precisarão ser elaboradas a partir da análise da missão e finalidade da instituição, seus objetivos, estratégias e atividades básicas. A pergunta não será: "Que é a alta administração?". A pergunta será: "Quais são as coisas específicas a fazer *nesta empresa* que sejam de importância decisiva para seu êxito e sobrevivência, e que só possam ser feitas pela alta administração?". "Quais são as coisas que só podem ser feitas por pessoas que vejam a empresa como um todo; que sejam capazes de avaliar as necessidades atuais da empresa em relação às suas necessidades futuras; e que possam tomar decisões finais eficazes?"

Pouco sentido há, portanto, em falar de uma estrutura "ideal" para a alta administração. A alta administração ideal é aquela que faz as coisas certas para a sua empresa no aqui e agora. Precisamos de uma teoria para a alta administração. Mas sua aplicação específica deve ser preparada individualmente e tendo por base as necessidades daquela organização em particular.

Deve ser elaborada sob medida para a empresa. Deve ser preparada a partir de uma análise da empresa. Deve, acima de tudo, seguir as estratégias da empresa e harmonizar-se com ela.

"OPERAR" OU NÃO "OPERAR"

Só a análise da empresa (ou da entidade pública de prestação de serviços) considerada poderá mostrar quais as atividades básicas que constituem responsabilidades próprias da alta administração.

Os textos que tratam da administração concordam em que a alta administração não deve "operar". E a maioria dos observadores informados sobre o assunto concorda em que o motivo mais generalizado para a falta de execução dos serviços que competem à alta administração está no fato de que os executivos de cúpula "operam" e, consequentemente, não cuidam das tarefas próprias da alta administração.

O primeiro plano para a alta administração foi preparado na década de 1870. Seu autor, o alemão Georg Siemens, destinou-o ao mais importante dos grandes bancos europeus – o Deutsche Bank. Esse ainda é o planejamento seguido por importantes empresas da Europa para sua alta administração; e está sendo cada vez mais adotado nos Estados Unidos também.

Todavia, em seu plano para a alta administração Siemens inclui grande quantidade de "trabalhos operacionais". Sua alta administração não se limita a dirigir terceiros, planejar, revisar e fixar o rumo do banco. Pelo contrário, a primeira tarefa da sua equipe de alto nível consistia em trabalhar especificamente nos principais investimentos empresariais e financeiros que o banco resolvesse efetuar. Não se tratava de "dirigir" o trabalho de outras pessoas, mas de "fazer as coisas". Longe de isolar-se dos "trabalhos pesados", os elementos de cúpula de Siemens deviam assumir responsabilidade pessoal direta na procura das oportunidades corretas de investimentos e na sua transformação em empresas bem-sucedidas e bem administradas. Claramente, esse foi um dos segredos do triunfo do Deutsche Bank.

As altas administrações eficazes tendem a seguir a fórmula praticada por Siemens e não os ensinamentos dos teóricos e consultores.

Aqui vão alguns exemplos. Nos últimos dez a vinte anos, uma empresa francesa de tamanho médio que produz bens de consumo vendidos no país todo com marca própria conquistou excelente posição nos mercados europeus. Um dos motivos de seu êxito está no fato de seu executivo chefe ser também seu gerente de propaganda e promoções. Ele mesmo redige a maior parte dos textos da propaganda da empresa e planeja suas promoções. Assumiu também a responsabilidade direta pelas relações da empresa com suas distribuidoras na Europa inteira, especialmente na França. A cada ano visita pessoalmente cerca de trinta das maiores distribuidoras da empresa, ouve o que elas têm a dizer, estuda suas organizações e literalmente conduz as relações entre elas e a empresa. "Nosso ramo é a promoção. Acima de tudo, ele depende da disposição da rede distribuidora em trabalhar com afinco na venda dos nossos produtos. Depende muito, portanto, de conhecermos nossas distribuidoras e de elas por sua vez nos conhecerem; depende também da nossa disposição e capacidade de criar produtos que elas desejem vender e possam vender; de os entregarmos como elas os querem entregues, e de fixarmos seus preços segundo as preferências de seus clientes." O mesmo homem, porém, recusa-se terminantemente a se envolver com a fabricação – embora sua especialidade básica seja a da engenharia da produção.

Desde o início, a Sears-Roebuck tem insistido em conservar sua alta administração afastada das operações e limitada às tarefas próprias da alta direção. Ninguém se mostrou mais convicto da conveniência disso do que o General Robert E. Wood, que dirigiu a empresa durante sua transformação de simples comerciante pelo reembolso a possuidora de uma rede de lojas de varejo bem-sucedida. Ainda assim, quando Wood sistematizou o trabalho da alta administração e montou uma equipe de alto nível composta de três homens para exercê-la, atribuiu a essa alta administração, como responsabilidade "de fazer", a tarefa de escolher os locais para as novas e grandes lojas. Segundo ele, aquela atribuição teria influência irreversível, no longo prazo, sobre a capacidade da empresa em conseguir vender e ganhar dinheiro. Ao escolher o local e construir a loja, a empresa assumia um compromisso por vinte anos. Embora claramente operacional, era uma decisão que tinha que ser tomada pela alta administração. E para poder decidir com inteligência, o membro da alta administração deveria trabalhar no projeto desde o início.

É evidente que esses precedentes são perigosos. Se há tarefas operacionais que legitimamente possam ser colocadas entre os serviços executados pela alta administração, os executivos chefes que abrem todas as cartas destinadas à empresa ou que pessoalmente se encarregam do exame final dos seus produtos – e já testemunhei tanto uma coisa como a outra, e em empresas de bom vulto – poderão alegar que estão fazendo serviços próprios da alta administração (como ambos alegavam).

As regras são simples:

1. O trabalho operacional não compete à alta administração se outro puder executá-lo. Naturalmente, muitos trabalhos operacionais serão desconsiderados tarefas da alta administração através da análise das atividades básicas; pois a alta administração nunca deve se envolver em quaisquer outras atividades. Mas aí será preciso submeter as atividades básicas ao crivo da pergunta: "Pode alguém mais, na organização, cuidar delas tão bem como nós – ou quase tão bem? Pelo menos deve haver alguém capacitado a executá-las?". Se a resposta for positiva, essas tarefas não serão apropriadas à alta administração.
2. As pessoas promovidas à alta administração devem abandonar os serviços funcionais ou operacionais que faziam antes. Esses serviços devem ser transferidos a outras pessoas. Do contrário, as pessoas promovidas provavelmente continuarão operando como empregados funcionais ou operacionais.

AS CARACTERÍSTICAS DOS SERVIÇOS DA ALTA ADMINISTRAÇÃO

A função da alta administração é singularmente difícil de organizar. Suas tarefas são todas repetitivas; voltam de tanto em tanto. Mas poucas ou talvez nenhuma delas serão *contínuas*. Muito poucas têm que ser feitas todos os dias das nove às cinco da tarde. Quando surgem, apresentam importância decisiva para a empresa. São as verdadeiras decisões "de vida ou morte". Mas seria tolice "planejar" durante cinco dias a fio por semana, durante 52 semanas a fio por ano. As decisões básicas relativas às pessoas da empresa também se fazem necessárias com pouca frequência. Mas aí exigem muito tempo; poucas coisas apresentam tão pouca probabilidade de dar certo como as decisões relativas ao pessoal que se tomarem de afogadilho. O mesmo pode-se afirmar com respeito à maioria das outras tarefas que competem à alta administração.

Outra característica peculiar dessas tarefas é que elas exigem variadas aptidões e, acima de tudo, temperamentos variados. Exigem a capacidade de analisar, de raciocinar, de pesar alternativas e harmonizar as divergências. Mas também exigem a capacidade de tomar atitudes rápidas e decisivas, bem como a de ser audaz e de ser intuitivamente corajoso. Exigem que a pessoa se sinta à vontade em meio às ideias abstratas, aos conceitos, aos cálculos e aos algarismos. Também exigem percepção humana, consciência do ser humano e, de forma global, interesse ativo e respeito pelos outros. Alguns serviços obrigam as pessoas a trabalhar sozinhas. Outros são serviços de representação e cerimonial, tarefas externas que exigem o gosto do político pelas multidões e pelo protocolo; a capacidade de representar e de falar bonito sem dizer nada.

Os serviços da alta administração requerem pelo menos quatro espécies de seres humanos: o homem de pensamento, o homem de ação, o "homem do povo" e "o homem de fachada". Mas esses temperamentos raramente se encontram juntos em uma pessoa só.

Como os serviços da alta administração não são contínuos, suas próprias funções são muitas vezes vistas, mesmo por quem dirija alguma empresa de bom tamanho, como algo que se fará se e quando for necessário. No meio-tempo, porém, isto é, no dia a dia, os membros da cúpula sentem a necessidade de fazer serviços contínuos. Isso, naturalmente, significa executar trabalhos funcionais. Pois serviço diário há na produção e no marketing, na contabilidade e na engenharia, na propaganda e no controle da qualidade. Se o pessoal do escalão superior ceder à tentação, as tarefas próprias da alta administração acabarão ficando por fazer. Pois dessa forma simplesmente haverá tarefas demais para cuidar. Embora nas empresas menores e mais simples cada serviço enquadrado dentro das funções da alta administração possa tomar de alguém um tempo relativamente pequeno, a totalidade das funções que competem à alta administração, mesmo nas empresas pequenas, compõe um conjunto excessivamente volumoso para poder ser desempenhado paralelamente e em acréscimo ao trabalho funcional. Os serviços operacionais diários sempre reclamam urgência – enquanto muitos dos serviços que competem à alta administração são de longo prazo e sempre parecem poder esperar até aquele "amanhã" que na realidade nunca chega.

Como Georg Siemens viu há um século, a primeira exigência que se faz à alta administração eficaz é localizar objetivamente todas as atividades e tarefas decisivas que competem à alta administração da empresa. É absurdo o velho refrão que diz "cada executivo chefe tem seu estilo e decide em que consiste a alta administração". Cada executivo chefe – na verdade, cada pessoa – possui seu estilo e tem direito a ele. Mas resolver em que consista ou deva consistir a alta administração é uma decisão objetiva. Essa decisão depende tanto do estilo de cada pessoa como a lei da gravidade depende daquilo que o físico comeu no café da manhã.

O fato de os serviços que competem à alta administração, ou pelo menos boa parte deles, não serem contínuos (embora as respectivas tarefas sejam contínuas) e o fato de esses serviços exigirem uma série de qualificações, aptidões e temperamentos, tornam essencial que se atribua cada serviço desses a alguém. Do contrário, haverá serviços importantes que não receberão a devida atenção. Na verdade, deve haver – especialmente nas pequenas empresas – *um plano de trabalho para a alta administração,* que com detalhes especifique quem será responsável por quê; quais serão os objetivos e metas com relação a cada tarefa; e quais serão os respectivos prazos fatais. Exatamente porque no caráter básico diferem de praticamente qualquer outro tipo de trabalho que se faça na empresa, as funções da alta administração devem ser especificamente definidas e claramente atribuídas.

A ESTRUTURA DA ALTA ADMINISTRAÇÃO

Os serviços da alta administração são mais próprios para uma equipe do que para uma pessoa só. É pouco provável que alguém possa reunir em si mesmo os temperamentos divergentes exigidos pela função. Além disso, na análise dos serviços da alta administração ver-se-á que é trabalho demais para uma pessoa só. Excetuadas as empresas muito pequenas, esses serviços requerem pelo menos um executivo em regime de dedicação integral, isto é, que não faça outra coisa, além de outra pessoa ou outras duas pessoas que, pelo menos na maior parte do seu tempo, cuidem de uma parte desses serviços, em relação à qual virão a ser as "líderes" e principais responsáveis.

Há outros motivos para que a alta administração exercida por uma pessoa só tenda ao mau funcionamento. Toda sucessão na alta administração desse tipo é "crise" e jogo desesperado. Com exceção do antigo chefe, ninguém na empresa terá ocupado, naturalmente, o cargo supremo nem passado pela respectiva prova.

Como dissemos, Henry Ford absolutamente não acreditava nos administradores. Em grande parte, esse fato explica o declínio e quase colapso da empresa que fundou nos últimos anos de sua vida. Como revelaram obras recentes, porém, na época de sua maior expansão e êxito, isto é, de 1907 a 1917, a Ford Motor Company foi na realidade dirigida por uma verdadeira equipe de alta administração, na qual James Couzens ficava em pé de igualdade com Ford e gozava de autoridade final em inúmeras áreas claramente definidas da alta administração. Depois que Couzens se retirou da empresa – posteriormente ele ingressou na política e na época do "New Deal" gozou de muita popularidade como senador pelo Estado de Michigan – Henry Ford virou a alta-administração-de-um-homem-só. Desse dia em diante, a Ford Motor Company começou a descer a encosta.

No papel, a alta administração da empresa pode parecer serviço de uma pessoa só. Tratando-se de uma organização saudável, porém, é provável que, examinando-a melhor, a gente acabe vendo que outras pessoas também arcam com responsabilidades próprias da alta administração. Muitas vezes, o controlador se incumbe de parte das funções da administração superior – geralmente os aspectos analíticos do planejamento e da fixação dos objetivos. Ou então o encarregado da produção assume a responsabilidade pelo comando da parte humana da organização, além de pelos deveres funcionais da fábrica que lhe sejam próprios.

Esse esquema funciona razoavelmente bem quando a empresa é simples e pequena. A empresa maior e mais complexa precisa de uma equipe de alta administração claramente estruturada.

Essa equipe pode ser montada, como virou moda, na forma do "gabinete da presidência", onde várias pessoas atuam como iguais. A cada uma competirão áreas de responsabilidade principal nas quais essa pessoa terá a última palavra. Essa foi a estrutura planejada por Siemens; para as empresas grandes e complexas, ela será provavelmente a melhor, embora pouco fácil de operar.

Mas também pode haver na cúpula uma pessoa só, um presidente, na qualidade de executivo chefe. Esse executivo chefe terá um pequeno número de colegas, seus subordinados, talvez como vice-presidentes executivos, cada um com clara autoridade e responsabilidade em relação a determinada parte dos serviços da alta administração, mas sem outras obrigações.

Outra estrutura bastante comum poderá ter uma cúpula de três ou quatro pessoas, cada uma assumindo responsabilidades de alto nível claramente definidas, mesmo que alguma delas receba, definitivamente, o número 1. Essa é a estrutura que a General Motors adota há cinquenta anos – um "chairman", um "vice-chairman", um "chairman" da comissão executiva e um "presidente". As responsabilidades que cabem a cada um dos quatro são determinadas de forma a se ajustarem às suas personalidades. Mas os quatro postos são permanentes.

Todavia, o simples fato de o organograma mostrar uma equipe de alta administração não significa que esta necessariamente exista. São necessárias proteções contra o perigo das ditaduras disfarçadas em equipes de alta administração.

A única proteção eficaz é fazer que cada tarefa da alta administração seja atribuída de maneira inequívoca a alguém que por ela responda diretamente. E nas empresas de maior porte ninguém que esteja investido de responsabilidades relacionadas com a alta administração deve desempenhar tarefas que não lhe sejam próprias.

A mesma lição é ensinada por um exemplo mais recente, e talvez mais sério, de mau funcionamento da alta administração, o "executivo de grupo" operante, de quem se espera que se dedique parcialmente aos serviços da alta administração.

O executivo de grupo, muito difundido nas grandes empresas, dirige as operações de uma série de divisões da organização, mas dedica parte do tempo – comumente se fala em 30 por cento – às tarefas da sua administração de cúpula. É um esquema que parece plausível – mas que não tem funcionado. O executivo de grupo é um homem ocupado demais para assumir responsabilidades definidas por tarefas da alta administração. Consequentemente, em nada contribui para esta.

Uma das empresas que percebeu essa circunstância foi a IBM. A IBM tem executivos de grupo para as áreas mais importantes (pesquisa, engenharia e produção; marketing e assistência técnica doméstica; área internacional; e assuntos empresariais situados fora do campo dos computadores). Mas a IBM tem também uma comissão diretora de quatro homens: o "chairman", o presidente e dois executivos "sênior", nenhum dos quais opera. Cada um dos quatro assume responsabilidades de alta administração claramente definidas, e mais nenhuma outra função.

O executivo de grupo pertence à equipe da alta administração. Essa porém não é a equipe de administração suprema da empresa-mãe. É a equipe de alta administração das divisões que compõem o grupo, cada qual uma empresa autônoma, grande e importante por si e, portanto, exigindo sua própria administração suprema.

Podemos agora resumir as características básicas da estrutura eficaz da alta administração:

- O ponto de partida é a análise das tarefas que competem à alta administração.
- Cada tarefa da alta administração deve ser claramente atribuída a uma pessoa que por ela seja responsável, direta e plenamente.
- Para isso, é preciso haver uma equipe de alta administração, com responsabilidades distribuídas de modo a ajustar-se às personalidades, aptidões e temperamentos de seus componentes.
- Quem assumir responsabilidade por atividades relacionadas com a direção suprema é "alta administração", qualquer que seja o nome do seu cargo.
- À exceção das empresas pequenas e simples, quem assuma responsabilidades de alta administração não executará qualquer serviço que nelas não se inclua.
- As empresas complexas precisam de mais de uma equipe de alta administração, cada uma delas estruturada segundo estas regras.

O TRABALHO EM EQUIPE NA ALTA ADMINISTRAÇÃO

Para ser eficaz, a equipe da alta administração precisa atender a exigências rigorosas. A equipe não constitui uma estrutura simples. Não bastará, para que funcione, que seus componentes se estimem. Na verdade, o fato de haver estima ou não entre seus componentes nada tem a ver com a coisa.

A equipe da alta administração deve funcionar independentemente das relações pessoais que ocorram entre seus membros.

1. Em primeiro lugar, seja quem for que assuma a responsabilidade principal em determinada área, nela terá, de fato, a última palavra. Para que a administração suprema funcione mesmo, é preciso que nenhum subalterno tenha a possibilidade de apelar a outro membro da equipe. Cada membro fala com a plena autoridade da alta administração.
2. Nenhum membro tomará decisões a respeito de assuntos cuja responsabilidade principal não tenha assumido. Caso um problema desses lhe seja apresentado, ele deverá encaminhá-lo ao colega a quem caiba a responsabilidade. Na verdade, é uma precaução sábia dos membros da equipe da alta administração nem ter opinião sobre os assuntos que não se encontrem dentro de sua área de responsabilidade plena.

   Alfred P. Sloan Jr. era, no seu tempo, cabeça incontestável da General Motors, desfrutando como tal de uma autoridade moral raramente igualada dentro da administração geral da empresa. Apesar disso, ouviam-no repetir frequentemente: "Olha, acho que seria melhor você tratar desse caso com o Sr. Brown (ou com o Sr. Bradley, ou com o Sr. Wilson – seus colegas na equipe da alta administração). Eu gostaria de saber o que eles resolverão; você por favor me deixe saber depois". Tendo saído a pessoa – geralmente algum executivo de elevado escalão da General Motors – Sloan por vezes apanhava o telefone e discretamente pedia ao Sr. Brown que chegasse à sua sala para tratar do caso. Sloan geralmente tinha opiniões bem definidas, e as defendia com ardor. Mas adquirira a disciplina de nunca expressá-las fora do grupo da cúpula, a não ser que se tratasse de problema cuja responsabilidade direta lhe coubesse.
3. Os integrantes da equipe da administração suprema não precisam apreciar-se. Não precisam nem mesmo respeitar-se mutuamente. Mas não devem se rebelar contra os demais. Em público, isto é, fora da sala de reuniões, não têm opinião sobre os colegas, não se criticam mutuamente, não se diminuem entre si. Será preferível que nem mesmo se elogiem.

   Cabe ao capitão da equipe fazer cumprir essa regra – e ele deve ser severo no assunto. Mesmo ao homem mais indisciplinado, não deve permitir que, como membro da alta administração, exprima em público crítica, desapreço ou desprezo por qualquer outro membro.

4. A equipe da alta administração não é uma comissão. É, como diz o nome, uma equipe. Toda equipe precisa de um comandante. O comandante da equipe não é "o chefe"; é um líder.

   Nas crises graves, o comandante tem que estar pronto a assumir a direção e ser capaz de fazê-lo – e deve possuir o poder jurídico necessário para tanto. Nas ocasiões de perigo geral, é preciso haver unidade no comando.

5. Dentro da esfera que lhe tenha sido determinada, espera-se que o integrante da equipe de administração de cúpula tome suas decisões. Mas algumas decisões deverão ser "reservadas". Essas só poderão ser tomadas pela equipe como um todo. A medida deverá pelo menos ser debatida com a equipe antes de se tomar a decisão.

   Uma dessas decisões será claramente a que diga respeito à determinação do "qual é o nosso ramo e qual deve ser". Outra, a que diga respeito ao abandono ou adoção de importantes linhas de produtos, assim como vultosas destinações de capital e questões fundamentais referentes a pessoas que trabalhem na empresa.

As decisões sobre as pessoas-chave não se tomam por aclamação nem por votação. Elas realmente requerem análise detalhada, debate cuidadoso e o aproveitamento da experiência dos componentes da organização. Elas constituem assuntos que adequadamente a alta administração considerará em grupo, embora com frequência possa deixar a decisão a cargo de algum de seus membros.

As tarefas que competem à alta administração exigem um trabalho intenso e sistemático de comunicações entre os membros da equipe. Elas exigem esse trabalho precisamente porque são muitas as tarefas a cargo da alta administração, cada uma delas influindo de maneira decisiva sobre o bem-estar da organização inteira. E, acima de tudo, o exigem porque cada membro da administração suprema deve ser capaz de atuar com a maior autonomia dentro de sua esfera – o que só poderá conseguir empenhando-se ao máximo em manter seus colegas plenamente informados.

O respeito pelos serviços que precisam ser executados e o claro entendimento do que constituam e da pessoa a quem caiba a respectiva responsabilidade compõem, em outras palavras, as bases sobre as quais se constrói a eficaz administração de alto nível.

COMO ALIMENTAR O CÉREBRO

A mais notável inovação introduzida por Siemens na organização da alta administração foi o "secretariado executivo". Esse secretariado pode ter constituído sua contribuição mais importante.

Em todo o mundo, a maioria das empresas tem sofrido de excesso de números e dados. São relatórios constantes, estudos, pesquisas de todos os tipos, apresentações e reuniões. A maioria deles destina-se à administração das operações. Nas empresas típicas, os corpos de assessoria são organizados de modo a prestar apoio ao grupo operacional. Na verdade, a teoria dos corpos de assessoria diz que sua função é prestar apoio aos gerentes operacionais, servi-los e instruí-los. Quem então servirá à alta administração?

De modo geral, o material que chega à alta administração são os mesmos dados, as mesmas informações e os mesmos estímulos que recebem os gerentes das operações. A alta administração tem, contudo, suas tarefas e necessidades próprias. As necessidades da alta administração pertencem a uma espécie diferente das necessidades que sente o pessoal operacional. A alta administração preocupa-se principalmente com o futuro, não só com o presente, e ainda com a empresa toda, não só com alguma de suas partes.

As perguntas "Qual é o nosso ramo?" e "Qual deve ser ele?" implicam uma visão da empresa de hoje muito diferente daquela em que se baseiam os objetivos atuais, as estruturas atuais e as atribuições atuais. As inovações genuínas nunca se enquadram nas estruturas organizacionais existentes. Elas se colocam fora e além de qualquer esfera de ação da organização atual. E o pessoal-chave de amanhã deve ser sempre escolhido por motivos diferentes daqueles pelos quais foi ontem escolhido o pessoal-chave atual.

Um exemplo simples mas significativo é o de uma grande fábrica de aparelhos elétricos. Tradicionalmente, a empresa liderava a produção de turbinas a vapor. Na Segunda Guerra Mundial, passou a fabricar motores a jato. A princípio, os motores a jato eram vistos apenas como motores para impulsionar aviões, muito embora um motor a jato, isto é, uma turbina a gás, produza energia elétrica tanto quanto uma turbina a vapor. Depois, a organização ingressou no campo da energia atômica. Como esses três meios de produzir eletricidade tinham origens tecnológicas diferentes, e a princípio também mercados diferentes, cada um deles foi organizado como empresa separada. Para a cliente, porém, isto é, para a empresa distribuidora de energia elétrica, eles não passam de meios diversos de produzir eletricidade. Qualquer conjunto de dois deles dará à empresa de eletricidade um fornecimento completo de energia. Mas nenhuma das equipes assessoras da organização fabricante percebeu isso, ou poderia ter percebido. Sua função, afinal, era servir aos gerentes operacionais de cada uma das divisões – e das turbinas a vapor, a dos motores a jato e a da energia atômica. Os dirigentes dessas divisões viam seu próprio produto como o principal gerador, e esperavam conseguir a parte do leão na ampliação da geração da energia elétrica. Uma força-tarefa montada especialmente para fornecer à alta administração novas ideias sobre os mercados do futuro mostrou por fim que as três divisões operavam no mesmo ramo. Àquela altura, em um dos seus principais mercados o nome da organização sofrera sério abalo, em consequência da falta de fornecimento de informações e ideias à alta administração.

Não será a todas as organizações que se adaptará a solução apresentada por Georg Siemens, o "secretariado executivo" alemão. Todas as organizações, contudo, afora as pequenas e simples demais, precisam de um órgão especial que forneça à alta administração ideias, estímulos, indagações, conhecimentos e, acima de tudo, informações. Os serviços da alta administração são específicos. Qualquer tipo de trabalho requer os instrumentos adequados; e os instrumentos para os serviços que competem à alta administração são as informações, os estímulos, as análises e as indagações.

O "secretariado" de Siemens foi criado como um caminho distinto para a carreira de seus integrantes. Havia um grande empenho em encontrar os jovens mais capacitados, mais brilhantes e mais inteligentes que se encontrassem a serviço do Banco, ou em recrutar esses elementos nas universidades ou no serviço público. Uma vez tendo ingressado, eles, em regra, permaneciam no secretariado. Muito poucos se transferiam para os serviços operacionais do Banco. Alguns conseguiam chegar à alta administração – mas seu número também foi pequeno. Em consequência, o secretariado tinha a tendência de acabar isolando-se.

Esse ainda é um ponto fraco do secretariado, na forma em que está sendo empregado na Alemanha. Mas é um ponto fraco desnecessário, que pode ser contornado. A regra deve ser que ninguém ingresse em um grupo destinado a auxiliar a alta administração com informações, estímulos e indagações sem ter antes apresentado desempenho positivo no serviço real. Deve-se considerar que participar do secretariado constitui importante preparação para pessoas que com muito pouca idade tenham demonstrado grande capacidade de produzir bom desempenho. Ninguém deverá permanecer no secretariado por mais de alguns anos, após os quais deverá voltar aos serviços em que possa apresentar bom desempenho. E no seu conjunto o secretariado deve procurar se concentrar em pontos básicos, não tratar de tudo.

PRECISA-SE DE UM CONSELHO DIRETOR EFICAZ

De país para país costuma mudar o nome do órgão que supervisiona a alta administração, assessora-a, revisa suas decisões e nomeia seus membros. Nos Estados Unidos, é o conselho dos diretores; em certos outros países, é o conselho supervisor ou o "conseil d'administration".

As legislações nacionais estipulam diferentes composições para esse conselho. Mas uma coisa é comum a todos eles, independentemente de sua posição jurídica: *eles não funcionam.* O declínio do Conselho, neste século, é um fenômeno universal. Talvez nada demonstre tão claramente esse ponto como o fato de o Conselho, que por lei é o órgão que governa a sociedade empresarial, ter sido sempre o último a saber dos problemas nas grandes catástrofes empresariais do século.

Isso ocorreu por ocasião do colapso do Credit Anstalt, o maior banco austríaco, em 1931, que desencadeou a primeira crise monetária internacional e em poucas semanas abalaria a libra inglesa. Ocorreu também no colapso dos principais bancos alemães, relacionado com a ascensão de Hitler ao poder. Ocorreu igualmente, quarenta anos depois, no colapso da ferrovia norte-americana Penn-Central. Só no último instante, se tanto, o Conselho dessas empresas se deu conta de que as coisas não iam bem com elas.

Sempre que estoura um "escândalo" desses, o melancólico papel do Conselho é atribuído à estupidez ou negligência de seus integrantes, ou à falta da administração da empresa em mantê-lo a par dos acontecimentos.

Mas quando o defeito acontece com regularidade inabalável, deve-se concluir que a falha está na instituição, e não nas pessoas que a compõem.

O Conselho, qualquer que seja seu nome e estrutura jurídica, virou ficção. A lei pode ainda encará-lo como o órgão soberano da empresa, mas na realidade os conselhos constituem simplesmente comissões diretoras ou órgãos ineficazes.

Por que terão os conselhos perdido sua capacidade de desempenho, a despeito da qualificação jurídica que possuem? Um motivo foi o aparecimento das grandes sociedades empresariais de capital aberto. O Conselho inicial, tanto nos Estados Unidos como na Inglaterra, na França e na Alemanha, era tido como o representante dos proprietários da empresa. No século dezenove, quando, de maneira geral, a propriedade das ações se concentrava em poucas pessoas ou grupos, cada um possuindo uma parte substancial do capital total, o Conselho realmente os representava. Cada membro do Conselho tinha grande interesse na empresa. Cada um conseguia dedicar bom tempo e atenção à sociedade. Cada um participava de alguns conselhos apenas.

Mas as grandes sociedades empresariais dos países mais adiantados não pertencem mais a pequenos grupos. Sua propriedade jurídica é exercida por milhares de "investidores". Os conselhos não mais representam os proprietários, nem mesmo alguém em particular. Em consequência, a participação no Conselho perdeu sua base racional. As pessoas são convidadas a participar por causa de seus nomes. Pior ainda é quando os membros do Conselho são recrutados entre pessoas que têm relações empresariais com a organização, como seus banqueiros ou assistentes jurídicos. Acima de tudo, os integrantes do Conselho estão hoje sendo recrutados entre executivos empresariais bem-sucedidos – para retribuir a gentileza de o presidente da Companhia A ter aceito participar do Conselho da Companhia B, o presidente da Companhia B aceita pertencer ao Conselho da Companhia A. São pessoas ocupadas e sem interesse suficiente na sociedade, compreende-se que relutem em sondar seus negócios, em fazer indagações inconvenientes ou em parecer críticas. E provavelmente participarão de tantos conselhos que nem poderão realmente cuidar da parte que lhes cabe.

Um fator final para o contínuo declínio do Conselho é, com certeza, este fato: de forma geral, as administrações das empresas não desejam possuir um Conselho realmente eficaz. O Conselho eficaz exige da alta administração desempenho, e afasta seus executivos que não o apresentem – é a sua função. O Conselho eficaz formula indagações inconvenientes. O Conselho eficaz insiste em ser informado antes de a coisa acontecer – é a sua responsabilidade perante a lei. O Conselho eficaz não aceitará sem questionar as recomendações da alta administração, vai querer saber o motivo delas. Não acatará sem discutir as decisões da alta administração sobre o pessoal da empresa: vai querer saber quem são os candidatos aos cargos elevados, ou até mesmo conhecê-los pessoalmente. Por outras palavras, o Conselho eficaz insiste em ser eficaz. E para a maioria das administrações de cúpula, isso parecerá uma restrição, uma limitação, uma interferência nas "prerrogativas da administração"; uma ameaça, enfim.

POR QUE A ALTA ADMINISTRAÇÃO PRECISA DE UM CONSELHO EFICAZ?

Permitir que o Conselho vire ficção jurídica é sofrer de miopia extrema. Torna-se cada vez mais claro que a alta administração não conseguirá funcionar sem o Conselho vigoroso e eficaz. Se a alta administração não propiciar o aparecimento de um Conselho eficaz para suas próprias necessidades e as da empresa, é provável que a sociedade como um todo venha a impor, especialmente às grandes empresas, o Conselho errado. Assim imposto, ele tentará controlar a alta administração e ditar suas diretrizes e decisões. Na verdade, ele se tornará "o chefe". Por ser um Conselho *imposto,* deverá considerar-se adversário da alta administração da empresa. Não irá atuar segundo o interesse da empresa. Na verdade, ele não terá meios para fazê-lo. Os primeiros sinais dessa situação já são evidentes à nossa volta – na verdade, já pode ser tarde demais para inverter essa tendência.

Nos últimos anos, tem-se sentido nos Estados Unidos uma forte pressão para tornar os conselhos "relevantes", isto é, para nomear como seus membros representantes de toda espécie de grupo: o dos negros, o das mulheres, o dos pobres etc. Por mais ilustres que sejam, essas pessoas não terão condições de funcionar como conselheiras. Seu papel será representar este ou aquele grupo externo, promover empreendimentos especiais, necessidades especiais e políticas especiais. Elas não terão condições de se interessar pela empresa, nem de assumir qualquer responsabilidade por ela. Tampouco se pode esperar que guardem segredo do que ouçam nas reuniões do Conselho. Na verdade, a fidelidade a que estão obrigadas não se volta para a empresa, mas para os seus representados externos.

A criação desses conselhos "relevantes" mostra que a sociedade não permitirá que a alta administração, especialmente a alta administração das empresas grandes e mais destacadas, exerça seus poderes sem um conselho apropriado e eficaz. Todavia, é igualmente importante a iniciativa do SEC (Securities Exchange Commission – Comissão de Valores Mobiliários) em exigir que os conselhos se mostrem não só responsáveis pela própria atuação e perante a lei, mas também capazes de comprovar o controle que exercem e a posse de um claro programa de trabalho. Na forma como inicialmente concebido, o Conselho na verdade sobreviveu à sua utilidade. Com isso, torna-se urgente a tarefa da alta administração a esse respeito: analisar o tipo de conselho de que a empresa e ela mesma precisam. Pois o vácuo criado pela decadência do Conselho tradicional não ficará vazio. A alta administração responsável deverá se fazer ouvir com respeito ao órgão que irá substituí-lo.

AS TRÊS FUNÇÕES DO CONSELHO

Três são as tarefas para as quais as empresas, especialmente as maiores, precisam de um Conselho atuante:

1. Em primeiro lugar, a empresa deve possuir um órgão revisor. Precisa contar com um grupo de pessoas experientes de integridade e gabarito, comprovada capacidade de desempenho e dispostas a trabalhar, que assessore a alta administração, opine e delibere junto com ela. Precisa de pessoas que, sem pertencer à alta administração, fiquem à sua disposição e possam atuar com conhecimento e decisão na hora das crises.

   A grande empresa é importante demais para que a sociedade dispense a existência de um "controle" na sua estrutura. Alguém terá que garantir que a alta administração pensa no sentido de determinar qual seja o ramo da empresa e qual deve ser ele. Alguém terá que garantir que os objetivos estejam sendo fixados e as estratégias observadas.

Alguém terá que analisar de maneira crítica o planejamento da empresa, a política de seus investimentos de capital e o orçamento para suas despesas. Alguém terá que acompanhar as decisões que se tomam em relação às pessoas e aos problemas da organização. Alguém precisará vigiar sobre o espírito da organização, precisará verificar se a empresa consegue utilizar as virtudes do seu pessoal e neutralizar suas deficiências, se prepara seus administradores de amanhã, bem como se a forma como ela recompensa seus administradores e os meios e métodos de direção que utiliza fortalecem a organização, encaminhando-a rumo aos seus objetivos.

O Conselho atende ainda a outra importante necessidade da alta administração. Ele constitui um órgão extremo, informado e capacitado, com o qual ela pode conversar. Ter com quem conversar é especialmente importante para quem dirija uma pequena empresa. Sem isso, sua alta administração pode acabar isolada. Sem o acesso fácil e contínuo a assessores externos, como assistentes jurídicos e consultores experimentados, a administração da pequena empresa precisa ter à mão algumas pessoas traquejadas que entendam da vida empresarial, mas não pertençam à organização. A alta administração da pequena empresa precisa, portanto, contar com um verdadeiro conselho diretor – e a verdade é que em geral exatamente o conselho da pequena empresa é menos atuante ainda do que o da grande empresa.

2. O Conselho eficaz e atuante faz-se necessário para demitir, quando for o caso, a alta administração que falhe em seu desempenho.

O Conselho que se mostra capaz de demitir uma alta administração incompetente ou inoperante possui, naturalmente, poder real. Mas só a administração fraca o receará. Nenhuma sociedade pode tolerar a incompetência da alta administração de suas grandes empresas. Se as altas administrações não criarem conselhos capazes de demitir executivos chefes que se mostrem fracos ou incompetentes, o Governo certamente tomará as rédeas da situação.

Há outra saída: os "incursores financeiros" que assumem o comando através de um "reide financeiro". Certas administrações de cúpula – a maior parte delas aparentemente todo-poderosas, profundamente entrincheiradas e exercendo controle completo – têm sido derrubadas por revoltas de acionistas organizadas por esses "incursores financeiros" e suas "ofertas públicas de aquisição de ações". Eles não visam às empresas que enfrentem problemas. Eles visam às empresas que não alcancem seu potencial, empresas cujas administrações de cúpula não apresentem o desempenho devido.

3. Finalmente, a empresa precisa de um órgão que se encarregue de suas "relações públicas e comunitárias". Precisa ter acesso fácil e direto aos seus vários "públicos" e grupos de "eleitores". Precisa receber notícias deles e com eles poder dialogar. A grande empresa sente bastante a necessidade dessas coisas, mas pode senti-la mais ainda a empresa de tamanho médio que seja importante empregadora na comunidade pequena ou média.

A empresa moderna tem muitos grupos de "eleitores". Os acionistas constituem um deles, mas já não constituem mais o eleitorado. Os funcionários da empresa constituem claramente outro grupo de "eleitores", mas não são *"os* eleitores". Há também as comunidades que abrigam as fábricas de uma grande empresa. Há os consumidores, as organizações fornecedoras e distribuidoras. Todos eles precisam saber o que se passa no interior da grande empresa, quais são seus problemas, suas políticas e planos. A empresa precisa ser compreendida por eles. Sua alta administração precisa ser conhecida deles, além de respeitada e aceita. Precisa talvez compreender o que esses "eleitores" pretendam, entendam, deixem de entender, vejam e indaguem. O Conselho que abranja os vários grupos de "eleitores" pode atender a essa necessidade de relações públicas de duas mãos de direção.

O conselho diretor que exerça o comando deve representar unicamente os interesses básicos da empresa a longo prazo. Deve ser capaz de desincumbir-se de suas funções como o órgão revisor e supervisor do desempenho da alta administração.

Mas a empresa precisa também de um conselho que constitui, na verdade, um órgão de informação, assessoria, aconselhamento e comunicação – isto é, o conselho das relações públicas e comunitárias. Se a empresa e sua alta administração não o fizerem surgir, esse conselho lhes será imposto de forma errada e prejudicial, isto é, como órgão antagônico, controlador e limitador. Isso é o que constituem realmente os representantes dos trabalhadores no Conselho alemão, os representantes do governo no

Conselho sueco e os representantes dos grupos minoritários no Conselho norte-americano. Essa situação não irá apenas minar mais ainda o Conselho, irá minar também a autoridade da empresa e da sua alta administração, além de reduzir a capacidade de desempenho de ambas.

O QUE SE FAZ NECESSÁRIO?

É claro que são necessários dois órgãos diferentes. Um é o conselho executivo, que proporciona à alta administração um órgão com quem dialogar, um órgão revisor, uma "consciência", um orientador, um consultor. Esse conselho constitui uma "reserva" informada e preparada para a hipótese da "falta de energia" da alta administração da empresa, ou para a hipótese de ser necessário encontrar sucessores para a administração atual.

O outro órgão é o conselho das relações públicas e comunitárias, que proporcione à empresa, particularmente à grande empresa, acesso aos seus vários públicos.

Não há motivo para os dois não poderem constituir, juridicamente, um só organismo. Mas eles precisam operar de modo diverso. Com seu conselho de relações públicas e comunitárias, a alta administração precisa conversar a respeito do que os vários públicos desejam, precisam saber ou precisam compreender. Com seu conselho executivo, a alta administração precisa conversar a respeito dos seus próprios assuntos e a respeito daquilo que ela precisa refletir, resolver e compreender. Um modo de atender à necessidade dos dois conselhos é fazer que o conselho executivo funcione como comissão especial – uma comissão executiva – de um grande conselho que inclua também o grupo de relações comunitárias.

Há conselhos realmente eficazes. Nenhum até agora desempenhou adequadamente todas as funções que lhe são próprias. Mas eles mostram a importância do Conselho eficaz e da contribuição que ele pode prestar.

O que precisa o Conselho eficaz, em primeiro lugar, é de um cuidadoso planejamento da função da alta administração e da sua própria função e trabalho. Para isso, o Conselho precisa ter seus objetivos e seu plano de trabalho. Ou bem o Conselho é montado para desempenhar funções específicas, com objetivos claros, ou então não funcionará.

QUEM DEVE PERTENCER AO CONSELHO?

Esse ponto leva à necessidade de considerar seriamente quem deve pertencer ao Conselho. Algumas das pessoas que hoje estão sendo nomeadas para os conselhos – os banqueiros da empresa, por exemplo – devem pertencer ao Conselho de Relações Públicas e Comunitárias. A comunidade financeira forma um universo de "eleitores". A administração precisa poder chegar até ela, compreendê-la e ser por ela compreendida. Todavia, muito poucas das demais pessoas que hoje participam dos conselhos devem ser consideradas candidatas tanto ao Conselho de Relações Públicas e Comunitárias como ao de Revisão e Apelação.

Nenhum dos dois, por exemplo, deve possuir antigos funcionários aposentados. Pode-se argumentar que vedar o ingresso ao Conselho aos antigos administradores será privar a empresa de uma alta dose de conhecimento e sabedoria. Mas a maneira correta de conservar para a administração os conhecimentos e a sabedoria de algum estadista aposentado é a usada pelos japoneses, que o mantêm na qualidade de "assessor". Igualmente, não deverá pertencer ao Conselho quem forneça qualquer coisa à empresa, sejam bens ou serviços: as fornecedoras, os assessores jurídicos e os consultores.

Quem, então, deve pertencer ao Conselho? Até aqui, só podemos responder a essa pergunta com relação ao Conselho de Revisão e Apelação.

O primeiro requisito será a competência. Os membros do Conselho deverão ter provado sua capacidade como executivos de nível elevado. O ideal é que o membro do Conselho do futuro tenha por volta dos seus cinquenta anos e esteja querendo deixar o serviço operacional para se tornar conselheiro, guia, "consciência".

Em segundo lugar, os membros do Conselho deverão ter tempo para exercer suas funções. Ninguém poderá executá-las bem se participar também de muitos outros conselhos.

Finalmente, os membros do Conselho devem gozar de independência em relação à administração da empresa. A provável consequência disso será a eleição por certo número de anos e a vedação à reeleição. Quando souber que, por mais que se relacione com a administração e que sirva como conselheira, ela não será reeleita após os cinco anos do seu mandato, a pessoa provavelmente não verá necessidade de ser subserviente. Ao mesmo tempo, os membros do Conselho devem ser eleitos por períodos definidos, e durante os mesmos ser-lhes oferecida razoável garantia de estabilidade.

Ainda não sabemos como montar o Conselho das Comunicações e Relações Comunitárias. Mas é algo da mesma forma urgente. Do ponto de vista político, pode apresentar até urgência maior. É certo que a tradicional oposição da administração a qualquer providência que atribua ao Conselho a função de relações públicas e comunitárias não pode perdurar. Por mais justificada que possa parecer, essa posição já não produzirá mais qualquer benefício.

Não se trata mais de escolher entre o não conselho – que é o que de modo geral se vê hoje por aí – e o Conselho eficaz. Trata-se de escolher entre o Conselho imposto à empresa, hostil e inadequado a ela, e o Conselho capaz de favorecer a organização e adequar-se às suas necessidades.

CONSIDERAÇÕES FINAIS

De todos os trabalhos que se efetuam na empresa, o da alta administração é o mais difícil de estruturar, mas também o mais importante. O trabalho da alta administração é multidimensional, mas suas tarefas variam de empresa para empresa, de modo que cada administração precisa ser montada sob medida para a empresa e suas necessidades.

Incluir-se-á o serviço operacional entre as tarefas da alta administração? As tarefas que competem à alta administração são repetitivas, mas raramente contínuas. E requerem temperamentos variados. Cada tarefa da alta administração precisa ser atribuída a alguém, pois cada uma em si constitui um serviço. Por conseguinte, a alta administração precisa também contar com um plano de trabalho. O trabalho da alta administração é sempre trabalho para equipe, embora haja vários modos de organizá-lo. Mas as características da equipe da alta administração são sempre as mesmas, severas e rigorosas. A alta administração tem também necessidades específicas, especialmente com relação às informações. Assim como a empresa precisa de uma alta administração, também esta precisa de um órgão supervisor, o conselho diretor. Todavia, os conselhos não se têm caracterizado por bem desempenhar sua função supervisora. Eles precisam passar a funcionar – no interesse da alta administração, da empresa e da sociedade em geral.

PERGUNTAS

1. Quais são as tarefas da alta administração?
2. Que linhas devem ser seguidas para resolver se a alta administração deve fazer serviços operacionais?
3. Quais são as características das tarefas a cargo da alta administração?
4. Quais as características básicas da estrutura de uma alta administração atuante?
5. A que requisitos deve a equipe da alta administração atender para ser eficaz?
6. Por que se pode dizer que o Conselho Diretor típico constitui ficção?
7. Por que a alta administração precisa de um Conselho eficaz?
8. Quais são as três funções do Conselho?
9. Quem deve pertencer ao Conselho?

CAPÍTULO 39

CONCLUSÕES SOBRE A ORGANIZAÇÃO

Os teóricos da organização discutem há muito se o planejamento desta deve partir de uma "estrutura ideal" ou ser "pragmático". Devem os "princípios" vir em primeiro lugar? Ou deve a primeira consideração ser a do "ajuste" às necessidades especiais, às situações excepcionais, aos hábitos e tradições da organização?

Nossa exposição sobre os blocos de montagem organizacional, sobre as características e os princípios do planejamento organizacional, mostra que essa discussão não tem sentido. Ambos os caminhos são necessários. Eles precisam ser usados paralelamente. O planejamento da organização precisa partir da "organização ideal", isto é, de um quadro conceitual. É preciso haver um trabalho cuidadoso para a escolha dos princípios estruturais. Esse trabalho deve partir da finalidade da empresa, seus objetivos, estratégias, prioridades e atividades básicas. Mas não há qualquer princípio de planejamento organizacional de aplicação universal. Não há mesmo um princípio desses que seja o melhor de todos. Cada princípio tem suas exigências e também graves limitações. Cada um tem sua esfera de ação limitada; nenhum abrange em um só esquema os trabalhos operacionais, os que competem à alta administração e os relacionados com as inovações.

Em toda a sua complexidade, portanto, a realidade da empresa precisa ser perscrutada ao planejar-se sua estrutura. Ela precisa ser entendida. As suposições que se fizerem, e especialmente as suposições subjacentes ao "projeto da organização ideal", precisam ser testadas. Essas suposições parecem sempre eminentemente plausíveis a quem se encontre no interior da empresa, mas raramente conseguem passar pelo crivo de um exame mais sério.

Enquanto era possível supor que planejar a organização significava tomar um princípio básico ou uma simples combinação de dois deles, podia-se achar que criar a organização ideal constituísse o primeiro passo lógico. Todos sabem, é claro, que nunca se conseguirá criar uma organização realmente ideal; a vida real exige sempre concessões, conciliações e exceções. Mas a gente podia ainda alimentar a esperança de chegar perto do ideal – com exceções pouco frequentes, e restritas a circunstâncias puramente locais.

Hoje não se pode mais supor isso. Os testes das suposições básicas relativas à realidade organizacional precisam processar-se paralelamente ao raciocínio conceitual relativo à organização. De outro modo, teremos uma organização ideal que, embora "conceitualmente pura" será inadequada e asfixiante.

Dois exemplos, ambos colhidos de um mesmo trabalho de vulto de reestruturação, mostram isso claramente:

Na reorganização introduzida na General Electric ao início da década de 1950, era "evidente" a todos que qualquer unidade encarregada da "responsabilidade por qualquer produto" era na verdade uma "empresa produtora". No entanto, um bom número dessas unidades nada fabricava, pois fora montada para dar origem a novos processos ou novas linhas de produtos. Essas unidades tinham seus "clientes", tinham sua "receita" – geralmente proveniente de um contrato para pesquisa e criação celebrado com o Governo; tinham "responsabilidade pelo próprio desempenho". Mas não eram empresas produtoras, e sim organizações inovadoras. Ao serem montadas com base na estrutura funcional da empresa produtora típica, não encontravam ar para respirar. Todos perceberiam logo isso se a estrutura ideal tivesse sido submetida aos testes. De qualquer maneira, era uma coisa evidente demais.

A outra suposição da General Electric foi que o administrador geral de uma empresa produtora seria um administrador operacional, como ocorre com os chefes das divisões da General Motors, na qual a GE foi buscar o modelo para sua reestruturação. Mas todas as divisões automobilísticas da GM são iguais. Embora operando em muitos mercados, a GM na realidade fabrica um único produto. Ora, a GE é uma das empresas mais diversificadas do mundo, dadas suas tecnologias, seus processos, seus produtos e seus mercados. E a maior parte das empresas produtoras da GE lidera amplos setores industriais, separados e distintos entre si. O administrador geral da GE pertence, portanto, à alta administração, não à administração das operações. Mais uma vez o teste das suposições teria mostrado isso prontamente. Sem dar-se ao trabalho de efetuar os testes, porém, a General Electric colocou à testa das empresas administradores gerais desprovidos das equipes que lhes permitiriam cuidar de suas tarefas de alta administração; ao mesmo tempo, criou empresas autônomas pequenas demais, no volume e no raio de ação, para que pudessem sustentar a administração de cúpula de que precisavam. O fato de a GE estar constantemente reorganizando uma estrutura que desejava "definitiva" – em profundo contraste com a estabilidade alcançada pela estrutura conferida à GM por Alfred Sloan – resultou em grande parte de não haver ela testado as suposições plausíveis. (Como esses comentários podem ser interpretados como críticas à reorganização da GE, é preciso esclarecer que o autor esteve relacionado de perto com ele na qualidade de consultor; e o que hoje parece tão evidente estava ainda para ser aprendido no início da década de 1950.)

Planejar uma empresa com base na estrutura do modelo ideal para a organização não é "teoria". É algo eminentemente prático. Mas caminhar pragmaticamente através da definição explícita das suposições e do seu teste dentro da realidade da organização não é "atingir o objetivo a qualquer custo", nem "improvisar". É fazer algo teoricamente sólido numa situação em que vários modelos se mostram possíveis. O planejamento da organização requer tanto a convalidação teórica como a prática – sem as quais ele será totalmente falho.

A SIMPLICIDADE NECESSÁRIA

A estrutura mais simples que dê conta do recado será a melhor de todas para a organização. O que torna a estrutura organizacional "boa" são os problemas que ela deixa de criar. Quanto mais simples for a estrutura, menos coisas sairão erradas.

Mas não se conhece qualquer princípio de planejamento organizacional que seja perfeito ou universal. Todos têm suas limitações. Até a empresa mais simples – uma empresa pequena a média, com uma só linha importante de produtos e um só mercado de peso – usará pelo menos dois princípios de planejamento: a estrutura funcional e a estrutura por equipes, esta destinada às atividades da alta administração e às atividades ligadas às inovações, bem como à complementação dos trabalhos estruturados funcionalmente.

Utilizar algum princípio de planejamento organizacional, além de seus limites intrínsecos por amor excessivo à simplicidade ou à simetria, é brincar com o fogo.

Utilizar a estrutura funcional para serviços onde a estrutura por equipes se faça necessária – no trabalho intelectual ou nas inovações genuínas, por exemplo – é algo que propicia uma estrutura "limpa". Em compensação, produz o não desempenho. Inversamente, usar equipes como unidades estruturais em trabalhos funcionais imutáveis e de grande vulto é algo que causa apenas confusão. Nesse tipo de trabalho pode-se – e geralmente deve-se – executar as *tarefas* por meio de equipes; o trabalho em si, porém, precisa ser sempre específico e especializado. E a unidade federalmente descentralizada que não constitua uma verdadeira empresa só causará confusão; com todas as limitações que apresenta, será a descentralização que se deverá usar aí.

Alguns princípios de planejamento organizacional apresentam maiores dificuldades e problemas que outros, mas nenhum está isento de problemas. Nenhum deles se preocupa primordialmente com as pessoas ou com os serviços; nenhum é mais "criativo", ou "livre" ou "democrático". Os princípios do planejamento organizacional são instrumentos; e nenhum instrumento é bom ou mau por si mesmo. Eles podem ser usados correta ou incorretamente; e isso é tudo. Para alcançar a maior simplicidade possível e o melhor "ajuste", o planejamento organizacional precisa partir de uma visão clara que se concentre nas *atividades básicas* que se façam necessárias para produzir os *resultados básicos*. Essas atividades precisam ser estruturadas e colocadas dentro do esquema mais simples possível. Acima de tudo, o arquiteto organizacional precisa ter sempre à sua frente a finalidade da estrutura que está projetando.

CONSIDERAÇÕES FINAIS

A organização é um meio voltado para um fim, não um fim em si mesma. A estrutura sólida é um pré-requisito à saúde organizacional; mas não é a própria saúde. O teste da empresa sadia não é a beleza, nem a clareza, nem a perfeição de sua estrutura organizacional. É o desempenho das pessoas.

PERGUNTAS

1. Por que deve o teste das suposições básicas relativo à realidade organizacional ter lugar paralelamente ao raciocínio conceitual sobre a organização?
2. Por que a estrutura organizacional mais simples é a melhor?
3. Qual é o verdadeiro teste para a empresa sadia?

BIBLIOGRAFIA

ALLEN, Louis A. *Management and organization.* Nova York: McGraw-Hill, 1958.

BENNIS, Warren. *Organizational development:* its nature, origins and prospects. Reading, Ma.: Addison-Wesley Publishing Col., 1969.

DALE, Ernest. *The great organizers.* Nova York: McGraw-Hill, 1960.

DRUCKER, Peter F. *Concept corporation.* Nova York: John Day, 1946; ed. rev., 1972. Título da edição inglesa: *Big business.* Londres: Heinemann, 1946.

_______. *The age of discontinuity.* Nova York: Harper & Row, 1956.

_______. (Comp.) *Preparing tomorrow's business leaders today.* Englewood Cliffs. N. J.: Prentice-Hall, 1969.

HUSE, Edgar. *Organization development and change.* St. Paul. Min.: West Publishing Co, 1975.

KEPNER, C.; TREGOE, B. *The rational manager.* Nova York: Mc-Graw-Hill, 1965.

LAWRENCE, Paul R. e LORSCH, Jay W. *Organization and environment.* Cambridge, Ma.: Harvard University Press, 1967.

SAYLES, Leonard R.; CHANDLER, Margaret K. *Managing large systems:* organizations for the future. Nova York: Harper & Row, 1971.

THOMPSON, J. D. *Organization in action.* Nova York: McGraw-Hill, 1967.

WEBB, James E. *Space age management.* Nova York: McGraw-Hill, 1969.

CONCLUSÃO

O ADMINISTRADOR DE AMANHÃ[1]

Os alunos de administração de hoje ainda estarão na ativa daqui a quarenta e cinco ou cinquenta anos – dentro do segundo quarto do século 21.

Cem anos atrás, ninguém poderia prever o mundo de 1925 ou 1930. E em 1930, quando os administradores de hoje estavam na escola ou começando a trabalhar, ninguém poderia prever o mundo da década de 1980. A única coisa que hoje podemos prever para a política, a sociedade e a economia de meio século à frente é que elas passarão por grandes transformações.

Todavia, é possível prever com alto grau de probabilidade certas coisas muito importantes em relação ao administrador de amanhã – isto é, o estudante de administração de hoje. Novas especialidades certamente se farão presentes e, com elas, a necessidade de o administrador do futuro organizar sua própria formação e adquirir o hábito da aprendizagem contínua. Contudo, as tarefas básicas do administrador subsistirão. Em primeiro lugar, os administradores de amanhã continuarão responsáveis pelo desempenho da instituição para a qual trabalhem. Será responsabilidade deles fazer o trabalho ser produtivo e o trabalhador se sentir rea-

1 Mantivemos o texto, com as previsões do autor, da edição original de mais de 30 anos. Leia o texto e compare com os acontecimentos. Elabore suas conclusões a respeito. (N. do E.)

lizado. E a tarefa de administrar tanto as repercussões sociais geradas pela empresa como as responsabilidades sociais que lhes caibam dificilmente terá importância menor ou será menos premente. Em outras palavras, os administradores de amanhã irão dedicar-se às mesmas tarefas a que se dedicam os administradores de hoje, terão as mesmas preocupações, enfrentarão problemas muito semelhantes e exigências muito parecidas – embora se espere, acredito eu, que para enfrentá-los eles possam munir-se de conhecimentos mais abrangentes, melhorar seu raciocínio, fazer planejamentos mais amplos e ter maior competência.

Não obstante, é possível prever o advento de algumas transformações reais nas tarefas da administração. Uma delas será certamente o maior impulso que se imprimirá à administração sistemática das entidades públicas de prestação de serviços – sejam elas órgãos governamentais, hospitais, escolas ou universidades. Na verdade, é provável que no próximo meio século as fronteiras da administração venham a localizar-se nas entidades públicas de prestação de serviços, exatamente como nos últimos cinquenta anos essas fronteiras se deslocaram para as empresas privadas. Por outro lado, é muito provável que certos problemas de vulto relacionados com cada uma das principais áreas de tarefas venham a exigir trabalhos sistemáticos dos administradores do futuro. Na primeira dessas áreas – a do desempenho específico da empresa e da entidade pública de prestação de serviços – o maior problema será organizar o abandono sistemático do que seja obsoleto, improdutivo, não mais adequado. Nós já pudemos aprender muito com relação às inovações como atividade ordenada. Aprendemos pelo menos que a construção de um amanhã diferente constitui responsabilidade de vulto dos administradores. Iremos aprender agora que o descarte do passado também constitui tarefa básica da administração. E isso é algo que especialmente os administradores das entidades públicas de prestação de serviços estão por aprender ainda. Até aqui, essas entidades raramente se exercitaram no abandono, quase nunca praticando-o de maneira sistemática.

Na área do trabalho e do trabalhar, a grande tarefa que temos pela frente é fazer as relações empresariais internas das nossas organizações adequarem-se à realidade social. Nos últimos cinquenta anos, a "classe trabalhadora" de todos os países desenvolvidos sofreu impressionante transformação. Hoje, é mais provável que o trabalhador seja "classe média", tanto nos seus rendimentos como em sua posição social. É mais provável que ele seja "trabalhador intelectual" do que "trabalhador braçal". Na verdade, o "trabalhador de macacão" da fábrica – ainda o protótipo do "trabalhador" para muitas obras e na maior parte dos debates – já constitui clara minoria em todos os países desenvolvidos, sendo provável que até o ano 2000 venha a constituir uma fração muito pequena da população trabalhadora deles. Mesmo o trabalhador braçal de hoje, porém, o trabalhador de macacão das nossas fábricas, é muito diferente do trabalhador braçal antigo, tanto no rendimento como no grau de instrução. A linha que tradicionalmente divide o "trabalhador" do "capitalista" está desaparecendo com rapidez; ela já constitui um anacronismo, por mais pronunciados que sejam os vínculos emocionais que a prendam às nossas discussões. Pois através dos fundos de aposentadoria (especialmente nos Estados Unidos), os empregados estão rapidamente virando os verdadeiros "donos" das empresas. Nos Estados Unidos de hoje, os fundos de aposentadoria dos funcionários possuem cerca de duas terças partes das empresas, parcela que é bem maior se comparadas com as empresas realmente grandes. Por volta de 1985, a participação dos fundos de aposentadoria na propriedade do capital votante das empresas norte-americanas deverá elevar-se a cerca de cinquenta por cento – e consideravelmente mais do que isso no tocante às maiores delas. Outros países desenvolvidos estão chegando ao mesmo ponto através de outros caminhos e outros mecanismos. Isso não quer dizer que as relações trabalhistas desembarcarão no país da utopia. Continuarão fazendo-se sentir todas as velhas tensões, problemas e conflitos próprios do trabalho e do trabalhador e que foram tratados neste livro. Mas o advento do trabalhador como o verdadeiro "proprietário" através dos fundos de aposentadoria – mesmo não controlando diretamente as empresas – não só possibilitará como exigirá um trabalho sistemático e deliberado rumo àquilo que denominamos "o trabalhador responsável": o trabalhador que, seja qual for seu serviço, assuma alto grau de responsabilidade por sua própria tarefa e seu grupo de trabalho, pelo governo da comunidade fabril e de seus interesses. Para isso, não são necessárias muitas inovações. Grande número de empresas faz isso há bem mais de cem anos. Mas aquilo que tem constituído simples exceção isolada deverá virar regra geral. Novamente aqui, as alterações que se farão necessárias nas entidades públicas de prestação de serviços serão as maiores. Pois na administração do trabalho e do trabalhar, de maneira geral essas entidades estão bem atrasadas em relação a qualquer empresa privada razoavelmente administrada.

Finalmente, no tocante à administração das repercussões sociais e das responsabilidades sociais da empresa os administradores precisarão aprender a meditar sistemática e cuidadosamente nas difíceis e arriscadas "trocas" entre necessidades conflitantes e direitos conflitantes. Ao mesmo tempo, os dirigentes precisarão meditar antecipadamente nas repercussões sociais das atividades de suas entidades – quer se trate de empresas privadas, escolas ou universidades, hospitais ou órgãos governamentais; quer se trate de repercussões tecnológicas ou sociais; e quer se trate de repercussões geradas pelas organizações sobre pessoas isoladas, sobre determinadas comunidades, sobre a sociedade em geral ou sobre o meio ambiente global. É uma responsabilidade que corresponde ao exercício da liderança. E em uma sociedade que se compõe de organizações os administradores como grupo formam a liderança – por mais modesto que possa ser o papel e o poder pessoal deste ou daquele.

Aí estão os novos desafios e as novas exigências que se apresentam à administração. Mas é possível prever também uma grande mudança no que tange ao administrador individual. Cada vez mais o administrador de amanhã exercerá mais do que uma carreira. Cada vez mais, entre os quarenta e cinquenta anos de idade, os homens e as mulheres mudarão de serviço, de ambiente, de papel. E quanto mais êxito conseguirem como administradores ou como profissionais, mais provavelmente trocarão de carreira. Poderá tratar-se da passagem de uma empresa para outra ou de um serviço de contabilidade para o de gestão de vendas. Mas também poderá tratar-se da passagem de um tipo de entidade para outro. O controlador bem-sucedido de uma empresa de certo tamanho poderá transferir-se para um hospital, por exemplo, para administrá-lo. As "segundas carreiras" já não são incomuns hoje em dia. Amanhã, porém, elas poderão passar a regras unanimemente aceitas, para as quais a gente se volte apenas à procura das exceções. Um dos motivos para isso, embora de modo algum o único, é o plano de aposentadoria dos funcionários – especialmente os patrocinados pelas empresas. Hoje em dia, esses planos de aposentadoria conferem ao administrador e ao profissional de meia-idade uma grande segurança econômica, no lugar da insegurança que até hoje costumava ser o único elo que o prendia a serviços e empregos por ele já ultrapassados, dos quais ele se aborrecera e nos quais não mais sentia qualquer desafio ou atração. E essa circunstância, pode-se prever com certeza, conferirá maior valor ao aprendizado contínuo pelo administrador, à responsabilidade que ele assuma em relação à sua formação, como pessoa e como administrador, bem como ao conhecimento mais profundo que venha a ter do seu próprio trabalho e das aptidões e instrumentos necessários a quem administra.

Todavia, uma coisa muito importante podemos prever com respeito aos administradores do futuro é que *eles serão numerosos*. Muito provavelmente no futuro os administradores serão mais numerosos e mais importantes do que hoje. A menos que a humanidade se destrua por completo em alguma catástrofe por ela mesma deflagrada, como a guerra nuclear, a sociedade norte-americana continuará a compor-se de organizações. E na medida em que progredirem social e economicamente, os países atrasados também se comporão, cada vez mais, de organizações. De forma alguma as organizações são perfeitas. Como sabe todo administrador, elas são difíceis de lidar, cheias de frustrações, tensões e atritos, além de desajeitadas e pesadonas. Mas constituem os únicos instrumentos de que dispomos para alcançar metas sociais do tipo da produção e distribuição econômica, da assistência médica, do governo ou da instrução escolar. E não há motivo para esperar que a sociedade venha a dispensar esses serviços que só a organização moderna pode oferecer. Na verdade, tudo faz crer que a sociedade exigirá maior desempenho de todas as entidades, nele depositando sua confiança.

E serão os dirigentes dessas entidades que as levarão a apresentar tal desempenho.

Peter F. Drucker

GLOSSÁRIO

Acionistas / Os proprietários das ações de determinada empresa. Geralmente os acionistas compõem um grupo muito grande, mas teoricamente exercem seu controle sobre a empresa através de um conselho diretor restrito.

Ações / Unidades de propriedade de uma sociedade anônima.

Acompanhamento da tecnologia / Observar as repercussões de determinada tecnologia quando ela é aplicada, para verificar quais são suas influências danosas, e combatê-las. Esse é o processo recomendado por alguns entendidos no assunto que acham que é difícil, se não impossível, avaliar antecipadamente determinada tecnologia.

Administração científica / Método de administração introduzido por Frederick W. Taylor. Sua essência é o estudo organizado do trabalho, a análise do trabalho desmembrado em seus elementos mais simples e o sistemático aperfeiçoamento do desempenho do trabalhador em relação a esses elementos, tudo resultando em níveis de produção por trabalhador mais elevados.

Administração do pessoal / A parte da administração relacionada com a contratação e adestramento dos funcionários e com a manutenção de seus registros e fichas.

Administração dos salários e *ordenados* / Função empresarial que determina as relações entre salários e ordenados e que os ajusta de conformidade com as condições do mercado e com as alterações que se introduzam nas atribuições pessoais.

Administração participativa / Modo de melhorar o exercício da administração que dá realce à participação, nas decisões, de todas as pessoas com elas relacionadas.

Administração por objetivos (APO) / Método de administrar que realça o fundamental papel dos objetivos de cada unidade da organização e de cada pessoa que lhes presta alguma contribuição individual. Esse método destaca o autocontrole, como consequência de haver objetivos claros para cada um atingir.

Afiliada / Empresa que trabalha em estreito relacionamento com outra no servir determinado mercado. É afiliada a subsidiária de uma corporação multinacional que sirva outro país que não aquele em que se situe a empresa-mãe.

Ampliar o cargo / Incluir outras tarefas ou outros tipos de tarefas em determinado cargo, para conferir-lhe maior capacidade de satisfação.

Análise da eficácia das despesas / Método de análise que compara o custo das várias soluções que se apresentam ante determinado problema, juntamente com os respectivos resultados.

Análise de rede / Análise usada no planejamento e esquematização de uma análise do caminho crítico, por exemplo.

Análise do caminho crítico / Método de analisar o programa de um empreendimento que possua subatividades múltiplas. O método utiliza diagramas de rede que mostram as atividades componentes. Analisa-se o período necessário para completar cada atividade e especifica-se a primeira e a última data para o início de cada um. Finalmente, verifica-se qual é o caminho mais longo para a sequência das atividades (o caminho crítico), caminho esse que passa a receber atenção especial, para que o empreendimento se complete a tempo.

Análise do fluxo de caixa descontado / Método pelo qual se resume em uma cifra única a corrente dos fluxos financeiros que deverão ocorrer em vários anos, de forma a poder comparar entre si as várias correntes individuais.

Arco de controle / A quantidade das pessoas subordinadas diretamente a determinado dirigente. Em décadas anteriores, recebeu muita atenção a questão de saber se essa quantidade tinha ou não algum limite superior ou ideal.

Associações de classe / Organizações que reúnem empresas do mesmo ramo para que troquem informações entre si e conjuntamente defendam os interesses do setor.

Atividades de apoio / As atividades de apoio abrangem as de "consciência" (assessoria) e as funções do tipo do aconselhamento jurídico e das relações trabalhistas. São confrontadas com as atividades produtoras de resultados, as de higiene e "domésticas" e as da alta administração.

Atividades higiênicas e "domésticas" / Atividades que não contribuem para os resultados básicos da empresa, mas que lhe causam danos quando não executadas adequadamente; manter a limpeza dos locais ou os funcionários bem alimentados, por exemplo, procurar ter boas relações com o Governo etc.

Atividades produtoras de resultados / Atividades que produzam resultados mensuráveis que possam relacionar-se direta ou indiretamente com os resultados e o desempenho da empresa toda. Entre as atividades produtoras de resultados encontram-se certas atividades produtoras de receitas, como as de vendas, outras que não produzem receitas, como as da produção (que contribuem para os resultados), e as relacionadas com o fornecimento de informações.

Atividades relacionadas com a "consciência" / Atividades voltadas a abrir a visão e fixar padrões, e em seguida a conferir o desempenho em relação a essa visão e padrões.

Ativos / Os itens de valor possuídos pela empresa ou pessoa. Também os itens que se ajustam a essa definição e que se encontram no lado esquerdo do balanço, oposto aos passivos.

Automação / Sistema de produção que emprega máquinas autocontroladas para fazer determinados serviços. Quando ao processo se acrescentam outros mecanismos autocontrolados, diz-se que ele possui alta dose de automação.

Autonomia / Capacidade de operar independentemente de outras unidades. Determinado administrador pode possuir ampla autonomia em seu serviço; pode-se também falar de alguma subsidiária de conglomerado empresarial que goze de autonomia limitada.

Autoridade / Direito de usar ao seu critério os recursos destinados à execução de determinada tarefa, inclusive o direito de comandar pessoas e outros recursos. A autoridade está sempre limitada pelas regras e procedimentos da organização e pelas determinações da sociedade mais ampla.

Autoridade funcional / Autoridade baseada na função empresarial e cujo exercício pode necessitar da concordância de pessoas que não estejam subordinadas à que tenha sido investida de tal autoridade.

Avaliação da tecnologia / A função de procurar determinar as decorrências da utilização de determinada tecnologia antes de sua introdução. Seus proponentes afirmam ser isso possível, tendo mesmo o Congresso norte-americano criado um órgão com essa função específica. Já os que se opõem à medida argumentam ser impossível fazer essa avaliação antes de aplicar-se a tecnologia respectiva.

Avaliação do pessoal / Avaliação do desempenho dos funcionários e interação do chefe com o subordinado para tratar do seu desempenho e objetivos futuros; frequentemente tratada em conjunto com a APO.

Avaliar / Aferir o valor de uma propriedade, do desempenho de uma pessoa no serviço ou de coisas do gênero.

Banco de investimento / Função desempenhada por entidades financeiras que subscrevem e vendem novas emissões de ações e títulos da empresa e orientam nesses assuntos.

"Buying-in" / Processo pelo qual se consegue aprovar a fabricação de determinado produto ou a criação de determinado serviço subestimando seu custo total.

Capataz ou feitor / Chefe que cuida de uma das unidades básicas do dispositivo de produção.

Capital / Riqueza que a organização possui e empregará para atingir seus alvos.

Capital de apoio / Capital de giro, isto é, o capital usado para oferecer bens ou serviços no mercado ou para financiar o período que decorre entre sua produção e o momento em que o cliente os paga. Frequentemente confrontado com o capital "produtor".

Capital fixo / Valores investidos permanentemente em prédios, maquinários e equipamentos.

Caracterização do cargo (também chamada "descrição do cargo") / Relação dos deveres e responsabilidades inerentes a determinado cargo ou serviço.

Cargo de administração de linha / O cargo de direção que inclua supervisão ou uma das principais funções empresariais, como a venda ou a produção. Com frequência, a ele se contrapõem os cargos de assessoria (ou de "staff").

Centralização I Método de organização que concentra as decisões na cúpula da hierarquia da organização.

Centro de aferição / Método de avaliar os candidatos a determinada posição de direção que inclui sua passagem por um ponto central para uma série de testes e entrevistas.

Centro gerador de despesas / As despesas da empresa são atribuídas exclusivamente à organização como um todo ou então se divide esta em partes, cada uma das quais com autoridade para efetuar determinadas despesas. No último caso, as partes são os centros geradores de despesas. Em uma empresa que contenha numerosas divisões, as divisões poderão constituir esses centros.

Centros geradores de lucro / Nas grandes empresas multidivisionais, pode-se calcular os lucros proporcionados pelas suas várias subdivisões, cuja soma global constitui o lucro total da empresa. Compare-os com os centros geradores de despesas. O dirigente de um centro gerador de lucro (uma das subdivisões mencionadas) arca com a responsabilidade pelos seus lucros e prejuízos.

Chefe da primeira linha / Administrador que dirige os funcionários do mais baixo nível hierárquico. São também chamados administradores da primeira linha.

Ciência da administração / Método de administrar que realça a aplicação de métodos científicos para a melhor compreensão e exercício da administração.

Comunicação / Transferência de sentido de um (o emissor) para o outro (o receptor). O emissor e o receptor podem ser pessoas, entidades empresariais ou outros grupos de pessoas.

Conglomerado empresarial / Organização composta de muitas empresas que operam e numa ampla série de setores. Muitas dessas organizações foram fundadas ao fim da década de 1960.

Conjunto de produtos / A série dos artigos oferecida por determinada empresa.

Consumidorismo / Movimento social que insiste em que os produtos e serviços apresentem qualidade absolutamente inatacável e sem quaisquer efeitos colaterais danosos.

Contabilidade / Sistema de registrar as transações financeiras e de resumir esses dados em demonstrações apropriadas para a direção, as instituições financeiras ou os órgãos públicos.

Contabilidade fiscal / Subdivisão da contabilidade que se ocupa da manutenção dos livros e documentos fiscais e da elaboração de demonstrações condensadas para fins tributários.

Contabilidade gerencial / Contabilidade cuja finalidade é preparar relatórios que ajudarão a administração a tomar decisões. A ela se contrapõem a contabilidade fiscal e a contabilidade financeira.

Contador de custos / Contador cuja responsabilidade principal é determinar o custo de bens ou serviços. Os valores referentes aos custos serão usados para determinar os níveis do lucro e atender a outras necessidades de julgamento com relação ao montante das despesas da organização.

Contas a receber / Expressão contábil que expressa os valores devidos à empresa.

Controle / A função da administração que visa a manter as atividades da organização dirigidas de forma a produzir os resultados desejados. Acompanhar o desempenho em relação ao esperado, será preciso tomar medidas corretivas.

Controle de qualidade / Função da produção que fixa padrões de qualidade e acompanha o processo de produção com vistas a garantir que o processo produza bens que se enquadrem nos padrões fixados.

"Corporation" / Entidade jurídica norte-americana formada por pessoas que se destina a criar um empreendimento empresarial ao mesmo tempo que limitam sua responsabilidade aos valores com que ingressaram na empresa.

Crédito / Capacidade de levantar empréstimos, ou os empréstimos assim levantados.

Crédito a ser coberto em prestações / Crédito aberto em troca da promessa de reembolso do valor com juros, em prestações iguais pagas dentro dos intervalos especificados.

Custo da manutenção dos estoques / As despesas resultantes da manutenção dos estoques.

Custo do capital / Taxa de lucro usada como mínima aceitável para considerar determinada despesa de capital; o custo do "aluguel" do dinheiro. Dessa forma, a remuneração proporcionada pelos empreendimentos deverá ser superior ao custo do "aluguel" do capital necessário; no caso contrário, a empresa não conseguirá qualquer proveito financeiro.

Custo Marginal / Custo de produzir e vender mais uma unidade.

Decisão irreversível / Decisão cujas repercussões não podem ser eliminadas ou revertidas, como a introdução de uma tecnologia completamente nova (o segredo da tecnologia não pode ser restaurado).

Decisões relativas ao investimento de capital / Decisões relativas ao emprego do capital da empresa. Como habitualmente se investe dinheiro em fábricas ou equipamentos por longos períodos, é da maior importância que essas decisões sejam tomadas com o maior conhecimento possível da taxa esperada para o lucro sobre o capital.

Déficit / Valor em que as despesas superam os montantes disponíveis para sua cobertura.

Delegação / Processo empregado pelo administrador para confiar determinada tarefa, ou parte dela, a algum subalterno.

Demografia / Estudo da população que contempla suas quantidades, os nascimentos, as mortes etc., e as estatísticas daí resultantes.

Departamentalização / Processo de agrupar as atividades da organização em subunidades básicas, geralmente levado a efeito mediante a utilização de alguma característica comum, como a função, o produto ou a localização geográfica.

Depreciar / Processo pelo qual se atribuem a prédios e equipamentos valores decrescidos, em decorrência do uso, da obsolescência ou de outras considerações.

Depressão / Período de atividades empresariais extremamente baixas, assinalado por desemprego elevado e quedas extremadas na procura.

Descentralização / Método de estruturação que ao invés de concentrar as decisões na cúpula da hierarquia da organização as distribui entre numerosos pontos e escalões.

Descentralização federal / Forma de organizar uma grande empresa, com múltiplas divisões, descentralizando a autoridade e centralizando o controle.

Descentralização simulada / Forma de estruturar grandes empresas de dimensões grandes demais para que a organização continue estruturada em bases funcionais e de integração interna intensa demais para permitir a descentralização completa. As funções ou segmentos da empresa são aí tratados como constituindo empresas autônomas por si que se relacionam com as demais unidades como em situação de mercado.

Desempenho / Resultados conseguidos. Por vezes empregado para significar a consecução de resultados positivos.

Despesas com a mão de obra direta / As despesas que podem ser atribuídas ao próprio processo de produção, e assim classificadas na apuração dos resultados da empresa. Com frequência contrapõem-se a elas as despesas com a mão de obra indireta, também consideradas na apuração dos resultados mas sem fazer parte da folha de pagamentos referente à produção.

Despesas fixas / Despesas que se efetuam independentemente do nível da produção. Com frequência elas são confrontadas com as despesas variáveis, que flutuam de conformidade com o volume da produção.

Despesas variáveis / Despesas do processo de produção que variam segundo o nível desta.

Destinação de verbas / Distribuição de recursos entre interesses concorrentes. A distribuição dos recursos financeiros da empresa através de um processo orçamentário constitui o principal exemplo dessa destinação.

Distribuição / Função de distribuir entre os locais de consumo ou recebimento os artigos produzidos ou armazenados.

Distribuidora / Empresa ou agente que faça a intermediação entre a fábrica e o usuário final.

Dividendos / Parcela do lucro de determinado período paga ao proprietário de uma ação do capital da empresa.

Divisão do trabalho / Método de desmembrar determinada tarefa em subtarefas especializadas, distribuídas entre várias pessoas de forma a permitir a estas alcançar alto grau de eficiência em sua execução, e assim contribuir para a realização do serviço global pelo mais baixo custo.

Documentos de investimento / Instrumentos que podem ser usados para investir fundos, como as ações, as debêntures, os fundos mútuos de investimento e os certificados de depósito.

Economia da mão de obra / O ramo ou disciplina que concentra seus estudos na oferta e procura da mão de obra em determinada economia.

Economia gerencial / Subdivisão da economia que realça pontos de importância direta para os administradores; as decisões referentes aos investimentos e aos preços, por exemplo, recebem atenção especial.

"EDP" / Processamento eletrônico de dados ("electronic data processing").

Eficácia / Medida em que se concretiza o resultado desejado. Muitas vezes se compara a eficácia com a eficiência.

Eficiência / Produção dividida pela alimentação, ou a medida em que o resultado produzido foi alcançado pelo menor custo.

Eficiências marginais / Eficiências que, se adotadas, pouco alterariam os resultados globais.

"Eleitorado" / Os diversos grupos de interesses que requerem a atenção da organização.

Empresa de multiprodutos, multimercados ou multitecnologias / Empresa que produz múltiplos produtos, opera em numerosos mercados ou aplica uma ampla série de tecnologias.

Empresa multinacional / Empresa que apresenta significativa produção, mercados e operações em numerosos países.

Empresa não produtora / Empresa cuja principal função seja a de venda ou alguma função empresarial.

Empresário / Quem inicia e desenvolve uma empresa.

Engenharia industrial / Disciplina escolar que abrange os princípios científicos e as pesquisas que o engenheiro industrial aplica em seu trabalho.

Enriquecer o cargo / Alterar alguns aspectos do cargo para que melhor satisfaça as necessidades de nível mais elevado do seu ocupante.

Entidade baseada em verba orçada / Organização que ao invés de estar sujeita às flutuações de mercados sensíveis conta com receita relativamente garantida. Os órgãos governamentais e as organizações sem finalidades lucrativas são exemplos de entidades desse tipo.

Entidades prestadoras de serviços / Organizações fundadas para executar tarefas públicas que não envolvam a produção de qualquer artigo. Seus serviços são fornecidos em bases não lucrativas. Exemplos disso temos nos serviços postais, nas entidades educacionais e nos serviços de utilidade pública.

Entidades públicas de prestação de serviços / Entidades destinadas a fornecer determinados serviços sem fins lucrativos, como os órgãos do Governo e as organizações sem fins lucrativos em geral.

Equipamentos de capital / Equipamentos ou prédios da empresa ou organização cuja aquisição lhe exigiu capital considerável.

Especulação / Investimentos que apresentam alta probabilidade de insucesso mas prometem elevados lucros se bem-sucedidos.

Estoque / Os bens ou recursos à disposição em dado momento.

Estratégia / O caminho básico empregado pela empresa para atingir seus objetivos globais. A estratégia inicial da Sears, por exemplo, foi a de constituir-se grande fornecedora de produtos à população rural por meio de encomendas pelo correio conseguidas através de catálogos atraentes e de eficientes "fábricas para encomendas postais".

Estrutura / A disposição dos processos e funções, no interior da empresa, tendo em vista as relações que correm entre eles. Os métodos empregados variam, abrangendo tanto a disposição funcional como a descentralização, a descentralização simulada e as estruturas em forma de matriz.

Estudo do tempo e dos movimentos / Método introduzido pela escola da administração científica. Compreende o estudo do trabalho físico por meio de cronômetros, visando a desmembrar a tarefa em segmentos que sejam replanejados para uma execução mais pronta, de forma a aumentar a produtividade do serviço.

Extrapolação / Método de previsão que supõe que o futuro continuará a refletir certas tendências já firmadas.

Fábrica / Os equipamentos que a empresa pode empregar para sua produção.

Fábrica piloto / Fábrica construída para submeter a teste um novo processo, geralmente em escala muito menor que a que se propõe para operação futura. Habitualmente, ao submeter determinado processo à prova com bons resultados, a fábrica piloto mostra meios e modos de aperfeiçoar o equipamento maior que será construído posteriormente.

Falência / Termo jurídico ou econômico que significa insolvência ou incapacidade de pagar suas dívidas.

Fatores da produção / Os elementos necessários para se produzirem bens e serviços em determinada economia; o capital e o trabalho, por exemplo.

Fatores qualitativos / Fatores que não podem ser quantificados e que entram nas decisões, como as crenças e valores pessoais.

Faturamento / A função da empresa de comunicar formalmente aos seus clientes que determinado pagamento lhe será devido em determinada data, por bens ou serviços fornecidos.

Fisiologia industrial / Subdivisão da fisiologia que se preocupa com a repercussão de métodos industriais específicos sobre o organismo humano e seu funcionamento.

Força-tarefa / Grupo encarregado de executar determinada tarefa. As comissões podem limitar sua atenção a apresentar recomendações, enquanto das forças-tarefas espera-se que executem determinado serviço.

Formação do capital / Processo pelo qual na economia se cria capital.

Fundos mútuos de investimento / Veículo de investimento que permite ao investidor possuir interesses em numerosas empresas sem possuir diretamente suas ações.

Gerente dos produtos / Papel de direção cujo titular é responsável pela coordenação de todas as atividades que influam nos resultados gerados por determinado produto. Esse gerente deve coordenar todos os aspectos da produção, propaganda, venda e distribuição.

Gráfico de Gantt / Gráfico cujo uso se destina a auxiliar o planejamento e a coordenação de atividades compostas de várias subatividades paralelas. Na parte superior do gráfico, traça-se horizontalmente a linha de tempo. Abaixo da linha do tempo aparecem barras horizontais para cada atividade, cujos comprimentos traduzem sua duração; o ponto inferior da margem esquerda representa o momento inicial de cada atividade.

Gráfico PERT ("Program Evaluation Review Technique" – Técnica de Avaliação e *Revisão de Programas)* / Técnica de planejar com o emprego de gráficos, criada pela Marinha norte-americana para ajudar a projetar um empreendimento e a aferir o progresso após seu início.

Hierarquia das necessidades / Baseia-se na teoria da motivação de Maslow. Segundo essa teoria, as necessidades humanas colocam-se em certa hierarquia: as fisiológicas, as relacionadas com a segurança, as de afiliação, as de afeto e as de autorrealização. A teoria sustenta que as necessidades de nível mais baixo devem ser atendidas antes que se façam sentir as necessidades de nível mais alto, e que as necessidades de nível mais baixo perdem sua importância motivacional ao serem satisfeitas.

Incentivos / As coisas consideradas "cenouras", dentro da teoria motivacional baseada no "chicote" e nas "cenouras".

Inflação / Processo pelo qual o dinheiro perde parte do seu valor.

Inovar / Atividade ou criação dentro da empresa que resulte na adoção de um novo produto, nova empresa ou nova forma de fazer alguma coisa.

Integrar / Coordenar os próprios esforços com os de outras pessoas visando a conseguir o resultado desejado.

Integrar / Processo pelo qual o administrador articula seu serviço com o de outras pessoas (da sua unidade, de outras unidades, acima dele, abaixo dele e lateralmente) para garantir o bom desempenho.

Invenção / Progresso tecnológico, em forma de produto ou de modo de fazer alguma. coisa.

Investidores institucionais / Investidores constituídos por grandes organizações que, em consequência disso, compram e vendem blocos muito volumosos de ações e títulos, como os fundos mútuos de investimento, os fundos de aposentadoria, os fundos constituídos a partir de doações a universidades etc. Nos Estados Unidos, esses investidores passaram a dominar o mercado desde o fim de 1960; antes disso, eram os investidores individuais que compunham a maior parte do mercado.

Investimento / Aplicação dos recursos da empresa (especialmente dinheiro) em meios que deverão pagá-los através dos resultados futuros.

Legislação antitruste / As leis que proíbem a criação e operação de monopólios empresariais. A Lei Antitruste constitui a base da legislação antitruste norte-americana.

Linha de produtos / As diversas categorias básicas de artigos produzidos ou fornecidos.

Liquidação / Promover o fim das operações através da alienação de todos os ativos e do estoque, com a receita revertendo em favor dos proprietários da empresa.

Logística / A função de movimentar, estocar e distribuir recursos e bens.

Lucratividade mínima / O mais baixo ponto de lucratividade que determinado setor pode aceitar para correr os riscos a ele inerentes.

Lucro / Diferença entre a receita e as despesas.

Lucros sobre o *investimento ("ROI" – "return on investment")* / A relação entre o valor lucrado por ano e o valor investido em determinado empreendimento ou empresa (expresso em porcentagem).

Matemática das probabilidades / Subdivisão da matemática que se ocupa com modelar situações cujos resultados apresentem baixas probabilidades de ocorrência.

Mecanismo de retroalimentação / Mecanismo que permite perceber os desvios inesperados de determinado processo e aplicar-lhes as correções devidas, de modo a mantê-lo na situação necessária para a produção dos resultados desejados.

Mercado / Área em que os compradores e vendedores se encontram em determinada esfera da procura.

Mercado Comum / O grupo dos países da Europa Ocidental que se juntaram para manter aberto a todos os seus membros um mercado mais amplo; qualquer mercado formado desse modo.

Missão / O principal objetivo da organização para o futuro imediato.

Mobilidade horizontal, ou lateral / Capacidade de passar de uma área da empresa para outra, como da produção para as vendas. Com frequência, a ela se contrapõe a mobilidade vertical.

Modelo / Réplica simplificada de uma situação-problema que pode ser trabalhada visando-se explorar a faixa e a qualidade das soluções para o problema.

Modelos de estoque / Modelos que podem ser usados para determinar o momento em que os estoques devem ser recompostos.

Objetivo estratégico básico / O alvo principal da empresa ou organização ao procurar atingir seus objetivos financeiros globais ou outros. O objetivo estratégico básico da Sears-Roebuck nas primeiras décadas de sua existência, por exemplo, foi vender valores genuínos aos agricultores e suas famílias através da comercialização pelo correio.

Objetivos / Grau dos resultados perseguidos em determinado período.

Obsolescência planejada / Método de planejamento que se vale da expectativa de que a concepção do produto sairá da moda antes que o próprio produto perca fisicamente sua possibilidade de uso; o método abrange concepções posteriores para o produto, destinadas a tornar ultrapassadas as concepções anteriores. Igualmente, a concepção dos produtos se tornará obsoleta antes do momento necessário, para permitir a introdução das novas concepções.

Obsoleto / Não mais em uso; fora de moda.

Operações / As atividades vinculadas à produção dos resultados correntes. A elas com frequência se contrapõe o preparo das oportunidades empresariais futuras.

Orçamento / Esquema aprovado que especifica o valor a gastar em cada categoria de despesa durante certo período. Esse esquema costuma ser apresentado em um documento que também recebe o nome de orçamento.

Orçamento de base zero / Forma de orçamentação que supõe que cada empreendimento ou atividade precisa tornar a justificar quaisquer despesas (acima do zero) a cada ano, mesmo que as tenha justificado anteriormente.

Organização formal / Estrutura que mostra a quem está subordinada cada pessoa da hierarquia; geralmente apresentada em forma de organograma.

Organização matriz / Sistema de organização apropriado especialmente a grandes empreendimentos tecnológicos e que se aplica a pessoas ligadas a duas unidades do organismo ao mesmo tempo (com a possibilidade de ter dois chefes). A "matriz" é mostrada por um diagrama que contém as unidades funcionais colocadas ao longo da sua parte superior e as unidades encarregadas dos serviços dispostas na parte lateral, com indicações que especificam quem, nas várias funções, se encarregará das várias tarefas.

Organização pelas funções / Modo de organizar a empresa que considera subunidades básicas da organização os departamentos de produção, vendas, engenharia, contabilidade e outros, caracterizados pelas suas funções na empresa.

Organização sem fins lucrativos / Organização do tipo de uma universidade, por exemplo, cuja missão é diferente da de gerar lucros com suas operações.

Organograma / Representação pictórica da organização formal.

Otimização / Processo de encontrar a solução ótima para um problema de direção, geralmente com o emprego de um modelo de pesquisa operacional.

"Partnership" / Forma de estruturar juridicamente uma empresa de modo a caracterizar o papel e a responsabilidade de cada sócio.

Período de espera / Período que decorre entre determinada decisão e a produção de seus efeitos. Por exemplo, o número de anos que se coloca entre a decisão de construir uma nova siderúrgica e o momento em que ela possa ser posta em funcionamento.

Período para o *reembolso* / Período necessário para que a renda do investimento se iguale ao valor investido.

Pesquisa de mercado / Pesquisa realizada por analistas do mercado.

Pesquisas operacionais / Disciplina que estuda a aplicação de instrumentos matemáticos e da lógica à solução dos problemas empresariais.

Planejamento a longo prazo / Planejar com um horizonte de vários anos. A ele se contrapõem os planejamentos anuais e outros de curto prazo.

Planejamento estratégico /Planejamento do futuro a longo prazo da empresa, incluindo a fixação dos principais objetivos globais, a determinação dos caminhos básicos a usar na persecução desses objetivos e os meios a empregar para conseguir os recursos necessários para tanto.

Planejamento organizacional / Os princípios de planejamento agregados à organização formal da empresa, ou a disciplina que estuda vários meios de planejar organizações.

Poder de compra / Capacidade da pessoa ou grupo de pessoas para adquirir bens ou serviços em função de seu rendimento.

Ponto de equilíbrio / O ponto das vendas ou produção que se faz necessário para equilibrar as contas – isto é, para não haver lucro nem prejuízo. A análise cujo objetivo é a determinação desse ponto chama-se análise do ponto de equilíbrio.

Posição no mercado / As classificações relativas de várias empresas dentro de determinado mercado.

Previsão / Estimativa do valor que tomará no futuro determinada variável, como as vendas do ano seguinte.

Prioridades / A ordem relativa em que a organização pretende enfrentar uma relação de pontos ou áreas.

Processamento de dados / A função relacionada com a operação das massas de dados referentes às inúmeras transações relativas aos negócios da empresa. Como muitas grandes empresas utilizam computadores para essa função, o departamento encarregado da computação geralmente se chama departamento de processamento de dados. Da mesma forma, geralmente essa função é designada como de processamento eletrônico de dados ("electronic data processing" – EDP).

Procura real / Procura que se conseguirá colocando o produto ou serviço à disposição dos consumidores ou usuários.

Produtividade / A produção relativa a determinados níveis de alimentação, especialmente a produção por funcionário do setor. O desafio contínuo é elevar a produtividade.

Produto com marca comercial / Produto que ao invés de ser vendido apenas com seu nome genérico é vendido com o nome da empresa, ou algum outro nome específico a ele vinculado.

Profissional que presta contribuição pessoal / Pessoa da administração que pode não ter ninguém sob sua chefia (possivelmente à exceção de uma secretária e um assistente) mas que contribui de maneira importante para os resultados da empresa mediante a aplicação da sua capacidade profissional – como um especialista em propaganda, por exemplo.

Programação linear / Técnica de pesquisa operacional que pode ser usada para determinar o conjunto apropriado de produtos ou ingredientes capaz de elevar ao máximo os lucros ou alguma outra dimensão de interesse da administração.

Programa computacional / Conjunto integrado de instruções dadas a um computador para determinada tarefa.

Proprietário / Aquele que possui e dirige sozinho uma pequena empresa.

Protótipo / Modelo de um novo produto em potencial usado para avaliar suas possibilidades.

Psicologia do comportamento / Escola de psicologia que se baseia exclusivamente na análise do comportamento experimentalmente observado, ao explicar por que as pessoas agem da forma como o fazem.

Psicologia industrial / Ramo da psicologia que estuda o comportamento humano nos cenários organizacionais; dá especial atenção ao comportamento humano no interior das empresas industriais.

Qualidade de vida / A aferição qualitativa do grau relativo das condições em que se vive, aí incluída a atenção aos poluentes, aos ruídos, à estética, às complexidades etc.

Raciocínio sistêmico / Análise que emprega sistemas e sua dinâmica para examinar os problemas e as soluções possíveis.

Receita marginal / A receita que se conseguiria com a produção e venda de mais uma unidade.

Relações empresariais (também chamadas "industriais") / Método sugerido à administração por alguns cientistas do comportamento. Seu tema principal é a prevenção do descontentamento entre os funcionários.

Relações sindicais / A função empresarial de conduzir interações com os sindicatos aos quais estejam filiados seus funcionários.

Remuneração / Aquilo que se paga em troca do trabalho executado. Habitualmente, a remuneração se faz em dinheiro, mas pode incluir outras coisas, como a concessão de direitos.

Repercussão / As consequências decorrentes de alguma medida além daquelas que constituem sua própria razão de ser; determinada providência em um departamento, por exemplo, pode ter consequências que se projetem muito além do mesmo; igualmente, determinado processo de produção pode gerar despejos poluentes.

Repercussões sociais / As consequências sofridas pela sociedade que ultrapassam aquelas que constituem a razão de ser das respectivas atividades da organização.

Reservas / Valores mantidos pela empresa fora do uso para atender a determinadas necessidades ou para servir a finalidades específicas; por exemplo, as reservas para a reposição dos equipamentos gastos pelo uso.

Responsabilidade / Obrigação de responder pelos resultados.

Responsabilidades sociais / As obrigações da entidade para com a sociedade em que opera. Debates recentes ressaltaram os diversos pontos de vista existentes sobre a constituição dessas obrigações.

Risco / A probabilidade de êxito de determinado empreendimento comparada com sua probabilidade de insucesso. Denomina-se avaliação do risco o processo de procurar quantificar as duas probabilidades e de julgar qual delas é maior e em que medida.

Seguro de responsabilidade limitada / Seguro que cobre apenas certas espécies de prejuízos, ou apenas os prejuízos de determinado montante.

Setor denso em mão de obra / Setor que por valor de venda ou de produção requer maiores gastos com a mão de obra que outros. A ele se contrapõe frequentemente o setor denso em capital.

Setor processador / Setor industrial que nem fabrica produtos nem fornece serviços intangíveis; submete determinados recursos a processamento, como no caso da refinação do petróleo.

Simulação / Réplica abstrata de certas dinâmicas das situações de problema. Essa réplica costuma abranger o uso de um modelo baseado em computador.

Sistema / Conjunto de peças inter-relacionadas. Pode-se falar, por exemplo, do sistema de distribuição, que pode consistir de uma rede de armazéns servida de determinada forma por uma série de fábricas, armazéns esses que, por seu turno, embarcam as mercadorias aos clientes segundo processos prefixados.

Sistema de distribuição em massa / Sistema de distribuição de bens ou serviços entre um alto número de clientes dispersos em determinada área.

Sistema de livre empresa / Sistema econômico em que há propriedade privada e as empresas funcionam com um mínimo de interferência governamental.

Sociologia empresarial (também chamada "industrial") / Estudo das instituições e grupos humanos e suas características operacionais no cenário empresarial.

Solução ótima / A melhor solução possível para um problema.

Subordinado / Quem está sujeito a determinado dirigente diz-se subordinado a ele.

Subotimização / Conseguir o desempenho ideal em determinada área da empresa e por esse meio impossibilitar o desempenho ótimo ou ideal da empresa como um todo.

Subproduto / Substância, produto ou situação proporcionados por determinado processo de fabricação em aditamento ao artigo principal produzido.

Subsidiárias de propriedade integral / Subsidiárias cujas totalidade de ações pertença à empresa mãe; a elas se contrapõem as subsidiárias cujo controle a empresa-mãe detém por ser sua maior proprietária (mas não a única).

Superávit / Os lucros e outras economias que o bom desempenho é capaz de gerar.

Tática / Caminhos básicos que se trilham na execução de alguma estratégia predeterminada.

Tecnologia / Meio ou modo de realizar determinada tarefa. A tecnologia pode empregar máquinas ou não.

Teoria da decisão / Conjunto de instrumentos analíticos que compreendem modelos lógicos e matemáticos (especialmente os modelos que empregam a teoria das probabilidades) e diagramas para uso nas decisões.

Teoria X *e Teoria* Y / Teorias sobre o comportamento humano, formuladas por Douglas McGregor. A Teoria X supõe que as pessoas sejam preguiçosas, não gostem do trabalho e o detestem, precisem ser conduzidas e necessitem da cenoura e do chicote. Supõe que a maior parte das pessoas seja incapaz de assumir responsabilidades voluntariamente e, portanto, precise ser acompanhada. Já a Teoria Y supõe que as pessoas sintam certa necessidade psicológica de trabalhar, desejem alcançar a realização e a responsabilidade e as encontrarão nas condições adequadas.

Trabalhador braçal / Trabalhador cuja principal contribuição resulta do emprego da força e coordenação muscular.

Trabalhador intelectual / Trabalhador cuja principal contribuição não depende tanto do uso de sua força e coordenação muscular, mas sim de seu intelecto; a ele frequentemente se contrapõe o trabalhador da produção, que emprega seu poder e coordenação muscular para operar as máquinas.

Unidade de comando / Questão gerencial realçada pelos primeiros estudiosos da empresa. Afirma que cada funcionário deve ter um e apenas um chefe.

Utilidade / O proveito ou valor inerente de algo na forma percebida por alguém ou alguma organização. Há um ramo da economia que procura medir experimentalmente as utilidades e compará-las entre si.

ÍNDICE REMISSIVO

C

D

E

N

O

P